World Book 211

Prosper Mérimée
CARMEN/COLOMBA
카르멘/콜롱바
프로스페르 메리메/박철화 옮김

동서문화사

디자인 : 동서랑 미술팀

카르멘/콜롱바
차례

카르멘
제1장… 11
제2장… 24
제3장… 34
제4장… 77
마테오 팔코네… 84

콜롱바
콜롱바… 101

메리메 명작선
일르 마을의 비너스… 231
샤를 11세의 환상… 267
보루의 공략… 275
톨레도의 진주… 281
에트루리아의 꽃병… 283
타망고… 311
이중 착각… 333
연옥의 영혼… 397

프로스페르 메리메 생애와 작품
프로스페르 메리메 생애와 작품… 463
프로스페르 메리메 연보… 472

Carmen
카르멘

여자들이란 앙탈을 잘 부려 곤란하다.
얌전할 때라고는 두 번밖에 없다.
하나는 잠자리에서이고 또 하나는 무덤 속에서이다.

파라다스*

---

* 파라다스는 기원 3세기 무렵, 알렉산드리아에 살고 있던 그리스 사람으로, 시인을 겸한 가난
한 학교 선생이었으며 신경질적인 부인을 거느리고 있었다.

제1장

　지리학자들은 바스툴리 포에니 지방, 마르베야에서 북쪽으로 20리쯤 되는 오늘의 몬다에 가까운 지점이 문다*¹의 옛 전쟁터였다고 단정하지만 나는 그 말에 의심을 품어왔다. 누가 썼는지 알 수 없는 고문서(古文書) 《벨룸 히스파니엔세(스페인 전쟁)》*² 및 오수나 공작의 훌륭한 문고에서 찾아낸 자료를 바탕으로 내가 추측한 바로는, 케사르가 공화국 용사들과 맞서 승패를 겨루는 결전을 벌였던 기념할 만한 지점은 몬티야 근처에서 찾아야 할 것이다.

　1830년 초가을에 우연히 나는 안달루시아를 찾아갔다. 마침 그때까지 해결을 짓지 못했던 여러 가지 의문을 풀기 위해 긴 조사여행을 시도해 보았다. 머지않아 내가 발표할 소론(小論)이 모든 악의 없는 고고학자들 머릿속에서 의문점을 깨끗이 없애주기를 바랐다. 이 논문이 유럽 학계에서 해결을 짓지 못하고 있는 지리학 문제를 해결할 수 있기를 기대하면서 먼저 여기서는 막간을 이용하여 조그마한 사랑 이야기를 하나 들려드리겠다. 다만 이 이야기는 문다의 위치를 결정한다는 흥미로운 문제에 대해서 어떤 억측을 주려는 것은 아니다.

　나는 코르도바에서 안내자 한 사람과 말 두 필을 구해 길을 나섰다. 짐이라고는 케사르의 《갈리아 전기》 한 권과 속옷 대여섯 벌밖에 없는 홀가분한

＊1 Munda. 스페인 고대도시. 폼페이우스의 두 아들 그나이우스와 섹스투스는 케사르에게 끈질기게 저항했으나 결국 기원 45년에 이 지방에서 벌어진 전쟁에 패배했다. 참고로 바스툴리 포에니는 지금의 안달루시아 지방이다.

＊2 《Bellum Hispaniense(스페인 전쟁)》는 《Bellum Africum》과 함께 케사르의 Commentaires(회상록)에 수록되어 있다. 그런데 이 Commentaires 가운데 케사르가 직접 쓴 것은(그것도 미완성) 《De bello gallico(갈리아 전기)》와 《De bello civili(내란기)》뿐이며 《스페인 전쟁》은 어떤 부하 장교가 썼다고 한다. 그래서 화자는 '누가 썼는지 알 수 없는 고문서'라고 설명하고서 일부러 《갈리아 전기》 1권을 가지고 간 것이다.

몸이었다. 어느 날 카테나 평야에 있는 산자락을 헤매고 있었을 때의 일이다. 몸은 지치고 목은 타는 데다 따갑게 내리쬐는 햇볕에 못 이겨, 케사르고 폼페이우스의 아들들이고 다 내동댕이치고 싶은 심정이었다. 그런데 문득 지금 걷고 있는 오솔길에서 꽤 멀리 떨어진 곳에 등심초와 갈대가 듬성듬성 난 푸른 풀밭이 눈에 들어왔다. 분명 샘물이 가까운 곳에 있으리라. 가까이 가 보니 풀밭이라 생각했던 곳은 늪지였다. 카브라 산맥에서 갈라진 두 개의 높은 산 사이 좁은 골짜기로부터 흘러내려온 듯한 시냇물이 흐르고 있었다. 이 냇물을 따라 거슬러 올라가면 거머리도 개구리도 없는 차가운 물을 발견할 수 있을지도 모른다. 어쩌면 바위 사이에 시원한 그늘도 있을 것이다. 나는 이렇게 결론을 내렸다. 골짜기 어귀에 이르자 갑자기 내가 탄 말이 울었다. 그러자 어디선가 또 한 마리 말이 그 소리를 이어받아 울었다. 그러나 모습은 보이지 않는다. 백 걸음쯤 더 들어가니 갑자기 골짜기가 트이며 천연 곡마장 같은 넓은 터가 눈앞에 펼쳐졌다. 둘레에 치솟은 절벽에 가려져 햇빛은 전혀 들지 않았다. 길 가는 나그네로선 이보다 더 좋은 휴식처를 만날 수는 없으리라. 깎아지른 듯한 바위 밑에서 물이 콸콸 솟아올라 눈처럼 흰 모래가 깔린 조그마한 못으로 떨어지고 있었다. 그 물가에는 아름다운 떡갈나무가 대여섯 그루 치솟아 있는데 1년 내내 바람에 시달리지도 않는 듯 샘물을 빨아올려 싱싱하게 뻗어나가 온통 시원한 그늘을 이루고 있었다. 또한 연못 둘레에는 부드럽고 윤기 있는 풀이 자라나 있었다. 이 부근 백 리 사방에 있는 주막집을 다 뒤져보아도 찾아볼 수 없을 만큼 훌륭한 잠자리였다.

그러나 이 훌륭한 장소를 발견한 명예는 내 것이 아니었다. 이미 그곳에는 한 사나이가 쉬고 있었다. 내가 도착했을 때는 분명히 자고 있는 것 같았다. 말 울음소리에 잠이 깬 그 사나이는 일어나서 말 옆으로 걸어갔다. 말은 주인이 잠든 사이에 근처에 돋아난 풀을 맛있게 뜯어먹고 있던 참이었다. 중키이긴 하지만 아주 건장해 보이는 젊은이로 도전적인 그늘진 눈을 번뜩이고 있었다. 전에는 환히 빛났으리라 짐작되는 피부 빛깔은 햇볕에 그을어 머리털보다도 더 검어 보였다. 한 손으로는 말고삐를 잡고, 또 한 손으로는 구리 소총을 들고 있었다. 사실 소총과 소총 주인의 사나운 모습을 처음 봤을 때에는 나도 좀 놀랐다. 그러나 소문은 귀가 아프도록 들어왔지만 실제로 만나 본 일은 없었으므로 나는 도둑의 존재를 믿지 않았다. 뿐만 아니라 착한 농부들이 시장에 가는데도 든든히 무장하고 나서는 것은 얼마든지 볼 수 있는 일이므로 단지 소총 한 자루를 가지고 있다는 이유만으로 알지도 못하는 사나이의 인격을 의심할 수는 없었다. 아니, 애초에 내가 가진 속옷 대여섯 벌과 엘제비르 판(版)《갈리아 전기》를 그가 빼앗아봤자 뭘 어쩌겠는가?

그래서 나는 소총을 가진 사나이에게 스페인 풍습대로 제법 정답게 고개를 끄덕여 인사했다. 그리고 웃으며 낮잠을 방해하지나 않았느냐고 물어보았다. 그 사나이는 내 말에는 대답도 하지 않고 나를 머리끝에서부터 발끝까지 훑어보았다. 그러더니 납득이 간 모양인지 이번에는 그때 막 나타난 안내인을 마찬가지로 자세히 살펴보았다. 안내인은 새파랗게 질려 벌벌 떨면서 못 박힌 듯 서 있었다. 아차, 나쁜 놈을 만났구나! 이런 생각이 들었다. 그러나 곧 조심해야겠다는 생각을 하고 불안한 기색을 조금도 나타내지 않기로 했다. 나는 태연하게 말에서 뛰어내려 안내인에게 고삐를 풀라고 말한 뒤 샘물가에 무릎을 꿇고 머리와 손을 물속에 담갔다. 그리고 기드온의 못된 병사들처럼 배를 깔고 엎드려 물을 양껏 들이켰다.[3]

그동안에도 나는 안내인과 그 낯모르는 사나이의 거동을 자세히 살폈다. 안내인은 마지못해 다가왔다. 낯모르는 사나이는 우리에게 악의를 품고 있는 것 같지는 않았다. 그는 말고삐를 도로 놓았다. 처음에는 수평으로 잡고 있던 소총 끝이 지금은 땅으로 향하고 있었다.

상대가 나를 무시해도 신경을 쓸 필요가 없다고 생각했으므로 나는 풀밭 위에 편안하게 누워 태연한 낮으로 소총을 가진 사나이에게 혹시 부싯돌 있느냐고 물었다. 동시에 나는 담뱃갑을 꺼냈다. 낯선 사나이는 여전히 입을 다문 채 주머니를 뒤져 부싯돌을 꺼내더니 서둘러 불을 붙여주었다. 분명히 그의 태도는 부드러워졌다. 그는 나와 마주 보고 앉았다. 그러나 무기는 여전히 손에 들고 있었다. 담배를 빨면서 나는 남은 것 중에서 가장 좋은 담배 한 개비를 골라 들고 그에게 담배를 피우느냐고 물었다.

"네, 선생님. 피웁니다."

이것이 그의 입에서 처음으로 새어나온 말이었다. 나는 그가 S를 안달루시아투로 발음하지 않는다는 것을 알아차렸다.[4] 이 사람은 역시 나나 다름없

---

[3] 《사사기(士師記)》 제7장 4~6절.

는 나그네인 것 같았다. 다만 고고학자는 아닌 모양이다.

"이거라면 좀 피울 만할 겁니다."

좋은 하바나 궐련을 한 대 권하면서 나는 이렇게 말했다. 그는 고개를 가볍게 끄덕이며 내 담뱃불을 이용해 불을 붙이더니 다시 한 번 머리를 숙여 인사했다. 그리고 매우 흡족한 듯 담배를 피우기 시작했다. 그는 첫 모금을 입과 코로 천천히 뿜어내면서 이렇게 말했다.

"아아! 정말 오래간만이군!"

스페인에서는 담배를 주고받는 일이 동방에서 빵과 소금을 나누어 먹는 거나 마찬가지로 손님과 주인 관계를 맺어준다. 알고 보니 그는 내 예상보다 훨씬 더 수다스러웠다. 자기는 몬티야에 살고 있다고 말했지만 이 지방 일은 잘 모르는 것 같았다. 지금 우리가 쉬고 있는 아름다운 골짜기 이름도 알지 못했다. 또 그 근처 마을 이름도 하나도 대지 못했다. 끝으로 이 근처에서 무너진 성벽이나 테두리가 있는 큰 기왓장이나 조각된 돌 같은 것을 보지 못했느냐고 내가 물어보자 그는 한 번도 그런 일에는 주의를 기울여본 적이 없다고 솔직히 말할 뿐이었다. 그 대신 말에 대해서는 해박한 지식을 늘어놓았다. 그는 나의 말을 비평했다. 그야 어려운 일은 아니었지만. 그리고 자기 말의 족보를 말해주었다. 듣자 하니 코르도바에 있는 유명한 종마(種馬)의 자손이란다. 말 주인이 주장하는 바에 의하면 지칠 줄 모르는 보기드문 말이며, 한번은 구보(驅步)와 속보(速步)로 하루에 3백 리나 달렸다는 것이다. 그런데 그런 이야기를 한창 신나게 하던 도중에 그 사나이는 갑자기 입을 다물고 말았다. 지나치게 떠들어댔음을 깨닫고 후회하는 모양이었다. 그는 약간 말을 얼버무리며 덧붙였다.

"급하게 코르도바에 갈 일이 있어서요. 소송 사건으로 재판관을 만나봐야 해서……."

이렇게 말하면서 그는 안내인 안토니오를 흘끔 쳐다보았다. 안토니오는 눈을 내리깔고 있었다.

그늘과 샘물이 하도 마음에 들어 몬티야의 친구들이 안내자의 전대 속에

---

*4 안달루시아 사람들은 S음을 발음할 때 이 사이로 입김을 세게 내뿜어서, 스페인 사람들이 영어의 TH처럼 발음하는 약음 C 및 Z와 비슷하게 말한다. Señor(선생님) 한마디만 들어 봐도 우리는 안달루시아 사람을 분별할 수 있다. 〔원주〕

넣어주었던 맛있는 햄 몇 조각이 있다는 것이 생각났다. 나는 그것을 꺼내어 즉석에서 차린 점심을 함께하자고 그 낯선 사나이에게 권했다. 그는 오랫동안 담배를 피우지 않았다더니, 적어도 48시간은 아무것도 먹지도 못했던가 보다. 그는 굶주린 이리처럼 허겁지겁 먹어댔다. 이 불쌍한 사나이가 나를 만난 것은 하늘에서 내린 은총이었을 것이다.

그러나 안내인은 거의 먹지를 않았다. 마실 것도 입에 대지 않았다. 우리가 처음 길을 떠났을 때는 상당히 수다스러운 것 같더니 지금은 도무지 말이 없었다. 그는 내가 초대한 손님이 몹시 거북스러운 모양이었다. 나로선 그 원인을 확실히 알 수는 없었지만, 어떤 경계심이 그들 두 사람을 서로 반발케 하고 있는 것 같았다.

벌써 마지막 남은 빵과 햄 조각도 자취를 감추고 말았다. 우리는 저마다 두 대째 궐련을 피웠다. 안내인에게 말에 고삐를 매도록 이르고 나는 이 새로운 친구에게 작별인사를 하려고 했다. 그러자 그는 오늘 밤 어디서 머물 작정이냐고 물었다.

안내인이 눈짓하는 것을 알아차리기도 전에 나는 벤타 델 쿠에르보*5에서 머물 작정이라고 대답해 버렸다.

"선생님 같은 분이 가실 만한 곳이 못 됩니다. ……실은 나도 그리로 갑니다만 괜찮으시다면 길동무 삼아 함께 가기로 할까요?"

"그거 좋죠." 나는 말에 오르면서 대답했다.

등자를 잡고 있던 안내인이 다시 한 번 눈짓을 했다. 나는 아무렇지도 않으니 염려 말라는 듯이 어깨를 움츠려 보였다.

그러고 나서 우리는 출발했다.

안토니오의 의미심장한 눈짓, 걱정스러운 모습, 낯선 사나이 입에서 새어 나온 몇 마디 말, 그중에서도 하루에 3백 리를 달렸다는 일과 이에 대한 석연찮은 설명, 이런 요소들이 이 길동무에 대한 내 나름대로의 생각을 굳혀주었다. 나는 그가 밀수업자거나 아니면 산적이 틀림없다고 생각했다. 그러나 나와는 상관없는 일이다.

나는 스페인 사람의 성질을 잘 알고 있었으므로, 음식을 함께 먹고 담배를

---

*5 까마귀 여인숙.

같이 피운 상대는 조금도 두려워할 필요 없다는 자신이 있었다. 이 사람이 곁에 있으면 오히려 반갑지 않은 모든 일을 막아주는 방패 구실을 해줄 것만 같았다. 그리고 산적이 어떤 존재인지 알게 되는 것도 몹시 유쾌한 일이었다. 산적은 매일 만날 수 있는 것이 아니다. 이렇게 위험한 인물 곁에 있다는 것은, 특히 그 인물이 순하고 고분고분할 때는 왠지 매력적으로 느껴지는 법이다.

나는 이 낯선 사나이가 조금씩 제 신상 이야기를 털어놓게끔 이끌어나갈 작정이었다. 그래서 안내인이 부지런히 눈짓을 해도 그냥 모른 체하고, 거리를 휩쓸고 있는 도둑에 대한 말을 꺼냈다. 물론 많은 경의를 표하며 말을 했다. 그 무렵 안달루시아에는 호세 마리아라는 유명한 산적이 있었다. 그 활약상은 남녀노소 모든 사람들 입에 오르내리고 있었다.

'어쩌면 내가 지금 호세 마리아와 말머리를 나란히 하고 있는 것은 아닐까?'

나는 속으로 이렇게 생각했다. 그리고 이 영웅에 대해 아는 사실을 모조리 말했다. 하기야 모두 그를 칭찬한 말이었지만, 나는 그의 용기와 의협심에 대해 진심으로 경의를 표명했다.

"호세 마리아 말입니까. 그놈은 보잘것없는 녀석이에요." 낯선 사나이는 냉담하게 말했다.

'정말 스스로를 그렇게 생각하고 있는 것일까? 아니면 지나치게 겸손하게 굴고 있는 것일까?'

나는 속으로 자문했다. 왜냐하면 이 길동무를 자세히 쳐다본 끝에 마침내 호세 마리아의 인상을 그에게 적용시키는 데 성공했기 때문이다. 실은 호세 마리아의 인상착의를 적은 게시문이 안달루시아의 커다란 고을 어귀마다 붙어 있었던 것이다.

'그렇다, 분명히 그 녀석이다.'

……금발에 푸른 눈, 큰 입에 고른 이, 자그마한 손과 고급 셔츠, 은단추가 달린 벨벳 웃옷에 흰 가죽 각반, 붉은빛 말…… 더 의심할 여지가 없다! 그러나 정체를 숨기고 있는 그를 존중하기로 하자.

우리는 주막에 닿았다. 그가 말했던 대로이다. 지금까지 내가 보아온 여러 주막 중에서도 가장 초라한 주막이었다. 널따란 방 하나가 부엌도 되고 식당도 되고 침실도 되었다. 방 한가운데에 놓여 있는 편평한 돌 위에서 불이 타오른다. 연기는 지붕에 뚫린 구멍으로 빠져나가야 할 테지만 실제로는 방바닥 위로 대여섯 자 되는 곳에서 구름처럼 뱅뱅 감돌고 있었다. 벽을 따라 방바닥 위에는 노새 잔등에 걸치는 싸구려 담요를 대여섯 장 펼쳐 놓았다. 이것이 손님들 잠자리였다. 이 집이라기보다는 지금 내가 묘사한 단칸방에서 스무 발짝쯤 떨어진 곳에는 헛간 비슷한 것이 서 있는데 그것이 바로 마구간이었다.

이 살기 좋은 집에 사람이라고는 노파 하나와 여남은 살 되어 보이는 어린 여자아이가 하나 있을 뿐이었다. 둘 다 그을음에 그은 것처럼 얼굴빛이 새까맣고 몸에는 차마 볼 수 없을 만큼 낡아빠진 누더기를 걸치고 있었다. 이것이야말로 영광스런 옛 문다 보에티카의 주민이 남긴 전부이다! 오오 케사르여! 섹스투스 폼페이우스여! 그대들이 다시 이 세상에 온다면 얼마나 놀랄 것인가! 나는 마음속으로 이렇게 소리쳤다.

노파는 내 길동무를 보자마자 깜짝 놀라 소리를 질렀다.

"아니! 돈 호세 나리시군요!"

돈 호세가 눈살을 무섭게 찌푸리며 그만하라는 듯한 손을 들어올리니 노파는 곧 입을 다물었다. 나는 안내인을 돌아다보고 슬쩍 눈짓을 했다. 이제부터 하룻밤을 함께 지내야 할 사나이가 누구인지는 이미 다 알고 있으니 더이상 말할 필요가 없다는 것을 알려주려고. 저녁밥은 생각보다는 훨씬 훌륭했다. 주인은 높이가 한 자쯤 되는 작은 상 위에 음식을 차려왔다. 매콤한 피망을 넣고 쌀과 함께 익힌 묵은 닭고기 한 접시, 기름에 담근 피망, 끝으로 가스파초라는 피망 샐러드가 나왔다.[*6] 이런 식으로 양념을 한 세 접시 요리는 몬티야 포도주가 든 가죽부대에 우리 손이 여러 번 미치게 했는데, 이 포도주 맛 또한 일품이었다. 식사가 끝난 뒤 벽에 걸린 만돌린을 보고—스페인에선 어딜 가나 만돌린이 있다—시중을 들고 있던 계집아이에게 만돌린을 켤 줄 아느냐고 물어보았다.

"못 켜요. 하지만 돈 호세 님은 만돌린을 잘 켜시죠!"

[*6] 파이요 판(版) 발레리 라르보의 머리말에 의하면 gazpacho는 샐러드가 아니라 기름과 야채를 넣어 차갑게 해서 먹는 수프이다. 이는 그 당시 스페인 문물에 관한 메리메의 기술 중에서 유일한 잘못이라고 한다.

그 여자아이는 이렇게 대답했다. 나는 호세에게 노래 부를 것을 권했다.

"한 곡 불러 보시죠. 난 이 나라 노래를 몹시 좋아하거든요."

그러자 돈 호세도 기분이 좋은 듯 이렇게 소리쳤다.

"그렇게 맛있는 퀼런을 주신 분의 부탁이니 거절할 수야 없죠."

그러고는 만돌린을 받아 들고 반주를 하며 노래를 부르기 시작했다. 거칠기는 하나 듣기 좋은 목소리였다. 애수를 띤 이상한 곡이었다. 가사는 한마디도 알아들을 수 없었다.

나는 입을 열었다.

"내 추측이 맞는다면 지금 부른 노래는 스페인 노래가 아니군요. '지방'*7에서 들어봤던 소르시코즈*8와 비슷한데, 아마 가사는 바스크 말인 것 같군요."

"그렇습니다."

돈 호세는 침울한 낯으로 대답했다.

만돌린을 방바닥에 내려놓고 팔짱을 낀 채 꺼져가는 불을 물끄러미 쳐다보기 시작한 그의 얼굴에는 묘하게 슬픈 표정이 떠올랐다. 탁자 위에 놓인 램프 불빛에 비친 점잖으면서도 사나운 그 얼굴은 나에게 밀턴의 사탄을 연상케 했다.*9 아마 사탄이나 다름없이 이 친구도 자신이 버리고 온 고향과 한 번 범한 잘못으로 추방된 제 신세를 생각하고 있는 모양이다.

나는 화제를 좀더 명랑하게 이끌어가려고 애를 썼다. 그러나 그는 슬픈 생각에 잠겨 대답을 하지 않았다. 이미 노파는 방 한구석에 쳐놓은 가는 줄에 장막처럼 걸려 있는 구멍투성이 담요 뒤로 들어가 누워 버렸다. 여자아이도 노파 뒤를 따라 그 여성 전용 처소로 들어갔다. 그러자 안내인이 일어서더니 마구간에 같이 가보자고 나에게 말했다. 이 말을 듣자마자 돈 호세는 퍼뜩 꿈에서 깨어난 것처럼 깜짝 놀라 안내인에게 퉁명스럽게 어디를 가느냐고 물었다.

"마구간에 가려고요."

---

*7 이른바 '특권 지방'이다. 특별한 fueros(권리)를 향유하고 있는 알라바, 비스카야, 기푸스코아, 그리고 나바라 일부 지방을 말한다. 바스크어가 그 지방 언어이다. [원주]

*8 Sorzicos. 바스크 지방 춤곡.

*9 밀턴 《실낙원》 제1편.

안내인이 대답했다.

"무엇하러? 말에겐 먹이를 주었을 텐데. 여기서 자게. 선생님도 이의는 없으실 테니."

"선생님 말이 병이 나지나 않았나 해서 그럽니다. 선생님이 봐주셨으면 해서 그러는 거죠 뭐. 선생님이 보시면 어떤지 아실 테니까요."

안토니오가 뭔가 나에게 할 말이 있어서 그런다는 것은 확실했다. 그러나 이 상황에서 나는 돈 호세에게 의심을 품게 하고 싶지 않았다. 지금은 오히려 가장 큰 신뢰를 보여 그를 안심시키고 싶었다.

그래서 나는 안토니오에게 말에 대한 일은 통 알지도 못하며, 또 졸려서 못 견디겠다고 대답했다. 돈 호세는 안내인을 따라 마구간으로 나가더니 잠시 뒤에 혼자서 돌아왔다. 말은 별일 없으나 안내인은 내 말을 지극히 소중히 여겨 감기라도 걸리지 않게끔 땀을 내게 하려고 자기 웃옷으로 비벼 주고 있는데, 그 유쾌한 일을 하며 하룻밤을 새울 작정인 것 같다고 말했다.

그 말을 들으며 나는 노새용 담요 위에 몸을 눕혔다. 그 담요가 몸에 닿지 않도록 외투로 정성껏 몸을 감쌌다. 실례지만 옆에서 자겠다고 말하며 돈 호세는 방문 앞에 누웠다. 그러나 그 전에 소총 뇌관(雷管)을 새것으로 갈아 넣는 일은 잊지 않았다. 그는 베개 삼아 베고 있던 배낭 밑에 그것을 조심스럽게 넣었다. 서로 잘 자라는 인사를 나눈 지 5분 뒤에는 둘 다 깊은 잠에 빠졌다.

나는 몹시 피곤했으므로 이런 허름한 주막에서라도 문제없이 잘 수 있으리라고 생각했다. 그런데 한 시간쯤 지났을 무렵 몹시 불쾌하게 몸이 가렵기 시작하여 나는 얼마 자지도 못하고 눈을 떴다. 왜 몸이 가려운가를 알게 되자 나는 벌떡 일어났다. 이런 굉장한 집에서 자기보다는 차라리 밖에서 밤을 지새우는 편이 훨씬 나을 것 같았다. 나는 발끝으로 살금살금 걸어 문까지 왔다. 속 편하게 푹 잠들어 있는 돈 호세의 잠자리를 타고 넘어 용케도 그를 깨우지 않고 밖으로 빠져나올 수 있었다. 문 옆에는 널따란 나무의자가 놓여 있었다. 나는 그 위에 누워서 남은 밤을 보내려고 되도록 편하게 옷을 이리저리 잡아당기고 뒤치락거렸다. 다시 눈을 감으려고 하는데 사람 그림자와 말 그림자가 소리도 없이 지나쳐 간 듯했다. 벌떡 일어나 앉아 보니 그 사람은 안토니오인 것 같았다. 그 안내인이 지금 시간에 마구간 밖에 나와 어슬렁거리고 있다니. 놀란 나는 일어서서 그에게 다가갔다. 잠든 지 얼마 안 된 나의 꿈을 깨워 버렸다. 그러자 그가 먼저 나를 알아보고 그 자리에 섰다.

"그놈은 어디 있습니까?" 안토니오가 나직이 말했다.

"집 안에 있지. 푹 자고 있어. 빈대는 아무렇지도 않은 모양이야. 그런데 말은 왜 끌어내나?"

그제야 나는 안토니오가 헛간을 나올 때 소리가 나지 않도록 말굽을 헌 담요 조각으로 정성껏 싸매어 놓은 것을 알아차렸다.

"제발 좀 작은 목소리로 말해 주십시오! 선생님은 저 녀석이 누군지 모르시는 모양이군요. 저 녀석은 호세 나바로란 놈입니다. 안달루시아에서 가장 유명한 산적이라고요. 오늘 하루 종일 선생님께 눈짓을 했지만, 어디 알아주셔야죠."

"산적이건 아니건 무슨 상관이 있나. 그자는 우리 것을 훔치지도 않았고 또 훔칠 염려도 없는데."

"그야 그렇지만! 선생님, 저놈을 잡아 넘기는 사람에게는 2백 두카나 되는 상금이 굴러 들어오는걸요. 여기서 사오 리쯤 가면 창기병(槍騎兵) 파수막이 있습니다. 제가 가서 날이 새기 전에 기운깨나 쓰는 자들을 대여섯 명 끌고 올게요. 저 녀석 말을 타고 갔으면 좋겠는데 말이 너무 사나워서 나바로가 아니면 아무도 가까이 못 간답니다."

"아니, 그게 무슨 소리인가! 저 가엾은 사나이가 자네한테 무슨 나쁜 짓을 했기에 밀고를 한다는 건가? 그리고 저 사람이 자네가 말하는 그 산적임이 분명한가?"

"분명하다마다요. 아까도 마구간까지 따라와 하는 말이 넌 나를 잘 알고 있는 모양인데 저 착한 분에게 내가 누구인지 한마디라도 말했다가는 당장 네 대가리에 구멍을 뚫어 주겠다고 하는 거예요. 제발 선생님은 그놈 옆에 계세요. 선생님은 아무것도 위험할 게 없습니다. 선생님이 옆에 계신다면 그놈은 조금도 의심하지 않을 겁니다."

이야기를 하면서 우리는 집에서 꽤 먼 곳까지 와 있었다. 이제 말발굽 소리가 집 안까지 들릴 리가 없었다. 안토니오는 순식간에 발굽을 쌌던 누더기를 풀어헤치더니 안장에 손을 얹었다. 나는 화도 내 보고 달래도 보며 그를 붙잡으려고 애를 썼다.

"선생님, 난 가난한 놈입니다. 2백 두카란 돈을 그렇게 쉽게 놓칠 수는 없습니다. 게다가 저런 악당을 처치해 버리고 이 근처 사람들이 마음 놓고 잘 수 있게 하자는 게 아닙니까. 그러나 조심하셔야 해요. 나바로란 놈이 눈만 뜨는 날이면 총알이 날아올 테니까요. 정말 위험합니다! 나는 이미 내친 걸음입니다. 여기서 물러날 수는 없어요. 선생님, 뒤를 잘 부탁합니다."

그는 막무가내로 벌써 말안장에 올라탔다. 두 발로 박차를 가했다. 마침내 그는 어둠 속으로 사라지고 말았다.

나는 안내인에게 몹시 화가 났지만 또 한편으론 상당히 걱정이 되기도 했다. 잠시 생각을 한 뒤 결심하고 집 안으로 들어갔다. 돈 호세는 아직도 자고 있었다. 틀림없이 연일 계속되는 모험을 겪으며 밤을 지새웠던 피로를 지금 풀고 있을 것이다. 나는 부득이 그를 깨우기 위해 힘껏 흔들었다. 그 순간 그의 충혈된 눈과 소총을 와락 집어들던 그 동작을 나는 영원히 잊을 수 없을 것이다. 만일을 생각해 내가 소총을 그의 잠자리에서 조금 떨어진 곳으로 옮겨 놓았던 것이다.

나는 그에게 말했다.

"잠을 깨워서 미안합니다만, 좀 물어볼 일이 있어서요. 창을 든 기병이 대여섯 명 이쪽으로 오는 모양인데 괜찮을까요?"

그는 벌떡 일어났다. 그리고 무서운 목소리로 나에게 물었다.

"누가 그러던가요?"

"누가 말했건 상관없지 않을까요. 그게 확실한 정보이기만 하다면."

"그 안내인이 배신했군! 두고 보자. 그놈은 어디 있습니까?"

"글쎄요…… 마구간에 있겠죠 뭐…… 어쨌든 그런 말이 내 귀에 들어왔기에."

"누가 그랬어요? 노파가 말했을 리야 없을 테고."

"어쨌든 난 모르는 사람이오…… 이제 누구냐고 캐묻는 말은 하지 맙시다. 그보다 어때요, 있소 없소? 군사들이 올 때까지 여기서 기다리면 안 될 이유가. 만일 그럴 이유가 있다면 꾸물대지 말고 서둘러요. 아니면 우리 도로 잠을 자기로 합시다. 잠을 깨운 건 사과하리라."

"젠장! 틀림없이 그 안내인이다! 그 안내인이야! 처음부터 수상쩍더라니

…… 두고 봐라! 선생님, 신세 많이 졌습니다. 신의 가호가 있기를 빕니다! 이래 봬도 선생님이 생각하시는 것처럼 나쁜 놈은 아닙니다……그렇습니다. 나는 아직도 너그러운 분의 동정을 받을 만한 구석이 남아 있다고 생각합니다…… 안녕히 계십시오, 선생님. 다만 한 가지 유감스러운 것은 선생님 은혜를 갚지 못하고 떠나는 일입니다."

"돈 호세, 내가 베푼 일에 대한 대가로 내게 한 가지 약속해줬으면 하는 일이 있소. 누구도 의심하지 말고 복수할 생각도 하지 말라는 것이오. 자 이 궐련은 가다가 피우시오. 그럼 몸조심해서 가시오!"

나는 그에게 손을 내밀었다.

그는 아무 대답 없이 내 손을 잡았다. 그리고 소총과 부대를 들고 나는 알아들을 수 없는 방언으로 노파에게 몇 마디 지껄이더니 헛간 쪽으로 달려갔다. 잠시 뒤 나는 그가 벌판으로 쏜살같이 말을 달리는 소리를 들었다.

나는 다시 의자 위에 누웠으나 잠을 이룰 수가 없었다. 나는 스스로에게 물어보았다. 도둑을 교수대에서 구해준 일은 과연 옳은 일이었을까? 단지 함께 햄을 먹고 발렌시아식 요리를 먹었다는 이유로? 국법을 중히 여기고 있는 내 안내인을 내가 배신해 버린 것은 아닐까? 그래서 악한에게 보복을 당하게 만든 것은 아닐까! 그러나 한집에서 잔 의리상 그럴 수야 있나! ……아니다. 야만인의 편견이다. 나는 이렇게 혼잣말을 했다.

앞으로 그 악한이 범하는 범죄의 책임은 다 내가 져야 할 것이다……그러나 모든 이치에 대항하는 이 양심의 충동이 과연 편견일까? 어쨌든 이렇게 난처한 처지에 빠진 이상 후회가 아예 없을 수는 없었다. 내가 한 짓의 옳고 그름에 대하여 나는 갈피를 못 잡고 당황하고 있었다.

그때 안토니오와 함께 기마병 대여섯 명이 나타났다. 안토니오는 조심스럽게 제일 뒤에 서 있었다. 나는 그들 앞으로 나가 그 악한은 이미 두 시간 전에 도망쳐 버렸다는 사실을 알려 주었다.

하사의 심문을 받은 노파는 나바로를 알고 있기는 하나 홀앗이살림에 목숨을 걸고까지 그를 밀고할 생각은 없었노라고 대답했다. 그리고 그 사람이 노파네 집에 들 때는 언제나 밤중에 떠나는 버릇이 있다고 덧붙여 말했다. 한편 나는 나대로 거기서 오륙십 리나 떨어진 곳에 가서 여행권을 제시하고 관리 앞에서 시말서에 서명해야만 했다. 그 일이 끝난 다음에야 그들은 다시

고고학 탐사를 계속하도록 허락해 주었다.

안토니오는 나를 몹시 원망하고 있었다. 그가 2백 두카를 벌지 못하도록 내가 방해한 것이 틀림없다고 의심하고 있었기 때문이다. 그러나 우리는 코르도바에선 의좋게 헤어졌다. 내 주머니가 허락하는 한 많은 액수의 술값을 집어준 덕분이었다.

제2장

　나는 며칠을 코르도바에서 지냈다. 도미니크회 수도원에 보관되어 있는 어떤 고문서 사본 속에서 옛 문다에 관한 흥미로운 자료를 발견할 수 있으리라는 말을 들었기 때문이다. 친절한 신부님들에게 환영을 받은 나는 낮에는 수도원에서 지내고 저녁때가 되면 거리를 산책하곤 했다. 코르도바에선 해질 무렵이 되면 과달키비르 강 오른쪽 둑 위에 한가한 사람들이 많이 모여든다.

　이 둑 위에서 그들은 제혁업(製革業)으로 유명했던 이 나라의 옛 명성을 아직도 간직하고 있는 유피공장(鞣皮工場)이 발산하는 냄새를 맡게 되는데, 그 대신 아주 볼 만한 광경을 즐길 수 있다. 안젤루스의 종(저녁 종)이 울리기 몇 분 전에 수많은 여인들이 높다란 둑 밑 강가에 모여든다. 남자는 단 한 사람이라도 이 속에 끼어들 수 없다. 안젤루스의 종이 울리면 밤이 된 셈이다. 마지막 종소리가 사라지면 부인들은 모두 옷을 벗고 물속으로 뛰어든다. 그러고는 소리치고 웃고 정신없이 떠들어댄다.

　둑 위에서는 남자들이 목욕하는 여인들을 바라보고 있다. 눈을 둥그렇게 뜨고 바라보지만 대수로운 것은 볼 수 없다. 그러나 검푸른 수면 위에 떠오르는 희고 어슴푸레한 모습은 시적 감흥을 불러일으키기에는 충분하였다. 상상력만 좀 있으면 악타이온의 운명[1]을 두려워할 것 없이 다이아나와 그 시녀인 님프들이 목욕하는 그림을 머릿속에 그려볼 수 있을 것이다.

　한번은 이런 재미있는 이야기를 들은 일이 있다. 몇몇 불량소년들이 어느날 돈을 모아 성당 종지기를 매수해서 정해진 시간보다 20분이나 일찍 종을 치게 했다는 것이다. 아직 날이 환했지만 과달키비르 강의 님프들은 주저하지 않았다. 해님보다도 안젤루스의 종소리를 더 믿었기 때문에 안심하고 목

---

*1 Actéon. 그리스 신화 속 사냥꾼. 목욕하는 달의 여신 다이아나를 훔쳐봤다가 저주를 받아 사슴으로 변하여 자기 사냥개에게 물려 죽었다.

욕할 준비를 했다. 이 준비는 언제나 극히 간단하였다. 나는 공교롭게 그때 그 자리에 있지 못했다. 내가 코르도바에 머물 때는 종지기는 고지식한 사람이었고 황혼은 밝지 않아 고양이가 아니고서는 코르도바에서 제일 아름다운 젊은 여공(女工)과 가장 나이 많은 오렌지 장수 노파를 분간할 수 없었다.

어느 날 저녁, 이미 아무것도 보이지 않을 만큼 어두워졌을 무렵에 나는 둑길 난간에 기대어 담배를 피우고 있었다. 그때 한 여인이 강으로 내려가는 계단을 올라와 내 옆에 걸터앉았다. 그 여자는 머리에 커다란 재스민 꽃을 꽂고 있었다. 저녁때가 되면 취할 듯 달콤한 향기를 풍기는 꽃이다. 그 여자는 소박한, 아니 정확히는 초라한 옷차림을 하고 있었다. 온통 검은 그 옷차림은 대개 여공들이 저녁때 입는 옷으로, 양갓집 부인들은 아침에만 이 옷을 입는다. 그들은 저녁에는 프랑스식 옷을 입는다. 목욕을 마친 그 여자는 내 옆으로 다가오며 머리를 싸고 있던 숄을 어깨 위로 내렸다. 그래서 나는 별에서 떨어지는 어슴푸레한 빛으로*² 이 여자는 몸집이 자그마하고 젊으며 맵시있을 뿐만 아니라 눈이 몹시 크다는 것을 알았다.

나는 곧 피우던 담배를 버렸다. 여인은 내가 프랑스식 예의를 지키고 있다는 것을 알아차렸는지 얼른 한마디 했다. 자기는 담배 냄새를 좋아하며 순한 궐련이 있다면 자기도 피울 수 있다고. 다행히 내 담뱃갑에는 순한 담배도 있었기에 곧 그것을 빼 주었다. 그 여자는 기분 좋게 한 대를 받아들더니, 동전 한 푼 받으려고 한 사내아이가 가지고 온 심지 끝으로 불을 붙였다. 서로 연기를 뿜어대며 이 아름다운 여자와 나는 둘이서 오랫동안 이야기를 주고받았다.

이윽고 둑 위에는 우리 외에는 사람 그림자도 찾아볼 수 없게 되었다. 네베리아*³로 아이스크림을 먹으러 가자고 말해도 실례될 것 같지 않기에 한번 권해 보았다. 약간 수줍어하며 주저하더니 그 여인은 승낙했다. 그러나 결정하기 전에 몇 시나 되었는지 알고 싶어했다. 나는 회중시계를 울렸다. 이 자

---

*2 코르네유(P. Corneille, 1606~1684)의 유명한 비극 〈르 시드(Le Cid)〉 중에서 제4막 제3장 대사 '별에서 떨어지는 어슴푸레한 빛에 마침내 보일 것은 밀물을 탄 30척의 군선(軍船)'을 인용.

*3 냉장고는 아니지만 쓸 만한 눈 저장고를 갖추어 놓은 카페. 스페인에서는 어느 마을에나 네베리아(neveria)가 하나 정도는 있다. 〔원주〕

명종이 그녀를 매우 놀라게 한 모양이었다.

"참 재미있는 발명도 하시네요, 외국 분들은! 선생님은 어느 나라 분이시죠? 영국 분이 아니세요?"[4]

"아니요, 프랑스 사람입니다. 당신의 충실한 하인이지요. 그래 아가씨는, 아니 부인일지도 모르겠습니다만 코르도바 분이시겠죠?"

"아뇨."

"그래요? 하지만 안달루시아 분이시죠? 그 부드러운 말씨로 보아 그럴 것 같은데요."

"어마, 그렇게 여러 나라 말씨를 잘 아신다면 제 고향이 어디인지도 아시겠네요."

"글쎄요, 당신은 천국에서 그리 멀지 않은 그리스도 나라 분이죠?"

나는 이렇게 안달루시아를 천국에 비유하는 법을 내 친구인 고명한 투우사 프란시스코 세비야에게서 들어 알고 있었다.

"어마, 농담을 다 하시네! 천국이라뇨…… 이 고장 사람들은, 천국은 우리를 위해 있는 게 아니라고들 말하는데요."

"그럼 당신은 무어 사람이죠, 아니면……."

나는 말을 끊었다. 차마 유대인이냐고 물을 수는 없었던 것이다.

"아니 왜 이러세요! 제가 보헤미아 사람이라는 걸 잘 아시면서. 점[5]을 쳐 드릴까요? 족집게 점쟁이 카르멘시타의 소문을 들은 적 없으세요? 제가 바로 그 카르멘시타예요."

15년 전 그 무렵에는 나는 철저한 무신자였기 때문에 눈앞에 있는 사람이 마녀라 하더라도 겁을 먹고 도망치거나 하는 일은 없었다. 나는 마음속으로 이렇게 중얼거렸다.

'이것 참 재미있는 일이군! 지난 주에는 도적질하는 악당과 함께 저녁을 먹게 되더니 오늘은 악마의 시녀와 무릎을 맞대고 아이스크림을 먹게 되는구나. 그래, 여행을 하면 무슨 일이건 다 해 봐야겠지.'

---

[4] 스페인에서는 옥양목과 비단 견본을 짊어지지 않은 나그네는 다 영국 사람으로 여겨진다. 이것은 동방에서도 마찬가지이다. 칼키스(그리스 다도해에 있는 항구 도시—역주)에서 나는 프랑스 출신 영국 귀족이라고 소개를 받는 영광을 가져본 일이 있다. 〔원주〕

[5] la daji, 占. 〔원주〕

내가 이 여자와 사귀어보려는 데는 그 밖에 또 다른 이유가 있었다. 창피를 무릅쓰고 털어놓는 말이지만 나는 졸업하고 나서 한동안 점성술을 연구하느라고 소중한 시간을 낭비한 일이 있었다. 뿐만 아니라 몇 번이고 어둠의 세계에서 정령(精靈)들을 불러내려고 시도해본 일조차 있었다. 이미 오래전에 이 분야에 대한 탐구열은 식어 버렸지만, 모든 미신에 다소나마 호기심을 갖는 경향은 여전하였다. 보헤미아 사람들의 요술이 얼마나 발달되어 있는가 알아볼 수 있는 기회가 오자 나는 은근히 기뻤다.

우리는 이야기를 하며 네베리아로 들어가 둥근 유리뚜껑이 덮인 촛불이 비치고 있는 작은 탁자에 마주 앉았다. 거기서 나는 천천히 나의 집시 여인을 바라볼 수 있었다. 그곳에 앉아 있던 점잖은 사람들은 내가 이런 굉장한 여자와 함께 들어온 것을 보고 아이스크림을 마냥 입으로 퍼넣으며 몹시 어이없는 표정을 짓고 있었다.

카르멘 양이 순수한 보헤미아 사람이었는지는 나도 퍽 의심스럽게 생각한다. 적어도 그 여자는 내가 지금까지 만났던 동족 중 어느 여자보다도 훨씬 아름다워 보였다. 스페인 사람들 말로는 한 여자가 미인이 되려면 서른 가지 조건을 갖추어야 한다. 다시 말해 신체 세 부분에 각기 적용할 수 있는 열 가지 형용사로 그녀를 묘사할 수 있어야만 한다. 이를테면 그녀는 세 가지 검은 것을 가지고 있어야 한다. 즉 눈과 속눈썹과 눈썹. 그리고 세 가지 가날픈 것을 지니고 있어야 한다. 즉 손가락, 입술, 머리카락이다. 나머지 조건은 브랑톰*6을 보아주기 바란다. 나의 보헤미아 여인은 그렇게 완벽한 아름다움을 자랑하지는 않았다. 살결은 아주 매끄러워 보이긴 했으나 구릿빛에 가까웠다. 눈은 사팔눈이지만 갸름하게 찢어진 초롱초롱한 눈이었다. 입술은 다소 도톰한 듯하나 모양은 단정하고, 껍질 벗긴 아몬드보다도 더 흰 이를 간혹 드러내 보이고 있었다. 머리카락은 조금 굵은 편이었지만 칠흑처럼 까맣고 까마귀 날개같이 푸른 윤기가 돌며 기다랗게 늘어져 반짝이고 있었다.

너무 장황한 묘사로 독자 여러분이 지루함을 느끼실지도 모르니 간단히 요점만 말하겠다. 결점이 하나 있을 때마다 그녀는 반드시 장점을 하나씩 갖

---

*6 Brantôme(1531~1614) Pierre de Bourdeille, abbé de Brantôme 프랑스 작가. 여기서는 그가 쓴 《Vies des dames gallantes(미녀열전)》을 말하는 것 같다.

추고 있어 결국 그 미점(美點)은 대조를 이루어 오히려 아름다움을 더하고 있었다. 몹시 야성적인 아름다움으로 보는 이를 우선 놀라게 하나 한번 보고 나면 절대로 잊을 수 없는 얼굴이었다. 특히 그 눈은 정욕적이면서도 사나운 표정을 지니고 있었다. 그 뒤 나는 어떤 다른 사람의 눈에서도 그런 표정을 찾아볼 수 없었다.

보헤미아 사람 눈은 이리 눈이라는 스페인 속담도 있다. 상당히 예리한 관찰을 나타낸 말이라고 하겠다. 만일 이리 눈초리를 연구하기 위해 동물원에 갈 시간이 없거든 여러분 집에서 기르고 있는 고양이가 참새를 노리고 있을 때의 눈을 보면 될 것이다.

카페 안에서 점을 쳐 달라기엔 아무래도 좀 뭣하다. 그래서 나는 아름다운 마녀에게 댁으로 데려가주십사 부탁했다. 그 여자는 기꺼이 승낙했다. 그러나 다시 한 번 몇 시나 되었는지 알고 싶다며 또 시계를 울려주기를 원했다.

"정말 금인가요?"

그녀는 이상하다는 듯 주의 깊게 시계를 들여다보며 말했다.

우리가 다시 걷기 시작했을 때는 벌써 밤이 이슥해졌다. 가게는 대부분 문을 닫았고 길에는 거의 인적이 끊겼다. 과달키비르 강 다리를 건너 교외에 이르러 어떤 집 앞에서 멈춰 섰다. 누가 봐도 궁전이라고는 부를 수 없겠다 싶은 집이었다. 한 사내아이가 나와 문을 열어 주었다.

보헤미아 여인은 아이에게 나는 알아들을 수 없는 말로 몇 마디 말했다. 나중에 안 일이지만 그 말은 rommani 또는 chipe calli 즉 집시의 말이었다. 그 아이는 꽤 넓은 방에 우리만을 남겨둔 채 곧 물러갔다. 방에는 작은 탁자가 하나, 걸상이 둘, 상자가 하나 놓여 있었다. 그리고 물항아리가 하나, 오렌지가 한 무더기, 양파가 한 묶음 있었던 것도 빼놓지 말고 말해 둬야겠다.

둘만 남자 보헤미아 여인은 상자 속에서 오래 사용한 것 같은 손때 묻은 카드와 자석(磁石)과 말린 카멜레온과, 그 밖에 점술에 필요한 여러 가지 물건들을 꺼내 놓았다. 그리고 나에게 왼쪽 손바닥에 은화(銀貨)로 성호를 그으라고 말했다. 이리하여 마술 의식은 시작되었다. 그 여자가 점친 내용이 무엇이었는가는 굳이 여기에 적을 필요는 없을 것이다. 그러나 점치는 솜씨로 보아서는 결코 풋내기 점쟁이가 아니었던 것만은 확실했다.

불행히도 우리 둘 사이에 불쑥 훼방꾼이 끼어들었다. 갑자기 방문이 활짝 열리더니 갈색 망토로 눈 아래까지 감싼 한 사나이가 보헤미아 여인의 이름을 부르며 방 안으로 뛰어 들어왔다. 그 말투는 예사로운 말투가 아닌 것 같았다. 무슨 말을 하는지 알 수 없었으나 그 목소리로 보아 사나이는 몹시 불쾌한 눈치였다. 그러나 그 모습을 본 집시 여인은 놀라지도 않았고 화를 내지도 않았다. 화내기는커녕 오히려 사나이 앞으로 달려가 이미 내 앞에서 썼던 그 알아들을 수 없는 말로 몹시 다급하게 뭐라고 지껄여댔다. 그 이야기에서 가끔 되풀이되던 payllo라는 말이 내가 알 수 있는 단 한마디 말이었다. 보헤미아 사람들이 자기네 종족이 아닌 모든 사람들을 이렇게 부른다는 것을 나는 알고 있었다. 아무래도 내 이야기를 하고 있는 것 같기에 나는 귀찮은 일이 생길지도 모르겠다고 각오하고 있었다. 이미 나는 걸상 다리를 붙잡고 침입자에게 내던질 알맞은 시기를 엿보면서 마음속으로 추론을 거듭하고 있었다. 그 사나이는 난폭하게 보헤미아 여인을 밀어버리고 내 쪽으로 다가왔다. 그러더니 갑자기 한 발짝 물러서며 말했다.

"앗! 선생님!"

나도 그 사나이를 물끄러미 쳐다보았다. 그는 다름 아닌 내 친구 돈 호세였다. 그 순간 나는 이 사나이를 교수대에 매달리게 놔두지 않았던 일을 조금 후회했다.

나는 되도록 쓴웃음이 되지 않게 조심하면서 웃음을 지었다.

"아, 당신이었군요! 실은 이 부인이 나에게 재미있는 예언을 해주고 있던 참인데요. 당신이 방해를 놨어요."

"여전하다니까! 그만두지 못해?"

그는 무서운 눈초리로 여자를 노려보며 입속으로 이렇게 중얼거렸다.

그러는 동안에도 보헤미아 여인은 여전히 자기네 말로 그에게 뭐라고 지껄여댔다. 그러더니 차차로 기세가 높아졌다. 눈에는 핏발이 서고 몹시 무서운 표정을 지었다. 얼굴 근육이 경련을 일으킬 정도로 흥분한 채 발을 쿵쿵 구르고 있었다. 여인이 무엇인가 사나이에게 빨리 하라고 서둘러 대는데 사나이는 망설이고 있는 모양이었다. 뭘 그렇게 서둘러 대고 있는가는, 그 여자의 귀여운 손이 자기 턱 아래를 몇 번이고 재빨리 수평으로 오가는 것으로 보아 능히 짐작이 갈 만도 했다. 아무래도 목을 베어 버리라는 뜻 같았다. 뿐만 아니라 그 베어 버리라는 목이 내 목이 아닌가 하는 의심도 없지 않았다.

이 쏟아져 나오는 웅변에 대해 돈 호세는 그저 짤막하게 두서너 마디씩 대답할 뿐이었다. 그러자 보헤미아 여인은 경멸에 찬 눈초리로 사나이를 쏘아보더니 방 한구석에 터키식으로 앉아 오렌지 하나를 골라내어 껍질을 벗기더니 먹기 시작했다.

돈 호세는 내 팔을 잡고 문을 열더니 나를 밖으로 끌고 나갔다. 우리는 2백 걸음 정도 아무 말도 하지 않고 걸었다. 그러더니 그가 손을 내밀며 입을 열었다.

"곧장 가십시오. 다리가 나올 테니까요."

말을 마친 그는 곧 발길을 돌려 빠른 걸음으로 가버렸다. 다소 당황스럽고 불쾌한 기분으로 나는 주막에 돌아왔다. 가장 기분 나쁜 것은 옷을 갈아입을 때 보니 어느새 시계가 없어졌던 일이다.

이리저리 생각해 본 끝에 다음 날 시계를 찾으러 가는 일도, 코레히도르(시장)에게 찾아 달라고 부탁하는 일도 단념하기로 했다.

나는 도미니크회 수도사의 사본을 조사하는 일을 마치고 세비야로 떠났다. 두세 달 동안 안달루시아를 돌아다니다 마드리드로 돌아가기로 했다.

그렇게 하려면 코르도바를 다시 한 번 지나가야 했다. 그러나 그곳에 오래 머물 생각은 없었다. 나는 이 아름다운 도시와 과달키비르 강에서 목욕하는 여자들에 대하여 이제는 대단한 반감을 갖게 되었던 것이다. 그러나 친구도 몇 명 만나 봐야 하고 볼일도 몇 가지 있어 적어도 사나흘 정도는 옛 마호메트 교주들이 도읍했던 이 고장에 묵을 수밖에 없었다.

나는 도미니크회 수도원을 다시 찾아갔다. 그러자 문다 전쟁터 위치에 대한 내 연구에 늘 많은 관심을 보여주던 한 신부가 두 팔 벌려 반가이 맞아주며 이렇게 소리쳤다.

"아이구 정말 잘 오셨습니다! 하느님께 감사를 드려야겠군요! 우리는 꼭 선생님이 돌아가신 줄만 알고 있었습니다! 그래서 저도 몇 번이고 선생님의 명복을 빌면서 파테르와 아베를 불렀지 뭡니까. 어쨌든 선생님 영혼을 구하는 일이므로 그것도 결코 헛수고는 아니라고 생각합니다만. 하여튼 용케 무사하셨군요? 우리는 말이죠, 도둑을 맞은 사람이 선생님이라는 걸 알고 있었거든요."

"아니 도대체 그게 무슨 말입니까?"

나는 깜짝 놀라 되물었다.

"아, 왜 아시잖아요. 그 근사한 회중시계 말입니다. 우리가 기도실에 갈 시간이 되었다고 하면 도서실에서 선생님이 울리시곤 하지 않았습니까! 그 시계가 발견된 거예요. 곧 되찾으실 수 있을 겁니다."

"아, 그것은 저, 어디선가 잃어버린 것인데……."

나는 좀 당황하여 말을 막았다.

"범인은 지금 감옥에 갇혀 있습니다. 그런데 그놈은 동전 한 푼 뺏으려고 그리스도교도에게 총을 쏘아대는 난폭한 놈이거든요. 그래서 우리는 틀림없이 선생님도 돌아가셨나보다 생각하고 몹시 걱정을 했답니다. 자, 저와 함께 시장을 찾아가 그 훌륭한 시계를 찾아오도록 하시죠. 그리고 본국에 돌아가시거든 스페인 사법당국은 무능해서 곤란하더라는 말은 하지 마셨으면 합니다."

나는 신부에게 말했다.

"솔직히 말해서 나로선 불쌍한 한 사나이를 교수대에 매달기 위해 법정에 나가 증인이 되기보다는 그 시계를 잃고 마는 편이 낫겠습니다. 특히 그것이 ……."

"천만에! 그런 염려는 마십시오. 그놈은 죄상이 다 드러나 수배된 놈입니다. 두 번 교수대에 매달 수야 있겠어요? 아, 교수대에 매단다니 어폐가 있군요. 그 도둑놈은 이달고(귀족)라서, 내일모레면 꼼짝없이 가로테(교수형)*⁷에 처해질 겁니다. 그러니 절도죄가 한두 개 늘거나 줄어 본들 달라질 게 있겠습니까. 도둑질만 했다면 또 모르지만 사람을 얼마나 많이 죽였는데요. 그것도 아주 끔찍한 방법으로 말입니다."

"그 사람 이름은 뭐라고 합니까?"

"이 지방에선 호세 나바로란 이름으로 알려져 있지만 또 하나 선생님이나 저는 도저히 발음할 수 없는 바스크어(語)로 된 이름을 가지고 있답니다. 어쨌든 한번 봐둘 만한 녀석입니다. 선생님은 이 나라의 진기한 것을 알고 싶어하시잖아요? 그러니까 이 기회에 스페인에선 나쁜 짓을 한 놈들이 어떻게 세상을 떠나는가 꼭 알아두셔야지요. 그놈은 지금 교회당에서 마지막 교

---

*7 1830년에 귀족은 아직도 이 특권을 향유하고 있었다. 오늘날 입헌제도 밑에서는 평민도 이 가로테(紋首) 권리를 획득했다. 〔원주〕

회(敎誨)를 받고 있습니다. 마르티네스 신부가 안내해 드릴 겁니다."

우리 도미니크회 신부가 나에게 'petit pendement pien choli(꽤 재미있는 교수형)'*8의 준비를 꼭 보라고 하도 강권하기에 나도 끝내 거절할 수가 없었다. 마음에 없는 소행에 대한 용서를 빌어볼 참으로 나는 궐련을 선물로 싸들고 사형수를 만나러 갔다.

내가 돈 호세 곁으로 안내되었을 때 그는 마침 식사를 하고 있었다. 그는 나에게 적잖이 쌀쌀한 목례를 했으나 내가 가지고 간 선물에 대해서는 공손히 사례를 했다. 받아든 담배를 세어 보더니 그중에서 몇 개비만 꺼내고 이거면 충분하다며 나머지는 돌려주었다.

나는 그에게 돈을 좀 쓰든지, 아니면 내 친구들 힘을 빌리든지 해서 다소간이나마 그의 죄를 가볍게 해줄 방법이 있겠느냐고 물어보았다. 그는 처음에는 슬픈 듯이 미소를 띠고 그저 어깨를 움츠려 보였으나 이윽고 생각을 달리했는지 자기 명복을 위해 미사를 올려 달라고 부탁했다. 그리고 부끄러워하면서 덧붙여 말했다.

"어떻겠습니까, 또 한 사람, 선생님에게 무례한 짓을 한 자를 위해서도 미사를 올려 주시겠습니까?"

"그야 어렵지 않은 일이죠. 그러나 내가 아는 바로는 이 나라에서 나에게 무례한 짓을 한 사람은 없는 것 같은데."

그는 내 손을 잡았다. 더없이 진지한 얼굴로 꼭 쥐었다. 잠시 입을 다물고 있더니 다시 말을 계속했다.

"대단히 죄송스러운 말씀입니다만, 또 한 가지 수고를 해주실 수 있겠습니까? ……본국으로 돌아가실 때는 반드시 나바라를 지나치게 되겠죠. 적어도 거기서 그리 멀지 않은 비토리아를 지나쳐 가시리라 믿습니다."

"물론 비토리아를 통과하겠죠. 그러나 팜플로나로 가기 위해 빙 돌아가게 될지도 모를 일이고 또, 당신을 위해서라면 기꺼이 돌아가기로 하죠."

"아, 그러십니까! 팜플로나에 가시면 여러 가지 재미있는 것을 보실 수 있을 겁니다. ……아름다운 도시지요…… 이 메달을 드리겠습니다(그는 목에 걸고 있던 작은 은메달을 가리켰다). 종이에나 어디다 싸셔서…… (그는

---

*8 Petit pendement bien joli(꽤 재미있는 교수형)가 변한 것. 몰리에르가 쓴 〈푸루소냑 씨〉 제3막 제3장 대사를 인용.

여기서 잠깐 말을 끊고 복받쳐오르는 감동을 억눌렀다) ……나중에 주소를 말씀 드리겠습니다만, 그곳에 사는 한 노파에게 이 메달을 전해 주십시오. 직접 전해 주시든지 아니면 사람을 시켜서 전해 주시든지 편한 대로 해주십시오. ……그냥 내가 죽었다고 말씀해 주십시오. 어떻게 죽었는지는 말씀하지 마십시오."

나는 그 부탁을 꼭 들어주겠다고 약속했다. 그리고 다음 날도 그를 만나 그날의 일부분을 그와 함께 지냈다. 이제부터 여러분이 읽을 슬픈 이야기는 그때 그 입을 통해 들은 이야기이다.

제3장

바스탄의 골짜기 엘리존도, 그곳이 내가 태어난 고향입니다. 이름은 돈 호세 리자라벵고아라고 합니다. 선생님은 스페인을 잘 아시니까 이렇게만 말씀드려도 곧 내가 바스크 사람이고 선조 대대로 내려온 그리스도교도라는 것을 아시리라 믿습니다. 주제넘게 귀족 칭호인 '돈'을 붙인 데에는 그럴 만한 이유가 있습니다. 집안이 그렇거든요. 엘리존도에 가면 양피지(羊皮紙)에 적어둔 우리집 족보를 보실 수 있습니다. 집에서는 나를 종문(宗門)에 들어가게 하려고 공부를 시켰습니다. 그러나 당사자인 내가 공부를 못했어요. 나는 하이알라이*¹을 좋아해서 거기에만 빠져 버렸죠. 그것이 내 일생을 망쳐 버린 셈입니다. 우리 나바라 사람들은 하이알라이를 할 때는 만사를 다 잊어버린답니다.

어느 날 내가 그 경기에서 이기자 알라바 태생 젊은이가 내게 싸움을 걸어 왔습니다. 우리는 마킬라*²를 들고 맞서게 되었는데 이번에도 내가 이겼어요. 그러나 그 때문에 나는 고향을 떠나야만 했습니다. 그런데 여행길에 용기병(龍騎兵)들을 만나 마침내 알만사 기병연대에 지원병으로 입대해 버렸습니다.

우리 산골 사람들은 어쩐 일인지 군대 일이라면 굉장히 빨리 배운답니다. 나는 얼마 안 가 하사가 되었고, 곧 중사를 시켜 준다는 말까지 들었습니다. 마침 그때 세비야의 담배공장에서 경비를 서게 되었죠.

이것이 일생을 불운하게 보내는 원인이 되었습니다. 세비야에 가보면 아시겠지만 그 커다란 건물은 과달키비르 강 가까이 성벽 밖에 치솟아 있습니다. 그 공장 문이며 문 옆 파수막이 지금도 눈앞에 선하군요. 스페인 사람들은 근무 시간에도 카드놀이를 하거나 낮잠이나 자지만 나는 올곧은 나바라

---

*1 Jaialai. 테니스와 비슷한 경기.
*2 Maquilas. 바스크 사람들이 쓰는 쇠를 씌운 곤봉. 〔원주〕

사람이니만큼 언제나 노는 일 없이 긴장하고 있었습니다. 그날은 우수한 사격수에게 주어지는 내 에판그레트(화향침, 火抗針)를 매달려고 철사로 사슬을 만들고 있었어요. 그런데 갑자기 동료들이 소리쳤습니다.

"야, 종 친다. 계집애들이 일하러 오겠구나!"

아시겠지만 그 공장에는 사오백 명이나 되는 여직공들이 일을 하고 있습니다. 큰 방에서 궐련을 마는 일을 하는데, 남자들은 감찰관(監察官)*3 허가 없이는 그 방 안에 들어가지 못하게 되어 있습니다. 더울 때는 여직공들, 특히 젊은 여자들은 거의 반은 벗고들 있으니까요. 여직공들이 점심을 먹고 돌아올 시간이 되면 젊은 남자들은 그 행렬을 구경하느라 우르르 몰려갑니다. 그리고 어떻게든지 꼬투리를 잡아 농지거리를 합니다.

하기야 비단 솔을 준다는데 싫다고 하는 여자들은 없으니까, 그 호사가들이 그저 몸만 조금 구부리면 고기가 얼마든지 잡히더군요. 딴사람들은 열심히 서서 구경하고 있는 동안에도 나는 문 옆 의자 위에 얌전히 앉아 있었습니다. 그 무렵 나는 아무것도 모르는 풋내기였습니다. 언제나 고향 생각만 하고 있었지요. 푸른 치마를 입고 머리를 땋아 어깨 위로 드리운 처녀 외에는 아름다운 여자는 있을 수 없다고 생각했습니다.*4 그뿐이 아니지요. 안달루시아 여자들은 오히려 무서울 정도였습니다. 나는 안달루시아 여자들을 가까이하기 힘들었습니다. 언제고 남을 놀리기만 하지 한 번도 진정한 말이라곤 하지 않는 여자들이었으니까요. 그래서 나는 여전히 눈을 내리깔고 사슬만을 만지작거리고 있었습니다. 그러자 그 고장 사람들이 외치는 소리가 들려왔습니다.

"집시 계집이다!"

나는 눈을 들었습니다. 그리고 그 여자를 보았지요. 그날은 금요일이었습니다. 도저히 잊을 수 없는 날입니다. 그때 나는 카르멘을 본 것입니다. 선생님도 알고 계신 그 계집이오. 이삼 개월 전에 그 계집의 집에서 선생님을 뵈었지요.

그 여자는 빨간 치마를 입고 있었는데 길이가 짧아서 그 밑으로 흰 비단 양말이 드러나 보였습니다. 양말에는 구멍이 숭숭 뚫려 있었지요. 빨간 모로

---

*3 Vingt-quatre. 도시에서 경찰 및 행정 사무를 관할하는 장관. 〔원주〕
*4 나바라, 바스크 지방 촌색시들의 보통 몸차림. 〔원주〕

코가죽으로 만든 예쁜 구두에는 타오르는 듯한 새빨간 리본이 달려 있었습니다. 일부러 머리에 쓴 숄을 풀어헤쳐서 어깨를 드러내 놓고 속옷 밖으로 빠져나온 탐스런 아카시아 꽃다발을 보란 듯이 내놓고 있었습니다. 입 끝에도 아카시아꽃을 한 송이 문 채 코르도바 목장의 암말처럼 허리를 흔들어가며 걸어오고 있었습니다.

우리 고향에서는 이렇게 생긴 여자를 보면 누구나 질겁하여 성호를 그었을 것입니다. 그러나 세비야 거리에선 너 나 할 것 없이 허리를 흔드는 그 여자 모습을 보고 야비한 갈채를 보내는 것이었습니다. 그 계집은 이 사람 저 사람에게 추파를 던지면서 모인 사람들의 야유를 일일이 받아넘기고 있었습니다. 주먹을 허리에다 대고 참으로 보헤미아 계집다운 뻔뻔스러운 행동을 보이더군요. 나는 척 보자 정말 꼴사나운 여자라고 생각했습니다. 그래서 하던 일을 다시 하기 시작했습니다. 그런데 그 계집은, 여자와 고양이는 부를 때는 오지 않고 부르지 않을 때는 오는 법이지만, 꼭 그 격으로 내 앞에 와서 멈추더니 말을 건넸습니다.

"이봐요, 아저씨. 내 금고 열쇠를 매달게 그 사슬을 주시겠어요?"

그 여자는 안달루시아투로 가볍게 말했습니다. 그래서 나도 대답했어요.

"내 에판그레트(화항침)를 매달아야 하니까 줄 수 없소."

"어마, 에판그레트(바늘)라고요! 레이스 뜨기라도 하나요? 남자가 바늘이 필요하다니!"

그 여자는 웃으면서 이렇게 소리쳤습니다.

그곳에 모여 있던 사람들이 모두 웃음을 터뜨렸습니다. 나는 얼굴이 붉어지는 것을 느꼈지만 뭐라고 대답해야 할지 몰라 말문이 막혔습니다. 그러자 여자는 또 이렇게 말했습니다.

"귀여운 아저씨! 숄을 만들게 검은 레이스를 8m 정도만 짜 주세요. 네? 귀여운 뜨개질 아저씨!"

그러고는 입에 물고 있던 아카시아꽃을 손으로 옮겨쥐더니 손가락으로 퉁겨서 바로 내 양미간에 맞도록 던졌습니다. 총알에 맞은 것 같은 기분이었지요. ……쥐구멍이 있으면 기어들어가고 싶다는 말은 바로 이런 경우를 두고 하는 말인 것 같았습니다. 나는 널빤지처럼 굳어져 우두커니 서 있었습니다.

그 여자가 공장 안으로 들어가 버리자 아카시아꽃이 내 두 다리 사이에 떨어져 있다는 것을 알았습니다. 나는 귀신에 씌웠던지, 동료들이 알기 전에 그 꽃을 슬쩍 집어서 소중히 웃옷 속에 집어넣었습니다. 이것이 첫 실수였습니다.

두서너 시간 뒤에도 나는 그 생각만을 하고 있었습니다. 그런데 갑자기 새파랗게 질린 문지기가 숨을 헐떡이며 파수막 안으로 뛰어들어왔습니다. 궐련을 마는 큰 방에서 여자가 하나 맞아죽었으니 위병(衛兵)을 보내 달라는 것이었습니다. 중사가 나더러 병졸 둘을 데리고 가보라고 하더군요. 나는 병사를 두 사람 거느리고 공장 안으로 들어갔습니다. 그랬더니 큰 소동이 벌어졌습니다. 글쎄, 상상해보세요. 방 안으로 뛰어들어가니 3백 명쯤 되는 여자들이 속옷 바람으로 아니면 그와 비슷한 모습으로 일제히 소리를 지르고 손을 휘두르고 야단법석이었습니다. 귀가 멍멍할 정도로 정신을 차릴 수 없는 소란이었습니다. 한쪽 구석에는 여자 하나가 피투성이가 되어 쓰러져 있었습니다. 단도로 두어 번 찔렸는지 얼굴에는 X자로 상처가 나 있었어요.

그래도 그중에서 좀 정상적인 여공들이 다친 여자를 돌봐 주고 있었는데, 그 바로 앞에 대여섯 명의 동료들에게 붙잡혀 있는 카르멘의 모습이 보였습니다. 상처를 입은 여자는 줄곧 이렇게 소리치고 있었습니다.

"신부님! 신부님을 불러줘! 나 죽는다!"

카르멘은 아무 말도 없었습니다. 이를 악물고 카멜레온처럼 눈알만 디굴디굴 굴리고 있었어요.

"무슨 일인가?"

내가 물었습니다. 도대체 무슨 일이 있었는지 알아내기가 굉장히 힘들었습니다. 3백 명이나 되는 여공들이 한꺼번에 떠들어대니 알아들을 수가 있어야지요. 아마 상처를 입은 여자가 당장 트리아나 시장에서 당나귀를 한 마리 살 만한 돈을 주머니에 가지고 있노라고 자랑을 한 모양입니다. 그러니까 성질 나쁜 카르멘이 말참견을 한 모양이에요.

"애, 네 주제에 빗자루 하나면 과분하지, 뭐가 또 부족하니?"

그러자 상대는 빗자루라는 말에 뭐가 켕겼던지 발끈 화를 내며 자기는 집시도 아니고 사탄의 졸개도 아니니까 빗자루니 뭐니 잘 모르지만, 머잖아 재판관이 파리 쫓는 하인 둘을 거느리고 카르멘시타 너를 조리돌림 할 때는 너는 당나귀와 친해질 거라고 대꾸했습니다. 그러자 카르멘도 지지 않고 외쳤습니다.

"아, 그래! 그러면 나는 네 뺨따귀에 파리가 물 먹을 장소를 만들어 주마. 내 바둑판 무늬를 그려 주지."*5

이렇게 말하는가 했더니 말릴 틈도 없이 카르멘은 궐련 끝을 자르던 단도를 들고 상대편 여자에게 달려들어 얼굴에 ×형 십자가를 그린 것입니다.

사건은 명백했습니다. 나는 카르멘의 팔을 붙잡고 공손히 말했습니다.

"아가씨, 따라와요."

카르멘은 당신이라면 알고 있어요 하는 듯한 시선을 던지더니 마침내 단념한 표정으로 말했습니다.

"가요. 어머, 내 숄은 어디 갔지?"

숄을 찾아낸 그 여자는 머리를 푹 싸서 커다란 눈을 한쪽만 내놓고 양처럼 순순히 나의 두 부하를 따라나섰습니다. 파수막에 가니 중사는 중대 사건이니까 감옥으로 데리고 가야 한다고 말했습니다. 그래서 또 내가 그 여자를 끌고 가게 되었습니다. 두 용기병 사이에 여자를 세우고 나는 그 뒤에 서서 걸어갔습니다. 죄수를 호송할 때 하사는 그렇게 하기로 되어 있거든요. 우리는 시내를 향해 출발했습니다. 처음에 보헤미아 계집이 침묵을 지키고 있었어요. 그런데 세르팡 골목길로 접어들자, 아시다시피 그곳은 '뱀'이라는 이름 그대로 꼬불꼬불 꼬부라진 길입니다만, 거기까지 가니까 그 여자가 숄을 어깨 위로 슬쩍 떨어뜨리고 교태스러운 얼굴을 드러내더니 고개를 내 쪽으로 돌리며 불쑥 말했습니다.

"사관 나리. 나를 어디로 데리고 가는 거죠?"

"안타깝지만 감옥으로 가는 거요."

나도 되도록 부드러운 말투로 대답했습니다. 선량한 병사가 죄수에게 특히 여죄수에게 말할 때는 그렇게 해야 된다고 생각했었으니까요.

"어마, 어쩌나! 그럼 나는 어떻게 되지요? 사관 나리, 나를 불쌍히 여겨 주세요. 나리는 정말 젊으시고 친절한 분이신데……."

그러고는 갑자기 목소리를 낮추더니 이렇게 말하는 것이었습니다.

"나를 도망가게 해 주세요. 바르 라치(마술의 돌)를 한 조각 드릴게요.

---

*5 Pintar un javeque. 세 기둥 돛배를 그리다. 스페인 세 기둥 돛배는 대부분 선체가 붉은색과 흰색 바둑판 무늬로 색칠되어 있다. 〔원주〕

그것만 있으면 어떤 여자든지 나리에게 반하게 할 수 있어요."

그 bar lachi라는 것은 천연자석(磁石)인데 사용법만 알면 그것으로 여러 가지 요술을 부릴 수 있다고 보헤미아 사람들은 말합니다. 그 돌가루를 한 줌만 백포도주 컵 속에 넣어 여자에게 먹이면 여자는 갑자기 아무런 저항도 하지 않게 된다는 거예요. 나는 되도록 위엄을 갖추고 이렇게 대답했습니다.

"그런 농담이나 할 때가 아니야. 우리는 지금 감옥으로 가는 거다. 명령이니까 어쩔 수 없어."

우리 바스크 사람들은 독특한 어조가 있어서 스페인 사람과 쉽게 구별이 됩니다. 또 그와 반대로 baï jaona*⁶라는 말 한마디라도 제대로 배워 쓸 수 있는 스페인 사람은 한 사람도 없습니다. 그러므로 내가 바스크에서 온 사람임을 카르멘은 쉽게 알아낸 것입니다.

아시고 계시겠지만 보헤미아 사람들은 고향에 붙어 있지 않고 일 년 내내 떠돌아다니기 때문에 어느 나라 말이건 다 합니다. 포르투갈, 프랑스, 바스크 지방, 카탈로니아, 그 밖의 어딜 가나 자기 고향이나 다름없습니다. 무어 사람들이나 영국 사람들하고도 말이 통하지요. 카르멘은 바스크 말을 꽤 잘 알고 있었습니다.

"Laguna, ene bihotsarena(어마 반가워라. 같은 고향 분이시군요)."

카르멘이 갑자기 나에게 말했습니다.

선생님, 우리 바스크 말은 참으로 아름다운 말입니다. 그래서 다른 나라에서 그 말을 들으면 행복해서 사뭇 짜릿해질 지경입니다…….

"고해를 들어주실 신부님도 바스크 말을 아시는 분이었으면 좋겠습니다만."

내일을 기약할 수 없는 호세는 나직이 이렇게 덧붙여 말했다. 한동안 잠자코 있더니 다시 말을 이었다.

"나는 엘리존도 사람이야."

그 여자가 고향 말을 하는 것을 듣고 몹시 감동한 난 바스크 말로 이렇게 대답했습니다.

"저는 에찰라르 사람이에요."

---

*6 안녕하세요. 〔원주〕

그 계집은 말했습니다. 에찰라르라면 우리 고장에서 네 시간이면 갈 수 있는 곳입니다.

"집시들이 나를 억지로 세비야까지 끌고 왔어요. 그래서 어떻게든지 나바라에 계신 어머니 곁으로 돌아갈 노자를 벌어 보려고 공장에서 일을 하고 있었던 거죠. 어머니는 의지할 사람이라곤 나 하나밖에 없어요. 그리고 능금주를 만드는 사과나무가 스무 그루 있는 조그마한 바라체아*7가 하나 있을 뿐이에요. 눈으로 덮인 새하얀 산이 눈앞에 보이는 고향으로 돌아가고 싶어요! 있죠, 내가 이런 사기꾼들이나 썩어빠진 오렌지 장사치들만 사는 이 고장 사람이 아니니까, 그 계집애들이 작당해서 나에게 창피를 준 거예요. 그뿐인 줄 아세요? 세비야의 자크*8들이 아무리 단도를 휘두르며 떼로 몰려온다 해도, 푸른 베레모를 쓰고 마킬라를 한 손에 든 우리 고향 젊은이가 무서워할 줄 아느냐고 그랬더니 그년들은 모두 한패가 되어 나한테 덤벼든 거예요. 알겠어요? 이봐요, 남자답게 고향 여자를 좀 살려 주는 셈치고 어떻게 해주지 않겠어요?"

그 여자는 순 거짓말을 하고 있었던 것입니다. 그 여자는 거짓말을 떡 먹듯 했어요. 살면서 그 여자가 단 한마디라도 참말을 한 일이 있었는지 모르겠습니다. 그러나 나는 그 여자 말을 믿어 버리고 말았습니다. 내 힘으로는 어쩔 수 없었습니다. 그 계집이 쓰는 바스크 말은 영 이상했어요. 그런데도 나는 나바라 사람이거니 했습니다. 그 여자 눈과 입과 살결만 보아도 보헤미아 사람인 줄 한눈에 알아볼 수 있건만. 내 머리가 돌았던 거예요. 뭐가 뭔지 모르겠더군요. 만일 스페인 사람들이 우리 고향을 헐뜯기라도 했다면 그 여자가 아까 친구 여공에게 그랬듯이 나도 그자들 낯짝을 찔러 주었을 것이라는 생각까지 했습니다. 요컨대 나는 술에 취한 사람이나 다름없었습니다. 어리석은 말을 하기 시작했습니다. 어리석은 짓까지 하고도 남을 상태였습니다.

"제가 당신을 떠밀 테니 넘어져만 주세요. 그러면 이런 카스틸랴 졸병들한테는 절대로 잡히지 않을 테니까……."

그 여자는 바스크 말로 말했습니다.

---

*7 Barratcea. 동산, 뜰. 〔원주〕
*8 Jacques. 젊은이. 장사치들, 큰소리치는 작자들을 말함. 〔원주〕

어찌 된 일인지 나는 명령이고 뭐고 다 잊어버리고 여자에게 이렇게 말했습니다.

"좋아, 어디 해보도록 해. 우리 고향 산 성모님이 도와주시길."

마침 이때 우리는 세비야에서 많이 볼 수 있는 좁은 골목 앞을 지나가고 있었습니다. 갑자기 카르멘은 뒤로 돌아서면서 내 가슴을 주먹으로 후려갈겼습니다. 나는 일부러 벌렁 나가자빠졌습니다. 그 여자는 한달음에 내 위를 뛰어넘더니 멋진 두 종아리를 내보이며 뛰기 시작했습니다! ……바스크 여자 다리가 최고라고 말들을 하지만 그 여자 다리도 그에 못지않았습니다…… 빠르기도 하지만 맵시도 보통이 아니었어요. 나는 곧 일어났습니다. 그러나 일부러 창을 옆으로 쥐어 길을 막았습니다.*9 두 부하들은 뒤쫓아가려던 첫발을 갑자기 저지당한 셈입니다. 그제야 나 자신도 뛰기 시작했습니다. 두 부하들은 내 뒤를 따라왔습니다. 그러나 소용없는 일이었습니다! 구두에 박차를 달고 칼을 절그럭대고 있는 데다 창까지 들고 있으니 쫓아갈 엄두나 내겠습니까. 어림도 없는 일이었지요.

이렇게 말로 설명하면 긴 것 같습니다만 그 여자는 그야말로 눈 깜짝할 사이에 온데간데없이 사라져 버렸습니다. 뿐만 아니라 거리에 있던 아낙네들이 모두 그 여자가 도망치는 것을 도와줬습니다. 우리를 비웃고 놀려대며 엉뚱한 길만 가르쳐 줬어요. 여러 번 오락가락하다 우리 세 사람은 형무소장의 수령증을 받지 못한 채 파수막으로 돌아가야만 했습니다.

부하들은 어떻게든 벌을 받지 않으려고 카르멘이 바스크 말로 나에게 말을 걸었다는 사실을 보고했습니다. 사실 그렇게 조그만 계집이 주먹 한 방 날렸다고 나 같은 대장부가 그렇게 쉽게 나가떨어진다는 것은 아무리 보아도 자연스러운 일이 아니었습니다. 수상쩍게 보면 얼마든 수상쩍게 볼 수 있는, 아니 오히려 지나칠 만큼 명백한 일이었습니다. 나의 지위는 떨어지고 그래서 파수 근무가 끝나자마자 한 달 동안 감옥살이를 하게 되었습니다. 군대에 들어가고 나서 처음 받는 벌이었어요. 이미 손에 넣은 거나 다름없다고 생각하고 있던 중사의 금줄하고도 작별이었습니다.

감옥에 들어간 처음 며칠 동안은 몹시 슬펐던 기억이 납니다. 군대에 들어

---

*9 스페인 기병은 다 창을 가지고 있다. 〔원주〕

올 때는 적어도 사관(士官)은 될 작정이었습니다. 롱가와 미나도 같은 고향 사람인데 어엿하게 장교가 되었으니까요. 미나와 마찬가지로 온건파였던 차팔란가라는 프랑스로 망명했지만 그래도 대령이었습니다. 그 동생하고는 여러 번 하이알라이를 한 일이 있지만 그도 나처럼 불쌍한 놈이었지요. 어쨌든 그때 나는 이런 생각을 했었습니다.

벌 한 번 받지 않고 군인으로 근무해 온 세월은 헛수고가 되었구나. 한 번 눈 밖에 난 이상 상관들의 신임을 다시 얻으려면 처음에 지원병으로 들어왔을 때보다 열 갑절은 더 부지런히 일해야 할 것이다! 아니, 도대체 내가 왜 이런 벌을 받게 되었단 말인가? 나를 우롱한 그 쾌씸한 보헤미아 계집 때문이 아닌가! 지금쯤은 거리 어느 구석에서 도둑질이나 하고 있을 그 계집 때문이 아닌가!

이렇게 생각하면서도 그 여자 생각을 안 할 수가 없었습니다. 이런 어이없는 이야기가 믿어지십니까? 그 여자가 도망칠 때 코앞에 드러내 보이고 간 그 구멍 뚫린 양말이 언제까지나 눈앞에서 아물거렸습니다. 나는 감옥 쇠창살 사이로 길거리를 내다보았습니다. 그러나 지나가는 수많은 여자들 중에서 그 악마 같은 여자와 비할 만한 여자는 하나도 볼 수 없었습니다. 그뿐이 아니었죠. 나는 나도 모르게 그 여자가 던졌던 아카시아꽃 냄새를 맡고 있었습니다. 꽃은 시들어 버렸어도 여전히 향긋한 냄새는 남아 있었습니다……. 만일 마녀라는 게 정말로 있다면 그 여자가 바로 마녀일 겁니다!

어느 날 간수가 들어와 나에게 알칼라 빵을 주었습니다.[10]

"자, 네 사촌누이라는 여자가 넣어 준 거다."

간수가 이렇게 말하더군요. 나는 깜짝 놀라 빵을 받았습니다. 세비야에 사촌누이가 있을 리가 없습니다. 틀림없이 사람을 잘못 안 것이려니 생각하며 빵을 들여다보았습니다. 그러나 하도 먹음직하고 좋은 냄새가 나기에 누가 누구에게 주는 것인지 따지지 말고 그냥 먹기로 했습니다. 그러나 빵을 자르려고 하자 칼날에 무엇인가 딱딱한 것이 닿았습니다. 자세히 들여다보니 빵을 굽기 전에 반죽 속에 넣어둔 작은 영국제 줄칼이 한 개 들어 있었습니다.

---

[10] Alcalá de los panaderos. 세비야에서 20리쯤 떨어진 곳에 있는 마을. 맛있는 작은 빵을 만드는 곳이다. 그 빵이 맛있는 것은 알칼라의 물이 좋기 때문이라고 한다. 매일 그 빵이 세비야 시내로 많이 들어온다. 〔원주〕

빵 속에는 그 밖에도 2피아스터짜리 금화가 한 닢 들어 있었습니다.

더 의심할 여지가 없는 일이었습니다. 그것은 카르멘이 보낸 선물이었습니다. 보헤미아 사람들에게는 자유가 삶의 전부입니다. 감옥살이를 하루라도 모면하기 위해 도시 하나를 불태워 버릴 수도 있는 인종들이니까요. 게다가 그 여자는 당해낼 수 없는 계집이라 그런 빵을 감옥에 넣어 간수를 곯린 거죠.

나는 마음만 먹으면 한 시간 안에 가장 굵은 쇠창살도 그 작은 줄칼로 썰어 버릴 수가 있었습니다. 그리고 2피아스터짜리 금화를 가지고 아무 헌 옷 가게에나 뛰어들면 곧바로 군복을 벗고 평상복으로 갈아입을 수 있었습니다. 나는 고향 산속에서 여러 차례나 절벽 위 독수리 둥우리에서 독수리 새끼를 꺼내온 일이 있는 남자입니다. 그러니 서른 자 높이도 안 되는 창문에서 한길로 뛰어내리는 일쯤은 누워서 떡 먹기보다 쉬웠다는 것은 말할 필요도 없겠지요. 하지만 나는 탈옥은 하고 싶지 않았습니다. 그래도 병사로서 자존심은 지니고 있었습니다. 탈주는 매우 엄청난 죄라는 생각이 들었습니다. 다만 여자가 나를 잊지 않고 있다는 이 증거를 보고 나는 감격했습니다. 감옥에 들어가 있을 때는 그저 자기에게 관심을 가져 주는 친구가 밖에 있다고 생각만 해도 기쁜 법입니다. 물론 그 금화는 내 자존심을 좀 상하게 했지만요. 당장이라도 돌려주고 싶은 심정이었습니다. 그러나 돈을 준 그 여자를 어디 가서 찾겠습니까? 그것은 쉬운 일이 아니었습니다.

형식대로 강등 선고를 받고 나니 괴로운 일도 이것으로 끝이 났다는 생각이 들었습니다. 그런데 내가 더 받아야 할 굴욕이 남아 있었습니다. 내가 감옥에서 나와 다시 근무 명령을 받고 한낱 졸병으로 파수를 서게 되었을 때의 일입니다. 그런 경우에 조금이라도 배짱이 있는 남자라면 어떤 기분이 들지 선생님은 상상도 못하실 겁니다. 이런 비참한 기분을 느낄 바에야 차라리 총살을 당하는 것이 나을 뻔했다는 생각이 들었습니다. 총살을 당할 때는 적어도 소대 선두에 서서 혼자 걸어가게 되니까요. 뭐나 된 것 같은 기분이 들 것 아니에요. 세상 사람들이 내 얼굴을 쳐다볼 테고요.

나는 연대 대령 집 문 앞에서 파수를 서게 되었습니다. 그 대령은 젊고 돈이 많은 데다 소탈하고 놀기 좋아하는 장교였습니다. 젊은 장교들은 모두 그 집으로 모여들었습니다. 그 고장 사람들도 많이 찾아왔습니다. 여자들도 있었는데 들은 바로는 여배우들이라고 하더군요. 나로서는 온 동네 사람들이 내 얼굴을 보기 위해 대령 집으로 모여드는 것 같았습니다.

그런데 대령의 마차가 와 닿았습니다. 마부석에는 시중꾼이 타고 있었습니다. 마차에서 내린 것은…… 바로 그 집시 계집이었습니다. 그날 그 계집은 마치 보석을 뿌려박은 상자처럼 단장하고 있었습니다. 휘황찬란한 차림새였습니다. 분을 하얗게 바르고 온몸에 금과 리본을 휘감고 있었습니다. 금몰이 달린 옷, 역시 금몰이 달린 푸른 구두, 꽃과 금실을 몸 전체에 달고 있었습니다. 손에는 탬버린을 들고 있었고요. 그 밖에 보헤미아 여자가 둘이나 있었습니다. 하나는 젊은 계집이었고, 또 하나는 할멈이었습니다. 으레 계집들을 데리고 다니는 사람은 할멈이니까요. 기타를 가진 영감도 하나 있었습니다. 그 영감 역시 보헤미아 사람으로 기타를 쳐서 계집들을 춤추게 하는 것이 그가 하는 일입니다. 아시다시피 상류사회에선 흔히 보헤미아 여자들을 불러다 놉니다. 로말리스를 추게 하기 위해서지요. 로말리스란 집시 특유의 춤입니다. 종종 춤 말고 다른 일을 시키기도 하지만요.

카르멘은 나를 알아보았습니다. 우리는 서로 마주 쳐다보았습니다. 어찌된 일인지 그때 나는 땅속 깊이 기어들어가고 싶은 심정이었습니다.

"Agur laguna.*11 사관 나리, 갓 들어온 졸병처럼 파수를 보시는군요!"

그 여자는 이렇게 말했습니다. 그리고 내가 뭐라고 대답할 말을 생각해 내기도 전에 그 여자는 벌써 집 안으로 들어가 버렸습니다.

상류사회 사람들은 거의 다 이 집 파티오(안뜰)에 모여 있었습니다. 사람들이 그렇게 많이 들끓고 있었지만 나는 쇠창살 너머로 안에서 일어나고 있는 일을 하나도 빼놓지 않고 다 들여다볼 수 있었습니다.*12 캐스터네츠 소리가 들려왔습니다. 탬버린 소리도 들려왔고, 웃음소리와 갈채 소리도 들려왔습니다. 때로는 탬버린을 한 손에 들고 뛰어오르는 그 여자 얼굴이 보이는 수도 있었습니다. 그리고 사관들이 그 여자에게 치근거리며 온갖 잡소리를 지껄여대는 말도 들렸습니다. 그 소리를 들으니 얼굴이 화끈 달아올랐습니

---

*11 Bonjour, Camarade.(안녕하세요)〔원주〕

*12 세비야에 있는 집에는 대개 주랑(柱廊)을 둘러친 안뜰(파티오)이 있다. 여름에는 다들 그곳에 모인다. 사람들은 이 뜰에 천막을 치고 낮에는 거기에 물을 뿌리고 밤에는 걷는다. 한길로 난 문은 대개 언제나 열려 있고, 안뜰로 통하는 통로, 즉 zaguan에는 매우 우아하게 꾸민 쇠창살 문이 닫혀 있다.〔원주〕

다. 그 여자가 뭐라고 대꾸를 하는지 내가 있는 곳에선 들리지 않았습니다.

그렇습니다. 그날부터였지요. 내가 그 여자를 진정으로 사랑하기 시작한 것은. 다짜고짜 안뜰로 뛰어들어가 그 여자에게 입에 발린 말을 시시덕거리고 있는 녀석들의 배때기를 칼로 쿡 찔러버릴까 하는 생각이 몇 번이고 내 머릿속을 스쳤습니다. 이 괴로운 고문은 꼬박 한 시간이나 계속되었습니다.

마침내 보헤미아 사람들이 밖으로 나왔습니다. 마차가 다시 와서 그들을 태우고 갔습니다. 카르멘은 지나가면서 다시 한 번, 선생님도 아시고 계신 그 눈으로 나를 쳐다보았습니다. 그리고 나직이 이렇게 말했습니다.

"이봐요, 고향 양반, 맛있는 튀김을 좋아하시면 트리아나에 있는 리랴스 파스티아네 집으로 먹으러 가세요."

그 여자는 새끼 산양처럼 가볍게 마차에 올라탔습니다. 마부가 두 마리 노새에게 채찍을 가하자 명랑한 일행은 어디론가 사라져 버렸습니다.

짐작하시겠지만 나는 파수 근무가 끝나기가 무섭게 트리아나로 갔습니다. 가기 전에 수염을 깎고 관병식(觀兵式) 날처럼 군복에 솔질을 했고요. 그 여자는 리랴스 파스티아네 집에 있었습니다. 리랴스는 늙은 튀김장수였는데, 무어인처럼 살갗이 검은 보헤미아 사람이었습니다. 그 노인 집에는 숱한 사람들이 생선튀김을 먹으러 왔습니다. 특히 카르멘이 그곳에 자리를 잡은 뒤부터는 갑자기 손님이 많아졌을 것입니다.

"리랴스, 오늘은 이제 난 아무 일도 안 해요."

내 모습을 보자마자 그 여자는 말했습니다.

"내일도 날이니까.*13 자, 고향 양반. 우리 산책이나 해요."

그 여자는 코 위까지 숄을 뒤집어썼습니다. 우리 두 사람은 거리로 나섰습니다. 어디로 가는지 나는 알지도 못했습니다.

"아가씨, 사례를 해야 할 것 같소. 내가 감옥에 있을 때 당신이 선물을 보내준 것 같은데, 빵은 내가 먹었소. 줄칼은 창을 가는 데 쓸 수 있겠죠. 이건 당신에 대한 기념으로 갖고 있을 참이오. 그러나 돈만은 도로 받아 두시오."

"어마! 그 돈을 그대로 가지고 있었어요?"

---

*13 Mañana será otro dia. '내일은 내일의 태양이 뜬다'는 스페인 속담. 〔원주〕

그 여자는 웃음을 터뜨리며 소리쳤습니다.

"하지만 잘됐어요. 나는 지금 거꾸로 들고 흔들어도 동전 한 푼 안 떨어질 처지니까요. 그러나 그까짓 돈 없음 어때요. 개도 부지런히 걸어다니면 굶어 죽지는 않는다잖아요.*14 자, 그 돈으로 우리 신나게 먹어 치워요. 당신이 한 턱 내시는 거죠?"

우리는 세비야로 되돌아왔습니다. 세르팡 골목길 어귀에서 그 여자는 오렌지를 열두어 개 사서 내가 들고 있는 주머니 속에 넣었습니다. 그리고 조금 가더니 또 빵과 소시지와 포도주를 한 병 샀습니다. 끝으로는 단골 과자 가게에 들어갔습니다. 그곳에서 그 여자는 내가 돌려준 금화와 제 주머니 속에 있던 금화 한 닢과 은화 대여섯 닢을 카운터 위에 내던졌습니다. 마침내 그 여자는 나에게 가진 돈을 다 내놓으라고 했습니다. 그때 나한테는 은화 한 닢과 동전 네댓 닢밖에 없었어요. 그것을 다 그 여자에게 주었습니다. 돈이 조금밖에 없는 것이 매우 부끄러웠습니다. 그런데 그 여자는 가게를 송두리째 휩쓸어가려는 사람 같았습니다. 제일 좋고 제일 비싼 것을 모조리 샀지 뭡니까. 에마스,*15 투론,*16 과일 잼, 그런 것들을 돈이 자라는 한 잔뜩 사들였습니다. 그것을 다 종이봉지에 넣어서 내가 들고 가야만 했습니다.

칸딜레호 거리를 선생님도 아시겠지요. 그곳에는 추상왕(秋霜王) 돈 페드로*17의 두상(頭像)이 있습니다. 전 같으면 그 얼굴을 보고 나 자신을 반성했을 것입니다. 우리는 그 거리에 있는 어느 허름한 집 앞에 멈춰 섰습니다. 그 여자는 골목으로 들어가더니 아래층 문을 두드렸습니다. 그러자 그야말로 사탄의 종이라 할 수 있는 어떤 보헤미아 노파가 나와서 문을 열어주었습니다. 카르멘은 그 노파에게 로마니어로 몇 마디 말을 했습니다.

노파는 처음에는 투덜댔습니다. 그 비위를 맞추기 위해 카르멘은 오렌지 두 개와 봉봉 한 줌을 주고 포도주를 맛보도록 허락해 주었습니다. 그러더니 자기 망토를 걸쳐 주며 노파를 문 앞까지 데리고 가 밖으로 내보낸 다음 문을 닫고 빗장을 질러 버렸습니다. 단둘이 되자 그 여자는 꼭 미친 여자처럼 노래를 부르며 춤을 추고 웃어댔습니다.

---

*14 Chuquel sos pirela, Cocal terela. 개도 다니면 뼈다귀를 얻어먹는다. 스페인 속담. [원주]
*15 Yyemas. 설탕으로 굳힌 계란 과자. [원주]
*16 Turon. 누가의 일종. [원주]

"당신은 나의 롬, 나는 당신의 로미."*18

나는 카르멘이 산 물건을 잔뜩 끌어안고 어디다 놓아야 좋을지 몰라 쩔쩔매며 방 한가운데 우두커니 서 있었습니다. 그 여자는 그 물건들을 다 방바닥 위에 내동댕이쳤습니다. 그리고 갑자기 이렇게 말하며 내 목을 끌어안았습니다.

"빚을 갚을래요! 빚을 갚을래요! 이것이 칼레의 법이에요!"*19

"아아! 그날입니다! 그날이에요! 나는 그날이 생각날 때마다 내일이라는 날이 있다는 것을 잊어버립니다."

돈 호세는 잠깐 입을 다물었다. 그러다가 궐련에 불을 다시 붙이고 나서 말을 계속했다.

우리는 하루 종일 먹고 마시고 또 다른 일도 해가며 지냈습니다. 그 여자

---

*17 돈 페드로 왕을 우리는 le Cruel(폭군)이라고 부르지만 왕비 이사벨라 라 카돌릭은 언제나 Justicier(추상왕, 국법 엄수자)라는 이름으로만 불렀다. 이 왕은 칼리프(회교도 왕) 하룬 알 라시드처럼 모험을 찾으면서 세비야 밤거리를 산책하기를 좋아했다. 어느 날 밤 왕은 한적한 거리에서 세레나데를 부르고 있던 한 남자와 마주쳤다. 싸움이 벌어져 왕은 그 사랑의 기사를 죽이고 말았다. 칼 소리를 듣고 어떤 노파가 창문으로 머리를 내밀고는 손에 든 작은 램프, 즉 candilejo로 그 현장을 비췄다. 그런데 우리 돈 페드로 왕은 날쌔고 힘도 있었지만 괴상한 신체적 특징이 있었다. 걸을 때마다 무릎뼈가 요란하게 삐걱거렸다 한다. 노파는 그 소리를 듣고 쉽게 왕이라는 것을 알았다. 다음 날 담당 감찰관이 왕에게 보고를 하러 왔다. 폐하, 어젯밤 여차여차한 길거리에서 결투가 있었는데 한 사람이 죽었습니다—누가 죽였는지 알아냈는가? —네, 알아냈습니다, 폐하—왜 아직도 처벌을 하지 않았는가—폐하의 명령을 기다리고 있습니다—국법대로 시행하라. 그런데 왕은 최근에 한 가지 법령을 발포했다. 결투를 하는 자는 누구나 목을 잘라 그 머리를 결투가 벌어졌던 장소에 내건다는 법령이었다. 감찰관은 이 난처한 일을 재치 있게 처리했다. 왕의 조각상 머리를 톱으로 자르게 하여 살인현장인 길거리 한가운데의 움푹 들어간 벽면에 안치한 것이다. 왕을 비롯한 세비야 시민들은 이 현명한 조치에 감탄했다. 유일한 목격자인 노파의 램프 이름은 곧 그 길의 이름이 되었다. 이것이 민간에 전해오는 전설이다. 수니가는 이 이야기를 조금 다르게 전하고 있다(《세비야 연대기》 제2권 136페이지 참조). 어쨌든 세비야에는 아직도 칸딜레호 거리가 있다. 뿐만 아니라 이 길거리에는 돈 페드로 왕의 상이라고 하는 흉상(胸像)이 있다. 아깝게도 이 흉상은 연대가 새롭다. 본디 있던 흉상은 17세기 무렵에 너무 닳고 낡아서 시 당국이 오늘날과 같은 상으로 바꿔 놓았다고 한다. 〔원주〕

*18 Rom 남편. Romi 아내. 로마니어. 〔원주〕

*19 Calo의 여성형은 Calli, 복수형은 Calés. 직역하면 '검은색'. 보헤미아 사람들은 그들 말로는 스스로를 이렇게 부르고 있다. 〔원주〕

는 마치 여섯 살 난 어린애처럼 봉봉을 먹고 나서는, 이번에는 그것을 한 움큼 노파의 물항아리 속에 집어넣고는 의기양양하게 말했습니다.

"할멈에게 소르베(일종의 청량음료)를 만들어 줘야지!"

그리고 장난삼아 에마스를 벽에 던져 깃이면서 이렇게 말했습니다.

"파리가 귀찮게 굴어서 이렇게 하는 거예요."

그 여자는 별별 장난을 다 쳤으며, 온갖 수선을 다 떨었습니다. 나는 여자에게 춤을 춰 달라고 말했습니다. 그러나 캐스터네츠가 어디 있어야지요. 그러자 그 여자는 느닷없이 단 하나밖에 없는 노파의 접시를 집어들더니 방바닥에 메어쳐 산산조각을 내었습니다. 그리고 그 사기 조각을 마치 흑단(黑檀)이나 상아로 만든 캐스터네츠처럼 교묘하게 대각거리면서 로말리스를 추기 시작했습니다. 어쨌든 그 계집 옆에만 있으면 누구도 지루한 줄을 모를 겁니다. 그것만은 장담합니다. 어느새 저녁때가 되었습니다. 귀영(歸營)을 재촉하는 북소리가 들려왔습니다.

"점호가 있으니까 부대로 돌아가야겠군."

나는 그 여자에게 말했습니다.

"부대예요?"

그 여자는 업신여기듯 말했습니다.

"그럼 당신은 검둥이란 말예요? 막대기 끝 하나에 끌려다니며 죽어라 일을 한다는 거예요? 당신은 정말 카나리아군요. 옷도 그렇고 성격도 그렇고, 나 참, 정말 당신 마음은 암탉 같군요."*20

나는 영창에 들어갈 각오를 하고 다시 눌러앉았습니다. 아침이 되자 이번에는 여자 쪽에서 먼저 헤어지자고 말했습니다.

"이보라구요, 호세이트. 난 이제 빚을 다 갚았죠? 사실 우리 법으로 따지자면 나는 처음부터 당신한테 빚을 지지도 않은 셈이에요. 당신은 페이로니까요. 그러나 당신은 귀여워서 내 마음에 든 거예요. 그래서 이만큼 해준 거죠. 이것으로 계산은 다 끝난 거예요. 그럼 안녕히 가세요."

나는 언제 또 만날 수 있겠느냐고 물었습니다.

"당신이 좀 어리석은 티를 벗으면요."

---

*20 스페인 용기병은 노란 군복을 입고 있다. 〔원주〕

그 여자는 웃으면서 대답했습니다.

"그런데 말예요, 난 아무래도 당신한테 좀 반했나봐요. 하지만 이게 계속 될 리야 없겠죠. 개하고 이리는 오랫동안 의좋게 지낼 수는 없는 법이니까요. 그러나 혹시 또 모르죠. 당신이 무법자들 사이에 끼게 된다면 내가 기꺼이 당신의 로미가 될 수 있을는지? 하지만 다 소용없는 말이죠. 될 법이나 한 일이겠어요. 흥! 사실 이 정도로 끝났으니 당신은 운이 좋은 거예요. 당신은 악마를 만났었으니까요. 그럼요 악마죠, 악마라고 언제나 시꺼멓다고는 할 수 없어요. 이번에는 다행히 그 악마가 당신 목을 싹둑 잘라 버리지 않았네요. 있죠, 나는 양털 옷을 입고 있지만 실은 양이 아니에요.*21 당신은 마하리*22 앞에 촛불이나 올리는 것이 좋을 거예요. 성모님은 당신에게 촛불을 받을 만한 일은 했으니까요. 자, 우리 다시 한 번 작별인사를 하기로 해요. 다시는 카르멘시타 생각은 하지 말아요. 안 그랬다가는 카르멘시타가 당신을 나무다리 과부 할멈하고 짝을 지어 주고 말 테니까요."*23

이렇게 지껄이며 그 여자는 문 빗장을 뺐습니다. 그리고 거리로 나가기가 무섭게 숄을 폭 눌러쓰고 홱 돌아서 버렸습니다.

그 여자가 한 말은 사실이었습니다. 나는 다시는 그 여자를 생각하지 않는 편이 현명했을 것입니다. 그러나 그 칸딜레호 거리에서 하루를 지낸 다음부터는 다른 일은 도무지 생각할 수가 없었습니다. 혹시 그 여자를 만날 수 있을까 싶어서 하루 종일 거리를 헤매고 다녔습니다. 그 여자 소식을 할멈과 튀김장수에게 물어보았습니다. 둘이 다 말하기를 그 여자는 랄로로*24로 떠났다는 것이었습니다. 집시들은 포르투갈을 그렇게 부르더군요. 그들은 틀림없이 카르멘이 시켜서 그렇게 말했을 것입니다.

얼마 안 되어 나는 그들이 거짓말을 하고 있다는 것을 알게 되었습니다. 칸딜레호 거리에서 하루를 지낸 그날로부터 몇 주일이 지난 어느 날입니다. 나는 시(市)의 한 성문에서 파수를 서게 되었습니다. 그 성문에서 조금 떨어진 곳에 성벽이 무너진 부분이 있었습니다. 낮에는 인부들이 그곳에서 공

---

*21 Me dicas vriardá de jorpoy, bus ne sino braco. 스페인 속담. 〔원주〕
*22 성모. 〔원주〕
*23 교수대를 말함. 교수대는 최근에 매달려 죽은 남자의 과부이다. 〔원주〕
*24 붉은 '땅'. 〔원주〕

사를 하니까 상관없었지만 밤에는 밀수업자를 막기 위해 거기다 파수병을 세워 두었던 것입니다. 어느 날 낮에 나는 리랴스 파스티아가 파수막 근처를 왔다 갔다 하며 동료 파수병들을 상대로 뭐라고 이야기를 나누고 있는 것을 보았습니다. 누구나 다 그 사람을 알고 있었습니다. 그 사람 생선튀김은 더 잘 알고 있었고요. 그는 내가 있는 곳으로 다가오더니 카르멘 소식을 아느냐고 물었습니다.

"모릅니다."

"그렇다면 이제 곧 알게 됩니다. 나리."

그가 한 말은 거짓이 아니었습니다. 밤에 나는 성벽이 무너진 곳에서 파수를 서게 되었습니다. 하사가 가 버리자마자 웬 여자가 내 쪽으로 걸어오더군요. 카르멘이다! 내 마음이 스스로에게 속삭였습니다. 그러나 실제로 나는 이렇게 소리를 질렀습니다.

"누구냐! 여긴 못 지나간다!"

"너무 딱딱거리지 마세요."

카르멘은 자기라는 것을 나에게 알리며 말했습니다.

"아! 당신이었군. 카르멘!"

"그래요, 고향 양반. 우리 긴말은 말고 실속 있는 말만 하기로 해요. 어때요 당신, 돈이 필요치 않으세요? 좀 있으면 짐을 진 사람들이 올 테니 잠자코 지나가게 해줘요."

"안 돼, 지나가게 할 수 없어. 명령이야."

"어머, 명령! 명령이라고! 당신은 칸딜레호 거리에선 명령 같은 건 생각지도 않았으면서 이제 와서 무슨 명령을 앞세우는 거예요?"

"음!"

나는 그 달콤한 순간을 생각만 해도 그만 정신이 아찔하여 이렇게 대답했습니다. 그 일은 정말 명령을 잊을 만한 가치가 있었습니다. 그러나 나는 밀수업자의 돈은 필요치 않다고 딱 잘라 말했습니다.

"그럼 좋아요! 당신이 돈이 필요치 않다면, 다시 한 번 도로테아 할멈 집에 가서 저녁을 먹고 싶은 생각은 없어요?"

"안 돼! 나는 그렇게 할 수 없어."

나는 필사적인 노력으로 반즘 목멘 소리로 대답했습니다.

"좋아요. 당신이 그렇게 까다롭게 군다면 나에게도 생각이 있어요. 당신네 대장님을 찾아가 도로테아네 집에 가자고 말하겠어요. 그 사람은 사람이 좋아 보이니까 적당히 눈감을 줄도 아는 눈치빠른 녀석을 파수로 세워줄 테지요. 잘 있어요, 카나리아. 당신을 교수대에 매달라는 명령이 내리는 날에 실컷 웃어줄게요."

나는 어리석게도 떠나려는 여자를 불러 세웠습니다. 다만 한 가지 내가 원하는 보답만 받을 수 있다면 온 세상 집시들을 다 지나가게 해주겠다는 약속을 해버렸습니다. 그 여자는 바로 내일이라도 약속을 이행하겠다고 맹세했습니다. 그리고 곧 근처에서 기다리고 있는 동료들에게 알리기 위해 달려갔습니다. 동료들은 다섯 사람이었습니다. 그중에는 파스티아도 끼여 있었어요. 모두들 영국제 상품을 산더미처럼 짊어지고 있었습니다. 카르멘이 망을 보았습니다. 순찰대가 나타나면 곧 캐스터네츠를 울려서 신호를 해주기로 했습니다. 그러나 그럴 필요는 없었습니다. 밀수업자들은 눈 깜짝할 사이에 일을 해치워 버렸습니다.

다음 날 나는 칸딜레호 거리를 찾아갔습니다. 카르멘은 한참이나 기다리게 해놓고는 뒤늦게야 시무룩한 얼굴로 나타났습니다.

"나는 머리를 굽실대게 하는 사람은 질색이에요. 당신 말이죠, 처음에는 무슨 이익을 바라지 않고도 더 고마운 일을 해주었잖아요. 그런데 어제는 나하고 흥정을 했죠! 내가 왜 이런 곳에 왔는지 나 자신도 모르겠어요. 난 이제 당신이 싫어졌으니까요. 어서 돌아가세요. 자, 이 은화 한 닢이 당신 수고비예요."

나는 하마터면 은화를 그 계집 낯짝에 대고 집어던질 뻔했습니다. 금방 주먹이 나오는 것을 가까스로 참았습니다. 한 시간 동안이나 옥신각신하다 나는 화가 나서 자리를 박차고 나와 버렸습니다. 한동안 거리를 헤매고 돌아다녔습니다. 미친 사람처럼 이리저리 돌아다닌 것입니다. 그러다 마침내 어떤 교회당을 찾아 들어갔습니다. 어두운 한구석에 앉아 뜨거운 눈물을 흘리며 울었습니다. 그러자 갑자기 말소리가 들려왔습니다.

"용(龍)의 눈물은 진귀한데! 그거 나한테 주세요. 미약(媚藥)을 만들어 줄게요."

나는 얼굴을 들었습니다. 내 앞에 있는 사람은 바로 카르멘이었습니다.

"이봐요, 고향 양반. 아직도 화를 내고 있어요? 난 아직도 화가 가라앉지 않았지만, 역시 난 당신에게 반해 버린 모양이에요. 당신이 가버리니까 어쩐지 이상한 기분이 들더군요. 자, 이번에는 내가 당신에게 부탁해야겠어요. 칸딜레호 거리로 와 주시지 않겠어요?"

그래서 우리는 화해를 했습니다. 그러나 카르멘의 마음은 우리 고향 날씨나 다름없었습니다. 우리 고향 산속에서는 해가 가장 쨍쨍 비치고 있을 때일수록 소나기가 쏟아질 우려가 있으니까요. 그 여자는 다시 한 번 도로테아네 집에서 만나자는 약속을 했습니다. 그러고는 나타나지 않았지요. 일 때문에 랄로로로 갔다고 도로테아는 시치미를 떼고 말했습니다.

벌써 한 번 경험이 있어서 그 말이 무슨 뜻인가를 알고 있었으므로 나는 카르멘이 있을 만한 곳을 샅샅이 찾아보았습니다. 하루에 스무 번이나 칸딜레호 거리를 지나다녔습니다. 어느 날 저녁때 나는 도로테아네 집에 있었습니다. 가끔 아니제트(회향주) 같은 것을 사줘서 미리 그 노파를 길들여 놨었지요. 그런데 카르멘이 웬 젊은 남자를 데리고 들어왔습니다. 우리 연대 중위였습니다.

"빨리 나가요."

그 여자는 바스크 말로 나에게 말했습니다. 나는 어이가 없어서 멍하니 서 있었습니다. 가슴 속은 부글부글 끓어올랐습니다.

"이놈아 여기서 뭘 하고 있는 거야? 썩 꺼지지 못해!"

중위가 나에게 고함을 쳤습니다.

나는 한 발짝도 움직일 수 없었습니다. 마치 못 박힌 사람 같았습니다. 내가 물러가지도 않고 군모도 벗지 않는 것을 보자 화가 난 중위는 내 멱살을 잡고 마구 흔들어댔습니다. 나는 그를 향해 나 자신도 알 수 없는 말을 지껄여댔습니다. 그는 칼을 뽑았습니다. 나도 칼을 뽑아 들었습니다. 할멈이 내 팔을 잡았습니다. 중위는 내 이마를 내리쳤습니다. 지금도 내 얼굴에는 그 상처 자국이 남아 있습니다.

나는 뒤로 물러서면서 팔꿈치로 도로테아를 밀어젖혔습니다. 중위가 계속 덤벼들기에 얼른 칼을 휘둘렀습니다. 그러자 그가 푹 찔려 쓰러지더군요. 카르멘은 그것을 보자 램프불을 껐습니다. 그리고 도로테아에게 자기네들 말로 도망치라고 말했습니다. 나도 당장 길거리로 뛰어나와 덮어놓고 뛰었습니다. 누군가가 뒤에서 쫓아오는 것 같았습니다. 정신을 차리고 보니 카르멘이 내 곁을 떠나지 않고 따라와 있었어요. 그 여자가 말했습니다.

"정말 얼빠진 카나리아라니까! 당신은 어리석은 짓밖에 못하는 사람이에요. 그래 내 뭐랬어요? 나 같은 여자는 당신을 불행하게 만들 거라고 했잖아요. 어휴, 뭐, 됐어요. 어쨌든 로마의 플라망드*25가 옆에 붙어 있기만 하면 무슨 일에나 빠져나갈 구멍은 있으니까요. 자, 먼저 이 손수건으로 이마부터 싸매요. 그리고 그 가죽띠는 이리 줘 봐요. 이 골목에서 기다려요. 내곧 돌아올 테니까요."

그 여자는 모습을 감췄습니다. 그러더니 조금 뒤 어디서 구해 왔는지 줄무늬 망토를 한 벌 가지고 왔습니다. 내 군복을 벗기고 셔츠 위에 그 망토를 입혀주었죠. 그런 옷차림을 하고 머리 상처를 손수건으로 싸맨 꼴은 세비야로 츄파스*26 음료수를 팔러 오는 발렌시아 농부와 거의 비슷한 모습이었습니다. 그러고 나서 그 여자는 좁은 골목 안에 있는 도로테아네 집과 흡사한 집으로 나를 데리고 들어갔습니다. 그 여자와 또 다른 보헤미아 여자가 내 상처를 씻어 주고 군의보다도 더 능숙한 솜씨로 치료를 해주었습니다. 그리고 무엇인지 알 수 없는 음료를 나에게 마시게 했습니다. 끝으로 나는 푹신한 이불 위에 누워 잠이 들고 말았습니다.

아마 그 여자들은 음료수 속에 자기네만 알고 있는 특별한 진정제를 섞어놓았던 모양입니다. 나는 다음 날 늦게야 눈을 떴습니다. 머리가 몹시 아프고 약간 열이 있었습니다. 간밤에 한바탕했던 무서운 광경이 머릿속에 되살아나기까지는 상당한 시간이 흘러야 했습니다. 내 붕대를 갈아주고 나서 카르멘과 그 친구는 내 이불 옆에 쪼그리고 앉아 몇 마디 치페·칼리 말을 주고받았습니다. 아무래도 간병에 대한 의논을 하고 있는 것 같았습니다. 그러고는 둘이 다 나에게 곧 나을 테니 안심하라고 말했습니다. 그러나 한시라도 빨리 세비야를 빠져나가야 할 것이라고 했습니다. 붙잡히기만 하면 곧바로

---

*25 Flamenca de Roma. 보헤미아 여자를 뜻하는 속어. 여기서 로마는 이탈리아 수도인 영원한 도시라는 뜻이 아니고 로미 즉 결혼한 사람들(보헤미아 사람들은 이런 이름으로 자칭하고 있다)의 나라란 말이다. 스페인에 처음으로 나타난 보헤미아 사람들은 아마 Pays-Bas(네덜란드)에서 왔을 것이다. 플라망드란 그들의 이름은 여기서 유래된 것이다. 〔원주〕

*26 꽤 맛있는 음료수를 만드는 알뿌리. 〔원주〕

총살을 당할 것이 뻔했으니까요. 카르멘은 나에게 말했습니다.

"이봐요. 이젠 국왕께서 당신한테 쌀이고 건대구(乾大口)*²⁷고 주지 않게 되었으니 당신도 무슨 일이건 해야겠군요. 먹고 살아갈 일을 생각해야죠. 당신은 그렇게 멍청하니 눈치빠르게 도둑질이나 하겠어요? *²⁸ 그러나 몸만은 날쌔고 튼튼하니까, 그럴 담력이 있다면 바닷가로 가 보는 게 좋겠어요. 가서 밀수업자가 되란 말예요. 내 뭐랬어요, 당신을 교수대에 매달아 주겠다고 약속했잖아요? 이제 약속은 지켰네요. 뭐, 하지만 그러는 편이 총살당하는 것보다는 낫잖겠어요. 잘만 하면 임금님 부럽지 않게 살 수 있으니까요. 미뇽*²⁹이나 경비대에게 덜미를 잡히지 않는 동안은 태평이라구요."

이런 사탕발림으로 그 악마와 같은 계집은 나에게 시킬 작정인 새로운 일을 말해 주었습니다. 솔직히 말해 더 생각해볼 것도 없었죠. 사형받아 마땅한 죄를 지은 지금에 와서는 그것이 나에게 남겨진 단 하나의 생계 수단이었습니다. 간단히 말씀드리죠. 그 여자는 그다지 어렵지 않게 나를 설득하고 말았습니다.

이렇게 해서 결정된 모험과 반역(反逆)의 생활로 나는 한층 더 그 여자와 친밀히 결부되는 것 같은 기분이 들었습니다. 오늘부터 그 여자의 사랑을 확실히 내 것으로 삼을 수 있다고 생각한 것입니다. 안달루시아를 횡행하는 밀수업자가 있다는 말은 가끔 들은 일이 있었습니다. 좋은 말을 타고 총을 한 손에 들고 말궁둥이에는 애인을 태우고 다닌다는 것입니다. 나는 벌써 그 예쁜 보헤미아 계집을 뒤에 태우고 산과 들을 누비고 다니는 자신의 모습을 그려 보고 있었습니다.

그런 말을 했더니 그 여자는 우스워서 못 견디겠다는 듯 허리를 쥐고 웃었습니다. 그리고 밤에 야영하는 것만큼 즐거운 일은 없다고 하더군요. 바퀴 세 개 위에다가 요를 잘 덮어서 만든 조그만 천막 아래로 저마다 롬들이 제 로미를 데리고 들어간다고요.

"일단 산속으로 들어가기만 하면 너에 대해선 걱정하지 않아도 되겠구나! 산속에는 너를 나눠 갖자는 중위는 없을 테니까."

---

*27 스페인 병사들이 평상시에 먹는 음식. 〔원주〕
*28 Ustilar a pastesas. 교묘하게 훔치다. 폭력을 가하지 않고 슬쩍 훔치다. 〔원주〕
*29 일종의 의용대. 〔원주〕

나는 여자에게 말했습니다.

"어마! 당신 지금 질투하는 거예요? 참 가엾기도 해라. 어째서 그렇게 바보짓을 하세요! 그래 내가 당신을 좋아한다는 것을 몰라요? 내가 언제 당신한테 돈을 달라고 하던가요?"

그 여자가 이렇게 말했을 때 나는 그 계집 모가지를 졸라 버리고 싶었습니다.

간단히 말씀드리죠. 카르멘은 나에게 평복을 구해다 줬습니다. 나는 그 옷을 입고 남들 눈에 띄지 않게 세비야를 빠져나왔습니다. 그리고 파스티아가 어떤 아니제트장수에게 써준 편지를 가지고 헤레스로 갔습니다. 그 아니제트 집이 밀수업자들의 집합소였습니다. 나는 거기서 그 사람들을 만나게 되었습니다. 두목은 당카이레*30라는 자였는데 나를 한패에 넣어 주었습니다. 우리 일행은 가우신을 향해 출발했습니다. 거기서 나는 카르멘과 다시 만났습니다. 거기서 만나기로 약속이 되어 있었어요. 일을 벌일 때마다 그 여자는 밀정 노릇을 했습니다. 그 여자보다 뛰어난 밀정은 절대로 없었습니다.

그때 그 여자는 지브롤터에서 돌아오는 길이었는데 벌써 어떤 선주(船主)와 영국 상품을 나르기로 계약한 상태였습니다. 우리는 그것을 바닷가에서 받을 예정이었습니다. 그래서 우리는 에스테포나 근처까지 가서 그 물건이 오기를 기다리고 있었습니다. 물건을 받아 일부는 산속에 감추고 나머지를 짊어지고 론다로 갔습니다. 카르멘은 한발 앞서 그곳에 와 있었습니다. 거기서도 시내로 들어갈 시기를 알려준 것은 카르멘이었습니다. 이 첫 번째 원정(遠征)과 그 뒤 몇 번의 여행은 무사히 끝났습니다. 밀수업자 생활은 군대 생활보다 내 마음에 들었습니다.

나는 카르멘에게 선물을 했습니다. 나에게는 돈도 있고 정부도 있었습니다. 후회하는 마음은 전혀 없었습니다. 정말이지 보헤미아 사람들 말대로 즐거울 때는 옴도 가렵지 않다는 격*31입니다. 가는 곳마다 우리 일행은 환영을 받았습니다. 동료들도 나에게 잘해 주었고 존경을 표시해 주기까지 했습니다. 그 이유는 내가 사람을 한 명 죽였기 때문입니다. 그들 중에는 그런 공을 세운 기억이 없는 자도 있었습니다. 그러나 새 생활에서 무엇보다도 내 기분을 북돋아 준 것은 카르멘을 자주 만날 수 있다는 일이었습니다. 그 여

─────────────────────

*30 남의 돈으로 투전하는 노름꾼이란 뜻.
*31 Sarapia sat pesquital ne punzava.[원주]

자는 전에 없이 애정을 보여주었습니다. 그러나 동료들 앞에선 자기가 내 정부라는 사실을 인정하려 들지 않았습니다. 그뿐이 아닙니다. 그 여자에 대한 일은 절대로 동료들에게 말하지 않겠다는 약속을 나로 하여금 엄수토록 했습니다. 나는 그 여자 앞에만 서면 꼼짝을 못해서 결국 그 여자가 하라는 대로 복종했습니다. 게다가 이때 처음으로 그 여자는 순진한 여자처럼 아주 얌전하게 나를 대해 주었습니다. 나는 정말 기뻤습니다. 그 여자가 지난날의 행실을 정말로 고쳤다고 믿을 만큼 단순한 남자였지요.

우리 일당은 여덟 명 또는 열 명으로 구성되어 있었는데, 어지간히 큰일이 있지 않고는 전부 모이는 일이 없었습니다. 여느 때는 둘씩이나 셋씩 짝을 지어 여기저기 도회지와 촌락에 흩어져 있었습니다. 우리는 저마다 나름대로 직업을 가지고 있었습니다. 어떤 자는 땜장이, 어떤 자는 말장수였으며 나는 잡화상이었습니다. 그러나 그 세비야의 사건이 있었기 때문에 번잡한 곳에는 거의 얼굴을 내놓지 않았습니다.

어느 날……이라기보다는 어느 밤이었습니다. 우리는 베제르 산기슭에 모이기로 되어 있었습니다. 당카이레와 나는 다른 사람들보다 한발 앞서 그곳에 와 있었습니다. 그는 몹시 기분 좋은 낯이었습니다.

"오늘 밤 동료가 하나 더 늘게 되었네. 카르멘이 정말 멋진 재주를 부렸어. 타리파 프레시디오(감옥)에 있던 자기 롬을 최근에 탈옥시킨 거야."

그즈음 나는 밀수꾼들이 거의 다들 쓰고 있던 보헤미아 말을 알아듣기 시작했습니다. 그래서 '롬'이란 말을 듣고 가슴이 철렁했습니다.

"뭐라고! 서방이라고! 그럼 그 여자에게 서방이 있었나?"

나는 두목에게 물었습니다.

"있고말고! 애꾸 가르시아라는 녀석인데 그 여자에 못지않게 약아빠진 보헤미아 녀석이지. 그 녀석 불쌍하게도 콩밥을 먹고 있었거든. 그런데 카르멘이 프레시디오의 의사 녀석을 감쪽같이 속이고 자기 롬을 빼내 준 거야. 정말이지 그 계집의 꾀는 끝이 없어! 어쨌든 2년 전부터 그 녀석을 탈옥시키려고 갖은 수단을 다 써왔으니까. 그러나 형무소장이 바뀌기까지는 뭘 해도 소용이 없었던 모양이야. 그런데 형무소장이 바뀌자, 그 계집, 잽싸게 흥정을 해치운 것 같아."

이 소식이 나에게 어떤 기쁨을 주었을지는 상상에 맡기기로 하겠습니다.

얼마 뒤 나는 애꾸눈 가르시아를 만났습니다. 그야말로 집시라는 유랑민족이 키워낸 가장 흉악한 괴한이었습니다. 살갗도 검지만 뱃속은 더 검은 녀석이었습니다. 그렇게 고약한 악당은 생전 처음 보았습니다. 카르멘은 그자와 함께 왔습니다. 그 계집이 내 앞에서 그자를 '나의 롬'이라고 부를 때는 반드시 나에게 눈짓을 했습니다. 그리고 가르시아가 고개를 저쪽으로 돌리면 나를 향해 얼굴을 찡그려 보였습니다. 나는 몹시 화가 났습니다. 그날 밤 내내 그 여자에게 말도 하지 않았습니다.

날이 밝자 우리는 짐을 꾸려 일찌감치 출발했습니다. 그런데 알고 보니 열두 명쯤 되는 기마병이 우리 뒤를 쫓고 있었습니다. 모조리 죽여버린다고 큰소리만 탕탕 치던 안달루시아 위인들은 보기 딱할 정도로 허둥거렸습니다. 와하고 소리치는가 했더니 저마다 앞다퉈 도망치기에 바빴습니다. 당카이레, 가르시아, 레벤다 조라고 하는 에시하 태생의 잘생긴 젊은이 그리고 카르멘은 침착성을 잃지 않았지만요. 다른 놈들은 순식간에 노새를 버리고, 말을 타고는 쫓아갈 수 없는 좁은 골짜기로 뛰어 들어갔습니다.

우리도 언제까지나 노새를 끌고 갈 수는 없었습니다. 그래서 서둘러 그중 귀한 물건만을 꺼내어 어깨에 짊어지고 무섭게 가파른 비탈길을 타고 내려가 바위 사이를 누비고 도망치려고 했습니다. 짐을 먼저 굴려 놓고 발뒤꿈치로 미끄러져 가며 전속력으로 그 뒤를 쫓아 내려갔습니다. 그러는 동안 적은 몸을 숨기고 총알을 쏘아댔습니다. 나는 총알이 바람을 가르고 핑핑 나는 소리를 그때 처음으로 들었습니다. 별로 무섭지는 않더군요. 계집이 보고 있다는 생각을 하니 죽는 위험을 겪는 것쯤은 아무렇지도 않았습니다. 별로 이렇다 할 자랑거리는 아니지요. 우리는 결국 위기를 모면했습니다. 다만 레벤다 조만은 가엾게도 허리에 한 방 맞았습니다. 나는 짐을 버리고 그를 끌어안으려고 했습니다.

"이런 쓸개 빠진 것, 송장을 메고 가서 어쩌자는 거야? 빨리 해치우지 못해? 무명 양말 짐을 잃으면 용서치 않겠다!"

가르시아가 날 보고 소리쳤습니다.

"내던져요!"

카르멘도 이렇게 외쳤습니다.

너무 지쳐서 부득이 레벤다조를 어느 바위 밑에 잠깐 내려놓았습니다. 그러자 가르시아가 다가오더니 그 젊은이 머리에 총을 쏘아댔습니다.

"이렇게 해두면 어떤 놈이고 알아보지 못할 거다."

열두 발 총알이 벌집처럼 쑤셔 놓은 젊은이의 얼굴을 들여다보며 그는 이렇게 말했습니다.

선생님, 아시겠습니까? 이것이 내가 살아온 훌륭한 생활이랍니다. 그날 저녁 우리는 지칠 대로 지친 데다 먹을 것도 없고 노새도 잃어버린 비참한 꼴로 어떤 숲에 이르렀습니다. 그러자 그 흉악한 가르시아가 무엇을 했는지 아십니까. 주머니에서 카드를 꺼내더니 당카이레와 함께 불을 피워 놓고 그 불빛으로 노름을 하기 시작했습니다. 그 동안 나는 누워 있었습니다. 별을 바라보며 레벤다조를 생각하고 차라리 그 친구 대신 내가 죽는 게 나을 뻔했다는 생각을 해보곤 했습니다. 카르멘은 내 옆에 쭈그리고 앉아서 가끔 입속으로 노래를 부르며 조용히 캐스터네츠를 치고 있었습니다. 그러다간 무슨 귀엣말이라도 하는 것처럼 몸을 바짝 붙이며 내가 싫어하는데도 억지로 붙잡고 두서너 번 키스를 했습니다.

"너는 지독한 악마야."

나는 그 계집에게 말했습니다.

"그래요, 난 악마예요."

그 계집은 태연하게 대답했습니다.

두세 시간 쉰 다음 그 여자는 가우신으로 갔습니다. 다음 날 아침이 되자 양치기 소년이 빵을 가지고 왔습니다. 그날은 하루 종일 그곳에 있다가 밤이 되자 우리는 가우신 근처로 갔습니다. 우리는 카르멘한테서 소식이 오기를 기다렸습니다. 그러나 아무런 소식도 없었습니다.

날이 샐 무렵 노새 몰이꾼 하나가 좋은 옷을 입고 양산을 받쳐 든 여자와 그녀의 몸종인 듯한 계집애를 노새에 태우고 이쪽으로 오고 있는 것이 보였습니다. 가르시아는 우리를 보고 말했습니다.

"저거 봐, 성(聖) 니콜라가 노새 두 마리와 여자 둘을 우리에게 보내주셨어. 욕심대로 하자면 노새가 네 마리였으면 더 좋으련만. 상관없지. 해치워버리자!"

그는 총을 잡더니 풀숲 속에 몸을 감추며 오솔길 쪽으로 내려갔습니다. 당카이레와 나도 그 뒤를 따라갔습니다. 총을 쏠 수 있는 거리에 이르자 우리는 풀숲에서 뛰어나가 노새 몰이꾼을 향해 꼼짝 마! 하고 소리쳤습니다. 그런데 그 여자는 우리 차림새만 봐도 놀라고도 남았을 텐데 우리를 보고 놀라기는커녕 크게 웃어젖혔습니다.

"어이가 없는 릴리펜디들이군! 나를 에라니인 줄 아나 봐!"*32

그 여자는 카르멘이었습니다. 그러나 어찌나 변장을 잘했는지 만일 다른 말을 했더라면 몰라보았을 것입니다. 그 여자는 노새 등에서 뛰어내리더니 잠시 당카이레와 가르시아하고 셋이서 소곤소곤 이야기를 했습니다. 그 뒤 나에게 말을 걸었어요.

"카나리아 도령, 당신이 교수대에 매달리기 전에 다시 한 번 만나게 되겠지만, 나는 지금 일이 있어 지브롤터로 가야 해요. 조만간 소식을 보낼게요."

그 여자는 며칠 동안 숨어 있을 곳을 일러 주고는 우리 일행과 헤어졌습니다. 그 여자는 우리 일당의 기둥이었습니다. 이윽고 그 여자가 보내준 돈과 그보다 더 중요한 소식을 받았습니다. 그것은 여차여차한 날에 여차여차한 길을 통해 지브롤터에서 그라나다로 가는 두 영국 귀족이 출발한다는 소식이었습니다. 그 의미는 명확했어요. 귀가 있는 자는 들으라는 뜻이지요. 그 귀족들은 훌륭한 기니(금화)를 가지고 있었습니다. 가르시아는 그 두 사람을 죽인다고 했습니다. 그러나 당카이레와 나는 반대했습니다. 그래서 결국 돈과 시계만을 빼앗았습니다. 그 밖에도 필요성을 느껴 셔츠도 빼앗긴 했습니다만.

사람이란 자신도 모르는 사이에 나쁜 놈이 되어 버립니다. 예쁜 여자에게 눈이 어두워집니다. 그 여자 때문에 목숨을 걸고 다투게 됩니다. 그러면 불상사가 일어나고 산속에 들어가 숨어 살지 않으면 안 되게 됩니다. 마침내는 생각해 볼 겨를도 없이 밀수업자로부터 도둑이 되어 버립니다. 영국 귀족들 사건이 있은 뒤로는 지브롤터 근처에 머무르는 것은 위험하다는 결론을 내려 우리는 론다 산맥으로 깊숙이 도망쳐 들어갔습니다. 선생님, 언젠가 호세 마리아 말씀을 하셨지요. 내가 그와 알게 된 것은 바로 거기서였습니다.

그는 일을 하러 갈 때 꼭 정부를 데리고 다니는 자였습니다. 정부는 아름

---

*32 나를 어엿한 숙녀(에라니)인 줄 아는 바보들(릴리펜디). 〔원주〕

답고 조신하며 얌전하고 태도도 훌륭한 여자였습니다. 불손한 말은 한 번도 한 적이 없었습니다. 무엇보다도 사랑하는 남자에게 몸과 마음을 다 바치는 여자였습니다! 그런 반면에 호세 마리아란 놈은 계집을 몹시 불행하게 만들고 있었습니다. 날이면 날마다 이 계집 저 계집 궁둥이만 쫓아다니고 제 계집은 학대하는 것입니다. 학대를 할 뿐 아니라 때로는 시샘을 하기도 했습니다. 언젠가는 계집을 단도로 찔러 버렸어요. 그런데 어떻게 되었는지 아시겠어요. 계집은 그런 심한 짓을 당하고도 전보다 더 그 녀석에게 반해 버렸답니다. 계집들이란 다 그렇게 생겨먹은 거예요. 특히 안달루시아 여자들은 그렇습니다. 그 여자는 그때 팔에 생긴 상처 자국을 자랑하며 세상에서 가장 아름다운 것이나 되는 것처럼 내보이곤 했습니다. 게다가 호세 마리아란 놈은 동료로서도 돼먹지 않은 놈이었지요! 한번은 일을 같이했었는데 그 녀석이 어찌나 교묘하게 꾸며 놓았는지 실속은 전부 그 녀석이 챙기고 귀찮은 뒤치다꺼리만 우리가 떠맡게 된 일도 있었습니다. 어쨌든 이제 다시 하던 이야기로 돌아가죠. 카르멘의 소식은 딱 끊어져 버렸습니다. 그래서 당카이레가 말했습니다.

"누구 한 사람이 지브롤터에 가서 상황을 알아봐야겠다. 카르멘이 틀림없이 일거리를 만들어 놓았을 거야. 내가 가도 좋지만 지브롤터에선 내 얼굴이 너무 알려져 있어."

그러니까 애꾸눈이 말했습니다.

"나도 그래, 거기선 다들 나를 알고 있단 말이야. 내가 새우들*33을 너무 골려 줬거든. 게다가 나는 눈이 한쪽밖에 없어서 변장하기도 어려워."

"그럼 내가 가야 한단 말인가?"

내가 얼른 말했습니다. 카르멘을 다시 만날 수 있다는 사실만으로도 기뻤던 것입니다.

"그래 어떻게 하면 되겠나?"

내가 묻자 두 사람은 나에게 말했습니다.

"배를 타든가 아니면 생 로크를 통해 가든가 자네 좋을 대로 해. 지브롤터에 도착하거든 부둣가에서 라 로요나라는 초콜릿장수 할멈이 어디에 사느냐

---

*33 스페인에서 붉은 영국 군복 빛깔을 따서 일반 사람들이 영국 사람들을 일컫는 이름. 〔원주〕

고 물어보도록 하게. 그 할멈만 찾으면 그쪽 형편은 속속들이 알아낼 수 있을 거야."

셋이서 함께 가우신으로 가서 두 사람은 그곳에 남겨 두고 나 혼자 과일장수로 변장한 다음 지브롤터에 가기로 했습니다. 론다에서 우리와 한패인 한 사람이 여권을 얻어 주었습니다. 가우신에선 당나귀를 한 마리 얻었습니다. 나는 당나귀에다 오렌지와 멜론을 싣고 떠났습니다.

지브롤터에 도착하니 라 로요나를 다들 알고는 있었지만 그 할멈은 죽었다는 말도 있었고, 피니부즈 테레에(세상 끝)*34로 갔다는 말도 있었습니다. 내 생각에 그 할멈이 행방불명됐다는 사실은 어째서 우리가 카르멘과 통신할 길을 잃게 되었는가를 설명하는 것 같았습니다.

나는 당나귀를 마구간에 매어 놓고 오렌지를 짊어진 다음 그것을 파는 척하고 거리를 쏘다녔습니다. 행여나 아는 사람을 만나지 않을까 하는 마음에서였습니다. 지브롤터에는 세계 여러 나라 부랑배들이 많이 모여 있었습니다. 마치 바벨탑과 같았습니다. 열 발짝 걸어가면 열 나라 말을 들어야 하는 실정이었으니까요.*35 같은 밀수업을 하는 장사치들도 많이 볼 수 있었습니다. 그러나 아무래도 나는 그자들을 믿을 수 없었습니다. 나도 그놈들을 살펴보고 그놈들도 나를 살펴보는 형편이었습니다. 서로 똑같은 악당이라는 건 알아차릴 수가 있었습니다만, 문제는 같은 패냐 아니냐 분간하는 일이었습니다.

이틀 동안이나 돌아다녀 보아도 헛수고일 뿐 로요나에 대해서나 카르멘에 대해서나 아무것도 알 수 없었습니다. 그래서 물건이나 좀 사 가지고 동료들에게로 돌아갈까 생각했습니다. 그런 생각을 하며 해 질 무렵에 거리를 어정거리고 있으려니까 어떤 집 창문에서 나를 부르는 여자 목소리가 들려왔습니다.

"오렌지장수!"

나는 얼굴을 들었습니다. 쳐다보니 발코니에 카르멘이 서 있었습니다. 붉은 군복을 입고 금 견장을 붙인 뚱뚱한 곱슬머리 귀족 같은 사관과 함께 난간에 팔꿈치를 대고 서 있지 뭡니까. 여자는 어떤가 하면 참으로 훌륭한 몸

---

*34 Finibus terrae. 징역 또는 행방불명. [원주]

*35 《창세기》 제11장 참조.

차림을 하고 있었습니다. 어깨에는 숄을 걸치고 금빗을 꽂고, 옷은 비단으로 휘감았습니다. 게다가 그 여자는 여전히 배짱 좋게 허리를 잡고 웃고 있었습니다! 영국 사람은 서툰 스페인 말을 더듬거리며 날보고 올라오라고 소리쳤습니다. 부인이 오렌지를 먹고 싶다는 겁니다. 카르멘도 바스크어로 외쳤습니다.

"올라와요, 그리고 무슨 일이 있어도 놀라진 말아요!"

사실 그 여자가 하는 짓이라면 새삼스레 놀랄 일은 아무것도 없었습니다. 나는 그 여자를 다시 만나게 되어 기쁨이 앞서는지, 슬픔이 앞서는지 스스로 분간을 할 수 없었습니다. 문간에는 하얀 가발을 쓴 덩치 큰 영국인 하인이 서 있었습니다. 그 하인이 나를 훌륭한 살롱으로 안내했습니다. 카르멘은 곧 바스크어로 말했습니다.

"당신은 스페인 말을 한마디도 모르고 내 얼굴도 모르는 척해야 해요. 알았죠."

곧이어 영국 사람을 돌아다보고는 크게 말하더군요.

"그것 봐요, 내 말이 맞았죠. 이 사람이 바스크인이라는 걸 나는 단번에 알아봤어요. 바스크어가 얼마나 우스운 말인가 이제 곧 들려드릴게요. 아이 참, 어쩌면 이렇게도 얼간이같이 생겼을까, 좀 보세요. 그렇죠? 꼭 벽장 속에 있다가 들킨 도둑고양이같이 생겼죠?"

"그럼 너는 낯가죽이 두꺼운 화냥년이지 별거냐. 네 정부 녀석 앞에서 그 뻔뻔한 상판대기를 북 그어 주고 싶다."

나도 우리 고향 말로 이렇게 되받아 주었습니다.

"정부라고! 아니 그걸 혼자서 알아냈단 말이에요? 그래서 지금 이 멍텅구리 녀석을 시샘하는 거예요? 정말이지 당신은 칸딜레호 거리에서 만났던 그 시절이랑 달라진 게 없네요. 아무리 멍청해도 그렇지, 그래 모른단 말예요? 정말 어처구니없는 바보로군요. 나는 지금 일을 하고 있는 거예요. 보세요, 이렇게 경기가 좋잖아요. 이 집도 내 것이고 새우가 가지고 있는 금화도 내 것이란 말예요. 내가 이 녀석 코빼기를 붙잡고 마구 끌고 돌아다니는 거예요. 이러다가 다시는 나올 수 없는 곳으로 끌어다 박을 참이에요."

"아, 그래? 네가 언제까지나 이런 일만 하고 다닌다면 내가 다시는 이런 짓을 못하게 만들어 놓을 테다."

내가 이렇게 응수하자 카르멘도 대꾸를 했습니다.

"아니! 당신이 내 롬이라도 되나요? 그렇게 명령조로 나오니. 그 애꾸눈 녀석이 좋다고 그러는데 당신이 무슨 군말이 있어요? 당신은 그냥 나의 민초로*36라 불리는 단 한 사람의 남자로 만족해야 할 것 아녜요?"

"뭐랍니까?"

영국 사람이 물었습니다.

"목이 말라서 한잔 마시고 싶다는 거예요."

카르멘은 이렇게 대답했습니다. 그러고는 자신의 통역 솜씨에 스스로도 우스웠던지 웃음을 터뜨리며 긴의자 위에 쓰러졌습니다.

사실이지 그 여자가 웃을 때는 도저히 진지한 이야기를 할 방법이 없었습니다. 다들 따라 웃고 마는 거지요. 그 덩치 큰 영국 사람도 꽤 어리석은 놈이었던지 웃기 시작했습니다. 그리고 나에게 음료를 갖다 주라고 일렀습니다.

내가 마시고 있는 동안에 그 여자는 이렇게 말했습니다.

"저 녀석이 손가락에 끼고 있는 반지 봤어요? 당신이 갖고 싶다면 드리지요."

나는 그 말에 이렇게 대답했습니다.

"마킬라(곤봉)를 하나씩 들고 너의 귀족 나리를 산속에 데려가 때려눕힐 수 있다면 내 손가락 하나쯤은 주겠다."

그때 영국 사람이 불쑥 물었습니다.

"마킬라? 마킬라라니 무슨 뜻이오?"

"마킬라는 오렌지를 말하는 거예요."

카르멘은 여전히 웃으면서 말을 이었습니다.

"정말 우스운 말이죠? 오렌지를 마킬라라고 하다니. 당신에게 마킬라를 잡숫게 해드리고 싶다는군요."

"그래? 그거 고맙군. 그럼 내일 아침에 또 마킬라를 갖다 주게."

영국 사람은 이렇게 말했습니다. 우리가 이야기를 하고 있는데 하인이 들어와 식사 준비가 되었다고 말했습니다.

영국 사람은 일어서서 나에게 1피아스터 은화를 한 닢 쥐어주고는 카르멘

---

*36 Minchorro. 나의 애인 또는 바람난 상대. 〔원주〕

에게 팔을 내밀었습니다. 마치 혼자서는 걸을 수 없는 여자처럼 말입니다. 카르멘은 여전히 웃으며 나에게 말했습니다.

"당신을 오늘 저녁 식사에 초대할 수는 없지만 그 대신 내일 아침 위병 정렬 북소리가 나거든 곧 오렌지를 가지고 이리로 와요. 칸딜레호 거리의 방보다도 훌륭하게 꾸며 놓은 방이 있으니까요. 그러면 당신도 알게 될 거예요. 내가 언제까지나 당신의 카르멘시타라는 것을요. 그리고 일에 대해서 할 이야기도 있어요."

나는 아무 대답도 하지 않았습니다. 길거리로 나가니 영국 사람이 내 뒤에서 소리를 질렀습니다.

"내일도 꼭 마킬라를 가져오게!"

그러자 카르멘의 커다란 웃음소리가 터져나왔습니다.

나는 뛰쳐나오긴 했으나 어떻게 해야 좋을지 몰랐습니다. 그날 밤은 거의 뜬눈으로 새우다시피 했습니다. 아침이 되자 나를 배신한 그 계집이 너무도 괘씸해서 분노는 절정에 달했습니다. 다시는 그 계집을 보지 않고 지브롤터를 떠나 버릴 결심을 했습니다. 그러나 첫 북소리가 들려오자 용기가 쑥 빠져 버렸습니다. 나는 서둘러 오렌지 바구니를 들고 카르멘이 있는 곳으로 달려갔습니다. 그 여자 방 덧문이 반쯤 열려 있었습니다. 카르멘의 크고 검은 눈 하나가 이쪽을 내다보고 있는 것이 보였습니다. 하얀 가발을 쓴 하인이 곧 나를 안으로 안내했습니다. 카르멘은 하인을 심부름 보내 놓고 나와 단둘이 남자 그 악어와 같은 웃음소리를 내며 내 목을 끌어안았습니다. 그 여자가 그렇게 아름답게 보인 적은 없었습니다. 마돈나처럼 차려입고 향수를 뿌리고 있었습니다…… 비단으로 바른 가구, 수를 놓은 커튼…… 아아…… 그야말로 굉장했어요! 그런데 나는 누가 봐도 도둑놈 차림새였습니다.

"민초로, 나는 여기 있는 것을 모조리 때려 부수고 싶어! 집에 불을 지르고 당신과 함께 산속으로 도망치고 싶단 말이야!"

카르멘은 이렇게 말했습니다. 그리고 애무를 부드럽게 했습니다…… 또 웃음을 터뜨리는 것입니다…… 춤을 추었습니다. 미친 듯이 춤추면서 옷단을 마구 찢었습니다. 원숭이도 이렇게 폴짝폴짝 날뛰고 수선을 떨지는 않았을 것입니다. 한참 그러다가 그 여자가 다시 정색을 하더니 말을 꺼냈습니다.

"내 말 좀 들어 봐요. 일에 대한 이야기니까요. 나는 그 녀석에게 나를 론다로 데려가게 할 작정이에요. 그곳엔 수녀가 된 언니가 하나 있으니까……
(여기서 또다시 웃음을 터뜨렸습니다) 나중에 당신한테 알리겠지만 우리는
어느 장소를 지나가게 될 거예요. 그때 당신네들이 녀석에게 덤벼들어 홀딱
벗겨 버리란 말이에요! 제일 좋은 것은 죽여 버리는 일이겠지만."

여기서 그 여자는 간혹 띠는 그 악마적인 미소를 띠며 덧붙여 말했습니다.
그 미소야말로 아무도 흉내조차 낼 수 없는 것이었습니다.

"어때요. 알겠어요? 당신이 해야 할 일을? 애꾸눈을 먼저 내보내란 말예
요. 당신은 조금 뒤에 떨어져 있도록 해요. 이번 새우 녀석은 힘도 세고 솜
씨도 대단하니까. 좋은 권총도 몇 자루씩이나 들고 다닌단 말예요…… 무슨
말인지 알겠어요?"

그 여자는 웃음을 터뜨리며 말을 끊었습니다. 그 웃음소리를 듣자 나도 모
르게 몸이 부르르 떨렸습니다.

"그럴 순 없어. 나는 가르시아를 미워하긴 하지만 아무튼 동료는 동료야.
언젠가는 너 때문에 내가 그 자식을 처치해 버릴 때가 오겠지만, 그때는 우
리 고향에서 하는 식대로 정정당당하게 맞붙어서 요절을 내버릴 작정이다.
나는 어쩌다 이렇게 밀수꾼 틈에 끼긴 했지만 근본적으로는 악당이 아니야.
경우에 따라서는 예의 속담 말마따나 어디까지나 순 나바라 사람*37답게 처
신할 생각이니까."

그 여자는 말을 계속했습니다.

"당신은 정말 바보군요. 얼간이란 말이에요. 진짜 페이로예요. 침을 멀리
까지 뱉을 수 있다고 스스로 키가 큰 줄 알고 있는 난쟁이*38나 마찬가지군
요. 당신은 날 사랑하고 있지 않죠. 그렇다면 썩 나가 버려요!"

그 여자가 날보고 나가라고 말하면 나는 언제나 몸이 굳어서 나갈 수가 없
었습니다. 이번에도 나는 결국 순순히 동료들이 있는 곳으로 돌아가 영국 사
람을 기다리겠다는 약속을 했습니다. 그러자 그 여자는 론다로 갈 때까지 앓
는 척하겠다고 약속했습니다. 나는 이틀 동안을 더 지브롤터에서 머물러 있
었습니다. 그 여자는 대담하게도 변장을 하고 내가 묵고 있는 주막집으로 나
를 만나러 왔습니다. 나는 출발했습니다. 나도 가슴 속에는 한 가지 계획이

---

*37 Navarro fino. 〔원주〕

*38 Or esorjie do or narsichislé, sin chismar lachinguel. 집시 속담. 〔원주〕

있었습니다. 나는 영국 사람과 카르멘이 지나갈 예정인 장소와 시간을 알아가지고 동료들이 기다리는 장소로 돌아갔습니다. 돌아가 보니 당카이레와 가르시아가 나를 기다리고 있었습니다. 우리 세 사람은 솔방울이 활활 타오르는 모닥불을 둘러싸고 하룻밤을 숲 속에서 지냈습니다.

나는 가르시아에게 카드 놀이를 하자고 했습니다. 그는 기꺼이 승낙했죠. 두 번째 판에서 나는 그에게 속이지 않았느냐고 따지고 들었습니다. 그는 웃음을 터뜨렸습니다. 나는 들고 있던 카드를 그의 얼굴에 집어던졌습니다. 그는 총을 잡으려고 했습니다. 하지만 내가 먼저 총을 발로 누르며 소리쳤습니다.

"넌 말라가 제일가는 칼잡이라던데, 어디 나하고 한번 겨뤄 볼 테냐?"

당카이레가 우리를 떼어 놓으려고 했습니다. 나는 재빨리 가르시아에게 주먹다짐을 몇 번 했습니다. 그는 분노가 솟구쳐 물불을 가리지 않게 되었습니다. 그는 단도를 뽑았습니다. 나도 단도를 뽑아들었습니다. 우리는 정당한 승부를 겨룰 수 있도록 자리를 비켜 달라고 당카이레에게 부탁했습니다. 당카이레도 말릴 수 없을 것 같자 멀리 물러섰습니다. 가르시아는 벌써 새앙쥐를 향해 달려들려는 고양이처럼 허리를 확 구부렸습니다. 방패 삼아 왼손으로 모자를 잡고 단도를 앞으로 내밀었습니다. 이것이 안달루시아식 자세입니다.

나는 나바라식으로 겨누었습니다. 그놈 정면에 꼿꼿이 버티고 서서 왼팔을 높이 들고 왼쪽 다리를 앞으로 내민 다음 단도를 오른쪽 넓적다리에 찰싹 붙였습니다. 이러고 있으니 나는 거인보다도 힘이 세진 것 같은 기분이 들었습니다. 그는 나를 향해 쏜살같이 달려들었습니다. 나는 왼발을 중심으로 빙 돌았습니다. 그는 헛 찔렀습니다. 그러나 나는 그의 목을 찔렀습니다. 단도가 너무 깊이 들어가 내 주먹이 그의 턱밑까지 파고들었을 정도입니다. 내가 힘주어서 칼을 홱 비틀자 칼날이 부러지고 말았습니다. 승부는 났습니다. 사람 팔뚝 굵기만 한 핏줄기가 분수처럼 솟구쳐 부러진 칼끝이 상처에서 툭 튀어나왔습니다. 가르시아는 말뚝처럼 땅바닥에 코를 박고 털썩 쓰러졌습니다.

"이게 무슨 짓이야?"

당카이레가 나에게 말했습니다.

"내 말을 들어 보라고. 우리 둘이는 함께 살아 있을 수는 없었어. 나는 카르멘에게 반했네. 그래서 나 혼자 그 여자를 독차지하기를 원한걸세. 그러나 그뿐이 아니야. 저 가르시아란 놈은 사람이 아닐세. 가엾은 레벤다조에게 그 녀석이 한 짓을 나는 잊을 수 없네. 이제 우리 둘만 남았네. 그러나 우리는 그 뱃속 검은 악당들과는 바탕이 다르다고 생각하네. 여보게, 나와 생사를 같이할 친구가 되어 주겠나?"

내가 이렇게 말하자 당카이레는 나에게 손을 내밀었습니다. 그자는 이미 오십 줄에 든 사나이였습니다.

"사랑이니 뭐니, 나는 딱 질색이야!"

그는 이렇게 소리쳤습니다.

"자네가 카르멘을 달라고 했으면 그 녀석은 은화 한 닢에 팔았을지도 모를 것을. 이제 딱 둘만 남았으니 내일 당장 어떻게 일을 한단 말인가?"

"내게 맡겨 둬. 이젠 세상에 아무것도 무서울 게 없네."

나는 대답했습니다.

우린 가르시아를 파묻고 그곳에서 2백 발짝쯤 떨어진 곳으로 자리를 옮겼습니다. 다음 날 카르멘과 그 영국 사람이 노새 몰이꾼 둘과 하인 하나를 데리고 예정된 장소를 지나갔습니다. 나는 당카이레에게 말했습니다.

"영국 놈은 내가 맡겠네. 다른 놈들을 협박하게, 맨손들이니까."

영국 사람은 정말 대담한 사람이었습니다. 카르멘이 그의 팔을 밀어내지 않았더라면 나는 총알을 맞아 꼼짝없이 죽었을 것입니다. 어쨌든 간단히 말하자면 그날 나는 다시 카르멘을 손에 넣었습니다.

내가 그 여자에게 말한 첫 마디는 너는 과부가 되었다는 말이었습니다. 사정을 알고 나자 그 여자는 나에게 말했습니다.

"그런 짓을 하다니, 당신은 언제까지나 릴리펜디군요! 가르시아 손에 죽었을지도 모를 일이었네요. 당신의 그 나바라식 자세란 영 엉터리예요. 당신보다 난다 긴다 하는 자들을 그이가 얼마나 많이 죽였다고요. 이번에는 그이도 시운(時運)이 다 되었으니까 그랬지. 당신도 머지않아 그때가 올 거예요."

"그러는 너도 머지않아 올 거다. 네가 정말 나의 로미다운 행동을 하지 않을 때는."

나도 지지 않고 대꾸했습니다.

"좋을 대로 해요. 이미 몇 번이고 커피 찌꺼기로 점을 쳐 봤으니까. 우리들은 같이 죽을 팔자래요. 흥! 될 대로 되라지!"

그 여자는 이렇게 말했습니다. 그리고 캐스터네츠를 쳤습니다. 무슨 불쾌한 생각을 쫓아내려 할 때면 늘 버릇처럼 그렇게 하는 것이었습니다.

사람이란 자기 신세를 이야기할 때는 자신을 잊어버리게 마련입니다. 이렇게 자질구레한 이야기를 늘어놓으면 아마 듣는 분께선 지루하실 테지요. 하지만 이제 곧 끝납니다. 우리의 이런 생활은 꽤 오랫동안 계속되었습니다. 당카이레와 나는 먼저 놈들보다는 좀 착실한 놈들을 대여섯 명 끌어다 넣고 밀수입을 계속해 갔습니다. 그리고 말씀드리기 부끄럽습니다만, 실은 이따금 큰길에서 강도질을 하기도 했습니다. 그러나 아주 궁지에 몰려 어찌할 수 없을 때만 그랬어요. 그리고 우리는 행인을 학대하거나 하지는 않았습니다. 그저 돈을 빼앗기만 했지요.

이삼 개월 동안 나는 카르멘에게 만족했습니다. 그 여자는 계속 좋은 일거리를 알려주고 우리 활동을 도와주는 데 여전히 없어서는 안 될 여자였습니다. 어떤 때는 말라가에, 어떤 때는 코르도바에, 어떤 때는 그라나다에 있었습니다. 그러나 내 말 한마디면 만사를 제쳐 놓고 외딴 벤타나 야영지까지 나를 만나러 와 주었습니다. 다만 한 번, 말라가에서 그 여자는 나에게 약간 불안을 주었습니다. 그 여자가 어떤 돈 많은 상인에게 눈독을 들이고 있다는 이야기가 내 귀에 들어온 것입니다. 아마 지브롤터에서 했던 그 나쁜 짓을 또 한 번 하려던 작정이었겠지요. 나는 당카이레가 온갖 수단을 다해 말리는 것을 뿌리치고 대낮에 말라가 거리로 들어섰습니다. 카르멘을 찾아내어 당장 끌고 돌아왔습니다. 우리는 몹시 심한 말다툼을 했습니다. 그 여자는 나에게 말했습니다.

"당신은 모르나 본데, 당신이 내 롬이 된 다음부터는 나는 당신이 나의 민초로였을 때보다 싫어졌어요. 나는 이렇게 못살게 구는 것도 싫지만, 무엇보다도 싫은 것은 나한테 명령하는 거예요. 내 소원은 그 누구의 잔소리도 듣지 않고 내가 좋아하는 일을 자유롭게 하는 거예요. 조심해요, 공연히 내 부아를 돋우지 않게. 당신이 정 귀찮게 굴면 어디서 젊고 팔팔한 녀석을 하나 얻어다 당신이 애꾸눈에게 하던 식으로 해줄 테니까."

당카이레가 우리를 화해시켰습니다. 그러나 우리는 가슴 속에서 평생 지워 버릴 수 없는 말들을 서로 해버렸기 때문에 전과 같이 살갑게 지낼 수는 없었습니다. 그로부터 조금 후에 재수 없는 일이 일어났습니다. 군대가 갑자기 습격을 해온 것입니다. 당카이레는 살해되었습니다. 그리고 동료 둘도 죽었습니다. 또 다른 두 사람은 붙잡혔고 나는 심한 중상을 입었습니다. 만일 그 좋은 말을 타고 있지 않았더라면 군인들 손에 잡히고 말았을 것입니다. 몸에는 총알을 맞은 채 기진맥진하여, 단 하나 살아남은 동료와 함께 어느 숲 속으로 도망쳐 들어갔습니다. 말에서 내리자 나는 정신을 잃고 말았습니다. 그때는 총알을 맞은 토끼처럼 이 덤불 속에서 죽는구나 하는 절망적인 생각이 들었습니다. 살아남은 동료는 동굴 속으로 나를 끌어다 놓고 카르멘을 찾으러 나갔습니다. 그 여자는 그라나다에 있었는데 곧 달려왔습니다. 그리고 보름 동안 잠시도 내 곁을 떠나지 않았고 거의 눈도 붙이지 않았습니다. 극진히 사랑하는 남자를 위해, 그 어느 여자도 다하지 못할 정도의 솜씨와 정성으로 그 여자는 나를 간호해 주었습니다. 내가 겨우 자리에서 일어나게 되자 카르멘은 아무도 모르게 나를 그라나다로 데리고 갔습니다.

보헤미아 여자들은 어디를 가나 안전한 은신처를 가지고 있습니다. 현상 수배자인 나를 찾고 있는 시장(市長)네 집에서 가까운 어느 집에서 나는 6주일이 넘게 있었습니다. 몇 번이나 덧문 너머로 시장이 지나가는 모습이 보이곤 했지요. 마침내 나는 건강을 회복했습니다. 그런데 병석에 누워 괴로워하는 동안 곰곰이 생각을 해봤어요. 그 결과 생활을 바꿔볼 결심을 했습니다. 나는 카르멘에게 스페인을 떠나 아메리카(신세계)로 건너가 착실하게 살아갈 궁리를 해보자고 말했습니다. 그러나 그 여자는 나를 비웃었습니다.

"배추나 당근을 키운다는 건 격에 맞지 않는 일이에요. 우리에게 맞는 운명은 페이요들이나 벗겨먹는 거죠. 내 말 좀 들어 봐요. 내가 말이죠, 지브롤터의 나탄 벤 조제프와 일을 꾸며 놓았어요. 무명필이 있는데 당신에게 운반해달라고 할 거예요. 그는 당신 형편이 좋아지기만을 기다리고 있어요. 당신이 살아 있다는 것을 알고, 당신을 믿고 있는 거죠. 그런데 당신이 의리를 저버리고 꽁무니를 뺀다면 지브롤터에 있는 거래자들이 뭐라고 하겠어요?"

그 여자는 이렇게 말했습니다. 나는 또 질질 끌려갔습니다. 다시 그 못된 장사를 하기 시작했어요.

내가 그라나다에 숨어 있는 동안 투우가 있었습니다. 카르멘은 투우를 보러 갔다 오더니 루카스라는 유명한 투우사 이야기를 열심히 늘어놓았습니다. 그 사람의 애마 이름이며 그가 입고 있는 아름다운 자수 웃옷의 가격까지 알고 있었습니다. 나는 그 일에 그다지 신경을 쓰지 않았습니다. 그런데 단 한 사람 살아남았던 후아니토라는 동료가 이삼 일 지난 뒤에 찾아와, 카르멘이 루카스와 함께 사카틴의 어느 상점에 들어가는 것을 보았다고 말해 주었습니다. 그 말을 듣자 나는 그제야 그 일이 마음에 걸리기 시작했습니다. 나는 카르멘에게 어째서 투우사와 알게 되었느냐고 물었습니다. 그러자 그 여자가 말했습니다.

"다 알아 두면 좋은 수가 있는 사람이에요. 소리가 나는 강에는 물이 있든가 돌이 있는 법이에요.*39 얼마 전 투우에서 그 사람은 단숨에 천 2백 레알을 벌었어요. 그러니까 둘 중에 하나는 손아귀에 넣어야죠. 그 돈을 빼앗든지, 아니면 말도 잘 타고 담력도 세니까 그 사람을 우리 편에 끌어넣든지. 동료들이 꽤 많이 죽었으니 당신도 보충을 해야 할 것 아녜요. 그자를 우리 편에 넣기로 해요."

"나는 그놈의 돈도 싫고 그놈도 필요 없어. 그리고 너는 앞으로 두 번 다시 그놈과 말도 하지 마. 했다가는 가만두지 않을 테다."

나는 화가 나서 이렇게 대답했습니다.

"조심하는 게 좋을 거예요. 나보고 무엇이고 하지 말라고 하면 어느 결에 꼭 이루어지고 마니까요!"

그 여자는 말했습니다.

다행히도 그 투우사는 말라가로 떠났습니다. 나는 그 유대인의 무명필을 운반하는 일에 착수했습니다. 그 일로 나는 몹시 바빴습니다. 카르멘도 마찬가지로 할 일이 많았습니다. 나는 그만 루카스 일은 잊어버렸습니다. 아마 그 여자도 적어도 그때만은 잊어버렸던 모양입니다.

실은 내가 선생님을 처음에는 몬티야 근처에서 뵙고 그 다음 번엔 코르도바에서 뵈었던 것이 바로 그 무렵이었습니다. 두 번째 뵈었을 때의 일은 말씀드리지 않겠습니다. 선생님께서 나보다도 더 잘 아실 테니까요. 카르멘은 선생님의 시계를 훔쳤습니다. 또 선생님의 돈도 노리고 있었어요. 그리고 무

---

*39 Len sos sonsi abela Panio reblendani terela. 집시 속담. 〔원주〕

엇보다도 손가락에 끼고 계신 반지를 탐내고 있었습니다. 그 여자 말로는 그 반지는 마술의 반지라서 꼭 손에 넣어야 한다더군요. 우리는 몹시 다투었습니다. 나는 그 여자를 때렸습니다. 여자는 새파랗게 질려 울었습니다. 그 여자가 우는 모습을 본 것은 그때가 처음이었습니다. 그것은 나에게 이상한 감명을 주었습니다. 나는 여자에게 사과를 했습니다. 그러나 그 여자는 하루 종일 시무룩해 있었습니다.

내가 다시 몬티야로 출발했을 때도 그 여자는 나에게 작별 키스를 하려고 하지 않았습니다. 나는 우울한 나날을 보내고 있었습니다. 그런데 사흘 뒤 그 여자는 방울새처럼 명랑한 태도로 밝게 웃으며 나를 만나러 왔습니다. 나는 모든 것을 씻은 듯이 잊어버렸습니다. 우리는 마치 갓 사귀기 시작한 애인들같이 행복했습니다. 헤어질 무렵에 그 여자는 나에게 말했습니다.

"코르도바에 축제가 있으니까 보고 올게요. 그리고 돈 많은 녀석들을 점 찍어 놓았다가 당신한테 알려 드릴게요."

나는 그 여자를 가는 대로 내버려 두었습니다. 혼자 남게 되자, 그 축제가 있다는 말과 카르멘의 기분이 갑자기 달라진 것이 마음에 걸렸습니다. 그 여자가 그렇게 신이 나서 나를 찾아온 것을 보면 이미 속 시원하게 분풀이한 것이 틀림없었어요. 그때 코르도바에서 투우가 있다는 소식을 어느 농부가 일러 주었습니다. 나의 피는 부글부글 끓어올랐습니다. 미친 사람처럼 뛰어나가 투우장으로 달려갔습니다. 저 사람이 루카스라고 옆에 있던 사람이 일러 주었습니다. 울짱 앞에 즐비하게 늘어놓은 걸상 위에 카르멘의 모습이 보였습니다. 그 모습을 본 순간 나는 사태를 환하게 파악할 수 있었습니다. 루카스는 내가 생각했던 대로 첫 소가 나타나자 벌써 수작을 걸기 시작했습니다. 그 사나운 소의 리본[40]을 떼어 카르멘에게 갖다 주더군요. 여자는 그 자리에서 그것을 머리에 감았습니다. 소가 나의 원수를 갚아 주었습니다. 루카스는 말이 자빠지는 바람에 그 말 밑에 깔려 버렸습니다. 그리고 그 위에 황소가 올라탔어요. 나는 카르멘 쪽을 바라보았습니다. 그 여자는 재빨리 모습을 감추었더군요. 사람이 너무 많아서 나는 그 자리에서 도저히 빠져나갈

---

*40 La divisa. 매듭이 있는 리본. 그 빛깔을 보면 어느 목장에서 자란 소인지 알 수 있다. 이 리본은 작은 갈고리로 소 등가죽에 붙어 있다. 소를 죽이기 전에 그 리본을 떼어 부인에게 가져가는 것은 멋진 투우 행위의 극치이다. 〔원주〕

수가 없었습니다. 투우가 다 파할 때까지 기다릴 수밖에 없었습니다.

그 뒤 선생님도 아시는 그 집으로 갔습니다. 나는 그곳에서 저녁 내내, 그리고 밤늦게까지 아무 말도 않고 우두커니 앉아 있었습니다. 새벽 2시가 되어서야 카르멘은 돌아왔습니다. 내가 그 자리에 있는 것을 보자 약간 놀라는 것 같았습니다.

"나와 함께 가자."

나는 그 여자에게 말했습니다.

"좋아요, 갑시다!"

그 여자도 말했습니다. 나는 내 말을 끌어다 여자를 뒤에 태우고 밤새도록 말 한마디도 않고 말을 달렸습니다. 새벽녘에 어떤 외딴 집 벤타(주막집)까지 와서 말을 멈췄습니다. 그 근처에는 조그마한 수도원이 있었습니다. 거기서 나는 마침내 카르멘에게 말했습니다.

"내 말을 들어 봐, 나는 모든 것을 잊어버리겠어. 이제 아무 말도 않을 테니, 그 대신 한 가지만 맹세를 해다오. 나와 함께 아메리카로 건너가 조용히 살겠다고 맹세해다오."

"싫어요, 난 아메리카 같은 곳에는 가고 싶지 않아요. 여기 있는 게 좋아요."

그 여자는 못마땅한 듯 대답했습니다.

"루카스 옆에 있을 수 있으니까 그렇겠지. 그러나 잘 생각해 봐. 그 녀석이 이번에는 운 좋게 낫는다고 해도 어차피 그렇게 산다면 오래 살지 못할 거야. 하지만 생각해 보면 그 자식을 탓할 필요야 없지. 이제 네 정부 녀석들을 죽이는 일도 지긋지긋해. 이번에는 너를 죽일 차례다."

그 여자는 특유의 짐승과 같은 매서운 눈으로 나를 노려보았습니다. 그리고 이렇게 말했습니다.

"내 그럴 줄 알았어요. 당신이 나를 죽일 줄 알았다고요. 처음에 당신을 만났을 때 우리 집 문 앞에서 신부님을 만났었지요. 그리고 간밤에 코르도바를 떠날 때 당신은 아무것도 못 봤어요? 당신 말 다리 사이를 토끼가 한 마리 가로질러 갔다고요. 점괘에 다 나와 있어요."

"카르멘시타, 그래 너는 이제는 나를 좋아하지 않는단 말이야?"

나는 그 여자에게 물었습니다.

그 여자는 한마디도 대답하지 않았습니다. 두 다리를 도사리고 돗자리 위에 앉아 손톱으로 땅바닥에 열심히 선을 긋고 있었습니다.

"생활 방식을 바꿔 보자, 카르멘."

나는 애원하듯 말했습니다.

"다시는 헤어지는 일이 없는 곳으로 가서 같이 살자. 너도 알고 있지, 여기서 그리 멀지 않은 곳에 떡갈나무 밑에다 백 20온스나 되는 금화를 파묻어 놓았잖아. ……그리고 그 유대인 벤 조제프한테서도 받을 것이 있고."

여자는 웃으면서 말했습니다.

"내가 먼저고, 그 다음이 당신이군요. 이렇게 되리라는 것은 다 알고 있었어요."

나는 말을 계속했습니다.

"잘 생각해 봐. 나는 이제 더 참을 수도 없고, 그럴 용기도 없어. 그러니까 이제 어떻게 할지 네 마음대로 정해. 나도 내 마음대로 할 테니까."

나는 그 여자 곁을 떠나 수도원 쪽으로 슬슬 걸어갔습니다. 수도사 한 사람이 기도를 하고 있었어요. 나는 기도가 끝나기를 기다렸습니다. 나도 기도를 드리고 싶었지만 그럴 수가 없었습니다. 수도사가 일어섰을 때 나는 그쪽으로 걸어갔습니다.

"신부님, 위험한 고비에 서 있는 자를 위해 기도를 드려 주실 수 있겠습니까?"

"저는 괴로워하고 있는 사람이라면 누구를 위해서나 기도를 드립니다."

"아마도 머잖아 주님 앞에 나가게 될 하나의 영혼을 위해 미사를 올려주실 수 있으시겠습니까?"

"좋습니다. 그렇게 하지요."

그는 내 얼굴을 물끄러미 바라보며 이렇게 말했습니다. 내 모습이 어딘가 이상했는지 수도사는 자꾸 나에게 말을 시키려고 했습니다.

"어디서 뵌 것 같은데요."

나는 그가 앉아 있는 벤치 위에 은화를 한 닢 놓고 물어보았습니다.

"언제 미사를 드려 주시겠습니까?"

"반 시간만 있으면 할 수 있을 겁니다. 저기 주막집 아들이 도와주러 올 테니까요. 그런데 젊은 양반, 나에게 말해 주지 않겠소. 당신 가슴 속에 뭔가 자신을 괴롭히고 있는 것이 없소? 그리스도교 신자가 당신을 걱정해서 하는 말을 들어볼 생각은 없소?"

나는 금방 눈물이 쏟아질 것만 같았습니다. 수도사에게 다시 오겠다고 말하고 그 자리를 피해 나왔습니다. 풀밭에 누워서 종소리가 들려올 때까지 꼼짝도 않고 있었습니다. 그리고 다시 수도원으로 갔습니다. 그러나 안에는 들어가지 않고 밖에 서 있었습니다. 미사가 끝나자 나는 벤타로 돌아갔습니다. 사실 카르멘이 이미 도망가 버렸기를 바라고 있었어요. 내 말이 있으니까 그 말을 타고 도망갈 수 있었을 것입니다……. 그러나 그 여자는 여전히 그곳에 있었습니다. 카르멘은 죽기 싫어서 도망친 겁쟁이라는 말을 듣기 싫었던 것입니다. 내가 없는 동안에 그 여자는 옷단을 뜯고 납을 꺼냈습니다. 그리고 탁자 앞에 앉아 물을 가득히 부은 그릇 속에 납을 녹여 넣고 열심히 들여다보고 있었습니다.

이 마법의 점을 치느라 바빠서 처음에는 내가 돌아온 줄도 모르고 있었습니다.

카르멘은 납조각을 꺼내 들고 슬픈 낯으로 이리저리 뒤적거리기도 하고, 그러다가는 마술의 노래를 부르기도 했습니다. 그 노래로 돈 페드로의 후궁이었던 마리 파딜랴*41를 불러내는 것입니다. 마리 파딜랴는 바리 클라리사, 즉 집시들의 여왕이었다고 합니다.

"카르멘, 나와 함께 가 주겠어?"

나는 조용히 여자에게 물었습니다.

그 여자는 일어서서 그릇을 집어던졌습니다. 그리고 떠날 준비라도 하듯이 숄을 머리 위로 썼습니다. 주막 사람이 내 말을 끌어다 주었습니다. 여자는 안장 뒤에 타고 우리는 그곳을 떠났습니다.

"나의 카르멘, 드디어 나와 함께 가기로 결심한 것인가?"

조금 가다 나는 이렇게 물었습니다.

"나는 내가 죽을 장소까지 당신을 따라갈 거예요. 하지만 당신하고 함께

---

*41 마리 파딜랴는 돈 페드로 왕에게 마술을 걸었다고 알려져 있는 여자이다. 항간에 나도는 전설에 의하면 이 여자는 블랑시 드 부르봉 왕비에게 황금 허리띠를 선사했는데, 그것이 마술에 걸린 왕의 눈에는 살아 있는 뱀으로 보였으므로 왕은 그 불행한 왕비를 몹시 싫어했다고 한다. 〔원주〕

살 수는 없어요."

쓸쓸한 골짜기로 접어들었습니다. 나는 말을 세웠습니다.

"여긴가요?"

그 여자가 말했습니다. 그리고 몸을 움직이는가 했더니 말에서 뛰어내렸습니다. 숄을 벗어서 발밑으로 집어던지더니 한쪽 주먹을 허리에 갖다 대고 내 얼굴을 뚫어져라 노려보면서 꼼짝도 않고 서 있었습니다.

"날 죽이려는 거지요? 다 알아요. 얼굴에 씌어 있으니까. 하지만 나는 당신 말에 따르지 않겠어요."

그 여자는 이렇게 말했습니다. 나는 그녀에게 애원했습니다.

"제발 부탁이다. 머리를 식히고 내 말을 들어 봐. 우리 지나간 일은 다 잊어버리자. 너도 알잖아? 내 일생을 망친 건 너야. 내가 도둑이 되고 사람을 죽이고 한 것은 너 때문이야. 카르멘! 나의 카르멘! 내가 너를 구하게 해 다오. 너와 함께 나를 구하게 해 다오."

"호세, 당신은 되지도 않는 말을 꺼내는군요. 나는 더 이상 당신을 사랑하지 않아요. 당신은 아직도 날 사랑하겠지만. 그래서 당신이 나를 죽이려고 하는 거죠. 아직도 당신을 속이려고 마음만 먹으면 얼마든지 할 수 있겠지만, 이젠 그런 짓 하기도 싫증이 났어요. 우리 사이는 끝장이 난 거예요. 당신은 나의 롬이니까, 당신의 로미를 죽일 권리는 있죠. 그러나 카르멘은 언제까지나 자유로운 카르멘이에요. 칼리로 태어나 칼리로 죽는 거죠."

이것이 그 여자의 대답이었습니다.

"그렇게 말할 정도로 루카스에게 반한 거냐?"

나는 물었습니다.

"그래요. 나는 그 사람에게 반했었어요. 당신한테 반했던 것처럼, 한때는. 아마 당신보다는 덜 반했겠지만. 이제 나는 아무도 사랑하지 않아요. 그리고 내가 왜 당신에게 반했던가 하고 자신을 미워하고 있어요."

나는 그 여자 발밑에 몸을 던졌습니다. 여자의 손을 잡고 눈물로 적셨습니다. 함께 지낸 행복스러웠던 나날을 하나하나 회상시켜 보려고 했습니다. 네가 원한다면 이대로 언제까지나 산적으로 살아가겠다고까지 말했습니다. 모든 것을, 그렇습니다. 모든 것을 나는 이 여자에게 바치겠다고 했습니다. 그 사람이 앞으로도 나를 사랑만 해준다면.

그 여자는 말했습니다.

"앞으로도 당신을 사랑하라고요? 말도 안 되는 소리예요. 당신하고 함께 사는 것은 딱 질색이에요."

나는 화가 벌컥 나서 단도를 뽑았습니다. 그래도 속으로는 그 여자가 갑자기 겁을 집어먹고 잘못했다고 용서를 빌어 주기를 바랐습니다. 그러나 그 여자는 악마였습니다.

"자, 이번이 마지막이다. 정말로 나와 함께 살 수 없겠나?"

나는 윽박지르듯이 말했습니다.

"싫어요! 싫어요! 싫어!"

그 여자는 발을 동동 구르며 소리쳤습니다. 그리고 내가 주었던 반지를 손가락에서 빼더니 풀숲 속으로 집어던졌습니다.

나는 그 계집을 두 번 찔렀습니다. 그 칼은 애꾸눈 가르시아가 가지고 있던 단도였습니다. 내 단도가 부러졌을 때 대신 집어두었던 것입니다. 그 여자는 두 번째 칼을 맞자 소리도 없이 쓰러져 버렸습니다. 내 얼굴을 뚫어져라 노려보던 그 검고 큰 눈이 지금도 눈앞에 보이는 것 같습니다. 그 눈은 점점 흐리멍덩해지더니 마침내 감겨 버렸습니다. 나는 시체를 앞에 놓고 무려 한 시간이나 멍하니 서 있었습니다. 그러다 카르멘이 가끔 날보고 죽으면 숲속에 묻어 달라던 말이 생각났습니다. 단도로 구덩이를 파고 그 속에 여자를 눕혔습니다. 그리고 오랜 시간 애를 쓰다 가까스로 반지를 찾았습니다. 작은 십자가와 함께 그것을 구덩이 속 여자 옆에 넣어 주었습니다. 어쩌면 그런 짓은 안 하는 편이 좋았는지도 모르지만요.

모든 일이 끝나자 나는 말을 탔습니다. 코르도바까지 단숨에 달려가 첫 파수막에서 자수했습니다. 카르멘을 죽였다고 고백했지만 그 시체가 어디 있는가는 말하지 않았습니다. 수도사는 정말 숭고한 사람이었습니다. 그 무서운 여자를 위해 기도를 올려주었으니까요. 그 여자의 영혼을 위해 미사를 올려준 것입니다……. 생각하면 불쌍한 여자지요! 그 여자를 그렇게 길러 준 것은 다 칼레들이 나쁘기 때문입니다.

제4장

보헤미안, 히타노, 집시, 치고이너 등 여러 이름으로 불리면서 유럽 전체에 흩어져 있는 그 유랑민들이 오늘날 아직도 많이 존재하고 있는 나라 가운데 하나가 스페인이다. 그 대다수는 남부와 동부 지방, 즉 안달루시아와 에스트레마두라 및 무르시아 왕국에 거주하고 있다. 아니 거주하고 있다기보다 방랑생활을 하고 있다. 카탈로니아에도 많이 있다. 카탈로니아에 살고 있는 사람들은 종종 국경을 넘어 프랑스로 온다. 프랑스 남부 지방의 시장에 가면 십중팔구 그 사람들을 볼 수 있다. 보통 남자들은 말장수, 수의사, 노새 털깎기 등을 업으로 삼고 있다. 그 밖에 냄비, 솥, 구리그릇을 때우는 땜장이 일을 하는 사람도 있다. 밀수업 같이 부정한 장사도 한다는 것은 새삼 말할 나위도 없는 일이다. 여자들은 점을 치고 구걸하고, 유해하거나 무해한 각종 약품을 판다.

보헤미아 사람들의 육체적 특징은 구구절절 설명하기보다 실지로 한번 보는 편이 훨씬 알기 쉽다. 한 번만 보아 두면 천 명이나 되는 사람 속에서도 이 종족을 분별해 내기는 어렵지 않다. 얼굴 모습과 표정, 이 두 가지가 특히 같은 나라에 살고 있는 다른 인종과 그들을 구별짓는 것이다. 살갗은 햇볕에 몹시 타서 그들이 섞여 살고 있는 인간들의 살갗보다 훨씬 더 검은 편이다. 그들이 흔히 자칭하는 칼레(Calé) 즉 검은 인간이라는 이름은 여기서 유래된 것이다.[1]

눈에 띌 정도로 사팔눈인 그들의 눈은 길게 찢어졌고 검으며, 진하고 긴 속눈썹에 덮여 있다. 그 눈은 야수(野獸)의 눈에 비할 수밖에 없다. 그 눈에는 대담성과 두려움이 동시에 나타나 있다. 이 점에서 그들의 눈은 그들의

---

[1] 내가 보기에 독일에 있는 보헤미아 사람들은 Calé라는 말을 알고는 있지만 그렇게 불리는 것을 싫어하는 듯하다. 그들은 자기네를 '로마네 차베(Romané tchavé)'라 부르고 있다. 〔원주〕

국민성을 꽤 잘 나타내고 있다. 교활하고 과감하긴 하나 파뉘르즈*²처럼 상처 받기를 두려워하는 것이다. 대체로 남자들은 늘씬하고 볼품이 있으며 날쌔다. 뚱뚱하게 살이 찐 남자는 한 사람도 본 일이 없다. 독일에는 아름다운 보헤미아 여자들이 많이 있지만 스페인에 사는 히타노 중에는 미인이 극히 드물다. 아주 젊을 때는 아름답지는 않아도 그럭저럭 봐줄 만한데, 한번 어머니가 되는 날에는 두 번 쳐다볼 수 없는 흉한 몰골이 된다. 남자건 여자건 더럽기란 이루 말할 수 없을 지경이다. 보헤미아 아낙네들의 머리를 실지로 본 일이 없는 사람은 아무리 뻣뻣하고 기름과 먼지투성이인 말갈기를 상상해 봐도 그 더러움의 관념을 이해하기는 어려울 것이다.

안달루시아의 몇몇 큰 도시에서는 비교적 반반한 젊은 아가씨들이 다소 몸을 가꾸는 수도 있다. 이런 아가씨들은 돈을 받고 춤을 추러 다닌다. 그 춤은 프랑스 사육제(謝肉祭)에서 금지되어 있는 공중무도(公衆舞蹈)와 흡사하다. 영국 선교사 보로 씨는 스페인에 사는 보헤미아인에 대한 매우 흥미로운 책 두 권을 저술한 사람이며 성서협회(聖書協會) 돈으로 그들을 개종시키려고 시도했던 사람인데, 그는 다음과 같은 사실을 확인한 바 있다. 즉 아직까지 집시 여인이 자기 종족 이외의 남자에게 마음을 허락했던 예는 절대로 없다는 것이다. 보로 씨가 그녀들의 정결(貞潔)에 보내는 찬사에는 많은 과장기가 섞여 있는 것 같다. 첫째로 그중 대다수의 사람은 시인 오비드가 《연애론》에서 Casta quam nemo rogavit*³라고 말한 경우에 해당하는 추녀였던 것이다. 좀 반반한 여자들은 모든 스페인 여자들과 전혀 다를 바 없다. 그들은 콧대가 높아서 애인 선택에 까다로울 뿐이다. 애인은 그녀들 마음에 들어야 하고 그녀들에게 걸맞는 사람이어야 한다.

보로 씨는 그녀들 덕성의 증거로 자신의 덕성, 특히 자신의 순진함을 보여주는 데 지나지 않는 특징을 지적하고 있다. 보로 씨 말로는 자기가 아는 어떤 부도덕한 남자가 예쁜 집시 여인에게 온스 금화를 여러 닢 보냈지만 퇴짜를 맞았다는 것이다. 내가 어떤 안달루시아 사람에게 이 말을 했더니, 그는

---

*2 Panurge. 라블레(Rabelais, 1495~1553) 소설 《팡타그뤼엘(Pantagruel)》에 나오는 인물. 팡타그뤼엘의 식객. 교활하고 꾀가 많으며 난폭하고, 나쁜 짓을 좋아하나 더없이 겁쟁이이다. 이 문구는 제21장 끝 부분에 나온다.
*3 아무도 원치 않았기에 정결이 지켜진 경우.

그 부도덕한 남자가 만일 피아스터 은화를 두서너 개 꺼내 보였더라면 틀림없이 성공했을 것이라고 말했다. 보헤미아 여자들에게 온스 금화를 준다는 것은 주막집 하녀에게 백만 원이나 2백만 원을 약속하는 것이나 마찬가지로 서툴기 짝이 없는 설득 방법이라고 했다. 뭐, 어쨌든 집시 여인들이 그녀들의 남편에게 지극히 충성을 다한다는 것만은 확실하다. 곤경에 빠진 남편을 구하기 위해서는 어떤 위험이나 괴로움도 기꺼이 감수한다는 것이다. 보헤미아 사람들이 자칭하는 이름 가운데 로메 즉 '부부'라는 말이 있는 것은 이 종족이 결혼 상태를 존중하는 증거인 것으로 생각된다.

일반적으로 그들이 같은 혈통의 개인과 관계를 맺으면서 지키는 충실성, 열렬한 상호부조, 부정한 사업에서 비밀을 엄수하는 것 따위를 애국심이라고 부를 수 있다면, 그들의 근본 도덕은 애국심이라고 할 수 있을 것이다. 하기야 비밀결사에 소속되거나 법률의 보호를 벗어났을 때는 누구나 이런 식으로 행동하게 마련이지만.

몇 달 전 보즈에 자리잡고 있는 보헤미아 사람들의 마을을 찾아간 일이 있다. 이 부족에서 가장 나이가 많은 노파의 오두막에 그 가족과는 관계없는 보헤미아 사나이가 있었는데 그는 생사가 걸린 중병을 앓고 있었다. 그는 극진한 간호를 받고 있던 병원에서 나와, 같은 민족이 지켜보는 가운데서 죽기 위해 찾아온 것이다. 13주일 전부터 그 집에 드러누운 이 남자는 그 집 아들이나 사위들보다도 더 우대를 받고 있었다. 그 사람은 짚과 이끼를 넣은 좋은 침대와 그다지 더럽지 않은 담요를 차지하고 있었는데 나머지 가족 전체는 열한 명이나 되었지만 석 자 길이의 널빤지 위에서 자고 있었다. 이 종족의 손님 대접은 이토록 극진하다. 그렇게 손님에게 온정을 베풀고 있던 그 노파는 병자 앞에서 나에게 이렇게 말했다. Singo, Singo, homte hi mulo(머지않아 이 사람은 죽습니다). 결국 그들의 생활은 너무나 기구하기 때문에 죽음의 예고도 그들에겐 조금도 무서운 것이 아니다.

보헤미아 사람들의 주목할 만한 특성은 바로 종교에 대한 무관심이다. 그들이 무신론자라든지 회의주의자라서 그런 것은 아니다. 결코 그들은 무신론을 내걸고 있지 않다. 그들이 현재 살고 있는 나라의 종교가 곧 그들의 종교이다. 나라를 바꿀 때마다 그들은 종교도 바꾼다. 미개인 사회에서 종교 감정을 대신하는 미신 같은 것도 마찬가지로 그들과는 인연이 없다. 생각해 보면 다른 민족들의 맹신(盲信)을 기화로 살아가고 있는 자들에게 미신이 존재할 리가 없다. 그래도 나는 스페인에 사는 보헤미아 사람들이 시체에 손을 대기를 몹시 꺼린다는 사실을 눈치챘다. 그들은 많은 돈을 받아도 시체를 무덤으로 운반하는 일은 좀처럼 하려 들지 않는다.

나는 앞서 보헤미아 여자들이 대개 점을 친다고 말했다. 그 여자들은 상당히 점을 잘 친다. 그러나 그녀들에게 가장 큰 이익을 주는 것은 사랑의 마술을 부리고 미약(媚藥)을 팔아먹는 일이다. 그녀들은 애인의 변덕스런 마음을 붙잡기 위해 두꺼비 다리를 이용하고 또 무심한 사람들을 반하게 하기 위해 자석가루를 뿌릴 뿐 아니라 필요할 때에는 강력한 술법을 쓰기도 한다. 이 술법은 악마의 도움을 빌리는 효력이 있다.

작년에 어떤 스페인 부인이 나에게 다음과 같은 이야기를 들려주었다. 어느 날 그 부인이 뭔가 마음에 걸리는 일이 있어 몹시 슬픈 마음으로 마드리드의 알칼라 거리를 지나고 있으려니까 길바닥에 쭈그리고 앉아 있던 한 보헤미아 여자가 그녀에게 이렇게 외쳤다는 것이다.

"아름다운 부인, 당신이 사랑하는 사람은 당신을 배신했군요—그것은 사실이었다—어떻습니까. 부인, 그를 되돌아오게 해드릴까요?"

이 말이 얼마나 반갑게 들렸는지는 말할 수도 없고, 또 척 보기만 해도 이처럼 남이 가슴 속 깊이 간직한 비밀을 꿰뚫어 본 여자가 얼마나 깊은 신뢰를 얻어냈는지는 말할 나위도 없을 것이다. 그런데 마드리드 번화가에서 마술을 부릴 수는 없었으므로 그들은 그 다음 날 만나기로 약속했다.

"변심해 버린 남자를 당신 발밑으로 다시 끌어오는 것쯤은 쉬운 일이죠."
집시 여인이 말했다.

"그 사람이 당신에게 준 손수건이나 숄이나 베일 같은 걸 가지고 있나요?"

그렇게 말하기에 부인은 그 여자에게 비단 숄을 내주었다.

"그럼 빨간 명주실로 이 숄 한 귀퉁이에 피아스터 은화를 한 닢 꿰매어 다세요. 또 한쪽 귀퉁이엔 반 피아스터를, 여기에는 페세타 동전을, 거기에는 2레알짜리 동전 한 닢을 꿰매어 다세요. 그리고 한가운데에는 금화 한 닢을 꿰매야 합니다. 두블롱 금화면 더 좋겠지만."

그래서 부인은 두블롱을 비롯해 모든 것을 하라는 대로 다 꿰매어 달았다.

"이젠 그 숄을 이리 주세요. 오늘 밤 12시를 치면 캄포산토(묘지)로 가져가야죠. 재미있는 마술을 구경하고 싶거든 같이 가십시다. 내일이면 사랑하는 분을 다시 만나게 될 겁니다."

결국 보헤미아 여자 혼자서 캄포산토로 갔다. 그 여자를 따라가기엔 마술이 너무 기분 나빴기 때문이다. 사랑하는 남자에게 버림받은 이 불쌍한 부인이 그녀의 숄과 변심한 남자를 다시 찾을 수 있었는가는 독자 여러분의 상상에 맡기기로 하겠다.

구차한 생활을 하면서 세상 사람들에게 따돌림을 당하고 있지만, 그래도 보헤미아 사람들은 무지몽매한 남녀들 사이에선 적으나마 존경을 받고 있다. 그것이 그들에게는 큰 자랑거리이다. 그들은 지능이 뛰어난 종족이라고 자처하고 있으며, 자기네들을 환대해 주는 사람들을 속으로 경멸하고 있다. 보즈의 어떤 보헤미아 여자가 나에게 이렇게 말했다—잔디(세상 사람들)는 하도 어리석어서 그것들을 속이는 일은 전혀 자랑거리가 못 돼요. 요전에 길거리에서 어떤 농촌 아낙네가 나를 부르기에 그 집에 들어갔어요. 그랬더니 아궁이에 연기가 꽉 차 있더군요. 날더러 마술을 부려 연기가 잘 빠지게 해 달라는 거예요. 나는 먼저 큼직한 베이컨을 좋은 것으로 내놓으라고 했죠. 그리고 로마니어로 주문을 외듯 몇 마디 중얼거렸습니다.

"너는 바보다. 바보로 나서 바보로 죽는다……." 이렇게 말했어요. 그리고 문간까지 나오자 유창한 독일어로 "아궁이 연기를 빼는 가장 좋은 방법은 불을 때지 않는 거예요!" 하고 말하고는 뺑소니를 쳤지요.

보헤미아 사람들의 역사는 아직까지도 수수께끼로 남아 있다. 규모는 몹시 작았지만 최초의 집시 집단이 15세기 초 유럽 동부에 나타난 것만은 확실하다. 그러나 그들이 어디서 왔으며 왜 유럽으로 왔는지는 설명할 수 없다. 뿐만 아니라 더욱 기이한 문제는, 어떻게 그들이 짧은 시간에 그렇듯 놀라운 규모로 커져서 멀리 떨어져 있는 여러 지방으로 퍼지게 되었느냐는 것이다. 집시들 사이에서도 그 발상(發祥)에 대한 전설은 하나도 전하여지지 않고 있다. 그들 대부분은 이집트를 고국인 것처럼 말하고 있다. 그러나 그것은 아주 오래전에 그들에 대해 유포된 가공의 이야기를 그들 자신이 채용한 데 불과한 것이다.

보헤미아 사람들 언어를 연구한 동양학자 대부분은 보헤미아 사람이 인도 태생이라고 믿고 있다. 로마니어 대다수의 어근(語根)과 많은 문법적 형태는 산스크리트에서 파생되었다고 한다. 오랜 방랑생활을 통하여 보헤미아 사람들은 많은 외국어를 채용했을 것이다. 로마니어의 모든 방언에서 우리는 많은 그리스어의 흔적을 찾아낼 수 있다. 예를 들어서 cocal(뼈)는 χόχχαλον에서, petalli(편자)은 πέταλον에서 왔고 cafi(못)은 χαρφί에서 온 것이다.

오늘날에는 세계 곳곳에 흩어져 있는 동일 종족의 부족(部族)이 많이 있으므로 그만큼 서로 다른 방언도 많이 존재한다. 어디에서나 그들은 자기네들이 현재 살고 있는 나라 말을 자기네 말보다도 더 쉽게 잘한다. 그들은 외국 사람들 앞에서 자유로이 비밀 이야기를 할 때에만 로마니어를 쓴다. 독일에 살고 있는 보헤미아 사람들의 방언과, 여러 세기에 걸쳐 이들과 연락하지 못했던 스페인 보헤미아 사람들의 방언을 비교해 보면, 여전히 공통된 말이 많이 있다는 것을 알 수 있다. 그러나 원어(原語)는 어디서나 다소 정도의 차는 있을지라도, 이들 방랑 민족이 사용할 수밖에 없었던 좀더 진화된 언어와의 접촉으로 인해 현저히 변해 버렸다. 한편에선 독일어가, 또 한편에서는 스페인어가 로마니어의 근본을 많이 변화시켰다. 그러므로 슈바르츠발트에 사는 보헤미아 사람들이 안달루시아에 있는 동족과 이야기를 나눈다는 것은 불가능할지도 모른다. 그러나 몇 마디 말을 나누어 보면 양쪽이 다 같은 언어에서 파생된 방언을 쓰고 있다는 사실을 알기에 충분할 것이다. 매우 흔히 쓰이는 몇 가지 말은 어느 방언에나 공통된 것 같다. 이를테면 내가 볼 수 있었던 모든 용어 사전에서 pani는 물을, manro는 빵을, mâs는 고기를, lon은 소금을 뜻했다.

수의 명칭은 어디서나 거의 동일하다. 독일 지방 방언이 스페인 방언보다 훨씬 순수한 것 같다. 스페인 집시들이 카스틸랴어 문법을 채용한 데 반해 독일계 방언은 많은 오래된 문법적 형식을 그대로 보존하고 있다. 그러나 예외적인 약간의 말은 옛 시대에는 언어가 공통되었다는 것을 증명하고 있다. 즉 독일 지방 방언의 동사 과거형은 명령형(동사의 어근)에 ium을 붙여서 만든다. 스페인 지방 로마니어의 동사는 다 카스틸랴어 동사의 제1활용 방식대로 변화한다. jamar(먹다)라는 원형에서 규칙대로 jamé(먹었다)를 만들고 lillar(잡다)에서 lilé(잡았다)를 만들게 된다. 그러나 늙은 보헤미아 사람들 중에는 예외로 jayon, lillon이라고 하는 사람도 있다. 내가 아는 바로는 이러한 옛 형태를 보존한 동사는 이것밖에 없다.

로마니어에 관한 나의 보잘것없는 지식을 이처럼 공개하는 마당에 우리 프랑스 도둑 제군이 보헤미아 사람들에게서 빌려온 몇몇 프랑스어 은어(隱語)를 지적해야겠다. 외젠 쉬*4가 쓴 《파리의 비밀》은 tchourin이 단도를 뜻한다는 것을 상류사회 사람들에게도 일러줬다. 이것은 순수한 로마니어에서 나온 말이다. tchouri는 모든 방언에 공통된 말이다. 외젠 쉬의 작품에서 비도크 씨는 말을 grès라고 하지만 이것도 역시 보헤미아어이며, gras, gre, graste, gris라고도 한다.

또 한 가지 덧붙여 말한다면 파리 은어로 romanichel이란 보헤미아 사람을 가리킨다. 이 말은 rommané tchave(보헤미아 남자)가 변한 것이다. 그건 그렇고 내가 발견해서 자랑거리로 삼고 있는 어원은 frimousse의 어원이다. 이것은 얼굴, 낯을 뜻하는 말로 초등학교 학생이면 누구나 쓰고 있다. 적어도 내가 어렸을 때는 쓰던 말이다. 첫째로 유명한 언어학자 우댕이 1640년에 그 진귀한 사전 속에서 firlimouse라고 적은 것을 주의해 주기 바란다. 그런데 firla, fila는 로마니어로 얼굴을 뜻하며, mui도 같은 뜻이다. 정확히는 라틴어의 os(입)에 해당된다. firlamui라는 복합어는 순수한 보헤미아 사람이면 누구나 금방 이해할 수 있다. 이것은 그 단어가 보헤미아 말의 성질에 부합되기 때문에 그렇다고 나는 믿고 있다.

이만하면 《카르멘》 독자 여러분에게 로마니어에 대한 내 연구가 허튼 일만은 아니라는 것을 알리기에 충분했으리라고 본다. 마침 머릿속에 떠오르는 격언을 적고 이만 붓을 놓기로 하겠다. En retudi panda nasti abela macha(다문 입에 파리 들어갈까).

---

*4 Eugéne Sue. 1804~1857. 프랑스 통속 작가.

마테오 팔코네

포르토 베키오*¹를 나서서 섬 안을 향해 북서쪽으로 가면 지세는 꽤 급경사로 높아진다. 큼직큼직한 바윗덩이로 가로막히고 때로는 움푹움푹 패서 끊긴 꼬불꼬불한 작은 길을 서너 시간 걸어가면 꽤 넓은 마키(Macchie) 언저리에 나서게 된다. 이 마키는 코르시카 양치기들의 고향이자 또 법을 어긴 사람들의 고향이다. 여기서 알아두어야 할 일은 코르시카 농부들이 밭에 거름하는 수고를 덜기 위해 숲의 일정한 부분에 불을 지른다는 것이다. 필요 이상으로 불이 번지건 말건 아랑곳없다. 될 대로 되라는 식이다. 다만 거기 있었던 나무의 재로 비옥해진 이 땅에 씨를 뿌리면 많이 거둘 수 있다는 것만은 틀림없다. 이삭이 뽑힌 뒤에는(보릿대는 거두기 힘드니까 그냥 내버려 둔다) 다 타지 않고 땅속에 남아 있던 뿌리에서 이듬해 봄에 싹이 촘촘히 돋아오른다. 이것이 몇 해 안 가서 키가 7, 8척에 달할 만큼 자란다. 이와 같이 무성한 잡목림을 마키라고 부르는 것이다. 온갖 교목(喬木)과 관목(灌木)들이 아무렇게나 얼키설키 어우러져서 숲을 이루고 있다. 손에 도끼를 들지 않고는 누구도 그곳을 헤쳐 들어갈 수 없다. 또 마키 중에는 나무들이 어찌나 빽빽하고 촘촘한지 들양(野羊)조차도 뚫고 들어갈 수 없을 만한 곳도 있다.

여러분이 사람을 죽였을 때에는 포르토 베키오의 마키 속으로 들어가라. 훌륭한 총 한 자루하고 화약과 총알만 가지고 있으면 거기서 안전하게 살아갈 수 있을 것이다. 후드*² 달린 갈색 망토도 잊지 마시라. 그것은 이불과 요 대신으로 쓰인다. 양치는 사람들이 우유와 치즈와 밤은 갖다줄 것이며, 탄약을 새로 사들이기 위해서 부득이 시내로 내려갈 때를 제외하면 재판관이나 당신이 죽인 사람의 가족을 두려워할 필요는 조금도 없을 것이다.

---

*1 코르시카 섬 동해안에 있는 항구 도시.
*2 Pilone.〔원주〕

18××년 내가 코르시카에 방문했을 때 마테오 팔코네의 집은 이 마키에서 한 5리쯤 떨어진 곳에 있었다. 마테오 팔코네는 이 고장 사람치고는 꽤 부유한 사람으로서 제법 고상하게 살고 있었다. 다시 말하면 자기는 아무 일도 하지 않고, 일종의 유목민 같은 양몰이꾼들이 여기저기 산중을 몰고 다니며 풀을 먹이는 자기네 양 떼의 수익으로 살고 있었다. 내가 그를 만난 것은 지금부터 이야기하려는 사건이 발생한 지 2년 뒤였는데, 아무리 봐도 쉰이 넘은 것 같지는 않았다. 작달막하나 실팍진 몸, 흑요석같이 새까만 고수머리, 매부리코, 얄팍한 입술, 크고 날카로운 눈, 장화 안창 같은 얼굴빛, 이런 사나이를 상상해 보시라. 우수한 포수들이 그렇게도 많은 이 고장에서도 그의 능란한 사격술은 특출하다는 평판이 자자했다. 이를테면 마테오는 들양을 쏘는 데 결코 사슴 사냥용 대형 산탄을 쓰는 일이 없었다. 그런데도 120보나 떨어진 곳에서 머리고 어깨고 골라잡은 대로 쏘아서 단 한 방으로 목표물을 거꾸러뜨리는 것이었다. 밤에도 그는 낮에나 마찬가지로 자유자재로 무기를 다루었다. 그의 능란한 솜씨를 보여 주는 한 예로서 나는 다음과 같은 이야기를 들었는데, 코르시카를 여행한 일이 없는 사람은 아마 믿지 못할 것이다. 80보 거리에 크기가 접시만 한 종잇장을 세워놓고 그 뒤에다가 촛불을 켜놓는다. 그가 겨냥을 대고 나면 촛불을 끈다. 1분 뒤에 아주 캄캄한 어둠 속에서는 방아쇠를 당긴다. 그렇게 해서 네 번에 세 번은 그 종잇장을 멋지게 맞혔다는 것이다.

　이렇게 탁월한 솜씨로 마테오 팔코네는 대단한 명성을 떨치고 있었다. 친구로 삼으면 좋은 사람이지만 적이 되면 위험한 사람이라고들 말하고 있었다. 그는 성격도 친절하고 남에게 잘 베푸는 터인지라, 포르토 베키오 지방에서는 누구하고도 충돌하는 일 없이 잘 지내고 있었다. 그러나 사람들 말에 의하면, 그가 결혼한 곳 코르테에서 그는 싸움도 연애도 잘하기로 유명한 적수를 용감하게 물리쳐 버렸다 한다. 어쨌든 그의 적수가 그 집 창에 걸린 조그만 거울 앞에서 면도를 하고 있을 때 갑자기 그에게 날아온 총알은 마테오가 쏜 것이라고들 말하고 있었다. 사건의 소란이 가라앉은 뒤에 마테오는 결혼했다. 아내 쥬세파는 처음에 딸만 셋을 낳았다(그래서 남편은 몹시 불평을 했다). 그러다가 마침내 아들을 하나 낳아서 이름을 포르투나토라고 하였다. 그 아이는 집안의 희망이자 가명(家名)을 이을 후계자였다. 딸들은 이미 시집가 잘살고 있었다. 그들의 아버지는 필요할 때에는 사위들의 단도와 소총에 기대를 걸 수도 있었다. 아들은 겨우 열 살밖에 안 되었으나 벌써부터 장래성 있는 기질을 보여주고 있었다.

어느 가을날 마테오는 아침 일찍 아내와 함께 집을 나서서, 마키 바깥쪽 공터에 있는 자기네 양 떼를 보러 갔다. 어린 포르투나토도 따라가고 싶었지만, 공터까지는 너무 멀 뿐만 아니라 누구 하나는 남아서 집을 지켜야만 했으므로 아버지는 아들의 부탁을 거절했다. 그렇게 한 것을 그가 뉘우치게 되었는지 어땠는지는 나중에 알게 될 것이다.

그가 집을 나간 지 몇 시간이 지났다. 어린 포르투나토는 양지바른 곳에 느긋이 드러누워 푸른 산을 바라보며, 오는 일요일에는 시내에 있는 카포랄*3 아저씨 집에 가서 점심을 먹기로 한 것을 생각하고 있었다. 그러자 별안간 총소리가 터져서 명상을 깨뜨렸다. 그는 일어나서 소리가 들려오는 들판 쪽을 돌아보았다. 또다시 총소리가 고르지 않은 간격을 두고 연거푸 들려왔다. 그 소리는 자꾸 점점 가까워지더니, 이윽고 들판에서 마테오 집에 이르는 작은 길 위에 한 사나이가 나타났다. 산사람들이 쓰는 것 같은 뾰족모자를 쓰고, 텁수룩한 수염에, 누더기를 걸치고, 총에 몸을 의지하면서 간신히 몸을 끌고 있었다. 방금 넓적다리에 총 한 방을 맞았던 것이다.

이 사나이는 도피자*4였다. 밤새 시내에 화약을 사러 나갔다가 도중에 코르시카 정병대(精兵隊)*5 복병에 걸려들었던 것이다. 완강히 저항한 끝에 맹렬한 추격을 받으며 바위에서 바위로 옮아 연방 총을 쏘아대면서 여기까지 후퇴하기에 이르렀다. 그러나 병정들과의 거리는 점점 가까워졌고, 부상이

---

*3 Caporaux(Caporal의 복수)는 그 옛날 코르시카 촌락들이 봉건제후에 대해서 반란을 일으켰을 때에 추대했던 수령들이었다. 지금도 때로는 이 이름이 유력한 사람에게 부여된다. 즉 재산과 인척 관계와 고객 관계 등으로 말미암아 한 pieve(지방)에서 세력을 갖고 사실상 행정관 노릇을 하는 인물이 이 이름을 가지는 것이다. 코르시카 사람들은 옛날 습관에 따라 다섯 계급, 즉 귀족(그 일부는 magnifiques, 나머지는 signori라고 한다)·카포랄·평민·천민·외국인으로 나뉜다. 〔원주〕메리메의 걸작《콜롱바》첫 대목에는 '카포랄'이라는 말 때문에 한 영국 대령과 코르시카 출신 중위 사이에 오해가 생기는 재미있는 에피소드가 있다.

*4 Bandit. 이 말은 여기서는 proscrit(쫓기는 자)와 동의어이다. 〔원주〕그러므로 여기서 Bandit는 강도·불한당이라는 뜻이 아니라 도피자라는 뜻으로 쓰인 것이다.

*5 이것은 근년(1822년 11월 6일)에 정부가 조직한 군대로서, 헌병대와 협력하여 치안 유지에 힘쓴다. 〔원주〕

심해서 무사히 마키까지 도달하기란 불가능해 보였다.

그는 포르투나토에게 다가와서 말했다.

"너 마테오 팔코네의 아들이지?"

"응."

"난 쟈네토 산피에로다. 누런 깃 놈들에게 쫓기고 있어. *6 나 좀 숨겨줘, 더 못 가겠다."

"하지만 아버지 허락도 없이 당신을 숨겨주면 아버지가 뭐라시겠어?"

"잘했다고 하실 거다."

"알 게 뭐람?"

"얼른 숨겨줘, 놈들이 온다."

"아버지가 돌아오실 때까지 기다려."

"기다리라고? 망할 자식! 5분이면 저놈들이 올 거야. 자, 어서 숨겨줘. 그렇잖으면 죽일 테다."

포르투나토는 매우 태연스럽게 대답했다.

"그 총에는 탄약이 없잖아. 그리고 그 탄띠(카첼라) *7에도 탄알이 벌써 다 떨어졌는걸."

"여기 단도가 있다."

"하지만 나만큼 빨리 뛰겠어?"

그는 한 번 폴짝 뛰자 쟈네토 손이 닿지 않는 곳에 가 있었다.

"너는 마테오 팔코네의 자식이 아니로구나! 그래 네 집 앞에서 병사들이 나를 잡아가게 둘 테냐?"

어린이는 마음이 움직인 것 같았다.

"숨겨주면 뭘 줄 테야?"

그는 다가오면서 말했다.

도피자는 허리띠에 매달린 가죽 주머니를 뒤져서 5프랑짜리 은전 한 닢을 꺼냈다. 아마도 그 돈으로 탄약을 사려고 했던 것이리라. 포르투나토는 은전을 보고 쌩긋 웃더니 얼른 그것을 움켜잡으며 쟈네토에게 말했다.

"아무 염려 마."

---

*6 당시 정병대 제복은 누런 깃이 달린 갈색 옷이었다. 〔원주〕

*7 탄약주머니와 지갑으로 쓰이는 가죽 허리띠. 〔원주〕

어린아이는 서둘러 집 옆에 쌓아놓은 건초더미 속에다 커다란 구멍을 뚫었다. 쟈네토는 그 속에 웅크리고 앉았다. 어린이는 쟈네토가 숨쉬기 위해 좀 공기가 통하도록, 그러나 그 속에 사람이 숨어 있다는 의심을 사지 않도록 건초더미 구멍을 다시 잘 덮었다. 그뿐 아니라 그는 시골 아이답지 않게 무척 교묘한 꾀를 생각해 냈다. 그는 암고양이와 고양이 새끼들을 잡아다가 건초더미 위에 올려놓았다. 마치 한동안 그 건초를 건드린 적이 없는 것처럼 보이도록. 그러고 나서 집 근처 작은 길 위에 남은 핏자국을 보고 조심스럽게 모래로 덮었다. 그런 뒤에 더없이 태연스럽게 다시 양지바른 곳에 가서 드러누웠다.

몇 분 뒤 누런 깃 달린 갈색 군복을 입은 여섯 사람이 특무상사의 지휘 아래 마테오네 집 문 앞에 나타났다. 이 특무상사는 팔코네의 먼 일가붙이였다 (아시다시피 코르시카에서는 다른 지역보다도 훨씬 더 먼 데까지 척분을 따진다). 이름은 티오도로 감바였다. 원기왕성한 이 사나이는 벌써 많은 도피자를 잡아냈기 때문에 도피자들이 매우 두려워하고 있었다.

"아가, 잘 있었니?" 그는 포르투나토에게 가까이 가며 말했다. "너 참 많이도 컸구나! 그런데 지금 막 남자 하나가 지나가는 걸 못 봤니?"

"전 아직 아저씨만큼 커지진 않았어요."

어린이는 바보처럼 대답했다.

"곧 그렇게 될 거다. 그런데 남자가 지나간 걸 못 봤느냐?"

"남자가 지나간 걸 보았느냐고요?"

"그래, 뾰족한 검은 벨벳 모자를 쓰고, 붉고 누런 수놓은 저고리를 입은 남자 말이다."

"뾰족한 모자를 쓰고, 붉고 누런 수놓은 저고리를 입은 남자라고요?"

"그래. 빨리 대답해라. 내가 묻는 말을 되풀이하지 말고."

"오늘 아침에 신부님이 우리 집 문 앞을 지나갔어요. 피에로라는 자기 말을 타고요. 나보고 아빠 잘 계시냐고 묻기에 내가 대답하기를……."

"아니, 이 녀석 보게? 능청맞게 굴지 마! 어서 말해, 쟈네토가 어디로 갔는지. 우리들은 바로 그 자식을 찾고 있단 말이야. 틀림없이 이 작은 길로 왔어."

"알 게 뭐람?"

"알 게 뭐냐고? 이놈아, 난 네가 그놈을 보았다는 걸 알고 있어."

"자면서 지나가는 사람이 보여요?"

"이 녀석아, 자기는 뭘 자, 총소리에 잠이 깼었지."

"그래 아저씨, 아저씨 총이 그렇게도 큰 소리가 난다고 생각하셔요? 우리 아버지 소총은 그보다도 훨씬 더 소리가 큰걸요."

"끝끝내 주둥이를 놀리네, 이 망할 녀석이! 네가 쟈네토를 보았다는 건 이미 알고 있어. 어쩌면 네가 숨겨 놓았을지도 모르지. 자, 다들 이 집에 들어가서 그놈을 찾아봐라. 그 악당은 절뚝거리고 있었는데, 절름거리면서 마키까지 도망쳐 가려고 할 그런 바보는 아니야. 뿐만 아니라 핏자국이 끊어져 있다."

"나 참, 아버지가 뭐라시겠어요?" 포르투나토는 코웃음을 치며 물었다. "뭐라시겠어요, 집을 비우신 새에 누가 자기 집에 들어왔었다는 걸 아시게 되면?"

"이 몹쓸놈 같으니!" 감바 특무상사는 아이의 귀를 잡아당기며 말했다. "오냐오냐해주니까 아주 건방을 떠는구나! 내가 마음만 먹으면 너를 혼쭐낼 수 있다는 걸 모르느냐? 칼등으로 스무 대쯤 얻어맞아 보면, 너도 순순히 불지 않고는 못 배길걸."

그래도 포르투나토는 여전히 코웃음만 치고 있었다.

"우리 아버지는 마테오 팔코네랍니다!"

그는 힘차게 말했다.

"알겠니, 이 녀석아? 난 너를 코르테건 바스티아*8건 어디로든 끌어갈 수 있다. 감옥에 집어넣고 발에다 쇠사슬을 채워서 짚 위에 뉘어놓게 할 테야. 그래도 네가 쟈네토 산피에로가 어디 있는지 말하지 않으면, 네 모가지를 싹둑 잘라 버리게 할 테다."

어린이는 이런 터무니없는 협박을 듣고 깔깔 웃었다. 그는 이렇게 되풀이했다.

"우리 아버지는 마테오 팔코네랍니다."

"특무상사님." 정병대 병정 하나가 나직한 목소리로 귀엣말했다. "마테오

---

*8 코르시카섬에서 가장 큰 상업도시.

하고는 충돌을 일으키지 맙시다."

감바는 분명히 당황한 것 같았다. 나직한 목소리로 병정들과 이야기하고 있었다. 병정들은 이미 집 안을 샅샅이 다 뒤졌다. 별로 시간이 걸리는 일은 아니었다. 코르시카 사람의 집은 네모진 단칸방으로 이루어져 있으니까. 세간이라고는 탁자 하나, 긴 의자 두어 개, 궤짝 몇 개, 사냥 도구와 살림 도구가 조금 있을 뿐이다. 그동안에도 어린 포르투나토는 고양이를 쓰다듬으며, 정병대와 친척 아저씨의 당황한 모습을 보면서 심술궂게 즐기고 있는 것 같았다.

병정 하나가 건초더미 옆으로 갔다. 그는 고양이를 보더니 총칼로 아무렇게나 꼴더미 속을 한 번 푹 찔렀다. 그러고는 자기가 괜히 꼼꼼하게 굴었다고 생각이라도 한 듯이 어깨를 으쓱했다. 아무것도 움직이지 않았다. 어린이 얼굴에도 조금도 놀란 기색이 떠오르지 않았다.

특무상사와 부하들은 맥이 빠져 버렸다. 이미 그들은 들판 쪽을 열심히 바라보고 있었다. 온 길을 되돌아갈 작정을 하고 있는 것 같았다. 그때 팔코네의 아들에게는 협박이 통하지 않는다는 것을 깨달은 대장이 마지막으로 한 번 더 노력하여 회유(懷柔)와 뇌물의 힘을 시험해 보려고 했다.

"아가." 그는 말했다. "너 참 똘똘한 놈이로구나. 나중에 꼭 성공하겠다. 하지만 넌 내게 고약한 장난을 치는구나. 마테오 형님에게 걱정을 끼칠 염려만 없다면 정말 너를 확 잡아가 버리겠는데."

"흥!"

"그러나 형님이 돌아오시면 이 일을 일러바칠 테다. 그러면 형님은 거짓말했다는 벌로 너를 피가 나도록 때리실 게다."

"알 게 뭐람?"

"두고 봐라……. 그런데…… 애야, 착한 아이가 되지 않겠니? 그러면 너에게 좋은 걸 줄게."

"아저씨, 나도 아저씨에게 좋은 걸 가르쳐 드릴게요. 더 이상 머뭇거리다가는 그 쟈네토라는 사람이 마키 속으로 들어가 버리고 말 거예요. 그렇게 되면 아저씨 같은 용사 한둘 가지고는 거기 가서 그를 잡아내지 못할걸요."

특무상사는 호주머니에서 10에퀴짜리나 되는 은시계를 꺼냈다. 그러자 어린 포르투나토의 두 눈이 번쩍거리는 것을 보고, 그는 은사슬 끝을 잡고는 시계를 대롱대롱 늘어뜨린 채 이렇게 말했다.

"이 녀석아! 너도 이런 시계를 하나 목에 걸어 보고 싶을 게다. 그러고는 포르토 베키오 거리를 공작처럼 의기양양하게 걸어다니는 거지. 사람들이 너한테 몇 시냐고 물어볼 거야. 그러면 너는 '내 시계를 보셔요' 하고 말해 줄 수 있어."

"내가 크면 카포랄 아저씨가 시계를 하나 줄 건데 뭐."

"그렇구나. 하지만 그 아저씨 아들은 벌써 하나 가지고 있는걸……. 그야 이렇게 훌륭한 건 아니지만……. 그런데 그 애는 너보다도 더 어리지 않아?"

어린이는 한숨을 쉬었다.

"자, 이 시계 갖고 싶잖아, 응? 아가."

포르투나토가 시계를 곁눈으로 흘겨보는 양은, 흡사 닭 한 마리가 통째로 눈앞에 내놓였을 때의 고양이란 놈과도 같았다. 고양이는 주인이 저를 놀린 다고 생각하므로 차마 발톱을 세워 할퀴지는 못한다. 유혹에 넘어가지 않으려고 때때로 눈을 돌린다. 그러나 끊임없이 입맛을 다신다. 마치 주인에게 이렇게 말하는 것 같다. '참 너무한 장난을 치시는구려!'

그러나 감바 특무상사는 정말로 시계를 주려는 것 같았다. 포르투나토는 손을 내밀지는 않았으나 괴로운 미소를 지으면서 이렇게 말했다.

"왜 나를 놀려요?"[9]

"천만에! 놀리다니. 쟈네토가 어디 있나 말만 해주면 이 시계는 네 것이 된다."

포르투나토 얼굴에 못 미더워하는 미소가 떠올랐다. 그는 검은 눈으로 특무상사의 눈을 물끄러미 들여다보며, 그의 말을 어디까지 신용해야 좋을지를 알아내려고 애썼다. 그러자 특무상사가 외쳤다.

"약속을 어기고 이 시계를 네게 주지 않는다면, 나는 이 계급장을 잃어도 좋다! 이 친구들이 증인이다. 그러니 내가 어찌 거짓말을 하겠느냐."

그렇게 말하면서 그는 점점 시계를 가까이 갖다대어 거의 어린이의 창백한 뺨에 닿도록 했다. 시계를 탐내는 마음과 숨겨주기로 한 사나이에 대한

---

*9 "Perché me c……?"〔원주〕

의리감이 마음속에서 싸우고 있는 것이 어린아이의 얼굴에 고스란히 드러났다. 벌거벗은 그 가슴은 불룩 솟아올랐다. 금시라도 숨이 막힐 것만 같아 보였다. 그동안에도 시계는 흔들거리며 뱅뱅 돌면서 때로는 그의 코끝에 부딪치기도 했다. 이윽고 그의 오른손이 조금씩 시계 쪽으로 올라갔다. 손끝이 닿았다. 아직 특무상사가 시곗줄 끝을 놓지도 않았는데 시계 전체의 무게가 그의 조그만 손 안에 느껴졌다.

문자판(文字板)은 하늘색이었다…… 은은 잘 닦여 있었다…… 그것은 햇빛에 마치 불처럼 반짝이고 있었다…… 유혹은 너무나도 강했다.

포르투나토는 왼손을 들더니 어깨너머로 기대고 있던 건초더미를 엄지손가락으로 가리켰다. 특무상사는 금세 그 뜻을 알아차렸다. 그는 시곗줄 끝을 놓았다. 포르투나토는 시계가 온전히 자기 소유물이 된 것을 느꼈다. 그는 사슴처럼 후닥닥 일어나서 건초더미로부터 10보쯤 물러났다. 정병대원들은 즉시 건초 무더기를 헤치기 시작했다.

곧 건초가 움직이는 것이 보이더니, 피투성이 사나이가 손에 칼을 들고 거기서 나왔다. 그러나 아무리 일어서려고 해도 이미 상처가 굳어버려 서 있을 수가 없었다. 그는 넘어졌다. 특무상사는 그에게 달려들어 단도를 빼앗았다. 사나이는 몸부림을 쳤으나 이내 꽁꽁 묶이고 말았다.

나뭇단처럼 묶인 채 땅바닥에 쓰러진 쟈네토는 다가온 포르투나토를 돌아보았다.

"이 자식! 마테오의 아들이란 놈이……."

분노보다도 오히려 경멸감을 품고 그는 그렇게 뇌까렸다.

어린이는 그에게서 받았던 은화를 그에게 던졌다. 이제는 가질 자격이 없어졌다고 느꼈기 때문이다. 그러나 도피자는 그 행동에는 아무런 관심이 없는 것 같았다. 그는 침착하게 특무상사에게 말했다.

"여보, 감바 씨, 걷지 못하겠소. 미안하지만 시내까지 떠메다 줘야겠소."

"조금 전엔 노루보다도 더 빨리 달리지 않았나?" 무정한 승리자는 이렇게 대꾸했다. "그러나 안심하게. 자네를 잡으니 기쁘기 한량없네. 10리를 업고 간들 피로하지 않을걸세. 뭐, 실은 나뭇가지와 자네 외투로 곧 들것을 만들 생각이지만 말이야. 그러니 걱정 말게. 그리고 크레스폴리네 농장까지 가면 말도 얻을 수 있을걸세."

"좋소." 사로잡힌 사나이가 말했다. "이왕이면 들것 위에다 짚을 좀 깔아주시오. 조금이라도 눕기 편하도록."

정병대 어떤 병정들은 밤나무 가지로 들것을 만들고 다른 병정들은 쟈네토의 상처에 붕대를 감으며 부산하게 움직였다. 그때 마테오 팔코네와 아내가 마키에 이르는 작은 길 모퉁이에 쑥 나타났다. 아내는 밤을 넣은 무겁고 커다란 자루를 짊어진 채 몸을 구부리고 간신히 걸어오고 있었는데, 남편은 손에 총 한 자루만 들고 또 한 자루 총은 어깨에 메고서 유유히 걸어오고 있었다. 그것은 사내가 무기 이외의 다른 짐을 들면 체면이 손상되기 때문이었다.

병정들을 본 순간 마테오는 자기를 잡으러 온 줄 알았다. 왜 그런 생각을 했을까? 마테오가 법에 저촉되는 일을 했던가? 그렇지는 않다. 그는 평이 좋은 사람이었다. 이른바 명망가였던 것이다.

그러나 그는 코르시카 사람이었고 산사람이었다. 코르시카 산사람 가운데 자기 기억을 잘 더듬어볼 때, 이를테면 총질이라거나 칼질이라거나 그 밖의 무슨 사소한 죄를 저지르지 않은 자는 한 사람도 없을 것이다. 사실 마테오는 누구보다도 결백했다. 사람에게 총을 겨눠본 지가 10년도 더 되었으니까. 그렇지만 그는 신중했다. 그래서 만일의 경우에는 훌륭히 방어할 수 있는 자세를 취했다.

"여보, 자루를 내려놓고 준비를 해."

그는 쥬세파에게 말했다. 아내는 당장에 복종했다. 사내는 어깨에 메고 있던 총이 방해될까 봐 그것을 아내에게 건네주었다. 그는 손에 들고 있던 총의 격철을 일으켰다. 그리고 길 양쪽에 늘어서 있는 나무들을 따라서 천천히 집 쪽으로 걸어갔다. 만일 저쪽에서 조금이라도 적대하는 기색이 보이면 가장 굵은 나무 뒤로 뛰어들어가, 거기서 몸을 숨기고 사격할 수 있도록 만반의 태세를 갖춘 상태였다. 아내는 예비 총과 탄약 주머니를 손에 들고 그 뒤를 바짝 따라갔다. 전투시 아내의 직책은 남편의 무기에 탄약을 재어주는 일이었다.

한편 특무상사는 마테오가 그렇게 총을 내밀고 방아쇠에 손가락을 댄 채 천천히 걸어오는 것을 보자 매우 걱정이 되었다.

'혹시라도 마테오가 쟈네토의 친척이거나, 그렇지는 않더라도 친구여서 그를 보호하려고 한다면, 그가 가진 두 자루 총의 탄알은 우리에게 날아올 것이다. 마치 우체통에 편지 넣듯이 정확하게. 그가 일가친척인데도 불구하고 만약에 나를 겨누기라도 한다면……!'

이렇게 당황해 있다가 그는 매우 대담한 결심을 했다. 단신으로 마테오 쪽으로 걸어나가서, 오랜 친구로서 친근하게 말을 건 뒤 그에게 자초지종을 이야기하기로 결심한 것이었다. 그러나 자기와 마테오 사이에 있는 짧은 거리가 그에게는 무섭게도 긴 것만 같았다.

"어이, 형님!" 그는 소리쳤다. "안녕하시오, 용사님? 나야 나, 동생 감바요."

마테오는 아무 말 없이 걸음을 멈추고 서 있다가, 상대가 계속 이야기함에 따라서 가지고 있던 총대를 서서히 세웠다. 그리하여 특무상사가 그에게 당도했을 때에는 총열은 똑바로 하늘을 향하고 있었다.

"안녕하시오, 형님?"*10 특무상사는 그에게 손을 내밀며 말했다. "무척 오래간만이요."

"잘 있었는가, 동생?"

"지나가다가 형님과 페파(쥬세파의 약칭) 형수님께 인사하러 들렀소. 아, 오늘 우리는 무척 많이 걸었어요. 그러나 피곤하다고 군소리할 형편은 아뇨. 굉장한 노획물을 하나 얻었거든요. 방금 쟈네토 산피에로란 놈을 잡았죠."

"아이구, 잘됐네요!" 쥬세파가 부르짖었다. "그놈이 지난 주일에 우리 집 젖 짜는 양 한 마리를 훔쳐갔었는데."

그 말을 듣고 감바는 가슴을 쓸어내렸다.

"불쌍한 녀석이지! 배가 고팠던 거야." 마테오가 말했다.

"그 녀석 사자같이 저항하더라니까." 특무상사는 좀 자존심이 상해 가지고 말을 계속했다. "우리 병사를 하나 죽인 데다가, 그것만으로는 부족해서 샤르동 하사의 팔까지 분질러 놓았단 말예요. 그러나 별로 대수로운 일은 아뇨. 어차피 프랑스 놈이니까……*11 그런데 그 녀석 어찌나 잘 숨었던지, 이 잡듯이 뒤져도 못 찾을 정도였어요. 포르투나토란 놈이 없었더라면 결코 찾아내지 못했을 거요."

"포르투나토가!" 마테오가 부르짖었다.

---

*10 "Buon giorno, fratello." 코르시카 사람들의 일상 인사. 〔원주〕
*11 코르시카 사람은 자존심이 세서 외국 사람을 이렇게 경멸하고는 한다.

"포르투나토가!" 쥬세파도 똑같은 말을 되풀이했다.

"그렇다니까 글쎄. 쟈네토란 녀석이 저기 저 건초더미 속에 숨어 있었단 말예요. 그러나 다행히 우리 조카가 나에게 살짝 가르쳐 주었지. 그래 이 일을 그 애 숙부인 카포랄 아저씨에게 이야기해서, 상으로 좋은 선물을 해주도록 할 생각이죠. 그리고 그 애와 형님 이름을 차장 검사에게 제출하는 보고서에 써넣을 작정이고요."

"저런 죽일 놈이!" 마테오는 아주 나직한 목소리로 말했다.

그들은 병정들이 있는 곳에 당도했다. 쟈네토는 벌써 들것 위에 누워 있었고 떠날 준비가 다 되어 있었다. 그는 감바와 같이 오는 마테오를 보자 야릇한 미소를 지었다. 그러고는 그 집 문 쪽으로 고개를 돌려서 문지방에 침을 뱉으며 이렇게 말했다.

"더러운 배신자의 집구석!"

죽음을 각오한 사람이 아니고는 감히 배신자라는 말로 팔코네를 부를 수 있는 사람은 아무도 없었을 것이다. 마테오는 즉시 솜씨 좋은 칼질로, 실수 없이 단번에 그런 모욕에 보복을 했으리라. 그러나 이때 마테오는 다만 못 견디게 괴로워하는 사람처럼 손을 이마에 갖다댈 뿐이었다.

포르투나토는 아버지가 돌아오는 것을 보자 집 안으로 들어갔다. 얼마 뒤 그는 우유 한 주발을 들고 나와서 눈을 내리깐 채 쟈네토에게 갖다주었다.

"가까이 오지 마!"

천둥 같은 소리로 도피자는 외쳤다. 그러고는 병정 하나를 돌아다보며 말했다.

"노형, 물 좀 주."

병정은 자기 물통을 건네주었다. 도피자는 조금 전까지 서로 쏘아댔던 사나이가 준 물을 맛있게 마셨다. 그러고 나서 그는 손을 등 뒤에다가 묶지 말고, 가슴 위에 엇갈리게 묶어달라고 부탁했다.

"편히 눕게 해주면 좋겠소."

병정들은 얼른 소원을 들어주었다. 특무상사는 출발 신호와 마테오에게 대한 작별 인사를 하고는—그러나 마테오는 대답이 없었다—빠른 걸음걸이로 들판 쪽으로 내려가 버렸다.

거의 10분쯤 지나서야 비로소 마테오는 입을 열었다. 어린이는 걱정스런 눈으로 부모를 번갈아 바라보고 있었다. 아버지는 총에 기대어 격분한 표정으로 어린이를 바라보고 있었다.

"참 잘한다!"

드디어 마테오가 입을 열었다. 조용한 목소리이기는 했으나, 이 남자를 아는 사람에게는 무서운 음성이었다.

"아버지!"

어린이는 눈에 눈물이 글썽해 가지고는 이렇게 부르짖으며 아버지 무릎에 달라붙을 것같이 다가왔다.

그러나 마테오는 소리를 버럭 질렀다.

"가까이 오지 마!"

어린이는 걸음을 멈췄다. 아버지로부터 몇 걸음 떨어진 곳에 꼼짝 않고 서서 흐느껴 울었다.

쥬세파가 아이에게 다가갔다. 방금 시곗줄이 눈에 띄었던 것이다. 줄 끝이 포르투나토의 셔츠 밖으로 나와 있었다.

"이 시계 누가 주던?" 어머니는 준엄한 말투로 물었다.

"특무상사 아저씨가요."

팔코네는 시계를 잡아 바위에 대고 힘껏 집어던져서 산산조각을 내어버렸다.

"여보, 이 애가 내 자식인가?" 그는 말했다.

쥬세파의 고동색 뺨은 벽돌같이 빨개졌다.

"여보, 그게 무슨 말씀예요? 대체 누구보고 하시는 말씀예요?"

"좋아, 그럼 이 자식은 우리 문중에서 처음으로 배신행위를 한 놈이야."

포르투나토는 더욱더 꿀걱거리며 서럽게 울었다. 팔코네는 그 살쾡이 같은 눈을 줄곧 아이에게서 떼지 않고 있었다. 이윽고 그는 개머리판으로 땅바닥을 쳤다. 이어 총을 어깨에 둘러메고 포르투나토에게 따라오라고 명령한 뒤 마키로 가는 길을 걷기 시작했다. 어린이는 순순히 복종했다.

쥬세파는 마테오를 쫓아가서 팔을 잡았다.

"당신 자식이에요."

그 여자는 남편이 생각하고 있는 것을 알아내려고 하는 듯이, 그 검은 눈으로 남편 눈을 뚫어지게 들여다보면서 떨리는 목소리로 말했다.

"내버려 둬, 나는 이놈의 아버지야." 마테오가 대답했다.

쥬세파는 아들에게 입을 맞추고 울며 오막살이로 들어갔다. 그리고 성모상(聖母像) 앞에 쓰러지듯이 무릎을 꿇고 앉아 열심히 기도드렸다. 그동안 팔코네는 오솔길을 2백 보쯤 걸어가, 조그만 골짜기에 내려가서야 비로소 걸음을 멈추었다. 그는 총 개머리판으로 땅을 파헤쳐 보더니 그곳이 몰랑몰랑하여 파기 쉬운 것을 알게 되었다. 이 장소는 그의 계획에 꼭 알맞을 것 같았다.

"포르투나토, 저 큰 바위 옆으로 가."

어린이는 명령대로 했다. 그러고는 무릎을 꿇었다.

"기도드려."

"아버지, 아버지, 죽이지 마."

"기도드려!" 무서운 목소리로 그는 같은 말을 되풀이했다.

어린이는 중얼중얼 흐느끼며 주의 기도와 사도신경을 외었다. 아버지는 기도가 하나씩 끝날 때마다 힘찬 목소리로 아멘을 외쳤다.

"네가 아는 기도는 그뿐이냐?"

"아버지, 또 아베 마리아와 아주머니한테서 배운 연도(連禱)도 알아요."

"그건 무척 길다만, 상관없다, 해라."

어린이는 가냘픈 목소리로 기도를 끝마쳤다.

"끝났느냐?"

"아버지, 살려줘! 용서해 줘! 다시는 안 그럴게! 카포랄 아저씨게 힘껏 부탁해서 쟈네토를 용서해 주도록 할 테야."

어린이는 아직도 계속 말하고 있었다. 마테오는 총의 격철을 일으키고 제 자식을 겨누면서 이렇게 말했다.

"주여, 용서하여 주옵소서!"

어린이는 필사적인 노력으로 일어나서 아버지 무릎을 부둥켜안으려고 했다. 그러나 이미 늦었다. 마테오는 총을 쏘았고, 포르투나토는 즉사하여 쓰러졌다.

마테오는 시체는 돌아보지도 않고, 자식을 파묻을 삽을 가지러 집으로 가는 길에 접어들었다. 겨우 몇 걸음 걸었는데 쥬세파를 만났다. 총소리에 놀라 달려오는 길이었다.

"무슨 짓을 하셨어요?" 그 여자는 부르짖었다.

"심판이야."

"그 애는 어디 있어요?"

"저 골짜기에. 지금 막 묻어주려는 참이야. 그리스도교 신자답게 죽었어. 조만간 제대로 미사를 드려줘야겠어. 사위 티오도로 비안키에게 우리 집에 와서 같이 살라고 그래."

Colomba

콜롱바

복수하는 것을 두려워 말라
몸은 비록 여자이나 용감한 그녀가 있잖은가?
코르시카 니올로 마을의 보체로

콜롱바

1

181*년 10월 초순이었다. 영국 육군 중에서도 뛰어난 장교로 이름난 아일랜드 출신의 육군 대령 토머스 네빌은 딸과 함께 마르세유의 보보 호텔에 머물렀다. 이탈리아 여행에서 돌아오는 길이었다. 많은 여행자들이 끊임없이 늘어놓은 칭찬은 그들에게 반감을 불러일으켰다. 요즘 관광객들은 대부분 남들과 달라 보이려고 호라티우스의 닐 아드미라리*1를 표어로 삼는다. 대령의 외동딸 리디아도 이런 까다로운 여행자 부류에 속해 있었다. 그녀에게는 라파엘로가 그린 〈그리스도의 변용〉도 평범하게 보였다. 연기를 분출하는 베수비오 화산도 버밍엄 공장 굴뚝보다 조금 더 볼 만할 뿐이었다. 그녀는 이탈리아에는 한마디로 지방색이, 특성이 부족하다고 혹평했다. 누구라도 좋으니까 이 지방색이나 특성이라는 말의 의미를 설명할 수 있다면 해주었으면 한다. 작자도 수년 전까지는 이해했지만, 이제는 모르겠다. 제일 처음 리디아 양은 알프스 너머에서 이제까지 아무도 보지 못한, 그래서 주르댕 씨*2가 말하듯 교양 있는 신사들과 더불어 이야기할 때 화제로 삼을 수 있는 어떤 것들을 발견하리라는 생각이 들어 은근히 들떠 있었다. 하지만 곳곳에서 같은 영국인들에게 추월당하는 한편 아직 알려지지 않은 무언가를 만나지 못해 절망한 그녀는 곧 반대파에 합류했다. 사실 이탈리아의 경이로움에 대해 이야기를 할 때마다 누군가가 끼어들어서 "당신도 알겠지만, ××의 ××궁전에 있는 라파엘로의 작품은 정말이지 이탈리아 최고의 아름다움입니다" 이렇게 아는 체한다면 그다지 기분이 좋지 않을 것이다. 게다가 문제는 내가 미처 그 작품을 보지 못했다는 사실이다. 하나하나 보자

---

*1 Nil admirari. 어떤 일에도 마음이 움직이지 않는다. 로마 시인 호라티우스의 《서간시》 제1편 6절, 1행에 나오는 문구.

*2 몰리에르의 희곡 〈부르주아 귀족〉의 주인공 이름.

니 시간이 많이 걸린다. 결국 가장 간단한 방법은 처음부터 그 모든 것을 시시하다고 치부해 버리는 것이다.

보보 호텔에서도 리디아 양은 쓰라린 실망을 맛보았다. 그녀는 세니에 있는 펠라스기인 또는 키클롭스가 만든 문을 스케치한 멋진 그림을 갖고 돌아왔다. *3 많은 예술가들이 그 문의 아름다움을 미처 발견하지 못했다고 생각한 것이다. 그런데 프랑세즈 펜위치 부인이 마르세유에서 그녀를 만나자마자 보여준 앨범에는 한 편의 소네트와 마른 꽃 사이에 갈색 물감으로 채색된 그 문이 있었다. 리디아 양은 세니의 문 그림을 하녀에게 주고, 펠라스기인의 건축물에 대한 흥미를 완전히 잃어버렸다.

네빌 대령도 기분이 좋지 않았다. 부인이 죽은 다음부터 대령은 리디아의 눈을 통해서만 세상을 바라보고 있었다. 그가 보기에 이탈리아는 딸을 지루하게 했다는 큰 실수를 범했고, 따라서 세계에서 가장 지루한 나라였다. 그림이나 조각에 대해서는 뭐라 할 말은 없다. 그러나 그가 자신 있게 단언할 수 있는 것은 이 나라에서는 사냥 여건이 형편없어서 땡볕이 내리쬐는 로마 교외를 40킬로는 달려야 겨우 붉은 자고새 5, 6마리를 잡을 수 있다는 것이다.

마르세유에 도착한 다음 날, 그는 부관이었던 엘리스 대위를 만찬에 초대했다. 그는 코르시카에서 6주를 보낸 참이었다. 대위는 리디아 양에게 도적들 이야기를 아주 재미있게 들려주었다. 그 독특한 이야기는 그들이 로마에서 나폴리로 가는 길에 들은 강도 이야기하고는 전혀 달랐다. 식사가 끝나자 남자 둘은 보르도 포도주 병을 앞에 두고 사냥 이야기를 했다. 대령은 코르시카만큼 멋지고 다양하고 풍요로운 사냥을 할 수 있는 고장은 세상에 없다는 사실을 알게 되었다.

"멧돼지는 꽤 많이 봤는데요. 멧돼지와 기르는 돼지를 구별하는 법을 기억해 두지 않으면 큰일 납니다. 놀랄 만큼 닮았으니까요. 실수로 돼지를 죽인 날에는 돼지치기한테 톡톡한 대가를 치러야 해요. 그들은 단단히 무장을 한 모습으로 '마키'라는 관목림 속에서 튀어나와 돼지 값을 물어내라면서 욕설을 퍼붓거든요. 아 참, 거기에는 야생 산양도 있어요. 다른 데서는 찾기 힘든 매우 기이한 짐승으로 사냥하기 힘들죠. 사슴, 꿩, 자고새 등등, 코르

---

*3 펠라스기인은 고대 민족이고 키클롭스는 신화에 나오는 외눈박이 거인. Segni는 고대 라티움 왕국의 도시.

시카에 넘쳐 나는 온갖 사냥감을 다 꼽자면 한이 없어요. 대령님, 사냥을 좋아하시면 코르시카로 가세요. 제가 묵었던 집 주인이 말하듯, 거기에서는 개똥지빠귀에서 사람에 이르기까지 온갖 사냥감을 향해 총을 쏠 수가 있어요."

엘리스 대위는 이렇게 말했다.

차를 마시면서 대위는 다시 원친 보복[4] 이야기로 리디아 양을 매료했다. 처음에 했던 이야기보다 더 이상했다. 결국 대위는 그녀에게 코르시카의 황량하고 신기한 풍물과 그 주민들의 독특한 성격, 그들이 손님에게 베푸는 친절과 원시적인 풍습을 묘사함으로써 코르시카에 대한 상대의 흥미를 절정에 오르게 하는 데 성공했다. 마지막으로 그는 그녀에게 멋진 비수를 선물했다. 비수의 모양이나 구리로 된 칼자루보다는 그 내력이 더 주목할 만했다. 유명한 도피자[5]가 엘리스 대위에게 준 비수인데 이제껏 네 사람의 몸에 꽂혔다고 한다. 리디아 양은 그것을 허리에 꽂았다가 침대 옆 탁자 위에 두고, 자기 전에 두 번이나 칼집에서 꺼내어 보았다. 대령은 대령대로 야생 산양을 죽이는 꿈을 꿨다. 기르는 주인이 값을 치르라고 하자 그는 기꺼이 응했다. 어쨌든 매우 희귀한 동물로 멧돼지와 닮았으며 사슴 뿔과 꿩 꼬리를 가지고 있었다.

"엘리스가 코르시카에서 멋진 사냥을 할 수 있을 거라 하더구나. 그렇게 멀지 않으면 2주 정도 가보고 싶은데."

딸과 둘이서 아침을 먹으면서 대령이 말했다.

"아니, 그럼 코르시카로 가면 되잖아요? 아버지가 사냥을 하는 동안 저는 그림을 그리면 되지요. 엘리스 대위가 말한, 보나파르트가 어린 시절에 공부하러 갔다는 동굴 그림이 제 앨범에 있으면 얼마나 기쁘겠어요!"

대령의 바람에 딸이 찬성한 것은 이번이 아마 처음이었다. 대령은 이 생각지도 못한 승낙에 마음이 들떴지만 일부러 몇 가지 이유를 들며 썩 내키지 않는 척을 해보였다. 리디아 양의 변덕을 더욱 자극하기 위해서였다. 그 섬은 미개한 곳이고 여자가 그런 곳을 여행하기란 쉽지 않다고 말했지만, 그녀에게는 아무것도 들리지 않았다. 그녀는 아무것도 두려워하지 않았다. 무엇보다도 말을 타고 여행하는 것이 마음에 들었다. 밖에서 자는 것은 더 기뻤

---

*4 Vendetta transversale. 이쪽을 공격한 장본인의 먼 친척에게 복수하는 것. 〔원주〕
*5 Bandit. 여기서는 도적이 아니라, 살인을 저지르고 산속으로 도망친 사람을 말한다.

다. 심지어 소아시아까지 가겠다고 열정적으로 말했다. 한마디로 그녀는 어떤 일이 일어나도 다 감당할 준비가 되어 있었다. 어쨌든 영국 여자가 코르시카에 간 적은 한 번도 없었기 때문에 어떻게든 가야 한다. 그러고서 세인트제임스 광장에 있는 집으로 돌아가 자신의 앨범을 사람들에게 보여주면 얼마나 행복할까!

"세상에, 이렇게 멋진 그림을 대체 어떻게 그리신 거예요?"

"아, 별거 아니에요. 길 안내를 해준 코르시카의 유명한 도피자를 모델로 해서 크로키를 해봤을 뿐이에요."

"뭐라고요! 코르시카에 갔었다고요?"

프랑스와 코르시카 사이에는 아직 증기선이 다니지 않아서 리디아 양이 새로이 발견하기로 마음먹은 섬으로 가려면 배편을 수소문해야 했다. 대령은 그날 당장 파리에 편지를 보내서 빌리기로 했던 방을 해약했다. 그리고 아작시오로 가는 코르시카 범선의 선장과 계약을 했다. 방은 두 개였다. 식료품을 실었다. 선장은 늙은 선원 한 사람이 훌륭한 요리사인데 특히 부야베스*6를 만드는 솜씨라면 따라올 자가 없다고 했다. 그는 아가씨가 조금도 불편할 일은 없을 것이며 순풍이고 바다도 조용할 것이라고 장담했다.

게다가 딸의 뜻을 존중한 대령은 다른 손님은 한 사람도 태우지 말고, 산을 잘 보기 위해 섬 해안을 따라 항해하기로 선장에게서 다짐을 받았다.

2

출발하는 날이 되자 아침부터 짐을 다 꾸려 배에 실었다. 범선은 저녁 바람이 불어올 때를 기다려 출항할 것이다. 그동안 대령은 딸과 함께 칸비에르 거리*7를 산책했는데, 선장이 다가와 정말 죄송하지만 친척 한 사람을 태워도 되겠느냐고 했다. 그 사람은 선장 맏아들의 대부의 육촌 형제였는데,*8 급한 일로 고향 코르시카로 돌아가야 할 판에 배가 없어서 곤란해하고 있다는 것이다.

"좋은 젊은이예요. 군인인데 보병 장교예요. 그 사람*9이 아직 황제였다면

---

*6 생선, 부추, 파슬리, 사프란 등을 넣은 마르세유의 유명한 수프.
*7 유명한 마르세유의 큰 거리.
*8 코르시카에서는 촌수를 아주 멀리까지 따진다.

벌써 대령이 되었을 겁니다." 마테이 선장이 덧붙였다.

"군인이라면……." 대령은 이렇게 말하고 덧붙이려고 했다. "나는 찬성이오." 하지만 이때 리디아 양이 영어로 소리쳤다.

"보병 장교라고요! …… (아버지가 기병이었으므로 그녀는 다른 병과를 무시했다) 분명 교육도 받지 않은 사람이겠지요. 틀림없이 뱃멀미를 해서 우리의 즐거운 항해를 망칠 거예요!"

선장은 영어는 한마디도 몰랐지만, 리디아의 귀여운 입이 작게 삐쭉대는 것을 보고 그녀가 무슨 말을 했는지 알아차린 듯했다. 그래서 그는 자기 친척에 대해 세 가지 찬사로 시작해서 이 젊은이가 유서 깊은 카포랄*10 집안의 아주 반듯한 사람이며, 선장인 자신이 책임지고 그를 배 한구석에 머물게 함으로써 그의 존재 자체가 눈에 띄지 않도록 할 것이니 대령님을 결코 방해하지 않을 것이라고 장담하며 한바탕 연설을 마쳤다.

대령과 네빌 양은 대대로 카포랄(하사) 지위를 이어가는 집안이 코르시카에 있다는 사실을 이상하게 생각했다. 그러나 고지식하게도 둘 다 보병 하사라고 믿고, 선장이 자비를 베풀어 가난한 사람을 섬까지 데려다 주려는 것이라고 결론을 내렸다. 장교라면 싫어도 말을 걸거나 상대를 해주어야 하지만, 하사라면 신경을 쓰지 않아도 된다. 칼이 달린 철포로 무장한 분대를 이끌고 위험한 곳으로 우리를 데리고 가지 않는 이상, 하사 따위 대수롭지 않게 여겨도 좋을 것이다.

"친척 분은 뱃멀미를 하시나요?" 네빌 양이 차가운 어조로 물었다.

"전혀요, 아가씨. 바위처럼 단단한 심장을 가지고 있어서 바다에 있어도 뭍에 있는 듯 편안하답니다."

"좋아요! 그럼 데리고 가도 상관없어요."

"데리고 가도 상관없소."

대령도 딸의 말을 되풀이했다. 그리고 두 사람은 산책을 계속했다.

저녁 5시 즈음, 마테이 선장은 출항을 하기 위해 두 사람을 부르러 왔다. 그들은 방파제에서 선장의 보트 옆에 키가 큰 청년이 서 있는 것을 보았다.

---

*9 나폴레옹을 가리킨다. 왕정복고 이후 사람들은 그를 l'Autre 라고 불렀다.

*10 코르시카 사람은 옛 습관에 따라 다섯 가지 신분으로 나뉜다. 귀족, 카포랄, 시민, 평민, 이방인.

가슴까지 단추를 채운 푸른색 프록코트를 입었는데 얼굴은 햇볕에 탔으며 검고 날카로운 긴 눈을 가지고 있었다. 솔직해 보이고 머리도 좋고 행동이 날렵해 보였다. 어깨를 뒤로 젖힌 자세나 곱슬곱슬한 작은 콧수염으로 보아 쉽게 군인이라는 것을 알았다. 이 시절에는 콧수염을 기른 사람이 별로 없었거니와 아직 군인의 차림새와 습관은 민간에 유행하지 않았기 때문이다.

청년은 대령을 보자 모자를 벗고 호의를 베풀어 주어서 감사하다고 짧게 인사했다.

"아닐세, 자네에게 도움이 된다니 다행이군."

대령은 호의적인 태도로 머리를 끄덕이며 말했다. 그러고는 보트에 탔다.

"거만한 자군요. 저 영국 손님은."

청년은 선장에게 이탈리아어로 나직이 말했다.

선장은 집게손가락을 왼쪽 눈 아래에 대고 양쪽 입가를 끌어내려 보였다. 이러한 신호는 이 영국인이 이탈리아어를 안다는 것과 괴짜라는 것을 뜻했다. 청년은 쓴웃음을 짓고는 답 대신 이마에 손을 대보였다. 영국인은 모두 머릿속에 묘한 것을 가지고 있다는 뜻임에 틀림없다. 청년은 선장 옆에 앉아 주의를 기울이며, 그러나 무례하지 않게 아름다운 여행 동반자를 바라보았다.

"프랑스 병사들은 인물들이 좋아. 그러니까 그토록 쉽게 장교가 되는 모양이야."

대령이 딸에게 영어로 말했다. 그리고 청년에게 프랑스어로 물었다.

"그런데 젊은이, 자네가 근무한 연대는 어디인가?"

청년은 자기 육촌 형제의 대자의 아버지를 팔꿈치로 슬쩍 찔러 눈치를 주고는 쓴웃음을 참으면서, 한때 근위 보병연대에 있었지만 지금은 경보병 제7연대에 있다고 했다.

"워털루 전투에도 참가했나? 아주 젊어 보이는데."

"송구스럽습니다만, 대령님. 제 첫 번째 출정입니다."

"두 배로 쳐주어야지."

젊은 코르시카인은 입술을 깨물었다.

"아버지, 코르시카인은 보나파르트를 좋아하는지 물어봐요." 리디아 양이 영어로 말했다.

대령이 질문을 프랑스어로 통역하기 전에 연설조 느낌은 있지만 꽤 훌륭한 영어로 청년이 대답했다.

"아가씨, 아시는 대로 선지자는 고향에서 인정받기 어려운 법입니다. 나폴레옹과 동향인인 우리는 프랑스인만큼 나폴레옹을 좋아하지는 않을 겁니다. 그런데 개인적인 감정을 말씀드리자면 옛날 우리 집안은 그의 집안과 서로 대적했지만, 저는 나폴레옹을 좋아하고 숭배합니다."

"영어를 할 줄 아는군!" 대령이 소리쳤다.

"들으시는 대로 형편없습니다."

청년의 말투가 너무 스스럼없어서 조금 기분이 나빴지만, 리디아 양은 하사와 황제 사이의 개인적인 적대관계를 생각하자 웃지 않을 수 없었다. 코르시카의 기이한 특색을 알려주는 어떤 전조 같은 느낌이어서 일기에 적어 두기로 결심했다.

"포로가 되어 영국에 간 건가?" 대령이 물었다.

"아닙니다, 대령님. 영어는 프랑스에서 배웠습니다. 대령님 나라에서 온 포로에게 배운 거예요."

그러고는 네빌 양에게 말했다.

"이탈리아에서 오시는 길이라고 마테이에게서 들었는데요. 그럼 아가씨는 순수한 토스카나어를 쓰시겠군요. 제 고향 방언을 알아들으시는 데 조금 어려움이 있지 않을까 걱정이 됩니다."

"딸은 이탈리아의 모든 방언을 할 수 있소. 어학 천재지. 암, 나와는 달라." 대령이 말했다.

"그렇다면 아가씨께서는 코르시카 노래 중 한 소절을 알아들으실 수 있겠군요? 양치기 남자가 양치기 소녀에게 말하는 거예요."

S'entrassi' ndru Paradisu santu, santu, E nun truvassi a tia, mi n'esciria*[11]

리디아 양은 그 의미를 알았다. 이런 문구를 든 것은 실례라고 생각했다. 이런 문구를 들면서 건넨 눈길은 더 실례라고 생각했다. 그녀는 얼굴을 붉히면서 이탈리아어로 "Capisco"*[12]라고 대답했다.

---

*11 성스럽고 성스러운 천국에 간다 해도 그대 없으면 나는 나올 테요(Serenata di Zicavo).
〔원주〕

"그럼 자네는 휴가로 교향에 돌아가는 건가?" 대령이 물었다.

"아닙니다, 대령님. 휴직했습니다. 아마 제가 워털루 전투에 나간 것과 나폴레옹과 같은 나라 사람인 탓이겠죠. 저는 집에 돌아갑니다. 노래 문구는 아니지만, 희망도 없고 지갑도 가벼운 셈이죠."

그는 하늘을 보며 한숨을 쉬었다.

대령은 주머니에 손을 넣고 손가락 사이에 금화를 끼워 만지작거리면서 그것을 이 불행한 적의 손에 부끄럽지 않게 건네주기 위해 적당한 말을 열심히 찾았지만, 결국 이렇게 말할 수밖에 없었다.

"아니, 나도 휴직했네. 하지만…… 자네 같은 사람이 휴직하면 담배도 살 수 없을 텐데. 자, 받으시오, 하사."

그리고 뱃전 난간을 잡은 청년의 손 안으로 금화를 넣으려고 했다.

젊은 코르시카인은 얼굴이 붉어지고 몸가짐을 바로 하더니 입술을 깨물었다. 당장이라도 화를 낼 기세였지만, 갑자기 표정을 바꾸고 웃음을 터뜨렸다. 대령은 금화를 쥔 채 어리둥절할 뿐이었다. 청년은 진지한 얼굴로 이렇게 말했다.

"대령님, 두 가지 충고를 해드리겠습니다. 첫 번째는 코르시카인에게는 돈을 주셔서는 안 됩니다. 돈을 준 사람 얼굴에 바로 돈을 던져버리는 난폭한 자가 제 나라에는 있으니까요. 두 번째는 본인이 요구하지 않은 칭호로 사람을 부르시면 안 됩니다. 저를 보고 하사라고 하셨지만, 저는 중위입니다. 물론 큰 차이는 없습니다만……."

"중위라고요!" 토머스 경이 외쳤다. "중위! 하지만 선장은 자네가 카포랄(하사)이라고 했어요. 그리고 당신 아버지도 조상 대대로 말이오."

이 말을 듣자마자 청년은 배를 잡고 웃어댔다. 선장과 두 선원까지 다 함께 웃었다.

"용서하십시오, 대령님." 겨우 청년이 말을 꺼냈다. "착각도 이 정도면 걸작이군요. 아, 이제 알았어요. 분명히 제 집안은 카포랄을 배출한 것을 자랑으로 여기지만, 코르시카의 카포랄은 옷에 계급장을 달지 않습니다. 서기 1100년 무렵에 몇몇 마을이 대귀족의 폭정에 반항해 폭동을 일으켰는데, 그

＊12 알아들었어요.

때 마을 사람들이 수령을 뽑아 그것을 카포랄이라 했습니다. 우리 섬에서는 이런 일종의 호민관 자손이라는 것을 명예롭게 생각합니다."

"맙소사, 내가 실례를 했군요! 내가 착각한 이유를 아는 만큼 너그러이 이해해 줄 거라 믿소."

대령은 청년에게 손을 내밀었다.

"제 오만에 대한 정당한 벌입니다, 대령님. 조금도 원망하지 않습니다." 청년은 여전히 웃으면서 영국인의 손을 기꺼운 마음으로 잡고 말했다. "마테이가 소개를 제대로 못했으니 이제 정식으로 제 소개를 하겠습니다. 휴직 중위, 오르소 델라 레비아라고 합니다. 멋진 개가 두 마리 있는 것을 보니 코르시카에서 사냥을 하실 생각이시군요. 제가 우리 고장의 마키와 산을 구경시켜 드릴 수 있다면 큰 기쁨이자 영광이겠습니다……. 제가 모두 잊어버리지만 않았다면 말입니다." 그는 한숨을 쉬면서 이렇게 덧붙였다.

마침 그때 보트가 범선에 도착했다. 중위는 리디아 양의 손을 잡아준 뒤 대령이 갑판에 오르는 것을 도왔다. 갑판에 올라서도 토머스 경은 여전히 자신이 한 오해가 너무나 부끄럽고, 어떻게 하면 집안 내력이 1100년까지 거슬러 올라가는 사람에게 무례를 범한 죄를 씻을 수 있을까 고민했다. 그는 다시금 사과하고 악수를 청하더니 딸의 동의도 구하지 않고 청년을 저녁식사에 초대했다. 물론 리디아 양은 눈썹을 찌푸렸지만, '카포랄'이 무엇인지 알게 되는 것도 나쁘지 않다고 생각했다. 청년은 그렇게 보기 싫은 사람은 아니었다. 뿐만 아니라 뭔지 잘 모르겠지만 어딘가 귀족적인 점까지 그에게서 느껴졌다. 하지만 단 하나, 그는 소설 속 주인공치고는 너무 솔직하고 너무 쾌활했다.

"델라 레비아 중위. 스페인에서는 중위의 동향인들을 많이 보았는데, 명성이 자자했던 저격 보병 부대원들이었소." 대령은 마데이라 산 포도주 한 잔을 들고 영국식으로 건배하면서 말했다.

"예. 하지만 그들 중 대다수는 스페인에서 아직도 돌아오지 못하고 있지요." 젊은 중위는 근엄한 표정으로 말했다.

"비토리아*13 전투에서 코르시카 대대의 활약은 절대로 잊을 수 없을 거

---

*13 1813년 6월 21일, 웰링턴 군대와 스페인 왕 조제프 보나파르트군 사이에 대격전이 일어난 스페인 북부 도시.

요." 대령은 가슴을 쓰다듬으면서 덧붙였다. "온종일 그들이 정원이나 담장 그늘에 숨어 이쪽을 저격하는 바람에 얼마나 많은 병사와 말이 죽었는지 모르오. 퇴각이 결정되자 그들은 집결해 빠르게 도망쳤소. 우리는 평원에서 복수할 수 있으리라 생각했지. 그런데 그놈들이……아니, 미안하오, 중위. 그 용사들이 평원에서 방진을 쳤는데, 도대체 깰 수가 없었소. 지금도 눈에 선하구려. 방진 한가운데에는 자그마한 검은 말을 탄 장교가 있었소. 군기 옆에 선 채 카페에라도 앉아 있는 것처럼 담배를 피우고 있었지. 이따금 우리를 무시하기라도 하듯 군악대는 우리 눈앞에서 팡파르를 연주했고…… 나는 기병 중대 둘을 보내 그들을 공격했소……. 그런데 이럴 수가! 우리 용기병들이 방진을 정면으로 뚫기는커녕 옆으로 비켜갔다가 지리멸렬하게 돌아오는 거요. 말은 몇 마리나 주인을 잃은 채 돌아왔소. ……게다가 여전히 악대는 연주를 하고 있었지! 대대를 감쌌던 연기가 걷히자 나는 다시 군기 옆에 있는 장교를 발견했소. 여전히 담배를 피우고 있었지. 화가 난 나는 마지막 돌격의 선두에 섰소. 적의 총은 계속 쏘아대는 바람에 총구가 막혀 발사가 되지 않았소. 하지만 병사들은 여섯 줄로 늘어서 말의 코에 총칼을 겨눈 채 꼼짝도 않고 있었소. 벽처럼 말이오. 나는 소리쳐 용기병들을 격려했고 박차를 가해서 말을 앞으로 몰았소. 그러자 내가 말한 장교가 담배를 버리더니 부하를 돌아보며 이렇게 말하는 거요. 'Al Cappello bianco!'*14 나는 모자에 흰 깃털을 달고 있었는데, 그 이상은 듣지 못했지. 그때 총 한 발을 가슴에 맞았으니까. 멋진 대대였소, 델라 레비아 중위. 나중에 들었는데 그 부대는 보병 18연대, 제1대대로 전부 코르시카인으로 구성되었다고 하더군."

"맞습니다. 그들은 퇴각을 지원했고 군기를 지켰습니다. 하지만 용사들의 3분의 2는 지금 비토리아 평원에 잠들어 있습니다." 대령이 말하는 동안 눈을 반짝이며 듣고 있던 오르소가 대답했다.

"혹시 지휘하던 장교가 누구인지 아시오?"

"실은 제 아버지입니다. 그때 18연대 대대장이셨는데, 그 비통한 날의 지휘 덕분에 연대장이 되셨지요."

"세상에, 그 사람이 당신 아버지였다니! 정말이지 용감한 분이셨소! 한

---

*14 저 흰 모자를 쏘아라.

번 뵈었으면 좋겠소. 알아볼 수 있을 거요. 아직 살아 계신가?"

"아닙니다, 대령님." 청년은 이렇게 말했으나, 안색이 조금 창백해졌다.

"워털루에도 참전하셨소?"

"그렇습니다, 대령님. 하지만 전장에서 쓰러지는 행복은 누리지 못하셨습니다…… 코르시카에서 돌아가셨습니다…… 2년 전에…… 그나저나 멋진 바다가 아닙니까! 지중해를 보는 것도 10년 만입니다. 아가씨, 지중해가 대서양보다 아름답다고 생각하지 않으세요?"

"너무 푸른색이 짙어요…… 게다가 파도가 웅장하지도 않고요."

"다듬어지지 않은 아름다움을 좋아하시는군요. 그런 점에서는 분명 코르시카가 마음에 드실 겁니다."

"내 딸은 특별한 것을 좋아하지. 그래서 이탈리아가 마음에 들지 않았던 모양이야." 대령이 한마디 했다.

"저는 이탈리아는 피사밖에 모릅니다. 거기에서 잠깐 중학교를 다녔지요. 그곳에 있는 캄포산토 묘당과 두오모, 사탑은 감탄하지 않을 수 없습니다…… 특히 캄포산토는. 오르카냐의 작품 〈죽음〉을 기억하시지요? 지금도 그 그림을 그대로 그릴 수 있을 것 같아요. 그만큼 머리에 확실하게 남아 있어요."

리디아 양은 중위가 이야기를 길게 늘어놓지나 않을까 두려웠다.

"꽤 괜찮지요." 그녀는 하품을 하면서 대답했다. "죄송해요, 아빠. 머리가 조금 아프네요. 저는 방으로 갈게요."

그녀는 아버지 이마에 입을 맞추고 오르소를 향해 거만하게 고개를 까딱한 뒤 사라졌다. 두 남자는 이제 사냥과 전쟁 이야기를 했다.

그들은 워털루에서 서로 마주 보고 있었고, 총격을 주고받았다는 것을 알았다. 두 사람은 더욱 친해졌다. 그들은 나폴레옹, 웰링턴, 블뤼허*15를 비판했다. 그리고 같이 사슴, 멧돼지, 산양을 사냥하기로 했다. 마침내 밤이 깊고 마지막 보르도 포도주 한 병마저 비우자 대령은 다시 중위의 손을 잡고 저녁 인사를 했다. 그토록 우스꽝스럽게 시작된 사이지만 앞으로 잘 지내자는 바람을 말했다. 두 사람은 헤어져 저마다 잠자리로 갔다.

---

*15 1742~1819, 워털루에서 웰링턴을 승리하게 만든 프러시아 장군.

3

아름다운 밤이었다. 달은 파도에 노닐고, 배는 가벼운 바람을 받아 천천히 미끄러져갔다. 리디아 양은 졸리지 않았다. 시정(詩情)을 가슴속에 가지고 있는 사람이라면 누구나 달 밝은 바다 위에서 반드시 느끼는 그 감동을 방해하는 것은 문외한 한 사람뿐이다. 젊은 중위가 산문적인 사람답게 푹 자고 있으리라 생각했을 때, 그녀는 일어나 외투를 걸치고 하녀를 깨워 갑판으로 올라갔다. 키를 잡고 있는 선원을 제외하면 사람 그림자 하나 보이지 않았다. 그는 코르시카 방언으로 된 거칠고 단조로운 애가를 부르고 있었다. 고요한 한밤중에 울리는 이 이상한 노래는 묘한 매력이 있었다. 불행히도 리디아 양은 그 노랫말을 완전히 이해할 수가 없었다. 많은 상투적인 문구에 섞여 힘찬 한 구절이 그녀의 호기심을 강하게 자극했지만, 곧 가장 중요한 순간에 속어가 두세 개 나오는 바람에 그 의미를 알 수 없었다. 그래도 살인과 관련이 있다는 것은 알았다. 살인자에 대한 저주, 반드시 복수하겠다는 말, 죽은 사람의 덕을 기리는 말 등이 섞여 있었다. 몇 구절이 그녀의 마음에 담겼다. 작자는 그것을 번역해 보았다.

대포도 검도 뭔가 있다/얼굴색 하나 변하지 않고/전장에서도 여느 때처럼 화창했다/여름 하늘./그는 매로서 독수리의 벗이었네./친구들에게는 사막의 꿀이요/적들에게는 성난 바다./태양보다 높고/달보다 부드러웠네./프랑스의 적들도 결코 해하지 못했던 그를/고향의 자객들이/뒤에서 쳤다네./비톨로가 삼피에로 코르소를 죽인 것처럼[*16]/그들은 그를 감히 똑바로 바라보지 못하던 자들이었네./내 침대 벽에 걸어주오./레지옹 도뇌르 훈장/리본은 붉은색이오./하지만 내 셔츠는 더 붉소./내 아들, 먼 곳에 있는 내 아들을 위해/훈장과 피로 물든 셔츠를 간직해 주오./그는 옷에 난 두 개의 구멍을 볼 것이오./그리하여 다른 셔츠에도 구멍이 뚫릴 것이오./그렇다고 복수가 끝나겠소?/방아쇠를 당길 손이 필요하오./조준할 눈이 필요하오./생각할 마음이 필요하오······.

[*16] 필리피니, 제11권을 보라. 코르시카 사람들은 지금도 비톨로를 미워한다. '배신자'의 동의어. 〔원주〕Sampiero Corso(1479∼1567)는 코르시카 독립을 위해 싸운 용맹한 장군이고 Vittolo는 그 부하 장교였다. 배신자 비톨로는 삼피에로를 유인해 뒤에서 쏘아 죽였다.

갑자기 선원이 노래를 멈추었다.

"왜 노래를 계속하지 않죠?" 네빌 양이 물었다.

선원은 머리를 움직여 승강구에 나타난 얼굴을 가리켰다. 달빛을 즐기러 나온 오르소였다.

"이봐요, 그 애가를 끝까지 불러주세요. 재미있어요." 리디아 양이 말했다.

선원은 그녀 쪽으로 몸을 굽히며 목소리를 낮춰 말했다.

"저는 아무에게도 림베코*17를 하고 싶지 않아요."

"네, 뭐라고요?"

선원은 대답하지 않고 휘파람을 불기 시작했다.

"우리 지중해를 찬미하시는 것을 보았습니다, 네빌 양." 오르소는 그녀에게 다가오면서 말했다. "이 달은 다른 곳에서는 보지 못합니다. 이제 그만 인정하시지요."

"저는 달을 보고 있지 않았어요. 코르시카어를 열심히 공부했지요. 이 선원이 아주 비장한 애가를 부르고 계셨는데 그만 가장 중요한 순간에 멈추고 말았네요."

선원은 나침반을 살피는 척하며 몸을 앞으로 구부리더니 네빌 양의 외투를 세게 잡아당겼다. 오르소 중위 앞에서 그 애가를 불러서는 안 된다는 것이 분명했다.

"무슨 노래를 했나, 파올로 프란체? 발라타? 보체로?*18 아가씨께서는 자

---

*17 Rimbeccare. 돌려보낸다, 되받아친다는 뜻의 이탈리아어. 코르시카 방언으로는 남에게 공공연히 모욕적 비난을 퍼붓는다는 뜻이다. 누군가에게 살해된 남자의 자식에게, 아비의 원수를 갚지 않을 거냐고 rimbecco를 퍼붓는 셈이다. 림베코는 혈족이 당한 치욕을 아직도 씻지 않은 사람에게 '책임 불이행'을 상기시키는 것이다. 제노바 법률은 남에게 림베코를 퍼부은 사람을 엄벌에 처했다…… [원주]

*18 한 남자가 죽으면—특히 누군가에게 살해되면—그 시체를 탁자 위에 올려놓고서 가족 중 여자들, 여자가 없는 경우는 아는 여자들이나 때에 따라서는 남의 집 여자라도 시적인 재능이 있으면 불려와서 그 지역 방언으로 운문 애가를 즉흥적으로 지어 부른다. 이 여인들은 voceratrici 또는 코르시카 발음으로 하면 buceratrici라 하고, 애가는 동해안에서는 vocero, bucera, bucerata라 하며 반대쪽에서는 ballata라 한다. vocero라는 말과 그 파생어인 vocerar, voceratrice는 라틴어 voci ferare(크게 외치다)에서 왔다. 때로는 여러 여자가 번갈아 부를 때도 있다. 주로 죽은 자의 아내나 딸이 부른다. [원주]

네 노래를 알아들으니까 결말을 듣고 싶으신 거야."

"잊어버렸어요, 오르산톤."

선원은 이렇게 말하더니 갑자기 성모찬가를 목이 터져라 부르기 시작했다.

리디아 양은 성모찬가를 들으며 더는 선원을 채근하지 않았다. 그 수수께끼 같은 말은 나중에 꼭 물어보기로 마음먹었다. 하지만 하녀는 피렌체 출신인데도 주인보다 더 코르시카 방언을 알아듣지 못해 궁금증을 참을 수 없었다. 그래서 주인이 팔꿈치로 쿡 찔러 주의를 주기도 전에 오르소에게 물었다.

"중위님, 림베코가 무슨 뜻이에요?"

"림베코! 그건 코르시카인에게는 아주 치명적인 모욕을 주는 거예요. 아직 적을 치지 않았냐고 비난하는 것입니다. 누가 림베코 이야기를 하던가요?"

"아니, 저기, 어제 마르세유에서 이 배 선장이 그 말을 썼어요." 리디아 양이 서둘러 말했다.

"누구 이야기를 했습니까?" 오르소도 다급하게 물었다.

"아! 누구냐 하면요. 옛날 이야기를 해줬어요……. 언제 이야기였더라……. 아, 바니나 도르나노 이야기였을 거예요."

"바니나의 죽음은 우리 영웅 삼피에로를 싫어하도록 만들었겠지요?"

"그런데 정말 영웅이라고 생각하세요?"

"그의 죄는 그 시대의 야만적인 풍습 때문이라고 변명할 수 있습니다. 게다가 삼피에로는 제노바인들과 필사적으로 싸웠어요. 제노바와 협상하려 했던 바니나를 벌하지 않았다면 어떻게 동포들이 그를 신뢰할 수 있었겠습니까?"

"바니나는 남편의 허락을 구하지 않고 떠났으니까 삼피에로가 그녀의 목을 조른 것은 당연해요." 선원도 이렇게 말했다.

"하지만 남편을 구하기 위해서 그랬던 거잖아요? 제노바인들을 상대로 남편의 목숨을 구걸한 것은 남편에 대한 사랑 때문이었어요." 리디아 양이 말했다.

"남편의 목숨을 구걸하다니, 그것은 남편 얼굴에 먹칠을 한 거예요!" 오르소가 소리쳤다.

"아무리 그래도 자기 손으로 아내를 죽이다니! 잔인한 괴물이에요!" 네빌 양도 물러서지 않았다.

"아시겠지만, 그 사람은 남편 손에 죽기를 원했어요. 그럼 아가씨는 오셀로 역시 괴물이라고 생각하시나요?"

"큰 차이가 있어요! 오셀로는 질투에 사로잡혀 괴로워했지만 삼피에로는 헛된 명예심만 가지고 있었어요."

"질투도 일종의 헛된 명예심 아닌가요? 사랑의 명예요. 게다가 동기만 괜찮다면 아가씨는 아마도 그를 용서할 것 같은데요?"

리디아 양은 오기로 가득 찬 시선으로 그를 바라보았다. 그러더니 선원에게 배가 언제 항구에 도착하는지 물었다.

"바람이 계속 불어준다면 모레에는 도착합니다."

"빨리 아작시오를 보고 싶네요. 이 배는 피곤해요."

리디아 양은 자리에서 일어나 하녀의 팔을 잡고는 갑판 위를 몇 걸음 걸었다. 오르소는 키 근처에서 가만히 선 채 움직이지 않았다. 그녀와 함께 걸어야 할지, 아니면 그녀를 성가시게 한 듯한 대화를 끝내야 할지 알 수가 없던 것이다.

"참 예쁜 아가씨야!" 선원이 말했다. "내 침대 벼룩들이 저 아가씨를 닮았다면 아무리 물어 뜯겨도 불만이 없겠구먼!"

리디아 양은 아마도 자신의 아름다움을 칭찬한 원시적인 표현에 화가 났나 보다. 바로 방으로 간 것을 보면. 곧 오르소도 자기 방으로 돌아갔다. 오르소가 갑판을 떠나자마자 하녀가 다시 올라왔다. 선원에게 뭔가 물어본 뒤에 여주인에게 답변을 전달했다. 아까 오르소가 나타나는 바람에 중단된 발라타는 2년 전에 오르소의 아버지인 델라 레비아 대령이 암살당했을 때 지어진 것이다. 선원은 오르소가 복수를 하기 위해(이것은 선원이 쓴 표현이다) 코르시카로 돌아왔다고 굳게 믿었으며, 분명히 피에트라네라 마을에서 곧 생고기를 보게 될 것이라고 장담했다. 이것을 알아듣기 쉬운 표현으로 옮기면 이렇게 된다. 오르소는 아버지를 암살한 것으로 의심되는 두세 명을 죽일 계획이 있다. 이 두세 명은 바로 그 암살 사건으로 기소됐지만 결국 결백하다고 증명되었다. 판사, 변호사, 지사, 경찰도 한통속이었던 것이다.

"코르시카에는 법이 없어요. 판사보다 성능 좋은 총을 더 존경합니다. 적이 있다면 세 가지 S 가운데 하나[19]를 선택해야 합니다." 선원이 이렇게 덧붙였다.

이 흥미로운 이야기는 델라 레비아 중위에 대한 리디아 양의 태도와 생각에 상당한 변화를 주었다. 이때부터 그는 몽상적인 영국 여자의 눈에는 소설 속 인물로 보였던 것이다. 무심한 태도와 솔직하고 유쾌한 어조는 처음에는 불리하게 작용했지만, 이제는 가장 존경스러운 장점으로 비춰졌다. 이것이야말로 강력한 영혼을 깊이 숨기고, 안에 담고 있는 감정을 단 하나도 드러내지 않는 태도인 것 같았다. 리디아 양이 보기에 오르소는 가벼운 외양 아래 방대한 계획을 숨기고 있는 피에스키*[20]처럼 보였다. 물론 조국해방에 힘쓰기보다 악당 두세 명을 죽이는 것은 하찮은 일이기는 하지만 멋진 복수이고, 여자들은 사실 소설 주인공이 정치가가 아닌 것을 좋아한다. 네빌 양은 비로소 젊은 중위가 큰 눈을 가지고 있으며 이가 하얗고 키가 큰 데다 교육도 잘 받았고 사교계 예절을 안다는 것을 주목했다. 다음 날 그녀는 그에게 곧잘 말을 걸었다. 그의 이야기는 그녀의 흥미를 끌었다. 그는 몇 시간에 걸쳐 고국에 대한 질문을 받았다. 그는 이야기를 잘했다. 처음에는 중학교에 들어가기 위해, 다음에는 사관학교에 들어가기 위해, 어린 시절 떠났던 코르시카는 시적 색채로 장식된 채 그의 머릿속에 남아 있었다. 그는 고향 산과 숲, 주민들의 독특한 풍습 등을 말하면서 점점 활기를 띠었다. 독자들도 쉽게 짐작할 수 있겠지만 그의 이야기에서는 복수라는 단어가 여러 번 나왔다. 속담이 될 정도로 유명한 그들의 열정을 공격하거나 긍정하거나 하지 않고서 코르시카인에 대해 말하는 것은 불가능하다. 오르소가 자기 나라 사람들의 한없는 증오심을 비난하자 네빌 양은 약간 의외라는 느낌을 받았다. 하지만 그는 농민들의 경우에는 그런 감정을 인정하려고 했다. 그래서 벤데타(복수)는 가난한 사람들의 결투라고 주장했다. "규칙대로 도발을 하고 나서 암살을 해야만 합니다. '조심해, 나도 조심할 테니까.' 이것이 서로 기습할 기회를 노리기 전에 꼭 하는 말이지요." 그리고 덧붙였다. "우리 고장에서는 다른 곳보다 살인이 많이 일어납니다. 그러나 이러한 범죄에서 파렴치한 동기를 발견할 수는 없을 겁니다. 살인자는 많지만, 강도는 단 한 사람도 없습

---

*19 방언. schio petto, stiletto, stada. 총, 비수, 줄행랑. 〔원주〕
*20 Fiesque, Fiesco. 1523~47. 제노바 명가 출신으로 혁명운동을 하다 실패한 인물. 프리드리히 폰 실러의 희곡 〈피에스키가의 음모〉 주인공.

니다."

그가 복수와 살인이라는 말을 할 때 리디아 양은 그를 주의 깊게 바라보았다. 하지만 그 얼굴에서는 아주 작은 감정의 흔적도 찾을 수 없었다. 그러나 리디아 양은 그가 모든 사람의 눈을—물론 그녀의 눈만은 예외이다—속일 수 있을 만큼 강력한 영혼의 힘을 갖고 있다고 생각했으므로, 죽은 델라 레비아 대령의 넋이 오래지 않아 원하는 만족을 얻게 되리라 믿었다.

이미 범선은 코르시카가 보이는 지점까지 와 있었다. 선장이 해안의 주요 지점들 이름을 알려 주었다. 리디아 양은 전혀 몰랐지만 이렇게 새로 알아가는 게 즐거웠다. 이름 없는 풍경만큼 지루한 것은 없다. 이따금 대령의 망원경이 갈색 옷을 입고 장총으로 무장하고 작은 말에 올라 가파른 비탈길을 달리는 섬사람을 보여주었다. 리디아 양이 보기에는 모든 섬사람이 산으로 도망가거나 부친의 복수를 하러 가는 사람 같았다. 그러나 오르소는 일 때문에 가까운 마을에 가는 순박한 사람일 뿐이라고 했다. 그들이 총을 든 건 필요해서라기보다 멋을 내기 위해서이다. 여기선 누구나 총을 가지고 있기 때문이다. 멋쟁이가 지팡이 없이는 외출하지 않는 것과 마찬가지이다. 총은 비수보다 덜 고상하고 시적이지도 않지만, 지팡이보다는 총을 든 남자가 더 멋있었다. 리디아 양은 그렇게 생각했다. 그리고 그녀는 바이런 경의 모든 주인공은 고전적인 단검이 아니라 총에 맞아 죽었다는 사실을 떠올렸다.

사흘 간 항해한 끝에 배는 상기네르 군도 앞에 도착했다. 아작시오 만의 멋진 파노라마가 눈앞에 펼쳐졌다. 여기가 나폴리 만과 비교되는 데에는 그만한 이유가 있다. 범선이 항구에 도착했을 때, 불붙은 마키가 지라토 곶을 연기로 뒤덮으며 베수비오 화산을 떠올리게 하므로 두 지역이 더욱 비슷하게 보였다. 이 유사함이 완전해지기 위해서는 아틸라의 군대가 나폴리 주변을 한바탕 휩쓰는 것이 필요하다. 아작시오 만 주위는 만물이 죽어버린 듯이 황량했다. 카스텔라마레에서 미세노 곶*²¹에 이르기까지 온 동네를 메운 우아한 건축물 대신에 여기서는 어두운 마키와 그 너머 민둥산들만 보일 뿐이었다. 사람이 사는 집 한 채 없었다. 언덕 여기저기에서 하얀 건물 몇 채가 초록 바탕 위에 눈에 띄게 고립되어 있을 따름이었다. 장례식 때 쓰이는 예

＊21 Castellamare는 나폴리 남쪽에 있는 도시. Copo da Miseno는 그 반대편에 있는 나폴리 만 북쪽 끝의 곶.

배당이고 가족 묘지였다. 그 풍경 속에서는 모든 게 심각하고 슬픈 아름다움을 띠었다.

도시의 외관은 특히 주변의 황량함이 주는 인상을 더욱 강하게 만들었다. 거리에는 움직임 하나 없었다. 언제나 몇몇 한가한 사람의 모습이 눈에 띌 뿐이다. 물건을 팔러 온 농부 아낙네 몇 명을 빼면 여자는 없었다. 이탈리아 도시들처럼 크게 말하고 웃거나 노래하는 소리는 들을 수 없다. 이따금 산책로의 가로수 그늘에서 열 명쯤 되는 무장한 농민들이 카드놀이를 하거나 그 놀이를 구경하고 있다. 소리를 지르거나 말다툼을 하는 일은 결코 없다. 승부가 격해지면 총소리가 들리고 위협이 이어진다. 코르시카인은 본디 신중하고 과묵한 편이다. 저녁이 되면 시원한 바람을 쐬기 위해 몇몇 사람이 밖으로 나온다. 그러나 코르소*22를 거니는 사람은 거의 외국인이다. 섬사람들은 자신의 집 입구에서 움직이지 않는다. 매가 둥지를 지키듯이 그들도 집을 지키고 있는 듯이 보인다.

4

나폴레옹 생가를 방문하고 다소 가톨릭교도에게 어울리지 않는 방법으로 벽지를 조금 뜯은 리디아 양은 코르시카에 온 지 사흘 만에 몹시 우울해졌다. 이것은 빈말이라도 우아하다고는 할 수 없는 관습이 여행객에게 완전한 고립을 강요하는 듯 보이는 고장에 들어선 모든 외국인이 당연하게 느끼는 감정이다. 그녀는 자신의 무모한 선택을 후회했다. 그러나 바로 떠나는 것은 대담한 여자 여행자인 그녀의 명성에 먹칠을 하는 행위였다. 리디아 양은 떠나고픈 마음을 되도록 참으면서 시간을 죽이는 데 애쓰기도 했다. 이런 결심과 함께 그녀는 연필과 그림도구를 준비해 만의 경치를 스케치했다. 그리고 멜론을 팔고 있는 볕에 그을린 농민의 초상을 그렸다. 그는 대륙의 채소장수와 비슷했지만, 흰 턱수염을 늘어뜨리고 세상에서 가장 잔인한 악당 같은 표정을 하고 있었다. 그러나 이 모든 것도 그녀를 위로하기에는 부족했다. 리디아 양은 카포랄의 후손의 마음을 뒤흔들어 보기로 결심했다. 일은 어렵지 않았다. 고향 마을로 돌아가기 위해 서두르기는커녕 오르소는 아무도 만나

───────────

*22 Cours, Corso. 이탈리아어로 '산책로'를 뜻한다. 아작시오의 큰길 이름.

지 않는 데다가 아무래도 아작시오에 있는 게 마음에 드는 눈치였다. 뿐만 아니라 리디아 양은 몰래 하나의 고귀한 사명을 스스로에게 부과했다. 즉 그 야생 곰을 문명으로 채우고, 그를 고향으로 부른 불길한 계획을 포기하게 한다는 것이다. 그녀가 그를 연구하게 된 뒤로 그를 파멸하도록 내버려 두는 것은 유감스러운 일이고, 코르시카인을 개심하게 만드는 것은 스스로에게 명예가 되는 일이라고 속으로 되뇌었다.

우리 여행자들의 하루는 다음과 같이 흘러갔다. 오전에 대령과 오르소는 사냥을 나간다. 리디아 양은 그림을 그리거나 친구들에게 편지를 쓰는데, 그 것은 아작시오에서 편지에 날짜를 적어 남기기 위함이다. 6시쯤 되면 남자들은 사냥감을 어깨에 메고 돌아온다. 만찬이 시작된다. 리디아 양은 노래를 부르고 대령은 잠이 든다. 젊은이 둘은 꽤 늦게까지 이야기를 나눈다.

여권 수속 일로 네빌 대령은 지사를 방문해야 했다. 그쪽 일에 종사하는 사람이 대개 그렇듯이 너무 지루해서 힘들어하던 지사는 부유하고 사교적이며 예쁜 딸까지 데리고 있는 영국인이 왔다는 소식에 기뻐했다. 그는 대령을 완벽하게 맞았고 지나칠 정도로 편의를 봐주었다. 게다가 며칠 뒤에는 답례로 찾아왔다. 대령이 막 저녁을 다 먹고 소파에 누워서 한숨 자려고 할 때였다. 딸은 낡은 피아노 앞에서 노래를 부르고 있었고, 오르소는 악보를 넘겨주며 연주자의 어깨와 금발을 바라보고 있었다. 그때 하인이 지사가 왔음을 알렸다. 피아노 소리가 멈추고 대령은 자리에서 일어나 딸을 지사에게 소개했다.

"델라 레비아 씨는 소개하지 않겠습니다. 잘 아실 테니까요."

"델라 레비아 대령의 아드님이십니까?" 지사는 약간 당황한 듯이 말했다.

"그렇습니다." 오르소가 대답했다.

"아버님과는 뵌 적이 있습니다."

상투적인 이야기는 곧 끊겼다. 대령은 저도 모르게 꽤 자주 하품을 했다. 자유주의자 의식을 가진 오르소는 권력의 추종자에게 말을 걸지 않았다. 결국 리디아 양 혼자 이야기 상대가 되었다. 지사는 그녀를 지루하게 하지 않았다. 유럽 사교계의 모든 사람을 아는 여인 앞에서 파리와 유행 이야기를 하는 것이 그에게는 매우 즐거운 일임에 틀림없었다. 이따금 이야기를 하면서 그는 이상하리만치 흥미를 느끼는 눈초리로 오르소를 바라보았다.

"대륙에서 델라 레비아 씨를 만나셨나요?" 그가 리디아 양에게 물었다.

리디아 양은 조금 당혹스러워하면서 코르시카로 오는 배에서 알게 되었다고 대답했다.

"아주 훌륭한 젊은이지요." 지사는 목소리를 낮춰 말했다. 그리고 더 낮게 말을 이었다. "무엇 때문에 코르시카로 돌아왔는지 말했나요?"

리디아 양은 갑자기 거만한 표정으로 말했다.

"한 번도 물어본 적이 없어요. 궁금하시면 직접 물어보세요."

지사는 가만히 있었다. 그러나 다음 순간 오르소가 대령에게 영어로 한두 마디 건네는 것을 보고 말했다.

"여행을 많이 하신 것 같군요. 코르시카를 잊었겠어요. ……코르시카의 관습도."

"꽤 어릴 때 섬을 떠났으니까요."

"여전히 군대에 있습니까?"

"휴직했습니다."

"꽤 오래 프랑스 군대에 계셨으니 프랑스 사람이 다 되셨겠어요."

그는 이 마지막 말에 힘을 주어 말했다.

대국에 예속되어 있다는 사실을 일부러 떠올리게 하는 것은 코르시카인에게 기분 좋은 일이 아니다. 그들은 다른 나라 사람이기를 바라며, 남들도 인정할 정도로 이러한 바람을 실제 행동으로 충분히 증명하고 있다. 오르소는 조금 기분이 상해 이렇게 말했다.

"지사님께서는 코르시카인이 명예를 아는 사람이 되기 위해서는 프랑스 군대에 복무할 필요가 있다고 생각하십니까?"

"아닙니다. 물론 조금도 그렇게 생각하지 않습니다. 다만 이 고장 풍습을 말하는 것입니다. 그중에는 통치자로서 보고 싶지 않은 것이 있으니까요." 지사가 대답했다.

그는 풍습이라는 말에 힘을 주고 오만상을 찡그리며 엄숙한 표정을 지었다. 그리고 바로 일어나 문으로 갔다. 나가면서 리디아 양에게 지사 관저로 부인을 만나러 오겠냐고 묻고 갔다.

지사가 나가자 리디아 양이 말했다.

"지사가 어떤 사람인지 알기 위해 코르시카까지 올 필요가 있었다는 생각이 드네요. 사람이 꽤 좋아 보이던데요."

"제 생각은 다릅니다. 묘하게 힘을 주고서 뭔가 숨기고 있는 것 같더군요. 이상한 사람 같습니다."

대령은 졸다 못해 잠들어 있었다. 리디아 양은 그쪽을 흘끗 보더니 목소리를 낮춰 말했다.

"저는 그렇게 생각하지 않아요. 그 사람이 뭔가를 숨기는 것 같지는 않았어요. 사실 저는 그분이 무슨 말씀을 하신 건지 이해가 가거든요."

"통찰력이 뛰어나시군요, 네빌 양. 그러나 당신이 방금 전 그 지사의 말에서 어떤 의미를 발견했다면 그것은 틀림없이 당신이 멋대로 추측하신 겁니다."

"마스카리유 후작*23의 말이지요, 델라 레비아 씨. 하지만…… 저한테 통찰력이 있다는 증거를 보여 드릴까요? 제가 점을 조금 봐요. 두 번 정도 만난 사람이라면 무슨 생각을 하는지 알 수 있어요."

"무섭네요. 당신이 제 생각을 읽으신다면 좋아해야 할지 슬퍼해야 할지 모르겠군요……."

"델라 레비아 씨." 리디아 양이 얼굴을 붉히며 말했다. "당신을 알게 된 지 대엿새밖에 되지 않았지만, 바다에서는, 그리고 야만적인 고장에서는, 아, 용서하세요……. 야만적인 고장에서는 사교계에서보다 더 빨리 친구가 되는 것 같아요……. 그러니 제가 친구로서 조금 주제넘은 이야기를 한다 해도 놀라지 마세요. 이방인이 주제넘게 끼어들면 안 되는 일이라도 말이에요."

"아! 이방인이라는 말은 하지 마세요. 네빌 양, 전 앞의 말이 더 좋습니다."

"그렇다면 말씀드려야겠군요. 저는 말이죠, 당신의 비밀을 알려고 하지는 않았지만 비밀의 일부를 알게 되었어요. 그리고 그중에 걱정스러운 것이 하나 있어요. 당신 집안에 일어난 슬픈 일을 알아요. 그리고 이 나라에서 복수하는 방법에 대해 들었어요……. 지사가 암시하는 건 그런 게 아닌가요?"

"맙소사, 리디아 양도 그런 것을 생각하셨다니!" 오르소는 죽은 사람처럼

---

*23 몰리에르의 희곡 〈웃음거리 재녀들〉에 등장하는 하인. 후작 행세를 한다. 그런데 이 말을 한 사람은 마스카리유가 아니라 재녀들 가운데 한 사람이다.

얼굴이 창백해졌다.

"아니에요, 델라 레비아 씨. 저는 당신이 명예로운 신사라고 생각해요." 그녀는 오르소의 말을 끊으면서 말했다. "당신 고향에서도 지금은 서민들 사이에서만 벤데타를 인정한다고 하지 않았나요……결투의 한 형태라고 했잖아요!"

"제가 살인을 할 수 있다고 믿으시는 겁니까?"

"오르소 씨, 제가 당신에게 이 이야기를 하는 것은 당신을 의심하지 않기 때문이라는 것을 모르시겠어요?" 그리고 목소리를 낮춰 말을 이었다. "제가 이 이야기를 하는 것은 당신이 고향에 돌아와 아마도 야만적인 편견에 휩싸이겠지만, 그때 거기에 저항할 용기를 가진 분으로서 당신을 존경하고 믿는 사람이 한 사람은 있다는 사실을 알면 조금이나마 마음이 편해지실 것이라고 생각했기 때문이에요. 자, 이제 이 고약한 문제에 대한 이야기는 그만하죠." 그녀는 일어나면서 말했다. "머리가 아파요. 게다가 밤도 깊었어요. 혹시 화나셨어요? 영국식으로 인사할게요. 안녕히 주무세요." 그녀는 이렇게 말하면서 손을 내밀었다.

오르소는 가슴 깊이 뭔가를 느낀 듯이 진지하게 그 손을 꽉 쥐면서 말했다.

"아가씨, 고향의 본능이 눈을 뜨는 순간이 제게도 있습니다. 이따금 돌아가신 아버지를 생각하면……끔찍한 생각이 저를 괴롭히기 시작합니다. 하지만 당신 덕분에 영원히 해방되었어요. 고맙습니다." 그는 말을 더 이어가려 했지만, 리디아 양이 찻숟가락을 떨어뜨려 그 소리에 대령이 잠을 깼다.

"델라 레비아 군, 사냥은 내일 5시라네! 늦지 마시게."

"알겠습니다, 대령님."

5

다음 날 사냥꾼들이 돌아오기 전에 네빌 양은 바닷가를 산책하고 나서 하녀를 데리고 여관으로 돌아왔다. 그때 상복을 입은 한 젊은 여성이 작지만 기운찬 말을 타고 마을로 들어오는 것이 보였다. 뒤이어 농민으로 보이는 남자가 말을 타고 따라왔는데, 팔꿈치에 구멍이 난 갈색 나사 상의를 입고 물병을 비스듬히 둘러멨으며 허리에는 권총을 차고 있었다. 손에는 총을 하나 들고, 개머리판은 안장에 달린 가죽 주머니 안에 찔러 넣었다. 멜로드라마에 나오는 산적이나 여행 중인 코르시카인의 차림새였다. 그 여자의 특별한 아름다움이 먼저 네빌 양의 주의를 끌었다. 스무 살쯤 되어 보였다. 키가 크고 얼굴이 희고 짙은 푸른색 눈에 분홍색 입술, 에나멜같이 빛나는 치아를 가지고 있었다. 얼굴 표정에서는 자부심과 불안과 슬픔이 동시에 읽혔다. 머리에는 메차로라 불리는 비단 베일을 쓰고 있었는데, 그것은 제노바인들이 코르시카에 들여온 것으로 그녀에게 아주 잘 어울렸다. 길게 땋은 밤색 머리칼은 터번처럼 머리 위로 틀어 올렸다. 옷은 깨끗하지만 매우 간소했다.

네빌 양은 그녀를 찬찬히 살펴보았다. 메차로를 쓴 여인은 길 한복판에서 말을 멈추더니 누군가에게 뭔가 열심히 물어봤다. 그것은 눈빛으로 알 수 있었다. 그리고 답을 듣자 말에 채찍을 가해 빠르게 달려 토머스 네빌 경과 오르소가 머물고 있는 여관 앞에서 멈추었다. 여관 주인과 두세 마디 주고받은 젊은 여인은 말에서 뛰어내려 입구 옆에 놓인 돌의자에 앉았다. 그동안 하인은 말을 마구간으로 끌고 갔다. 리디아 양은 파리풍 옷을 입고 그 낯선 여인 앞을 지나갔지만, 여인은 쳐다보지도 않았다. 15분쯤 뒤 창문을 열자 메차로를 쓴 여인이 같은 곳에서 같은 자세로 앉아 있는 것이 보였다. 곧 사냥에서 돌아온 대령과 오르소가 나타났다. 그러자 여관 주인이 상복을 입은 여인에게 뭔가 속삭이며 델라 레비아를 손가락으로 가리켰다. 여인은 얼굴을 붉히면서 얼른 자리에서 일어나 대여섯 걸음 앞으로 나아갔다. 그리고 깜짝 놀란 듯이 멈춰 섰다. 가까이 다가온 오르소는 신기한 듯이 그녀를 바라보았다.

"당신이 오르소 안토니오 델라 레비아예요? 저는 콜롱바예요." 그녀는 들뜬 목소리로 말했다.

"콜롱바!"

오르소는 이렇게 외치더니 그녀를 꽉 끌어안고 상냥하게 뺨에 입을 맞추었다. 대령과 그의 딸은 조금 놀랐다. 영국 사람들은 길에서 입을 맞추지 않기 때문이다.

"오빠, 이렇게 허락 없이 찾아온 걸 용서하세요. 친구들을 통해 오빠가 오신 줄 알았어요. 오빠 얼굴을 보는 것이 저에게 얼마나 큰 위로가 되는지 몰라요……"

오르소는 다시 입을 맞추었다. 그리고 대령 쪽으로 몸을 돌려 말했다.

"제 누이입니다. 먼저 이름을 말하지 않았더라면 못 알아볼 뻔했습니다.

콜롱바, 이분은 토머스 네빌 경이시다. 대령님, 죄송합니다만 오늘은 함께 저녁을 먹지 못할 것 같습니다……아무래도 누이가…….”

“아니, 자네! 대체 어디서 식사를 할 생각인가? 이 빌어먹을 여관에는 식당에 테이블이 하나밖에 없지 않은가? 아가씨도 자리를 함께해 주신다면 우리 딸도 기뻐할 텐데.”

콜롱바는 오빠를 바라보았다. 오르소는 사양하지 않았다. 함께 여관의 가장 큰 방으로 들어갔다. 대령 일행은 이곳을 응접실로도 식당으로도 쓰고 있었다. 델라 레비아 양은 네빌 양을 소개받자 정중하게 인사를 했지만 한마디도 하지 않았다. 몹시 들뜬 것을 보니 아마 태어나서 처음으로 지체 높은 외국인을 보는 것 같았다. 하지만 그 태도에는 촌스러운 구석이라고는 전혀 없었다. 기이함이 어색함을 가려주고 있었다. 그것만으로도 네빌 양은 이 아가씨가 마음에 들었다. 대령 일행이 차지해 버린 이 여관에는 빈방이 없었는데, 리디아 양은 관대함인지 호기심인지를 한껏 발휘하여 자기 방에 침대 하나를 더 들여놓자고 했다.

콜롱바는 고맙다는 말을 우물거리듯 하더니 서둘러 하녀를 따라갔다. 뙤약볕 아래 먼지를 뒤집어쓰면서 말을 타고 왔기 때문에 화장을 고치러 간 것이다.

응접실로 돌아온 콜롱바는 사냥에서 돌아와 구석에 세워둔 대령의 총 앞에 멈춰 섰다.

“정말 멋지네요! 오빠 거예요?”

“아니, 영국제 총으로 대령님 거야. 모양도 좋지만 성능도 좋아.”

“오빠도 이런 총이 하나 있었으면 좋겠는데.”

“세 자루 중에 델라 레비아 군에게 선물할 것이 하나 있습니다. 총을 잘 다루더군요. 오늘은 열네 발로 열네 마리를 잡았어요!”

곧 호의를 주거니 받거니 싸움이 시작됐는데 결국 오르소가 졌다. 누이는 대단히 만족스러운 눈치였다. 방금까지 그토록 심각하던 얼굴이 갑자기 어린아이 같은 천진난만한 기쁨으로 빛났다.

“자네가 하나 고르게.”

오르소는 사양했다.

“그렇다면 누이분께서 대신 고르시지요.”

콜롱바는 두말없이 그렇게 했다. 가장 장식이 없는 총을 골랐는데, 그것은 가장 성능이 뛰어난 소총이었다.

"이거라면 꽤 멀리 날아갈 것 같아요."

오빠는 어떻게 감사를 표하면 좋을지 몰라 당황스러워했다. 마침 저녁 식사가 나와서 그를 구해주었다. 콜롱바가 식탁 앞에 앉지 않겠다고 사양을 하다가 오빠의 눈짓에 자리에 앉고, 식사를 시작하기 전에 성호를 긋는 것을 보고 리디아 양은 재미있어했다.

'이거야, 이게 원시적인 거야.'

그리고 코르시카 옛 관습을 대변하는 이 젊은 대표자를 상대로 흥미로운 관찰을 하기로 마음먹었다. 오르소로서는 이 상황이 다소 불편했다. 동생이 뭔가 고향 냄새를 너무 풍기며 말하거나 행동하지 않을까 두려웠기 때문이다. 그러나 콜롱바는 계속 오빠를 보며 모든 행동을 오빠에게 맞췄다. 이따금 슬픈 표정으로 오빠를 바라보았다. 그때 오르소와 동생의 눈이 마주치기라도 하면 먼저 시선을 피하는 것은 오르소였다. 동생이 마음속으로 말하는 문제, 자신도 너무나 잘 아는 문제에서 벗어나려고 하는 것 같았다. 그들은 프랑스어로 이야기했다. 대령이 이탈리아어를 잘하지 못했기 때문이다. 콜롱바는 프랑스어를 알았고, 어쩔 수 없이 사람들과 몇 마디 주고받을 때에도 꽤 발음이 훌륭했다.

식사 뒤에 대령은 이 두 사람 사이에 감도는 거북한 공기를 알아차리고 특유의 솔직함으로 오르소에게 콜롱바 양과 단둘이 이야기하고 싶지 않느냐고 물었다. 그렇다면 딸과 둘이 옆방으로 가겠다고 했다. 그러나 오르소는 당황하여 피에트라네라에 가면 동생과 얼마든지 이야기할 수 있으니 괜찮다고 했다. 피에트라네라는 그가 머물 마을의 이름이었다.

그리하여 대령은 평소처럼 소파를 차지했다. 네빌 양은 몇몇 화제를 꺼냈지만 아름다운 콜롱바를 말하게 하는 데는 실패했다. 그래서 할 수 없이 오르소에게 단테의 시를 하나 읽어 달라고 했다. 단테는 그녀가 좋아하는 시인이다. 오르소는 프란체스카 다 리미니의 이야기가 나오는 지옥편을 골라 감정을 담아서 아름다운 삼행시를 낭송했다. 그 시는 사랑 이야기를 남녀 단둘이 함께 읽는 것이 얼마나 위험한지를 표현한 것이다. 그가 읽어나가자, 콜롱바는 테이블로 다가와 숙이고 있던 머리를 들었다. 동그래진 눈동자가 반짝반짝 빛났다. 얼굴이 붉으락푸르락 했으며 의자 위에서 흥분한 듯이 몸을 떨었다. 찬탄할 만한 이탈리아인의 두뇌 조직이 아닌가! 이 시를 이해하기 위해서는 학자가 시의 아름다움을 굳이 설명할 필요가 없었다.

낭송이 끝나자 콜롱바가 말했다.

"정말 아름다워요! 누가 쓴 거예요, 오빠?"

오르소는 조금 당황했다. 리디아 양이 웃으면서 수백 년 전에 죽은 플로렌스의 시인이라고 대답했다.

"피에트라네라에 돌아가면 단테를 읽게 해주마."

"정말 아름다워요!" 콜롱바가 되풀이했다. 그리고 기억나는 서너 마디를 작은 목소리로 읊조렸는데, 점점 감정이 고양되면서 오빠가 낭송할 때보다 더 감정을 실어 높은 목소리로 낭송했다.

리디아 양은 깜짝 놀랐다.

"시를 좋아하시나 봐요. 단테를 처음 읽으며 행복해 하다니, 부럽네요."

"보시다시피 주기도문밖에 모르는 산골 아가씨를 이렇게 감동시키다니, 단테의 시는 실로 위대한 힘을 가졌어요…… 아니, 제가 착각했네요. 맞아요, 콜롱바는 어릴 때부터 이 방면에 재능이 있었어요. 어릴 때부터 시를 지으려고 애썼지요. 피에트라네라와 그 주변 이백 리 안에서는 가장 뛰어난 보체라트리체라고 아버지가 편지에서 말씀하신 적이 있어요."

콜롱바는 애원하는 눈길로 오빠를 바라보았다. 네빌 양은 코르시카 여인들의 즉흥시에 대한 소문을 들었던지라 꼭 한번 들어보고 싶었다. 그녀가 콜롱바에게 솜씨를 보여 달라고 부탁하자 오르소가 끼어들었다. 동생의 시적 재능을 자랑하는 것이 몹시 거북하게 느껴졌던 것이다. 코르시카 발라타만큼 지루한 것은 없으며, 단테의 시 다음으로 코르시카 노래를 읊는 것은 고향을 배반하는 행위라고 아무리 그가 항변해 봤자 네빌 양의 호기심을 돋울 뿐이었다. 그는 결국 동생에게 말했다.

"어쩔 수가 없구나! 읊어보렴. 근데 짧은 것이 좋겠어."

콜롱바는 숨을 쉬고 잠시 테이블보를 가만히 바라보다 이번에는 천장 들보를 쳐다보았다. 드디어 자기가 상대를 못 보면 상대도 자기를 못 보리라 생각하고 안심하는 새처럼 손을 눈에 대고 노래했다. 아니 노래하기보다 떨리는 목소리로 세레나타를 하나 낭송했다. 내용은 다음과 같다.

소녀와 산비둘기

산 너머 멀고 먼 계곡/햇빛은 하루 한 번 찾아오네./그 골짜기에 어두운 집 한 채/잡초가 문지방을 뒤덮었네./문도 창문도 늘 닫혔고/지붕 위로는 연기 하나 피어오르지 않네./그러나 정오에 해가 들면/창문이 하나 열리고/부모 잃은 소녀 하나 물레를 돌리며/실을 잣고 노래를 부르네./슬픔의 노래를/하지만 들려오는 답가는 하나도 없네./어느 날, 어느 봄날, 주위 나뭇가지에 날아든 산비둘기 한 마리/소녀의 노래를 들었네./"아가씨, 우는 건 아가씨 혼자가 아니에요. 끔찍한 새가 내 친구를 앗아가 버렸거든요."/"산비둘기여, 그 친구를 앗아간 새를 내게 보여 다오./구름보다 더 높이 날아도/내가 쏘아 땅에 떨어뜨릴 테니./하지만 이 가련한 소녀 곁으로 누가 오빠를 데려다 줄까? /먼 나라에 있는 오빠를?"/"아가씨, 오빠가 있는 곳을 알려줘요./이 날개에 실어 그리 데려다 줄 테니까요."

"정말 기특한 비둘기구나!"

오르소는 누이에게 입을 맞추며 이렇게 말했지만, 이 말에는 과장된 농담조와 정반대 되는 감동이 들어 있었다.

"멋진 노래예요. 제 앨범에 써주시면 좋겠어요. 영어로 번역해 곡을 붙일까 해서요."

사람 좋은 대령은 한마디도 알아듣지 못했지만 딸의 찬사에 말을 보탰다. 그러고는 덧붙였다.

"아가씨, 그 산비둘기는 오늘 우리가 날개를 펼쳐 구워 먹은 바로 그 새 아닌가요?"

네빌 양은 앨범을 가져왔다. 그녀는 이 여류 즉흥시인이 종이에다 이상하게 노래를 적어 내려가는 것을 보고 적잖이 놀랐다. 시인은 한 행마다 한 구를 쓰는 대신 종이 폭이 허락하는 한 한 줄로 쭉 썼다. '행은 짧고 길이가 일정하지 않게 하며 양옆에 여백을 둔다'는 시 쓰기의 정의에 부합하지 않았다. 콜롱바의 꽤 자유분방한 맞춤법에도 지적할 곳이 몇 군데 있었다. 네빌 양은 몇 번이나 미소 지었고, 오르소는 자존심이 상해서 괴로웠다.

잘 시간이 되자 두 아가씨는 방으로 돌아갔다. 리디아 양은 목걸이와 귀고리와 팔찌를 벗다가 콜롱바가 옷 속에서 뭔가 코르셋 같은, 하지만 형태가 전혀 다른 긴 물건을 빼내는 것을 보았다. 콜롱바는 탁자 위에 둔 메차로 아래에 그것을 슬그머니 숨겼다. 그러고는 무릎을 꿇고 경건하게 기도를 했다. 2분 뒤에 그녀는 침대에 누웠다. 천성적으로 호기심이 강하고 영국 여자답게 옷 벗는 게 느린 리디아 양은 탁자 곁으로 다가가 핀을 찾는 척하면서 메차로를 들어 올렸다. 그러자 자개와 은으로 세공을 한 길쭉한 비수가 나타났다. 세공은 독특하고 멋졌다. 호사가들에게는 꽤 가치 있는 오래된 물건이었다.

"아가씨들이 이런 물건을 코르셋 안에 지니는 것이 이곳 풍습인가요?" 네빌 양은 웃으면서 말했다.

"어쩔 수 없어요. 나쁜 사람들이 많거든요!" 콜롱바는 한숨을 쉬며 대답했다.

"정말로 이렇게 찌를 용기가 있어요?"

네빌 양은 비수를 손에 쥐고 연극을 하듯이 위에서 아래로 내리찍었다.

"네, 필요하다면요. 제 자신을 지키거나 친구를 지키려면······그런데 그렇게 찌르시면 안 돼요. 상대가 피해버리면 자신이 다치거든요." 노래를 하는 듯 부드러운 목소리로 콜롱바가 말했다. 그리고 침대에서 반쯤 일어나 자세를 잡아 보였다. "보세요. 이렇게 푹 찌르는 거예요. 이렇게. 이렇게 하면 치명상을 입힐 수 있어요. 이런 무기 따위 필요 없는 사람은 얼마나 행복할까!"

콜롱바는 한숨을 쉬며 베개에 머리를 파묻고는 눈을 감았다. 이렇게 아름답고 고귀하고 순결한 얼굴은 없을 것 같았다. 피디아스도 미네르바 상을 조각하기 위해 이보다 더 나은 모델을 찾지는 않았으리라.

6

작자가 우선 in medias res*24 향했던 것은 호라티우스의 가르침에 따르기 위함이다. 모든 것이 잠든 지금, 아름다운 콜롱바도, 대령도, 그의 딸도 자고 있는 지금, 이 기회를 이용해서 독자 여러분이 실제로 있었던 이 이야기 속으로 좀 더 깊이 들어가려고 한다면 반드시 알아야만 하는 사실들을 알려

―――――――――
*24 사물의 중심으로.

야겠다. 오르소의 아버지 델라 레비아 대령이 비명횡사했다는 것은 이미 여러분도 알고 계실 것이다. 그런데 코르시카에서는 프랑스에서와는 달리 어떤 탈옥수가 은그릇을 훔치느라 어쩔 수 없이 충동적으로 살인을 저지르는 바람에 사람이 비명횡사하게 되는 것이 아니다. 비명횡사하는 사람은 적의 손에 암살을 당하는 것이다. 그런데 그들이 무엇 때문에 적을 만드는지, 그 동기는 분명하지 않은 경우가 종종 있다. 많은 가문들이 오랜 관습대로 서로를 증오하지만 이 증오의 근원은 확인할 길이 없는 것이다.

델라 레비아 대령의 가문은 몇몇 다른 가문과 사이가 나빴는데, 특히 바리치니 가문과 견원지간이었다. 16세기에 델라 레비아 가문의 한 남자가 바리치니 가문의 여자를 유혹하자, 명예를 잃은 여자의 그 친척이 남자를 칼로 찔렀다고 말하는 사람도 있었다. 사건을 다른 식으로 전하는 사람도 있었다. 유혹당한 것은 델라 레비아 가문의 여자이고, 칼에 찔린 자가 바리치니 가문의 남자라는 것이다. 어쨌든 두 집안 사이에는 피를 본 적이 있다. 하지만 풍습과는 달리 이 살인은 다른 살인을 부르지 않았다. 그때 델라 레비아 가문과 바리치니 가문은 똑같이 제노바 정부에게 탄압을 받았기 때문이다. 젊은이들이 추방당해 몇 세대 동안 양쪽 가문을 대표하는 혈기 왕성한 남자가 없었다. 그런데 지난 세기 말 나폴리에서 근무하던 장교 델라 레비아가 도박장에서 다른 군인들과 싸움이 붙었다. 이들이 이런저런 모욕을 주던 중에 그 장교를 '코르시카의 염소지기'라고 불렀다. 그는 칼을 들었다. 그러나 상대는 셋이다. 만약 같은 곳에서 도박을 하던 낯선 남자가 "나도 코르시카인이야!" 이렇게 외치며 편을 들어주지 않았다면 큰일을 당할 판이었다. 그 낯선 남자의 이름은 바리치니였다. 그는 자기가 도와준 고향 사람이 누구인지 알지 못했다. 마침내 두 사람이 서로를 알게 되었을 때 그들은 깍듯한 예의를 갖추어 인사를 하고 영원히 변치 않을 우정을 맹세했다. 이렇게 대륙에 있으면 코르시카인들은 쉽게 친구가 되지만, 고향 섬에서는 정반대이다. 두 사람의 경우도 그랬다. 이탈리아에 있는 동안 델라 레비아와 바리치니는 친한 친구였지만, 코르시카로 돌아오자 같은 마을에 살면서도 거의 만나지 않았다. 그들이 죽었을 때 사람들은 두 사람이 대화를 한 지 오륙 년은 되었다고 했다. 그 자식들도 섬에서 말하듯 서로 거리를 두고 예의를 지키며 살았다. 한 사람은 오르소의 아버지 길푸치오로서 군인이었고, 다른 사람은 주디체 바리치니로서 변호사였다. 둘 다 가장이 되고 직업상 떨어져 살다 보니 만나거나 서로에 대한 이야기를 들을 기회가 없었다.

그런데 1809년경 어느 날 주디체가 바스티아에 갔을 때, 길푸치오 대위가 훈장을 받았다는 기사를 읽고 사람들에게 **장군이 길푸치오의 뒤를 봐주는 걸 생각하면 놀라울 일도 아니라고 공공연히 말했다. 이 말이 빈에 있던 길푸치오에게까지 전해지자 길푸치오는 말을 전한 코르시카인에게, 이긴 소송보다 패한 소송에서 더 많은 돈을 버니 주디체는 곧 부자가 될 것 같다고 말했다. 이 말이 변호사가 의뢰인을 배신한다는 의미를 암시한 것인지, 아니면 단순히 대의명분이 있는 사건보다는 고약한 사건이 변호사에게 더 많은 수입을 가져다준다는 누구나 아는 사실을 뜻한 것인지는 아무도 알 수 없었다. 어쨌거나 변호사 바리치니는 이러한 독설을 전해 들어 가슴에 새겼다. 1812년 그는 고향 마을 시장으로 임명되길 원했고 당연히 그렇게 되리라 믿고 있었다. 하지만 **장군이 불쑥 끼어들어 지사에게 편지를 써서 길푸치오 부인의 친척을 추천했다. 지사는 서둘러 장군의 바람대로 했고, 바리치니는 자신이 시장에 임명되지 못한 건 길푸치오의 음모 때문이라고 굳게 믿었다. 나폴레옹이 몰락하고 난 1814년 장군의 보호를 받던 시장은 보나파르트주의자로 고발당했다. 시장은 바리치니로 교체되었으나 백일천하*25 때문에 또다시 자리를 내주어야만 했다. 하지만 모든 폭풍우가 그친 뒤 바리치니는 당당하게 시장의 직인과 호적부를 다시 손에 넣었다.

이때부터 그의 별은 그 어느 때보다 찬란하게 빛났다. 휴전이 되자 은퇴해서 피에트라네라로 돌아온 델라 레비아 대령은 바리치니를 상대로 끝없는 소송의 소리 없는 전쟁을 치러야만 했다. 대령의 말이 시장의 울타리 안에서 끼친 손해를 배상해야 한 일도 있었고, 성당 포석을 수선한다는 구실로 델라 레비아 집안사람의 무덤을 덮은, 문장이 새겨진 깨진 포석을 들어내는 꼴을 보기도 했다. 염소가 대령의 어린 모종을 뜯어 먹으면 염소 주인은 시장에게 가서 보호를 요청했다. 피에트라네라에서 우편 업무를 보던 식료품 가게 주인과 산림 감시원이던 늙은 상이군인은 둘 다 델라 레비아의 보호를 받고 있었는데, 차례로 일자리를 잃고 바리치니의 보호를 받는 사람들이 그 자리를

---

*25 les Cent Jours. 엘바 섬을 탈출한 나폴레옹이 워털루 전투에서 패배하기까지 100일 동안 정권을 다시 쥐었던 시기.

대신했다.

대령의 부인이 죽으면서 생전에 즐겨 산책하던 작은 숲 한가운데에 묻히고 싶다는 유언을 남겼다. 시장은 외딴 무덤을 만들어도 좋다는 허가를 받지 않은 이상 고인은 마을 묘지에 묻혀야 한다고 했다. 대령도 화가 나 허가를 기다리지 않고 아내가 선택한 자리에 고인을 묻을 것이라고 선언한 뒤 그곳에 묘혈을 파게 했다. 시장은 시장대로 마을 묘지에 묘혈을 파라고 헌병대를 소집했다. 법의 권위를 유지하기 위해서는 어쩔 수 없다는 것이다. 장례식날이 되자 양측은 대립하게 됐다. 델라 레비아 부인의 유해를 둘러싸고 싸움이 벌어지지 않을까 걱정되었다. 고인의 친척들이 데려온 무장한 사십여 명의 농민들은 성당에서 나오던 신부를 숲으로 향하게 했다. 한편 시장은 두 아들, 그의 보호를 받는 사람들 그리고 헌병대와 함께 그 행렬을 저지했다. 그가 나타나 장례 행렬을 향해 물러서라고 경고를 하자 야유와 위협이 쏟아졌다. 상대편은 수적으로 우세할뿐더러 아주 결연해 보였다. 시장이 나타나자 몇 자루 총이 장전되었다. 뿐만 아니라 한 목동은 조준까지 했다. 그러나 대령은 총을 높이 들고 말했다. "내 명령이 있을 때까지 아무도 발포하지 마라!" 시장도 파뉘르*²⁶처럼 "본능적으로 공격을 두려워해서" 호위대와 함께 싸움을 피해 물러났다. 그러자 장례행렬은 앞으로 나아가기 시작했는데, 일부러 시청 앞을 지나가려고 되도록 멀리 돌아서 갔다. 그런데 행진 중 행렬에 끼어든 바보 하나가 갑자기 외쳤다. "황제 폐하 만세!" 두세 명이 거기에 응했고, 델라 레비아 쪽 사람들은 점점 흥분해 우연히 길을 막아선 시장의 황소를 죽이려고 했다. 다행히 대령이 폭력 사태를 막았다.

독자 여러분도 짐작하시겠지만 이 일 때문에 조서가 작성되었고, 시장은 지사에게 가장 숭고한 문체로 보고서를 썼다. 그는 신과 인간의 법이 짓밟힌 것을 탄식했다. 시장인 그의 권위와 신부의 권위가 무시되고 모욕당했다고도 했다. 델라 레비아 대령은 보나파르트파 음모의 선두에 서서 왕위 계승 순위를 바꾸고 시민들끼리 서로에게 총을 겨누도록 하기 위해 선동했는데, 이것은 형법 제86조와 제91조가 규정한 범죄라고 했다.

이런 과장된 태도가 오히려 역효과를 낳았다. 대령은 지사와 검사에게 편

---

*26 Panurge. 라블레 소설 《팡타그뤼엘》에 나오는 교활하고 겁이 많은 인물.

지를 썼다. 아내의 친척은 코르시카 국회의원 중 한 사람의 친척이었고, 또 다른 친척은 왕립재판소 법원장의 사촌이었다. 이들의 보호 덕분에 음모는 사라지고, 델라 레비아 부인은 숲에서 편안하게 잠자게 되었다. 단지 황제 폐하 만세를 외친 바보만 15일간 구류처분을 받았을 뿐이었다.

이 사건 결과에 불만을 품은 변호사 바리치니는 화살을 다른 쪽으로 돌렸다. 그는 옛 문서를 끄집어내어서는 물레방아를 돌리는 대령의 시냇물 소유권을 문제 삼았다. 소송이 시작되었고 이는 오랫동안 계속되었다. 1년 뒤, 법정은 드디어 판결을 내리려고 했다. 모든 상황을 보면 대령 쪽이 유리하게 보였다. 그런데 그때 갑자기 아고스티니라는 자가 서명한 편지 한 통을 바리치니가 검사에게 제출했다. 아고스티니는 산속에 사는 유명한 도피자인데, 소송을 취하하지 않으면 집을 불태우고 죽이겠다고 바리니치를 위협하는 내용이었다. 아시는 바와 같이, 코르시카에서는 도피자들의 보호를 요긴하게 여긴다. 친구들을 돕기 위해 그들은 자주 분쟁에 개입한다. 시장은 이런 편지를 이용한 셈이지만, 이때 새로운 사건이 일어나 문제를 더 복잡하게 만들었다. 도피자 아고스티니는 검사에게 편지를 써서, 누군가 자신의 필체를 위조해 편지를 써서 자기가 부당한 영향력을 행사한다는 의혹을 받게 만들었다고 항의했다. "내 필체를 위조해 편지를 쓴 자를 찾아내면 본때를 보여 주겠습니다." 이 말로 그는 편지를 맺었다.

아고스티니가 시장에게 협박 편지를 쓰지 않은 것은 분명했다. 델라 레비아 쪽 사람들은 바리치니 쪽 사람들을 비난했고, 바리치니 쪽 사람들은 델라 레비아 쪽 사람들을 비난했다. 양쪽 다 목청 돋워 서로를 위협했고, 당국도 어느 쪽에서 범인을 찾아야 할지 도무지 알 수가 없었다.

이러는 동안 길푸치오 대령이 암살되었다. 당국 조사로 기록된 사실은 다음과 같다. 18**년 8월 2일, 해 질 무렵 피에트라네라로 보리를 가져가던 마들렌 피에트리는 연이어 발사된 두 발의 총성을 들었다. 그 소리는 그녀가 있는 곳에서 150보쯤 떨어진, 마을로 가는 움푹 팬 길에서 들리는 것 같았다. 거의 동시에 한 남자가 몸을 구부린 채 포도밭을 달려 마을 쪽으로 도망가는 모습이 보였다. 그는 잠시 멈추어 뒤를 돌아보았는데 거리가 멀어 얼굴을 식별하기 어려웠다. 게다가 그는 입에 포도나무 잎을 물어 거의 얼굴 전체를 가리고 있었다. 그는 피에트리 여인에게는 보이지 않는 동료에게 손으로 신호를 한 뒤 포도밭 안으로 모습을 감췄다.

피에트리 여인은 짐을 내려놓고 오솔길을 뛰어 올라가 피에 젖어 쓰러진 델라 레비아 대령을 발견했다. 두 발의 총알이 관통했는데, 아직 숨은 붙어 있었다. 곁에 있는 총은 총알이 장전되어 있었다. 아마도 정면에서 누가 덤벼들자 방어하려고 했으나 다른 사람이 뒤에서 총을 쏜 것 같았다. 그는 헐떡이며 죽음에 맞서 몸부림쳤지만 한마디도 할 수가 없었다. 의사는 폐를 관통한 상처 때문이었다고 설명했다. 폐에 피가 차서 숨을 쉴 수 없었던 것이다. 피는 붉은 거품처럼 천천히 흘러나왔다. 피에트리 여인이 대령을 안고 두세 마디 물어도 허사였다. 뭔가 하고 싶은 말이 있다는 것은 알았지만 그게 무슨 말인지 알 수 없었다. 그가 주머니로 손을 가져가는 것을 본 그녀는 거기서 얼른 작은 수첩을 꺼내어 그의 앞에 펼쳐 내밀었다. 부상자는 연필을 쥐고 글자를 쓰려고 애썼다. 실제로 증인은 대령이 몇 글자를 힘겹게 그리는 것을 보았지만 까막눈이라 그 의미를 알 수 없었다.

글을 쓰느라 지친 대령은 피에트리의 손에 수첩을 던지다시피 건네주고는 그 손을 꽉 쥐고 매우 기묘한 얼굴로 그녀를 바라보았다. 증인의 말을 그대로 옮기자면 "중요합니다. 날 죽인 암살자의 이름이에요!"라고 말하고 싶어 하는 것 같았다.

피에트리가 마을로 가자 시장 바리치니가 아들 빈센텔로와 함께 있었다. 그때는 이미 밤이었다. 그녀는 자기가 본 것을 이야기했다. 시장은 수첩을 건네받은 뒤 시청으로 달려가 당장 현장을 유지하도록 비서와 헌병대를 불렀다. 젊은 빈센텔로와 함께 남은 마들렌 피에트리는 대령이 아직 살아 있을지도 모르니 가보자고 제안했다. 빈센텔로는 자기네 집안의 원수인 그에게 다가갔다가는 자신이 범인으로 몰릴 것이라고 대답했다. 잠시 후 시장이 왔다. 현장에 가보니 대령은 죽어 있어서 시체를 거두게 했고 조서를 작성했다.

이런 일이 일어났으니 당연히 바리치니 씨도 꽤 혼란스러워했지만, 그는 서둘러 대령의 수첩을 봉인하고 자신의 권한으로 할 수 있는 모든 조사를 했다. 하지만 중요한 단서는 발견되지 않았다. 예심판사가 와서 수첩을 열었다. 피로 얼룩진 종이 위에 기진맥진한 손으로 쓴 글자 몇 개가 보였다. 그래도 다행히 읽을 수는 있었다. 거기에는 '아고스티……'라고 적혀 있었다. 예심판사는 대령이 암살자로 아고스티니를 지목한 것이라 믿어 의심치 않았다. 그러나 판사의 소환을 받은 콜롱바 델라 레비아는 수첩을 보여 달라고 요구했다. 그것을 오랫동안 살펴보고 난 그녀는 갑자기 시장을 향해 손을 뻗으며 외쳤다. "이자가 암살자예요!" 그녀는 엄청난 슬픔에 빠져 있는데도 놀랄 만큼 정확하고도 명료하게 사실을 진술했다. 아버지는 불과 2, 3일 전에 오빠로부터 편지를 받으셨는데 읽은 뒤 편지를 불태우셨지만, 그 전에 오빠의 바뀐 주둔지 주소를 수첩에 적었다는 것이다. 그런데 지금 이 수첩에 그 주소가 적힌 페이지가 없는 만큼, 콜롱바는 아버지가 주둔지 주소와 암살자 이름을 쓴 바로 그 페이지를 시장이 찢어 버리고서 아고스티니의 이름을 대신 써넣은 것이 틀림없다고 주장했다. 사실 판사도 그 이름이 적힌 수첩이 한 장 찢긴 것을 알았다. 하지만 곧 같은 수첩의 다른 부분에도 찢겨 나간 페이지들이 있다는 사실을 알았다. 증인들도 대령은 담배에 불을 붙일 때 이렇게 수첩 페이지를 찢는 습관이 있다고 했다. 따라서 대령이 실수로 주소가 적힌 페이지를 불태웠을 가능성이 큰 것도 사실이었다. 게다가 시장이 피에트리에게서 수첩을 받았을 때에는 이미 날이 어두워서 읽으려고 해도 읽을 수 없었을 것이라는 사실도 판명되었다. 시청으로 들어가기 전에 그가 한시도 멈추지 않았다는 것도 증명됐고, 시청에 함께 들어간 헌병대장은 시장이 램프를 켜고 봉투에 수첩을 넣은 뒤 봉인하는 모습을 봤다고 했다.

헌병대장의 진술이 끝나자 콜롱바는 미친 듯이 흥분해서 그의 무릎에 매달려 정말로 단 한시도 시장 옆에서 떨어지지 않았는지 신의 이름을 걸고 말해 달라고 애원했다. 헌병대장은 젊은 아가씨의 흥분한 모습에 마음이 흔들린 듯이 보였다. 그는 잠시 망설인 뒤에 옆방에 종이를 가지러 간 적이 있다고 고백했다. 하지만 아주 잠깐이었고 서랍 속을 더듬으며 종이를 찾는 내내 시장이 계속해서 말을 했다고 진술했다. 뿐만 아니라 돌아와 보니 피로 얼룩진 수첩은 시장이 방에 들어가면서 던졌던 탁자 위의 바로 그 자리에 있었다고 말했다.

바리치니 씨는 아주 침착하게 진술했다. 델라 레비아 양이 흥분한 것도 이해가 가니 무슨 말씀을 하셔도 용서한다고 했다. 그리고 자신은 저녁 내내 마을에 머물렀고, 아들 빈센텔로는 범죄가 일어난 시간에 자신과 함께 시청 앞에 있었으며, 또 다른 아들 오를란두치오는 그날 열이 있어서 침대에서 꼼짝도 하지 않았다고 했다. 그는 자기 집에 있는 총을 모두 꺼내 보였는데,

어느 하나 최근에 발사된 흔적은 없었다. 거기에 덧붙이기를 수첩이 중요하다고 생각했으므로 그것을 바로 봉인해 부시장에게 맡겼다고 했다. 대령과의 적대 관계 때문에 자신이 의심을 받을지도 모른다고 생각했기 때문이다. 마지막으로 그는 아고스티니가 자기 이름으로 편지를 쓴 자를 죽이겠다고 협박한 사실을 상기시키면서 그 악당이 아마 대령을 의심해 죽였을 것이라고 암시했다. 산적들 관습에 따르면 그런 동기로 복수한 사례가 없지 않다는 것이다.

델라 레비아 대령이 죽은 지 닷새 뒤, 아고스티니는 정예 보병 분견대의 급습을 받아 필사적으로 싸우다가 죽었다. 그의 몸에서 콜롱바가 쓴 편지가 나왔는데, 당국으로부터 혐의를 받고 있는 살인죄를 정말 저질렀는지 아닌지 분명히 말해줄 것을 요청하고 있었다. 이 도피자는 답장을 하지 않았다. 당국은 그가 처녀에게 아버지를 죽였다고 말할 용기가 없었을 것이라고 적당히 결론을 내렸다. 그러나 아고스티니의 성격을 잘 안다고 하는 사람들은 그가 만약 대령을 죽였다면 자랑스럽게 말하고 다녔을 것이라고 수군댔다. 브란돌라치오라는 이름으로 통하는 다른 도피자가 사람을 시켜 콜롱바에서 성명서를 보냈는데, 그는 자신의 명예를 걸고 동료의 무죄를 증명했다. 하지만 그가 내세운 유일한 증거는 아고스티니가 대령을 의심한다는 말을 한 번도 그에게 한 적이 없다는 것뿐이었다.

결과적으로 바리치니 가문 사람은 조금도 걱정하지 않았다. 판사는 시장에게 찬사를 보냈고, 시장은 델라 레비아 대령과 소송 중이던 시냇물에 관한 모든 소송을 취하함으로써 만인의 귀감이 되었다.

콜롱바는 이 나라 관습에 따라 아버지 시체를 앞에 두고 친구들 앞에서 즉흥 발라타를 불렀다. 그녀는 그 노래 속에 바리치니 가문에 대한 모든 증오를 담아 그들이 죽였다고 말하고, 오빠가 반드시 복수할 테니 두고 보라고 했다. 그 뒤로 아주 유명해져서 널리 퍼진 이 발라타를 선원이 리디아 양 앞에서 부른 것이다. 아버지가 죽었다는 소식을 들었을 때 오르소는 프랑스 북부에 있었다. 그는 휴가를 원했지만 허락받지 못했다. 처음에 여동생이 쓴 편지를 읽은 그는 바리치니가 한 짓이라고 생각했다. 그러나 곧 모든 조사 기록의 사본을 받고, 판사에게서도 특별한 편지를 받았다. 그것을 보니 십중팔구 도피자 아고스티니가 한 짓이라는 확신이 들었다. 석 달에 한 번씩 콜롱바는 오빠에게 편지를 써서 자신의 의심을 되풀이해 말했다. 그녀에게 그 것은 한낱 의심이 아니라 확실한 사실이었다. 그것을 보면 코르시카인으로 서 그의 피가 끓어올랐다. 때로는 여동생의 편견을 공유하기에 이르렀다. 그 러나 편지를 보낼 때는 그녀의 주장에 확실한 증거가 없다고 되풀이해 말했 다. 심지어 그 일에 대해 더 이상 이야기하는 것을 금지하기도 했지만 이는 별 소용이 없었다. 이렇게 2년이 흘렀고, 그는 휴직하게 되었다. 그래서 고 향에 돌아가기로 했다. 그것은 결코 자신이 죄가 없다고 생각하는 사람들에 게 복수를 하려는 것이 아니라 여동생을 결혼시키고, 또 대륙에서 살 수 있 을 정도의 돈을 만들고자 얼마 안 되는 재산을 처분하기 위해서였다.

7

여동생이 찾아오자 고향 집 생각이 더욱 강하게 나서 그랬는지, 아니면 세 련된 사람들 앞에서 콜롱바의 시골스런 옷과 행동을 보이기가 약간 부끄러 워서였는지 오르소는 다음 날 바로 아작시오를 떠나 피에트라네라로 돌아가 겠다는 계획을 알렸다. 하지만 대령에게서 바스티아로 가는 길에 그의 누추 한 영지에 들러 머물겠다는 약속을 받아내는 것도 잊지 않았다. 또한 사슴, 꿩, 멧돼지 등을 사냥하게 해주겠다고 약속도 했다.

떠나기 전날 오르소는 사냥을 나가는 대신 만 가장자리를 산책하자고 제 안했다. 리디아 양을 에스코트하면서 그는 그녀와 마음껏 이야기를 나눌 수 있었다. 콜롱바는 장을 보기 위해 시내에 남았고, 대령은 갈매기와 가마우지 를 쏘기 위해 번번이 그들 곁을 떠났기 때문이다. 행인들은 그걸 잡으려고 귀한 화약을 낭비하는 대령을 이해할 수 없었다.

두 사람은 그리스인 예배당으로 가는 길을 따라갔다. 거기에서는 만의 풍 경이 가장 아름답게 보였다. 하지만 그들은 풍경 따위는 신경 쓰지 않았다.

"리디아 양……." 당혹스러울 정도로 긴 침묵 끝에 오르소가 말했다. "제 여동생에 대해 솔직히 어떻게 생각하세요?"

"아주 마음에 들어요." 네빌 양이 대답했다. 그리고 미소를 지으며 덧붙였 다. "당신보다 더 마음에 들어요. 진짜 코르시카인이니까요. 당신은 너무 개 화된 야만인이에요."

"개화라! ……그러나 어쩌죠! 이 섬에 발을 들여놓은 뒤로는 제 의지와는 상관없이 다시 야만인이 되는 듯한 느낌이에요. 숱한 무서운 생각들이 저를 흔들고 괴롭힙니다……. 이제 광야로 들어가기 전에 당신과 이야기를 좀 해야겠다는 생각이 들어요."

"용기를 가지세요. 동생분의 인내를 보세요. 당신에게 좋은 본보기예요."

"맙소사! 속으면 안 됩니다. 그걸 인내라고 생각하면 큰 착각입니다. 그 아이는 아직 저에게 한마디도 하지 않았지만, 나를 보는 시선 하나하나에서 그 애가 무엇을 기대하는지 읽을 수 있어요."

"무엇을 기대하는데요?"

"아니, 아무것도 아닙니다……. 다만 아버님 총이 자고새를 쏠 때만큼이나 사람을 쏠 때도 훌륭한지 제가 시험해 보길 바랄 뿐이지요."

"무슨 말이 그래요! 동생분이 아직 한마디도 안 했다고 방금 말해 놓고는 그런 무시무시한 추정을 하신단 말이에요? 너무하신 것 아닌가요?"

"그 아이가 복수를 생각하지 않는다면 벌써 저한테 아버지 이야기를 했을 겁니다. 하지만 한마디도 하지 않았습니다. 물론 오해이겠지만, 그 애가 암살자로 생각하는 이들의 이름도 저에게 말했을 겁니다. 그런데 하지 않았습니다. 단 한마디도 말입니다. 당신도 아시겠지요. 우리 코르시카인들은 영악합니다. 제 동생은 아직 저를 완전히 손에 넣지 못했다는 것을 압니다. 따라서 제가 아직 동생 손에서 벗어날 힘이 있는 동안은 저에게 미리 겁을 주고 싶지 않은 거지요. 조용히 낭떠러지로 데리고 가 제 머리가 핑 도는 순간 절벽 심연으로 밀어 넣을 겁니다."

오르소는 네빌 양에게 아버지의 죽음에 관련된 몇 가지 세부사항과 자신이 아고스티니를 암살자라고 생각하게 된 주요 정황증거들을 설명했다. 그리고 말을 이었다.

"그 무엇도 콜롱바를 납득시킬 수 없었습니다. 최근 편지로 알았습니다. 그 아이는 바리치니 가문을 멸하겠다고 굳게 맹세했어요. 뿐만 아니라 네빌 양, 당신을 믿으니까 하는 말인데……. 어쩌면 그 사람들은 벌써 옛날에 세상을 하직했을지도 몰라요. 만일 그 아이가 받은 야만적인 교육이 주입한 편견에 따라, 복수를 집행하는 일은 가장인 저의 권한에 속하고 제 명예가 거기에 달려 있음을 그 아이가 확신하지 않았다면 이미 그런 일이 일어나고도 남았을 겁니다."

"정말이지, 델라 레비아 씨. 그렇게까지 말씀하시다니 동생분이 가엾군요."

"아닙니다. 당신도 말하지 않았습니까…… 제 동생은 코르시카인입니다. 코르시카인이 하는 생각을 제 동생도 그대로 합니다. 어제 제가 왜 그리도 우울했는지 아십니까?"

"아니요. 하지만 얼마 전부터 당신은 곧잘 우울해 하더군요……. 우리가 처음 만났을 때 당신은 훨씬 더 명랑했어요."

"어제 저는 평소보다 더 쾌활하고 행복했습니다. 당신이 동생에게 아주 친절하고 관대하게 대해 주시는 것을 보았으니까요! ……그때 대령님과 저는 배를 타고 돌아오고 있었어요. 그런데 선원 하나가 그 끔찍한 방언으로 제게 이렇게 말하는 겁니다. '많이 잡으셨네요, 오르산톤. 하지만 고향에 돌아가 보면 오를란두치오 바리치니가 당신보다 더 뛰어난 사냥꾼이라는 걸 알게 되실 겁니다.'"

"그게 어때서요? 그 말에 무슨 문제가 있는데요? 설마 당신이 제일 뛰어난 사냥꾼이라고 자신하는 건 아니겠지요?"

"모르시겠습니까? 그 사람은 저에게 오를란두치오를 죽일 용기가 없을 것이라고 말하고 싶었던 겁니다."

"델라 레비아 씨, 당신은 저를 두렵게 하는군요. 당신네 섬 공기는 열병을 일으킬 뿐만 아니라 사람을 미치게 하는 것 같아요. 다행히 우리는 곧 이 섬을 떠나겠지만."

"그 전에 피에트라네라에 들르셔야지요. 동생과 약속하지 않았습니까?"

"약속을 어기면 복수를 당할 각오를 해야 하나요?"

"요전에 아버님께서 인도인에 대해 이야기해 주신 걸 기억하십니까? 그들은 인도회사 지사들에게 자기네 청원 조건을 들어주지 않으면 굶어죽겠다고 협박했다지 않습니까."

"그럼 당신도 굶어죽겠다는 건가요? 못 믿겠어요. 하루 정도는 먹지 않고 버틸 수 있겠지만, 그 뒤에 바로 콜롱바 양이 먹음직한 브루치오*27를 갖다 주면 포기하고 말겠지요."

---

*27 크림을 얹어 구운 치즈. 코르시카의 대표 요리. 〔원주〕

"농담이 너무 지나치시군요, 네빌 양. 저 좀 봐주십시오. 보시다시피 이 고장에서 저는 혼자입니다. 당신 말대로 미치지 않기 위해 의지할 수 있는 사람은 당신뿐입니다. 당신은 제 수호신입니다. 그러나 이제는……."

"이제는." 리디아 양이 엄숙하게 말했다. "그렇게 쉽게 흔들리는 이성을 지키기 위해 당신은 인간으로서 또 군인으로서 명예를 가지고 있겠지요. 또 ……." 그녀는 꽃을 따려고 몸을 돌리면서 말을 계속했다. "만약 어떤 도움이 된다면, 당신 수호신에 대한 기억도 가지고 있는 셈이고요."

"아! 네빌 양, 당신이 정말로 제게 조금이라도 관심이 있다고 제가 생각할 수 있다면……."

"델라 레비아 씨. 당신은 말귀를 못 알아듣는 아이 같으니까 저도 아이로 대하겠어요." 네빌 양도 조금 마음이 흔들려 이렇게 말했다. "제가 아직 어렸을 때, 어머니가 제가 갖고 싶어 했던 목걸이를 주셨어요. 그런데 어머니는 이렇게 말하셨어요. '이 목걸이를 걸 때마다 아직 프랑스어를 모른다는 사실을 기억하렴.' 그러자 목걸이는 가치를 조금 잃었어요. 후회의 싹이 된 셈이지요. 하지만 전 목걸이를 걸었어요. 그리고 프랑스어를 할 수 있게 되었어요. 어때요? 이 반지는? 이집트 신성갑충이에요. 피라미드 안에서 발견되었지요. 이 신기한 모양은 병같이 보이겠지만 인생을 의미해요. 상형문자를 완전히 익힌 사람은 우리나라에 얼마든지 있어요. 다음은 방패와 창을 든 팔이에요. 싸움이나 전투를 뜻하지요. 따라서 두 글자를 연결하면 '인생은 싸움이다'라는 격언이 돼요. 어때요, 꽤 인상적이지요? 제가 상형문자에 능통하다고는 생각하지 마세요. 한 학자가 설명해 주었어요. 이것을 당신에게 드릴게요. 어떤 나쁜 코르시카의 생각이 들면 이 반지를 보세요. 그리고 나쁜 생각이 우리에게 거는 싸움에서 꼭 승리해야 한다고 자신에게 말하세요. 제 설교가 괜찮지 않아요?"

"당신을 생각하겠어요, 네빌 양. 그리고 저 자신에게 말하겠어요!"

"당신이……교수형 당한다면…… 유감스러워할 친구가 있다고 스스로에게 말하세요. 게다가 당신 선조인 카포랄들도 괴로워하시지 않겠어요?"

이 말과 함께 웃으면서 오르소의 팔을 놓은 그녀는 대령에게 달려갔다.

"아빠, 그 불쌍한 새들 좀 가만히 두세요. 저희와 함께 나폴레옹 동굴에서 시나 지어요."

잠깐 헤어지더라도 이별에는 장엄한 무엇인가가 있다. 오르소는 여동생을 데리고 아침 일찍 떠나야 했으므로 전날 저녁 리디아 양에게 미리 작별 인사를 해두었다. 자신을 위해 그녀가 늦잠 자는 습관을 잠시 버릴 거라는 희망은 갖지 않았기 때문이다. 그들의 작별 인사는 차갑고 무거웠다. 바닷가에서 대화를 나눈 뒤 리디아 양은 오르소에게 너무 강한 관심을 보인 게 아닌가 걱정했고, 오르소는 오르소대로 그녀의 빈정거림과 가벼운 태도를 마음에 두고 있었다. 한때 그는 이 젊은 영국 여인의 태도에서 막 피어나는 애정을 본 듯도 했지만, 이제는 그녀의 농담에 풀이 죽어 버렸다. 그는 속으로 생각했다. 그녀에게 자기는 단순히 아는 사람에 지나지 않으며 곧 잊힐 것이라고. 그래서 아침에 대령과 커피를 마시다가 동생과 함께 들어오는 리디아 양을 보고 깜짝 놀랐다. 그녀는 5시에 일어났던 것이다. 영국 여인에게는, 특히 네빌 양에게는 큰 노력이 필요한 일이기에 오르소가 조금 우쭐해도 좋을 만했다.

"이렇게 일찍 일어나시게 해서 미안합니다. 제가 그리 당부했는데도 동생이 당신을 깨웠군요. 저희가 원망스러우셨겠습니다. 제가 교수형 당하실 바라시는 건 아니겠지요?"

"아니에요." 리디아 양이 아주 낮게 이탈리아어로 대답했다. 아버지가 알아듣지 못하도록. "어제 제 악의 없는 농담 때문에 화가 나셨지요? 전 당신이 당신의 충실한 친구에 대해 나쁜 기억을 갖고 떠나는 것을 원치 않았어요. 당신네 코르시카인들은 정말로 무서운 사람들이에요! 그럼 안녕히 가세요. 곧 다시 만나기를 빌어요."

그녀는 이렇게 말하며 손을 내밀었다.

오르소는 한숨만 내쉴 뿐이었다. 콜롱바가 다가와서 그를 창문가로 데려갔다. 그녀는 메차로 아래 숨겨 들고 있는 무엇인가를 그에게 보이면서 작은 목소리로 말했다. 오르소는 네빌 양에게 말했다.

"제 동생이 당신에게 기묘한 선물을 드리고 싶어 하는군요. 우리 코르시카인들은 드릴 게 별로 없습니다…… 우정뿐입니다……. 그것은 아무리 세월이 흘러도 사라지지 않겠지만. 당신이 이 비수를 신기하게 바라보셨다고 동생이 말하더군요. 이건 우리 집안에 전해 내려오는 고품입니다. 아마 옛날

선조 카포랄 중 한 분이 허리띠에 매달고 다니셨던 검일 것입니다. 대령님께서 '카포랄'이란 단어를 오해하신 덕분에 저는 영광스럽게도 아가씨와 가까워질 수 있었지요. 콜롱바는 이 비수를 너무나 소중히 여기기에 당신에게 선물로 드리기 전에 제 허락을 구한 것입니다. 하지만 저는 허락해도 좋을지 모르겠습니다. 당신이 우리를 비웃을까 걱정이기 때문입니다."

"이 비수는 정말 멋져요. 하지만 집안에 전해 내려온 무기를 받을 수는 없습니다."

그러자 콜롱바가 큰 소리로 외쳤다.

"아버님의 유품이 아니에요. 테오도르 왕[28]이 우리 어머니 조부모님께 하사하신 거예요. 아가씨께서 받아주신다면 저희에게는 큰 기쁨일 것입니다."

"리디아 양, 왕의 비수입니다. 사양하지 말아 주십시오."

애호가들에게 테오도르 왕의 귀중품은 가장 권위 있는 왕의 유품이었다. 유혹은 컸다. 리디아 양은 벌써 세인트제임스 광장에 있는 자기 아파트의 래커 칠을 한 탁자 위에 놓인 그 비수가 발휘할 효과를 보는 듯한 느낌이었다.

그녀는 선물을 받고 싶은 듯 머뭇거리면서 비수를 집어 들더니, 콜롱바에게 더없이 정다운 미소를 지으며 말했다.

"하지만 콜롱바 양……, 받을 수 없어요……. 당신을 무기도 없이 떠나게 할 순 없으니까요."

"오빠가 있잖아요." 콜롱바는 자랑스러운 듯 대답했다. "게다가 아가씨 아버님께서 주신 훌륭한 총이 있어요. 오빠, 총은 장전하셨지요?"

네빌 양은 비수를 받았다. 콜롱바는 날카로운 무기를 친구에게 줄 때 일어날 수도 있는 재앙을 막기 위해 돈을 받는 풍습에 따라, 비수 값으로 동전 한 닢을 달라고 했다.

드디어 떠나야 할 시간이 왔다. 오르소는 다시 한 번 네빌 양의 손을 잡았다. 콜롱바는 그녀의 뺨에 키스했고, 이어서 분홍색 입술을 대령의 얼굴에 갖다 댔다. 대령은 이 코르시카식 예절에 매료되었다. 응접실 창가에 서서 리디아 양은 남매가 말에 오르는 모습을 바라보았다. 콜롱바의 눈이 지금까지 보지 못했던 영악한 기쁨으로 빛나고 있었다. 몸집이 큰 여인이 야만적인

---

*28 코르시카가 제노바의 굴레에서 벗어나려고 했을 때 코르시카 왕으로 추대된 독일 귀족. 뒷날 영국으로 도망쳤다가 1756년 런던에서 사망했다.

명예심에 눈이 먼 채 이마에는 오만을 드리우고, 냉소적인 미소로 입술을 일그러뜨리며 마치 불길한 원정길로 무장한 청년을 인도하는 듯한 모습을 보자, 문득 네빌 양은 오르소가 두려워하던 것이 떠올랐다. 악령이 오르소를 파멸의 구렁텅이로 이끄는 모습을 보는 것만 같았다. 이미 말에 올라타 있었던 오르소가 고개를 들고 리디아 양을 쳐다보았다. 그녀의 생각을 짐작한 것인지 아니면 마지막 인사를 하기 위해선지는 모르지만, 그는 줄에 꿰어 목에 걸고 있던 이집트 반지를 들어 입맞춤해 보였다. 리디아 양은 얼굴이 붉어져 창가를 떠났다. 그러나 곧바로 다시 돌아와 두 코르시카인이 작은 조랑말을 전속력으로 몰아 산악 지방 쪽으로 가는 모습을 지켜보았다. 반 시간쯤 뒤 대령은 딸에게 망원경을 건네며 만 안쪽 해변을 따라 달리고 있는 두 사람을 보라고 했다. 오르소는 이따금 도시 쪽을 돌아보고 있었다. 곧 오르소는 지금은 아름다운 묘포로 바뀐 늪 저편으로 사라졌다.

리디아 양은 거울을 보고 자기 얼굴이 창백한 것을 알았다.

'그 사람은 나를 어떻게 생각할까? 나는 그를 어떻게 생각하는 걸까? 그런데 왜 내가 이런 생각을 하고 있는 거야? …… 그저 여행길에 만난 사람일 뿐인데! ……나는 코르시카에 뭐하러 온 것일까? 아냐, 나는 그를 사랑하지 않아…… 그럴 리가 없어, 말도 안 돼…… 그리고 콜롱바가 …… 내가 보체라트리체의 올케가 된다니! 커다란 비수를 가지고 다니는 여자인데!' 그녀는 자신도 테오도르 왕의 비수를 손에 들고 있는 것을 알았다. 그녀는 비수를 화장대 위로 던졌다. '콜롱바가 런던에 와서 알막스*29에서 춤을 춘다면! 맙소사, 얼마나 대단한 사자*30가 될까! 그녀는 엄청난 인기를 끌 거야…… 그는 나를 사랑해. 그건 분명해…… 소설 주인공 같은 사람인데 내가 그 파란만장한 삶을 중단시켰지…… 그런데 정말 코르시카식으로 자기 아버지의 복수를 하려는 마음이 있는 걸까? ……콘래드*31와 댄디의 중간쯤 되는 사람이었는데…… 내가 순수한 댄디로 만들었지. 이 댄디와 재단사는 코르시카인이지만!'

---

*29 Almack's. 런던 킹 스트리트에 있는 클럽 이름.
*30 이 시기에 영국에서는 특이한 행동으로 세상의 주목을 받는 인기 있는 사람을 사자라 불렀다. 〔원주〕
*31 Conrad는 바이런의 〈해적〉에 나오는 주인공.

그녀는 침대에 몸을 던지고는 자려고 했지만 잠들 수 없었다. 그녀가 속으로 델라 레비아 씨는 자신에게 아무것도 아니었고 지금도 아니며 앞으로도 아무 의미도 아닐 것이라고 골백번도 더 되뇌었음은 말할 필요도 없겠다.

9

그동안 오르소는 여동생과 함께 서둘러 가고 있었다. 말이 빨라서 처음에는 이야기를 할 수 없었지만, 가파른 언덕 때문에 천천히 가게 되자 두 사람은 오늘 아침에 헤어진 친구들에 대해 몇 마디 주고받을 수 있었다. 콜롱바는 네빌 양의 아름다움에 대해 열심히 이야기했다. 그녀의 금발과 우아한 태도에 대해서 말이다. 그리고 대령이 겉보기만큼 부자인지, 리디아 양이 외동딸인지 물었다.

"좋은 혼처인 것 같아요. 제가 보기에 대령님도 오빠를 좋아하는 것 같고요……."

오르소가 대답을 하지 않자 콜롱바는 상관하지 않고 말을 이었다.

"우리 가문도 예전에는 부유했고, 지금도 섬에서는 가장 존경받는 집안이에요. 시뇨리*32들은 모두 퇴락했어요. 이제 카포랄 가문들만 고귀하지요. 아시다시피, 오빠는 우리 섬 최초의 카포랄들의 후손이에요. 우리 가문의 고향은 본디 산 너머*33이지만 내전 때문에 이쪽으로 넘어왔지요. 제가 오빠라면 망설이지 않겠어요. 대령에게 네빌 양을 달라고 말하겠어요……(오르소는 어깨를 움찔했다). 그리고 그 지참금으로 팔세타 숲과 우리 집 아래 있는 포도밭을 사고, 돌로 된 멋진 집을 짓겠어요. 벨 미세레 아리고 백작*34 시대에 삼부쿠치오가 수많은 무어인들을 죽였던 옛 탑에 층을 올리겠어요."

"콜롱바, 바보 같은 소리 하지 마." 오르소가 말에 박차를 가하며 말했다.

---

*32 코르시카 봉건 영주의 후예를 가리켜 signori라 한다. 시뇨리 집안과 카포랄 집안은 서로 자기가 더 고귀하다는 것을 증명하기 위해 경쟁한다. 〔원주〕

*33 동해안을 뜻한다. 이 'dila dei monti'라는 상용어는 화자가 있는 위치에 따라 의미가 달라진다. 코르시카는 남북으로 뻗은 산맥으로 양단되어 있다. 〔원주〕

*34 필리피니, 제2권을 보라. 〔원주〕 벨 미세레 아리고 백작은 1000년 무렵에 죽었다. 그가 죽었을 때 하늘에서 들려오는 목소리가 이런 예언의 노래를 불렀다고 한다. E morto li conte Arrigo bel Missere. E Corsica sara di male in peggio. 벨 미세레 아리고가 죽었다. 코르시카는 불운과 맞닥뜨릴 것이다.

"오빠는 남자잖아요. 자신이 해야 할 일 정도는 여자보다 잘 알 거예요. 그런데 저는 그 영국인이 우리 가문과의 결혼에 반대할 이유가 있는지 궁금해요. 영국에도 카포랄이 있나요?"

꽤 먼 거리를 이런 이야기를 나누며 남매는 보코냐노에서 멀지 않은 한 작은 마을에 도착했다. 그들은 그곳에 사는 지인의 집에서 묵기로 했다. 그들은 코르시카식으로 진심 어린 환대를 받았는데, 그것이 어떤 의미인지는 받아본 사람만이 안다. 다음 날 델라 레비아 부인의 대부였던 집주인은 집에서 십 리나 떨어진 곳까지 그들을 배웅했다.

"이 숲을 보시게." 그는 헤어지면서 오르소에게 말했다. "실수를 저지른 사람이라도 여기서 10년 정도는 편안히 살 수 있어. 헌병이나 정예 보병에게 발견될 걱정이 없거든. 이 숲은 비차보나 숲으로 이어지지. 보코냐노나 그 인근에 친구가 있다면 부족함 없이 지낼 수 있어. 자네 좋은 총을 가지고 있군. 멀리 나가겠는데. 흠, 이런, 빌어먹을! 진짜 훌륭한데! 이 정도면 멧돼지 그 이상도 문제없겠어."

오르소는 자신의 총은 영국제로, 산탄이라면 아주 멀리 날려보낼 수 있다고 차갑게 대답했다. 그들은 포옹을 했고 각자 길을 떠났다.

벌써 두 여행자는 피에트라네라에서 얼마 떨어지지 않은 곳까지 와 있었다. 그때 그들이 지나가야 하는 협곡 입구에 총으로 무장한 남자들 7, 8명이 있는 것을 발견했다. 바위에 앉아 있는 자도 있고, 풀밭에 누워 자는 사람도 있다. 두세 사람은 서서 망을 보고 있는 듯했다. 그들의 말은 조금 떨어진 곳에서 풀을 먹고 있었다. 콜롱바는 코르시카인이라면 누구나 여행할 때 가지고 다니는 커다란 가죽 주머니에서 망원경을 꺼내어 한동안 그들을 찬찬히 살폈다.

"우리 사람이에요! 피에루치오가 지시대로 잘했네요." 콜롱바가 밝게 외쳤다.

"뭐 하는 사람들인데?"

"우리 집 목동들이에요. 그저께 밤에 제가 피에루치오를 마을로 보냈어요. 집까지 오빠를 모시고 갈 충성스런 사람들을 모으라고요. 호위하는 사람도 없이 피에트라네라에 들어서는 것은 말도 안 돼요. 또 바리치니 집안사람들이 무슨 짓을 할지 모른다고요."

"콜롱바." 오르소는 엄하게 말을 잘랐다. "바리치니 집안이니 그 근거 없는 의심이니 하는 것들은 이제 더는 말하지 말라고 몇 번이나 말했니? 나는 저런 오합지졸들과 함께 집에 돌아가는 우스운 짓은 하지 않겠다. 나에게 알리지도 않고 저 사람들을 모았다니 정말 불쾌해."

"오빠, 오빠는 우리 고장이 어떤 곳인지 잊었어요. 오빠가 부주의로 위험에 빠질 때, 오빠를 지키는 것이 제 역할이에요. 저는 제가 해야 할 일을 했을 뿐이에요."

그때 목동들이 그들을 알아보고 말을 타러 뛰어가더니 서둘러 달려왔다.

"오르산톤 만세!" 새하얀 수염을 늘어뜨린 건장한 노인이 외쳤다. 노인은 이 더위에도 염소 가죽보다 더 두꺼운 코르시카 나사천으로 된 두건 달린 외투를 입고 있었다. "아버지를 닮았군. 다만 더 크고 더 건장해. 정말 멋진 총이군! 화제가 되겠습니다, 오르산톤."

"오르산톤 만세!" 나머지 목동이 일제히 외쳤다. "결국에는 돌아오실 줄 알았어!"

"아! 오르산톤. 아버님께서 이 자리에 계셔서 당신을 맞았더라면 얼마나 기뻐하셨을까!" 갈색 피부의 키가 큰 젊은이가 외쳤다. "아버님은 정말로 좋은 분이셨는데! 아, 나를 믿고 주디체 사건을 나에게 맡기셨다면…… 참으로 안타까워요! 그분은 제 말을 믿지 않으셨어요. 이제는 내가 옳았다는 걸 아시겠지요."

"그렇지! 주디체 그 빌어먹을 놈, 더는 기다릴 것 없다. 이제 곧 해치워줄 테니까." 노인이 말을 이었다.

"오르산톤 만세!"

12발의 총성이 함성 뒤에 이어졌다.

저마다 한마디씩 하면서 오르소의 손을 잡으려고 한꺼번에 몰려드는 남자들 무리에 둘러싸인 오르소는 기분이 언짢아진 채 한동안 이러지도 저러지도 못하고 잠자코 있었다. 그러다가 마침내, 소대 선두에 서서 부하를 질책하거나 영창에 보낼 때 하는 표정으로 이렇게 말했다.

"여러분, 저에게 보여 주는 호의에 대해, 또 제 아버님께 보여 주는 호의에 대해 감사드립니다. 하지만 누구도 저에게 조언을 하시지는 않아 주셨으면 합니다. 제가 해야 할 바를 이미 저는 잘 알고 있습니다."

"옳소, 옳소!" 목동들은 외쳤다. "우리를 믿으세요."

"네, 믿습니다. 하지만 지금은 아무도 필요하지 않습니다. 우리 집안에 닥친 위험은 하나도 없습니다. 돌아가세요. 돌아가서 염소들을 돌보세요. 피에트라네라로 가는 길은 압니다. 안내인은 필요하지 않습니다."

"걱정할 필요 없습니다, 오르산톤." 노인이 말했다. "오늘 당장 모습을 드러낼 용기가 그들에게 있을 리 없습니다. 고양이가 돌아오면 쥐는 쥐구멍으로 도망치는 법이지요."

"고양이니 뭐니, 거 무슨 쓸데없는 소리요? 당신 이름이 뭡니까?"

"뭐라고요! 제 얼굴을 기억하지 못하는 겁니까, 오르산톤? 무는 버릇이 있던 제 노새의 등에 그토록 자주 당신을 태워주었던 나를 모르시는 겁니까? 폴로 그리포를 잊으신 겁니까? 델라 레비아 집안을 위해 몸도 마음도 바칠 용기 있는 사람입니다. 뭐라 해주세요. 당신의 멋진 총이 활약할 때, 주인만큼이나 오래된 내 화승총도 가만히 있지는 않을 겁니다. 믿으셔도 좋아요, 오르산톤."

"알았어요. 하지만 제발 그만 가주세요! 우리가 가던 길을 가게 해주세요."

목동들은 마지못해 물러서더니 빠르게 말을 달려 마을로 멀어져 갔다. 하지만 길 주위로 언덕배기가 나올 때마다 멈춰 서서 누군가 숨어 있지나 않은지 살펴보았다. 필요한 경우에는 도와줄 수 있을 만큼 적당한 거리를 유지하면서 그들은 두 남매보다 앞서 갔다. 폴로 그리포 노인이 동료들에게 말했다.

"나는 이해해! 이해한다고! 무엇을 할지 한마디도 하지 않지만, 결국 해낼 거야! 아버지를 꼭 닮았는걸. 아무렴. 좋아! 나는 아무도 원망하지 않아! 성녀 네가 앞에서 맹세했어! *35 대단해! 빌어먹을, 시장 놈 살가죽 따위는 무화과 한 개 값도 안 되지. 한 달도 못 되어 가죽 부대조차 못 만들게 될 테니까 말이야."

이렇게 정찰대를 따라 델라 레비아 집안 후손들은 고향 마을로 들어가 선조 대대로 산 오래된 저택에 도착했다. 오랫동안 지도자 없이 지내던 레비아

---

*35 축일이 없는 성녀 네가(Sainte Nega)에게 맹세한다는 것은 편견이나 선입견을 모두 부정한다는 뜻이다. 〔원주〕

쪽 사람들이 오르소를 맞이하러 떼를 지어 왔다. 중립을 지키던 사람들은 다들 현관에 나와서 오르소가 지나가는 모습을 보았다. 바리치니 사람들은 집 안에 틀어박혀서 덧창 틈으로 밖을 내다보았다.

피에트라네라 마을은 코르시카 마을들이 다 그렇듯이 아주 불규칙한 모양을 하고 있다. 거리다운 거리를 보려면 마르뵈프*36 씨가 건설한 카르제즈까지 가야 한다. 이리저리 흩어져 있는 집들은 작은 언덕이라기보다 오히려 산허리라고 할 만한 장소를 차지하고 있었다. 마을 중앙에는 커다란 푸른 떡갈나무가 서 있고, 그 곁에 화강암으로 만든 우물이 있다. 근처 샘물이 나무 관을 통해 이 우물로 흘러든다. 공적으로 쓰이는 이 우물은 델라 레비아 집안과 바리치니 집안이 함께 비용을 내서 만든 것이다. 하지만 거기서 한때 두 집안 사이에 이루어졌던 화해의 단서를 찾을 수 있다고 생각한다면 커다란 오해이다. 그러기는커녕 그것은 경쟁심의 산물이다. 예전에 델라 레비아 대령은 우물을 건립하는 데 기여하기 위해 소액의 돈을 시의회에 보냈고, 이를 알게 된 변호사 바리치니는 서둘러 비슷한 금액을 기부했다. 결국 자신의 관대함을 증명하려는 이 싸움 덕분에 피에트라네라는 깨끗한 우물을 얻을 수 있었다. 초록색 떡갈나무와 우물 둘레에는 광장이 있고 저녁이면 한가한 사람들이 모여든다. 거기에서 사람들은 카드놀이도 하고, 일 년에 한 번 열리는 사육제 때에는 춤도 춘다. 광장 양쪽 끝에는 화강암과 편암으로 만들어진 좁다랗고 높은 탑이 두 채 서 있다. 델라 레비아 집안과 바리치니 집안이 서로 경쟁적으로 세운 탑들이다. 건축 양식이 같고, 높이도 같다. 이것만 봐도 두 집안 사이의 경쟁 구도가 바뀌지 않고 계속 유지되어 왔음을 알 수 있다.

이 '탑'이라는 말로 무엇을 이해할 수 있는지를 설명하는 것이 쓸모가 없지는 않으리라. 그것은 높이 12미터쯤 되는 장방형 건물로 다른 고장에서라면 간단하게 비둘기 집이라고 불렀을 것이다. 지면에서 2.4미터 높이에 위치한 좁은 입구까지는 아주 가파른 계단을 통해 이르게 되어 있다. 그 입구 위에 창문이 있고 일종의 발코니로 연결되는데, 돌 등을 떨어뜨릴 수 있게 돌출 회랑처럼 바닥에 구멍이 뚫려 있으므로 여기서는 조심성 없는 방문객을 아무런 위험도 없이 죽일 수 있다. 창문과 문 사이에 방패 꼴 문장 두 개가

---

*36 제노바가 프랑스에 코르시카를 양도하면서 임명된 초대 행정관.

거칠게 조각된 것이 보인다. 하나는 예전에 제노바 십자가가 새겨져 있었는데 지금은 거의 사라져 고미술품상 이외에는 아무도 알아볼 수 없게 되었다. 다른 하나 위에는 탑을 소유한 가문의 문장이 조각되어 있다. 그 장식을 완성하기 위해 창틀과 방패 꼴 문장 위에 탄환 자국을 몇 개 더한다면, 독자는 중세 시대 코르시카 저택이 어떤 모습인지 이제 충분히 짐작할 수 있을 것이다. 아, 한 가지 잊은 것이 있다. 실은 사람이 살고 있는 건물이 이 탑에 붙어 있다. 게다가 두 건물은 내부 통로로 연결되어 있다. 델라 레비아 가의 탑과 저택은 피에트라네라 광장 북쪽을 차지하고 있고, 바리치니 가의 탑과 저택은 광장 남쪽을 차지하고 있다. 북쪽 탑에서 우물까지가 델라 레비아 가의 산책로이며, 반대쪽이 바리치니 가의 산책로이다. 이는 대령 부인의 장례식 이후 일종의 암묵적 합의로 정해진 사항이며 두 집안사람이 반대쪽에 모습을 드러낸 일은 결코 없었다. 멀리 돌아가는 것을 피하려고 오르소는 시장 저택 앞을 지나가려고 했다. 그러자 누이가 위험하다면서 광장을 가로지르지 않고 집에 이르는 골목길로 돌아가자고 권했다.

"왜 그렇게 해? 광장은 누구나 지나가도 괜찮은 것이 아닌가?" 이렇게 말하며 그는 말을 계속 몰았다.

"정말 용감해! 아버지, 아버지의 복수는 반드시 이루어질 거예요!" 콜롱바는 아주 낮은 소리로 중얼거렸다.

광장에 들어서자 콜롱바는 오빠와 바리치니 집 사이에 서서 적들의 창을 가만히 바라보았다. 2, 3일 전부터 창에 바리케이드를 치고 총안을 내놓은 것이 보였다. 총안은 창 아래쪽을 막은 굵은 통나무들 사이로 뚫어놓은 좁고 긴 구멍을 말한다. 적이 공격할지 모를 때에는 이렇게 바리케이드를 치고 통나무 뒤에 안전하게 숨어서 공격자들을 향해 총을 쏜다.

"비겁한 놈들! 봐요, 오빠. 저들은 벌써 경계를 시작했어요. 바리케이드를 쳤잖아요! 하지만 언젠가 한 번은 바깥으로 나와야 할 거예요."

오르소가 광장 남쪽에 나타났다는 사실에 피에트라네라 마을은 온통 술렁거렸다.

사람들은 이 행위야말로 오르소가 무모할 만큼 대담하다는 증거라고 생각했다. 저녁 때 초록색 떡갈나무 주위에 모인 중립주의자들에게 이 행위는 끝없는 논평의 대상이 되었다. 어떤 사람은 이렇게 말했다.

"바리치니의 아들들이 아직 돌아오지 않아서 다행이야. 변호사보다 성질이 급하니까. 자기들 구역을 지나가게 내버려 두지는 않았을 거야."

"내가 하는 말을 잘 기억해 두시게. 오늘 콜롱바의 얼굴을 찬찬히 봤는데, 뭔가 생각하는 얼굴이었어. 공중에 화약 냄새가 나. 머지않아 피에트라네라에 싸구려 고깃덩어리들이 지천에 널릴 거야."

이렇게 덧붙인 사람은 마을의 예언자로 불리는 노인이었다.

10

아주 어려서 아버지와 헤어졌기 때문에 오르소는 아버지를 제대로 알 기회가 없었다. 피사에서 공부하기 위해 열다섯 살 때 피에트라네라를 떠나 사관학교에 들어갔다. 그동안 길푸치오는 유럽에 나폴레옹의 독수리 깃발이 나부끼게 했다. 대륙에서는 아주 가끔 아버지를 만날 기회가 있었는데, 그러다가 단 한 번 1815년에 아버지가 지휘하는 연대에 들어갔다. 그러나 대령은 규율을 엄격히 준수하면서 아들을 다른 중위들과 똑같이 대했다. 즉 매우 엄했다. 아버지에 대해 오르소가 가지고 있는 기억은 두 가지뿐이다. 하나는 피에트라네라에서 아버지가 그에게 칼을 맡기고, 사냥에서 돌아오면 총에서 탄창을 제거하게 해주고, 아직 어린아이인 그를 가족 식탁에 앉히는 모습이다. 다른 하나는 델라 레비아 대령이 실수를 한 그에게 근신처분을 내리는 모습이다. 늘 아버지는 아들을 델라 레비아 중위라고만 불렀다.

"델라 레비아 중위, 제 위치에 있지 않았으니 근신 3일. 부하 저격병들이 예비대보다 5미터나 앞에 나와 있었으니 근신 5일. 정오 5분 전인데 약모를 쓰고 있다니 근신 8일."

단 한 번, 카트르브라*37에서 대령은 이렇게 말한 적이 있다.

"아주 잘했다, 오르소. 하지만 신중해야 해."

하지만 나중 기억은 피에트라네라와는 거리가 멀었다. 어린 시절의 친숙한 장소들, 그가 무척 사랑한 어머니가 쓰던 도구들, 이 모든 것들은 그의 마음에 달콤하고도 고통스러운 수많은 감정들을 불러일으켰다. 그리고 자신을 위해 준비된 어두운 미래, 동생이 그에게 불어넣는 막연한 불안이 있었

---

*37 Quatre-Bras 벨기에 마을. 이곳에서 네이 장군이 이끄는 프랑스군이 연합군을 물리쳤다.

다. 무엇보다도 네빌 양이 곧 이 집에 올 텐데, 이 집은 아주 작고 초라해서 사치에 익숙한 사람에게는 도대체 어울리지 않았다. 그녀는 틀림없이 그를 경멸하리라. 이런 온갖 생각들로 그의 머릿속은 혼란스럽고 절망적이었다.

저녁을 먹으려고 까만 광택이 나는 커다란 떡갈나무 의자에 앉았다. 아버지가 가족 식사를 주관하시던 자리였다. 콜롱바가 자신과 함께 식탁에 앉길 주저하는 것을 보고 씁쓸한 미소를 지었다. 그는 그녀가 식사 동안 침묵해 준 점, 그리고 식사가 끝나자 바로 자리에서 물러나 준 점이 고마웠다. 그녀가 준비하고 있을 공격에 저항하기에는 지금 자신이 너무 혼란스럽다는 것을 알고 있었던 것이다. 그런데 사실 콜롱바는 그가 스스로를 되찾을 수 있도록 시간을 주고 싶었던 것이다. 그는 머리를 감싼 채 오랫동안 움직이지 않았다. 어제까지 보낸 2주간의 모습이 차례차례 스쳐 지나갔다. 모두가 바리치니에 대한 그의 행동을 기다리고 있다는 사실이 끔찍했다. 이미 그는 피에트라네라의 여론이 자신에게 곧 공론이 되기 시작했다는 것을 알았다. 그는 복수를 해야 한다. 그렇지 않으면 비겁한 자가 되는 것이다. 하지만 누구에게 복수한단 말인가? 그로서는 바리치니가 아버지를 암살했다고는 믿을 수 없었다. 아무리 집안의 원수라지만 그들에게 살인죄를 뒤집어씌우려면 고향 사람들의 무지몽매한 편견에 의지해야 했다. 이따금 그는 네빌 양이 준 반지를 보았다. '인생은 싸움이다!' 그 글귀를 되풀이해 보았다. 마지막에 그는 단호하게 말했다. "나는 승리할 거야!" 이런 생각을 하면서 그는 자리에서 일어났다. 그리고 램프를 들고 방으로 올라가려고 했다. 그때 누군가 문을 두드렸다. 손님을 맞기에는 적당하지 않은 시각이었다. 곧 콜롱바가 하녀를 데리고 나왔다.

"아무것도 아니에요."

이렇게 말하며 그녀는 문 쪽으로 달려갔다. 하지만 문을 열기 전에 누구인지 물었다. 부드러운 목소리가 대답했다.

"저예요."

곧 나무 빗장이 벗겨졌다. 콜롱바가 다시 식당에 모습을 드러냈는데, 등 뒤에 열 살 정도 된 소녀가 있었다. 맨발에 누더기를 걸치고, 머리에 몹시 볼품없는 손수건을 뒤집어쓰고 있었다. 그 아래로 까마귀 날개처럼 검고 긴 머리 타래가 빠져나와 있었다. 안색이 좋지 않았고 햇볕에 그을린 깡마른 아이였는데, 눈은 총명하게 빛나고 있었다. 오르소를 보자 소녀는 수줍게 멈추어 서더니 농촌식으로 인사했다. 그러고는 콜롱바에게 낮은 목소리로 말하면서 금방 잡은 꿩 한 마리를 건네주었다.

"고마워, 실리. 아저씨한테 고맙다고 전해 주렴. 잘 지내시지?"

"아주 잘 지내세요. 뭐든 말만 해주세요. 아저씨가 늦게 오시는 바람에 이렇게 늦었어요. 마키에서 세 시간이나 기다렸어요."

"저녁은 못 먹었겠구나?"

"네, 아씨. 시간이 없었어요."

"저녁을 차려줄게. 아저씨에겐 아직 빵이 남아 있니?"

"조금요. 하지만 가장 급한 건 화약이에요. 밤이 여물었으니 이제 필요한 건 화약뿐이에요."

"빵과 화약을 줄 테니 가져다 드려. 화약은 아껴 쓰시라고 하렴, 비싸니까."

"콜롱바, 대체 누구에게 그렇게 물건을 주는 거니?" 오르소가 프랑스어로 물었다.

"우리 마을 출신 도피자예요. 이 아이는 그 사람 조카예요." 콜롱바도 프랑스어로 말했다.

"자선을 베푸는 것도 좋지만, 그보다 좀 더 좋은 방향으로 할 수 있을 것 같은데. 왜 떠돌이 도피자에게 화약을 보내는 거니? 나쁜 일에 쓰일 텐데. 하여간 이 고장 사람들은 산속으로 도망친 사람에게 너무 관대하다니까. 이렇게 자선을 베푸는 습관이 없었다면 벌써 오래전에 코르시카에서 산적들이 사라졌을 거야."

"우리 고장에서 가장 나쁜 사람은 들에 있는 사람이 아니에요."*38

"원한다면 빵을 줘도 좋아. 누구에게도 빵을 주기를 거절해서는 안 되니까. 하지만 화약은 주고 싶지 않구나."

"오빠." 콜롱바가 돌아서서 말했다. "오빠는 이 집 주인이에요. 이 집에 있는 모든 것이 오빠 거예요. 하지만 도피자에게 화약 주기를 거절하느니 이 소녀에게 내 메차로를 줘서 팔라고 하겠어요. 화약을 안 주다니요! 그 사람

---

*38 alla campagna에 있는 사람, 즉 도피자. bandit는 결코 불명예스런 호칭이 아니다. banni (쫓기는 자)란 뜻으로 해석된다. 〔원주〕

을 헌병들에게 넘기는 짓이나 다름없어요. 총알이 아니면 무엇으로 스스로를 지키겠어요?"

이러는 동안 소녀는 탐욕스럽게 빵을 씹으면서 콜롱바와 그의 오빠를 열심히 바라보고 있었다. 두 사람의 표정을 통해서 대화 내용을 알아내려고 했던 것이다.

"네가 말하는 도피자는 무슨 일을 했지? 무슨 죄로 숲에 숨었어?"

"브란돌라치오는 나쁜 짓을 하지 않았어요!" 콜롱바가 외쳤다. "자기가 군대에 가 있는 동안 아버지를 암살한 지오반 오피초를 죽였을 뿐이에요."

오르소는 고개를 돌리고 램프를 들었다. 그리고 말도 없이 방으로 올라갔다. 콜롱바는 아이에게 화약과 식량을 주고는 문까지 배웅하며 몇 번이나 되풀이해 말했다.

"네 아저씨가 오르소를 잘 지켜주셔야 할 텐데!"

<h2 style="text-align:center">11</h2>

오르소는 잠드는 데 시간이 걸렸다. 그래서 다음 날 늦게 일어났다. 코르시카인치고는 늦은 편이었다. 일어나자마자 눈에 들어온 것은 원수들의 집과 거기 설치된 총안이었다. 그는 아래로 내려가서 여동생을 불렀다.

"총알을 만들고 계세요." 하녀 사베리아가 대답했다.

이렇듯 그가 가는 곳마다 전쟁 이미지가 따라붙지 않는 곳이 없었다.

그는 의자에 앉아 있는 콜롱바를 찾았다. 막 주조한 총알들을 쭉 나열해 놓고서는 흘러넘친 납을 잘라내고 있었다.

"대체 무엇을 하는 거니?" 오르소가 물었다.

"대령이 준 총에 맞는 총알이 없잖아요." 콜롱바는 아름다운 목소리로 답했다. "맞는 틀을 찾았어요. 오늘 안으로 24발의 총알을 드릴 수 있어요."

"필요 없어. 정말 다행이지!"

"그러다가 습격이라도 당하면 어쩌려고요? 오르산톤, 오빠는 우리 고장을 잊었어요. 어떤 자들이 오빠를 둘러싸고 있는지 잊었나요?"

"잊었으면 좋겠지만 네가 바로 떠오르게 해주잖아? 그런데 2, 3일 전에 커다란 짐이 도착하지 않았니?"

"왔어요. 방에 올려다 놓을까요?"

"네가 올려다 놓는다고! 들어 올리지도 못할걸……그런 일을 할 남자가 아무도 없는 거니?"

"오빠가 생각하시는 것처럼 약하지 않아요." 콜롱바는 이렇게 말하면서 소매를 걷어 하얗고 둥근 팔을 보였다. 힘이 있어 보였다. "사베리아, 날 좀 도와줘."

그녀는 혼자서 무거운 짐을 들어 올렸다. 오르소는 서둘러서 도왔다.

"콜롱바, 이 안에는 너에게 줄 선물이 들어 있어. 이런 보잘것없는 선물을 줘서 미안해. 휴직 중이라 주머니 사정이 좋지 않거든."

그는 가방을 열어 옷 두세 벌과 숄 하나, 그리고 젊은 아가씨에게 어울릴 자잘한 물건들을 꺼냈다.

"와, 예뻐라! 망가지기 전에 얼른 넣어두어야겠어요." 그리고 슬픈 미소를 지으며 덧붙였다. "결혼할 때 쓸래요. 지금은 상중이잖아요."

그녀는 오빠의 손에 입을 맞추었다.

"그렇게 오랫동안 상복을 입는 것은 오히려 가식적으로 보인다고."

"저는 맹세했어요." 콜롱바는 딱딱한 어조로 말했다. "상복을 절대로 벗지 않겠다고……." 그녀는 창문 너머 바리치니의 집을 바라보았다.

"네가 결혼할 때까지?" 오르소는 여동생의 말이 암시하는 결론을 피하려고 이렇게 말했다.

"세 가지 일을 한 남자가 아니면 결혼하지 않겠어요……." 그녀는 음산한 눈으로 여전히 원수의 집을 바라보았다.

"콜롱바, 너처럼 예쁜 아가씨가 결혼하지 않겠다니. 그러지 말고 누가 너에게 구애를 하는지 말해 주렴. 내 기꺼이 세레나데를 들어주지. 너처럼 멋진 보체라트리체의 마음에 들려면 세레나데가 아주 아름다워야 할 거야."

"누가 불쌍한 고아를 원하겠어요? 게다가 제 상복을 벗겨 줄 남자는 저쪽 여자들에게 상복을 입혀야 해요."

'미친 짓이야.' 오르소는 속으로 중얼거렸다.

하지만 말싸움을 피하기 위해 한마디도 하지 않았다.

"오빠." 콜롱바가 어리광 섞인 어조로 말했다. "저도 오빠에게 드릴 것이 있어요. 오빠가 지금 입고 있는 옷은 이 동네에서 입기에는 지나치게 훌륭해요. 오빠의 멋진 프록코트도 마키에 들어가면 이틀이 못 돼서 다 찢어질 거예요. 그 옷은 네빌 양이 올 때를 대비해서 아껴야 해요."

그러더니 옷장을 열고는 사냥복 한 벌을 꺼냈다.

"벨벳 재킷을 만들어봤어요. 그리고 이 고장 멋쟁이들이 쓰는 모자도 만들었어요. 오빠를 그리면서 벌써 오래전에 수를 놓았어요. 한번 입어보실래요?"

그녀는 등에 커다란 주머니가 달린 커다란 녹색 벨벳 재킷을 오빠에게 입혔다. 그리고 머리에는 검은 비단실과 흑옥으로 수를 놓고 술을 매단 뾰족한 검은색 벨벳 모자를 씌웠다.

"자, 이건 아버지의 탄띠*39에요. 비수는 재킷 주머니에 있어요. 권총을 찾아다 드릴게요."

"앙비귀 코미크*40에 나오는 산적과 똑같군." 사베리아가 내민 작은 거울을 들여다보면서 오르소가 말했다.

"잘 어울려요, 오르산톤." 늙은 하녀도 말했다. "보코냐노나 바스텔리카에서 가장 멋진 뾰족모자 젊은이*41도 이보다 더 멋지지는 못해요."

오르소는 새 옷을 입고 아침을 먹었다. 식사를 하는 동안 그는 자기 짐 속에 책이 몇 권 있는데, 자신이 프랑스와 이탈리아에서 책을 더 구입해서 공부를 가르쳐 주겠다고 동생에게 말했다.

"부끄러운 일이야, 콜롱바. 너처럼 다 큰 처녀가 대륙에서는 젖을 뗀 아이가 배우는 것을 아직 모르다니 말이야."

"맞아요. 저도 제가 부족한 것은 잘 알아요. 공부하고 싶어요. 특히 오빠가 가르쳐 주시면요."

이렇게 며칠이 지났다. 그동안 콜롱바는 바리치니를 입에 올리지 않았다. 늘 오빠를 돌보았고 이따금 네빌 양에 대해 말했다. 오르소는 여동생에게 프랑스와 이탈리아의 책들을 읽게 했는데, 어떤 때는 그녀가 말하는 내용의 정확함에 놀라고, 어떤 때는 아주 진부한 문제들에 대한 깊은 무지에 놀랐다.

어느 날 아침 식사를 마치고 콜롱바는 잠시 일어서더니 책과 종이를 가져오는 대신 머리에 메차로를 쓰고 나타났다. 얼굴은 평소보다 훨씬 엄숙했다.

---

*39 Carchera. 탄약을 넣는 띠. 왼쪽에 권총을 매달게 되어 있다. 〔원주〕
*40 생마르탱 거리에 있었던 파리의 대극장. 주로 멜로드라마가 상연되었다.
*41 Pinsuto. 뾰족모자(barreta pinsuta)를 쓴 사람. 〔원주〕

"오빠, 부탁이니 함께 가주시겠어요?"

"어디를 가려는 건데?" 오르소가 팔을 내밀면서 말했다.

"팔은 빌려주실 필요 없어요, 오빠. 대신에 총과 탄창을 가지고 오세요. 남자는 무기 없이 외출해서는 안 돼요."

"좋아! 고향에 왔으면 고향에 따라야지. 어디를 가는데?"

콜롱바는 대답을 하지 않고 메차로를 동여맨 뒤 경비견을 불러 밖으로 나갔다. 그는 그 뒤를 따라갔다. 큰 걸음으로 마을에서 멀어지자 그녀는 포도밭 사이로 구불대는 움푹 팬 길로 들어갔다. 앞에 개를 먼저 보내는 것을 잊지 않았다. 그녀가 보내는 신호를 개는 알아듣는 것 같았다. 개는 지그재그로 달렸다. 늘 주인으로부터 50보 정도 거리를 두고 포도밭 사이를 달리다가 이따금 길 한가운데에 멈추어 서서는 주인을 바라보며 꼬리를 쳤다. 개는 완벽하게 정찰병 임무를 수행했다.

"무스케토가 짖으면 총을 장전하고 가만히 계세요."

여러 굽이를 돌아 마을에서 반 마일 정도 떨어졌을 때, 콜롱바는 길이 휘어지는 한 지점에 우뚝 멈추어 섰다. 거기에는 작은 피라미드 하나가 솟아 있었다. 아직 푸르거나 마른 나뭇가지들로 이루어진 이 피라미드의 높이는 1미터 정도였다. 꼭대기 부근에 검게 칠한 십자가 끝이 나뭇가지 더미를 뚫고 나온 게 보였다. 코르시카 대부분의 지역, 특히 산악 지대에는 아주 오래된 습관이 남아 있었다. 아마도 이교의 미신과 관계가 있는 이 습관을 따라 사람들은 누가 불의의 사고로 죽은 장소를 지날 때는 거기에 돌이나 나뭇가지를 던진다. 그리하여 오랫동안, 그자의 비극적인 최후에 대한 추억이 사람들 기억 속에 남아 있는 한, 이 기이한 공물들은 하루하루 높이 쌓여 간다. 섬사람들은 이것을 누구누구의 무키오, 곧 탑이라 부른다.

콜롱바는 나뭇가지 더미 앞에 멈추어 서서 소귀나무 가지 하나를 꺾어 탑 위에 얹었다.

"오르소, 아버지가 돌아가신 곳이 여기예요. 아버지의 영혼을 위해 기도드려요."

이렇게 말하며 그녀는 무릎을 꿇었다. 오르소도 바로 무릎을 꿇었다. 마침 그때 마을의 종이 조용히 울렸다. 간밤에 누군가 죽은 것이다. 오르소의 눈에서 눈물이 흘러내렸다.

곧 콜롱바는 일어섰다. 눈은 말랐으나 얼굴은 상기되어 있었다. 서둘러 성호를 그었다. 코르시카인들에게 친숙한 이 몸짓은 보통 엄숙한 맹세를 수반한다. 그녀는 오빠와 함께 다시 마을로 향했다. 두 사람은 아무 말 없이 집으로 들어갔다. 오르소는 자기 방으로 올라갔다. 잠시 뒤에 콜롱바가 그 뒤를 쫓았다. 작은 상자를 들고 와서 탁자 위에 올렸다. 뚜껑을 열어 커다란 핏자국들로 뒤덮인 셔츠를 꺼냈다.

"오르소, 아버지의 셔츠예요."

이렇게 말하며 셔츠를 그의 무릎 위로 던졌다.

"아버지를 쏜 총알이에요."

이번에는 녹슨 총알 두 개를 셔츠 위에 올려놓았다.

"오르소, 오빠!" 그녀는 그의 품에 뛰어들어 세차게 안으며 외쳤다. "오빠! 꼭 복수해야 해!"

그녀는 미친 듯이 그를 껴안고 총알과 셔츠에 입을 맞춘 뒤 석상처럼 의자에 멍하니 앉아 있는 그를 내버려 둔 채 방을 뛰쳐나갔다.

오르소는 잠시 꼼짝도 하지 않았다. 이 끔찍한 유품을 치울 수가 없었다. 겨우 용기를 내어 유품을 상자에 넣고, 방 반대쪽 끝에 있는 침대로 달려가 몸을 던졌다. 얼굴을 벽 쪽으로 돌려 베개에 깊게 묻었다. 마치 유령이라도 볼까 봐 두렵다는 듯이 동생이 남긴 마지막 말이 귀에 끝없이 울려 퍼졌다. 피를, 그것도 무고한 피를 그에게 요구하는 피할 수 없는 치명적인 신탁을 듣는 듯한 기분이었다. 이 불행한 청년이 느낌 감정을 표현하려고 하지 않겠다. 그것은 미친 사람의 머리를 헤집어 놓는 감정만큼이나 혼란스러웠다. 오랫동안 그는 고개를 돌릴 용기도 없어 같은 자세로 가만히 있었다. 마침내 자리에서 일어나 느닷없이 상자 뚜껑을 닫고는 서둘러 집을 나서 들판을 달렸다. 어디로 가는지 자신도 모른 채 앞으로 걸어갔다.

바깥공기가 조금씩 그의 마음을 가볍게 해주었다. 그는 어느새 상당히 차분해졌다. 냉정하게 자신의 현재 위치를 파악하고 거기서 빠져나갈 방도를 찾기 시작했다. 그는 결코 바리치니 가를 의심하지 않았다. 이 사실은 독자들도 알 것이다. 하지만 도피자 아고스티니의 편지를 위조한 점은 용서하기 어려웠다. 따지고 보면 이 편지 때문에 아버지가 돌아가신 것이다. 적어도 그는 그렇게 믿었다. 그들을 사문서 위조범으로 고발하는 것은 불가능하다고 느꼈다. 이따금 고향의 편견과 본능이 그를 엄습해 오솔길 모퉁이에서 쉽게 행할 수 있는 복수를 보여주면 그는 군대 동료들, 파리의 살롱, 특히 네빌 양을 생각하고 몸서리치면서 그런 상념을 떨쳐냈다. 그러다가는 다시 여동생의 비난을 떠올렸다. 그의 안에 남아 있는 코르시카적인 성품이 이 비난을 정당화하면서 더욱 비통하게 만들었다. 양심과 편견 사이에서 벌어지는 이 싸움에는 그래도 유일한 희망이 남아 있었다. 그것은 어떤 구실로든 변호사의 아들들과 언쟁을 벌여 결투하는 것으로, 이렇게 결투에서 상대를 총이나 칼로 죽이는 것은 그의 코르시카적인 생각과 프랑스적인 생각 모두를 만족시키는 것이었다. 이 계획을 받아들이고 그 실행 방법을 생각하던 그는 벌써 무거운 짐을 내려놓은 기분이 들었다. 이때 한층 더 부드러운 다른 생각들이 떠올라서 그의 흥분을 가라앉혀 주었다. 키케로는 딸 툴리아의 죽음에 절망했지만, 그 죽음에 대해 말할 수 있는 모든 아름다운 것들을 되풀이해 떠올리며 슬픔을 잊었다. 또 샌디 씨[42]도 같은 방법으로 아들을 잃은 슬픔을 스스로 위로했다. 오르소는 네빌 양에게 자기 영혼의 상태를 그려 보일 생각을 하면서 냉정을 되찾았다. 이 그림은 그 아름다운 사람의 관심을 강하게 끌 수 있으리라.

그는 자신도 모르게 멀어졌던 마을에 다시 가까이 다가갔다. 숲 가장자리 오솔길에서 소녀의 노랫소리가 들렸다. 소녀는 주위에 아무도 없다고 생각하는 모양이었다. 그 노래는 장례식 때 부르는 애가 특유의 느리고 단조로운 가락이었다. 아이는 노래했다. "내 아들, 머나먼 나라에 있는 내 아들에게, 내 훈장과 피 묻은 셔츠를 간직해서 보여 주오……."

"그게 무슨 노래야?"

갑자기 모습을 드러낸 오르소는 성난 목소리로 말했다.

"오르산톤!" 아이는 조금 놀라 외쳤다. "콜롱바 양이 지은 노래예요……."

"그 노래는 부르지 마." 오르소는 무서운 목소리로 외쳤다.

아이는 좌우를 두리번거리며 도망칠 곳을 찾는 듯했다. 발치 풀밭에 놓인 커다란 짐을 버리고 도망쳐도 되었다면 분명 도망쳤을 것이다.

_____

*42 스턴의 소설 《트리스트럼 샌디》에 나오는 인물.

오르소는 격하게 말한 것이 부끄러웠다.

"무엇을 가지고 가는 거니?" 그는 되도록 부드럽게 물었다.

실리나가 머뭇거리며 대답하지 않자 오르소는 꾸러미를 덮은 천을 들어 올렸다. 빵과 다른 먹을 것이 들어 있었다.

"이 빵을 누구에게 가져다주려는 거니?"

"아시잖아요. 제 아저씨한테요."

"네 아저씨는 도피자가 아니니?"

"그래요, 오르산톤. 나리의 아군이에요."

"헌병들을 만나면 어디 가는지 물을 텐데……."

그러자 아이는 주저하지 않고 대답했다.

"숲에서 나무를 베는 뤼쿠아들*43한테 먹을 걸 가져간다고 말할 거예요."

"그럼 배고픈 사냥꾼이 그 음식을 빼앗으려고 한다면?"

"못할걸요. 제 아저씨 거라고 말할 거예요."

"그래, 자기 저녁밥을 가져가라고 놔둘 사람은 없으니까……. 네 아저씨가 너를 귀여워해 주시니?"

"그럼요, 오르산톤. 아빠가 돌아가시고는 아저씨가 저희를 돌보아 주세요. 어머니, 저, 그리고 어린 여동생을요. 엄마가 아프기 전에는 일감을 얻게 해주셨지요. 아저씨가 부탁하시고 나서부터 시장님은 매년 제게 옷을 주고 신부님은 교리문답과 읽기를 가르쳐주세요. 하지만 우리한테 제일 잘해주시는 분은 나리의 여동생분이세요."

마침 그때 개 한 마리가 오솔길에 나타났다. 소녀는 손가락 두 개를 입에 대고 날카롭게 휘파람을 불었다. 그러자 개가 소녀에게로 와서 몸을 비비더니 갑자기 숲으로 뛰어 들어갔다. 곧 옷차림은 볼품없으나 무장만큼은 훌륭한 두 남자가 오르소에게서 5, 6 발자국 떨어진 그루터기 뒤에서 몸을 일으켰다. 그들은 지면을 뒤덮고 있는 이끼와 도금양 덤불 한가운데를 뱀처럼 기어온 것 같았다.

"오르산톤! 잘 오셨습니다." 둘 중 나이 든 사람이 말했다. "아니, 저를 몰라보시는 겁니까?"

---

*43 Lucquois. Lucca(이탈리아 마을 이름)에서 와서 농사와 개간 일을 하는 사람들.

"네." 오르소가 가만히 그를 보면서 말했다.

"이상하군요. 그저 수염을 기르고 뾰족한 모자를 썼을 뿐인데 몰라보시다니! 자, 중위님, 잘 보세요. 워털루의 전투를 잊으신 겁니까? 그 난리판에 중위님 옆에서 총을 쏘아대던 브란도 사벨리 아닙니까?"

"뭐야! 자넨가? 1816년에 탈영하지 않았나!"

"말씀하신 대로예요, 중위님. 군대가 너무 싫었거든요. 게다가 고향에 돌아가 결말을 지을 일이 있었어요. 하하! 실리, 착한 아이지. 어서 먹을 것을 다오. 배가 고프거든. 중위님, 숲에서 살면 얼마나 배가 고픈지 상상도 하기 어려울 거예요. 누가 이걸 보냈지? 콜롱바 양이야 아니면 시장이야?"

"아뇨, 방앗간 여주인이에요. 담요도 줬어요."

"내가 뭘 해주길 원하는데?"

"개간 때문에 고용한 뤼쿠아들이 피에트라네라 아래쪽에 도는 열병을 핑계로 이번에는 삼십오 수를 요구하고 또 밤도 달라고 한대요."

"게으름뱅이들 같으니! …… 알겠어, 내가 처리하지. 중위님, 함께 드시겠습니까? 퇴역을 당한 불쌍한 고향 사람*44의 전성시대에는 이보다 맛없는 밥도 같이 먹지 않았습니까?"

"고맙네. 그런데 나도 퇴역했어."

"네, 소문은 들었습니다. 하지만 중위님으로서는 기분이 나쁘지는 않으셨을 것 같아요. 해결하실 일이 있을 테니까 차라리 잘됐지 않습니까. 자, 밥이다!" 도피자가 동료에게 말했다. "오르소 님, 신부님을 소개해 드릴게요. 사실 이 사람이 정말로 신부인지는 잘 모르겠어요. 하지만 신부 교육만큼은 받았다고 하더군요."

"소명을 따를 수가 없었던 신학생입니다." 다른 도피자가 말했다. "운이 좋았다면 지금쯤 교향이 되어 있었을지도 모르죠. 안 그래, 브란돌라치오?"

"왜 교회를 떠났습니까?"

"뭐, 중대한 이유가 있었던 건 아닙니다. 브란돌라치오가 말하듯 해결할 일이 있어서요. 제가 피사 대학에서 책을 읽어대는 동안 누이가 무분별한 짓을 저질렀지요. 어쨌든 누이를 결혼시키려고 고향으로 돌아와야 했어요. 그

---

*44 나폴레옹.

런데 신랑 될 사람이 제가 도착하기 3일 전에 열병으로 죽었습니다. 그래서 제 입장이라면 누구나 그랬을 테지만, 그 죽은 사람의 형제를 만나러 달려갔습니다. 그런데 그는 벌써 결혼했다는 거예요. 어쩌겠습니까?"

"난처했겠습니다. 그래서 어떻게 했는데요?"

"부싯돌에 호소해야 할*45 경우였지요."

"그러니까……."

"그자의 머리를 쐈지요." 도피자가 차갑게 말했다.

오르소는 몸이 떨렸다. 하지만 호기심이 생기기도 했고, 또 어쩌면 집으로 돌아가야 하는 순간을 늦추고 싶은 마음에 두 남자와 이야기를 계속했다. 그들은 적어도 한 번은 사람을 죽인 자들이었다.

동료가 말하는 동안 브란돌라치오는 그 앞에 빵과 고기를 놓고 자기 몫을 차렸다. 그는 개에게도 음식을 나눠 주었다. 그는 개 이름이 브루스코이며 아무리 변장을 해도 정예 보병은 무조건 가려내는 놀라운 능력이 있다고 했다. 마지막으로 그는 빵과 햄을 잘라 개에게 주었다.

"도피자의 삶은 참 멋져!" 몇 입 먹고서 신학생이 외쳤다. "델라 레비아 님, 당신도 언젠가 한 번은 경험을 하겠지만, 그때야말로 자신의 변덕 이외에 다른 주인을 알지 못하는 삶이 얼마나 유쾌한지 아시게 될 겁니다."

그 도피자는 여기까지 이탈리아어로 말하더니 이제 프랑스어로 말을 했다.

"젊은 사람에게 코르시카는 즐거운 곳이 아니지만, 도피자에게는 꽤 다릅니다! 여자들이 우리를 좋아하니까요. 저는 세 개의 군에 애인이 한 명씩 있습니다. 어디에 가도 제 집이에요. 그중 하나는 헌병의 아내랍니다."

"여러 나라 말을 아시는군요." 오르소가 진지하게 말했다.

"제가 지금 프랑스어로 말하는 것은 maxima debetur pueris reverentia*46이기 때문입니다. 브란돌라치오와 저는 이 아이만큼은 바른 길을 가기를 바라고 있습니다."

"15살이 되면 결혼시킬 겁니다." 실리나의 아저씨가 말했다. "벌써 상대를 찍어 두었지요."

"자네가 청혼할 건가?"

---

*45 총이 필요하다는 의미.
*46 아이들에게 가장 큰 경의를 표해야 한다.

"물론이지요. 제가 이 고장의 한 시골 부자에게 '나 브란도 사벨리는 당신 아들이 미슐리나 사벨리와 결혼하는 걸 보면 몹시 기쁘겠소'라고 말하면 그가 뭐라고 할 것 같습니까?"

"저라면 군말하지 말라고 충고하겠습니다." 다른 도피자가 말했다. "이 친구는 무섭거든요."

"제가 악당이라면, 깡패라면, 교활한 인물이라면 그저 배낭만 열어 놓으면 될 테지요. 거기에 백 수짜리 동전이 비 오듯 쏟아질 겁니다." 브란돌라치오가 이어 말했다.

"그러니까 자네 배낭 안에는 동전을 잡아끄는 게 있다는 건가?"

"그런 것은 없어요. 그런데 실제로 이런 흉내를 내는 놈이 있어서 문제지만, 이를테면 제가 부자에게 백 프랑이 필요하다고 편지를 쓰면 그는 서둘러서 돈을 보낼 거예요. 그러나 저는 명예를 아는 사람입니다, 중위님."

"델라 레비아 님?" 신부라 불리는 도피자가 말했다. "어때요? 이런 소박한 동네에서도 우리가 이 통행증(이렇게 말하면서 그는 총을 가리켰다)으로 얻은 신용을 이용해 득을 보려는 자들이 있어요. 그들은 저희 필체를 위조하여 어음을 발행하지요."

"알고 있습니다." 오르소가 퉁명스럽게 말했다. "그런데 어음이라니 도대체 뭐죠?"

"반년 전 이야기입니다." 도피자가 말을 이었다. "오레차 쪽으로 가고 있는데, 한 시골뜨기가 멀리서부터 모자를 벗고 나를 향해 인사하더니 이렇게 말하는 게 아니겠어요. '신부님(그들은 늘 나를 이렇게 부릅니다), 용서해 주세요. 시간을 좀 주세요. 55프랑밖에 모으지 못했지만, 그것도 겨우 모은 거예요.' 저는 깜짝 놀라서 말했습니다. '무슨 소리야? 55프랑이라니?' '아, 아뇨, 65프랑을 모았다는 거죠. 하지만 100프랑은 도저히 불가능합니다.' '뭐라고! 내가 너한테 100프랑을 요구한다고? 나는 너를 처음 보는데.' 그러자 그는 나에게 편지 한 장을 내밀었습니다. 편지라기보다는 더러운 걸레에 가까웠습니다. 지정한 장소에 100프랑을 파묻어 놓지 않으면 지오칸토 카스트리코니가 집을 태우고 소들을 다 죽여버릴 거라는 내용이었습니다. 카스트리코니는 제 이름입니다. 글쎄, 그 편지를 쓴 놈이 제 서명을 위조한 것입니다! 저를 가장 화나게 한 것은 편지가 방언으로 되어 있고 온통 오자투성이

이라는 겁니다……. 제가 철자법을 틀리다니요! 대학에서 상이란 상은 다 탔는데! 저는 우선 그 천한 놈에게 귀싸대기를 올려붙였습니다. 놈은 선 자리에서 두 번이나 돕디다. 저는 그에게 말했어요. '아! 나를 강도로 본다고! 이 멍청이가!' 그리고 발로 급소를 찼습니다. 비로소 마음이 후련해져서 이렇게 말했습니다. '이 돈을 언제 지정된 장소에 갖다 놓아야 하는데?' '바로 오늘입니다.' '좋아! 갖다 놔.' 그곳은 소나무 아래로 정확하게 지정되어 있었습니다. 그는 돈을 들고 가서 나무 아래 묻고 돌아왔습니다. 저는 근처에 숨어 있었습니다. 저는 녀석과 함께 6시간이나 지겹게 기다렸습니다. 말해 두지만, 여차하면 사흘을 기다렸을지도 모릅니다. 6시간 뒤에 바스티아초 한 놈이 모습을 드러냈습니다. 파렴치한 고리대금업자입니다. *47 그가 돈을 취하려고 몸을 구부릴 때 총을 쐈습니다. 조준이 어찌나 정확했던지 그의 머리가 땅에서 캐내던 동전들 위로 떨어졌습니다. 저는 농부에게 말했습니다. '이 웃기는 놈아! 이제 네 돈을 가져가라. 그리고 지오칸토 카스트리코니가 그런 저속한 짓을 할 거라곤 생각도 하지 마라.' 불쌍하게도 그는 벌벌 떨면서 65프랑을 미처 닦지도 못한 채 주워 모았습니다. 그는 제게 감사하다고 말합디다. 저는 작별 인사로 그놈을 힘껏 걷어차 주었고, 그는 줄행랑을 쳤습니다."

"아! 신부님. 부럽습니다. 속이 시원해지셨겠어요?"

"바스티아초의 관자놀이를 맞혔지요." 도피자가 말을 이었다. "그래서 베르길리우스의 이런 시구가 떠올랐습니다.

    …… Liquefacto tempora plumbo
    Diffidit, ac multâ Porrectum extendit arenâ.*48

그런데 녹았다니요! 오르소 님, 납덩이가 공중에서 빨리 날아간다고 해서

---

*47 Bastiaccio. 산에 사는 코르시카인은 바스티아 사람을 몹시 싫어하여 동포라고 생각지도 않는다. 절대로 Bastiese 라 하지 않고 Bastiaccio 라 부른다. 아시다시피 accio 란 어미는 보통 경멸의 뜻을 지닌다. 〔원주〕

*48 공중에서 녹은 납덩이가 관자놀이를 부수자, 그는 전쟁터 한가운데에 길게 뻗어 숨을 거두었다.

저절로 녹을 수가 있습니까? 당신은 탄도학을 공부하셨으니까 이것이 거짓인지 진짜인지 가르쳐 주실 수 있을 것 같은데요."

오르소도 이 졸업생을 상대로 그의 행동의 선악에 대해 논하느니 차라리 물리학 문제를 논하는 편이 낫겠다고 생각했다. 하지만 과학적 토론에 흥미가 없었던 브란돌라치오는 오르소의 말을 끊으면서 해가 지려 한다고 말했다.

"저희랑 같이 식사하실 게 아니시니까요. 콜롱바 양을 너무 오래 기다리게 하시지 않는 게 좋을 것 같아요. 게다가 해가 진 다음에 돌아다니는 것은 좋지 않아요. 그런데 왜 총도 없이 외출하시는 겁니까? 이 근처에는 좋지 않은 놈들이 있어요. 조심하세요. 뭐, 오늘은 아무 걱정 안 하셔도 되지만요. 바리치니 집에 지사가 오니까요. 길에서 우연히 만났다지 뭡니까. 지사는 피에트라네라에 하루 머물고 코르트의 정초식을 하러 간다고 하더군요. …… 쓸데없는 이야기네요! 어쨌든 그는 오늘 밤 바리치니네서 잡니다. 하지만 내일이면 바리치니 가 사람들은 자유롭게 돼요. 빈센텔로는 악당입니다. 그리고 오를란두치오도 그보다 나을 게 없는 친구죠. 한 사람씩 따로 만나는 편이 좋아요. 오늘은 이 친구를 보고, 내일은 저 친구를 보는 식으로. 하지만 조심하세요. 이 말만은 꼭 해야겠습니다."

"충고는 고맙네. 하지만 나는 그들과 다툴 게 없어. 그들이 나에게 싸움을 걸어오기 전에는 할 말이 없어."

도피자는 혀를 한쪽으로 늘여 뺨 안쪽에 부딪치며 딱 소리를 냈을 뿐 한마디도 대답하지 않았다. 오르소는 자리에서 일어났다.

"아 참, 화약에 대해 감사드리는 걸 잊었습니다. 꼭 필요한 참이었어요. 이제 부족한 게 없습니다……구두만 있으면……하지만 곧 야생 양 가죽으로 한 켤레 만들 거예요."

오르소는 5프랑짜리 은화 두 개를 도피자의 손에 쥐여주었다.

"자네에게 화약을 보낸 건 콜롱바야. 이것으로 구두를 사게."

"이러시면 안 돼요, 중위님!" 브란돌라치오가 은화 두 개를 돌려주며 외쳤다. "저를 거지로 보시는 겁니까? 빵과 화약은 받아요. 하지만 다른 건 받지 않습니다."

"퇴역 군인끼리 도우면 좋겠다고 생각했는데. 알겠네, 그럼 잘 있게!"

하지만 가기 전에 그는 몰래 도피자의 배낭에 돈을 집어넣었다.

"안녕히 가십시오, 오르산톤!" 신학생도 인사했다. "조만간 아마도 숲에서 뵙게 되겠지요. 그때 베르길리우스에 대한 연구를 계속합시다."

오르소는 동료들과 헤어지고 15분쯤 지나 누군가 전력을 다해 쫓아오는 소리를 들었다. 브란돌라치오였다. 도피자는 숨넘어가는 소리로 외쳤다.

"너무하십니다, 중위님! 여기 10프랑이 있습니다. 다른 사람 같았으면 가만있지 않았을 겁니다. 콜롱바 양에게 안부 전해 주세요. 덕분에 숨넘어가는 줄 알았습니다! 그럼, 푹 쉬세요."

12

콜롱바는 오르소가 늦게 돌아와 조금 걱정하던 참이었다. 하지만 그를 보자 평소처럼 약간 우울하고도 차분한 표정을 되찾았다. 저녁 식사를 하면서 그들은 사소한 것들만 이야기했다. 오르소는 동생의 평온한 태도에 힘을 얻어 도피자들과 만난 이야기를 했다. 뿐만 아니라 어린 실리나가 아저씨와 그의 훌륭한 동료 카스트리코니의 보살핌 덕분에 받고 있는 도덕적·종교적 교육에 대해 두세 마디 농담까지 던졌다.

"브란돌라치오는 정직한 사람이에요. 그러나 카스트리코니는 원칙이 없는 사람이라는 말을 들었어요."

"내가 보기에는 그 남자도 브란돌라치오 같은 사람이야. 브란돌라치오와 닮았지. 둘 다 사회를 상대로 공개적인 싸움을 하고 있어. 첫 번째 범죄는 그들을 날마다 새로운 범죄로 이끌지. 하지만 아마 그들은 숲에 살지 않는 다른 많은 사람들만큼 죄를 짓지는 않았을 거야."

기쁨의 섬광이 여동생의 이마 위에 빛났다.

"그래." 오르소도 덧붙였다. "그들도 그들 나름의 명예를 가지고 있으니까. 그들이 지금과 같은 상황에 처한 건 저속한 탐욕 때문이 아니라 불행한 편견 때문이야."

잠시 침묵이 흘렀다.

"오빠." 커피를 따라주며 콜롱바가 불렀다. "오빠도 아시죠? 샤를 바티스트 피에트리가 간밤에 죽은 거요. 역시 말라리아였어요."

"피에트리가 누군데?"

"이 동네 사람이에요. 아버지가 돌아가실 때 수첩을 건네받았던 마들렌의 남편이에요. 그 여자가 저를 찾아와 밤샘에 참석해서 노래를 불러 달라고 간청하더군요. 오빠도 오시는 편이 좋겠는데. 이웃이니까요. 이런 작은 동네에서는 결코 소홀히 할 수 없는 예의예요."

"망할 놈의 밤샘! 내 동생이 그런 식으로 사람들 앞에 나서는 게 맘에 안 들어."

"오르소, 누구나 저마다 나름대로 죽은 사람에게 경의를 표하는 거예요. 발라타는 조상 대대로 전해 내려온 전통이에요. 그러니까 오랜 습관으로서 존중해야 해요. 마들렌은 재주가 없고, 이 고장에서 가장 뛰어난 보체라트리체인 피오르디스피나 할머니는 아파요. 발라타를 부를 누군가가 필요해요."

"그 몹쓸 노래를 관에다 대고 하지 않으면 샤를 바티스트가 저승으로 가지 못하고 헤매기라도 할 것 같으냐? 밤샘에 가고 싶으면 가도 좋아. 나도 너와 같이 가지. 네가 그렇게 할 의무가 있다고 생각한다면 나도 갈게. 하지만 노래만큼은 하지 마. 네 나이에는 어울리지 않아. 부탁이다."

"오빠, 저는 약속했어요. 이곳 풍습이에요. 오빠도 알잖아요. 다시 말하지만 노래 부를 사람은 저밖에 없어요."

"어리석은 풍습이야!"

"저도 노래하는 게 괴로워요. 우리의 불행이란 불행이 모두 떠오르거든요. 내일은 그것 때문에 병이 날 거예요. 하지만 꼭 해야 해요. 허락해 주세요, 오빠. 아작시오에서 우리의 오랜 풍습을 비웃는 영국 아가씨를 위해 즉흥시를 지어보라고 하셨던 것을 떠올려 주세요. 그런데 불쌍한 사람들을 위해서는 안 되는 거예요? 더욱이 그 사람들은 저에게 고마워할 거고 또 제 노래는 그들이 슬픔을 이겨내도록 도와줄 텐데 말이에요."

"좋아, 하고 싶은 대로 해. 벌써 발라타를 지었겠지. 그걸 쓸모없게 만들고 싶지 않겠지. 안 그래?"

"아니에요, 오빠. 미리 만들어 둘 수 없어요. 죽은 사람 앞에 앉아 남아있는 사람들을 생각하는 거예요. 그러면 눈물이 솟구치죠. 그때 머리에 떠오르는 것을 소리내어 노래하는 것뿐이에요."

이 모든 것을 너무나 소박하게 이야기하는 콜롱바에게서 어떤 시인의 자부심 같은 것은 보이지 않았다. 오르소는 고집을 꺾고 동생과 함께 피에트리네 집으로 갔다. 죽은 사람은 얼굴에 천을 덮지 않은 채 제일 큰 방 테이블 위에 누워 있었다. 창문도 문도 열려 있었고 많은 촛불들이 테이블 주위에서 타오르고 있었다. 죽은 사람 머리맡에 과부가 섰고, 그 뒤를 따라 많은 여자들이 방 한쪽을 차지하고 있었다. 반대쪽에 선 남자들은 모두 모자를 벗고 시체에 시선을 고정한 채 깊은 침묵을 지키고 있었다. 새로 온 문상객은 테이블로 다가가 죽은 사람의 뺨에 입을 맞추고*49 과부와 아들에게 고개 숙여 인사한 뒤 둥근 원 가운데 말없이 자리 잡았다. 그래도 이따금 밤샘하는 사람들 가운데 하나가 죽은 사람에게 몇 마디 말을 걸어 이 엄숙한 침묵을 깨곤 했다. "왜 착한 아내를 두고 떠났소?" 한 아낙네가 물었다. "당신을 잘 돌보아 주지 않았소? 뭐가 부족했소? 어째서 하루를 더 기다리지 않았소? 며느리가 손자를 안겨주었을 텐데."

피에트리의 아들인 키 큰 젊은이가 차가워진 아버지의 손을 잡으면서 외쳤다. "왜 암살당하지 않으셨습니까? 제가 복수를 해드렸을 텐데!"*50

이것이 오르소가 들어올 때 처음으로 들은 말이었다. 오르소를 보자 원이 순식간에 양 갈래로 나뉘었다. 호기심 섞인 작은 웅성거림이 보체라트리체의 등장으로 일어난 사람들의 기대를 나타냈다. 콜롱바는 과부의 뺨에 입을 맞추고 그녀의 한 손을 잡고는 잠시 눈을 내리깔고 묵상했다. 그러더니 메차로를 뒤로 젖히고 죽은 사람을 가만히 쳐다보더니 시신을 향해 몸을 굽히며 거의 죽은 사람처럼 창백한 얼굴로 노래를 부르기 시작했다.

샤를 바티스트! 그리스도께서 그대의 영혼을 받아주시길! /삶은 고통이네. 그대가 가는 곳은 햇볕도 추위도 없는 곳. /더 이상 손도끼도 필요 없고/무거운 곡괭이도 필요 없고. /그대에게는 이제 해야 할 일이 없네. 오늘도 내일도 일요일이네. /샤를 바티스트, 그리스도께서 그대의 영혼을 받아주시길! /그대 아들이 집안을 다스리네. /나는 쓰러지는 떡갈나무를 보았지/리베체오(서남풍)로 메마를 떡갈나무. /나는 말라 죽었다고 생각했네. /그러나 다시 지나가면서 보니 그 뿌리……새순을 밀어 올리고 있었으니. /새순은 쑥쑥 자라 떡갈나무가 되어/커다란 그늘을 드리운다네. /그 힘찬 나뭇가지 아래서, 마델, 쉬시게. /그리고 사라진 아비 떡갈나무를 생각

---

*49 이 풍습은 보코냐노에 지금도 남아 있다(1840년). 〔원주〕
*50 La mala morte. 비명횡사. 〔원주〕

하시게.

여기서 마들렌은 큰 소리로 흐느껴 울기 시작했다. 때에 따라서는 자고새를 쏘듯 태연하게 그리스도교도들에게 총을 쏘아댈 두세 사람도 볕에 탄 뺨 위로 흘러내리는 굵은 눈물을 훔쳤다.

콜롱바는 이렇게 얼마 동안 노래를 계속했다. 때로는 고인에게, 때로는 그 가족에게 말을 건네다가 이따금 발라타에서 흔히 볼 수 있는 활유법을 이용해서 죽은 사람 이름으로 말을 하며 친구들을 위로하고 충고했다. 즉흥적인 노래를 계속하면서 그녀의 얼굴은 점점 숭고한 표정이 띠었다. 낯빛은 투명한 장밋빛으로 물들어 하얀 치아와 커다란 눈을 더 빛나게 했다. 마치 삼각대 위에 선 무녀 같았다. 그녀 주위로 몰려든 사람들에게서 간간이 들려오는 한숨과 억눌린 오열 이외에는 가벼운 웅얼거림조차 들리지 않았다. 이 야만적인 시에 다른 사람들만큼 심하게 흔들리지는 않았지만, 오르소도 그 감동에 금세 감염되어 갔다. 어두운 구석으로 물러나 피에트리의 아들처럼 눈물을 흘렸다.

갑자기 청중 사이에 동요가 일었다. 원이 양쪽으로 열리더니 모르는 사람들이 안으로 들어왔다. 사람들이 그들에게 존경을 표하고 서둘러 일어나는 것을 보니, 그 방문이 이 집안에 커다란 명예가 되는 것이 분명했다. 하지만 발라타에 대한 경의 때문에 그들에게 말을 거는 자는 하나도 없었다. 제일 먼저 들어온 사람은 40대로 보였다. 검은 옷, 붉은 리본, 얼굴에 드러나는 권위와 자신감으로 보아 그가 지사임을 알 수 있었다. 그 뒤로 누런 얼굴에 등이 굽은 노인이 들어왔는데, 초록색 안경도 그의 소심하고 불안한 시선을 가려주지는 못했다. 몸에 비해 너무 큰 검은 옷은 아직 새것이었지만 벌써 몇 해 전에 맞춘 게 분명했다. 늘 지사 옆에 붙어 선 그는 지사의 등 뒤에 숨었다고 해도 과언이 아니었다. 마지막으로 키가 큰 두 청년이 들어왔다. 피부는 검게 그을리고, 볼은 두터운 구레나룻에 파묻혔다. 그들은 무례한 호기심을 숨기지 않는 오만무도한 눈빛을 갖고 있었다. 오르소는 마을 사람들 얼굴을 잊어버릴 정도로 오랫동안 고향을 떠나 있었지만, 초록색 안경을 쓴 노인의 모습은 그의 머릿속에 오래된 기억을 되살아나게 했다. 지사를 따라 들어왔다는 사실은 그가 누구인지 확인시켜 주기에 충분했다. 그는 피에트라네라 시장, 변호사 바리치니였다. 그는 두 아들과 함께 지사에게 발라타를 들려주기 위해 온 것이었다. 이 순간 오르소의 영혼에 일어난 움직임은 뭐라 설명하기도 힘들다. 다만 아버지의 원수가 눈앞에 나타난 것은 끔찍함 그 자체였다. 그는 오랫동안 물리치려고 애썼던 의혹들이 자신을 붙잡는 것을 느꼈다.

죽도록 미워하는 불구대천의 원수가 나타나자 콜롱바의 얼굴은 몹시 음산한 빛을 띠었다. 얼굴은 창백해지고, 목소리는 거칠어졌다. 시구는 입술 위에서 사그라졌다…… 그러나 다시 발라타를 시작하자 새로운 맹렬함으로 뒤를 이어갔다.

빈 둥지를 앞에 두고/새매가 탄식할 때/찌르레기들 주위에서 까불대며/그의 고통을 비웃네.

그 순간 웃음을 참는 소리가 들렸다. 지금 막 들어온 두 젊은이였다. 비유가 너무 대담하게 들렸던 것이다.

새매는 잠을 깨고 양 날개를 펼쳐/핏속에 부리를 씻을 것이네! /샤를 바티스트, 그대의 친구들/그대에게 마지막 인사를 하네. /눈물은 많이 흘렸네. /오로지 불쌍한 고아 처녀만이 그대를 위해 눈물을 흘리지 않네. /왜 그녀가 울까? /그대, 천수를 누리고 가족들에게 둘러싸여/부족함 없이 잠들었네. /전능한 주님 앞에/나아갈 준비가 되었네. /고아 처녀는 아버지를 위해 눈물 흘린다네. /비겁한 암살자들이/뒤에서 친 아버지를 위해. /그의 붉은 피는/푸른 나뭇잎 아래로 흘렀다네. /그러나 죄를 모르는 그 고귀한 피, /그녀는 그 피를 거두었다네. /죽음을 부르는 독이 되도록/피에트라네라에 뿌렸다네. /피에트라네라는 그 낙인을 언제까지나 간직할 것이네. /죄 많은 피가/죄를 모르는 피의 자국을 지울 때까지.

노래를 끝내면서 콜롱바는 쓰러지듯 의자에 주저앉았다. 얼굴 위로 메차로를 드리우자 오열하는 소리가 들려왔다. 눈물범벅이 된 여자들이 서둘러 보체라트리체 주위로 몰려들었다. 몇몇 남자들은 시장과 두 아들에게 증오로 가득 찬 눈길을 던졌다. 노인 몇 명은 공연히 나타나 추문을 일으킨 그들을 향해 불만을 토해냈다. 고인의 아들은 사람들 사이를 뚫고 나아가 되도록 빨리 떠나 달라고 시장에게 간청하려고 했지만, 시장은 그때까지 기다리지 않았다. 어느새 시장은 문 앞까지 갔고, 두 아들은 이미 길 위에 있었다. 지사는 젊은 피에트리에게 짤막한 애도의 말을 전하고 바로 그들을 따라갔다. 오르소도 여동생에게 다가가 팔을 잡고 부축해 방을 나왔다.

"배웅해 드려. 아무 일도 일어나서는 안 돼!" 피에트리의 아들이 친구 두세 명에게 말했다.

젊은이 두세 명이 윗옷 왼쪽 소매에 서둘러 비수를 꽂고는 오르소와 여동생을 집 문 앞까지 호위했다.

13

콜롱바는 숨을 헐떡이고 있었다. 탈진해서 한마디도 못할 정도였다. 그녀는 머리를 오빠의 어깨에 기대고 있었다. 그리고 두 손으로 오빠의 한 손을 꽉 붙잡고 있었다. 오르소는 발라타의 마지막 부분이 불만스러웠지만 놀란 나머지 비난하는 것도 잊었다. 그는 그녀를 사로잡고 있는 신경증적 발작이 수그러지기를 잠자코 기다렸다. 그때 누군가 문을 두드렸다. 놀란 사베리아가 허둥지둥 와서 알렸다. "지사님이에요!" 이 말을 듣자 콜롱바는 자기의 나약한 모습이 부끄러웠는지 몸을 일으켜 의자를 짚고 섰다. 하지만 그 의자는 그녀의 손아래에서 눈에 띄게 떨렸다.

지사는 먼저 늦은 시간에 와서 미안하다고 진부한 사과로 시작해서 콜롱바 양을 안쓰러워하고 격정의 위험을 말했으며 발라타 풍습을 나무랐다. 보체라트리체의 뛰어난 재능이 오히려 그 자리에 참석한 사람들을 더 고통스럽게 만든다고 했다. 그는 발라타 마지막 부분에 대한 가벼운 비난을 교묘하게 암시하는 것을 잊지 않았다. 그리고 어조를 바꾸어 이렇게 말했다.

"델라 레비아 씨, 당신 영국 친구들의 안부를 전해드립니다. 네빌 양은 여동생 분에게 안부 전해 달라는군요. 네빌 양이 당신에게 보내는 편지도 있습니다."

"네빌 양의 편지요?"

"불행히도 지금은 없습니다만, 금방 전해 드리겠습니다. 실은 그 아가씨

아버지가 아팠어요. 우리는 한순간 그가 무서운 열병에 걸린 게 아닐까 걱정했습니다. 다행히도 그건 아니었던 것 같지만요. 직접 판단해 보시면 되겠네요. 곧 뵙게 될 테니 말입니다."

"네빌 양이 몹시 걱정했겠습니다."

"다행스럽게도 아가씨가 사태를 알았을 때는 이미 위험이 사라진 뒤였지요. 델라 레비아 씨, 네빌 양은 당신과 당신 여동생에 대한 이야기를 자주 했습니다."

오르소는 고개를 숙였다.

"그녀는 두 분에게 호의를 가지고 있습니다. 넘치는 매력은 경박해 보일 정도이지만, 사실 그 아래에 완벽한 이성을 감추고 있어요."

"매력적인 사람입니다." 오르소가 말했다.

"내가 여기에 온 것도 그녀가 원했기 때문입니다. 당신으로서는 결코 떠올리고 싶지 않은 그 불행한 이야기를 나보다 더 잘 아는 사람은 아마도 없을 겁니다. 바리치니 씨는 이 마을 시장이고, 나는 지사인만큼 몇몇 의혹을 중요하게 생각하고 있다는 점은 말할 필요도 없습니다. 그런데 내가 알고 있는 바가 정확하다면 몇몇 경솔한 사람들이 그 의혹들을 당신에게 알렸고 당신은 그것을 물리쳤다고요. 당신 입장과 성격에 비추어 기대할 수 있는 분노를 보여 주면서 말입니다."

"콜롱바, 피곤하지. 가서 눕지 그러니." 오르소가 의자에 앉은 채로 안절부절못하면서 말했다.

콜롱바는 거절한다는 뜻으로 고개를 저었다. 그녀는 평소의 침착함을 되찾았다. 그리고 맹렬한 시선으로 지사를 바라보았다.

"바리치니 씨는 이런 적대관계…… 즉 양쪽이 서로 대립하는 불안한 상태가…… 이제 끝나기를 바라고 있습니다…… 저로서도 당신이 시장과 서로 인정하는 바람직한 관계를 맺었으면 좋겠습니다……."

"지사님." 오르소가 격한 목소리로 그 말을 끊었다. "저는 한 번도 바리치니 변호사가 제 아버지를 죽였다고 생각한 적이 없습니다. 하지만 그가 한 행동 때문에 저는 영영 그 사람과 어떤 관계를 맺을 수 없게 되었습니다. 그는 어느 도피자의 이름으로 된 협박 편지를 위조했습니다…… 적어도 그 위조죄를 암암리에 제 아버지에게 돌렸습니다. 그 편지는, 제 아버지가 죽은 간접적인 원인입니다."

지사는 잠시 말없이 생각에 잠겼다.

"아버님께서 그 격한 성격으로 바리치니 씨를 상대로 법적 다툼을 벌이셨을 때, 그 편지를 그렇게 믿으셨다 해도 무리가 아니지요. 하지만 당신의 그같은 맹목적인 태도는 납득하기 어렵군요. 잘 생각해 보세요. 바리치니 씨는 그 편지를 위조해도 어떤 이익도 없습니다…… 그 사람 성격에 대해서는 말하지 않겠습니다……. 당신은 그를 모릅니다. 그저 선입견만 품고 있겠지요. 하지만 법을 아는 사람이……."

"지사님." 오르소가 자리에서 일어나면서 말했다. "그 편지를 위조한 사람이 바리치니 씨가 아니라고 말하는 것은 곧 제 아버님께 책임을 전가하는 것과 같다는 사실을 생각해 주세요. 아버지의 명예는 제 명예입니다."

"아니, 저는 누구보다도 델라 레비아 대령의 결백함을 확신하고 있습니다……. 그런데 그 편지를 쓴 장본인이 밝혀졌어요."

"누군데요?" 콜롱바가 지사를 향해 다가서며 외쳤다.

"한심한 놈이지요. 몇 차례 죄를 저지른 전적도 있고……. 그것도 코르시카인들이 결코 용서할 수 없는 죄입니다. 그놈은 도둑이에요. 토마소 비안키라고 하는데, 지금은 바스티아 감옥에 있습니다. 이자가 그 끔찍한 편지를 썼다고 스스로 밝혔어요."

"그게 누굽니까. 대체 왜 그런 짓을 했답니까?"

"이 동네 사람이에요. 예전에 우리 방앗간을 돌보던 제분업자의 동생이지요. 악당이고 거짓말쟁이인지라 그의 말은 믿을 가치가 없어요."

"아니, 그자와 이 사건 사이에는 이해관계가 있었습니다. 들어 보세요. 동생분이 말하는 제분업자는 테오도르로, 대령의 물레방아를 세내고 있었습니다. 그런데 바리치니 씨가 그 물레방아를 돌리는 시냇물 소유권을 놓고 대령에게 소송을 걸었던 겁니다. 늘 그렇듯 관대한 대령은 물레방아로부터 거의 아무런 이익도 취하지 않고 있었습니다. 이런 상황에서 토마소는 만약 바리치니 씨가 시냇물을 얻는다면 형이 막대한 임대료를 내야 할 거라고 생각한 겁니다. 바리치니 씨가 돈에 집착한다는 사실을 알고 있었으니까요. 결국 형을 돕기 위해 도피자의 편지를 위조한 겁니다. 이것이 사건의 전말입니다. 아시다시피 코르시카에서는 가족 유대가 강해서 이따금 그것이 범죄로까지 연결되기도 합니다……. 검사가 내게 보낸 편지를 보시지요. 방금 말씀드린 내용을 확인하실 수 있을 겁니다."

오르소는 편지를 읽었다. 거기에는 토마소의 자백이 상세하게 적혀 있었다. 콜롱바도 오빠 어깨 너머로 함께 읽었다.

편지를 다 읽자 콜롱바가 외쳤다.

"한 달 전 오를란두치오 바리치니는 오빠가 돌아온다는 소식을 알자 바스티아에 다녀왔어요. 그때 토마소를 만난 게 틀림없어요. 돈으로 거짓말을 샀을 거예요."

"아가씨!" 지사가 참지 못하고 큰 소리로 말했다. "아가씨는 모든 것을 비겁한 가정으로 설명하는군요. 이것이 진실을 찾는 방법입니까? 당신은 냉철한 사람이니 솔직하게 말해 보세요. 당신은 어떻게 생각합니까? 아가씨와 같은 의견인가요? 잠깐만 징역을 살다 나오면 될 사람이 알지도 못하는 사람을 돕기 위해 기꺼이 위증을 할 거라고 생각합니까?"

오르소는 주의를 기울여 한마디 한마디 무게를 재면서 검사의 편지를 다시 읽었다. 그는 바리치니 변호사를 직접 보고 나서 스스로를 납득시키기가 며칠 전에 비해 더 어려워졌음을 느끼고 있었다. 그러나 그는 이 설명이 충분하다고 인정해야만 했다. 콜롱바가 강하게 외쳤다.

"토마소 비안키는 음흉한 자예요. 그는 어떤 형도 선고받지 않거나 탈옥할 거예요. 확신해요."

지사가 어깨를 으쓱해 보였다.

"난 그저 내가 보고받은 사실들을 전해 드렸을 뿐입니다. 이만 갈 테니 잘 생각해 주세요. 당신의 이성이 당신을 인도해 주길 기대합니다. 그 이성이…… 동생분의 억측보다 더 강하길 바랍니다."

오르소는 콜롱바를 변호하기 위해 몇 마디 한 뒤 이제는 토마소에게 죄가 있다고 믿는다고 되풀이해서 말했다.

지사는 일어서서 돌아가려고 했다.

"너무 늦지 않았다면 네빌 양의 편지를 가지러 나와 함께 가자고 할 텐데요…… 그러면 당신도 방금 내게 한 말을 바리치니 씨에게 말할 수 있을 거고요. 그러면 모든 일이 원만하게 끝나겠죠."

"오르소 델라 레비아가 바리치니 집에 발을 들여놓는 일은 결코 없을 겁니다." 콜롱바가 맹렬하게 외쳤다.

"아가씨가 이 집의 tintinajo*51인가 보군요." 지사가 차갑게 말했다.

"지사님." 콜롱바가 힘주어 말했다. "지사님은 속고 계세요. 변호사가 어떤 인물인지 몰라요. 그는 가장 교활하고 가장 음흉한 사람이에요. 부탁드려요. 오르소가 자신을 수치스럽게 만들 행동을 하지 않게 하세요."

"콜롱바! 대체 왜 그래. 제정신이니?"

"오르소! 오르소! 제가 준 상자를 두고 애원하는데, 제발 제 말 좀 들어요. 오빠와 바리치니 사이에는 피가 흘러요. 그놈들 집에 가면 안 돼요!"

"뭐라는 거니!"

"아니에요, 가면 안 돼요. 오빠가 만약 간다면 저는 집을 나가겠어요. 오빠를 두 번 다시 보지 않겠어요…… 오르소, 제발 저를 가엾게 여겨 주세요."

이렇게 말하며 그녀는 무릎을 꿇었다.

"유감이에요. 델라 레비아 양이 저토록 이성을 잃고 고집을 부리시다니. 그래도 당신은 설득할 수 있을 거예요. 확신해요."

지사는 문을 반쯤 열고 멈춰 섰다. 오르소가 따라 나오길 기다리는 것처럼 보였다.

"지금은 동생을 내버려 둘 수 없습니다……내일, 만약에……."

"저는 아침 일찍 떠납니다."

"오빠, 하다못해 내일 아침까지 기다려주세요." 콜롱바가 두 손을 모아 쥐고 외쳤다. "제가 아버지의 서류를 다시 한 번 보게 해주세요…… 그것까지 안 된다고 하지 마세요."

"어쩔 수 없구나! 오늘 밤에 봐라. 하지만 이제 더 이상 그 과장된 증오로 나를 괴롭히지는 말아다오…… 죄송합니다, 지사님…… 제 마음이 편하지가 않아서…… 내일 아침에 뵙는 게 좋겠습니다."

"한잠 자고 나면 괜찮아지겠지요." 지사가 물러가며 말했다. "내일은 당신의 우유부단이 해결되기를 바랍니다."

"사베리아, 램프를 들고 지사님을 모셔다드려. 지사님이 오빠한테 온 편

---

*51 양 떼 선두에 서는 방울 달린 숫양. 집안에서 모든 중요한 일을 지휘하는 사람을 말한다. 〔원주〕

지를 주실 거야."

그리고 두세 마디 덧붙였는데, 사베리아만 들을 수 있었다.

"콜롱바, 너는 나를 너무 힘들게 하는구나." 지사가 떠나자 오르소가 말했다. "언제까지 명백한 사실을 거부할 셈이니?"

"내일까지 시간을 주셨잖아요. 시간이 별로 없지만 저는 아직 희망을 품고 있어요."

그녀는 열쇠 꾸러미를 들고는 2층 방으로 달려갔다. 정신없이 서랍이 열리고, 델라 레비아 대령이 생전에 중요한 서류를 보관하던 책상 뒤지는 소리가 들려왔다.

14

사베리아는 좀처럼 돌아오지 않았다. 오르소의 초조함은 극에 달했다. 마침내 사베리아가 다시 모습을 보였는데, 한 손에는 편지를 들고 뒤에는 어린 실리나를 데리고 왔다. 소녀는 눈을 비비며 들어왔다. 잠에서 막 깬 것 같았다.

"넌 뭐하러 왔니?"

"아가씨께서 부르셔서요."

'뭐야! 뭘 하려는 거야?'

오르소는 생각했다. 하지만 아무 말 없이 서둘러 리디아 양의 편지를 펼쳐보았다. 그가 편지를 읽는 사이에 실리나는 콜롱바를 만나러 올라갔다.

'아버지가 몸이 안 좋으셨어요.' 네빌 양의 편지는 이렇게 시작되었다. '게다가 어찌나 편지 쓰시길 귀찮아하시는지 제가 비서 노릇을 하게 되었답니다. 얼마 전 아버지께서 우리와 함께 경치를 보는 대신 바다에 발을 적시셨던 것 기억하시지요. 이 멋진 섬에서는 열병에 걸리기에 그것만으로도 충분하더군요. 당신이 지금 어떤 표정을 지을지 알겠군요. 분명히 비수를 찾고 있겠죠. 하지만 사라져버렸길 바랍니다. 아버지는 약간 열이 있었고, 저는 많이 두려웠답니다. 그런데 지사가 말이죠, 거듭 말씀드리지만 이분은 상당히 좋은 분 같은데요. 이 사람이 매우 친절한 의사를 소개해 주었어요. 그는 이틀 만에 우리의 걱정을 해결해 주었어요. 발작은 두 번 다시 일어나지 않았고, 아버지는 벌써부터 또 사냥하러 가고 싶어 하세요. 하지만 제가 절대로 안 된다고 했어요. 산속에 있는 당신 저택은 어떠한가요? 북쪽 탑은 여전히 제자리에 있던가요? 유령은 없나요? 왜 이런 것을 물어보냐면 당신이 약속한 사슴, 멧돼지, 야생 양을 아버지가 잊지 않고 계시기 때문이에요. 그 이상한 짐승을 야생 양이라고 부르는 것 맞지요? 바스티아로 배를 타러 가면서 당신에게 신세를 질까 해요. 당신이 그토록 오래되고 낡았다고 하는 델라 레비아 성이 우리 머리 위로 무너져 내리지 않길 바랍니다. 지사는 너무 좋은 분으로 그와 있으면 이야깃거리가 마를 줄을 모르지만, 참고로 말씀드리자면 실은 이것이 저 때문이라는 사실을 자랑해야겠네요. 우리는 당신 나라에 대해서 이야기했어요. 바스티아의 검사가 현재 감옥에 갇혀 있는 악당의 자백을 지사에게 보냈습니다. 이 자백은 당신의 마지막 의심을 없애줄 수 있다고 생각해요. 당신의 적의는 가끔 나를 불안하게 하지만, 이제 드디어 사라지게 되었네요. 이 사실이 얼마나 나를 기쁘게 하는지 당신은 상상도 할 수 없을 거예요. 당신이 아름다운 보체라트리체와 함께 총을 한 손에 들고 어두운 눈빛으로 떠날 때 평소보다 훨씬 코르시카인처럼 보였어요⋯⋯. 심지어 지나쳤지요. 바스타! *52 너무 지루해서 길게 편지를 썼네요. 안타깝게도 지사도 곧 떠나요. 우리도 당신네 산으로 가게 되면 편지를 보내겠어요. 콜롱바 양에게도 편지를 써서 Ma solenne *53 브루치오를 만들어 달라고 부탁하려고 해요. 어쨌든 콜롱바 양에게 제 우정을 전해주세요. 저는 그녀가 준 비수를 잘 쓰고 있어요. 그걸로 제가 가져온 소설의 페이지를 자르지요. 그런데 그 무서운 칼이 감히 자기를 그런 일에 쓰냐고 화를 내는 것 같아요. 책이 무참히 베이고 있어요. 그럼 안녕. 아버지가 당신께 우정의 인사를 건네시는군요. 지사가 하는 말에 귀를 기울이세요. 그는 좋은 충고를 하는 사람이에요. 일부러 길을 돌아가는 거예요. 바로 당신을 위해서. 코르트에 정초식이 있어서 참석하러 간대요. 그것은 매우 중요한 의식이라고 알고 있어요. 참석하지 못해 유감이에요. 수놓은 제복에 비단 양말을 신고 현장을 두른 신사가 손에 흙손을 든 모습이라니! 그리고 한 차례 연설, 무수히 반복되는 국왕 폐하 만세! 라는 외침과 함께 행사는 끝나겠지요. 제가 당신에게 편지를 네 장이나 써서 기분이 좋으시겠어요. 그러나 되풀이해서 말하지만,

---

*52 Basta. 이미 충분하다는 이탈리아어.

*53 명성에 걸맞은.

지루해서 그런 거예요. 그러니까 제게도 긴 편지를 쓰세요. 그런데 당신이 무사히 피에트라네라 캐슬에 도착했다는 이야기를 아직 제게 단 한마디도 써 보내지 않다니 참 대단하세요.'

리디아

　추신. 지사의 말을 잘 듣고 그가 말한 대로 하길 바랍니다. 우리는 당신이 그렇게 해야 한다고 결정했어요. 그래서 당신이 그렇게 해주신다면 저로서는 아주 기쁘겠어요.

　오르소는 이 편지를 서너 번이나 되풀이해 읽었다. 그리고 한 번 읽을 때마다 속으로 수많은 주석을 붙였다. 그러고는 긴 답을 써서, 그날 밤 아작시오로 떠나는 마을 사람에게 전달하라고 사베리아에게 심부름을 시켰다. 이미 그는 바리치니 집안의 주장이 진실인지 거짓인지 동생과 논하는 것 따위 생각하지도 않았다. 리디아 양의 편지 덕분에 그에게는 모든 것이 장밋빛으로 보였다. 더 이상 의심도 증오도 없었다. 한동안 동생이 내려오기를 기다렸지만 통 내려오지 않자 포기하고 잠을 자러 갔다. 오랫동안 느껴보지 못한 홀가분한 기분이었다. 한편 비밀 지령을 받고 실리나가 돌아가자, 콜롱바는 밤을 꼬박 새우며 오래된 서류들을 읽었다. 날이 밝기 조금 전에 작은 조약돌 몇 개가 그 방 창문을 때렸다. 이 소리가 들리자 그녀는 정원으로 내려가 비밀 문을 열어 인상이 매우 험악한 두 남자를 집으로 들어오게 했다. 그녀가 제일 먼저 한 것은 그들을 부엌으로 데려가 밥을 먹이는 일이었다. 이들이 누구인지는 잠시 뒤에 알게 될 것이다.

15

　아침 6시쯤에 지사의 하인 하나가 오르소의 집 문을 두드렸다. 콜롱바가 문을 열자 그자는 지사가 떠나려고 하며 오빠를 기다리고 있다고 말했다. 콜롱바는 주저하지 않고 오빠가 계단에서 넘어져 한 발자국도 걸을 수 없는 상태라 외람되지만 지사님께서 몸소 이곳으로 오시면 감사하겠다고 말했다. 조금 뒤 오르소가 내려와 지사가 자기를 부르러 사람을 보내지 않았는지 동생에게 물었다.

"여기서 기다리래요." 그렇게 답하는 그녀의 목소리는 태연했다.

바리치니의 집 쪽에서는 아무런 움직임도 보이지 않았다. 그렇게 반 시간이 흘렀다. 그동안 오르소는 콜롱바에게 무언가를 찾았는지 물었다. 그녀는 지사 앞에서 설명하겠다고 했다. 그녀는 매우 냉정하게 보였지만, 얼굴색과 눈빛을 보면 가만히 있을 수 없을 정도로 흥분했음을 알 수 있었다.

드디어 바리치니의 집 문이 열리는 게 보였다. 여행 복장을 한 지사가 먼저 나오고 시장과 두 아들이 그 뒤를 따랐다. 이 도에서 가장 높으신 분이 떠나는 모습을 보기 위해 새벽부터 기다리고 있던 피에트라네라 주민들은 지사가 바리치니 집안사람 셋을 거느리고 광장을 곧장 가로질러 델라 레비아의 집으로 가는 것을 보고 깜짝 놀랐다. "휴전이야!" 정세에 밝은 사람들이 외쳤다.

"봐라, 내가 말하지 않았나?" 한 노인이 덧붙였다. "오르소 안토니오는 대륙에서 너무 오래 살아서 기개 있는 사람답게 행동할 수 없게 되었다고."

"하지만 바리치니 집안 사람들이 오르소를 만나러 가고 있잖아요. 자비를 바라는 거예요." 이렇게 말하는 사람은 레비아 쪽 사람이었다.

"지사가 모두를 감언이설로 속인 거야." 노인이 말을 바꿨다. "요즘 사람들은 용기가 없어. 젊은 사람들이 아버지가 흘린 피에 대해 어떻게 생각하는지 보면 그야말로 사생아나 다름없다니까."

오르소가 두 발로 서서 건강하게 걷는 것을 보고 지사는 놀랐다. 콜롱바는 간단하게 거짓말을 한 이유를 말하고 용서를 구했다.

"지사님께서 다른 곳에 묵으셨다면 오빠는 어제 당장 인사를 드리러 갔을 거예요."

당황한 오르소는 변명하느라 애썼다. 자신은 이 우스꽝스러운 장난과 아무런 상관도 없고 자신도 기분이 상했다고 힘주어 말했다. 지사와 늙은 바리치니는 유감을 표하는 오르소의 진실함을 믿는 듯이 보였다. 오르소의 당혹감과 여동생에 대한 질책이 그 점을 충분히 입증해주었다. 하지만 시장의 아들들은 만족스러워하는 표정이 아니었다.

"우리를 놀리고 있어." 사람들에게 들릴 만큼 높은 목소리로 오를란두치오가 말했다.

"만일 내 여동생이 이랬다면 그 자리에서 당장 혼쭐을 내줬을 거야." 빈센텔로도 한마디 했다.

이 말과 어조는 오르소를 불쾌하게 했고 그의 선의를 얼마간 사라지게 만들었다. 그가 두 젊은 바리치니와 주고받은 시선에는 조금도 호의가 보이지 않았다.

어쨌든 모두 앉았다. 콜롱바만은 예외로 부엌 통로 가까이에 서 있었다. 먼저 지사가 입을 열었다. 이 고장의 편견에 대해 상투적인 몇 마디를 늘어놓은 뒤 가장 뿌리 깊은 반목도 대부분 오해에 원인을 두고 있다는 사실을 지적했다. 그리고 시장을 향해, 델라 레비아 씨는 아버지를 앗아간 매우 유감스러운 사건에 바리치니 집안이 직접적으로든 간접적으로든 관계되어 있다고는 생각해 본 적이 없다고 말했다. 그는 사실 두 집안 사이에 있었던 소송과 관련하여 약간의 의혹을 가지고 있었으나 그것도 오르소 씨의 오랜 부재와 그가 얻은 정보의 성격에 의해 설명될 수 있고, 최근에 밝혀진 사실 덕분에 이제는 그 의혹도 사라져서 오르소 씨는 완전히 만족했으며 바리치니 씨 및 그의 아들들과 잘 지내고 싶어 한다고 했다.

오르소는 어색한 표정으로 고개를 숙였다. 바리치니 씨가 입속으로 두세 마디 중얼거렸지만 아무도 알아듣지 못했다. 그의 두 아들들은 천장 들보를 바라보았다. 지사는 연설을 계속하면서 방금 바리치니 씨에게 이야기한 바에 대하여 오르소에게 인사를 하려고 했다. 바로 그때 콜롱바가 숄 아래에서 서류 몇 장을 꺼내더니 휴전협정 회의장 한가운데로 조용히 나아갔다.

"나도 두 집안 사이의 싸움이 끝난다면 기쁘겠어요. 하지만 진지한 화해를 위해서는 모든 걸 해명하고 그 어떤 의혹도 남겨 두어서는 안 됩니다. ……지사님, 토마소 비안키의 진술은 평판이 좋지 못한 사람의 것인 만큼 적잖이 의심스럽습니다. ……그쪽 아드님이 아마도 바스티아 감옥에서 그를 만났을 거라고 제가 말씀을 드린 바 있지요……."

"그것은 거짓말입니다. 한 번도 만난 적이 없어요." 오를란두치오가 끼어들었다.

콜롱바는 그에게 경멸이 담긴 시선을 던지고는 겉으로 보기에는 매우 냉정하게 말을 이어갔다.

"지사님께서는 토마소가 무시무시한 도피자의 이름으로 협박장을 써서 얼는 이익이란 게, 자기 형에게 제 아버지가 싼값에 임대하고 있는 물레방아를 그대로 지켜내는 것이라고 설명하셨지요?"

"그렇소."

"그 비안키라는 한심한 자가 그런 짓을 했다면 모든 일이 설명되는 것 같아." 여동생의 누그러진 태도에 속아 오르소가 말했다.

"위조된 편지는 날짜가 7월 11일로 되어 있습니다." 콜롱바는 말을 이었다. 그 눈은 갑자기 강렬하게 빛나기 시작했다. "이때 토마소는 자기 형의 집, 다시 말해 물레방앗간에 있었습니다."

"그렇지." 시장은 약간 불안해져 말했다.

"그렇다면 토마소 비안키가 무슨 이해관계를 가지고 있었다는 거죠?" 콜롱바는 의기양양하게 외쳤다. "그 형의 임차기한은 이미 끝났어요. 제 아버지는 7월 1일자로 계약을 해제하셨으니까. 여기에 아버지의 장부가 있어요. 해약 각서와, 새로운 제분업자를 추천하는 아작시오의 사업가 편지가 있어요."

이렇게 말하면서 그녀는 손에 든 서류를 지사에게 건넸다.

모두 놀랐다. 시장의 얼굴은 눈에 띌 정도로 창백했다. 오르소는 눈썹을 찌푸리면서 지사가 주의 깊게 읽고 있는 서류를 보기 위해 앞으로 나아갔다.

"우리를 놀리는 거야!" 오를란두치오는 화를 내며 자리에서 일어섰다. "가요, 아버지, 여기 오지 말았어야 했어요!"

바리치니 씨가 냉정을 찾는 데는 한순간이면 충분했다. 그는 서류를 보자고 했다. 지사는 한마디도 하지 않고 그에게 서류를 주었다. 그는 초록색 안경을 이마로 올리고는 꽤 무관심한 표정으로 서류를 훑어보았다. 그동안 콜롱바는 새끼들이 있는 굴에 다가오는 사슴을 노리는 암호랑이처럼 그를 바라보았다.

"하지만." 바리치니 씨가 안경을 내리고 지사에게 서류를 돌려주면서 말했다. "돌아가신 대령님의 관대함을 알고……토마소는 생각했어요……아니 생각했을 겁니다……. 대령님이 계약을 해지하기로 한 결정을 번복하실 거라고……. 실제로 그는 계속 물레방아를 맡았지요. 따라서……."

"그에게 계속 물레방아를 맡게 해준 건 저예요." 콜롱바가 경멸하는 어조로 말했다. "아버지가 돌아가시고 나서 저는 우리 집안과 가까운 사람들을 배려해야만 했지요."

"하지만 토마소는 자기가 편지를 썼다고 인정했소……. 그건 분명해요." 지사가 말했다.

"제가 보기에 분명한 것은." 오르소가 끼어들었다. "이 일에 아주 비겁한 뭔가가 감추어져 있다는 사실이군요."

"저는 이분들 말에 반박할 수 있어요." 콜롱바가 말했다.

그녀는 부엌문을 열었다. 그러자 기다렸다는 듯이 브란돌라치오와 신학생, 그리고 브루스코라는 개가 방 안으로 들어왔다. 두 도피자는 무기를 갖고 있지 않았다. 적어도 겉으로 보기에는 그랬다. 허리에 탄약통을 매달고 있었지만 이에 꼭 필요한 도구인 총이 없었던 것이다. 들어오면서 그들은 공손하게 모자를 벗었다.

그들의 갑작스런 출현이 가져온 효과는 쉽게 상상할 수 있으리라. 시장은 뒤로 벌렁 나자빠지는 줄 알았고, 두 아들은 용감하게 아버지 앞에 나서더니 재킷 주머니에서 비수를 찾았다. 지사는 문 쪽으로 뛰어갔고, 오르소는 브란돌라치오의 멱살을 잡고 외쳤다.

"여기에 뭐 하러 왔어? 바보 같은 놈아!"

"함정이야!" 허둥지둥 문을 열려고 하면서 시장이 소리쳤다. 하지만 그 문은 사베리아가 바깥에서 이중으로 잠가놓았다. 그것은 나중에 판명이 났듯이 도피자들이 지시해 놓은 일이었다.

"여러분!" 브란돌라치오가 입을 열었다. "저를 두려워하지 마세요. 얼굴은 까맣지만 악마는 아닙니다. 우리는 결코 나쁜 의도를 갖고 있지 않습니다. 지사님, 걱정 마십시오……. 중위님, 좀 살살 잡으세요. 질식하겠어요. ……우리는 이곳에 증인으로 왔습니다. 자, 말하게 신부, 자넨 수다스러운 사람이 아닌가."

"지사님." 신학생이 입을 열었다. "뵙게 되어 영광입니다. 저는 지오칸토 카스트리코니라고 합니다. 신부라는 별칭으로 더 많이 알려져 있지요. 아! 저를 기억하시는군요! 저는 이제까지 콜롱바 아가씨를 만나 뵌 적은 없지만, 아가씨께서 제가 3주 전 바스티아 감옥에서 함께 지낸 토마소 비안키라는 자에 대해 아는 바를 알려 달라고 사람을 시켜 부탁하셨습니다. 그래서 제가 드릴 말씀은……."

"소용없소." 지사가 말했다. "당신 같은 사람한테서 들을 말은 없어요……. 델라 레비아 씨, 나는 당신이 이 비겁한 음모에 연루되어 있지 않다고 믿고 싶습니다. 그런데 당신은 이 집 주인이 맞소? 그렇다면 이 문을 열라고 하시오. 당신 여동생은 도피자들과 맺고 있는 기괴한 관계에 대해 해명해야 할 거요."

"지사님, 부디 이자가 하는 말을 들어주세요. 당신은 모두에게 정의를 보여 주기 위해 여기 계십니다. 당신의 의무는 진실을 규명하는 것이 아닙니까. 말해요, 지오칸토 카스트리코니."

"들을 필요 없어요!" 바리치니 집안사람 세 명이 합창하듯 외쳤다.

"모두 동시에 말을 하면 제가 말을 할 수 없지 않습니까." 도피자가 웃으면서 말했다. "말하자면 저는 친구가 아닌 감방 동기로 토마소를 알았습니다. 그는 오를란두치오 씨의 방문을 받았지요……."

"거짓말입니다!" 두 형제가 동시에 외쳤다.

"두 번 부정은 긍정이지요." 카스트리코니가 차갑게 말했다. "토마소는 돈이 많았어요. 최고급으로 먹고 마셨습니다. 저는 입이 고급이지요(가장 사소한 제 약점이지만). 그래서 그 웃기는 친구와 사귀기는 싫었지만 몇 번 저녁을 같이 먹었어요. 그리고 고마움의 표시로 같이 탈옥하자고 제안했지요……제가 친절을 베푼 어떤 사람이 탈옥할 방도를 제공해 주었거든요……. 아니, 저는 아무에게도 폐를 끼치고 싶지 않기 때문에 그 이름은 말할 수 없습니다. 그런데 토마소는 싫다고 했습니다. 자기는 괜찮다고 하더군요. 바리치니 변호사가 모든 판사에게 자기 이야기를 해두었을 테니, 자기는 주머니에 돈을 두둑하고 넣고서 눈처럼 깨끗하게 무죄로 출소할 거라고 했습니다. 뭐, 저는 어쨌든 시원한 바깥 공기를 쐬어야겠다고 생각했고요. 이상입니다."

"이 사람이 한 말은 모두 거짓말입니다." 오를란두치오가 되풀이해 말했다. "만약 우리가 각자 총을 갖고 벌판에 있었다면 이렇게 말했겠습니까?"

"쳇!" 브란돌라치오가 외쳤다. "오를란두치오, 신부와 다투어서 좋을 게 뭐가 있겠소?"

"나를 나가게 해주겠소, 델라 레비아 씨?" 지사가 조바심에 발을 구르며 말했다.

"사베리아! 사베리아! 문을 열어! 이게 대체 무슨 짓이야!" 오르소가 소리쳤다.

"잠깐." 브란돌라치오가 말했다. "우리가 먼저 가야겠습니다. 지사님, 양쪽과 동시인 친구인 사람 집에서 만났다가 헤어질 때는 반 시간 정도 서로 휴전하는 게 예의입니다."

지사는 그에게 경멸에 찬 시선을 던졌다.

"모두들 안녕히 계십시오." 브란돌라치오가 말했다. 그리고 팔을 내뻗으며 개에게 명령했다. "자, 브루스코, 지사님을 위해 뛰어!"

개는 펄쩍 뛰어올랐다. 도피자 두 사람은 서둘러 부엌에 놔뒀던 총을 집어 들고는 정원 쪽으로 도망쳤다. 날카로운 휘파람 소리와 함께 마법처럼 문이 열렸다.

"바리치니 씨." 오르소는 분노를 억누르며 말했다. "당신은 위조범이오. 오늘 당장 위조 및 비안키와의 공모 혐의로 당신을 검찰에 고발하겠소. 어쩌면 당신에 대한 더 무서운 고발이 남아 있을지도 모르겠습니다."

"그렇다면 나는 매복 및 도피자들과의 공모 혐의로 당신을 고발하겠소. 이미 그 전에 지사님께서 당신을 헌병대에 넘길 테지만."

"지사는 지사로서의 의무를 다할 것입니다." 지사가 거칠게 말했다. "피에트라네라의 질서가 흔들리지 않도록 감시하고 법의 위엄이 준수되도록 할 것입니다. 이건 당신들 모두에게 하는 말입니다!"

시장과 빈센텔로는 이미 방을 나갔고, 오를란두치오는 뒷걸음질로 그들을 따라갔다. 그때 오르소가 그에게 작은 목소리로 말했다.

"당신 아버지는 비실비실하니 내 따귀 한 방이면 그냥 뭉개질 거야. 내 상대는 당신이야. 당신과 당신 동생."

대답 대신 오를란두치오는 비수를 꺼내 미친 사람처럼 오르소에게 달려들었다. 그러나 그가 무기를 쓰기도 전에 콜롱바가 그의 팔을 움켜쥐고는 힘차게 비틀었다. 오르소는 그의 얼굴에 주먹을 날렸고 그는 뒤로 밀려나며 문틀에 세게 부딪쳤다. 오를란두치오의 손에서 비수가 떨어졌다. 하지만 빈센텔로가 비수를 꺼내 들고는 방으로 다시 들어왔다. 콜롱바가 잽싸게 총을 집어들었다. 승부는 이미 결정된 것이나 다름없었다. 이때 지사가 싸우는 사람들 사이로 뛰어들었다.

"또 보자고, 오르산톤!" 오를란두치오가 외쳤다. 그는 거칠게 문을 닫고는 퇴각할 시간을 벌기 위해 문을 잠갔다.

오르소와 지사는 방의 양쪽 끝에서 15분 정도 아무 말도 하지 않고 가만히 있었다. 콜롱바의 이마는 승리의 자부심으로 빛났다. 그녀는 승부를 결정지은 총에 기대어 서서 그들을 번갈아 바라보았다.

"세상에! 이 나라는 정상이 아니야!" 마침내 지사는 화가 나 일어서며 외쳤다. "델라 레비아 씨, 당신은 잘못했소. 나는 당신이 모든 폭력 행위를 삼가고, 당국이 이 저주받은 사건에 대해 어떤 결정을 내릴 때까지 기다리겠다고 맹세할 것을 요구합니다."

"지사님, 물론 제가 한심한 인간을 때린 것은 잘못입니다. 하지만 어쨌든 저는 그를 때렸습니다. 그러므로 그가 제게 바라는 것을 거절할 수는 없습니다."

"아니오! 그는 당신과 싸우기를 원치 않소……. 하지만 그가 당신을 암살한다면…… 당신이 화를 자초한 셈이오."

"조심하겠어요." 콜롱바가 말했다.

"오를란두치오는 용기 있는 젊은이인 듯합니다. 그에 대해서는 낙관적인 예측을 하겠습니다. 그도 비수를 꺼낸 것은 성급했어요. 하지만 제가 그자와 같은 입장이었더라도 아마 똑같이 행동했을 겁니다. 제 여동생이 멋쟁이 아가씨의 손을 갖고 있지 않아 다행입니다."

"결투는 안 돼요! 그것은 내가 금합니다." 지사가 외쳤다.

"외람되지만, 지사님, 명예에 관한 한 저는 제 양심만을 믿습니다."

"아, 결투는 안 된다니까요!"

"지사님은 저를 체포할 수 있습니다……제가 순순히 잡힌다면 말이에요. 하지만 그래 봤자 이미 피할 길이 없어진 일을 잠시 뒤로 미루는 것뿐입니다. 지사님도 명예를 소중히 여기는 분이시지요. 따라서 다른 선택이 없다는 걸 잘 아실 겁니다."

"오빠가 체포되면 마을의 절반이 오빠 편에 설 것이고, 멋진 총격전이 벌어질 거예요."

"지사님, 미리 말씀 드리지요. 부탁입니다. 제가 허세를 부린다고는 생각하지 말아주십시오. 만약 바리치니 씨가 저를 체포하기 위해 시장의 권력을 남용한다면 저는 완강하게 저항할 것입니다."

"오늘부터 바리치니 씨의 직권은 정지되었습니다…… 그는 자신의 결백을 입증할 것입니다…… 자, 문제는 당신이에요. 제가 당신에게 요구하는 것은 별거 아닙니다. 내가 코르트에서 돌아올 때까지 집에 가만히 계세요. 사흘이면 됩니다. 그러면 내가 검사를 데리고 돌아와서 이 끔찍한 문제를 완벽하게 정리하겠습니다. 그때까지 모든 적대행위를 삼가겠다고 약속해 주시겠습니까?"

"약속할 수 없습니다. 제 예상대로 오를란두치오가 싸움을 걸어온다면 다 허사일 테니까요."

"뭐라고요! 델라 레비아 씨, 프랑스 군인인 당신이 위조 행위가 의심되는 사람과 싸운다는 겁니까?"

"지사님, 저는 그를 때렸습니다."

"당신이 노예선 죄수를 때려서 그가 사과를 요구한다 해도 당신은 그와 싸울 겁니까? 오르소 씨! 좋아요, 그럼 더 작은 것을 요구하겠습니다. 오를란두치오에게 싸움을 걸지 마세요……. 그가 싸움을 걸어온다면 싸우는 것을 허락하겠습니다."

"싸움을 걸 겁니다. 틀림없이. 하지만 또다시 그의 뺨을 때려 싸움을 유도하지는 않겠습니다."

"야아, 이 나라는 정상이 아니야!" 지사는 큰 걸음으로 서성이며 되풀이해 말했다. "도대체 언제나 프랑스로 돌아갈까?"

"지사님." 콜롱바가 되도록 상냥한 목소리로 불렀다. "시간도 늦었는데 여기서 점심을 드시지 않겠습니까?"

지사는 웃지 않을 수 없었다.

"아뇨, 여기서 너무 오래 머물렀습니다…… 불공평하다면 불공평하다고 할 수 있으니까요…… 게다가 그 빌어먹을 정초식도 있고! ……가야 해요……델라 레비아 양……어쩌면 오늘 당신은 많은 불상사를 준비했는지도 모르겠군요!"

"지사님, 적어도 제 여동생의 신념이 깊다는 것은 인정해 주셔야 합니다. 뿐만 아니라 이제는 지사님께서도 그 신념에 충분히 근거가 있다고 믿고 계시리라 확신합니다."

"실례하겠습니다." 지사는 손짓을 하며 말했다. "미리 말씀드리지만, 헌병 대장에게 당신의 모든 행동을 감시하라고 명령할 거예요."

지사가 떠나자 콜롱바가 말했다.

"오르소, 여기는 대륙과는 달라요. 오를란두치오는 오빠가 말하는 결투를 이해하지 못해요. 게다가 그런 비열한 인간이 용감한 사람에게나 어울리는 방식으로 죽어서는 안 돼요."

"콜롱바, 넌 참 강해. 칼을 맞지 않게 해주어서 고맙다. 하마터면 큰일 날 뻔했어. 네 작은 손을 다오. 키스를 해야겠다. 그러나 나머지 일은 내가 하는 대로 내버려 두렴. 네가 이해하지 못하는 것들이 있어. 우리 점심이나 먹자. 그리고 지사가 출발하면 어린 실리나를 불러줘. 그 애는 부탁 받은 일을 무척 잘하는 것 같더구나. 그 애를 시켜 편지를 전해야겠다."

콜롱바가 점심을 준비하는 동안 오르소는 자기 방으로 올라가 편지를 썼다.

나를 만나고 싶을 거요. 나도 그렇소. 내일 아침 6시 아쿠아비바 계곡에서 봅시다. 나는 권총을 잘 쏘기 때문에 그것을 쓰자고 제안할 수는 없소. 당신은 소총을 잘 쏜다고 하니 2연발 소총을 쓰기로 합시다. 나는 마을 사람 한 명을 증인으로 데리고 가겠소. 만약 당신 형제가 따라오겠다고 하면 두 번째 증인을 부르고 나에게 알려 주시오. 그럼 나도 증인을 두 명 데려 가겠소.

오르소 안토니오 델라 레비아

지사는 부시장 집에 한 시간 정도 머무르고 바리치니 집에 잠깐 들렀다가 코르토를 향해 떠났다. 겨우 헌병 하나가 호위했다. 15분 정도 지나 실리나는 편지를 오를란두치오에게 전했다.

답장은 좀처럼 오지 않았다. 밤이 되어서야 왔다. 거기에는 바리치니 노인의 서명이 있었다. 바리치니 씨는 오르소가 자기 아들에게 보낸 협박장은 검사에게 넘긴다고 썼다. '나는 자신의 결백함을 확신하고 있으며, 법이 당신의 무고죄를 단죄하기를 바란다'고 편지를 맺었다.

그러는 동안 콜롱바의 부름을 받은 목동 대여섯 명이 델라 레비아 탑을 방

비하기 위해 왔다. 오르소는 반대했지만 광장에 면한 창문에는 결국 총안이
설치되었다. 그날 밤 많은 마을 사람들이 찾아와 도움을 자청했다. 신부에게
서도 편지가 한 통 왔다. 그는 만약 시장이 헌병대의 도움을 받는다면 즉시
개입하겠다고 자신과 브란돌라치오의 이름으로 약속했다. 편지 끝에는 추신
이 있었다. '제 친구가 자기 개 브루스코에게 시킨 훈련에 대해 지사님께서
어떻게 생각하시는지 감히 여쭐 수 있을까요? 실리나를 제외하면 이보다 더
유순하고 훌륭한 학생을 저는 알지 못합니다.'

<h1 style="text-align:center">16</h1>

다음 날은 아무 일도 없이 지나갔다. 양쪽 모두 방어로 만족했다. 오르소
는 집에서 한 발자국도 나가지 않았고, 바리치니의 문도 굳게 닫혀 있었다.
경계를 위해 피에트라네라에 남은 헌병 다섯 명이 도시 의용대를 홀로 대표
하는 산림감시원의 도움을 받아 광장과 마을 부근을 돌아다녔고, 부시장은
시장 대리 현장을 두른 채 자리를 지켰다. 대립하는 두 집 창문에 설치된 총
안을 빼면 전쟁을 예고하는 것은 아무것도 없었다. 오로지 코르시카인만이
광장에 우뚝 선 푸른 떡갈나무 둘레에 여자들만 보인다는 사실을 알아차릴
수 있으리라.

저녁 식사 때 콜롱바는 즐거운 표정으로 네빌 양의 편지를 오빠에게 보여
주었다.

친애하는 콜롱바 양, 오랜 적대 관계가 끝났다는 사실을 오빠의 편지로
알게 되어 무척 기뻐요. 오빠가 이곳에 있으면서 전쟁 얘기를 나누거나 사
냥을 함께 나가지 않게 된 뒤로 아버지께서는 아작시오에서 지내는 것이
너무나 지루해지셨나 봐요. 우리는 오늘 출발해요. 아가씨네 친척 집에 가
서 묵을 거예요. 편지는 가지고 있으니까요. 모레 11시쯤 우리는 댁에 도
착하여 산간 지방 부르치오를 맛볼 거예요. 도시 것보다 훨씬 낫다고 하셨
으니까요.

당신의 친구로부터
리디아 네빌

"내 두 번째 편지는 받지 못한 건가?" 오르소가 외쳤다.

"편지 날짜로 보면 오빠 편지가 아작시오에 도착했을 때 리디아 양은 이미 출발했던 것 같아요. 오빠는 리디아 양에게 오지 말라고 하셨나 보군요?"

"계엄 상태라고 했다. 손님을 맞을 상황이 아니니까."

"글쎄요! 이 영국인들은 기이한 사람들이에요. 리디아 양은 제가 그분 방에서 보낸 마지막 밤에 멋진 벤데타를 못 보고 코르시카를 떠나면 유감스러울 거라고 했어요. 어때요, 오르소? 오빠가 원한다면 우리 원수의 집을 공격하는 멋진 광경을 그녀에게 보여줄 수도 있어요?"

"콜롱바, 네가 여자로 태어난 것은 신의 실수야! 멋진 군인이 되었을 텐데."

"그럴지도 모르죠. 여하튼 저는 브루치오를 만들겠어요."

"소용없어. 사람을 보내어 오지 못하게 해야지."

"정말요? 이런 날씨에 심부름꾼을 보낸다고요? 급류가 편지와 함께 그 사람을 휩쓸어 가버리게요? ……이렇게 폭풍우 치는 날에는 도피자들은 정말 불쌍해요! 그나마 좋은 필로니*54가 있으니 다행이지만. 오르소, 이러면 어떨까요? 폭풍우가 멈추면 내일 아침 출발해요. 그러면 그들이 출발하기 전에 친척 집에 도착할 수 있어요. 쉬울 거예요. 리디아 양은 늘 늦게 일어나니까요. 그분들에게 이 동네에서 일어나고 있는 일을 이야기해 주세요. 그래도 오겠다고 하면 그때는 기쁜 마음으로 맞으면 되는 거죠."

오르소는 이 제안에 찬성했다. 콜롱바는 잠시 가만히 있다가 말을 이었다.

"오빠, 아까 바리치니 집을 공격한다고 했을 때 오빠는 제가 농담을 한다고 생각하셨지요? 그런데 실제로 우리가 우세하다는 걸 아세요? 적어도 한 명에 두 명 꼴이에요. 지사가 시장의 직무를 정지시키고 나서 이곳 사람들은 모두 우리 편이 됐어요. 우리는 마음만 먹으면 그들을 혼내줄 수 있어요. 일을 시작하기는 쉬워요. 오빠가 허락하시면 저는 샘으로 가서 그 집 여자들을 놀리겠어요. 그러면 그들은 밖으로 나오겠지요……어쩌면……그들은 비겁하니까 총안에서 몸을 숨긴 채 저를 쏠 거예요. 그러면 우리가 이긴 거나 마찬가지예요. 공격을 한 것은 그들이에요. 패한 자들이 무슨 말을 할 수 있겠어

---

*54 두꺼운 나사로 만든 두건 달린 망토. 〔원주〕

요? 싸움이 한창일 때 누구 총이 명중했는지 어떻게 안단 말이에요? 저만 믿으세요, 오빠. 검은 옷을 입은 관리들이 와서 종이를 더럽히며 쓸데없는 말들을 늘어놓을 거예요. 하지만 결과는 아무것도 없지요. 늙은 여우가 아무리 용을 써봤자 소용없어요. 아! 그때 지사가 빈첸텔로를 막아주지만 않았더라면 한 명이 줄었을 텐데."

콜롱바는 좀 전에 브루치오 만드는 이야기를 할 때와 똑같이 냉정하게 이 모든 이야기를 했다.

오르소는 놀라서 두려움이 섞인 경탄의 눈으로 동생을 가만히 바라보았다.

"콜롱바." 그는 식탁에서 일어나며 말했다. "너는 인간의 탈을 쓴 악마일지도 모르겠다. 하지만 걱정은 하지 마라. 바리치니 집안사람들을 교수대에 보내지 못하더라도 다른 방법으로 끝장내줄 테니까. 뜨거운 탄환이나 차가운 칼로! *55 봐라. 나는 코르시카 말을 잊어버리지 않았다."

"빠르면 빠를수록 좋아요." 콜롱바가 한숨을 내쉬며 말했다. "내일은 어떤 말을 탈 거죠, 오르산톤?"

"검은 말. 왜?"

"보리를 먹여 두려고요."

오르소가 방으로 가자 콜롱바는 사베리아와 목동들에게 가서 자라고 하고, 자신은 혼자 브루치오가 준비되고 있는 부엌에 남았다. 이따금 귀를 기울였다. 오빠가 어서 잠자리에 들기를 기다리는 것 같았다. 그가 마침내 잠들었다고 생각될 때, 그녀는 칼을 집어 들고 날이 섰는지를 확인한 뒤 커다란 신발에 조그만 발을 꿰어 신었다. 그녀는 소리 없이 정원으로 갔다.

담으로 둘러쳐진 정원은 꽤 넓은 공터와 접하고 있었다. 그 공터에 산울타리를 쳐서 말을 두었다. 코르시카 말들은 마구간 따위는 모른다. 대개 들판에 방목하는데, 말들은 스스로 먹이를 찾고 추위와 비를 피한다.

콜롱바는 조용히 정원 문을 열고 풀밭으로 들어가 부드러운 휘파람을 불어 말들을 불렀다. 이렇게 가끔 빵과 소금을 갖다 주곤 한 것이다. 검은 말이 근처로 오자 그녀는 갈기를 세게 움켜쥐고는 비수로 귀를 찢었다. 말은 무섭게 날뛰면서 강렬한 고통으로 날카롭게 울부짖더니 도망가 버렸다. 만

---

*55 Palla calca u farru freddu. 코르시카에서 자주 사용되는 표어. 〔원주〕

족한 콜롱바는 정원으로 돌아왔다. 마침 그때 오르소가 창문을 열며 소리쳤다. "누구야?" 동시에 총을 장전하는 소리가 들려왔다. 그녀에게는 다행스럽게도 정원 문은 완전한 어둠 속에 잠겨 있었고, 무화과 나무 아래 반쯤 가려져 있었다. 오빠 방에 불이 켜졌다 꺼지는 것이 보였다. 오빠가 불을 다시 켜려고 하는 모양이었다. 콜롱바는 서둘러 정원 문을 닫고는 그녀의 검은 옷이 산울타리의 어두운 잎사귀들에 가려지도록 조심조심 벽을 따라 미끄러진 뒤 오르소가 나타나기 직전에 부엌으로 들어가는 데 성공했다.

"무슨 일이에요?"

"누군가 정원 문을 여는 것 같았어."

"그럴 리가 없어요. 개가 짖지 않았잖아요. 어쨌든 가봐요."

오르소는 정원을 한 바퀴 돌았다. 확인해 보니 바깥문은 잘 잠겨 있었다. 그는 공연히 소란을 일으킨 것을 약간 겸연쩍어하면서 자기 방으로 올라가려고 했다. 그때 콜롱바가 말했다.

"오빠, 저는 오빠가 신중해지셔서 기뻐요. 오빠 같은 위치에서는 당연히 그래야지요."

"네가 나를 그렇게 가르치잖니." 오르소가 말했다. "그럼 잘 자라."

다음 날 오르소는 일찍 일어났다. 떠날 준비가 되어 있었다. 그의 옷차림은 호감을 주고픈 여인 앞에 나서는 남자의 우아함과 함께 벤데타를 하고 있는 코르시카인의 신중함을 나타냈다. 허리가 꼭 죄는 푸른색 프록코트 위로 탄환을 담은 작은 양철통을 초록색 비단 끈에 매어 비스듬히 어깨에 둘렀다. 비수는 옆 주머니에 꽂고, 손에는 탄환이 장전된 멋진 영국제 총을 들었다. 콜롱바가 따라준 커피를 서둘러 마시는 동안 목동 하나가 말에 안장을 얹고 고삐를 매기 위해 밖으로 나갔다. 오르소와 여동생은 곧 그를 뒤따라 풀밭으로 들어갔다. 목동이 말을 붙잡았다. 그 순간 안장과 고삐를 떨어뜨렸다. 너무 놀라서 말도 못하는 것 같았다. 한편 전날 밤의 상처를 떠올린 말은 다른 쪽 귀도 잘리지 않을까 두려워 뒷발로 일어서 발길질을 하고 울부짖으며 길길이 날뛰었다.

"뭐하는 거야? 서둘러!" 오르소가 외쳤다.

"아! 오르산톤! 아! 맙소사! 오르산톤! 제기랄!" 목동이 외쳤다.

그의 저주는 계속 이어졌는데, 그 대부분은 여기서 번역이 불가능하다.

"대체 무슨 일이에요?" 콜롱바가 물었다.

모두 말에게 다가갔고, 피범벅이 된 귀를 보고는 놀라 분개했다. 적의 말에 상처를 입히는 것은 코르시카인에게 복수이자 도전이고 살해 협박이라는 사실을 독자들은 알아 둘 필요가 있다. "총알만으로는 이 죄악을 씻을 수 없다." 대륙에서 오랫동안 살았던 오르소는 다른 사람들에 비하면 모욕을 느끼는 정도가 덜했다. 하지만 그 순간 바리치니 편에 속한 누군가가 눈앞에 나타났다면, 적의 소행으로 보이는 그 모욕의 대가를 당장 치르게 했을 것이다.

"비겁한 놈들! 정면으로 맞설 수 없으니까 죄도 없는 짐승에게 앙갚음을 하는구나!"

"무엇을 기다리나요?" 콜롱바가 격하게 외쳤다. "저 사람들이 우리를 도발하고 우리 말들을 해치는데 그냥 잠자코 있다니! 당신들 남자 맞아요?"

"복수합시다!" 목동들이 일제히 외쳤다. "말을 끌고 마을을 한 바퀴 돈 다음 공격해요!"

"바리치니 탑과 붙어 있는 초가 헛간이 한 채 있어요. 내가 가서 불을 지를게요." 늙은 폴로 그리포가 말했다.

다른 목동은 교회 종탑 사다리를 가져오자고 제안했다. 또 다른 목동은 공사 중인 건물에 쓰려고 광장에 놓아둔 들보로 바리치니 집의 문을 부수자고 했다. 이 사나운 목소리들 가운데 콜롱바의 목소리가 유난히 높게 들려왔다. 일을 시작하기 전에 다들 커다란 아니제트(회향주) 술잔부터 받자고 했다.

불행히도, 아니 오히려 다행스럽게도 불쌍한 말에 대한 잔인한 행위에서 그녀가 기대한 효과는 오르소에게는 거의 나타나지 않았다. 그는 이 야만적인 행위가 적들의 소행임을 믿어 의심치 않았다. 특히 오를란두치오를 의심했다. 그러나 자신에게 얻어맞은 이 젊은이가 말의 귀를 찢음으로써 모욕을 씻었다고 생각하기는 어려웠다. 반대로 이 우스꽝스러운 복수는 적들에 대한 그의 경멸을 더 크게 만들 뿐이었다. 그는 이제 지사처럼 그런 인간들은 굳이 맞붙어 싸울 가치도 없다고 생각했다. 진정이 되자 그는 놀란 사람들에게 호전적인 태도를 버려야 한다고 소리 높여 단언했다. 곧 오기로 되어 있는 경찰이 내 말에 대한 복수를 해줄 것이라고 외쳤다.

"나는 이 집 주인입니다." 그는 엄한 어조로 덧붙였다. "내 말에 따라주기를 바랍니다. 다시 한 번 죽이느니 불 지르느니 하는 사람이 있으면 그 사람부터 불구덩이에 던져버리겠소. 자! 회색 말에 안장을 얹도록 해요."

"뭐라고요, 오르소!" 콜롱바가 한쪽으로 그를 잡아끌며 말했다. "그놈들이 우리를 모욕해도 가만히 있겠다고요! 아버지가 살아 계셨더라면 바리치니 쪽 사람들은 감히 우리 말을 해칠 생각도 못했을 거예요."

"그들이 이 짓거리를 후회할 때가 올 거야. 그건 내가 보증하지. 짐승을 상대로 야만적인 행동을 하는 놈들에게는 당국이 엄벌을 내릴 거야. 내가 말했잖니, 경찰이 복수를 해줄 거라고……그렇지 않으면…… 내가 누구 아들인지 떠오르게 할 필요는 없다……."

"아!" 콜롱바가 한숨을 쉬었다.

"잘 기억해 둬." 오르소는 말을 이었다. "내가 돌아와서 바리치니에 대한 공격이 있었다는 사실을 알게 되면 너를 용서하지 않겠다." 그러고는 조금 부드럽게 말을 덧붙였다. "나는 대령과 그 따님을 데리고 돌아올지도 몰라. 아니 그럴 거야. 손님방을 정돈하고 식사를 준비해 둬. 손님들이 편안히 지낼 수 있도록 해줘. 콜롱바, 용기가 있다는 건 좋은 일이야. 하지만 여자라면 집안을 보살필 줄도 알아야 해. 자, 키스해 다오. 얌전히 굴고. 회색 말이 준비되었구나."

"오르소, 혼자 가면 안 돼요."

"아니, 아무도 필요 없어. 귀를 잘라 가게 내버려 두지는 않을 테니까."

"아니요! 전시에 오빠를 혼자 떠나게 둘 수 없어요. 폴로 그리포! 지안 프란체! 멤모! 총을 들고 따라가요."

열띤 논의 끝에 오르소는 호위대가 따라붙는 것을 받아들여야만 했다. 그는 목동들 중 가장 높은 목소리로 전쟁을 시작하자고 말했던 자들을 골랐다. 그리고 여동생과 남은 목동들에게 아까 했던 명령을 되풀이해 말하고는 드디어 출발했다. 이번에는 바리치니 집 앞을 피해서 빙 돌아갔다.

벌써 피에트라네라로부터 꽤 떨어졌다. 일행은 서둘러 말을 몰고 있었다. 늪으로 흘러드는 작은 시냇물을 건너던 늙은 폴로 그리포가 진창 속에 편안하게 누워서 햇볕과 시원한 물을 즐기고 있는 돼지 몇 마리를 발견했다. 그는 즉시 가장 큰 놈을 향해 총을 겨눈 뒤 머리를 쏘아 쓰러뜨렸다. 다른 돼지들은 일제히 벌떡 일어나 도망쳤다. 그들은 놀랍도록 빨랐다. 다른 목동이 또한 번 총을 쏘았지만, 돼지들은 무사히 풀숲으로 들어가 자취를 감추었다.

"바보 같은 놈들! 돼지를 멧돼지로 착각하는 놈이 어디 있어!"

"아니요, 오르산톤." 폴로 그리포가 대답했다. "착각한 게 아닙니다. 저 돼지들은 변호사 거예요. 나와 내 말을 공격하는 놈들에게 한 수 가르쳐주려고 총을 쏜 거예요."

"뭐라고? 악당들 같으니!" 오르소는 화가 머리끝까지 나 소리쳤다. "적들의 파렴치를 흉내 낸다고! 꺼져, 꺼져버려, 한심한 인간들! 당신들 같은 사람들은 필요 없어. 당신들은 돼지들하고 싸우는 데나 어울려. 하느님을 두고 맹세하건대, 따라오면 머리통을 부숴버릴 거야!"

두 목동은 놀란 얼굴로 서로를 바라보았다. 오르소는 말에 박차를 가하며 빠르게 멀어져 갔다.

"거참!" 이렇게 말한 것은 폴로 그리포였다. "이게 뭔가? 친절하게 대해줬더니 이런 대접이라니! 저 사람 아버지 델라 레비아 대령은 자네가 변호사에게 총을 겨눴다고 화를 냈지······ 방아쇠를 당기지 않았다니, 바보야! ······그리고 아들은······ 내가 그를 위해 뭘 했는지 자네도 봤지······ 그런데 그는 마치 포도주 새는 호리병이라도 되는 양 내 머리통을 부수겠다고 하네. 나 참, 대륙에서는 이런 걸 배우는 거야, 멤모!"

"그런데 돼지를 죽인 게 알려지면 그놈이 소송을 걸어올 텐데요. 오르산톤은 판사에게 잘 말해 주지도 않고 변호사에게 돈을 주지도 않을 거예요. 다행히 아무도 보지 못했으니, 네가 성녀님께서 도와주시겠지요."

두 목동은 잠시 이야기를 하다 가장 현명한 방법은 돼지를 늪에 던지는 것이라는 결론을 내렸다. 바로 실행에 옮겼다. 물론 그 전에 델라 레비아 집안과 바리치니 집안 사이의 적대관계에서 생겨난 이 무고한 희생물로부터 각자 고깃덩어리를 몇 점 떼어냈지만 말이다.

17

규율이라고는 없는 호위대로부터 벗어나 오르소는 길을 재촉했다. 적들을 만날지도 모른다는 걱정보다는 네빌 양을 다시 보는 기쁨에 사로잡혀 있었다. '바리치니 가 인간들과의 소송 때문에 나도 바스티아에 가야 할 거야. 그러면 네빌 양과 같이 가지 못할 이유가 뭐야? 바스티아에서 같이 오레차 온천에 가는 것은?' 그는 이런 생각을 했다. 문득 어린 시절 기억이 되살아

나면서 그림 같은 경치가 선명히 떠올랐다. 수백 살이나 된 밤나무 아래 초록빛 잔디밭에 있는 기분이었다. 눈동자처럼 푸른 꽃이 드문드문 흩뿌려진 빛나는 풀밭 위에서 그는 자기 곁에 앉아 웃고 있는 리디아 양을 보았다. 그녀는 모자를 벗고 있었다. 비단실보다 더 섬세하고 부드러운 금발은 나뭇잎 사이로 새어 들어오는 햇빛을 받아 황금처럼 빛났다. 맑고 푸른 그녀의 눈은 하늘보다 푸른 것 같았다. 한 손에 빰을 기댄 그녀는 그가 떨리는 목소리로 건네는 밀어를 조용히 들었다. 그녀는 아작시오에서 마지막으로 보았을 때 입었던 모슬린 드레스 차림이었다. 옷 주름 아래로 검은색 벨벳 구두를 신은 작은 발이 보였다. 그 발에 입을 맞추면 얼마나 행복할까 생각했다. 그런데 리디아 양은 장갑을 끼지 않은 한 손에 데이지 꽃을 들고 있었다. 오르소는 데이지 꽃을 빼앗았고, 리디아의 손이 그의 손을 잡았다. 그는 데이지 꽃에 키스했고, 손에 키스했다. 그녀는 화내지 않았다…… 이 모든 생각을 하느라 그는 가는 길에 제대로 주의를 기울이지 못했다. 이런 상태에서 말은 계속 앞으로 나아갔다. 그가 두 번째로 리디아 양의 하얀 손에 입을 맞추려 할 때, 갑자기 말이 멈춰 서는 바람에 실제로 말 머리에 입을 맞출 뻔했다. 어린 실리나가 불쑥 나타나 길을 막아서며 말고삐를 잡았던 것이다.

"어디 가세요, 오르산톤? 적이 이 근처에 있는 것을 모르세요?"

"적?" 즐거운 몽상이 중단되어 화가 난 오르소가 소리쳤다. "어디 있는데?"

"근처에 오를란두치오가 있어요. 매복하고 있어요. 돌아가세요, 빨리."

"뭐! 매복이라니! 네가 봤어?"

"정말이에요, 오르산톤. 고사리 풀 속에 누워 있는데 그가 지나갔어요. 망원경으로 주위를 살피던걸요."

"어느 쪽으로 갔는데?"

"저쪽으로 내려갔어요. 나리가 가시는 쪽으로요."

"고맙다."

"오르산톤, 제 아저씨가 올 때까지 기다리시면 어때요? 곧 오실 거예요. 아저씨와 함께라면 안전할 거예요."

"걱정하지 않아도 된다, 실리. 네 아저씨는 없어도 된다."

"나리, 원하시면 제가 앞에서 걷겠어요."

"고맙구나. 하지만 사양하마."

오르소는 채찍을 휘둘러 그녀가 가리킨 쪽으로 빠르게 말을 달렸다.

처음에 그의 마음속에서 일어난 감정은 맹목적인 분노였다. 따귀를 얻어맞은 것을 복수하기 위해 말을 해치는 그 비겁한 인간의 버릇을 고쳐줄 좋은 기회라고 생각했다. 그러나 말을 달리는 동안 지사에게 한 약속, 그리고 네빌 양의 방문을 그르칠지도 모른다는 두려움이 마음을 바꾸어놓았다. 오를란두치오와 마주치지 않는 게 낫겠다는 생각까지 들었다. 그러다가 곧 아버지의 기억, 자기 말이 당한 모욕, 바리치니 가의 협박이 다시 그를 화나게 했다. 적을 찾아가 도발하고 싸우도록 자극했다. 이런 정반대되는 결심들 사이에서 갈팡질팡하면서 그는 계속 말을 몰았다. 하지만 이제는 주위 깊게 수풀과 산울타리들을 살피며 갔다. 이따금 들판에서 들려오는 막연한 소리에 귀를 기울이기 위해 멈춰 서기도 했다. 어린 실리나와 헤어진 지 10분 뒤 (오전 9시) 아주 가파른 언덕 아래에 도착했다. 그가 따라가는 길, 아니 겨우 구별되는 오솔길은 최근 불탄 숲을 가로지르고 있었다. 지면은 하얀 재로 덮여 있고, 군데군데 관목들이 불에 타 검게 그을리고 잎이 완전히 사라진 채 서 있었다. 불탄 숲을 보면 한겨울 북프랑스에 와 있는 느낌이 든다. 화염이 훑고 간 메마른 장소와 둘레의 무성한 수풀이 보여 주는 대조는 이 불탄 자리를 더욱 쓸쓸하고 황량하게 만든다. 하지만 이 순간 오르소는 풍경 속에서 단 한 가지만 보았다. 그의 입장에서 매우 중요한 그것은, 이렇게 황폐한 곳에서는 쉽게 매복할 수 없다는 사실이었다. 매 순간 덤불에서 튀어나온 총구가 자기 가슴을 겨냥하지는 않을까 두려워하는 사람에게는 이처럼 아무것도 없는 평평한 땅이 사막의 오아시스처럼 보이는 것도 당연하다. 불탄 숲에 이어 밭들이 펼쳐졌다. 이 고장 관습대로 돌을 가슴 높이까지 쌓아올린 담이 이어져 있었다. 오솔길은 그 밭들 사이로 지나갔는데, 그곳에 불규칙하게 심어놓은 거대한 밤나무들은 멀리서 보면 마치 울창한 숲 같았다.

급한 경사 때문에 말에서 내릴 수밖에 없었던 오르소는 고삐를 말 목에 걸어둔 채로 재 위를 미끄러지면서 빠르게 비탈을 내려갔다. 길 오른쪽에 있는 돌담 두른 밭에서 스물다섯 걸음 정도밖에 떨어지지 않은 지점에 이르렀을 때, 그의 정면에서 먼저 총구가, 이어서 사람 얼굴이 담 위로 보였다. 총구는 수평이 되었고, 그는 방아쇠를 당기려고 하는 오를란두치오를 알아보았다. 오르소는 재빨리 방어 자세를 취했다. 둘 다 서로를 총으로 겨누면서 아무리 용감한 사람이라도 죽이거나 죽는 순간에 느끼는 비통한 감정으로 상대를 노려보았다.

"비겁한 놈!" 오르소가 소리쳤다.

이 말이 끝나기도 전에 오를란두치오의 총구가 불을 뿜었다. 그리고 거의 동시에 두 번째 총성이 울렸다. 길 반대쪽 왼편에서다. 오르소가 미처 보지 못한 자가 쏜 것이었다. 총알은 두 발 다 오르소를 맞혔다. 오를란두치오가 쏜 총알은 총을 조준하기 위해 앞으로 내밀고 있던 오르소의 왼팔에 맞고, 다른 총알은 옷을 뚫으며 가슴에 맞았다. 하지만 다행히도 비수 날에 부딪혀 찌그러지면서 가벼운 타박상을 입혔을 뿐이었다. 오르소의 왼팔이 허벅지 옆으로 힘없이 떨어졌고, 잠시 총구가 아래로 기울었다. 하지만 그는 곧 다시 총구를 쳐들었고 오른손으로만 조준하여 오를란두치오를 쐈다. 눈까지만 보이던 적의 머리가 담 뒤로 사라졌다. 오르소는 왼쪽으로 몸을 돌리더니 연기로 둘러싸여 거의 알아보기도 힘든 사람을 향해 두 번째 발을 쏘았다. 이제는 그 사람 얼굴도 보이지 않게 되었다. 네 번의 총격은 믿을 수 없을 정도로 빠르게 일어났다. 숙련된 병사라도 이렇게 연속으로 사격할 수는 없었으리라. 오르소의 마지막 총소리가 사라지고 침묵이 흘렀다. 그의 총구에서 나온 연기가 조용히 하늘로 올라갔다. 담 뒤에는 아무런 기척도 없었다. 작은 소리 하나 들리지 않았다. 팔에 느껴지는 통증마저 없었다면 방금 총격전을 벌인 두 사람이 자신의 상상에서 만들어진 환영이라 생각할 수도 있었으리라.

두 번째 총격을 대비하여 오르소는 숲에 남아 있는 불탄 나무 뒤로 몸을 숨기기 위해 대여섯 발자국 움직였다. 그 엄폐물 뒤에서 총을 무릎 사이에 끼우고 서둘러 장전했다. 왼팔이 너무 아파서 아주 무거운 것을 지탱하고 있는 듯했다. 상대는 어떻게 되었을까? 알 수 없었다. 그들이 도망쳤다면, 부상이라도 당했다면 그는 틀림없이 풀숲에서 나는 어떤 소리나 어떤 움직임을 느꼈을 것이다. 그러면 죽은 것일까? 아니 오히려 담 뒤에 숨어서 다시 자신을 노릴 기회를 기다리는 것일까? 이런 불안 속에 몸에서 힘이 빠져나가는 것을 느꼈다. 그는 오른쪽 무릎을 땅에 대고 왼쪽 무릎에 부상당한 팔을 얹은 뒤, 불탄 나무 줄기에서 뻗어 나가는 가지에 총을 고정시켰다. 손가락을 방아쇠에 건 채 돌담을 계속 쳐다보면서 아주 작은 소리에도 귀를 곤두세웠다. 그렇게 몇 분 동안 그는 꼼짝도 하지 않았다. 그 순간이 그에게는 백년처럼 느껴졌다. 드디어 뒤쪽에서 먼 외침 소리가 들려왔고, 곧 개 한 마리가 화살처럼 빠르게 언덕을 내려와 그의 곁에 멈추어 꼬리를 흔들었다. 브루스코였다. 산으로 도망친 남자들의 제자이자 친구인 그 개는 주인의 도착을 알리고 있었다. 그보다 더 애타게 사람을 기다린 적은 없었다. 개는 코를 쳐들고 가까운 밭 쪽을 돌아보며 불안한 표정으로 킁킁 냄새를 맡았다. 그러더니 갑자기 낮게 으르렁거리며 단숨에 담을 뛰어넘었다가 금세 담 위로 다시 올라왔다. 거기서 가만히 오르소를 바라보았는데, 그 눈은 개가 나타낼 수 있는 가장 분명한 놀라움을 나타내고 있었다. 그는 다시 코를 쳐들고 킁킁거렸다. 이번에는 다른 밭 쪽이었다. 개는 다시 담을 뛰어넘었다. 곧이어 그는 다시 담 위로 올라와서는 아까와 같이 놀라움과 불안이 섞인 모습을 보였다. 그리고 숲으로 뛰어내리더니 다리 사이로 꼬리를 감추고 계속해서 오르소를 쳐다보며 일정한 거리가 될 때까지 옆 걸음으로 슬금슬금 물러섰다. 거기서부터 그는 다시 뛰기 시작하여 내려올 때만큼이나 빨리 언덕을 달려 올라갔다. 급한 비탈을 빠르게 내려오는 사람을 만나기 위해서였다.

"여기야, 브란도!" 그가 목소리가 들릴 거리까지 왔다고 생각했을 때, 오르소는 이렇게 외쳤다.

"오르산톤! 부상당하셨군요!" 브란돌라치오가 숨 가쁘게 달려오며 물었다. "몸이에요, 팔다리예요?"

"팔."

"팔! 다행이군요. 상대는요?"

"총에 맞은 것 같아."

브란돌라치오는 개를 따라 가까운 밭으로 달려가서는 몸을 기울여 담 너머를 바라보고 갑자기 모자를 벗었다.

"오를란두치오 님께 구원이 있으시길."

그는 오르소 쪽으로 돌아서더니 진지하게 경례했다.

"아주 멋지게 처리하셨습니다."

"아직 살아 있나?" 어렵게 숨을 쉬며 오르소가 물었다.

"농담이시죠? 이러고 살 수는 없을걸요. 총알이 눈에 박혀서 엄청 괴로울 거예요. 맙소사! 이 구멍 좀 봐! 놀랍네요. 정말 좋은 총이군요! 구경이 엄청나요! 머리통이 박살나겠어요! 오르산톤, 처음에 핑, 핑 소리를 들었어요. 젠장, 놈들이 중위님을 공격하는구나. 이렇게 생각하는데 쾅, 쾅 하는 소리가 들리지 뭡니까. 아, 이건 틀림없이 영국제 총이구나! 응수하시는구나……그런데 브루스코, 무슨 일이야?"

개는 그를 다른 밭으로 데려갔다.

"이럴 수가!" 브란돌라치오가 놀라서 소리쳤다. "한 번에 둘! 뭐가 더 필요해! 젠장! 화약이 비싸나 봅니다. 이렇게 절약하시는 걸 보니 말입니다."

"뭐라는 거야?"

"아유! 능청 떨지 마세요, 중위님! 사냥감을 땅에 던지고 누군가가 주워주길 바라시다니요……. 기묘한 후식을 먹을 사람이 생겼군요! 바리치니 변호사 말이에요. 신선한 고기를 원한다면 여기 많이 있으니 가져가라고 해야겠죠! 그런데 이제 누가 뒤를 잇지?"

"뭐! 빈센텔로도 죽었어?"

"네, 죽었고말고요. 우리 모두에게 건강을! *55 중위님은 좋은 일을 했습니다. 그들에게 고통을 주지 않았으니까요. 와서 빈센텔로를 좀 보세요. 아직도 무릎을 꿇은 채 담에 머리를 기대고 있어요. 마치 잠자는 것 같아요. 깊이 잠들게. 불쌍한 친구!"

오르소는 몸을 부르르 떨며 얼굴을 돌렸다.

"정말 죽은 건가?"

"중위님은 늘 한 발만 쏘는 삼피에로 코르소 같아요. 보이세요……왼쪽 가슴? 빈실레온이 워털루에서 총을 맞았을 때 같아요. 총은 심장에서 멀지 않은 곳에 박혔어요. 틀림없다고요. 한 번에 둘! 어이구, 이거 참! 이제 사격에 관해서는 중위님 앞에서 아무 말도 못하겠군요. 한 번에 둘! ……발사! ……두 형제가 죽었어요! ……만약 세 번째 총격이 있었으면 아비도 죽었을 거야…… 다음에는 더 잘하시겠지…… 대단해요, 오르산톤! 나 같은 사람도 한 번에 두 명의 헌병을 죽이기는 어려운데!"

도피자는 이야기를 하면서 오르소의 팔을 보고는 비수로 소매를 잘랐다.

---

*55 Saluta a noi. 보통 죽음이라는 말이 나온 뒤에 쓰는 감탄사로 분위기를 완화시키는 역할을 한다. (원주)

"큰 상처는 아닙니다. 그런데 이 옷 때문에 콜롱바 양이 바쁘시겠는데요…… 어! 이게 뭡니까? 가슴에 찢어진 데가 있는데요? 여기로 아무것도 들어가지 않았나요? 하긴, 그랬으면 중위님께서 이렇게 팔팔하실 리가 없겠죠. 자, 손가락을 움직여 보세요……. 제가 새끼손가락을 이로 깨물었는데 아시겠어요? ……잘 모르겠다고요? 됐어요. 괜찮아요. 손수건과 넥타이를 쓸게요…… 코트는 버렸네요…… 왜 이토록 멋을 내신 겁니까? ……결혼식이라도 가세요? ……포도주를 한 모금 드세요…… 그런데 물통은 또 왜 안 가지고 오셨어요? 물통 없이 외출하는 코르시카인도 있단 말입니까?"

그러고는 상처를 동여매다가 외쳤다.

"한 번에 둘! 둘 다 즉사! ……신부가 웃겠는걸…… 한 번에 둘! 아! 꼬마 느림보 실리나가 이제야 왔군."

오르소는 내내 답하지 않았다. 죽은 사람처럼 창백해진 채 몸을 떨고 있었다.

"실리, 담 뒤에 가봐."

아이는 담 위로 기어 올라갔고, 오를란두치오의 시체를 보자마자 성호를 그었다.

"그건 아무것도 아니야." 도피자가 말을 이었다. "저쪽에 가봐."

아이는 다시 성호를 그었다.

"아저씨가 하신 거예요?" 아이는 수줍게 물었다.

"내가! 쓸모없는 늙은이 주제에? 실리, 이건 중위님이 하신 거야. 축하드려라."

"아가씨께서 기뻐하실 거예요. 하지만 부상당하신 걸 알면 걱정하시겠어요, 오르산톤."

"자, 오르산톤." 상처를 다 싸맨 도피자가 말했다. "실리나가 말을 끌고 왔어요. 올라타시죠. 저와 함께 스타초나 숲으로 가십시다. 아무한테도 안 들킬 겁니다. 제가 최선을 다해 도와드리지요. 생트 크리스틴 십자가가 있는 곳에 도착하면 말에서 내리셔야 합니다. 말을 실리나에게 주시면 아가씨한테 가서 소식을 전해 드릴 테니 하실 말씀이 있다면 가시면서 말씀하시지요. 아이에게 뭐든 말하셔도 됩니다, 오르산톤. 친구를 배신하느니 차라리 죽을 테니까요." 그러고는 애틋하게 말했다. "에이, 못난 녀석, 아주 망해버려라!" 브란돌라치오도 많은 도피자들처럼 미신을 믿어서 축복과 찬사로 자칫 아이의 앞날을 망칠까 두려워했다. 아논키아트라[56]를 관장하는 신비로운 힘은 우리 바람과 정반대되는 일을 행하는 못된 버릇을 가지고 있기 때문이다.

"브란도, 어디로 가면 되나?" 오르소가 힘없이 물었다.

"그야 물론 둘 중에 하나죠. 감옥에 가든가 숲으로 가든가. 하지만 델라 레비아가 감옥에 간 적은 없지요. 숲으로 가셔야 합니다, 오르산톤!"

"내 바람도 이제는 다 버려야겠구나!" 부상자가 고통스럽게 외쳤다.

"바람이라고요? 젠장! 한 번에 둘을 해결하는 총이 있는데 더 무엇을 바랍니까? 내 참! 그 친구들은 대체 어떻게 중위님을 맞혔죠? 고양이보다 더 질긴 목숨을 갖고 있었던 게 분명해요."

"그들이 먼저 쐈어."

"맞아요. 잊고 있었습니다……핑! 핑! 쾅! 쾅! 한 손으로 한 번에 둘을 ……[57] 그보다 더 잘하시면 저는 목을 맬 겁니다! 자, 말에 오르셨군요……떠나시기 전에 작품을 한번 감상하시지요. 작별 인사도 없이 헤어지는 건 좋지 않으니까요."

오르소는 말에 박차를 가했다. 무엇보다 자신이 죽인 그 비열한 놈들을 보는 것이 싫었다.

"그런데 오르산톤." 도피자가 고삐를 잡았다. "솔직하게 말씀드려도 될까요? 사실 중위님 기분을 상하게 할 마음은 없지만, 불쌍한 두 젊은이를 생각하면 마음이 아픕니다. 용서하세요…… 남자답고…… 강하고…… 젊고! 오를란두치오는 저와 몇 번이나 사냥을 했지요…… 나흘 전에는 저한테 시가도 한 상자 줬습니다……. 빈첸텔로는 늘 유쾌했고요! 물론 중위님께서는 해야 할 일을 했습니다…… 게다가 유감스러워하기에는 솜씨가 너무 멋집니다…… 하지만 저는 중위님 복수에 끼지 않았습니다…… 중위님이 옳다는 것을 압니다. 적이 있으면 없애 버려야 하지요. 그러나 바리치니는 오래된 가문입니다…… 또 이렇게 한 가문이 사라지는군요! ……게다가 한 번에 둘

---

*56 눈빛이나 말로써 무의식중에 상대에게 걸어 버린 주문. 〔원주〕

*57 한 번에 둘을 죽인 델라 레비아 씨의 솜씨를 믿지 못하는 사냥꾼이 있다면 사르텐에 가서, 그 마을의 가장 뛰어나고 상냥한 주민이 왼팔을 다쳤는데도 이에 못지않게 위험한 상황에서 어떻게 자력으로 무사히 빠져나올 수 있었는지 들어보기 바란다. 〔원주〕

이! 마음이 아픕니다."

이렇게 바리치니 형제에 대한 추도사를 늘어놓으면서 브란돌라치오는 오르소, 실리나 그리고 브루스코를 데리고 스타초나 숲으로 서둘러 갔다.

18

한편 콜롱바는 오르소가 떠난 지 얼마 되지 않아 바리치니가 매복한다는 사실을 알았다. 그녀는 미칠 듯한 불안에 사로잡혔다. 가만 있지 못하고 집안을 여기저기 돌아다녔다. 부엌부터 손님들을 위해 준비한 방과 방 사이를 오가기도 했다. 아무것도 하지 않으면서 내내 바빠 보였고, 마을에 무슨 특별한 움직임이 없는지 보기 위해 자꾸만 자리를 박차고 일어났다. 11시쯤 되자 꽤 많은 사람으로 구성된 기마행렬이 피에트라네라에 들어왔다. 대령, 그의 딸, 하인들, 그리고 안내인이었다. 그들을 맞이하는 콜롱바의 첫 마디는 이러했다. "오빠를 만나셨나요?" 그녀는 안내인에게 몇 시에 출발했고, 어떤 길을 택했는지 물었다. 대답을 들은 그녀는 그들이 서로 만나지 못한 것을 이해할 수가 없었다.

"오빠 분께서는 아마도 위쪽 길로 가셨나 봅니다." 안내인이 말했다. "우리는 아래쪽 길로 왔거든요."

하지만 콜롱바는 머리를 내저으며 질문을 새로 했다. 본디 당찬 성격인데도 외국인들에게 약한 모습을 보이지 않으려는 자존심 때문에 오히려 한층 커진 불안감을 감추지 못했다. 두 집안의 화해 시도가 불행하게 끝나버린 과정을 콜롱바가 이야기하자 이 불안은 곧 대령, 그리고 특히 리디아 양에게 전염되었다. 네빌 양은 안절부절못하면서 사방으로 사람을 보내자고 했다. 대령은 내린 말에 다시 올라 안내인과 함께 오르소를 찾으러 가겠다고 했다. 손님들의 불안은 콜롱바에게 여주인으로서의 의무를 떠올리게 했다. 콜롱바는 애써 미소를 지으면서 대령에게 식탁에 앉기를 권하고, 오빠가 늦는 여러 가지 이유를 찾았다. 하지만 그 이유들은 그녀 스스로 금방 부인할 수밖에 없는 것들이었다. 여자들을 안심시키는 것이 남자인 자신의 의무라고 생각한 대령은 다음과 같은 설명을 내놓았다.

"내기를 해도 좋아요. 델라 레비아는 사냥감을 만난 겁니다. 유혹을 이겨내지 못한 거예요. 조금만 기다리면 사냥감을 들고 돌아오는 그를 보게 될 거예요. 아, 그래요! 오는 길에 네 발의 총성을 들었어요. 두 발의 총성이 다른 것들보다 더 컸지요. 내가 딸애한테 말했어요. '델라 레비아가 사냥 중인 게 틀림없어. 이런 소리를 내는 것은 내 총밖에 없거든.'"

콜롱바는 얼굴이 창백해졌다. 주의 깊게 콜롱바를 관찰하던 리디아는 대령의 추측이 그녀에게 어떤 생각을 불러일으켰는지 쉽게 알 수 있었다. 몇 분간 입을 다물고 있던 콜롱바는 흥분한 목소리로 커다란 총성이 다른 것들보다 먼저 들렸는지 아니면 나중에 들렸는지 물었다. 그러나 대령도 딸도 안내인도 이 중대한 점에는 주의를 기울이지 않았다.

한 시가 되어도 콜롱바가 보낸 사람들은 아무도 돌아오지 않았다. 그녀는 애써 용기를 내어서 손님들을 식탁에 앉게 했다. 하지만 대령을 빼고는 아무도 먹을 수가 없었다. 광장에서 아주 작은 소리만 들려도 콜롱바는 창가로 달려갔다가 슬픈 얼굴로 다시 돌아와 앉았다. 그리고 그보다 더 슬픈 얼굴로 손님들과 대화를 하려고 애썼다. 그러나 아무도 열중하지 않는 그 대화는 곧 중단되어 긴 침묵이 이어졌다.

갑자기 말 달리는 소리가 들려왔다.

"아! 이번에야말로 오빠예요." 콜롱바가 자리에서 일어나며 말했다.

하지만 오르소의 말 위에 앉아 있는 사람은 실리나였다.

"오빠가 죽었어!" 콜롱바가 비통한 목소리로 외쳤다.

대령은 잔을 떨어뜨리고 네빌 양은 비명을 질렀다. 모두들 문으로 달려갔다. 실리나가 말에서 내릴 새도 없이 콜롱바는 깃털처럼 가볍게 그녀를 번쩍 들어 올렸다. 실리나는 숨이 막혔다. 콜롱바의 무서운 시선을 알아차린 아이의 첫 마디는 〈오셀로〉의 합창*58에서 나오는 문구와 같은 것이었다. "살아 있어요!" 콜롱바는 실리나를 놓았고, 아이는 고양이 새끼처럼 가볍게 땅 위로 내려섰다.

"상대는?" 이렇게 묻는 콜롱바의 목소리는 쉬어 있었다.

실리나는 성호를 그었다. 곧 콜롱바의 얼굴에서 죽음 같은 창백함 대신 홍조가 떠올랐다. 그녀는 타는 듯한 시선을 바리치니 집 쪽으로 던지고는 몸을 돌려 손님들에게 미소 지으며 말했다.

*58 작고가 로시니(1792~1868)가 지은 오페라 〈오셀로〉 제2막에 나오는 합창.

"자, 들어가서 커피를 드셔야지요."

산속으로 도망간 자가 보낸 이리스*59 이야기를 했다. 실리나의 방언은 콜롱바에 의해 그대로 이탈리아어로 번역되고, 이어 네빌 양에 의해 영어로 통역되었다. 이야기를 들은 대령은 몇 번이나 신음했고, 리디아 양은 한숨을 쉬었다. 하지만 콜롱바만은 얼굴색 하나 변하지 않았다. 다만 무늬를 넣어 짠 냅킨을 만지작거리면서 찢어지도록 비틀어댔다. 그녀는 아이의 말을 대여섯 차례나 중단시키면서, 브란돌라치오가 오르소의 상처는 위험하지 않고 이 정도는 몇 번 본 적이 있다고 말했다는 것을 되풀이하게 했다. 이야기 마지막에 실리나는 오르소가 무엇보다 편지를 쓸 종이를 원했다는 사실을 말했다. 그리고 집에 도착했을 여인에게 자기 편지를 받을 때까지는 결코 떠나지 말라고 부탁했다는 말도 전했다. 아이는 덧붙였다. "나리는 이 점을 가장 걱정하는 것 같았어요. 제가 가고 있는데 또 한 번 불러서 말씀하시더라고요. 벌써 세 번째로 당부하시는 것이었지요." 이 말을 들은 콜롱바는 가볍게 미소 지으며 영국 아가씨의 손을 꽉 쥐었다. 영국 아가씨는 울음을 터뜨렸는데, 이 부분은 아버지에게 번역해 드리지 않기로 했다.

"그래요, 나와 같이 있어줘요. 힘을 빌려주세요." 콜롱바는 네빌 양에게 입을 맞추며 외쳤다.

그녀는 옷장에서 낡은 속옷들을 꺼내어 잘라서 붕대를 만들기 시작했다. 빛나는 눈, 생기 넘치는 안색, 걱정과 냉정이 교차하는 태도를 보면 그녀가 오빠의 부상을 걱정하는 건지 아니면 원수들의 죽음에 기뻐하는 건지 판단하기가 어려웠다. 그녀는 대령에게 커피를 따라주면서 커피 끓이는 솜씨를 자랑하는가 하면, 네빌 양과 실리나에게 일감을 나누어 주면서 붕대를 꿰매어 말도록 부탁했다. 오르소가 상처가 심해 아파하는지 어떤지 몇 번이나 물었다. 그녀는 계속해서 하던 일을 멈추고는 대령에게 말했다.

"그토록 솜씨 좋고, 그토록 무서운 두 사람을! 오빠 혼자서, 그것도 부상당한 상태에서 한 손으로…… 둘 다 해치우다니. 대단한 용기이지 않나요, 대령님! 한마디로 영웅 아닌가요! 아, 네빌 양, 정말 영국처럼 평온한 나라에서 산다는 것은 크나큰 행복이에요.…… 네빌 양은 아직 오빠를 몰라요!

─────────────

*59 Iris. 그리스 신화에 나오는 무지개의 여신. 신드르이 사자.

……제가 그랬죠, 새매는 날개를 펼칠 거라고! ……오빠가 부드러운 얼굴을 하고 있으니까 오해하신 거예요…… 그건 네빌 양이 옆에 있기 때문이에요 ……. 네빌 양이 이렇게 자기를 위해서 일하는 것을 본다면…… 불쌍한 오르소!"

리디아 양은 일이 손에 잡히지 않았다. 말을 하고 싶어도 말이 나오지 않았다. 대령은 어째서 당국에 고발하지 않는지 물었다. 그는 경찰 수사와, 코르시카 사람들이 모르는 다른 많은 것에 대해 이야기했다. 마지막으로 그는 부상자에게 도움을 준 그 착한 브란돌라치오 씨의 별장이 피에트라네라에서 아주 멀리 떨어진 곳에 있는지, 자기가 그리로 직접 오르소를 보러 가면 안 되는지 알고 싶어 했다.

콜롱바는 평소와 같은 냉정함으로 오르소는 숲에 있다고 답했다. 산속으로 도망친 도피자가 그를 보살펴 주고 있으며, 지사와 판사들의 의향을 확인할 때까지는 오르소가 모습을 드러내는 것은 위험하다고 했다. 마지막으로 유능한 외과의사를 한 명 몰래 오르소에게 보내겠다고 말했다.

"대령님, 대령님께서 네 발의 총성을 들었고 오르소가 나중에 쏘았다고 말씀하신 것을 꼭 기억해 주세요."

대령은 뭐가 뭔지 몰랐다. 딸은 한숨을 쉬며 눈물을 닦아낼 뿐이었다.

오후가 꽤 지났을 때 슬픈 행렬이 마을로 들어왔다. 바리치니 변호사에게 두 아들의 시체를 데려오는 것이다. 농부가 한 사람씩 노새 등에 얹어 끌고 왔다. 지지자와 구경꾼 무리가 이 슬픈 행렬을 따랐다. 헌병이 섞여 있는 것이 보였다. 헌병은 늘 늦게 온다. 그리고 부시장이 있었다. 하늘을 향해 팔을 쳐들고 끝없이 같은 말을 반복했다. "지사님께서 뭐라고 하실지!" 여자들 대여섯 명, 그 가운데에서도 특히 오를란두치오의 유모가 머리를 쥐어뜯으며 거칠게 울부짖었다. 하지만 그들의 요란한 슬픔보다도 한 사람의 말없는 절망이 모든 사람의 시선을 끌었다. 그것은 불행한 아버지였다. 그는 이 시체에서 저 시체로 오가며 흙으로 더럽혀진 머리를 쳐들어 보라색 입술에 입을 맞추고 벌써 뻣뻣해진 팔다리를 떠받쳐 주었다. 마치 울퉁불퉁한 길 위에서 자식들의 팔다리가 요동치지 않길 바라듯이. 이따금 그가 말을 하려고 입을 벌리는 게 보였지만, 외침도 말도 나오지 않았다. 시체에 눈을 고정한 채 따라오면서 그는 돌에, 나무에, 길에 있는 모든 장애물에 부딪치고 있었다.

오르소의 집이 보이는 곳까지 오자, 여자들의 울음소리와 남자들의 저주하는 목소리는 더욱 커졌다. 마침 델라 레비아 쪽 목동 몇 명이 승리의 환호를 질렀다. 그들은 더 이상 분노를 참을 수 없었다. "복수! 복수!" 몇몇 목소리가 부르짖었다. 돌이 날아가고, 두 발의 총탄이 식당 창문 덧문에 구멍을 냈다. 콜롱바와 손님이 앉아 있던 식당 테이블 위까지 나무 조각이 떨어졌다. 리디아 양은 비명을 지르고 대령은 총을 잡았다. 콜롱바는 대령이 미처 붙잡기도 전에 현관으로 달려가 세차게 문을 열어젖혔다. 그리고 문지방 위에 서서 두 팔을 뻗어 적을 저주하며 외쳤다.

"비겁한 놈들! 여자들에게, 외국인에게 총을 쏘다니! 그러고도 코르시카인이야? 그러고도 남자야? 뒤에서밖에 암살할 줄 모르는 한심한 놈들! 나와! 덤벼! 난 혼자야. 오빠는 여기에 없으니까. 날 죽여. 내 손님들도 죽이고, 당신들에게는 그게 딱 맞아…… 못하겠어? 이 겁쟁이들! 우리의 복수가 무섭겠지. 자, 가서 여자들처럼 울기나 해. 더 이상의 피를 요구하지 않는 데 대해 우리한테 감사하라고!"

콜롱바의 목소리와 태도에는 뭔가 압도적인 무시무시한 것이 있었다. 콜롱바의 모습을 보자 사람들은 흠칫 물러섰다. 코르시카에서 기나긴 겨울밤에 듣는 무서운 이야기에 나오는 마녀라도 나타난 것처럼. 부시장, 헌병, 그리고 몇몇 여자들이 이 틈을 이용하여 양측 사이에 끼어들었다. 델라 레비아 쪽 목동들은 벌써 총을 준비하고 있었다. 한순간 광장에서 전면전이 시작되는 게 아닐까 생각될 정도였다. 하지만 양측에는 지도자가 없었다. 미칠 듯이 흥분한 상태에서도 훈련을 받은 코르시카인들은 싸움의 주요 당사자가 없을 때에 행동에 나서는 경우는 극히 드물다. 뿐만 아니라 이미 성공을 거둬 신중해진 콜롱바는 자신이 거느린 작은 병력을 자제시켰다.

"저 불쌍한 사람들이 울도록 내버려 둬요. 저 늙은이가 아들들을 거두어 가도록 내버려 두자고요. 물어뜯을 이빨조차 없는 늙은 여우를 죽여 뭐하겠어요? 주디체 바리치니! 8월 2일을 기억해! 위조범인 당신 손으로 거짓을 써넣은 피 묻은 수첩을 기억하라고! 내 아버지는 거기에 당신의 빚을 적었고, 당신의 두 아들이 그것을 갚았어. 이제 됐으니 영수증을 주지, 바리치니 영감!"

팔짱을 낀 채 입술에 비웃음을 띤 콜롱바는 원수의 집으로 시체가 들어가고 군중이 천천히 흩어지는 모습을 바라보았다. 그녀는 문을 닫고 식당으로 돌아와 대령에게 말했다.

"죄송합니다. 우리 고장 사람들의 무례를 용서해 주세요. 외국인이 머무는 집에 코르시카인들이 총을 쏘아댈 것이라고는 생각도 못했습니다. 정말 부끄럽네요."

그날 밤, 리디아 양이 자기 방으로 물러가자 대령이 그 뒤를 따랐다. 그는 언제 머리에 총을 맞을지 모르는 마을을 내일 당장 떠나는 게 좋지 않겠는지, 또 보이는 것이라고는 온통 살인과 배신뿐인 이 나라를 가능한 한 빨리 떠나는 게 좋지 않겠는지 딸에게 물었다.

네빌 양은 한동안 대답하지 않았다. 아버지의 제안이 적잖이 당혹스러운 게 분명했다. 드디어 그녀가 입을 열었다.

"어떻게 저 불쌍한 처녀를 두고 갈 수 있겠어요? 상대에게 위로가 필요할 때 그러는 것은 너무 잔인하지 않을까요?"

"너를 위해 말하는 거야. 그야 안전한 아작시오의 호텔에 있었다면, 아무리 이 나라가 혐오스럽다 해도 델라 레비아와 악수도 하지 않고 이곳을 떠나지는 않았을 테지만."

"그렇다면, 아버지, 우리 조금만 더 기다려요. 우리가 그들에게 아무런 도움도 되지 못한다는 게 확실해졌을 때 떠나자고요."

"그래!" 대령이 딸의 이마에 입을 맞추며 말했다. "다른 이들의 불행을 위로하기 위해 그렇게 자신을 희생하는 너를 보니 기쁘구나. 그래, 떠나지 말자. 선행을 하고 후회하는 법은 없다."

리디아 양은 침대에서 뒤척이며 잠을 이루지 못했다. 어떤 때는 귓가에 들려오는 막연한 소리들이 이 집을 공격하기 위한 준비인 듯 여겨지기도 했다. 그렇지 않다고 애써 스스로를 달래면, 이번에는 또 도피자의 자비밖에 바랄 수 없는 상태로 차가운 바닥에 누워 있는 부상자의 모습이 떠올랐다. 그가 피투성이가 된 채 끔찍한 고통 속에서 발버둥치고 있을 모습이 떠올랐다. 이상하게도 오르소는 언제나 그가 떠나던 날 그녀가 본 모습 그대로 나타났다. 자신이 준 반지에 입을 맞추는 모습이다…… 그녀는 그가 정말로 용감하다고 생각했다. 그리고 그가 겪은 위험을 생각했다. 그녀는 그것이 자기 탓이라고 자책했다. 자기를 조금이라도 더 빨리 보기 위해 그가 위험을 무릅썼다는 것이다. 조금만 더했으면 오르소가 자신을 지키려다가 팔을 다쳤다고 할 기세였다. 오르소의 부상을 자신 탓으로 돌리고, 그녀는 스스로를 나무랐다. 하지만 그런만큼 더욱더 그를 찬미했다. '한 번에 둘'을 쓰러뜨린 그 엄청난 행위에 브란돌라치오나 콜롱바만큼 대단한 가치를 부여하지는 않았지만, 그렇듯 커다란 위험 속에서 그만큼 용감하고 침착한 태도를 보여준 사람은 소설에도 별로 없다고 생각했다.

그녀가 차지한 방은 콜롱바의 거실이었다. 떡갈나무 기도대 위에 있는 축성된 종려나무 가지 옆에 소위 제복을 입은 오르소의 작은 초상화가 걸려 있었다. 네빌 양은 초상화를 떼어 오랫동안 들여다본 뒤 제자리에 다시 걸어놓는 대신 침대 머리맡에 두었다. 그녀는 동이 틀 무렵에야 겨우 잠이 들었다. 눈을 떴을 때는 이미 해가 지평선 높이 솟아올라 있었다. 침대 앞에는 콜롱바가 서 있었다. 가만히 움직이지 않고 그녀가 깨기를 기다렸던 것이다.

"누추한 저희 집이 불편하지 않으세요? 잘 주무셨어요?"

"소식이 왔나요?" 네빌 양도 몸을 일으키면서 이렇게 물었다. 오르소의 초상화가 눈에 띄자 서둘러 손수건으로 가렸다.

"네, 왔어요." 콜롱바가 미소 지으며 말했다. 그녀는 초상화를 집어 들면서 덧붙였다.

"비슷한 것 같아요? 실물이 낫죠."

"맙소사!" 네빌 양은 얼굴이 붉어지고 말을 더듬거렸다. "심심해서…… 떼었는데…… 깜빡하고…… 초상화를…… 참 나쁜 버릇이죠, 난 뭐든 건드리고 정리할 줄 몰라서…… 오빠는 어떻대요?"

"괜찮다고 해요. 지오칸토가 새벽 4시 조금 못 되어 왔어요. 편지를 가져왔지요. 리디아 양, 당신에게 보내는 거예요. 저한테 쓴 게 아니고요. 분명히 적혀 있어요. 겉에는 콜롱바라고 쓰여 있지만, 그 아래 N 양이라고 명시되어 있어요. ……다행히 누이들은 질투를 모르죠. 지오칸토 말이 오르소가 편지를 쓰느라 무척 고생했대요. 지오칸토는 글씨를 잘 쓰는데, 불러만 주면 받아 써주겠다고 했는데도 오빠가 고집을 부리며 거절하더라는 거예요. 등을 대고 누워서 연필로 썼대요. 브란돌라치오가 종이를 잡아주었고요. 오빠는 계속 일어나려고 했지만, 몸을 조금만 움직여도 팔에 끔찍한 고통을 느꼈대요. 보기 안쓰러웠다고 지오칸토가 그러더군요. 자, 편지예요."

네빌 양은 편지를 읽었다. 편지는 영어로 적혀 있었다. 물론 신중에 신중을 기하기 위해서인 것 같았다.

아가씨, 불행한 숙명이 저를 떠밀었습니다. 적이 뭐라 할지, 무슨 모함을 할지 저로서는 알 수가 없습니다. 상관없습니다. 당신만 믿지 않는다면 상관없습니다. 당신을 만나고 저는 허무맹랑한 미친 꿈을 꾸었습니다. 그것이 미친 짓이라는 사실을 깨닫기 위해서도 이런 파국이 필요했습니다. 저는 이제 정신이 돌아왔습니다. 저를 기다리고 있는 미래가 어떤지 잘 압니다. 저는 체념할 겁니다. 당신이 저에게 준 반지, 행복을 부르는 부적이라 생각했지만, 이제는 가지고 있을 용기가 없습니다. 네빌 양, 당신이 선물을 엉뚱한 데 주었다고 후회할까봐 두렵습니다. 아니 그보다 그 반지를 보고 제가 미쳤던 시절을 떠올릴까봐 두렵습니다······콜롱바가 그것을 당신에게 전해 줄 겁니다. 이제 두 번 다시 보지 못하겠군요. 당신은 머잖아 코르시카를 떠날 거고 저는 당신을 못 보겠지요. 다만 부탁이 하나 있습니다. 당신이 저를 여전히 훌륭한 사람으로 인정하고 계신다는 점을 제 누이에게 말해 주세요. 자신 있게 말하지만, 저는 결코 그 자격을 잃지 않을 겁니다.

O D R

리디아 양은 편지를 읽기 위해 몸을 돌렸다. 콜롱바는 주의 깊게 상대를 보았는데, 이집트 반지를 건네주면서 그것이 무슨 의미인지 눈짓으로 물었다. 리디아 양은 얼굴을 들 수 없었다. 슬픈 얼굴로 반지를 바라보더니 손가락에 끼었다 뺐다 했다.

"오빠가 당신에게 무슨 이야기를 하는지 알 수 있을까요? 몸은 어떻다고 해요?"

"아니, 저기······." 리디아 양은 얼굴을 붉히며 대답했다. "별말은 없어요······ 편지는 영어로 쓰여 있고요······ 아버지한테 말씀드려 달래요······ 지사가 잘 해결해 주길 바란다고요······."

콜롱바는 짓궂은 미소를 지으며 침대에 걸터앉아 네빌 양의 두 손을 잡고 뚫어질 듯 쳐다보면서 말했다.

"당신은 친절한 분이시잖아요? 오빠한테 답장을 하실 거예요, 그렇죠? 오빠가 정말로 기뻐하실 거예요! 아까 편지가 도착했을 때 잠시 깨울 생각을 했어요. 하지만 감히 그러질 못했죠."

"깨웠으면 좋았을 텐데. 내 한마디가 그를……."

"이젠 편지를 보낼 수 없어요. 지사가 도착했고, 피에트라네라는 지사가 데려온 헌병들로 가득하거든요. 그러니까 그 얘긴 나중에 해요. 아! 네빌 양, 만약 우리 오빠를 제대로 아신다면 제가 오빠를 사랑하듯 그를 사랑하실 거예요…… 그는 친절하고 용감해요! 그가 한 일을 생각해 보세요! 혼자 둘을 상대했고, 게다가 부상을 당하지 않았습니까!"

지사가 돌아왔다. 부시장으로부터 급하게 보고를 받자 그는 헌병과 정예 보병들을 대동하고 검사와 재판소 서기를 데려왔다. 피에트라네라 가문들 간의 반목을 한층 복잡하게 만들, 아니 어떻게 보면 끝내버린 셈인지도 모르는 새롭고 끔찍한 파국을 조사하기 위해서였다. 곧 지사는 네빌 대령과 그의 딸을 만났는데, 사건이 악화될까 두렵다는 사실을 숨기지 않았다.

"아시다시피 싸움에 증인이 없습니다. 두 불행한 젊은이의 솜씨와 용기가 잘 알려져 있다 보니, 델라 레비아 씨가 도피자들의 도움 없이 그들을 죽였다는 사실을 도대체 사람들이 믿으려 하지 않아요. 게다가 그는 도피자들 곁으로 몸을 피했다고 합니다."

"그럴 리 없습니다!" 대령이 외쳤다. "오르소 델라 레비아는 명예를 아는 청년입니다. 제가 보증합니다."

"저도 그렇게 생각합니다만 검사는 그를 좋지 않게 생각하는 것 같습니다(이분들은 의심하는 것이 직업이지만). 친구 분한테 불리한 문서를 가지고 있거든요. 그가 오를란두치오에게 보낸 협박 편지입니다. 어떤 장소에서 만날 것을 제안하고 있지요……그런데 문제는 이 만남이 함정인 것처럼 보인다는 겁니다."

"오를란두치오는 신사처럼 결투하기를 거절했습니다."

"여기서는 그렇게 결투를 하지 않으니까요. 매복하고 뒤에서 죽이지요. 이게 이 고장의 방식입니다. 물론 유리한 진술도 있어요. 네 발의 총소리를 들은 아이의 증언입니다. 마지막 두 발은 처음보다 소리가 크고, 델라 레비아 씨의 총처럼 구경이 넓은 무기에서 난 소리라는 겁니다. 그런데 불행히도 이 아이는 공모 관계가 의심되는 도피자의 조카딸입니다. 그렇게 진술하라고 가르침을 받은 것 같아요."

"지사님." 리디아 양이 흰자위까지 빨개지면서 끼어들었다. "총성이 울릴 때 저희들은 이곳으로 오는 도중이었고, 똑같은 소리를 들었어요."

"정말입니까? 이건 매우 중요합니다. 그런데 대령, 당신도 같은 말을 하시겠습니까?"

"그럼요." 네빌 양이 얼른 말을 이었다. "실은 아버지가 가장 먼저 눈치채셨어요. 아버지는 총이라면 아주 잘 아시니까요. 내가 선물한 총을 델라 레비아가 쏜다고 하셨어요."

"당신이 알아들은 총성, 그것이 마지막 두 발이었습니까?"

"마지막 두 발이었어요, 그렇죠, 아버지?"

대령은 기억이 분명치 않았지만, 어떤 경우든 딸과 반대되게 말하지 않았다.

"당장 검사에게 말해야겠습니다, 대령님. 그리고 오늘 저녁에 외과의사가 와서 검시를 하고, 상처가 문제의 총에 의한 것인지 확인할 겁니다."

"그 총을 오르소에게 준 것은 접니다. 지금으로선 차라리 그것이 바닷속에 가라앉아 있었으면 좋겠군요…… 아니 그렇지 않아! 역시 그가 가지고 있는 게 좋았어. 그 총이 아니었으면 그가 과연 살 수 있었을지 모르니까요."

19

외과의사는 예정보다 늦게 도착했다. 오는 길에 일이 있었던 것이다. 그는 지오칸토 카스트리코니를 만났고, 도피자는 갖은 예의를 다 갖추어 부상당한 사람을 봐 달라고 했다. 오르소에게 인도된 의사는 그의 상처를 처치했다. 이어서 도피자는 의사를 꽤 멀리까지 데려갔는데, 피사에서도 제일 유명한 교수들에 대해 말하면서 한바탕 사설을 늘어놓았다. 모두 자신의 친한 친구라는 것이다.

"박사님." 신학생이 헤어지면서 말했다. "박사님은 너무나도 존경스러운 분이십니다. 그러니 의사는 고해신부만큼 비밀을 지킬 줄 알아야 한다는 사실을 굳이 상기시켜 드릴 필요가 없을 것 같습니다." 이 말을 하면서 소총을 철커덕댔다. "박사님께서는 우리가 만난 곳을 기억하지 못하십니다. 그렇죠? 만나서 반가웠습니다. 안녕히 가십시오."

콜롱바는 대령에게 시체 부검에 참석해 달라고 간청했다.

"대령님은 누구보다 오빠의 총을 잘 아십니다. 대령님이 가주시면 유리할 겁니다. 게다가 이 동네에는 악한 사람들이 많아서 누군가 우리를 지켜주지 않으면 위험할 수 있어요."

리디아 양과 단둘이 남자 콜롱바는 두통을 호소했다. 그러면서 마을 근교를 산책하자고 제안했다.

"바깥 공기를 마시면 좋아질 거예요. 꽤 오랫동안 바깥 공기를 마시지 못했어요."

걸어가면서 콜롱바는 오빠 이야기를 했다. 리디아 양은 그 흥미로운 이야기에 정신이 팔려서 그들이 피에트라네라에서 멀어지고 있다는 사실을 알아차리지 못했다. 그녀가 마침내 이 사실을 알아채고 콜롱바에게 돌아가자고 했을 때는 벌써 해가 저물고 있었다. 콜롱바는 지름길을 알고 있다고 했다. 멀리 돌아가지 말고 그쪽으로 가자면서, 지금 걸어온 길을 버리고 인적이 드문 오솔길로 들어갔다. 곧 언덕을 오르기 시작했는데 경사가 너무 심해 몸을 지탱하기 위해 한 손으로 나뭇가지를 잡고, 다른 손으로는 뒤에 오는 리디아 양을 끌어줘야 했다. 이렇게 15분쯤 힘겹게 올라가자 사방에서 지면을 뚫고 솟은 커다란 화강암 암벽에 군데군데 도금양과 소귀나무가 빽빽이 자라나 있는 작은 고원이 나타났다. 리디아 양은 몹시 피곤해했다. 마을은 나타나지 않았다. 날이 완전히 저물었다.

"콜롱바, 길을 잃은 게 아닐까요?"

"걱정하지 마세요. 좀 더 걸어요. 저를 따라오세요."

"아니요, 분명 착각을 하고 있어요. 마을은 이쪽이 아니에요. 분명히 정반대로 가고 있어요. 자, 보세요. 저 멀리 보이는 빛이 피에트라네라예요."

"아가씨." 콜롱바는 흥분된 표정으로 말했다. "그래요. 아가씨 말이 맞아요. 하지만 여기서 이백 걸음만 더 가면……저 숲에……."

"네?"

"오빠가 있어요. 아가씨만 좋다면 만나서 인사할 수도 있어요."

네빌 양은 깜짝 놀랐다.

"내가 피에트라네라에서 나올 때 아무도 주목하지 않은 것은 아가씨와 함께 있었기 때문이지요……그렇지 않았으면 뒤를 따라왔을 거예요……이렇게 오빠 가까이까지 왔는데! ……함께 가서 불쌍한 오빠를 보지 못할 이유가 뭐예요? 정말 기뻐할 텐데요!"

"하지만 콜롱바……내가 그렇게 하는 것은 이상하잖아요."

"아, 당신네 도시 여자들, 당신들은 늘 이상하게 보이지 않으려고 신경 쓰지요. 우리 시골 여자들은 오로지 무엇이 좋은지를 생각하는데."

"시간이 늦었어요! ……게다가 그분이 저를 어떻게 생각하시겠어요?"

"친구들이 자기를 버리지 않았다고 생각할 거예요. 그 생각은 고통을 참아낼 용기를 주겠죠."

"아버지가 걱정하실 텐데……."

"저와 함께 있는 줄 아세요…… 자, 결정하세요…… 오늘 아침에 오빠 초상화를 보시지 않았습니까?"

콜롱바는 짓궂은 미소를 띠며 이렇게 덧붙였다.

"안 돼요……정말이지, 콜롱바, 저는…… 도피자들도 있고……."

"아, 그거요? 도피자들은 당신 얼굴을 몰라요. 무슨 상관이에요? 게다가 산속으로 도망친 자들을 보고 싶어 하셨잖아요!"

"맙소사!"

"자, 아가씨, 결정을 하세요. 여기에 혼자 계실 수는 없어요. 무슨 일이 일어날지 알 수 없거든요. 저랑 같이 오르소를 보러 가요. 아니면 함께 마을로 돌아가든가요…… 언제 오빠를 보게 될지…… 알 수가 없지만…… 영영 못 볼 수도 있고……."

"무슨 말을 하는 거예요, 콜롱바? ……좋아요! 가요! 단 잠깐만 있다가 금방 돌아와야 해요."

콜롱바는 그녀의 손을 꽉 쥐더니 대답도 하지 않고 빨리 걷기 시작했다. 너무 빨라서 리디아 양은 따라가기가 힘들 정도였다. 다행히 콜롱바는 곧 걸음을 멈추었다.

"저 사람들에게 예고도 하지 않고 이 이상 가면 안 돼요. 자칫하면 총을 맞을 수도 있어요."

그녀는 손가락을 입에 대고 휘파람을 불었다. 곧 개 짖는 소리가 들려오고 도피자들의 파수꾼이 나타났다. 바로 우리가 잘 아는 충견 브루스코였다. 개는 곧 콜롱바를 알아보았고 길안내를 맡았다. 숲 속에 난 좁은 오솔길을 수도 없이 돌아갔을 때 무장한 두 남자가 여인들 앞에 모습을 드러냈다.

"브란돌라치오?" 콜롱바가 물었다. "오빠는 어디 계세요?"

"저쪽이에요!" 도피자가 대답했다. "발소리는 내지 마세요. 주무시고 계시거든요. 사건이 일어나고 처음 자는 거예요. 그런데 참 대단하군요! 정말이지 여자들은 못 가는 데가 없군요."

두 여인은 조심조심 다가갔다. 둘레에 마른 돌로 조그만 벽을 세워 불빛이 새는 것을 막아놓은 모닥불 옆에 오르소가 누워 있는 게 보였다. 그는 고사리 더미 위에서 외투를 덮고 잠들어 있었다. 얼굴은 창백했고, 괴로운 듯한 숨소리가 들렸다. 콜롱바는 곁에 앉아 속으로 기도라도 하는 듯이 두 손으로 모으고 말없이 오빠를 바라보았다. 리디아 양은 손수건으로 얼굴을 가린 채 콜롱바 옆에 바짝 붙어 있었다. 하지만 이따금 고개를 들고 콜롱바의 어깨너머로 부상자를 바라보았다. 아무도 입을 열지 않은 채 15분이 흘러갔다. 신학생이 신호를 하자 브란돌라치오는 그와 함께 숲으로 사라졌다. 덕분에 리디아 양은 마음이 좀 편해졌다. 도피자들의 차림새와 긴 수염에서 그녀는 처음으로 과도한 향토색을 발견했던 것이다.

마침내 오르소가 몸을 움직였다. 콜롱바는 얼른 그에게 몸을 기울여 뺨에 몇 번이나 입을 맞추었다. 그러고는 상처는 어떠냐, 아프냐, 필요한 건 없느냐 하며 질문을 퍼부어 댔다. 그런대로 괜찮다고 대답한 오르소는 네빌 양이 아직 피에트라네라에 있는지, 자기에게 편지를 썼는지 물었다. 오빠 위로 몸을 기울인 콜롱바는 네빌 양을 완전히 가리고 있었다. 사실 네빌 양이 보였다 해도 주변이 어두워서 그녀를 알아보기는 힘들었을 것이다. 콜롱바는 한 손으로 네빌 양의 손을 잡고, 다른 손으로는 부상당한 오빠의 머리를 부드럽게 받쳐줬다.

"아뇨, 오빠. 편지는 안 주던걸요…… 아직도 네빌 양을 생각하시는 거예요? 몹시 사랑하는군요?"

"콜롱바, 내가 사랑한다고 해도…… 그녀는…… 그녀는 이제 분명히 나를 경멸할 거야!"

네빌 양은 손을 빼내려고 했다. 하지만 콜롱바의 손아귀 힘을 이기기는 쉽지 않았다. 그 손은 작고 예쁘지만 꽤 힘이 있었다. 그 증거는 앞에서 본 바 있다.

"오빠를 경멸한다고요! 오빠가 그만한 일을 해냈는데요? ……오히려 오빠를 좋게 말하고 있어요…… 정말이에요! 오르소, 그녀에 관해 이야기해 줄게 많아요."

네빌 양은 손을 빼려고 애썼지만 콜롱바는 그 손을 오르소 쪽으로 더욱 가까이 잡아끌었다.

"그런데 왜 답장을 하지 않는 거지? ……단 한 줄이면 나는 만족할 텐데."

네빌 양의 손을 잡아끌던 콜롱바는 마침내 그 손을 오빠 손에다 가져다 놓았다. 그러고는 재빨리 뒤로 물러나며 웃음을 터뜨렸다.

"오르소, 리디아 양에 대해 함부로 이야기하지 마요. 코르시카 말을 아주 잘 알아들으니까요."

리디아 양은 바로 손을 빼내고 알아들을 수 없는 몇 마디를 더듬거렸다. 오르소는 이 상황이 꿈만 같았다.

"여기까지 오시다니, 네빌 양! 놀랐습니다! 아니, 대체 어떻게? 정말! 나는 행복합니다!"

그는 힘겹게 몸을 일으켜 그녀에게 다가가려고 애썼다.

"동생분을 따라왔어요…… 어디 가는지 의심하지 않도록…… 그리고 저도…… 확인하고 싶어서…… 그런데 정말로 고생이 많으시네요!"

콜롱바는 오르소 뒤에 앉아 있었다. 그녀는 그를 조심스레 일으켜서는 무릎으로 머리를 받쳤다. 그녀는 그의 목에 팔을 두르고는 리디아 양에게 가까이 다가오라고 신호했다.

"더 가까이! 더 가까이요! 환자가 목소리를 너무 높여서는 안 돼요."

그러나 리디아 양이 망설이자 손을 잡아서는 억지로 오르소 가까운 곳에 앉게 했다. 리디아 양의 옷이 오르소에 닿을 정도였다. 그리고 여전히 콜롱바에게 붙잡힌 손은 오르소의 어깨 위에 놓였다.

"이렇게 하니 좋네요." 콜롱바가 밝게 말했다. "오빠, 이런 좋은 밤에 숲에서 야영을 하니까 참 좋죠?"

"그래! 아름다운 밤이구나! 평생 잊을 수 없을 거야."

"정말로 아프시겠어요."

"아프지 않아요. 여기서 죽어도 좋습니다."

그의 오른손은 리디아 양의 손 가까이 다가갔다. 그녀의 손은 여전히 콜롱바에게 붙잡혀 있었다.

"델라 레비아 씨, 어서 치료를 받을 수 있는 곳으로 옮겨야겠어요. 이렇게 불편하게 누워 계신 걸 본 이상 저도 잠을 잘 수가 없을 것 같아요……여긴 야외가 아닙니까……."

"네빌 양, 당신을 만나는 게 두렵지 않았다면 저는 피에트라네라로 돌아가서 자수했을 겁니다."

"왜 네빌 양을 만나는 게 두려웠던 거죠, 오르소?"

"저는 당신 명령에 따르지 않았어요, 네빌 양……저는 당신을 볼 용기가 없었습니다."

"어머나. 아시겠어요, 리디아 양? 오빠는 무조선 당신 뜻에 따를 거예요." 콜롬바가 웃으면서 말했다. "오빠를 못 보게 해야겠네요."

"부디 이 불행한 사건이 깨끗이 해결돼서 더 이상 걱정할 게 없어졌으면 해요……우리가 떠날 때에는 당신이 누명을 벗고 결백과 용기를 모두에게 인정받았으면 좋겠어요."

"떠난다고요, 네빌 양! 그런 말만은 하지 말아주세요."

"어쩌겠어요……아버지도 언제까지고 사냥만 하실 수는 없잖아요……떠나고 싶어 하세요."

오르소는 리디아 양의 손을 잡고 있던 손을 떨어뜨렸다. 잠시 침묵이 흘렀다.

"안 됩니다!" 콜롬바가 말을 이었다. "그렇게 빨리 떠나게 내버려 두지는 않을 거예요. 피에트라네라에는 보여 드릴 게 아직 많아요…… 게다가 제 초상화를 그려주기로 약속하셨잖아요. 아직 시작도 안 했는데…… 그리고 저는 당신을 위해 75행 세레나타를 지어드리기로 약속했고요…… 또…… 어, 브루스코가 왜 저러지? ……브란돌라치오가 뛰어가고…… 가봐야겠어요."

그녀는 일어섰다. 그리고 아무 말도 없이 오르소의 머리를 네빌 양 무릎에 올려놓고는 도피자들 쪽으로 달려갔다.

그토록 잘생긴 청년의 머리를 무릎에 올려놓고 숲 한가운데에 단둘이 있게 된 데에 약간 놀라면서 네빌 양은 어떻게 해야 할지를 몰랐다. 갑자기 몸을 빼면 환자가 아파하지 않을까 두려웠기 때문이다. 그러나 오르소 스스로 누이가 마련해 준 부드러운 베개에서 벗어났다. 그는 오른팔로 지탱하여 몸을 일으켰다.

"곧 떠난다고요, 리디아 양? 그래요, 나도 이 불행한 고장에 당신이 좀 더 오래 머물러야 한다고 생각한 적은 없습니다…… 다만…… 당신이 여길 찾아주시니 당신과 작별해야 한다는 사실이 더욱 고통스럽게 느껴지네요…… 저는 가난한 중위입니다…… 미래도 없고…… 더구나 이제는 법을 어긴 죄인입니다…… 이렇게 가장 안 좋을 때, 리디아 양, 당신을 사랑한다고 말해야 하다니요……하지만 제가 이 말을 할 기회도 지금뿐이겠지요. 가슴을 비우고 나니 전보다 덜 불행해진 느낌이 드는군요."

리디아 양은 얼굴을 돌렸다. 빨개진 얼굴을 감추기에는 어둠만으로 부족한 것처럼 말이다.

"델라 레비아 씨." 그녀의 목소리는 떨리고 있었다. "제가 여기까지 왔다면 그것은……." 그녀는 말을 이으면서 오르소의 손에 이집트 반지를 쥐여주었다. 그러고는 평소의 농담 섞인 어조를 되찾으려고 필사적으로 애썼다.

"오르소 씨, 그런 말을 하는 건 비겁해요…… 이런 숲 속에서 당신을 따르는 유명한 도피자들에게 둘러싸여 있는 만큼 제가 당신에게 화를 내지 못하리라는 걸 잘 아시잖아요."

오르소는 반지를 돌려주는 손에 키스를 하려고 몸을 움직였다. 그러나 리디아 양이 급하게 손을 빼는 바람에 오르소는 중심을 잃고 부상당한 팔 쪽으로 넘어졌다. 그는 고통스러운 신음을 참을 수가 없었다.

"아! 많이 아파요?" 그녀는 오르소를 안아 일으키면서 외쳤다. "제가 나빴어요! 용서해 줘요……." 두 사람은 그러고도 얼마 동안 꼭 붙어서 낮은 목소리로 대화를 계속했다. 숨 가쁘게 달려온 콜롱바는 자기가 떠날 때와 똑같은 자세를 취하고 있는 두 사람을 발견했다.

"정예 보병이에요!" 그녀가 외쳤다. "오르소, 일어나서 걸어 봐요. 도와줄 테니."

"괜찮아. 난 그냥 내버려 둬. 그 친구들이나 어서 도망치라고 해…… 난 잡혀도 상관없어. 리디아 양을 데려가. 맙소사, 여기 있는 걸 사람들이 보면 안 돼!"

"중위님을 두고 갈 수는 없습니다." 콜롱바를 따라온 브란돌라치오가 말했다. "정예 보병들을 지휘하는 상사는 변호사의 대자예요. 체포하는 대신 죽일 거예요. 그러고는 고의가 아니었다고 둘러댈 겁니다."

오르소는 일어서려고 애썼고, 몇 발자국 떼어놓기까지 했다. 하지만 곧 멈추어 서서 말했다.

"걸을 수가 없어. 나를 남겨 두고 도망가. 안녕, 네빌 양, 손을 줘요. 안녕!"

"우리만 떠날 수는 없어요!" 두 여인이 외쳤다.

"걸을 수 없다면 업고 가야겠군요. 중위님, 기운을 내세요. 저 뒤 협곡으로 해서 도망칠 시간이 있습니다. 신부님이 저 사람들 발목을 잡아줄 겁니다."

"아니야. 나를 두고 빨리 도망쳐." 오르소가 땅바닥에 드러누우며 말했다. "제발, 콜롱바, 네빌 양을 데려가!"

"아가씨는 힘이 있으시죠. 어깨를 잡으세요. 저는 다리를 잡을 테니까. 좋아요! 앞으로 전진!"

오르소가 저항하는데도 그들은 그를 들어 옮기기 시작했다. 리디아 양은 두려움에 몸을 떨면서 그 뒤를 따라갔다. 그때 한 발의 총소리가 들렸고, 곧이어 대여섯 발의 총소리가 들렸다. 리디아 양은 비명을 질렀고, 브란돌라치오는 욕설을 내뱉었다. 하지만 그는 굴하지 않고 속도를 배로 했고, 콜롱바도 그를 따라 빠르게 숲을 달렸다. 얼굴을 후려치고 옷을 찢는 나뭇가지 따위는 아랑곳하지 않았다.

"몸을 숙여요, 숙여요!" 그녀는 리디아 양에게 말했다. "총에 맞을 수도 있어요."

그렇게 오백 걸음 정도를 걸었다, 아니 달렸다. 브란돌라치오가 더 이상은 못 가겠다고 말하며 땅바닥에 주저앉았다. 콜롱바가 아무리 격려하고 질책해도 소용이 없었다.

"네빌 양은 어디 있지?" 오르소는 몇 번이나 물었다.

네빌 양은 총소리에 놀라고 울창한 숲 때문에 매번 멈춰야 해서 곧 일행을 놓치고 말았다. 홀로 남은 그녀는 커다란 불안에 사로잡혔다.

"뒤처졌어요. 하지만 길을 잃은 건 아니에요. 여자들은 어디서나 길을 찾지요. 들어보세요, 오르산톤. 신부가 당신 총으로 신나게 소란을 피우고 있어요. 유감이지만 아무것도 보이지 않는군요. 뭐, 어둠 속에서는 총을 난사해 봤자 큰일이 날 리 없지만요."

"쉿!" 콜롱바가 외쳤다. "말발굽 소리가 들려요. 우리는 살았어요."

과연 숲에서 풀을 뜯다가 총소리에 놀란 말 한 마리가 그들 쪽으로 달려오고 있었다.

"우리는 살았어요!" 브란돌라치오도 되풀이했다.

말에게 달려가 갈기를 붙잡고 매듭진 밧줄을 고삐 삼아 입에 두르기란 콜롱바의 도움을 받은 도피자에게는 너무나 쉬운 일이었다.

"이제 신부에게 알립시다."

두 차례 휘파람을 불자 멀리서 휘파람 소리가 이 신호에 답했고, 영국제 총이 내던 커다란 소리가 그쳤다. 브란돌라치오가 말에 뛰어올랐다. 콜롱바가 자기 오빠를 도피자 앞에 올려놓았다. 도피자는 한 손으로 오르소를 잡고, 다른 손으로는 말을 몰았다. 말은 두 사람이나 태웠는데도 기수가 양쪽 옆구리를 차자 빠르게 출발하여 가파른 언덕을 달려 내려갔다. 코르시카 말이 아니고서는 불가능한 일이었다.

그들을 배웅한 뒤 콜롱바는 지나온 길을 되짚어 가며 있는 힘을 다해 네빌 양을 불렀다. 하지만 그 어떤 목소리도 대답하지 않았다……자신이 걸어온 길을 찾으려고 애쓰면서 한동안 이리저리 헤매던 그녀는 오솔길에서 "누구냐?" 하고 외치는 정예 보병 두 명과 맞닥뜨렸다.

"상당히 소란스럽군요!" 콜롱바가 조롱하는 듯한 어조로 말했다. "몇 명이나 죽였나요?"

"도피자들과 함께 있었죠?" 병사 하나가 말했다. "우리와 함께 가주셔야겠습니다."

"기꺼이 가도록 하죠. 하지만 친구 하나가 이 근처에 있는데, 먼저 그녀부터 찾아야 해요."

"당신 친구는 벌써 잡혔어요. 같이 감옥에 가서 잠을 자야 해요."

"감옥요? 글쎄요, 그건 차차 보도록 하고 우선 저를 그녀에게 데려다 주세요."

정예 보병들은 그녀를 도피자들의 야영지로 데려갔다. 그들은 그곳에 원정 전리품들을 모았다. 전리품이라 하면 오르소가 덮던 외투 한 벌, 오래된 냄비 그리고 물이 가득한 항아리였다. 네빌 양은 그곳에 있었다. 그녀는 병사들에게 붙잡혀 두려움으로 반쯤 넋이 나간 상태로, 도피자가 몇 명인지, 도주한 방향은 어디인지 하는 질문에 그저 눈물로 답할 뿐이었다.

콜롱바는 그녀 품에 뛰어들면서 귀에다 대고 모두들 무사하다고 속삭였다.

그러고는 정예 보병 상사에게 말했다.

"보시다시피 아가씨께서는 당신들이 질문하시는 것에 대해 아는 게 하나도 없어요. 부탁이니 저희를 마을로 돌아가게 해주세요. 모두들 기다리고 있을 테니."

"데려다 줄 겁니다. 그것도 원하는 것보다 더 빨리. 하지만 도주한 도피자들과 이런 시각에 숲에서 무얼 하고 있었는지 설명해야 합니다. 그 악당들이 무슨 요술을 부리는지는 몰라도 여자를 매혹하는 건 분명해 보이는군요. 도피자가 있는 곳이면 어디든 예쁜 여자들이 있으니까요."

"여자에게 관심이 많으시네요, 상사님. 하지만 말조심하시는 게 좋을 것 같네요. 이 아가씨는 지사님과 친분이 두텁거든요. 함부로 대했다가는 큰코다칠 거예요."

"지사님과 친분이 두텁답니다!" 정예 보병 하나가 상사를 향해 중얼거렸다. "과연 모자를 쓰고 있네요."

"모자는 아무 상관없어. 두 여자 모두 이 지역에서 제일가는 제비인 신부와 함께 있었어. 이 여자들을 끌고 가는 게 내 의무야. 이제 여기서는 더 이상 아무것도 할 게 없어. 빌어먹을 토팽 하사만 아니었어도……그 주정뱅이 프랑스인이 숲을 포위하기도 전에 움직였단 말이지……그 작자만 아니었으면 그놈들을 일망타진할 수 있었는데."

"당신들은 모두 일곱 명이에요?" 콜롱바가 물었다. "만약 감비니 삼형제, 그리고 사로키와 테오도르 폴리가 생트 크리스틴 십자가 앞에서 브란돌라치오와 신부를 만나기라도 한다면 당신은 매우 골치 아파질 거예요. 만약 당신들이 야전 사령관[60]과 대화를 할 작정이라면 저는 그 자리에 있고 싶지 않군요. 밤에는 총알이 사람을 구별하지 않거든요."

콜롱바가 지금 이름을 든 무시무시한 도피자들과 맞닥뜨릴지도 모른다는

---

*60 Theodore Poli의 칭호. 〔원주〕

사실에 정예 보병들은 상당한 부담을 느끼는 듯했다. 그 개 같은 프랑스인 토팽 하사를 계속 욕하면서 상사는 철수 명령을 내렸고, 그의 작은 병력은 외투와 냄비를 들고 피에트라네라로 향했다. 항아리는 발길질 한 번으로 간단히 처리했다. 정예 보병 하나가 리디아 양의 팔을 잡으려고 했지만, 콜롱바가 바로 가로막으며 말했다.

"아무도 손대지 마요! 우리가 도망갈 것 같아요? 자, 리디아 양, 저한테 기대요. 아이처럼 울지 말고요. 이게 모험이란 거예요. 결말은 괜찮지 싶어요. 반 시간 뒤엔 저녁을 먹을 수 있을 거예요. 아, 배가 고파 죽겠네요."

"다들 저를 어떻게 생각할까요?" 네빌 양이 아주 낮은 목소리로 물었다.

"숲에서 길을 잃었다고 생각하겠지요. 달리 뭐가 있겠어요."

"지사님은 뭐라고 하실지? ……특히 아버지가 뭐라고 하실지?"

"지사님이오? …… 도청 일이나 잘 보라고 하세요. 대령님? ……아까 아가씨가 오르소와 이야기하는 걸 보니 아버님께 뭔가 드릴 말씀이 있을 것 같은데요."

네빌 양은 아무 대답 없이 콜롱바의 팔을 꽉 잡았다.

"어때요?" 콜롱바는 네빌 양 귀에 대고 속삭였다. "오빠는 사랑할 만한 가치가 있죠? 조금은 사랑하고 있죠?"

"아, 콜롱바!" 네빌 양이 혼란스러운데도 미소 지으며 대답했다. "당신은 저를 배반했어요. 당신을 굳게 믿는 저를 말이에요!"

콜롱바는 그녀의 허리에 팔을 두르고는 이마에 입을 맞추면서 말했다.

"언니, 용서해 주실 거죠?"

"그래야겠죠, 무서운 아가씨." 리디아 양도 콜롱바의 이마에 입을 맞추면서 대답했다.

지사와 검사는 피에트라네라 부시장 집에 머무르고 있었다. 대령은 딸을 걱정해 몇 번이나 소식이 없었냐고 찾아왔었다. 그때 전령으로 파견되어 온 정예 보병 한 명이 도피자들과 벌인 전투에 대해 보고했다. 전투라 해도 사실 사망자도 부상자도 없었지만, 그 대신 냄비와 외투 하나를 압수하고 두 여자를 체포했다. 그녀들은 도피자들의 애인 또는 첩자라는 것이다. 잠시 후 예고된 두 여자가 무장한 수행원들에 둘러싸인 채 나타났다. 콜롱바의 환한 표정, 리디아 양의 수치스러워하는 태도, 지사의 경악, 대령의 기쁨과 놀람은 독자들의 추측에 맡긴다. 검사는 불쌍한 리디아를 심문하면서 신나게 질문을 퍼부었다. 그 심문은 리디아가 침착함을 완전히 잃어버리고 눈물을 보였을 때에야 끝났다.

"모두 풀어줘도 된다고 생각합니다." 지사가 입을 열었다. "이 아가씨들은 산책을 하고 있었어요. 이 좋은 날씨에 이보다 더 자연스러운 일은 없지요. 그러다가 부상당한 젊은이를 우연히 만난 거예요. 이 또한 너무나도 자연스러운 일입니다."

그러고는 콜롱바만 따로 불러 말했다.

"아가씨, 내 예상보다 일이 더 잘 돌아간다고 오빠에게 연락해도 되겠어요. 부검 결과와 대령의 진술은 당신 오빠가 단순히 응수했을 뿐이며 싸울 때 혼자였다는 것을 입증합니다. 모든 게 잘될 겁니다. 하지만 그가 되도록 빨리 숲을 떠나 자수할 필요가 있습니다."

대령과 그의 딸, 그리고 콜롱바가 식탁에 앉았을 때는 거의 11시에 가까웠다. 콜롱바는 저녁을 맛있게 먹으며 지사, 검사 그리고 정예 보병들을 비웃었다. 대령도 식사를 했으나 한마디도 하지 않고 딸만 바라보았다. 딸은 접시에서 눈을 들지 않았다. 마침내 아버지가 부드럽지만 위엄 있는 목소리로 영어로 말했다.

"리디아, 그러면 델라 레비아와 약속한 거니?"

"네, 아버지. 오늘요." 딸은 얼굴을 붉히면서도 확실하게 대답했다.

그리고 얼굴을 들었는데, 아버지 얼굴에서 화난 표정이 조금도 보이지 않자 그 품에 와락 뛰어들어 뺨에 입을 맞추었다. 이럴 때 잘 키운 딸들이 그러듯이 말이다.

"잘되었구나. 그는 좋은 청년이니까. 하지만 나는 이 굉장한 나라에서는 살지 않겠다. 이 점이 보장되지 않으면 찬성할 수 없어."

"저는 영어를 몰라요." 호기심을 갖고 두 사람을 바라보던 콜롱바가 말했다. "하지만 두 분이 무슨 말씀을 하시는지 이해할 수 있을 것 같아요."

"우리는 아가씨에게 아일랜드를 구경시켜 주자는 이야기를 하고 있어요." 대령이 말했다.

"기꺼이 가지요. 저는 콜롱바 아가씨가 되겠어요. 그러면 이제 된 건가요, 대령님? 박수를 칠까요?"

"아니, 이 경우에는 입을 맞추어야 합니다."

20

피에트라네라를 경악하게 만든 한 번에 둘을 쓰러뜨린 총격 사건이 일어난 지 몇 달 지난 어느 날 오후, 왼팔에 붕대를 감은 한 청년이 말을 타고 바스티아를 나와 카르도로 향했다. 카르도는 온천으로 유명한 마을이지만, 여름이 되면 허약한 도시 사람들에게 쾌적한 물을 제공하는 곳이다. 늘씬한 키에 눈에 띌 정도로 아름다운 젊은 여인이 작고 검은 말을 타고 동행하고 있었다. 말에 대해 잘 아는 사람이라면 그 체력과 아름다움을 찬미했겠지만, 안타깝게도 그 말은 이상한 사고로 한쪽 귀가 찢겨 있었다. 마을에 도착하자 젊은 여인은 날렵하게 말에서 내리고, 같이 온 청년이 말에서 내리는 것을 도운 다음 안장 테에 매단 묵직한 주머니를 풀었다. 말들은 한 농부에게 맡겨졌다. 젊은 여인은 어깨에 멘 주머니를 메차로 아래 숨기고 청년은 2연발 총을 든 채 매우 가파른 오솔길로 해서 산으로 향했다. 그 길은 어떤 거주지에도 이르지 않은 것 같았다. 쿠에르시오 산 높은 중턱에 도착하자 그들은 걸음을 멈추고 풀밭에 앉았다. 누군가를 기다리는 것 같았다. 계속 산 쪽으로 눈을 돌리곤 했기 때문이다. 젊은 여인은 이따금 예쁜 금시계를 들여다보았는데, 약속 시간을 확인하는 동시에 최근에 갖게 된 보물을 바라보기 위해서인 것 같았다. 그들이 기다린 시간은 길지 않았다. 한 마리 개가 숲에서 튀어나왔다. 젊은 여인이 브루스코라고 부르자 개는 얼른 다가와 두 사람에게 몸을 비벼댔다. 곧 수염이 덥수룩한 두 남자가 나타났다. 총을 팔 아래에 끼고 허리에는 탄띠를 둘렀으며 옆구리에 권총을 찼다. 누덕누덕한 그들의 옷은 대륙의 유명한 회사에서 만든 번쩍거리는 무기와는 대조를 이루었다. 분명히 지위가 달라 보임에도 네 사람은 오랜 친구처럼 친밀하게 서로에게 다가갔다.

"아, 오르산톤." 둘 중 나이 많은 도피자가 청년에게 말했다. "이걸로 무사히 끝났군요. 공소 기각 결정. 축하합니다. 변호사가 섬에 없어 거품 무는 꼴을 못 보는 게 유감이네요. 팔은 어때요?"

"2주 뒤면 붕대를 풀 수 있을 거라고 해. 브란도, 나는 내일 이탈리아로 떠나. 자네한테도 신부님한테도 작별인사를 하고 싶었어. 그래서 와 달라고

했네."

"급하시네요." 브란돌라치오가 말했다. "어제 무죄 선고를 받고 내일 떠나신다니?"

"일이 있어서요." 젊은 여인이 즐겁게 말했다. "식사를 가져왔어요. 잡수세요. 우리 친구 브루스코를 잊지 마시고요."

"브루스코가 입맛을 버리겠어요, 콜롱바 양. 어쨌든 은혜는 잊지 않고 있어요. 자, 보세요. 브루스코, 바리치니를 위해 뛰어." 브란돌라치오가 수평으로 총을 내밀며 말했다.

개는 꼼짝도 하지 않고 코를 핥으며 주인을 바라보았다.

"델라 레비아를 위해 뛰어!"

개는 깜짝 놀랄 만큼 높이 뛰어올랐다.

"여러분 내 얘기 좀 들어봐요." 오르소가 말을 꺼냈다. "두 사람은 안 좋은 일을 하고 있어요. 저기 보이는 저 광장*61에서 생을 마감하지는 않는다고 해도, 기껏 기대할 수 있는 건 숲에서 헌병이나 누군가의 총을 맞고 죽는 것 아닙니까."

"하지만." 카스트리코니가 끼어들었다. "그것도 죽는 방법입니다. 침대에서 사람을 죽이는 열병에 걸리는 것보다 더 낫다고 할 수도 있어요. 상속인들이 진심에서든 그렇지 않든 눈물을 흘리는 가운데 죽는 것보다 말이지요. 우리처럼 바깥공기에 익숙해진 사람들에게는 우리 고장에서 말하듯 객사만큼 좋은 것도 없습니다."

"당신들이 이 나라를 떠나서." 오르소가 말을 이었다. "좀 더 평온한 삶을 살았으면 좋겠습니다. 당신네 동료들 몇몇이 그리한 것처럼 사르디니아에 정착할 수도 있겠지요. 내가 도와줄 수 있습니다."

"사르디니아요!" 브란돌라치오가 외쳤다. "한심한 사르디니아인들! 그 괴상한 사투리와 함께 꺼져버리라지요. 함께할 자들이 못 됩니다."

"사르디니아에는 먹고살 게 없습니다." 신학생도 덧붙였다. "게다가 저는 사르디니아인들을 경멸합니다. 그곳에서는 도피자들을 잡는 데 말 탄 민병들을 동원합니다. 이는 도피자들뿐만 아니라 섬사람들의 비판도 받고 있지

---

*61 사형이 집행되는 바스티아 광장. 〔원주〕

요. *62 그까짓 사르디니아! 델라 레비아 씨, 정말로 놀라워요. 당신처럼 취향과 학식을 갖고 있는 사람이 우리와 같이 숲에서 살아가는 삶을 선택하지 않았으니까요. 잠시나마 숲에서 살았는데도 말이지요."

"하지만." 오르소는 웃으며 말했다. "내가 당신들 손님일 때는 당신들 삶의 매력을 제대로 느낄 수 없었습니다. 브란돌라치오가 모는 안장도 없는 말에 짐처럼 얹혀 달리던 아름다운 밤을 생각하면 아직도 옆구리가 아파요."

"그렇게 해서 추격에서 벗어난 기쁨이 아무것도 아니라고 생각하십니까?" 카스트리코니가 말을 이었다. "이렇듯 좋은 날씨에 절대적 자유를 맛보는 매력에 어떻게 무감각할 수 있단 말입니까? 존경을 느끼게 하는 이 물건만 있으면(이렇게 말하면서 그는 자신의 총을 가리켰다) 어디에 가더라도 왕이나 다름없습니다. 총알이 발사되는 범위 내에서는. 명령을 하고 잘못을 바로잡습니다……이는 매우 도덕적이고 유쾌한 기분전환으로서 우리는 결코 거절하지 않습니다. 돈키호테보다는 상식적이고 무장도 훌륭하다면 방랑 생활만큼 유쾌한 삶이 있을까요? 이런 이야기가 있습니다. 며칠 전 어린 릴라 루이지의 숙부가 그녀에게 지참금을 한 푼도 주지 않으려 한다는 사실을 알게 되었습니다. 하여튼 욕심 많은 늙은이라니까요. 저는 그에게 편지를 썼습니다. 협박은 아니었습니다. 협박 따위 하지 않으니까요. 그자는 즉시 알아듣고 릴리 루이지를 제대로 결혼시켰습니다. 젊은 두 사람을 행복하게 만들어준 겁니다. 오르소 씨, 도피자의 삶과 비교할 수 있는 것은 아무것도 없습니다. 하지만 어쩌겠습니까? 영국 여인만 아니었다면 당신도 우리와 합류하셨을 것을. 저도 한 번 뵈었습니다만, 바스티아에서 모두들 경탄을 금치 못하더군요."

"우리 올케가 될 분은 숲을 좋아하지 않아요." 콜롱바가 웃으면서 말했다. "너무 무서웠거든요."

"어쨌든 둘 다 여기에 있고 싶다는 건가요? 그것도 좋습니다. 그렇다면 내가 두 사람에게 무얼 해드릴 수 있는지 말해 보세요!"

"아무것도 없습니다. 저희를 기억해 주는 것 말고는요." 브란돌라치오가

*62 한때 도피자였던 내 친구가 이런 식으로 사르디니아를 비판했다. 이에 대한 책임은 전적으로 그 친구에게 있다. 기병에게 붙잡히는 도피자는 얼간이이며, 이렇게 말을 타고 도피자를 쫓는 군대는 그들과 마주칠 기회가 거의 없다는 얘기다. 〔원주〕

말했다. "중위님은 이미 우리에게 많은 걸 베풀어주셨어요. 실리나는 지참금을 받았고, 덕분에 저와 친한 신부님이 협박 없는 편지를 써주지 않아도 넉넉히 살림을 차릴 수 있게 되었습니다. 게다가 중위님의 소작인이 우리에게 빵과 총알을 제공해 줄 거잖아요. 그거면 충분합니다. 안녕히 가세요. 언젠가 중위님을 다시 코르시카에서 뵐 수 있길 바라겠습니다."

"급할 때는 금화 몇 닢이 큰 도움이 될 수 있습니다. 이제 오래 알고 지냈으니 이 작은 돈은 받아줘요. 다른 것을 구하는 데 도움이 될 테니."

"우리 사이에 돈은 안 됩니다, 중위님." 브란돌라치오가 결연한 어조로 말했다.

"세상에서는 돈이 최고지만." 카스트리코니가 끼어들었다. "숲에서는 용기와 백발백중인 총이 최고지요."

"하지만 뭔가 기념이 될 만한 것을 주기 전에는 두 사람을 보낼 수가 없어요. 브란도, 자네에게는 뭘 주면 좋을까?"

도피자는 머리를 긁적이며 오르소의 총을 향해 비스듬한 눈길을 던졌다.

"글쎄요, 중위님…… 감히 제가…… 아니, 아닙니다. 중위님께서 워낙 애착을 갖고 계신 거라."

"무얼 원하는데?"

"아무것도 아닙니다…… 물건은 중요하지 않아요…… 그것을 쓰는 방법이 문제지요. 저는 항상 그 한 번에 둘을 생각합니다. 그것도 한 손으로요…… 아! 정말이지 그런 일은 두 번 다시 일어나지 않을 겁니다."

"이 총을 원하나? 자네를 생각해 가져왔네. 하지만 되도록 적게 사용하게."

"오! 중위님처럼 사용할 거라고 약속하지는 못하겠습니다. 하지만 안심하세요. 다른 누군가에게 이 총이 넘어갔을 때는 브란도 사벨리가 죽었다고 생각하시면 됩니다."

"카스트리코니, 당신에게는 무엇을 드려야 할까요?"

"제게 무언가 기념품을 남기고 싶다면 사양하지 않고 호의를 받아들이지요. 가장 작은 판형으로 된 호라티우스를 한 권 주십시오. 기분전환도 되고 라틴어를 잊어버리지 않게 해줄 테니까요. 바스티아 항구에 시가를 파는 소녀가 있을 테니 그 아이에게 맡겨 주세요. 그 애가 저에게 전달해 줄 겁니다."

"그럼 엘제비르 판으로 보내드리겠습니다. 내가 가져가려고 하는 책들 가운데 한 권 있으니…… 자! 이제 헤어져야겠군요. 악수나 합시다. 언젠가 사르디니아에 가고 싶어지거든 편지하세요. 변호사 N이 대륙의 내 주소를 알고 있으니까."

"중위님." 브란도가 말했다. "내일 항구를 벗어나면 이곳을 보세요. 저희가 와서 손수건을 흔들겠습니다."

그들은 헤어졌다. 오르소와 누이는 카르도로, 도피자들은 산으로 갔다.

21

어느 화창한 4월 아침, 토머스 네빌 대령과 며칠 전 결혼한 딸, 오르소, 그리고 콜롱바는 최근 발견된 에트루리아 지하실을 보기 위해 마차로 피사를 나왔다. 이곳은 모든 외국인들이 구경하러 가는 곳이 되어 있었다. 이 유적 내부로 내려간 오르소와 그의 아내는 연필을 꺼내어 열심히 스케치를 하기 시작했다. 그러나 대령과 콜롱바는 고고학에는 관심이 없어서 그들을 내버려두고 인근을 산책했다.

"콜롱바 양, 우리는 절대 점심시간에 맞춰 피사에 돌아가지 못할 거요. 배고프지 않아요? 오르소와 그의 부인은 고고학에 푹 파묻혔소. 그들이 스케치를 시작하면 언제 끝날지 몰라요."

"네, 게다가 그래 놓고서는 그림이라고는 한 장도 가져오질 않죠."

"내 생각에는." 대령이 말을 이었다. "저기 보이는 작은 농가로 가면 어떨까요? 빵 정도는 있을 거고, 포도주도 있을 거요. 혹시 크림과 딸기가 있을지도 모르죠. 아무튼 저기서 느긋하게 스케치하는 사람들을 기다립시다."

"맞아요. 대령님과 저는 이 집에서 이성적인 사람들인데 오로지 시만 먹고 사는 저 연인들의 희생물이 될 수는 없죠. 팔을 빌려주세요. 어때요, 저도 제법 잘 배우죠? 이제는 이렇게 팔짱을 끼고 모자를 쓰고 유행하는 옷을 입을 줄도 알아요. 보석도 달았어요. 이제는 산골 여자가 아니에요. 제가 이 숄을 얼마나 우아하게 걸쳤는지 좀 보세요…… 그 금발 청년, 결혼식에 왔던 대령님 연대의 그 장교 말이에요…… 어머나! 그 사람 이름이 기억이 안 나네요. 키가 크고 곱슬머리인데, 제가 한주먹에 때려눕힐 수 있을 것같이 생긴……."

"체트워스 말이오?"

"맞아요! 하지만 저는 절대로 그 이름을 부르지 않겠어요. 어쨌든 그 사람, 저한테 반한 것 같아요."

"아! 콜롱바 양, 아주 여성스러워지셨네요. 곧 다른 결혼식을 볼 수 있겠는데요."

"저요? 제가 결혼한다고요? 그럼 도대체 누가 제 조카를 키우지요? …… 오르소에게 아이가 생겼을 때 코르시카어를 누가 가르쳐줄까요? ……그래요, 아이는 코르시카어를 말할 거예요. 저는 그에게 뾰족한 모자를 만들어주겠어요. 대령님 화나시라고요."

"우선 조카부터 기다리시구려. 그리고 마음 내키면 나중에 비수 다루는 법을 가르쳐주세요."

"비수는 이제 안녕이에요." 콜롱바가 명랑하게 말했다. "이제 부채가 있어요. 대령님이 우리 고장에 대해 나쁘게 말하시면 이걸로 손가락을 때릴 거예요."

이렇게 말하면서 그들은 농가로 들어갔다. 거기에는 포도주와 딸기, 크림이 있었다. 대령이 포도주를 마시는 동안 콜롱바는 농부 아낙네를 도와 딸기를 땄다. 그녀가 밭고랑 사이를 돌아가는데 밀짚 의자에 앉아 멍하니 햇볕을 쬐고 있는 노인이 눈에 들어왔다. 아파 보였다. 뺨이 움푹 들어가고 눈은 퀭했으며 몸은 비쩍 말랐다. 움직이지도 않고 창백한 얼굴로 한곳만 바라보는 것이 살아 있는 사람보다는 차라리 시체와 비슷했다. 몇 분 동안 콜롱바가 어찌나 호기심을 갖고 노인을 바라보았는지 이윽고 농부 아낙네도 그것을 눈치챘다.

"저 불쌍한 노인네는 아가씨와 같은 고장 사람이에요. 말투에서 아가씨가 코르시카 사람이라는 걸 알 수 있거든요. 노인네는 고향에서 불행한 일을 겪었다고 해요. 아이들이 끔찍하게 죽었다나요. 미안해요. 당신네 고장 사람들은 서로 반복할 때 무척 살벌하다고들 하지요. 어쨌든 그 사건 이후로 홀로된 이 불쌍한 노인네는 피사에 있는 먼 친척에게로 온 거예요. 그 친척은 이 농장의 여주인이지요. 저분은 정신이 나갔어요. 불행과 슬픔 때문이지요……. 마님은 수많은 손님을 받는 분이신데 약간 거추장스럽지 않겠어요. 그래서 저분을 이리로 보내신 거예요. 성격은 순해요. 하루에 세 마디도 안 한답니다. 정신이 나간 거지요. 의사가 매주 보러 오는데 오래 못 살 거라고 해요."

"아! 의사가 포기했군요? 어찌 보면 그게 나을지 몰라요."

"아가씨, 코르시카어로 이야기 좀 나눠주시지 그래요. 고향 말을 들으면 기운이 날지도 모르잖아요."

"그럴까요." 이렇게 말하는 콜롱바의 입 주변에 묘한 미소가 보였다.

그녀는 자신의 그림자가 노인에게서 햇볕을 빼앗을 정도의 거리까지 다가섰다. 그러자 불쌍한 백치 노인이 조용히 고개를 들어 콜롱바를 보았다. 콜롱바는 여전히 미소를 지으며 노인을 바라보았다. 잠시 후 노인은 손으로 이마를 쓸면서 콜롱바의 시선을 피하려는 듯이 눈을 감았다. 그리고 다시 눈을 떴는데, 이번에는 이상하리만큼 크게 떴다. 그는 입술을 부들부들 떨면서 손을 뻗으려고 했지만 마치 콜롱바에 의해 주술이라도 걸린 것처럼 의자에 못 박힌 듯 꼼짝 않고 앉아 있었다. 말을 할 수도 없었고 움직일 수도 없었다. 그러다가 마침내 눈에서 굵은 눈물이 흐르고 가슴에서는 오열이 터져 나왔다.

"이러는 건 처음이에요." 농부 아낙네가 말했다. "어르신, 이 아가씨는 같은 고장 분이에요. 어르신을 보러 왔어요."

"제발! 제발." 노인은 쉰 목소리로 외쳤다. "제발! 아직도 부족한가? 그 수첩…… 내가 불태워버렸는데…… 어떻게 읽었지? ……그런데 어째서 두 명이야? 오를란두치오에 대해서는 자네가 비난할 이유가 하나도 없었어…… 하나는 남겨 줬어야지…… 하나는…… 오를란두치오…… 그 애 이름은 거기에 없었어."

"둘 다 필요했어요." 콜롱바는 코르시카 방언으로 낮게 말했다. "이제 가지는 잘렸죠. 만약 그루터기가 썩지 않았더라면 그것도 뽑아버렸을 거예요. 자, 너무 불평하지 마세요. 고통이 오래갈 것도 아니니까요. 저는 2년이나 고통 받았어요!"

노인은 외마디 비명을 지르더니 고개를 가슴 위로 푹 떨어뜨렸다. 콜롱바는 그에게 등을 돌리고는 느린 걸음으로 천천히 집으로 돌아왔다. 뭔가 알아들을 수 없는 발라타 몇 구절을 노래하면서 말이다. "방아쇠를 당길 손이 필요하오. 조준할 눈이 필요하오. 생각하는 가슴이 필요하오……"

농부 아낙네가 서둘러 노인을 일으키는 동안 콜롱바는 얼굴을 빛내면서 타오르는 눈빛으로 대령 맞은편 자리에 앉았다.

"왜 그러오? 피에트라네라에서, 식당에 있는 우리를 향해 총알이 날아오던 날 보았던 모습과 똑같구려."

"코르시카의 추억이 떠올라서요. 하지만 이제 모두 끝났어요. 조카의 대모는 저예요, 안 그래요? 멋진 이름을 주겠어요. 길푸치오 토마소 오르소 레오네!"

이때 농부 아낙네가 들어왔다.

"어때요? 죽었어요? 아니면 기절했나요?" 콜롱바의 목소리는 지극히 냉정했다.

"괜찮아요, 아가씨. 하지만 이상하네요. 아가씨를 보고 저러다니."

"의사가 오래 못 살 거라고 했다면서요?"

"두 달도 못 살지도 모른다고 했어요."

"안타까울 것도 없겠네요." 콜롱바가 중얼거렸다.

"도대체 누구 이야기를 하는 거요?"

"우리 고향의 백치 노인 하나가 여기 묵고 있어요." 대령의 물음에 콜롱바는 태연하게 대답했다. "이따금 소식이라도 듣기 위해 사람을 보내야겠어요. 그런데, 네빌 대령님, 오빠와 새언니를 위해 딸기를 좀 남겨 주세요."

콜롱바가 마차를 타려고 농가를 나왔을 때 농부 아낙네는 한동안 눈으로 그 뒷모습을 좇다가 이윽고 자기 딸을 돌아보며 말했다.

"저기 저 예쁜 아가씨가 보이지! 사악한 눈을 갖고 있는 게 분명해."

메리메 명작선

일르 마을의 비너스
샤를 11세의 환상
보루의 공략
톨레도의 진주
에트루리아의 꽃병
타망고
이중 착각
연옥의 영혼

일르 마을의 비너스

카니그 산 마지막 언덕길을 내려가고 있었다. 해넘이는 이미 기울었지만 들 한가운데 보이는 일르(Ille) 마을 집들이 손짓하여 부를 만큼 가까이에 있었다. 여기가 바로 목적지다.

"그런데 페이레오라드 씨 집은 어디인가? 물론 알고 있겠지?"

어제부터 길안내를 맡고 있는 카탈루냐 사나이에게 물었다.

"알고 말고 할 것도 없습니다!"

사나이는 자신감 넘치는 큰 목소리로 대답했다.

"그분 댁이라면 내 집처럼 훤히 잘 알고 있습죠. 이렇게 어둡지만 않았다면 '저 집입니다' 바로 말씀드릴 수 있었을 텐데. 훌륭하기로는 마을에서 으뜸가는 집이랍니다. 페이레오라드 어르신은 뭐니 뭐니 해도 돈이 많으니까요. 게다가 아드님도 훨씬 더 큰 부잣집으로 장가보내게 되었고요."

"그 혼례는 바로 있을 예정인가?"

"그렇고말고요. 벌써 악단까지 계약했을걸요. 오늘 밤이던가, 아마 내일 밤, 아니 모레였나, 아이쿠 모르겠네. 혼례식은 퓨이가리그 집안에서 올릴 예정이랍니다. 아드님이 아내로 맞을 사람이 퓨이가리그 양입죠. 꽤 볼만할 겁니다요. 아무렴, 그렇고말고요."

나는 지인 드페*[1]씨가 페이레오라드 씨에게 보여주라며 써준 소개장을 가지고 있었다. 그의 말에 따르면, 페이레오라드 씨는 학식이 풍부한 아마추어 고고학자로 매우 친절한 사람이라고 한다. 십리 사방에 걸친 그 폐허 구석구석을 기꺼이 안내해 줄 것이라고 했다. 나는 페이레오라드 씨에게 고대나 중세 유적들이 널려 있는 일르 마을 지역을 안내받을 예정이었다. 페이레오라드 씨 아들의 혼사는 길 안내인에게 처음 들었다. 그 이야기는 내 계획을 순

---

*1 메리메의 친구 Franois Jaubert de Passa(1784~855)를 가리키는 것으로 보인다. 지방에서 거주하던 고고학자로, 아마도 페이레오라드 씨의 모델이 된 듯하다.

식간에 뒤흔들어 놓고 말았다.

'남의 집 잔치 분위기를 방해하게 되면 어쩌나.'

나는 속으로 생각했다. 어쨌든 그쪽에서 나를 기다리는 건 분명하고, 드페씨가 미리 말도 해두었다 하니 아무래도 얼굴은 내비쳐야만 했다.

"저하고 내기 한번 하시겠습니까?"

들판에 이르렀을 즈음 안내인이 말을 걸어왔다.

"궐련 한 대 하시지요. 선생님께서 페이레오라드 어르신 댁에 무슨 일로 가시는지 제가 한번 맞춰 볼까요?"

"맞춰 보다니, 뭐 그리 어려운 일도 아니잖은가."

나는 궐련을 한 대 내밀며 대답했다.

"카니그 산속을 6리나 걸은 끝에 이 시간이 되었는데, 그것도 저녁식사 시간에 도착할 게 분명하지 않은가."

"그야 그렇습니다만. 내일 말씀입니다요. 어떻습니까? 선생님은 우상을 보러 이곳에 오신 게 맞지요? 세루라보나 성인상 얼굴 그리는 것을 보고 딱 알아차렸습니다."

"우상이라고? 무슨 우상 말인가?"

우상이라는 말이 내 호기심을 자극했다.

"네? 페르피냥에서 듣지 못하셨습니까요? 페이레오라드 어르신이 땅속에 묻혀 있던 우상을 발견했다는 말을 듣지 못하셨습니까?"

"자네가 말하는 우상이라는 것이 흙을 구워서 만든, 그러니까 진흙으로 만든 입상(立像) 말인가?"

"아닙니다. 그게 아니라 구리로 된 겁니다요. 납작 찌그러뜨려서 큰 동전으로 만들면 굉장할 텐데. 절에 있는 종만큼이나 무겁거든요. 우리가 그걸 발견한 건 감람나무 밑동, 그러니까 땅속 꽤 깊은 곳이었습니다."

"그렇게 말하는 걸 보니 그걸 발견했을 때 자네도 가까이에 있었나 보군."

"그렇습니다. 두 주일 정도 전에 페이레오라드 어르신이 장콜하고 저를 부르셔서는 지난해 얼어 죽은 감람나무를 뽑으라고 분부하셨거든요. 아시다시피 작년은 엄청나게 추웠지요. 그런데 말씀입니다. 즐거운 마음으로 일하러 나간 장콜이 첫 삽을 내리꽂는 순간 뎅 하는 소리가 나지 않겠습니까? 종을 쳤을 때 나는 소리 같았지요. 제가 '뭐지?' 말했습죠. 그러고서 깊이 파내려갔습니다. 점점 더 깊이 파내려가자 갑자기 새카만 손이 하나 불쑥 나오는 게 아니겠습니까. 땅 위로 스윽 하고 죽은 자의 손이 솟아나오는 것 같았지 뭡니까. 어찌나 놀랐는지! 날다시피 달려가서 페오레오라드 어르신께 고했습죠.

'서방님, 감람나무 밑에 시체가 있습니다! 승려를 부르지 않아도 될까요?' 했더니 '시체라니? 무슨 시체 말이냐?' 하시고는 달려가셨는데 그 손을 보자마자 굉장히 흥분한 소리로 말씀하시는 겁니다. '고대 유물이다! 고대 유물이야!' 그 모습은 마치 무슨 굉장한 보물이라도 발견한 것 같더라니까요. 그리고 어르신은 손수 곡괭이질을 하기도 하고, 손으로 파기도 하고 땀범벅이되어서는 우리 두 사람이 할 일을 혼자서 다 하셨지 뭡니까."

"그래서? 그게 뭐였는데?"

"새카맣고 큰 여자였습니다. 게다가 선생님 앞에서 좀 뭐한 이야깁니다만, 그 여잔 거의 벌거벗고 있었습죠. 전부 구리로 되어 있었고요. 페이레오라드 어르신 말씀으로는 뭐라더라, 이교도 시대의 우상이라던가…… 아니, 잠깐, 샤를마뉴 시대라고 하셨던가, 뭐 아무튼 그런 얘기였습니다."

"흠, 그렇군. 파괴된 어느 수도원의 청동 성모상 정도 되겠군."

"성모님이라고요? 아닙니다요! 그건…… 성모님이라면 저 같은 놈도 금세 알 수 있지요. 그건 분명 우상이었습니다. 한눈에 봐도 알 수 있어요. 하얗고 큰 눈으로 뚫어져라 쳐다보더라니까요. 구멍이 나버리는 게 아닐까 싶을 정도로 말입니다. 거짓말이 아닙니다요. 그걸 보고 있으면 자연스레 이쪽에서 눈을 내리깔게 되더란 말입니다."

"흰 눈? 분명 청동 속에 무얼 박아 넣은 걸 거야. 그렇다면 아마도 라마시대의 것이겠군."

"라마시대! 네 맞습니다. 바로 그거예요. 페이레오라드 어르신이 라마시대의 여자라고 말씀하셨어요. 아, 그렇군요! 알았습니다. 선생님도 우리 어르신처럼 학자시로군요?"

"그 상은 온전한가? 흠 난 데 없이 잘 보존되어 있겠지?"

"물론입죠! 흠 하나 없습니다요. 관청에 있는 석고에 색을 입힌 루이 필립 흉상보다 훨씬 깨끗하고 고급스럽습니다. 하지만 어찌된 영문인지 그 우상의 얼굴은 아무리 좋게 보려 해도 좋아 보이지를 않아요. 심술궂은 얼굴이

어서 그런가? 암튼 나쁜 건 나쁜 거니까요."

"나쁘다고? 무슨 나쁜 짓을 했기에?"

"글쎄 뭐, 제게 나쁜 짓을 한 건 아니지만요. 제 말씀을 들으시면 알게 되실 겁니다요. 그 누워 있는 우상을 일으키려고 모두 안간힘을 썼어요. 힘도 없으시면서 페이레오라드 어르신도 밧줄에 매달려 애를 쓰셨답니다. 정말 좋은 분이시지요. 그래, 겨우 반듯하게 세웠죠. 뭔가 좀 괴어두어야겠다 싶어 깨진 기와를 줍고 있는데 흔들흔들하더니 그 큰 놈이 그만 쓰러지는 게 아닙니까! 제가 조심하라고, 쓰러진다고 소리쳤지만 때는 이미 늦었던 겁니다. 장콜 녀석, 미처 다리를 빼내지 못했습니다."

"다쳤나?"

"불쌍하게도 녀석 다리가 나무막대기처럼 부러지고 말았습니다요! 정말 너무나 불쌍합죠! 그 모습을 보는 순간, 울컥하고 화가 치밀더군요. 삽으로 마구 쳐서 우상의 머리통에 구멍이라도 뚫어놓고 싶었지만 페이레오라드 어르신이 막으셨어요. 장콜에게 돈을 쥐여주시기는 했지만, 그 뒤로 두 주일이나 자리에 누워만 있다니까요. 의사 말로는 두 번 다시 이전처럼 될 수 없다더군요. 정말 안타깝기 그지없습니다. 으뜸가는 집짓기 선수인데다 폼*²의 명인이기도 했으니까요. 그래서 페이레오라드의 젊은 서방님 알퐁스 님이 얼마나 안타까워하셨는지 몰라요. 젊은 서방님 상대는 늘 장콜이었거든요. 두 사람이 공을 치는 모습은 정말 볼만 했습죠. 탁 하고 공을 치면 한 번도 땅에 떨어지는 일이 없었으니까요."

이런 이야기를 나누며 우리는 마을로 들어섰다. 얼마 지나지 않아 나는 페이레오라드 씨와 만났다. 아담하면서 아직도 정정하고 활달했으며, 머리에는 분을 뿌렸고, 빨간 코에 유머 있는 노인이었다. 드페 씨의 소개장을 열어보지도 않고 매우 훌륭하게 차려진 식탁 앞에 앉히고는 아내와 아들에게 나를 소개했다. 어떻게 소개할지 궁금했는데, 학자들이 무관심하여 팽개쳐 둔, 망각 속에서 루씨옹*³을 끌어내야 한다는 사명감을 갖고 있는 이름 높은 고고학자라고 했다.

---

*2 테니스와 비슷한 놀이.

*3 Roussillon. 에스파냐와의 경계에 가까운 페르피냥이나 일을 중심으로 하는 남프랑스 일부를 가리키는 오래된 호칭.

욕심 사납게 맛있게 먹으면서(몸에 와 닿는 차가운 산 공기를 마시며 적당히 소화시켜 가면서) 나는 주인집 사람들을 잘 관찰했다. 페이레오라드 씨에 대해서는 앞에서도 잠시 언급했지만 여기에다 한 가지 더, 노인은 활동성 그 자체라는 것을 덧붙여야 할 것 같다. 말하고, 먹고, 일어서고, 서재에 달려가 책을 가져오고, 또 판화를 펼쳐 보여주는가 하면 어느새 포도주를 따랐다. 잠시도 가만있지 않았다. 아내는 마흔을 넘긴, 카탈루냐 부인들이 대부분 그렇듯 조금 살쪘고, 내 눈에는 집안일에 빠져 있는 전형적인 시골 아줌마로 보였다. 저녁식사는 적어도 6인분이면 충분했을 것을, 비둘기를 몇 마리나 잡고, 밀야스 열매를 튀기고, 잼 뚜껑을 몇 개나 열었는지 모른다. 식탁은 이내 음식 접시와 병들로 가득 차고 말았다. 집주인이 권하는 것들만 맛보았다 해도 나는 소화불량에 걸렸을 게 분명하다. 그럼에도 내가 접시를 한 번 바꿀 때마다 자기 집을 찾은 손님이 조촐한 상차림에 언짢아하지는 않을지 걱정되어 견딜 수 없다는 말을 했다. 파리 사람은 까다로울 거라고 생각했는지, 내가 어떤 행동을 할 때마다 불편한 건 아닌지 신경을 썼다.

부모가 쉬지 않고 왔다 갔다 서성이는데도 알퐁스 드 페이레오라드 군은 테름*4 신처럼 꼼짝도 하지 않았다. 스물여섯 살의 그는 키가 훤칠한 청년으로 잘생기기는 했으나 표정 없는 얼굴이었다. 훤칠한 키와 건장한 몸을 보니, 지칠 줄 모르는 폼의 명수로 불리는 이유를 충분히 알 수 있었다. 그날 밤, 이 집안사람들을 충분히 살펴본 덕에 집안 분위기는 대충 파악했다. 그런데 조금 이상한 것은, 그들의 옷이 어딘지 부자연스러워 보인다는 점이었다. 벨벳 옷깃을 달고 있었는데, 한 번 돌아보려고 하면 말뚝처럼 딱딱해져서는 목 뿐만 아니라 온몸을 통째로 돌리는 것이었다. 햇볕에 그을린 커다란 두 손과 짧은 손톱은 그들의 옷과 기묘한 대조를 이루었다. 댄디풍의 소매 끝에 나와 있는 농부의 손 같은 느낌이라고 할까. 뿐만 아니라 알퐁스 군은 호기심 넘치는 눈길로 파리지앵인 나를 머리끝에서 발끝까지 끊임없이 힐끔힐끔 쳐다보면서도, 그날 밤 딱 한 번 말을 걸어왔을 뿐이다. 그 내용인즉, 시곗줄을 어디서 샀느냐는 것이었다.

"무슨 말씀이십니까!"

---

*4 Terme. 라마인의 경계(境界)의 신. 라퐁텐의 〈우화〉 제9, 19행에 기초한 표현.

저녁식사가 끝나갈 무렵 페이레오라드 씨가 말했다.

"당신이 내 집에 있는 한, 당신은 내가 책임집니다. 이 산악지방을 잘 살펴봐 주시기 전에는 놓아드릴 수 없습니다. 우리 루씨옹 지방에 대해 잘 알아주시면 좋겠습니다. 정당한 평가를 받고 싶어요. 어떤 것부터 보여드려야할지 모르겠군요. 페니키아, 켈트, 로마, 아라비아, 비잔틴의 기념비를 보여드리지요. 삼나무에서 히숍 풀에 이르기까지 온갖 것들을 다 보여드리겠습니다. 이 구석에서 저 구석까지 다니면서 기왓장 하나라도 놓치지 않도록 해드리지요."

그는 심한 기침으로 잠시 말을 멈추어야 했다. 나는 이때를 틈타 집안에 이렇게 중대한 일이 있는데 주인의 시간을 빼앗는 것은 나로서는 도저히 할 수 없는 일이라고 말했다.

"길잡이로 삼을 만한 가르침만 주신다면 일부러 동행하지 않으셔도 저 혼자서도 충분히……."

"알았습니다. 이 녀석 혼사를 말씀하시는 거군요."

내 말을 가로막으며 그가 말했다.

"별일도 아닙니다. 모레면 끝나지요. 결혼식에도 참석해 주세요. 집안사람들만 아는 일입니다. 며느리 될 아이가 큰어머니 상중(喪中)인데다 그 아이가 상속인으로 되어 있어서요. 그래서 파티도 무도회도 하지 않을 겁니다. 안타깝군요. 카탈루냐 부인들이 춤추는 것을 보시면 좋았을 텐데 말입니다. 참 아름답지요. 아마도 우리 알퐁스처럼 되고 싶다고 생각하실지도 모릅니다. 토요일에 젊은 두 사람을 맺어주기만 하면 나도 자유의 몸이 됩니다. 우리 같이 한번 걸어봅시다. 모쪼록 언짢게 생각하지 말아 주셨으면 합니다. 축제 분위기에 진력나 있는 파리지앵에게 시골 사람 혼례에 참석해야 하는 지루함을 또다시 겪게 하다니. 그래도 춤이 빠진 결혼식이니…… 어찌됐든 신부는 보게 되겠군요. 신부 말입니다. 신부에 대해서도 평가 한번 해주시지요. 하기야 선생께서는 성실한 신사로 아녀자 따위 안중에도 없겠지만. 그보다 더 멋진 것을 보여드리지요. 뭔가를 보여드리겠습니다! 굉장한 것이 있는데 아마도 깜짝 놀라실 겁니다. 하지만 그건 내일까지 미루어 두기로 하겠습니다."

"그거 정말 감사합니다! 저를 위해 준비해두셨다는 놀라운 일이라는 것이 무엇인지 알 수 있을 것 같은데요. 혹시 동상을 말씀하시는 거라면 안내인한 테 들었습니다. 제 호기심을 자극하기에 충분하더군요. 정말이지 놀라운 일입니다."

"아, 벌써 우상 이야기를 들으셨군요! 세상 사람들은 그걸 우상이라고 부르지요. 내 소중하고도 아름다운 비너스……. 더 이상 말씀드리지 않기로 하겠습니다. 내일 날이 밝으면 직접 보시지요. 그리고 내가 이것을 걸작이라고 부르는 게 맞는지 아닌지 말씀해 주시기 바랍니다. 이거 참! 바라지도 않은 좋은 기회가 이렇게 찾아오다니요. 그 우상에게도 이름이 있기는 합니다만, 보시다시피 나는 학식 없는 늙은이라 내 나름대로 해석하고 있습니다. 당신은 파리에서 오신 학자시니, 어쩌면 내 해석을 비웃을지도 모르겠군요. 비망록을 적어두었습니다. 내가 말입니다. 시골의 늙은 아마추어 고대연구 가가 큰맘 먹고 써봤습니다. 신문을 깜짝 놀라게 해주고 싶었거든요. 한 번 읽어보시고 의견을 들려주시면 고맙겠습니다. 예를 들어, 대리석에 새겨진 이런 이름을 어떻게 해석하실지 궁금합니다. CAVE…… 아니, 아직 아무것도 묻지 않으렵니다. 모든 것은 내일로 미루기로 하지요. 오늘은 그 비너스에 대해서 아무 말도 하지 않기로!"

"그러세요. 우상 이야기 같은 건 그 정도로 해두는 게 좋을 것 같군요."

그의 아내가 한 마디 덧붙였다.

"손님이 드시는 걸 방해한다는 건 스스로도 잘 알고 계시겠죠? 게다가 손님은 파리에서 당신이 가진 것보다 훨씬 훌륭한 조각을 많이 보고 계실 텐데말이에요. 튜이루리에 가면 얼마나 많이 있는데요. 청동으로 만들어진 게 더욱 말이지요."

"참으로 무지한 사람이로군. 성스러운 전원의 무지여!"

페이레오라드 씨가 아내의 말을 가로막았다.

"훌륭한 고대 작품을 쿠투*5가 만든 평범한 조각과 비교하다니 이 무슨 일이란 말인가!

---

*5 Coustou라는 이름의 조각가는 18세기 프랑스에 몇 명이나 있다. 모두가 부모 형제, 숙부, 조카 관계의 일족이다. 여기서는 니콜라 쿠투의 아들 Guillaume II Coustou(1716~1777)를 가리키는 것이라 여겨진다.

무례함으로
신들을 말하는 내 아내[6]여! 인가

어떻습니까. 집사람이 내게 그 동상을 녹여서 이곳 교회를 위해 종을 만들라고 하지 않았겠어요. 그 종의 이름을 붙이고 싶어서 말입니다. 미로의 걸작을 말이죠!"

"걸작? 걸작이라고요? 정말 굉장한 걸작을 만드셨지요. 남의 다리를 부러뜨리다니 말이에요!"

"이봐, 잘 들어둬."

페이레오라드 씨는 결연한 말투로 비단 색실 양말을 신은 오른발을 내밀며 말했다.

"설령 저 비너스가 내 다리를 부러뜨린다 해도 후회하지는 않을 거야."

"정말 놀랍군요! 어째서 그런 말을 할 수가 있는 거죠? 고맙게도 그 사람 건강이 점점 나아지고 있기는 하지만…… 그래도 그런 해를 입힌 조각을 존경하다니 나로서는 참을 수 없는 일이에요. 장콜이 불쌍해요!"

페이레오라드 씨는 폭소를 터뜨리며 한 마디 덧붙였다.

"비너스에게서 상처를 입었다고?"

"비너스 때문에 남에게 상처를 입혀놓고도 아무렇지도 않다니, 이런 속물, 뭐 이런 말인가?

Veneris nec praemia noris[7]

비너스에게 상처입지 않은 자 누구인가, 하는 건가요?"

확실히 라틴어보다는 프랑스어 해석을 더 잘하는 알퐁스 군은 의기양양한 얼굴로 이쪽저쪽을 둘러본 뒤 마치 '어때요. 파리 양반? 아시겠어요?'하는

---

[6] 몰리에르 작 암피트리온(Amphitryon)의 제1막 2장에서 메르퀴르가 암피트리온의 부하 소지에게 했던 말
Comme avec irreverence (무례함으로)
Parle des dieux ce maraud ! (신들을 말하는 이 녀석!)을 인용한 것.
[7] '그녀는 비너스의 선물(사랑의 기쁨)도 알지 못한다.'(비르기리우스 '에네이드' 4-33)

듯이 나를 쳐다봤다.

식사가 끝났다. 내가 숟가락을 내려놓은 지도 그럭저럭 한 시간이 지났다. 피곤하기도 하고, 나도 모르게 나오는 하품을 도저히 참을 수 없었다. 페이레오라드 부인은 재빨리 눈치채고는 '이제 주무실 시간'이라며 남편에게 주의를 주었다. 그러자 또다시, 그는 조악한 잠자리에 대해 여러 가지로 걱정을 늘어놓기 시작했다. 내가 '파리에 있을 때처럼 자유로울 수는 없을 것이다. 산속을 헤쳐온 만큼 피곤에 지쳐 있다 보니 지푸라기 한 묶음만 있어도 깊이 잘 잘 수 있을 것'이라고 아무리 말을 해도 소용없었다. '마음 같아서는 더 잘 해드리고 싶다. 조금 불편하더라도 모쪼록 불쌍한 시골 사람들이라 여겨주시고 용서해 달라'며 다시 거듭 당부하는 것이었다. 가까스로 그 자리에서 벗어나 페이레오라드 씨의 안내로 내가 묵게 될 방으로 갔다. 계단은 복도 한 가운데에 있었고 위쪽이 목재로 되어 있었다. 복도 양 옆으로 방이 몇 개 있었다.

"오른쪽이 미래의 알퐁스 부인에게 줄 방입니다. 선생님 방은 맞은편 복도 끝입니다."

그리고 주인은 완곡하게 이렇게 덧붙였다.

"신혼부부는 격리시킬 필요가 있지요. 선생님은 집의 이쪽 편, 아이들은 저쪽 편에 있게 되는 겁니다."

우리는 훌륭한 가구들이 있는 방으로 들어갔다. 방에 들어서자 가장 먼저 내 눈에 들어온 것은 길이 7척에 폭 6척쯤 되어 보이는 침대였다. 크기뿐만 아니라 높이도 꽤 높아 그 위에 올라가기 위해서는 딛고 올라갈 의자가 있어야 할 정도였다. 주인은 호출용 비상벨이 어디에 있는지 가르쳐 주었다. 설탕병 안에 설탕이 가득 들어 있는지, 콜론 병이 경대 위에 놓여 있는지를 확인한 뒤, 부족한 것이 없는지를 몇 번이나 되물어본 다음, 겨우 편안히 주무시라는 말을 남기고는 방에서 나갔다.

창문은 모두 닫혀 있었다. 옷을 갈아입기 전에 시원한 밤공기를 마시고 싶어 창문 하나를 열었다. 오랜 식사시간 뒤에 맛보는 시원한 밤공기는 무척 상쾌했다. 창 너머로 카니그 산이 보였다. 언제 봐도 멋진 산이었지만 그날 밤에는 맑고 밝게 비치는 달빛에 젖어 있어 더 멋지게 보였다. 그 아름다운 자태에 나는 몇 분 동안 푹 빠져 있었다. 그리고 창문을 닫으려다가 문득 아래를 내려다보니 집에서 조금 떨어진 곳에, 대리석 위에 놓인 동상이 눈에 띄었다. 그 동상은 작은 정원과 평편한 정사각형으로 구획지은 울타리 안쪽에 놓여 있었다. 그 평편한 땅이 폼 경기장이라는 사실은 나중에야 알게 되었다. 그곳은 페이레오라드 씨 소유였으나 그의 아들이 간곡하게 부탁하여 마을에 기증한 땅이었다.

내가 있던 곳에서는 그 동상을 자세히 볼 수 없었다. 겨우 높이를 알 수 있을 정도였다. 어림짐작하여 6척쯤 되어 보였다. 때마침 마을 젊은이 두 사람이 아름다운 루씨옹의 민요 '아름다운 산'을 휘파람으로 불면서 울타리 가까이, 폼 코트 위를 지나가고 있었다. 두 사람은 발걸음을 잠시 멈추고 동상을 바라보았다. 그중 한 사람이 동상을 향해 큰 소리로 뭐라고 말을 걸었다. 그 남자는 카탈루냐어로 말했는데, 한동안 루씨옹 지방에서 지낸 나는 그 남자의 말을 알아들을 수 있었다.

"이런 재수 없는 것! (카탈루냐 말은 이보다 더 강하다) 네가 그랬지?"

그가 거듭 말했다.

"네가 장콜의 다리를 부러뜨렸지? 어디 나한테도 한번 해보시지. 네 모가지를 날려줄 테다!"

"바보 같은 소리 하지 마! 어째서 날려버리겠다는 거야?"

다른 이가 말했다.

"저건 동상이라고. 굉장히 단단하단 말이야. 에티엔 녀석, 이놈을 해치우려고 줄칼을 갖다 댔다가 짓눌려 버렸다고. 이건 이교도 시대의 구리 상이야. 뭔지 모르지만 굉장히 단단하단 말이지."

"내 끌만 있으면(아무래도 목공소의 견습생인 것 같았다) 당장이라도 저 큰 눈알을 뽑아버릴 텐데. 은으로 따지자면 100수는 나갈걸."

내뱉듯이 몇 마디 던지고는 갈 길을 가는가 싶더니 그중 키가 큰 사나이가 갑자기 발걸음을 멈추더니 이렇게 말했다.

"저 우상한테 잘 자라고 말하는 걸 깜빡했네."

그러고는 몸을 숙였다. 아마도 돌을 줍는 듯했다. 그 젊은이가 팔을 뻗어 뭔가 던지는 게 보였다. 뒤이어 청동에 맞은 듯 뎅 하는 소리가 울렸고, 거의 동시에 돌을 던진 젊은이가 이마에 손을 갖다 댔다.

"이런 쳐 죽일! 되받아치다니!"

이렇게 말하는가 싶더니 어느새 두 젊은이는 줄행랑치고 말았다. 동상에 맞은 돌이 튕겨 나와 여신을 모욕한 이 어리석은 젊은이들을 벌한 것이다.

매우 재미있는 광경을 목격한 나는 유쾌해진 마음으로 웃으며 창문을 닫았다.

"반달(Vandal) 사람이 비너스에게 한 방 먹었다는 말이지? 바라건대 우리의 옛 기념물을 파괴하는 자는 모두 이렇게 벌을 받아야 해!"

이런 기도를 드린 뒤 나는 곧바로 잠에 빠져들었다.

잠에서 깨어 보니 이미 해가 높이 솟아 있었다. 내 침대 한쪽 옆에는 잠옷 바람의 페이레오라드 씨가, 그리고 다른 쪽에는 안주인이 보낸 초콜릿 쟁반을 든 하인이 서 있었다.

"파리에서 오신 선생, 이제 그만 일어나시지요. 도시 사람들은 잠이 많은 모양입니다그려."

내가 서둘러 옷을 갈아입는 동안, 페이레오라드 씨는 몇 번이고 이렇게 말했다.

"8시예요. 여태 잠을 자다니! 저는 6시에 일어났답니다. 벌써 세 번이나 왔었다고요. 살금살금 방문 앞에 와보니 아무 소리도 안 들리더군요. 인기척이 없더란 말입니다. 선생 정도의 나이에 늦잠 자는 건 건강에 좋지 않아요. 게다가 내 비너스도 아직 못 보시지 않았습니까? 자, 서둘러 이 바르셀로나 코코아를 드세요. 이건 밀수입품이랍니다. 파리에서는 맛보고 싶어도 맛볼 수 없는 거죠. 될 수 있는 대로 힘을 많이 모아 두셔야 합니다. 무슨 말씀이냐 하면, 내 비너스 앞에 서면 움직이고 싶어도 움직일 수 없게 될지도 모르거든요."

나는 5분 만에 준비를 마쳤다. 수염은 대충 깎고, 단추도 적당히 채웠으며, 코코아는 한 입에 꿀꺽 삼켜버렸다. 덕분에 위장이 덴 것처럼 무척 뜨거웠다. 바로 뜰로 내려가 그 멋있는 동상 앞에 섰다.

그것은 의심할 여지없는 비너스였다. 눈이 번쩍 뜨일 정도로 아름다웠다. 상반신은 나체였다. 이것은 고대 사람들이 신들을 표현하는 데 늘 쓰는 방식이었다. 가슴 높이까지 들어 올린 오른손은 손바닥을 몸 쪽으로 하고, 엄지와 검지, 그리고 중지는 쭉 펴고 있었으며 나머지 두 손가락은 살짝 접은 채 안쪽으로 구부러져 있었다. 다른 한 손은 허리쯤에서 하반신을 감싸고 있는 옷을 잡고 있었다.

이 동상의 자세는, 왠지는 모르겠지만 게르마닉이라 불리는 '이탈리아의 주먹을 가진 남자'의 자세를 떠오르게 했다. 어쩌면 이탈리아의 손을 가진 여신의 모습을 나타내려 한 것인지도 모르겠다.

아무튼, 이보다 더 옹근 것은 없을 만큼 비너스의 육체는 완벽했다. 이 육체의 선 이상으로 아름답거나 흐트러짐 없는 것은 달리 없을 테며, 하반신을 두르고 있는 옷의 주름만큼 우아하고 기품 있는 것도 없으리라! 동상은 제정 말기에 제작된 것으로 추측되었다. 나는 그야말로 입상 제작 최전성기의 걸작을 눈앞에 둔 셈이었다. 무엇보다도 나를 놀라게 한 것은 이루 말할 수 없이 아름다운 선의 진실함이었다. 살아 있는 사람을 그대로 본떠 만든 게 아닐까 싶을 정도로 생생한 느낌이었다.

이마 위로 부드럽게 흘러내린 머리카락은 이전에는 도금이 되어 있었던 것으로 보인다. 머리는 거의 모든 그리스 조각품이 그렇듯 작았고, 앞쪽으로 살짝 숙이고 있었다. 그 얼굴은 나로서는 도저히 어떻게 표현할 수 없는 신비한 무언가가 있었다. 그것은 내가 기억하는 한, 고대의 어떤 조각과도 다른 모습이었다. 자기 나름대로 얼굴에 장엄한 분위기를 살려 만든 그리스 조각가 특유의 조용하고도 엄숙한 아름다움이 아니었다. 오히려 이 비너스는 조각가가 일부러 사악하리만치 장난스러운 모습으로 표현하려고 애쓴 듯했다. 그 의도를 알아차린 나는 그 의외성에 놀랄 수밖에 없었다. 얼굴의 모든 선은 아주 살짝 안쪽으로 몰려 있었다. 눈동자는 사시(斜視)였고, 입술 양쪽 끝이 올라가 있었으며, 콧구멍은 불룩했다. 경멸, 비웃음, 잔인함 등이 드러나는, 그러면서도 아름다운 얼굴이었다. 이 놀라운 동상을 바라보면 볼수록 도무지 이해할 수 없었던 것은, 이렇듯 아름다운 모습 속에 어떻게 냉정함이 깃들어 있을 수 있는가 하는 점이었다.

"만일 실제 모델이 있었다면."

나는 페이레오라드 씨에게 이렇게 말했다.

"설마 신이 이런 여자를 만들지는 않았겠지만, 만약 정말로 이런 여자가 있었다면 그 연인들이 정말 불쌍하다는 생각이 드는군요. 절망한 나머지 목숨을 끊게 만들어서는 즐거워했을 게 분명하니까요. 표정 속에 뭔지 모를 악한 모습이 엿보이는데, 그럼에도 이렇게 아름다운 것은 지금껏 본 적이 없습니다."

"이것이야말로 어쩔 수 없이 미끼에 마음을 빼앗긴 여신의 모습!"[8]

페이레오라드 씨는 내가 감탄하는 모습을 보고 매우 만족하며 이렇게 외쳤다.

마성의 이 비웃는 듯한 표정은, 반짝반짝 빛나는 은상감한 눈과 동상 전체에 깃들어 있는 어두운 청록색과 대조를 이루면서 한층 더 눈에 띄었다. 빛나는 두 눈은 현실을 생각하게 하고, 생명을 느끼게 하는, 일종의 환각을 불러일으켰다. 쳐다보는 사람의 눈을 내리깔게 만든다고 한 길 안내인의 말이 떠올랐다. 그 말이 맞았다. 이 청동 조각 앞에서 왠지 모르게 위축되는 느낌이 들어 나는 스스로에게 화가 나는 것을 어찌할 수 없었다.

"자, 자세하게 구석구석 남김없이 보았으니 내 친애하는 고대 연구가 동료들에게 제안하겠습니다. 여기서 학술회를 여는 게 어떻겠습니까? 아직 눈치채지 못하신 것 같은데, 이 명문(銘文)을 어떻게 생각하시는지요? 아무 의견도 없으신가요?"

주인은 동상의 받침돌을 가리켰다. 거기에는 다음과 같은 글이 새겨져 있었다.

CAVE AMANTEM
"Quid dicis doctissime?"[9]

주인은 두 손을 비비면서 물었다.

"이 'Cave amantem'이라는 뜻에 대해 우리의 의견이 일치하는지 한번 봅시다."

"두 가지로 해석할 수 있겠습니다. '그대를 사랑하는 자를 조심하라. 연인들에게 마음을 빼앗기지 마라.' 하지만 이것만으로는 뭔가 부족한 느낌이 들지요. 이 여신의 악마적인 표정을 보면 오히려 예술가가 이 조각을 감상하는

---

[8] 라신 작 〈페드르(Phedre)〉의 제1막 3장에 나오는 페드르의 대사. 이것은 이미 호라티우스 작 〈오드〉의 제1막 19장에서 인용한 것이다. In me tota ruens Venus(비너스가 온몸으로 나를 덮쳐온다).

[9] "어떻습니까? 석학께서는 뭐라고 하시겠습니까?"

사람들에게 두려울 만큼의 아름다움에 조심하라고 경고한다는 생각이 듭니다. 그러니까 말하자면 '이 젊은 여자가 그대를 사랑하면 조심하는 게 좋을 것이다' 정도로 해석하는 건 어떨까요?"

"흠, 그럴듯하군요! 그렇게 생각할 수도 있겠습니다그려. 혹시라도 마음이 언짢으시다면 용서하십시오. 저는 첫 번째 해석에 찬성합니다. 조금 부연해서 말씀드리고 싶군요. 비너스의 연인을 알고 계십니까?"

"많이 있지요."

"그렇습니다. 하지만 그중에서 첫 번째로 꼽을 만한 사람은 불카누스*10입니다. 그 점을 감안해서 생각해 보면 이런 속셈이 아니었을까요? '네가 아무리 아름답다 한들, 다른 사람을 바보 취급하는 눈빛으로 바라본다 한들, 네 애인은 기껏해야 대장장이에다가 추하게 생긴 절름발이에 불과하지.' 이거야말로 남자를 밝히는 사람들에게 의미심장한 교훈을 보여주는 것은 아닐지."

나는 웃음을 참을 수 없었다. 아무리 생각해도 그건 억지로 만들어낸 이야기일밖에!

"라틴어란 너무도 간결해서 참으로 다루기 어려운 언어지요."

이 고대사 연구의 달인에게 직설적으로 말하는 것을 피하기 위해 나는 그저 이렇게만 말했다. 그리고 동상을 더 자세히 살펴보기 위해 대여섯 걸음 뒤로 물러섰다.

"잠시만요."

내 팔을 붙잡으며 페이레오라드 씨가 말했다.

"아직 전부 다 본 게 아닙니다. 명문이 하나 더 있거든요. 받침돌 위에 올라서서 오른쪽 팔을 한 번 보세요."

이렇게 말하면서 그는 내가 위로 올라갈 수 있도록 팔을 빌려 주었다.

나는 실례를 무릅쓰고 비너스의 목에 매달렸다. 이 여신에게 점차 익숙해지고 있었다. 잠깐이기는 했지만 글자 그대로 코앞에서 이 여신상을 바라볼 정도로 묘기를 부렸다. 이렇게 가까이에서 보니 여신상은 한층 심술궂어 보

---

*10 Vulcan. 그리스 신화의 헤파이스토스(Hephaestos). 불과 대장간의 신. 아버지인 제우스와 어머니인 헤라에게 미움을 받아 하늘에서 떨어져 절름발이가 되었다고 전해진다. 비너스(아프로디테)의 남편으로, 아이네아스의 무기를 만들었다.

이는가 하면 더 아름다워 보이기도 했다. 드디어 팔에 새겨진 글씨를 발견했다. 내 생각에 그것은 고대의 필기체였다. 잠시 안경의 힘을 빌려 자세히 보니[11] 다음과 같은 말이 새겨져 있었다. 한편, 페이레오라드 씨는 내가 하는 말을 한 마디 한 마디 똑같이 따라하며 목소리와 몸짓으로 찬성의 뜻을 나타내 보였다. 나는 이런 글을 읽었다.

VENERI TVRBVL……
EVTYCHES MYRO
IMPERIO FECIT

첫 번째 행의 '*TVRBVL*'이라는 말 다음에 있는 글자는 지워지고 없었으나 '*TVRBVL*'이라는 말은 완벽하게 읽어낼 수 있었다.

"무슨 말입니까?"

주인은 무척이나 기분이 좋은 듯 뿌듯한 미소를 지어보이며 내게 물었다. 이 '*TVRBVL*'은 쉽게 알아낼 수 없으리라고 생각하는 모양이었다.

"아직 설명할 수 없는 말이 하나 있긴 하지만, 그 다음은 누워서 떡 먹기네요. 그 명에 따라 오이티케스 미로 이 작품을 비너스에게 바치다."

"훌륭합니다, 훌륭해! 그런데 '*TVRBVL*'은 어떻게 하시겠습니까? 도대체 뭘까요?"

"글쎄요. '*TVRBVL*'이라. 잘 알려진 비너스의 성질을 나타내는 말 가운데, 뭔가 도움이 될 만한 게 없을까 떠올려 봐도 잘 떠오르질 않는군요. '*TVRBVLENTA*'로 하면 어떨까요 '다른 사람의 마음을 흔들고, 들끓게 하는 비너스'라는 말이죠. 비너스를 나타내는 말로 그리 나쁘지는 않을 것 같은데요."

나는 겸손한 말투로 이렇게 덧붙였다. 나 스스로도 이 설명에 만족할 수 없었기 때문이다.

---

*11 이 부분은 메리메가 애독하던 라블레의 《가르강튀아와 팡타그뤼엘》의 제1장에 나오는 말을 인용한 것. 그 유명한 《가르강튀아와 팡타그뤼엘》의 계도 또한 '감람나무' 밑에서 파낸 것인데, 작자는 여기서 주인공으로 하여금 '잠시 안경의 힘을 빌려'(a grand renfort de bezicles) 이 계도를 판독하게 한 것이다.

"남의 마음을 소란스럽게 하는 비너스라! 막돼먹은 비너스! 놀랍군요! 내 비너스가 술집의 비너스라는 말씀이시네요? 그럴 리가요! 이건 좋은 가문에서 잘 자란 비너스입니다. 내가 한 번 이 'TVRBVL'에 대해 설명해 볼까요? 그 전에 한 가지 약속해 주시지요. 내 비망록이 인쇄되기 전에는 내가 발견한 것을 절대 입 밖에 내지 않겠다고 말입니다. 나는 이것을 내 평생의 명예라고 생각하고 있으니까요. 시골에 파묻혀 지내는 우리같이 불쌍한 사람들에게도 떨어진 낟알 정도는 줍게 해주셔야 하지 않겠습니까? 당신은 이미 많이 가지고 계시니 말입니다."

그때까지도 모호한 자세로 받침돌 위에 있던 나는 페이레오라드 씨에게 그가 발견한 것을 훔칠 생각은 추호도 없음을 엄격하게 맹세했다.

"TVRBVL……은,"

그는 내게로 다가오며 나 아닌 다른 사람에게는 들리지 않도록 조심스럽게 말했다.

"TVRBVLNERAE라고 읽으면 어떨까요?"

"글쎄, 잘 모르겠군요."

"자, 들어보세요. 내 생각은 이렇습니다. 여기서 1리 정도 떨어진 산기슭에 부르테르네일이라는 마을이 있습니다. 그건 라틴어 TVRBVLNERA(튜르부르네라)에서 온 말이지요. 이렇게 알파벳의 위치가 바뀌는 경우가 곧잘 있으니까요. 그러니까 부르테르네일은 라마의 한 도시였던 거지요. 진작부터 이런 생각을 했지만 입증할 만한 자료가 없었습니다. 그런데 바로 이 비너스가 그 증거라는 말입니다. 이 비너스가 부르테르네일 마을의 수호신이었던 거지요. 나는 이 부르테르네일이라는 글자가 고대에 기원을 두고 있다는 것을 증명했답니다. 게다가 더 호기심을 자극할 만한 사실을 증명했어요. 뭐냐 하면 부르테르네일은 라마의 한 도시이기 전에 페니키아였다는 것을요!"

그는 잠시 말을 끊고 숨을 고른 뒤, 내가 놀라는 모습을 바라보았다. 나는 간신히 튀어나오려는 말을 참았다.

"사실, 'TVRBVLNERA'는 순수한 페니키아 말입니다."

그가 말을 이었다.

"'TVR(튜르)'를 'TOUR(투르)'라고 발음해 보세요. 'TOUR' 그리고

'SOUR' 같은 말입니다. 어떻습니까? 'SOUR'는 튜르의 페니키아 이름입니다. 그 뜻이야 새삼스럽게 말씀드리지 않아도 되겠지요. 'BVL'은 '바르'입니다. 바르·베르·부르 발음만 조금 달라졌을 뿐입니다. 'NERA'를 밝히기가 좀 어려운데요. 이건 페니키아 말에서는 찾을 수가 없어서 이렇게 생각해 봤습니다. 그리스 말로 γηρος(네로스), 다시 말해 습한 기운이라거나 늪이 많다는 뜻의 말에서 온 것이지요. 이를테면 합성어인 셈이지요. 네로스가 맞다는 것을 증명하기 위해 부르테르네르에 가보니 산에서 흘러내려오는 물줄기에서 악취가 나는 늪이 있더군요. 그곳도 보여드리지요. 달리 생각할 수도 있겠지요. 'NERA'라는 어미는 훨씬 뒷날 테트릭스의 아내인 네라 피베즈비아의 이름을 기념하기 위해 덧붙여진 이름인지도 모릅니다. 이 여인은 튜르부르 마을에 뭔가 도움이 되는 일을 했을 테지요. 하지만 그곳에 늪지가 있는 것으로 보아 네로스 어원설 쪽이 맞다는 생각이 듭니다."

그는 코담배 한 줌을 쥐고 만족스럽게 들이마셨다.

"페니키아 사람 이야기는 그 정도로 해두고 다시 명문을 살펴 볼까요? 그래서 저는 이렇게 해석했습니다. 그 명에 따라 부르테르네르의 비너스에게 미로의 작품인 이 동상을 바친다."

나는 그의 어원설에 대한 비평을 삼갔다. 그러고는 나도 한 가지쯤은 증명하고 싶어져 이렇게 말했다.

"잠시만 기다려 주십시오. 미로가 뭔가를 바친 것은 사실입니다만 그게 이 동상이라고는 생각되지 않습니다."

"뭐라고요? 미로는 그리스의 유명한 조각가입니다. 조각가로서의 재능이 집안 대대로 이어져 내려오면서 이 상을 만든 것은 아마도 그의 자손 중 누군가일 겁니다. 이만큼 확실한 건 없다고요."

"그런데 팔에 작은 구멍이 하나 보이지요? 그건 뭘까, 그건 미로라는 사나이가 비너스에게 속죄의 봉납물로 바친 것, 이를테면 팔찌나 비슷한 무엇을 달아 놓는 데에 사용한 것이 아닌가 생각합니다. 미로는 불행한 애인이었습니다. 비너스가 그에 대해서 화를 내고 있었던 거지요. 그래서 그는 금팔찌나 그 무엇을 바치고 비너스의 화를 가라앉힌 겁니다. 'fecit'가 'consecravit'라는 뜻이 되는 수가 흔히 있다는 걸 생각해 보세요. 그건 동의어(同義語)입니다. 지금 제 손에 그뤼이테르*[12]나 오텔리*[13]의 책이 있다면 얼마든지 그런 예를 지적해 드리겠습니다만. 사랑하는 사나이가 꿈에 비너스를 보고, 비너스가 자기의 동상에다 금팔찌를 바치라고 명령했다고 생각하는 건 지극히 자연스러운 일입니다. 뮈론은 비너스에게 팔찌를 바친 겁니다…… 그것을 나중에 야만적인 놈들이나 또는 무엄한 도둑놈이……."

"아니 거 굉장한 소설을 꾸미시는구려."

내가 내려가는데 손을 내어주면서 주인은 그렇게 외쳤다.

"천만에. 이건 미로의 유파(流派)에 속하는 작품이에요. 저걸 만들어 놓은 솜씨만 봐도 그걸 인정할 수밖에 없을 거요."

나는 완고한 고대 애호가들을 결코 지나치게 반박하지 않기를 신조로 삼고 있었으므로 나는 이해한 듯이 고개를 끄덕이며 이렇게 말했다.

"참으로 훌륭한 작품입니다."

"아니, 이게 뭐야!"

페이레오라드 씨가 외쳤다.

"또 반달리즘(문화나 예술을 파괴하려는 경향)이 행해진 흔적이 생겼군! 누가 내 동상에 돌멩이를 던진 모양이야!"

그는 비너스의 가슴 조금 위로 하얀 흔적을 보았던 것이다. 나도 비슷한 흔적을 오른손 손가락들 위에서 발견했다. 그것은 돌이 날아오다가 닿았거나, 그렇지 않으면, 부딪힌 순간 조각이 나서 손에 도로 퉁겨졌던 것이리라. 나는 주인에게, 내가 목격한 동상에 대한 모독적인 행위와 그 다음에 일어난 신속한 처벌의 이야기를 했다. 그는 그 이야기를 듣고 크게 웃었다. 그리고 그 수습공을 디오메데스*14에 견주면서, 이 그리스의 영웅처럼, 수습공도 제 친구들이 죄다 흰 새로 변한 것을 보았으면 좋겠다고 말했다.

점심을 알리는 종소리에 그 고전적인 대화는 중단되었다. 전날 저녁과 마찬가지로 나는 또 잔뜩 먹을 수밖에 없었다. 그런 뒤에 페이레오라드 씨의

---

*12 네덜란드의 고대어 학자(1560~1627).

*13 유명한 스위스의 고대어 학자(1687~1749).

*14 그리스 신화의 영웅. 트로이 전쟁의 용사. 목마(木馬) 속에 들어간 용사 중의 한 사람이었는데, 아에네이스의 어머니 비너스에게 상처를 입혔기 때문에 줄곧 비너스 여신의 박해를 받았다. 전설에 따르면, 만년에는 고향 사람들과 사이가 좋지 않아 이탈리아로 건너갔는데, 그의 친구들은 거기서 죄다 백조가 되어버렸다고 한다. 베르길리우스의 《아이네이스》 11의 243, 오비디우스의 《변신 이야기》 14의 455에 나온다.

소작인들이 왔다. 그가 그들을 만나보고 있는 동안에, 아들은 나를 끌고 가서, 미래의 신부를 위해 툴루즈에서 사온 마차를 보여 주었다. 그야 말할 나위도 없지만, 나는 썩 훌륭하다고 추어올렸다. 이어서 함께 마구간으로 들어갔는데, 거기서 그는 반 시간이나 나를 붙들고 서서 자기의 말을 자랑하고 말들의 계보를 대고, 도(道)의 경마에서 딴 상금 이야기를 하는 것이었다. 마침내 이야기는 미래의 신부에 미치게 되었는데, 그것은 신부 몫으로 내놓은 회색 암말로부터 자연히 이야기가 옮아가게 되었던 것이다.

"오늘 보게 됩니다. 선생님이 보시고 예쁘다고 생각하실지 어떨지 모르겠습니다. 파리 양반들은 까다롭거든요. 하지만 여기서나 페르피냥에서나, 모두들 어여쁘다고들 그러지요. 게다가 좋은 건 그 여자가 매우 돈이 많다는 점이에요. 프라드의 숙모님이 그 여자에게 재산을 남겨 주었거든요. 아, 이제 저는 참으로 행복한 사람이 됩니다."

젊은 사람이 신부될 여자의 아름다운 눈보다는 결혼지참금에 더 마음이 쏠려 있는 듯한 꼴을 보고, 나는 몹시 비위가 상했다.

"선생님은 보석에 조예가 깊으실 텐데, 어때요, 이건? 내일 신부에게 줄 반지입니다."

알퐁스는 계속 말했다. 그러면서 새끼손가락 첫 마디에서 다이아몬드를 박은 커다란 반지를 꺼내 보였다. 두 개의 손이 마주잡고 있는 꼴로 만들어져서, 그 암시는 무척 시적(詩的)인 것 같았다. 세공(細工)은 낡은 것이었으나, 다이아몬드를 박기 위해서 나중에 손을 댄 것이라고 나는 판단했다.

반지 안쪽에는 고딕 글자로 다음과 같은 말이 새겨져 있었다. 'Sempr' ab ti', 즉 영원히 그대와 함께라는 말이었다.

"썩 훌륭한 반지입니다. 그러나 이 다이아몬드를 박아서 좀 특성을 잃어버렸군요."

그는 빙그레 웃으며 말했다.

"여기에 1천2백 프랑어치의 다이아몬드가 박혀 있어요. 어머니가 주신 거지요. 아득한 옛날부터―기사도 시대부터 집안에 전해온 반지예요. 할머니가 쓰던 것인데, 할머니도 그것을 또 자기 할머니로부터 물려받은 거래요. 언제 만든 것인가는 아무도 모른답니다."

"파리의 습관은 아무 장식도 없는 반지를 주는 걸로 돼 있어요. 보통 두

가지의 다른 금속, 이를테면 금과 백금 같은 걸로 돼 있어요. 거기 그 또 하나의 반지, 그 손가락에 끼고 있는 것이 훨씬 더 적당하지 않을까요? 이쪽 것은 다이아몬드와 양각(陽刻) 한 손 때문에 너무 커서, 그 위로 장갑도 끼기 어렵겠는걸요."

"아, 그야 알퐁스 부인이 알아서 하겠지요. 어쨌든 이걸 갖게 되면 그 여자도 매우 만족할 겁니다. 손가락에 1천2백 프랑을 달고 다닌다는 건 느긋한 일이거든요. 이 작은 가락지는."

그는 손에 끼고 있는 아무 장식도 없는 반지를 흐뭇한 듯이 바라보면서 덧붙였다.

"이건 사육제(謝肉祭) 마지막 날에 파리서 어떤 여자가 준 겁니다. 아, 정말 2년 전에 파리에 있었을 때는 나도 마냥 놀았지요. 그냥 놀았어요! 역시 재미있게 놀 수 있는 곳은 파리예요."

그러면서 그는 옛날이 그리운 듯 한숨을 쉬었다.

그날 우리는 푸이가리그의 미래의 신부 집에서 저녁밥을 먹기로 되어 있었다. 우리는 마차를 타고, 일르 마을에서 15리쯤 떨어진 그 저택으로 갔다. 나는 페이레오라드 씨 댁의 친구로 소개되고 영접을 받았다. 저녁식사나 그 다음에 벌어진 대화에 대해서는 아무 이야기도 않겠다. 게다가 그 대화에는 나는 거의 참여하지도 않았다. 알퐁스 군은 미래의 신부 옆에 앉아서 15분마다 무언지 한 마디씩 소곤거렸다. 그 여자는 거의 눈을 들지 않고 있었다. 그리고 신랑이 이야기를 할 때마다 수줍은 듯 얼굴을 붉혔으나, 서슴지 않고 대답했다.

퓨이가리그 양은 열여덟 살이었다. 그 날씬하고 간들간들한 몸매는 실팍지고 뼈대가 울룩불룩한 미래의 남편의 몸집과 두드러진 대조를 이루고 있었다. 그녀는 아름다울 뿐만 아니라 매력적인 데가 있었다. 나는 그 여자의 대답이 모두 완전히 자연스러운 데에 감탄했다. 그리고 퍽 착해 보이면서도 어딘지 좀 심술궂은 듯한 데가 없지 않았으므로 나는 나도 모르게 주인의 비너스 생각이 머리에 떠올랐다. 나는 마음속으로 그러한 비교를 하면서, 그 동상에다 인정해 주지 않을 수 없었던 보다 뛰어난 아름다움은 대부분 그 동상의 암호랑이 같은 표정에서 말미암은 것이 아닌가 하는 의문을 스스로 품지 않을 수 없었다. 왜냐하면 정력이라는 것은, 나쁜 정열에 있어서까지도,

언제나 우리 마음속에 경악과 무의식적인 감탄 비슷한 것을 자아내게 마련이니까.

'아까운 일이다. 저렇게 귀여운 사람이 돈 많은 탓으로, 그 지참금 때문에, 제게 어울리지 않는 사내의 구혼을 받게 되다니'

퓨이가리그를 떠나면서 나는 혼자 속으로 그렇게 생각했다.

일르 마을로 돌아오면서, 예의상 페이레오라드 부인에게도 이따금 말을 걸어야만 한다고 생각하고 있었던 나는, 뭐라고 해야 좋을지를 몰라서 이렇게 말해 보았다.

"루씨옹에서는 여러분들은 미신 같은 건 아예 아랑곳도 안 하시는군요! 웬일이에요, 부인, 금요일에 결혼식을 올리시다니! 파리서라면 더 미신을 지킬 텐데요. 금요일 같은 날에 감히 장가를 들 사람은 아무도 없을 겁니다."

"아이고, 누가 아니랍니까! 말씀도 마세요. 제 마음대로 할 수만 있었다면야 정말 딴 날을 골랐을 거예요. 그러나 우리 집 양반이 굳이 그러기를 바라니, 질 수밖에 없지 않아요! 그렇지만 전 걱정이 돼 죽겠어요. 무슨, 궂은일이라도 생기면 어떡하지요? 정말 무슨 이치가 있음에 틀림없어요. 그렇잖으면, 대관절 왜 모두들 금요일을 두려워하겠어요?"

"금요일은 말이야!"

페이레오라드 씨가 외쳤다.

"비너스의 날이야! 혼인에는 안성맞춤의 날이지! 당신도 알다시피, 난 그 비너스 생각만을 하고 있어요. 사실, 내가 금요일을 택한 건 비너스 때문이야. 내일, 만약 원한다면 혼례식을 치르기 전에 우리 둘이서 무슨 조그만 희생이라도 바칩시다. 산비둘기나 두어 마리 바치기로 합시다. 그리고 향(香)이 어디 있는지 몰라……."

"아이고 망측해라!"

몹시 아니꼬워서 아내는 남편의 말을 가로막았다.

"우상에다 향을 피워요! 그런 끔찍한 모독이 어딨어요! 그런 짓 하면 이 고장 사람들이 우리를 뭐라겠어요?"

"그럼 적어도 장미와 백합 꽃관(花冠)을 머리에 씌워주는 것쯤은 용서해 줘야겠어.

두 손 가득히 백합꽃을 바쳐라. *15

이보시오, 헌법도 공문(空文)이오. 우린 이렇게 신앙의 자유가 없단 말이오!"

이튿날의 절차는 다음과 같이 정해졌다. 다들 10시 정각에 준비를 갖추고 옷차림을 끝내고 있다가, 코코아를 마신 뒤에 마차로 퓨이가리그에 간다. 법률상의 결혼식은 동사무소에서 올리고, 종교상의 예식은 저택 안의 예배당에서 거행한다. 그 다음에는 점심, 점심이 끝난 뒤에는 7시까지 그럭저럭 시간을 보낸다. 7시가 되면 일르 마을로 돌아와서 페이레오라드 씨 댁에서 두 집안 사람들이 한데 모여 저녁식사를 한다. 그 다음에는 다 격식대로이다. 춤은 출 수 없으므로 될수록 음식이나 많이 먹자는 것이었다.

일찌감치 아침 8시부터 나는 연필을 손에 들고 비너스 앞에 앉아서 스무 번이나 비너스의 머리를 고쳐 그려 보았으나, 아무래도 그 표정을 종이 위에 그려낼 수 없었다. 페이레오라드 씨는 내 옆을 왔다 갔다 하면서 말참견을 하는가 하면, 또다시 그의 페니키아 어원설을 되뇌기도 하다가 말고, 동상의 받침돌 위에 벵골 장미꽃을 올려놓고 신파조로, 여신이 지켜 주시는 지붕 알서 장차 살게 될 신랑·신부를 위해 축원을 드리는 것이었다. 9시쯤 해서 페이레오라드 씨는 자기의 옷차림을 생각하여 집안으로 들어갔고, 그와 때를 같이 하여 알퐁스 군이 나타났는데, 몸에 꼭 맞는 새로 지은 예복을 차려입고, 흰 장갑에, 에나멜 구두, 아로새긴 단춧구멍에는 장미꽃 한 송이를 끼고 있었다.

"제 아내의 초상화도 한 장 그려 주시겠어요? 제 아내도 역시 예쁘거든요."

나의 데생을 굽어보면서 그는 이렇게 말했다.

때마침 앞서 이야기한 폼 코트에서 시합이 시작되고 있었던지라, 그것은 이내 알퐁스 군의 주의를 끌었다. 나도 피곤해졌으며 그 악마 같은 얼굴을 그려내기에 절망했는지라, 곧 데생을 그만두고 경기하는 걸 구경하기로 했다. 선수들 중에는 전날 도착한 에스파냐의 노새 몰이꾼이 몇 사람 들어 있

---

*15 Manibus date lilia plenis. 베르길리우스 《아이네이스》 6의 883.

었다. 그들은 아라곤 사람과 나바라 사람들이었는데, 거의 모두가 비상한 솜씨였다. 그러므로 일르 마을의 선수들은 알퐁스 군이 그 자리에 나와서 코치를 해줌으로써 용기를 얻기도 했지만, 그 새로운 선수들한테 거뜬히 져 버렸다. 프랑스 쪽 구경꾼들은 믿을 수 없는지 넋을 놓아 버렸다. 알퐁스 군은 시계를 들여다보았다. 아직 9시 반밖에 되지 않았다. 그의 어머니는 아직 머리치장도 않고 있었다. 그는 망설이지 않았다. 예복을 벗어던지고, 윗옷을 빌려달래서 입고는 에스파냐 사람들에게 도전했다. 나는 웃음을 머금고 그러나 좀 놀라 그가 하는 것을 바라보았다.

"제 고장의 명예를 지켜야만 합니다."

그는 이렇게 말했다.

이때야말로 나는 그 청년을 아름답다고 생각했다. 그는 정열적이었다. 아까까지도 그토록 마음을 쓰고 있었던 옷차림도 이미 그에게는 아무것도 아니었다. 조금 전만 하더라도, 넥타이라도 비뚤어질까봐 함부로 고개도 돌리지 않았다. 그러나 지금은 벌써 곱슬곱슬하게 지진 머리털도 보기좋게 주름 잡은 가슴 장식도 염두에 두지 않았다. 그리고 그의 미래의 아내는? …… 정말이지, 만약 그럴 필요가 있었다면 결혼식이라도 연기했을 것이라고 나는 생각한다. 그는 얼른 샌들을 신고, 소매를 걷어올리고, 자신만만한 태도로, 마치 카이사르가 디라키움에 병정들을 모으듯, 패군(敗軍)의 선두에 나섰다. 나는 울타리를 뛰어넘어, 팽나무 그늘 아래, 양쪽 진(陣)이 잘 보이는 곳에 자리잡았다.

일반의 기대와는 달리 알퐁스 군은 첫째의 공을 놓쳤다. 물론 그 공은 에스파냐 쪽의 주장 같아 보이는 아라곤 사람이 친 것으로서, 어마어마한 힘으로 던져져서 땅바닥을 스칠 지경으로 날아온 건 사실이었다.

그 사람은 마흔 살쯤 되는 야무지고 실팍진 6척 장신의 사나이였는데, 올리브 빛깔로 그을린 살갗은 거의 비너스의 청동처럼 검푸르죽죽했다.

알퐁스 군은 화를 버럭 내며 라켓을 땅바닥에 내동댕이쳤다.

"이 망할 놈의 반지 땜에, 손가락이 죄어서 틀림없는 공을 그만 놓쳤어!"

그는 다이아몬드 반지를 뺐다. 나는 그것을 받으려고 가까이 갔으나, 그는 나를 앞질러 비너스에게로 달려가더니 그 여자의 약손가락에 반지를 걸고는 다시 일르 마을 편 선두의 자기 자리에 섰다.

그의 얼굴빛은 창백했으나 침착하고 결심한 빛을 띠고 있었다. 그때부터는 한 번도 실수하지 않았으며, 에스파냐 편은 완전히 패배했다. 구경꾼들의 열광은 참으로 볼만했다. 모자를 공중에 던지며 마구 환성을 지르는 사람들이 있는가 하면, 또 어떤 사람들은 그의 손을 붙잡고 흔들며, 그야말로 고장의 명예라도 외치는 것이었다. 그가 진짜 적군의 침입을 물리쳤던들 이토록 열렬하고 진지한 축사를 받았을까 의심스러울 지경이었다. 진 편 사람들의 침통해하는 모양은 그의 승리의 영광을 한결 북돋아 주고 있었다.

"다음에 또 한판 합시다. 그러나 다음엔 핸디캡을 주겠소."

의기양양하게 그는 그 아라곤 사람에게 그렇게 말했다.

나는 알퐁스 군이 좀더 겸손했으면 싶었다. 상대방이 받은 굴욕은 보기에도 딱할 지경이었다.

그 몸집이 큰 에스파냐 사람은 그 모욕을 뼈에 사무치게 느꼈다. 그의 새까맣게 그을린 살가죽 아래서 피가 싹 걷히는 것이 보였다. 그는 이를 악물고 침통한 얼굴로 제 라켓을 바라다보고 있더니, 숨막히는 목소리로 나직이 말했다.

"Me lo pagarás."*16

페이레오라드 씨의 목소리가 아들의 승리를 흔들었다. 주인은 자기 아들이 새 마차의 차비를 보살피고 있는 줄 알았다가 그렇지 않은 것을 보고 매우 놀랐는데, 더구나 라켓을 들고 땀에 흠뻑 젖어 있는 꼴을 보고는 더욱 놀랐다. 알퐁스 군은 집으로 달려가 세수를 하고 다시 예복으로 갈아입고 에나멜 구두를 신었다. 5분 뒤에 우리 일행은 퓨이가리그로 가는 길로 급히 말을 달렸다. 시내의 폼 선수들 전원과 수많은 구경꾼들은 환호하며 우리 뒤를 따라왔다. 우리를 태우고 가는 실팍진 말들도 그 마구 날뛰는 카탈루냐 사람들을 앞장서서 계속 달리기란 힘에 겨울 정도였다.

우리가 퓨이가리그에 도착하여, 동사무소를 향해 막 행진을 시작하려던 때, 알퐁스 군은 찰싹 이마를 치며, 매우 나지막한 목소리로 나에게 말했다.

"이런 실수가 있담! 반지를 두고 왔군요! 비너스이 손가락에 걸어 놓은 채 그만. 에이 망할 놈의 비너스! 어머니께만은 아무 말씀 마십시오. 아마

---

*16 '두고 보자'(앙갚음을 해줄 테다)라는 뜻의 에스파냐어.

알아채지 못하실 겁니다."

"누구라도 보내면 되지 않겠소?"

나는 말했다.

"뭘요! 제 하인은 일르 마을에 두고 왔고, 여기 있는 하인들은 믿을 수 있어야지요. 1천2백 프랑짜리의 다이아몬드가 아닙니까! 탐내는 놈들이 한둘이 아닐 거요. 뿐만 아니라, 제 얼빠진 행동을 여기 사람들이 어떻게 생각하겠어요? 저를 이만저만 비웃지 않을 거요. 비너스의 남편이니 뭐니 할 겁니다. ……누가 훔쳐 가지만 않으면 좋겠는데…… 다행히 놈들은 우상을 두려워하고 있어서 감히 손이 닿는 데까지 접근하지를 못하지만. 뭐 상관없습니다. 다른 반지가 하나 있으니까."

법률상과 종교상의 두 가지 의식은 모두 적당히 성대하게 진행되었다. 그리고 퓨이가리그 양은, 남편 될 사람이 자기를 위해 어떤 사랑의 기념물을 희생했다는 것은 꿈에도 모르고 파리의 무슨 여점원의 반지를 받았던 것이다. 그런 뒤에 사람들은 식탁에 자리잡고, 마시고 먹고 노래마저 불렀다. 그럭저럭 매우 오랜 시간을 끌었다. 나는 신부를 위해 그 여자 주위에서 터져나오는 야비한 기쁨을 가슴 아프게 생각했다. 그러나 그 여자는 내가 생각한 것보다는 침착했으며, 그 당황한 모양에도 어색하거나 일부러 꾸미는 티가 없었다.

난처한 입장에 빠지면 아마 용기도 솟아나는 모양이었다.

그칠 줄을 모르던 점심 잔치가 끝났을 때는 4시였다. 사내들은 나가서 정원을 거닐었다. 굉장한 정원이었다. 퓨이가리그의 시골 여자들이 좋은 옷을 차려입고 저택의 잔디밭 위에서 춤을 추는 것을 구경하는 사람들도 있었다. 그렇게 해서 우리는 몇 시간을 보냈다.

그동안 아낙네들은 신부를 둘러싸고 열심히 함 속의 예물을 구경했다. 그런 뒤에 신부는 몸단장을 고쳤는데, 그 아름다운 머리를 벌써 깃털 장식이 달린 보닛과 모자로 둘러씌우는 것이 보였다. 여자란 으레 처녀 시절에는 아직 습관상 금지되어 있는 장식을 착용해도 좋을 때가 오기만 하면 재빨리 착용하는 게 예사인 것이다.

일르 마을로 떠날 채비를 했을 때는 거의 8시가 다 되어서였다. 그러나 먼저 눈물겨운 장면이 벌어졌다. 퓨이가리그 양의 숙모는 여태껏 어머니 노릇을 해왔으며, 매우 신앙심이 두터운 퍽 늙은 여자였는데, 우리와 함께 시내까지 갈 수는 없었다. 떠날 때 그 늙은이는 조카딸에게 아내의 지킬 도리에 관해서 설교했는데, 필연적으로 설교에 뒤따른 것은 폭포수 같은 눈물과 그칠 줄 모르는 포옹이었다. 페이레오라드 씨는 이 이별이 꼭 사비나 처녀들의 겁탈*17과 같다고 말했다. 그러나 어쨌든 우리는 출발했다. 도중에 우리는 다들 신부의 기분을 돌리고 웃기려고 갖은 애를 다 써보았으나 헛수고였다.

일르 마을에서는 저녁밥이 우리를 기다렸다. 그런데 이 저녁식사야말로! 오전 중의 그 야비한, 사람들의 기뻐하는 꼴이 내 비위에 거슬렸다면, 이 자리에서의 특히 신앙과 신부를 대상으로 한 야유며 농담은 더욱 나를 불쾌하게 했다. 신랑은 식탁에 앉기 전에 잠깐 자취를 감추었는데, 보니 얼굴이 창백하고 얼음처럼 싸늘하게 정색을 하고 있었다. 그는 여러 해 묵은 콜리우르 포도주를 줄곧 마시고 있었는데, 그것은 거의 위스키에 못지않은 독한 술이다. 나는 그의 옆에 앉아 있었으므로 주의를 시켜 주어야만 하겠다고 생각했다.

"조심하구려! 술이라는 건……."

나는 좌중 손님들과 어울리기 위해서 좀 바보 같은 말을 그에게 했던 것이다.

그는 나의 무릎을 쿡 찌르며 매우 나직한 목소리로 나에게 말했다.

"다들 상에서 일어나면…… 좀 여쭐 말씀이 있는데요."

그의 엄숙한 말투에 나는 놀랐다. 한결 주의 깊게 그를 바라보니, 그의 모습이 이상하게 변해 있는 것을 알 수 있었다.

"어디가 언짢소?"

나는 물었다.

"아니요."

그는 그렇게 말하고는 다시 술을 마시기 시작했다.

그 사이, 모두들 떠들고 손뼉을 치고 하는 판 속에, 열한 살쯤 먹어 보이는 어린이 하나가 어느새 식탁 아래 들어가 있다가, 이제 막 신부의 발목에서 풀어낸 고운 연분홍빛 리본을 좌중 손님들에게 쳐들어 보였다. 그것은 신부의 대님이라고 부르는 것인데, 당장에 몇 도막으로 끊기어 젊은이들에게

---

*17 전설에 따르면, 로마 건국 후 여자가 부족했기 때문에 로마 사람들은 이웃 나라인 사비나의 처녀들을 겁탈해 왔다 한다.

나뉘어지고, 젊은이들은 그것을 단춧구멍에 꽂았다. 그것은 어떤 명문 집안에서는 아직도 지켜지고 있는 옛 습관에 따른 것이다. 신부에게 있어서 눈 속까지 새빨개지는 기회였다……. 그러나 신부의 당황은, 페이레오라드 씨가 좌중을 향해 조용히 해달라고 말하고는 신부를 위해 카탈루냐 어로 된 시를 몇 귀 읊었을 때 절정에 달했다. 본인의 말에 따르면, 그것은 즉흥시라는 것이었다. 내가 이해한 것이 틀림이 없다면 그것은 이런 뜻이었다.

"이게 웬일인가, 여러분? 내 마신 술이 두 겹으로 보이게 하는 것인가? 여기에 비너스가 둘이 있도다……."

그러자 별안간 신랑은 질겁한 듯 얼굴을 돌렸다. 그것을 보고 또 사람들은 모두 와 웃었다.

"그렇다."

페이레오라드 씨가 말을 이었다.

"우리의 지붕 아래 비너스가 둘이 있도다. 하나는 솔잎의 이슬처럼 땅속에서 발견했도다. 또 하나는 하늘에서 내려와 지금 그 띠를 우리와 나누었도다."

신부의 대님을 그는 그렇게 말했던 것이다.

"나의 아들이여, 로마의 비너스와 카탈루냐의 비너스 중 그대 마음에 드는 대로 고르려무나. 아, 이 녀석 보게, 카탈류냐 쪽을 취하는구나. 아닌 게 아니라 그게 훨씬 낫도다. 로마 것은 검고 카탈루냐 것은 희나니. 로마 것은 싸늘하고 카탈루냐 것은 가까이 가는 것을 죄 불태우나니."

이 결구는 어쩌나 귀가 먹을 듯한 갈채와 요란스러운 폭소를 자아냈던지, 나는 금세라도 천장이 머리 위에 떨어지는가 싶었다. 식탁 둘레에 정색하고 있는 얼굴은 신랑·신부의 얼굴과 나의 얼굴 셋밖에 없었다. 나는 몹시 골치가 아팠다. 그리고 또 어찌된 까닭인지는 몰라도 혼례식이라면 나는 으레 서글퍼진다. 뿐만 아니라 이번 결혼에는 좀 진절머리가 났다.

마지막 대구(對句)가 부시장에 의해 불리어졌는데, 그것이 매우 난잡한 것이었음을 나는 여기에 말해 두어야만 한다. 그것이 끝나자 모두들 객실로 옮아가서 신부가 자리를 뜨는 것을 구경했다. 자정이 가까웠으므로 신부는 곧 신방으로 인도되어 갈 것이다.

알퐁스 군은 나를 창틀 쪽으로 끌고 가더니, 눈길을 돌리면서 나에게 이렇게 말했다.

"이런 말씀을 드리면 비웃으시겠지만…… 어찌된 영문인지 모르겠습니다. 아무래도 전 귀신에 홀렸나 봐요! 나 참 세상에!"

맨 처음 내 머리에 떠오른 생각은, 이 신랑이 몽테뉴나 세비네 부인이 이야기하는 불행과 같은, 그런 어떤 불행의 의협을 받고 있다고 생각하나보다 하는 것이었다.

'모든 사랑의 세계에는 비극적인 이야기로 가득 차 있는 법이다.'

나는 그러한 종류의 사건은 재사(才士)에게만 일어나는 것이라고 생각했었는데, 하고 속으로 혼잣말을 했다.

"콜리우르 포도주를 과음한 거요, 알퐁스 군. 그러기에 내가 미리 주의하지 않던가요?"

나는 말했다.

"아마 그럴지도 몰라요. 그러나 이건 훨씬 더 끔찍한 일입니다."

그의 목소리는 도막도막 끊어졌다. 나는 생각했다.

'이건 형편없이 취했는데…….'

그는 한동안 잠자코 있다가 말을 이었다.

"누가 빼갔나요?"

"아니요."

"그럼 당신이 빼왔겠구면?"

"그렇지 않습니다…… 전…… 그년의 비너스의 손가락에서 빼낼 수가 없어요!"

"그야 힘껏 잡아당기지를 않았던 거지."

"그렇지 않아요…… 그러나 비너스가…… 그년이 손가락을 꼭 쥐어버렸어요."

그는 넘어지지 않으려고 창문 손잡이에 몸을 기대고서, 매서운 눈초리로 나를 뚫어지게 바라보았다.

"그럴 수가! 반지를 너무 깊이 박은 모양이오. 내일 장도리로 빼내면 되겠지. 그러나 동상이 다치지 않도록 조심해야 해요."

"글쎄 그렇지 않다니까요. 비너스의 손가락이 오그라지고 구부려졌던 말씀이에요. 손을 꼭 쥐고 있더라니까요! 제가 반지를 쥐여주니까, 꼭 제 아내나 다름없었어요…… 다시는 돌려 주려고 하질 않는 걸요."

나는 갑자기 몸이 오싹해짐을 느끼고, 한동안 소름이 끼쳤다. 그 뒤 그가 내뿜는 긴 한숨이 나의 얼굴에 술기운을 보내왔다. 그래서 이제까지의 감동이 싹 사라져 버렸다.

나는 생각했다.

'가련하게도 완전히 취했군.'

"선생님은 고고학자니까 저런 동상들에 관해서는 잘 아시겠지요."

신랑은 비통한 말투로 덧붙였다.

"……아마 제가 모르는 무슨 장치가, 무슨 요술이 있나봐요…… 좀 가서 봐 주시지 않겠어요?"

"그렇게 하지. 나랑 같이 가요."

나는 말했다.

"아닙니다. 선생님 혼자 가 주셨으면 좋겠어요."

나는 객실에서 나왔다.

저녁식사를 하고 있는 사이에 날씨가 변해서, 비가 억수로 쏟아지기 시작했다. 나는 막 우산을 빌려 가려다가, 퍼뜩 무슨 생각이 들어 멈칫 섰다. 주정뱅이가 한 말을 확인하러 가다니 큰 망신을 당할 뻔했다! 뿐만 아니라 어쩌면 저 작자가 착한 시골 사람들을 웃겨 주려고 나에게 무슨 짓궂은 장난을 하려고 했는지도 모른다.

그렇지 않다고 해도 나에게 돌아올 것은 고작해야 비에 흠뻑 젖고 감기나 잔뜩 들 것이 아니냐!

그래서 나는 문 앞에서, 비를 철철 맞고 있는 동상을 흘긋 바라보고는, 객실로 돌아가지 않고 내 방으로 올라갔다. 나는 드러누웠으나 좀처럼 잠이 오지 않았다. 낮에 있었던 갖가지 광경이 모두 머리에 떠오르는 것이었다. 그렇게도 아름답고 순결한 저 처녀가 우락부락한 주정꾼의 손에 맡겨진 것을 나는 생각했다. 재산 보고 한 결혼이란 얼마나 망측스러우냐! 동상이 삼색(三色)의 수장(綬章)을 띠고 중이 가사(袈裟)를 걸친다, 그러면 당장에 세상에도 순진한 아가씨가 미노타우로스*18에게 넘겨지는 것이다! 서로 사랑

---

*18 그리스 신화에 나오는 반은 사람, 반은 소인 괴물.

하지도 않는 두 인간이, 두 애인이라면 목숨을 바치고라도 살 만한 그러한 순간에, 대관절 서로 무슨 말을 할 수 있단 말인가? 한 번 야비하다고 본 사나이를 여자는 과연 사랑할 수 있을까? 첫인상이란 가시지 않는 법이다. 나는 확신하거니와, 저 알퐁스 군은 정녕 미움을 살 만한 사람이 되고 말리라……

　여기서는 다 쓰지 않고 많이 줄였지만, 그렇게 독백하고 있는 동안, 집안이 뭇사람들이 왔다 갔다 하는 소리가 들렸다. 문들이 열렸다가 닫혔다가 하는 소리며, 마차들이 떠나는 소리도 들렸다. 이어서 층층대 쪽에서 여러 부인네들의 가벼운 발소리가 내 방과 반대 쪽의 복도 끝을 향해 걸어가는 소리가 들린 것 같았다. 그것은 아마 신부를 잠자리로 인도하는 행렬이었으리라. 그런 뒤에 사람들은 다시 층층대를 내려가 버렸다. 페이레오라드 부인의 방문은 닫혀져 있었다. 나는 속으로 생각했다.

　'가엾게도 이 처녀는 얼마나 어리둥절하고 불안할까?'

　혼례를 치르는 집에서 총각이 바보 같은 구실을 하고 있는 게 아닌가!

　얼마 전부터 집안이 잠잠해졌다. 그러더니 갑자기 층층대를 올라오는 무거운 발소리가 그 고요를 깨뜨렸다. 나무 층층대는 요란스럽게 삐거덕거렸다.

　"저런 왈패가 있나! 틀림없이 층계에서 굴러떨어지고 말겠구나."

　나는 부르짖었다.

　모든 것이 다시금 괴괴해졌다. 나는 생각을 돌리려고 책 한 권을 들어 보았다. 그것은 도(道)와 통계표였는데, 부록으로서 프라드 군(郡)에 있어서의 고을 시대의 종교적 유물에 대한 페이레오라드 씨의 논문이 붙어져 있었다. 나는 세 페이지째에 가서 잠들어 버렸다.

　나는 잠을 잘못 이루어 몇 번이나 깨곤 했다. 아침 5시쯤이나 되었으리라. 잠을 깬 지가 20분도 더 되었었는데 그때에 닭이 울었다. 바야흐로 날이 새려는 참이었다. 바로 그때 나는 똑똑히, 잠들기 전에 들은 것과 똑같은 무거운 발소리며 층층대의 삐걱거리는 소리를 들었다. 아무래도 이상스러웠다. 나는 하품을 하면서, 왜 알퐁스 군이 이렇게 아침 일찍 일어났을까, 그 까닭을 짐작해 보려고 했다. 그러나 아무래도 그와 같은 일은 상상도 할 수 없었다. 그래서 막 다시 눈을 감으려 했을 때, 다시금 나의 주의는 이상하게 발을 동동 구르는 소리에 쏠렸다. 그러더니 곧 거기에 섞이어, 초인종 울리는 소리와 요란스럽게 열리는 문 소리가 들리고, 이어서 어렴풋이 떠드는 소리가 들렸다.

'그 주정뱅이가 어디다 불을 질렀나보다!'

침대에서 뛰어내리면서, 나는 그런 생각을 했다.

나는 얼른 옷을 주워입고 복도로 나왔다. 반대쪽 복도 끝에서 울부짖는 소리가 났으며, "내 아들아! 내 아들아!" 하는 가슴을 에이는 듯한 목소리가 다른 사람들의 목소리보다 두드러지게 들려왔다. 알퐁스 군에게 무슨 불상사가 일어난 것만은 틀림없었다. 나는 신방으로 달려갔다. 사람들로 가득 차 있었다. 맨 먼저 내 눈에 띈 광경은 절반 벌거벗은 채 침대 위에 가로 누워 있는 신랑이었다. 침대의 나무는 부러져 있었다.

신랑은 벌써 새파래졌고 전혀 산 기척이 없었다. 어머니는 옆에서 울부짖고 있었다. 페이레오라드 씨는 안절부절못하고 콜론 물로 그의 관자놀이를 문질러도 보고 코 아래다 정신 차리는 소금약을 대어 보기도 했다. 하지만 어찌하랴! 오래전부터 아들은 숨이 끊어졌던 것이다. 방 저쪽 끝 긴 의자 위에는 신부가 무서운 경련에 사로잡혀 있었다. 그 여자는 뭔지 알아들을 수 없는 고함을 지르고 있고, 힘센 하녀 둘이 바듯이 억누르고 있었다.

"아니, 이게 도대체 무슨 일이에요?"

나는 부르짖었다.

나는 침대로 다가가서 불쌍한 젊은이의 몸을 들어올렸다. 벌써 싸늘하게 굳어져 있었다. 그 악문 이빨과 거무튀튀한 얼굴은 무서운 단말마의 고통을 고스란히 드러내고 있었다. 겉으로만 보아서도 그의 죽음이 급작스러웠고 그의 단말마가 무서운 것이었다는 건 충분히 알 수 있었다. 그러나 옷에는 핏자국 하나 없었다. 셔츠를 열어젖히고 보니 가슴에 푸르스름한 자국이 나 있는데, 그것이 옆구리와 등에까지 뻗쳐 있었다. 꼭 쇠고리 속에라도 넣고 꽉 죄어 놓은 것만 같았다. 양탄자 위에 있는 무슨 단단한 것이 내 발 아래에 밟혔다. 구부리고 보니, 그것은 다이아몬드 반지였다.

나는 페이레오라드 씨와 그 부인을 그들의 방으로 끌고 들어갔다. 그런 뒤에 거기에 신부도 안아 오게 했다.

"아직도 며느님은 살아 계시니 잘 돌봐 주셔야만 하지 않겠습니까?"

이렇게 말하고는 그들만 두고 나와 버렸다.

알퐁스 군이 살인행위의 희생이 된 것이고, 그 범인들은 밤중에 신부의 방에 들어오는 방법을 발견했으리라는 건 의심할 여지도 없는 것 같았다. 그렇지만 가슴의 타박상과 둥그렇게 돌아간 그 상처의 방향은 무슨 까닭인지 통 알 수 없었다. 왜냐하면 곤봉이나 철봉으로는 그런 상처가 나지 않았을 테니까. 그러자 문득 나는 이런 이야기를 들은 것이 생각났다. 즉 발렌시아에서는 악한들이 돈을 받아먹고 사람을 죽이는 데에 몽근 모래를 가득 채운 기다란 가죽 부대를 사용한다는 것이다. 그러자 곧 나는 그 아라곤 사람인 노새 몰이꾼과 그가 협박하던 것이 생각났다. 그러나 그런 하찮은 농담에 대해서 이런 무서운 복수를 하기에 이르렀으리라고는 차마 생각할 수 없었다.

  나는 혹시 집을 침입한 흔적이라도 없나 하고 집 안을 샅샅이 다니며 찾아보았으나 아무 데도 그런 건 보이지 않았다. 정원으로 내려가서 혹 그쪽에서 살인자들이 들어올 수 있었을까 살펴보았으나, 아무런 확실한 흔적도 발견하지 못했다. 게다가 간밤의 비가 땅바닥을 흠뻑 적셔 버렸기 때문에, 아주 뚜렷한 자국이 아직껏 남아 있을 수는 없었으리라. 그러나 나는 땅바닥에 깊이 박혀 있는 몇 개의 발자국을 발견했다. 그것은 두 반대 방향으로 찍혀 있었으나 같은 줄 위에 있었으며, 폼 코트와 인접한 울타리 모퉁이에서 시작하여 집 대문에 와서 그쳐 있었다. 그것은 알퐁스 군이 동상의 손가락에 걸어 놓은 반지를 찾으러 갔을 때의 발자국이었을지도 모른다. 그러나 한편 생울타리는 그곳이 다른 데보다도 나뭇가지가 덜 빽빽했다. 그러고 보면, 살인자들은 그 위로 뛰어넘었을지 모른다. 동상 앞을 왔다 갔다 하다가 자세히 보려고 잠깐 발을 멈추었다. 이번에야말로, 사실대로 고백하거니와 비꼬는 듯한 짓궂은 그 표정을 소름이 끼치지 않고는 들여다볼 수 없었다. 방금 목격한 무서운 광경으로 머리가 가득 차 있던 나는, 이 집을 엄습한 불행을 보고 은근히 고소해하는 지옥의 여신을 보는 것 같았다.

  나는 내 방으로 돌아와 정오까지 머물러 있었다. 그런 뒤에 방에서 나와 주인들의 동정을 물었다. 그들은 좀 진정해 있었다. 퓨이가리그 양은, 아니, 알퐁스 군의 미망인이라고 해야 하겠지만, 의식을 회복해 있었다. 뿐만 아니라, 때마침 일르 지방을 순회중이던 페르피냥의 지방검사에게 이야기까지 했다. 검사는 그 여자의 진술을 정식으로 청취했던 것이다. 검사는 나에게도 진술을 요구했다. 나는 아는 대로 말했다. 그리고 그 아라곤의 노새 몰이꾼에 대한 나의 의심도 숨기지 않고 말했다. 검사는 당장에 그의 체포 명령을 내렸다.

"알퐁스 부인한테서 무슨 얻은 바가 있습니까?"

나의 진술이 끝나고 서명이 끝났을 때 나는 검사에게 그렇게 물어보았다.

"가엾게도 저 젊은 여자는 머리가 돌았어요."

그는 서글프게 웃으며 말했다.

"돌았어요! 완전히 돌았어요. 이런 말을 하지 않겠습니까."

"커튼을 치고 자리에 누워 몇 분쯤 있자니까, 방문이 열리고 누가 들어왔다는 겁니다. 그때 알퐁스 부인은 벽 쪽으로 얼굴을 돌리고 침대의 벽 아래 있었대요. 자기 남편인 줄 알고 꼼짝 않고 있었답니다. 그러자 잠시 뒤에 침대가 무슨 육중한 것이라도 올려놓은 것처럼 삐걱거렸대요. 질겁했지만 차마 돌아다볼 용기가 안 났대요. 5분인지 10분인지…… 그 여자는 시간은 모르겠더래요. 하여튼 그만한 시간이 그런 상태로 지나갔답니다. 그러다가 그 여자는 자기도 모르게 몸을 움직였대요. 어쩌면 침대에 올라와 있던 사람이 몸을 움직였는지도 모르겠대요. 그러자 그 여자는 무슨 얼음처럼 싸늘한 것이 자기 몸에 닿는 것을 느꼈답니다. 이건 그 여자의 표현 그대로를 말씀드리고 있는 거예요. 그 여자는 온몸을 와들와들 떨면서 벽과 침대 사이로 파고 들었답니다. 잠시 뒤 다시 문이 열리고 누가 들어오더니, '여보, 벌써 자나' 묻는 소리가 들렸대요. 그런 뒤에 곧 휘장은 내려졌대요. 그러자 '으악' 하는 고함 소리가 들렸답니다. 자기 옆에, 침대에 누워 있던 사람이 벌떡 일어나 앉아서 양팔을 앞으로 뻗치는 것 같았대요. 그때야 그 여자는 돌아다보았더니, 남편이 침대 옆에 무릎을 꿇고 있고, 머리는 베개의 높이쯤에 보였는데 푸르뎅뎅한 거인 같은 것 두 팔 안에 꼭 안겨 있었다는 겁니다. 그리고 그 여자가 하는 말이, 더구나 그런 말을 몇 번이나 몇 번이나 되풀이해서 하지 않겠어요. 가엾게도 그 여자가 하는 말이, 그 거인 같은 것을 본 적이 있었다나…… 뭔지 짐작이 가십니까? 바로 그 청동의 비너스였다는 거예요. 페이레오라드 씨의 동상 말입니다…… 사실 그 비너스가 이 고장에 나타난 뒤로부터 모두가 무슨 잠꼬대 같은 소리들을 하고 있었거든요. 그건 그렇고 다시 저 불쌍한 머리가 돈 여자의 이야기를 계속하겠습니다. 그런 광경을 보자 그 여자는 실신을 해 버렸답니다. 아마 얼마 전부터 정신을 잃고 있었을

지도 모르지요. 얼마 동안이나 기절했었는지는 암만해도 모르겠답니다. 제 정신으로 돌아왔을 때 그 여자는 다시 그 허깨비를, 아니 그 동상을, 늘 그 여자는 그렇게 말하고 있었어요. 그 동상을 보았는데, 동상은 몸 하나 까딱 않고, 다리와 아랫도리는 침대 위에 둔 채, 윗도리와 양팔을 앞으로 내뻗고, 품안에 자기 남편을 껴안고 있었는데, 남편 또한 꼼짝 않고 있더랍니다. 어느덧 닭이 울었답니다. 그러자 동상은 침대에서 일어나더니 시체를 떨어뜨리고는 밖으로 나가 버렸답니다. 알퐁스 부인은 초인종에 매달렸고, 그 다음은 선생님도 아시는 바와 같습니다."

그 에스파냐 사람이 끌려왔다. 그는 침착했으며, 매우 냉정하고 재빠르게 답변했다. 그리고 또 그는 내가 들은 그 말을 부인하지 않고 도리어 그것을 설명했다. 하룻밤 푹 쉬고 이튿날 자기에게 이긴 사람과 다시 한판 폼의 승부를 겨루어 이겨 보리라 하는 생각밖에는 다른 뜻이 없는 말이었다는 것이다. 덧붙여서 그가 이렇게 말한 것이 생각난다.

"아라곤 사람은 모욕을 받았을 때 앙갚음을 하는 데 다음 날을 기다리지 않습니다. 만약에 알퐁스 씨가 저를 모욕할 생각이었다고 제가 믿었다면, 당장에 칼로 그 사람의 배때기를 쿡 찔러 버렸을 겁니다."

그 사나이의 신발과 정원에 박혀 있는 발자국을 비교해 보았다. 그의 신발이 훨씬 컸다.

끝으로 그 사나이가 묵고 있는 여관의 주인은, 그 사나이는 자기의 노새 한 마리가 병이 난 것이 있어서 밤새도록 그 노새를 비벼주고 약을 먹이고 했다고 증언했다.

뿐만 아니라 이 아라곤 사람은 이 고장에서 매우 널리 알려져 있는 평판 좋은 사나이로서, 해마다 이곳으로 장사하러 왔던 것이다. 그러므로 도리어 미안하다고 사과하고 풀어주었다.

알퐁스 군이 살아 있는 것을 마지막으로 보았다는 하인의 진술을 나는 잊어버릴 뻔했다.

그것은 알퐁스 군이 아내의 방에 막 올라가기 전이었는데, 그 하인을 불러 걱정스러운 얼굴로, 내가 어디 있는지 아는가고 물었다 한다. 하인은 나를 못 보았다고 대답했다. 그러자 알퐁스 군은 한숨을 쉬고는 아무 말없이 한참 동안이나 있다가 이렇게 말했다는 것이다.

"응, 그래? 그분도 그놈의 귀신한테 홀려 가셨나 보지!"

나는 그 하인에게 알퐁스 군이 그에게 말할 때 다이아몬드 반지를 갖고 있더냐고 물어보았다. 하인은 대답을 망설이고 있다가, 이윽고 그런 것 같지 않더라고 말하면서, 아무튼 잘 주의해서 보지 않았다고 대답했다.

"도련님이 그 반지를 손가락에 끼고 계셨다면."

그는 말을 이어 덧붙였다.

"아마 쇤네도 그걸 알아보았을 겁니다. 왜냐하면 새댁에게 드렸다고만 믿고 있었으니까요."

이 사나이에게 이것저것 캐묻는 동안 저 알퐁스 부인의 진술이 온 집안에 퍼뜨려 놓은 미신어린 공포를 나 자신도 다소 느꼈다. 지방검사는 빙그레 웃으며 나를 보았으나, 나는 물론 나의 생각을 주장하는 걸 삼갔다.

알퐁스 군의 장례식이 끝난 지 몇 시간 뒤에 나는 일르를 떠날 생각을 했다. 페이레오라드 씨의 마차가 페르피냥까지 나를 실어다 줄 예정이었다. 몸이 쇠약해 있었음에도, 가련한 이 노인은 정원의 문 앞까지 굳이 나를 바래다주겠다고 나섰다. 우리는 말없이 정원을 건넜다. 노인은 나의 부축을 받고, 간신히 몸을 끌 듯 걸었다. 작별할 때, 나는 마지막으로 비너스를 쳐다보았다. 주인은 비너스가 가족의 일부 사람들에게 주고 있는 공포심과 증오심을 그들과 함께 느끼지는 않겠지만, 그래도 그 끔찍스런 불행을 두고두고 생각나게 할 물건을 처치해 버리고 싶어하리라는 것을 나도 잘 예측하고 있었다. 나는 그것을 박물관에 기증하도록 충고할 생각이었다. 내가 바로 그 문제를 꺼내기를 망설이고 있을 때, 페이레오라드 씨는, 내가 무엇인가를 응시하고 있는 것을 보고는 그쪽을 기계적으로 돌아보았다. 눈길이 동상에 부딪치자 그는 곧 눈물을 주르르 흘렸다. 나는 그에게 입을 맞추고 차마 한 마디의 말도 못하고 마차에 올라탔다.

내가 떠난 이래, 무슨 서광이 비쳐서 이 해괴한 참화를 밝혀 주었다는 이야기를 나는 듣지 못했다.

페이레오라드 씨는 아들이 죽은 지 몇 달 뒤에 세상을 떠났다. 유언에 따라 그의 원고는 내가 물려받았다. 아마 뒷날 그것을 출판하게 되리라. 비너스의 제명(題銘)에 대한 연구 논문은 그 속에서는 찾아볼 수 없었다.

추기(追記)—친구 P씨가 요즘 페르피냥에서 편지를 써 보냈는데, 그 동상은 이제 없어졌다고 한다. 남편이 죽은 뒤, 페이레오라드 부인이 맨 먼저 마음을 쓴 것은 그 동상을 녹여서 종을 만드는 일이었다. 동상은 이제 새로운 모습으로 일르의 성당에 봉사하고 있다. 그런데 P씨 이야기로는 어떤 액운이 이 청동을 소유하고 있는 사람들에게 따라다니는 모양이다. 이 종이 일르에서 울리게 된 뒤부터는 벌써 두 번이나 포도나무가 얼어버렸다.

샤를 11세의 환상

There are more things in heav'en and earth, Horatio,
Than are dreamt of in your philosophy.

—Shakespeare, Hamlet.[1]

　사람들은 초자연(超自然)의 환상(幻想)이나 유령을 비웃는다. 그러나 어떤 것들에는 훌륭한 증거가 있는지라, 만약에 그래도 그것을 못 믿겠다는 사람이 있다면, 그런 사람은 자기 주장을 관철하기 위해, 모든 역사적인 증거 자료를 몽땅 부정해야 하리라. 믿을 만한 목격자 네 명의 서명이 있는, 정식의 조서(調書), 이것이야말로 내가 이제부터 이야기하려는 사실의 진실성을 보증하는 것이다. 뿐만 아니라 이 조서 속에 들어 있는 예언은, 우리의 시대에 일어난 사건으로 그것이 실현된 듯이 보였거니와, 그러기 훨씬 전에 알려졌고 거론되고 있었다는 것을 덧붙여 두자.

　샤를 11세는 저 유명한 12세의 아버지로, 스웨덴의 역대 왕 중에서 가장 전제적인 군주의 하나였으나, 또한 가장 현명한 군주의 하나이기도 했다. 그는 귀족의 가증스런 특권을 제한하고 상원(上院)의 권력을 폐지하고, 자기 마음대로 법률을 만들었다. 한 마디로 말해서 그는 자기 이전에 과두정치(寡頭政治)였던 이 나라의 정체를 바꾸고, 국회로 하여금 자기에게 절대 권력을 맡기게 한 것이다. 뿐만 아니라 그는 견식(見識) 있고 용감한 사람으로 루터교를 독실하게 믿었고, 성격은 꿋꿋하고 냉정하고 적극적이었으며, 상상력 같은 것은 전혀 없었다.

　왕은 요즘에 왕비 월리크 엘레오노르를 여의었다. 소문에 따르면, 왕은 이 왕비에게 쌀쌀하게 대했고 그것이 그 여자의 죽음을 재촉했다고 한다. 그러

---

[1] 셰익스피어 〈햄릿〉 제1막 제5장 햄릿이 한 말. "이 천지간에는 말이야, 호레이쇼, 그대의 이른바 철학에서 꿈꾸고 있는 이상으로 많은 것들이 있는 거야."

나 그는 아내를 소중히 여겼으며 그처럼 냉정한 마음으로부터 사람들이 기대한 것보다는 훨씬 더 그 여자의 죽음을 가슴 아파한 듯 보였다. 이런 일이 있은 뒤부터, 그는 전보다도 더 우울해지고 과묵해졌으며, 어떻게 해서라도 괴로운 생각을 멀리해야겠다는 마음에서, 열심히 나랏일에 전념했다.

어느 가을 밤이 이슥했을 때, 그는 스톡홀름 궁전의 자기 방에서, 불이 활활 타오르는 커다란 난로 앞에, 잠옷 바람으로 실내화를 신고 앉아 있었다. 그의 곁에는 총애하는 시종 브라에 백작과 시의(侍醫) 바움가르텐이 있었다. 말이 난 김에 말해 두거니와 이 바움가르텐은 무신앙가임을 자처하고 있는 사람으로, 사람은 무엇이고 다 의심해야 하되 의술만은 예외라고 말했다. 그날 저녁 왕은 어딘지 몸이 편치 않아 진찰을 시키려고 그를 불러왔던 것이다.

밤은 깊어가고 있었으나, 왕은 여느 때와는 달리 그들에게 저녁 인사를 함으로써 그만 물러갈 때가 왔음을 알려주지 않았다. 그는 머리를 수그리고 깜부기불을 바라보면서 깊은 침묵을 지켰다. 곁에 있는 두 사람에 싫증이 나면서도, 어찌 된 영문인지 홀로 남아 있기가 두려웠던 것이다. 브라에 백작도 자기가 있는 것이 그다지 왕의 마음에 들지 않는다는 것을 잘 알았으며, 벌써 여러 번, 폐하께서는 그만 쉬셔야 하지 않겠느냐고 여쭈기도 했다. 그러나 왕은 가볍게 손짓하여 그를 자리에서 뜨지 못하게 했다. 이번에는 시의가 밤샘은 건강에 해롭다는 말을 했다. 그러나 샤를은 입속말로 그에게 대답했다.

"가지 마, 나는 아직 자고 싶지 않아."

그러자 사람들은 이 얘기 저 얘기 해보았으나, 모두 두세 마디면 화제가 끊겨 버리는 것이었다. 왕이 지금 여느 때와 같이 우울증에 빠져 있는 것이 분명해 보였다. 그런데 이런 경우에는 조신(朝臣)의 입장이 매우 난처한 것이다. 브라에 백작은, 왕의 침울함이 왕비의 죽음을 슬퍼하는 데서 오는 것이 아닌가 싶어, 방 안에 걸려 있는 왕비의 초상을 한참 바라보다가, 크게 한숨을 쉬면서 외쳤다.

"저 초상화는 꼭 빼다 박으신 것 같습니다! 저 위엄이 계시면서도 동시에 온화하신 표정이 꼭 닮았어요!"

"쳇!"

왕은 퉁명스럽게 대답했다. 그는 자기 앞에서 누가 왕비의 이름을 말할 때마다 자기가 비난을 듣는 것만 같았던 것이다.

"저 초상화는 훨씬 낫게 그려진 거야. 왕비는 얼굴이 못생긴 여자였어."

그런 뒤에 마음속으로 자기의 냉정함에 스스로 화가 나서, 그는 자리에서 일어나 감동으로 빨개지는 얼굴을 감추기 위해 방 안을 한 바퀴 돌았다. 그는 마당 쪽으로 난 창 앞에서 걸음을 멈추었다. 밤은 어둡고 달은 초승달이었다.

오늘날 스웨덴의 왕들이 사는 궁전은 아직 완성되어 있지 않았다. 그리고 샤를 11세는—그가 이 궁전을 짓기 시작했었는데—당시, 멜라렌호(湖)를 바라다보는 리테르홀름의 곶(岬)에 세워져 있는 옛 궁전에 살고 있었다. 그것은 말굽쇠꼴의 커다란 건물이다. 왕의 거실은 그 한쪽 끝에 있고, 거의 그 정면에 국회가 국왕으로부터 무슨 포고(布告) 같은 것을 받아야 할 때면 모이는 대회의실이 있었다.

이 회의실의 창들이 그때 무슨 강렬한 불빛으로 밝혀져 있는 듯했다. 그것은 왕에게 이상해 보였다. 그는 처음에 그 불빛이 어떤 하인이 들고 있는 횃불에서 생긴 것이려니 했다. 그러나 대체 이런 시간에, 오래전부터 열린 일이 없었던 회의실에 누가 무엇을 하러 가고 있단 말인가? 뿐만 아니라, 그 불빛은 단 하나의 횃불이라 하기에는 너무 밝았다. 불이 났는가도 싶었다. 그러나 조금도 연기는 보이지 않았고 유리창도 깨져 있지 않았으며, 아무 소리도 들리지 않았다. 오히려 모든 것으로 미루어 보아 무슨 조명인 것만 같았다.

샤를은 한참 동안 아무 말 없이 그 창들을 바라다보았다. 그러는 동안 브라에 백작은 초인종의 끈 쪽으로 손을 뻗쳐 이 이상한 불빛의 원인을 알아보게 하기 위해, 시동(侍童)을 부르려 했다. 그러나 왕은 그를 제지했다.

"내가 친히 저 회의실에 가보겠다."

그렇게 말을 끝마칠 때 왕은 창백해졌으며 그의 용모는 일종의 종교적 공포를 나타내고 있었다. 그러나 그는 확고한 걸음걸이로 방에서 나갔다. 시종과 시의는 저마다 손에 촛불을 켜들고 왕의 뒤를 따랐다.

열쇠를 맡고 있는 문지기는 벌써 자고 있었다. 바움가르텐이 그를 깨우러 갔다. 그리고 임금님의 명령이니, 당장 의사당(議事堂)의 문을 열라고 일렀다. 뜻밖에 그런 명령을 받고 그는 깜짝 놀랐다. 그는 황급히 옷을 입고, 열쇠 꾸러미를 갖고서 왕에게로 갔다. 먼저 그는, 의사당의 대합실이자 출입구로 사용되는 복도의 문을 열었다. 왕은 들어갔다. 그러나 벽들이 온통 검은 휘장으로 둘러쳐져 있는 것을 보았을 때, 그의 놀라움은 어떠했으랴!

"이 방에 이렇게 휘장을 치라고 누가 일렀느냐?" 그는 화난 소리로 물었다.

"폐하, 제가 아는 한 아무도 그런 일은 없습니다." 문지기는 무척 당황하여 대답했다. "그리고 요전에 복도를 청소시켰을 때는, 언제나 그러했듯이 떡갈나무의 화장판으로 돼 있었습니다……. 확실히 이 벽포(壁布)는 폐하의 가구 창고에서 온 것이 아닙니다."

그 사이 왕은 성큼성큼 걸어가, 벌써 복도의 3분의 2도 더 되는 곳에 도달해 있었다. 백작과 문지기는 그를 바짝 뒤따라가고 있었다. 바움가르텐 시의는 좀 뒤에 처져 있었다. 혼자 남아 있는 무서움과 낌새가 꽤 이상하게 되어가는 모험의 결과에 빠져 드는 무서움 사이에서 이러지도 저러지도 못했던 것이다.

"더 가시지 마옵소서, 폐하!" 문지기가 외쳤다. "목숨을 걸고 아뢰옵거니와, 저 속에는 마술이 걸려 있습니다. 이맘 때면…… 왕비 마마께옵서, 그 상냥하신 왕후 마마께옵서 세상을 뜨신 뒤부터는…… 이 복도를 거니신다고들 하옵니다…… 제발 하느님이시여, 우리를 지켜 주옵소서!"

"걸음을 멈추소서, 폐하!" 이번에는 백작이 외쳤다.

바움가르텐도 말했다.

"의사당에서 나는 저 소리가 들리지 않습니까? 폐하께 무슨 위험이 닥쳐오고 있는지 모릅니다! 폐하!"

한바탕 불어온 바람에 그의 촛불이 방금 꺼져 버렸다.

"제가, 가서 경호 창병(槍兵)을 스무 명쯤 데리고 오는 것만이라도 제발 허가해 주십시요."

왕은 대회의실의 문앞에서 걸음을 멈추면서 단호한 목소리로 말했다.

"들어가자. 애, 문지기야, 어서 이 문을 열라."

왕은 문을 발로 찼다. 그 소리는 천장에 메아리쳐서, 대포를 쏜 듯이 복도 안에 울려 퍼졌다.

문지기가 와들와들 몸을 떨어, 그의 열쇠는 자물쇠를 칠 뿐 쇳구멍에 들어가지 않았다.

"노병(老兵)이 떨다니!" 샤를은 어깨를 으쓱하면서 말했다. "그럼 백작,

그대가 이 문을 열어다오."

"폐하!" 백작은 한 걸음 뒤로 물러나면서 대답했다. "폐하께옵서 신에게 덴마크군이나 독일군의 포문(砲門) 앞을 걸으라고 명령하신다면 서슴지 않고 복종하겠습니다. 그러나 이건 지옥의 문입니다. 폐하께옵서 열라고 하시는 것은……."

왕은 문지기의 손에서 열쇠를 낚아챘다.

"그렇다면 이건 내게만 관계되는 일인 것 같군." 왕은 경멸하는 듯한 어조로 말했다. 그리고 그의 수행원들이 미처 가로막을 겨를도 없이, 두터운 떡갈나무 문을 열고, "하느님이여 지켜 주소서!" 하고 말하면서 대회의실 안으로 들어가 버렸다. 그의 세 시종은 공포심보다도 더 강한 호기심에 끌려서—그리고 또 아마 자기들의 왕을 버리는 것을 부끄럽게 생각했을지도 모른다—왕과 함께 들어갔다.

대회의실은 무수한 횃불로 밝혀졌다. 검은 휘장이, 인물들을 짜넣은 낡은 벽포 대신 걸려 있었다. 벽을 따라 여느 때와 같이 독일이며 덴마크며 모스크바의 군기(軍旗)가—그것은 구스타브 아돌프 병사들의 전리품이었다—질서 정연하게 늘어서 있는 것 같았다. 그 한가운데에 스웨덴의 군기들이 상장(喪章)에 싸여 있는 것이 눈에 띄었다.

무수한 군중이 걸상을 가득 메우고 있었다. 국회의 4부(部)*²가 각각 자기 줄에 자리잡고 있는 것이리라. 모두 상복을 입고 있었으며, 그 수많은 사람의 얼굴들은 어두운 배경 위에서 빛나는 것처럼 보였는데, 보는 사람의 눈을 어찌나 눈부시게 하던지, 이 이상한 광경의 네 목격자들 중 아무도 그 군중 속에 단 하나의 아는 사람 얼굴도 찾아볼 수 없었다. 마치 수많은 구경꾼들을 마주 보고 있는 배우는 막연한 군중밖에 보이지 않고, 거기에 단 하나의 개인도 알아보지 못하는 것과 같다.

높은 용상(龍床)—거기서 언제나 왕은 군중을 향해 연설하는 것이었는데—그 위에 왕가(王家)의 문장(紋章)을 단 옷을 입은, 피투성이의 시체 하나가 놓여 있는 것이 보였다. 그 오른쪽에는 어린이 하나가 머리에는 왕관을 쓰고 손에는 왕홀(王笏)을 들고 서 있었고, 그 왼쪽에는 늙은 남자 하나가

---

*2 귀족, 승려, 시민 및 농민.

아니, 그보다는 오히려 또 하나의 다른 망령(亡靈)이 용상에 몸을 기대고 서 있었다. 이 사나이는 예식 때 입는 망토를 입고 있었는데, 그것은 바자가 왕국을 세우기 전에 스웨덴의 옛 집정관들이 입던 것이다. 용상의 맞은편에는 엄숙한 태도를 하고, 검은 긴 옷을 입은, 재판관인 듯한 수명의 인물이 탁자 앞에 앉아 있고, 그 탁자 위에는 커다란 이절판(二折版)의 책들과 몇 장의 양피지가 놓여 있었다. 용상과 의석(議席) 사이에는 상복으로 싼 단두대 하나가 있고, 그 옆에는 도끼 하나가 놓여 있었다.

이 인간 아닌 군중 중에 누구 하나, 샤를과 그의 세 수행원이 그 자리에 있는 것을 알아차리고 있는 것 같지 않았다. 그들이 들어왔을 때, 처음에는 어렴풋이 속삭이는 소리밖에 들리지 않았는데, 그 속삭임 가운데서 사람의 귀는 또렷한 말을 한 마디도 알아들을 수 없었다. 그런 뒤, 검은 법의(法衣)를 입은 재판관들 중 최고령자로, 재판장의 구실을 하고 있는 듯한 사람이 일어나더니, 자기 앞에 펴 놓은 이절판의 책 위를 손으로 세 번 두드렸다. 그러자 당장 쥐 죽은 듯 고요해졌다. 호사스런 옷을 입은 풍채 좋은 젊은이 몇 사람이, 손을 등 뒤로 돌려 묶인 채, 아까 막 샤를 11세가 열었던 문과 반대쪽의 문으로 회의실에 들어왔다. 그들은 높이 머리를 쳐들고 태연한 눈으로 걸어오고 있었다. 그들의 뒤에서는, 몸에 꼭 붙는 갈색 가죽 저고리를 입은, 실팍진 사나이 하나가, 그들의 손을 묶고 있는 끈의 끝을 쥐고 있었다. 앞장 서서 걸어오던 젊은이는 죄수들 중에서 가장 중요한 사람 같았는데, 회의실 한복판 단두대 앞에서 걸음을 멈추고, 오만불손한 경멸의 눈으로 그 단두대를 쏘아봤다. 그와 동시에, 시체가 경련한 듯 떨리는 것 같았으며, 새빨간 선혈(鮮血)이 그의 상처에서 흘렸다. 젊은이는 무릎을 꿇고 머리를 내밀었다. 도끼가 공중에 번득이더니, 이내 소리를 내면서 떨어졌다. 시냇물 같은 피가 연단 위에 솟아오르고 시체의 피와 합쳐졌다. 그리고 머리는, 새빨개진 방바닥 위를 몇 번이고 폴딱폴딱 뛰어오르면서, 샤를의 발 아래까지 굴러와, 그의 발을 피로 물들였다.

이때까지 왕은 놀란 나머지 벙어리가 되어 있었으나, 그런 끔찍한 광경을 보자, 비로소 말문이 열렸다. 그는 연단 쪽으로 몇 걸음 걸어가더니 집정관의 망토를 입은 그 유령을 향해 당돌하게도 다음과 같은 누구나 다 잘 알고 있는 말을 던졌다.

"그대가 하느님한테서 왔다면 말하라. 악마한테서 왔다면 조용히 물러가라."

유령은 천천히 엄숙한 어조로 그에게 대답했다.

"임금 샤를이여! 이 피는 그대의 치세(治世)에는 흐르지 않으리라……(여기서 목소리가 희미해졌다) 그러나 5대(代) 뒤에…… 바자의 피에 불행이 있을지어라, 불행이, 불행이!"

그러자 이 놀라운 집회의 수많은 인물들은 차츰 희미해지기 시작하여, 이제는 벌써 붉은빛의 그림자로밖에 보이지 않더니, 이윽고 완전히 스러져 버렸다. 그 꿈 같은 횃불도 꺼져 버렸고, 샤를과 그의 수행원이 들고 있는 횃불은 이제 바람에 가볍게 나부끼는 낡은 벽포만을 비출 뿐이었다. 아직도 한동안은 꽤 듣기 좋은 소리가 들려왔는데, 그것을 목격자 한 사람은 바람에 살랑거리는 나뭇잎 소리에 견주었고, 또 한 사람은 하프의 줄이 조율(調律)할 때 끊어지면서 내는 소리에 견주었다. 유령이 나타났던 시간에 관해서는 모두가 일치했는데, 그것은 약 10분간이었다고 그들은 판단했다.

검은 휘장도, 잘린 머리도, 방바닥을 물들이던 유혈도, 모든 것은 유령들과 함께 사라져 버렸다. 다만 한 가지 샤를의 실내화에는 붉은 얼룩 하나가 묻어 있었다. 설령 이날 밤의 광경이 그의 기억 속에 아주 똑똑히 새겨지지는 않았다 하더라도, 그것 하나만으로도 이날 밤의 광경을 생각나게 해주기에는 충분했으리라.

방으로 돌아오자, 왕은 자기가 본 것을 문서에 쓰게 하여, 수행원들에게 서명케 하고자 자기 자신도 서명했다. 이 문서의 내용을 세상 사람들에게 숨기기 위해 온갖 주의를 다했지만 그것은 머지 않아, 샤를 11세의 재위 때에 벌써 알려져 버렸다. 그것은 지금도 보존되고 있다. 그리고 현재에 이르기까지, 이 문서의 진위에 관해서 감히 의심을 품어 본 사람은 아무도 없었다. 이 문서의 끄트머리는 주목할 만하다. 왕은 거기에 이렇게 쓰고 있다.

'그리하여 만약에 내가 위에서 말한 것이 틀림없는 사실이 아니라고 한다면, 나는 내세(來世)의 삶에 모든 희망을 버리리라. 그런데 나는 내가 행한 몇 가지 선행의 덕택으로 그리고 특히 내 백성의 복지에 힘쓰고 내 선조의 종교를 지킴에 열성을 다한 까닭으로 내세의 삶을 누릴 자격을 얻을 수 있었다고 믿는 터이다.'

이제, 만약에 여러분이 구스타브 3세의 죽음과 그 시해자(弑害者)인 앙카스트룀의 재판을 회상한다면, 이 사건과 위에서 본 이상한 예언의 여러 상황 사이에는 적지 않은 관계가 있다는 것을 알리라.

국회의 입회(立會) 아래 목을 잘린 젊은이는 앙카스트룀을 가리킨 것이리라.

왕관을 쓴 시체는 구스타브 3세일 것이다.

어린이는 그의 아들이자 후계자인 구스타브 아돌프 4세일 것이다.

끝으로 늙은이는 구스타브 4세의 숙부, 수데르마니 공작이리라. 이 공작은 왕국의 섭정(攝政)이었고, 이어 조카의 폐위 뒤 마침내 왕위에 오른 사람이다.

보루의 공략

　몇 년 전 그리스에서 열병으로 죽은, 내 친구인 군인 하나가, 어느 날 나에게 자기가 참가한 첫 전투의 이야기를 해주었다. 그의 이야기에 나는 무척 감동했으므로, 틈이 나자 곧 기억을 더듬어 그것을 써 보았다. 그것은 다음과 같다.

　나는 9월 4일 저녁 연대에 도착했다. 야영지에서 연대장을 만났다. 그는 처음에 꽤 무뚝뚝하게 나를 맞았으나, B×××장군의 추천장을 읽고 나서는 태도를 바꾸었다. 그리고 내게 몇 마디 싹싹한 말까지도 걸어 주었다.
　나는 그의 소개로 중대장을 만났다. 중대장은 지금 막 정찰(偵察)에서 돌아오는 길이었다. 이 중대장은 그 뒤 내가 사귈 겨를도 거의 없었는데, 갈색 머리에 딱딱하고 불쾌한 얼굴을 한 키 큰 사나이였다. 졸병으로 출발했으나, 전쟁에서 세운 공으로 장교가 되고 훈장을 탔다. 쉬고 가냘픈 그의 목소리는 그의 커다란 키와 이상한 대조를 이루었다. 사람들의 말에 따르면, 이 기묘한 목소리는 그가 예나 전투*1에서 입은 관통 총상(銃傷) 때문이라고 한다. 내가 퐁텐블로 학교*2 출신임을 알자, 그는 얼굴을 찡그리며 말했다.
　"우리 중위가 어제 죽었는데……."
　나는 그가 다음과 같이 말하고 싶었으리라는 것을 알아차렸다.
　'그의 후임이 돼야 하는 것은 너다. 그런데 너는 그럴 능력이 없다.'
　신랄한 말이 내 입술에서 튀어나오려 했으나, 나는 꾹 참았다.
　우리의 야영지에서 대포 2사정(射程)의 거리에 있는 슈브리노의 보루 뒤에서 달이 떠올랐다. 달은, 떠오를 때면 으레 그러하듯이 크고 붉었다. 그러

---

*1 1806년 나폴레옹이 프로이센군에 승리를 거두었다. 예나는 독일 튀링겐 분지 동쪽에 있는 도시.
*2 프랑스의 육군사관학교는 1806년에 퐁텐블로에서 생 시르로 옮겨졌다.

나 이날 저녁, 그것은 유난히도 커 보였다. 한동안 보루는 밝은 달의 원반(圓盤)을 배경으로, 새까맣게 부각되었다. 그것은 마치 분화(噴火)할 때의, 화산의 원뿔 같았다. 내 옆에 있던 노병 하나가 달빛을 보고 말했다.

"달빛이 새빨가네. 저걸 차지하려면 톡톡히 밑천이 들 거라는 조짐이야. 저 고약한 보루를 말이야."

나는 언제나 미신가였지만, 이런 전조(前兆)는 특히 이때에는 내게 몹시 충격을 주었다. 나는 드러누웠으나 잘 수 없었다. 나는 일어나서 한참 동안 슈브리노 마을의 저쪽 고지(高地) 위를 덮고 있는 끝없는 불의 선(線)을 바라보면서 걸었다.

살을 에는 듯한 싸늘한 밤공기가 내 피를 충분히 가라앉혀 주었다고 생각했을 때, 나는 화롯불 옆으로 돌아왔다. 꼼꼼히 망토로 몸을 싸고, 눈을 감으면서 날이 새기 전에는 눈을 뜨지 않기를 바랐다. 그러나 아무래도 잠을 이룰 수 없었다. 나도 모르는 사이에, 머리에 떠오르는 생각은 불길한 빛깔을 띠어 갔다. 나는 속으로 생각하는 것이었다. 이 들판을 가득 메우고 있는 수십만의 군인들 중에 나는 단 하나의 친구도 없다. 만약에 부상이라도 하는 날에는, 병원에 실려 가 아무것도 모르는 군의관들 손에 함부로 다루어지리라 하고. 그러자 외과 수술에 관해서 들은 얘기가 내 기억에 떠올랐다. 내 심장이 마구 뛰었다. 기계적으로 나는, 품 안에 지니고 있던 손수건과 지갑을 마치 갑옷처럼 늘어놓았다. 몸은 지칠 대로 지쳐서, 끊임없이 선잠이 들곤 했으나, 그럴 때마다 무슨 불길한 생각이 더욱더 세차게 떠올라, 깜짝깜짝 잠을 깨어 일어나곤 했다.

그러는 동안 결국 피로가 이기고 말았다. 그리하여 기상의 북을 쳤을 때, 나는 세상모르고 잠들어 있었다. 우리는 전투 준비에 들어갔다. 점호를 하고, 그런 뒤에 다시 총을 걸어 놓았다. 모든 것으로 미루어 보아 이날 하루는 조용히 지낼 수 있을 것 같았다.

3시 무렵, 전령사관(傳令司官) 하나가 명령을 갖고 왔다. 다시 총을 잡으라는 명령이 내렸다. 우리의 저격병(狙擊兵)들이 들판에 퍼지고, 우리는 천천히 그들을 따라갔다. 그리고 20분 뒤에는, 러시아군의 전초(前哨)가 모두 퇴각하여 보루 속으로 돌아가는 것이 보였다.

포병 중대 하나가 우리의 오른쪽으로 와서 진을 치고, 또 하나의 중대가 왼쪽으로 와서 진을 쳤으나, 둘 다 우리보다 훨씬 앞쪽이었다. 그들은 적을 향해 매우 치열한 포격을 가하기 시작했고, 적도 맹렬히 마주 쏘았다. 그리하여 이내 슈브리노의 보루는 짙은 연기의 구름 아래 사라져 버렸다.

우리 연대는 땅의 습곡(褶曲)에 따라 러시아군의 포화로부터 거의 엄호(掩護)되어 있었다. 뿐만 아니라 그들의 포탄이 우리에게 날아오는 일도 드물었는데(그들은 특히 우리의 포병을 향해 쏘고 있었으니까), 그것은 우리의 머리 위를 지나가거나, 그렇지 않으면 고작해야 흙이나, 자잘한 돌멩이를 우리에게 튕겨 보내는 정도였다.

전진 명령이 내리자마자, 중대장은 나를 눈여겨보았다. 그래서 나도 되도록 태연스럽게, 기른 지 얼마 안 되는 내 수염을 두세 번 쓰다듬을 수밖에 없었다. 그뿐 아니라 나는 무섭지 않았다. 다만 내가 느끼고 있었던 단 한 가지 두려움은, 내가 무서워한다고 사람들이 생각하지나 않을까 하는 점이었다. 그 적탄(敵彈)들이 아무런 위험도 없는 것을 보고 나는 더욱더 영웅적인 냉정함을 유지할 수 있었다. 내 자존심이 이렇게 속삭였다. 나는 지금 진짜 위험을 무릅쓰고 있는 것이다. 왜냐하면 마침내 나는 포병이 쏘는 포화(砲火) 아래 서 있는 것이니까 하고. 나는 이렇게 내가 편안한 마음으로 있을 수 있는 것을 무척 대견스럽게 여겼다. 그리고 프로방스 거리의 B×××부인댁 살롱에서, 슈브리노의 보루 탈취의 이야기를 하는 즐거움을 생각했다. 연대장이 우리 중대의 앞을 지나갔다. 그는 내게 말을 걸었다.

"여보게, 처음으로 출전한 자네에겐 좀 힘이 들겠구먼."

나는 아주 용감한 듯이 씩 웃어 보였다. 내게서 30보쯤의 거리에 포탄이 떨어져 내 군복의 소매에 먼지가 좀 날아와 묻은 것을 툭툭 털면서.

러시아군은 자기들의 포탄이 아무 성과도 없는 것을 깨달았는지, 우리가 진을 치고 있는 골짜기에 더 쉽사리 닿을 수 있는 유산탄(榴散彈)으로 바꾸었다. 꽤 큰 포탄의 파편 하나가 내 군모를 벗기고, 옆에 있는 병사 하나를 죽였다.

"축하한다!" 내가 막 군모를 주워 들자 중대장이 내게 말했다. "너는 이제 오늘 하루는 무사하겠다."

Non bis in dem*³이라는 공리(公理)가 법정에서와 마찬가지로 전쟁터에서도 적용된다는 이 군대의 미신을 나는 알고 있었다. 나는 의기양양하게 다시 모자를 썼다.

"이건 너무 사정없이 사람에게 인사를 시키는군요."

나는 되도록 쾌활하게 말했다.

이런 농담은 처지가 처지인만큼 썩 잘된 것 같았다.

"다시 한 번 축하한다." 중대장은 말을 이었다. "너는 이제 아무 일도 없을 거야. 그리고 오늘 저녁 너는 중대를 지휘하게 될 거다. 왜냐하면 아무래도 다음에 총알을 맞는 건 나일 것만 같으니 말이다. 내가 상처를 입을 때는 언제나, 내 옆에 있는 장교가 유탄(流彈)에 맞았거든. 그리고……." 그는 목소리를 한결 낮추어 좀 부끄러운 듯이 덧붙였다. "그들의 이름은 언제나 P로 시작됐었지."

나는 미신을 안 믿는 체했다. 이런 때엔 많은 사람이 나와 같이 했으리라. 그러나 많은 사람들이 나와 같이 그런 예언적인 말에 충격을 받았으리라. 나는 아직 풋내기였으므로, 감정을 아무에게도 말할 수 없다는 것을, 그리고 언제나 냉정한 체 대답해 보여야 한다는 것을 느끼고 있었다.

반 시간 뒤에는, 러시아군의 포화가 상당히 줄어들었다. 그러자 우리는 가려진 곳에서 나가 보루 쪽으로 전진했다. 우리 연대는 3개 대대로 편성되어 있었다. 제3대대는 보루를 좁은 목 쪽으로 돌도록 명령을 받고 있었고, 다른 3개 대대는 돌격하기로 되어 있었다. 나는 제3대대에 있었다.

이제까지 우리를 보호해 주고 있었던 일종의 엄체(掩體) 뒤에서 나가자, 우리는 여러 번 소총의 일제사격을 받았으나, 그것은 우리의 대열에 별로 손해를 입히지 않았다. 총알이 날아오는 소리에 나는 깜짝깜짝 놀라, 자주 머리를 돌리곤 했다. 그래서 나는, 이런 소리에 나보다도 익숙해진 전우들로부터 여러 번 놀림을 받았다.

'어쨌든 전투라는 게 그렇게 무서운 것은 아니로구나.' 나는 생각했다.

우리는 저격병을 앞세우고 구보로 전진했다. 그러자 별안간 러시아군이 세 번 함성을 질렀다. 또록또록 울려 퍼지는 세 번의 함성, 그런 뒤에 사격을 멈추고 침묵을 지켰다.

"나는 이런 침묵이 싫다니까." 중대장이 말했다. "이건 조금도 좋은 전조

＊3 일사부재리(一事不再理)의 원리.

가 아니거든."

나는 우리 병사들이 좀 지나치게 떠들어대고 있다고 생각했다. 그리고 그들의 소란스러운 법석과 적의 위압하는 듯한 침묵을 마음속으로 비교해 보지 않을 수 없었다.

우리는 쏜살같이 보루 아래 다다랐다. 우리의 포탄으로 방책은 부서지고 흙은 패어 있었다. 병사들은 그 새로운 폐허 위에 뛰어오르면서, "황제 만세!" 하고 외쳤는데, 그것은 벌써 그렇게도 고함을 질러왔던 사람들한테서는 기대할 수 없으리만큼 큰 소리였다.

나는 눈을 들었다. 나는 이때 본 광경을 평생 잊지 못하리라. 대부분의 연기는 이미 높이 올라가, 보루 위 20척쯤 되는 곳에 포장처럼 드리워져 있었다. 푸르스름한 안개 너머로, 절반 부서진 흉벽 뒤에, 총을 높이 쳐들고 조각상처럼 부동자세로 서 있는 러시아의 척탄병들이 보였다. 나는 지금도 적병의 하나하나가 눈에 선히 보이는 것 같다. 왼쪽 눈은 우리를 노려보고 있고, 오른쪽 눈은 높이 쳐든 총으로 가려져 있다. 우리에게서 몇 걸음 떨어져 있는 포안(砲眼) 속에는, 화승(火繩) 장대를 든 병사 하나가 대포 옆에 서 있었다.

나는 몸을 떨었다. 마지막 시간이 왔구나 싶었다.

"자, 이제부터 댄스가 시작된다."

"영 이별이다!" 중대장이 외쳤다.

그것은 내가 들은 그의 마지막 말이었다.

북소리가 보루 속에서 울려 퍼졌다. 나는 적의 소총이 모조리 내려지는 것을 보았다. 나는 눈을 떴다. 그러자 무시무시한 폭음이 들리고 이어서 고함과 신음 소리가 들렸다. 나는 눈을 감았다. 그리고 내가 아직도 이 세상에 살아 있는 데 놀랐다. 보루는 또다시 연기로 싸여 있었다. 나는 부상자와 시체들로 둘러싸여 있었다. 중대장은 내 발 아래 누워 있었다. 그의 머리는 포탄으로 산산조각이 나고, 나는 그의 머리골과 피를 온몸에 받고 있었다. 우리 중대 중에서 아직도 서 있는 사람은 6명의 병사와 나뿐이었다.

이런 살육 뒤에 잠시 마비 상태가 계속되었다. 연대장은 군도(軍刀)의 끝에 모자를 걸고 맨 먼저 흉벽을 기어 올라가면서, "황제 만세!" 하고 외쳤다. 그러자 곧 살아남은 사람들이 모두 그 뒤를 따랐다. 그 뒤에 일어난 일에 관해서는 나는 별로 확실한 기억이 없다.

어떻게 해서 들어갔는지는 몰라도 어쨌든 우리는 모두 속으로 들어갔다. 사람들은 서로 보이지도 않을 만큼 짙은 연기 속에서 백병전을 했다. 나는 확실히 사람을 친 것 같다. 내 군도는 피투성이가 되어 있었으니까. 이윽고 "승리닷!" 외치는 소리가 들렸다. 그리고 차츰 연기가 스러지자 피와 시체로 보루의 땅이 덮여져 있는 것이 보였다. 특히 대포는 시체의 산더미 아래 파묻혀 있었다. 프랑스 군복을 입은 2백 명쯤의 병사가 질서 없이 뭉쳐 있었다. 어떤 사람들은 소총에 탄환을 재고, 또 어떤 사람들은 총검을 닦고 있었다. 11명의 러시아군 포로가 그들 곁에 있었다.

연대장은 보루의 좁은 목 가까이, 부서진 탄약 상자 위에 피투성이가 되어 쓰러져 있었다. 몇 명의 병사들이 부지런히 그를 돌보고 있었다. 나도 가까이 갔다.

"최고참(最古參)의 대위는 어디 있나?"

그는 한 중사에게 물었다. 중사는 매우 의미심장하게 어깨를 으쓱했다.

"그럼 최고참의 중위는?"

"어제 도착한 중위님이 여기 계십니다."

중사는 아주 침착한 어조로 말했다.

연대장은 괴로운 듯이 생긋 웃었다.

"여보게!" 그는 내게 말했다. "자네가 연대장으로서 지휘를 하게나. 재빨리 저 수레들로 보루의 좁은 목을 굳히게. 적이 곧 쳐들어올 테니까. 그러나 C×××장군이 곧 원병을 보내줄 걸세."

"연대장님, 상처가 깊으십니까?" 나는 그에게 물었다.

"흥…… 하지만 여보게, 보루는 함락되지 않았나!"

톨레도의 진주
에스파냐풍

아침에 뜨는 해가 저녁에 지는 해보다 더 아름다운지 어떤지 누가 내게 말할 것인가? 나무 가운데 가장 아름다운 것은 올리브 나무인지 편도나무인지 누가 내게 말할 것인가? 발렌시아인과 안달루시아인 중 어느 쪽이 더 용감한지 누가 내게 말할 것인가? 여자 중에서 누가 가장 미인인지 누가 내게 말할 것인가? (여자 중에서 누가 가장 미인인지 내가 그대에게 말하리라. 그것은 톨레도의 진주, 오로르 드 바르가스토다.)

흑인 튀자니는 창을 가져오라고 말했다. 방패를 가져오라고 일렀다. 창은 오른손으로 쥐고 방패는 목에 건다. 마구간에 내려가, 암말 40필을 차례차례로 살펴본다. 그는 말한다.

"베르자가 가장 실팍지구나. 저놈의 널찍한 궁둥이에 태워, 톨레도의 진주를 데려오리라. 그렇지 못하면, 알라신에 맹세코, 나는 다시는 코르도바에 나타나지 않으리라."

그는 출발한다. 말을 달린다. 톨레도에 도착한다. 그리고 자카탱 근처에서 한 늙은이를 만난다.

"흰 수염 달린 늙은이여, 이 편지를 돈 귀티에레에게, 살다냐의 돈 귀티에레에게 전해다오. 그가 사내라면, 그는 알마미의 샘가로, 나와 싸우러 오리라. 톨레도의 진주는 우리 두 사람 가운데 한 사람 것이 되어야 한다."

그러자 늙은이는 편지를 받았다. 편지를 받아서 살다냐 백작에게 가져갔다. 백작은 톨레도의 진주와 장기를 두고 있었다. 그는 편지를 읽었다. 결투장을 읽고 나서 손으로 탁자를 쳤다. 어찌나 세게 쳤던지 장기의 말은 모조리 탁자에서 떨어졌다. 그리고 그는 벌떡 일어나서, 창을 가져오라, 준마를 끌어오라 이른다. 그러자 진주도 역시 와들와들 떨면서 일어났다. 그 여자는 백작이 결투에 나가려 하는 것을 알아차린 것이다.

"귀티에레 마님, 살다냐의 돈 귀티에레 대감마님, 제발 가지 마세요. 저하고 장기를 더 두세요."

"나는 이제 장기는 그만두겠다. 나는 알마미의 샘가에 가서 창의 시합을 하련다."

오로르의 눈물도 그를 붙잡지 못했다. 결투에 나가는 기사(騎士)를 붙잡을 수 있는 것은 아무것도 없으니까. 그러자 톨레도의 진주는 망토를 몸에 걸치고 나귀를 걸터타고서 알마미의 샘가로 갔다.

샘가의 잔디는 붉게 물들어 있다. 샘물도 새빨갛다. 그러나 잔디를 붉게 물들이고 있는 것은, 샘물을 붉게 물들이고 있는 것은, 기독교도의 피가 아니다. 흑인 튀자니가 드러누워 있다. 돈 귀티에레의 창이 그의 가슴에 꽂혀 부러져 있다. 온몸의 피가 시나브로 빠져 간다. 그의 암말 베르자는 눈물을 흘리면서 그를 바라다본다. 그는 주인의 상처를 고쳐줄 수 없으니까.

진주는 나귀에서 내린다.

"기사여, 기운을 내세요. 더 오래 사시어 아리따운 모르 여자를 아내로 맞으셔야지요. 저의 손은 저의 기사가 입은 상처를 고칠 수 있어요."

"오 새하얀 진주여, 오 세상에도 아리따운 진주여, 내 가슴에서, 이 가슴을 찢는 창 토막을 빼내 주시오. 차디찬 강철에 온몸이 얼어듭니다."

그 여자는 의심 없이 다가섰다. 그러자 그는 기운을 내어 그의 칼날로 세상에 둘도 없는 아름다운 그 얼굴에 칼자국을 냈다.

에트루리아*1의 꽃병

　오귀스트 생클레르는 이른바 사교계에서 조금도 귀염을 받지 못하는 사람이었다. 그 주된 까닭은, 그가 자기 자신이 좋아하는 사람들밖에는 좋아하려고 하지 않았기 때문이다. 그는 어떤 사람들과는 사귀려고 애썼으나 다른 사람들은 피했다. 뿐만 아니라 그는 모든 일에 데면데면하고 무관심했다. 어느 날 저녁, 그가 이탈리아 극장에서 나올 때 A… 후작부인이 그에게 송타그 양의 노래는 어떻더냐고 물었다. "예, 부인" 하고 생클레르는 유쾌하게 미소를 지으면서 건성으로 대답했다. 이렇게 우스꽝스런 대답을 한 것은 그가 수줍은 탓이라고 할 수는 없다. 왜냐하면 그는 고관대작에게도 저명인사에게도 심지어 사교계의 여왕에게도, 대등한 사람과 이야기하듯이 태연스럽게 이야기했으니까. 그래서 후작부인은 생클레르가 더없이 버릇 없고 거만한 사나이라고 단정지어 버렸다.

　B… 부인은 어느 월요일 저녁 그를 식사에 초대했다. 그 여자는 자주 그와 이야기했다. 그는 그 여자의 집에서 나오면서, 이렇게도 사랑스러운 여자는 생전 처음 봤다고 말했다. B… 부인은 한 달 동안 남의 집에서 재치를 모아 두었다가, 그것을 자기 집에서 하루저녁에 써 버리는 것이었다. 생클레르는 같은 주일 목요일에 그 여자를 다시 만났다. 이번에는 좀 따분했다. 그 다음에 또 찾아갔을 때 그는 그 여자의 살롱에 다시는 나타나지 않겠다고 마음먹었다. B… 부인은 생클레르가 예의 없는, 아주 못된 청년이라고 떠벌리고 다녔다.

　그는 천성이 다정다감한 사나이였다. 그러나 한 번 받으면 평생 지속되는 그런 감명을 너무나도 받기 쉬운 나이에, 그는 너무나도 솔직하게 감정을 드러내는 감수성 때문에 친구들로부터 놀림을 받았다. 그는 자부심이 강하고

---

*1 에트루리아는 이탈리아의 옛 지방 이름. 오늘날 토스카나 지방. 에트루리아인은 기원전 10~7세기에 발달된 예술과 문명을 가졌었다.

야심적이었다. 그는 어린애들이 그러하듯 이 세상 사람들의 의견에 집착했다. 그때부터 그는 수치스런 약점이라고 생각되는 것이라면 무엇이고 밖으로 나타내지 않는 궁리를 했다. 그는 목적을 이루었으나, 그의 승리는 비싸게 치렀다. 그는 너무나도 다정다감한 자기 마음의 감동을 남들에게 감출 수는 있었으나 그러한 감동을 자기 자신의 마음속에 가두어 둠으로써, 그것은 그에게 백 갑절도 더 견디기 어려운 것이 되었던 것이다. 사교계에서 그는 냉정하고 무심하다는 서글픈 평판을 얻었으나 홀로 있을 때에는, 그의 불안스런 상상력은 그에게 온갖 고통을 자아내 주었는데 그러한 마음속을 아무에게도 말하려고 하지 않았기 때문에, 그의 고통은 그만큼 더 무서운 것이었다.

정말 친구를 발견하기란 어려운 일이다!

'어려운 일이다! 하지만 그게 가능할까? 서로 비밀이 없었던 두 사람이 세상에 있었을까?'

생클레르는 별로 우정을 믿지 않는데, 사람들도 그것은 알아차리고 있었다. 사람들은 그가 사교계의 청년들에게 쌀쌀하고 조심스럽게 대하고 있음을 알았다. 결코 그는 그들에게 그들의 비밀에 관해서 묻지 않았다. 그러나 그의 모든 생각과 그의 행동의 대부분은 그들에게 수수께끼였다. 프랑스인들은 자기 자신의 이야기 하기를 좋아한다. 그러므로 생클레르는, 본의는 아니었으나 남들의 수많은 비밀 이야기를 듣고 있었다. 그의 친구들은—이 말은 우리가 일주일에 두 번씩 만나보는 사람들을 가리키는데—그가 자기들을 믿어 주지 않는다고 투덜대고 있었다. 아닌 게 아니라, 묻지도 않는데 자기의 비밀을 우리에게 알려 주는 사람은, 보통 우리의 비밀을 알지 못하는데 화를 낸다. 사람들은 비밀을 말하는 데도 서로 주고받아야만 한다고 생각하는 것이다.

"그 녀석은 턱까지 단추를 끼고 있어." 어느 날 미남인 기병 중대장 알퐁스 드 테민이 말했다. "나는 생클레르란 놈에겐 조금도 터놓고 얘길 하지 못할 거야."

"그 녀석은 좀 예수회 교도가 아닌가 싶어." 쥘 랑베르가 말을 이었다. "누가 내게 맹세한다면서 말하기를, 그 녀석이 생 쉴피스 교회*2에서 나오는

---

*2 파리의 생 제르맹 거리에 있는 교회.

것을 두 번이나 보았다고 하더라. 아무도 그 녀석이 무슨 생각을 하고 있는지 몰라. 나는 그 녀석 옆에선 절대 마음이 편하지 못할 거야."

그들은 헤어졌다. 알퐁스는 이탈리아 거리에서 생클레르를 만났는데, 그는 머리를 숙이고 아무도 보지 않고 걸어가고 있었다. 알퐁스는 그를 불러 세워 팔을 붙잡고, 라페 거리에 이르기까지, 그에게 ××× 부인과의 연애 이야기를 모조리 털어놓았다. 그 여자의 남편은 얼마나 질투가 심하고 난폭한지 모른다는 것이었다.

같은 날 저녁, 쥘 랑베르는 에카르테 놀음*3에서 돈을 잃었다. 그런 뒤에 춤을 추기 시작했다. 춤을 추다가 어떤 사나이를 팔꿈치로 쳤다. 이 사나이 역시 돈을 깡그리 잃어버려 매우 기분이 나빴던지라 몇 마디 심한 말이 오간 끝에, 결국 결투를 하게 되었다. 쥘은 생클레르에게 결투의 입회인이 되어 달라고 부탁했는데, 그 기회에 그로부터 돈을 빌려 가고는 돌려주는 건 영영 잊어버리고 말았다.

요컨대 생클레르는 꽤 대하기 쉬운 사람이었다. 그의 결점은 자기 혼자에게밖에는 해가 되지 않았다. 그는 친절하여 싹싹하게 구는 일은 흔히 있어도, 귀찮게 구는 일은 드물었다.

그는 많은 여행을 하고, 많은 책을 읽었으나, 사람이 요구할 때밖에는 자기의 여행이나 독서의 이야기를 하지 않았다. 뿐만 아니라 그는 키가 크고, 풍채가 좋았다. 그의 용모는 고상하고 영적(靈的)이었으며, 대개는 너무 엄숙한 편이었지만, 그의 미소에는 매력이 넘쳐흘렀다.

나는 한 가지 중요한 점을 잊고 있었다. 생클레르는 모든 여성에게 친절했으며, 남자들보다는 여자들과 이야기하기를 더 좋아했다. 그는 사랑을 하고 있었을까? 그 점은 단정하기가 어렵다. 다만, 그렇게도 쌀쌀한 이 사나이가 사랑을 느꼈다면, 저 어여쁜 마릴드 드 쿠르시 백작부인이야말로 그가 특히 좋아하는 여인임에 틀림없다는 것을 사람들은 알고 있었다. 그 여자는 젊은 과부였는데, 그가 늘 그 여자의 집에 와 있는 것을 사람들은 보고 있었으니까. 그들이 가까운 사이라는 결론을 얻는 데는 다음과 같은 추측이 있었다.

첫째 생클레르가 백작부인에 대해서 거의 격식에 치우치다시피 깍듯이 예

---

*3 둘이서 하는 트럼프 놀이.

의를 차리는가 하면 상대방도 또한 마찬가지라는 점. 다음에 그가 사교계에서 그 여자의 이름을 결코 입 밖에 내지 않으려고 억지로 노력한다는 점. 또 만약에 부득이 그 여자의 이야기를 하지 않을 수 없을 때에는 조금이라도 그 여자를 칭찬하는 일이 결코 없다는 점. 다음에, 생클레르가 그 여자에게 소개되기 전에는 그는 음악을 정열적으로 좋아했고, 백작부인은 그림을 마찬가지로 좋아했는데, 그들이 만난 뒤부터는 그들의 취미가 바뀌었다. 끝으로, 지난해 백작부인이 온천에 갔을 때 생클레르도 엿새 뒤에 떠났다.

나는 역사가로서의 의무상 다음과 같은 사실을 밝혀 둘 수밖에 없다. 7월의 어느 날 밤, 해가 뜨기 조금 전이었다. 어떤 별장의 정원 문이 열리더니, 거기서 한 사나이가 들킬까봐 두려워하는 도둑놈처럼 조심조심 나왔다. 이 별장은 쿠르시 부인의 것이었고, 사나이는 생클레르였다. 한 여인이 털외투에 몸을 싸고 문까지 그를 따라나와 문 밖으로 머리를 내놓고 떠나가는 그를 언제까지나 보고 있었다. 생클레르는 정원 옆 오솔길을 내려가다가, 걸음을 멈추고 조심스럽게 주위를 둘러보고는 이 여인에게 그만 들어가라고 손짓했다. 여름밤의 밝은 빛에, 같은 자리에 언제까지나 우두커니 서 있는 그 여자의 창백한 얼굴을 그는 알아볼 수 있었다. 그는 발꿈치를 돌려 그 여자 옆으로 다가가서, 그 여자를 정답게 껴안았다. 그는 그 여자에게 그만 들어가라고 권하려고 했었으나, 아직도 그 여자에게 할 말이 많았다. 그들의 대화가 10분쯤 계속되었을 때, 밭에 일하러 가려고 나오는 농부의 목소리가 들렸다. 키스를 주고받고, 문이 닫히고, 생클레르는 오솔길 저쪽 끝으로 폴딱폴딱 뛰어갔다.

그는 잘 알 듯한 길을 따라가고 있었다. 때로는 기뻐 날뛰듯, 지팡이로 덤불을 치면서 뛰어가고, 때로는 걸음을 멈추거나 급히 걸어가면서, 동녘이 주홍빛으로 물들어 있는 하늘을 쳐다보았다. 요컨대 그를 보면, 우리를 부숴버리고 기뻐 날뛰는 미치광이라고나 할까. 반 시간쯤 걸은 뒤, 그는 한 채의 조그만 외딴집 문 앞에 와 있었는데, 그것은 그가 여름철을 지내기 위해 얻은 집이었다. 그는 열쇠를 갖고 있었다. 그는 들어갔다. 그런 뒤 커다란 소파에 몸을 던지고 거기서 눈을 똑바로 뜨고 입은 달콤한 미소로 생긋거리면서 생각에 잠기고 눈을 뜬 채 꿈을 꾸었다. 그러자 그의 상상력은 그에게 오직 행복의 생각만을 떠올려 주는 것이었다.

'나는 얼마나 행복하냐!' 그는 끊임없이 생각하는 것이었다.

'마침내 나는 내 마음을 알아 주는 마음을 만났구나······. 그렇다, 나는 내 이상을 발견한 것이다······. 나는 친구이자 동시에 애인을 갖고 있다······. 그 성격······ 그 정열적인 마음······ 그렇다, 그 여자는 결코 나 이전에는 사랑한 일이 없었다······.'

이윽고, 세상일에는 으레 허영심이 끼어들게 마련이므로 그는 생각했다.

'그 여자는 파리 제일의 미인이다.'

그러자 그의 상상력은 그 여자의 모든 매력을 한꺼번에 떠올려 주는 것이었다.

'그 여자는 모든 사내들 중에서 나를 골랐다. 그 여자를 흠모하는 남자들은 모두 사교계의 일류 명사이다. 저 경기병(輕騎兵) 연대장은 그렇게도 미남이고 용감무쌍하고—그러면서도 거만하지 않다.—저 젊은 작가는 썩 아름다운 수채화도 그리고 그렇게도 능란하게 속담희극*4도 연출하지 않는가—저 러시아의 러블레이스*5는 발칸 산*6도 구경했고 디어비치*7의 휘하에서 복무한 사람이다. 더구나 카미유 T×××로 말하자면 확실히 재치도 있고, 태도도 늠름하고, 이마에는 훌륭한 칼자국까지 나 있는 대장부인데····· 그런데도 그 여자는 이 모든 사내들을 거절했다. 그리고 나를······.'

그러자 또 같은 말을 되풀이했다.

'나는 얼마나 행복하냐! 나는 얼마나 행복하냐!'

그러면서 그는 일어나 창을 열었다. 그는 숨을 쉴 수 없었던 것이다. 그런 뒤에 이리저리 거닐고, 그러다가 소파 위에 뒹굴곤 했다.

행복한 연인은 불행한 연인과 거의 마찬가지로 권태로운 것이다. 내 친구 하나는 종종 이 두 가지 입장 중의 어느 한쪽에 빠지곤 했는데, 자기의 이야기를 들어주게 하기 위해서는 나에게 근사한 점심을 내는 수밖에는 딴 도리가 없었다. 그동안만은 그는 마음껏 자기의 연애 이야기를 할 수 있으니까.

---

*4 Proverbe. 속담을 주제로 한 짤막한 희극. 뮈세의 작품들이 대표적이다.

*5 Lovelace. 리처드슨의 소설 《클래리사 할로》 중의 인물. 일종의 호색한이다.

*6 도나우강의 남쪽을 둘러싼 불가리아의 산맥. 최고봉의 높이는 2,376미터.

*7 러시아의 장군(1785~1831). 1828~1829년의 러시아·터키 전쟁에서 그의 발칸 작전이 러시아에 승리를 가져다주었다.

그러나 일단 커피를 마시고 나면, 꼭 화제를 바꾸어야 했다.

나는 나의 모든 독자에게 점심을 대접할 수 없으므로, 생클레르의 연애의 생각을 더 이야기하지 않겠다. 뿐만 아니라 사람은 언제까지 구름 속에 떠 있을 수만은 없는 것이다.

생클레르는 피곤했다. 그는 하품하고, 기지개를 켜고, 날이 훤히 새어 밝아오는 것을 보았다. 마침내 잠잘 생각을 해야만 했다. 잠에서 깨어 시계를 보니 그는 옷을 입고 파리로 달려갈 시간도 모자랄 지경이었다. 거기서 그는 아는 청년들 몇몇과 점심 겸 저녁 식사를 같이 하도록 초대를 받았던 것이다.

사람들은 이제 막 또 하나의 샴페인 병마개를 뽑았다. 그것이 몇 병째인지는 독자가 마음대로 정해 주기 바란다. 다만 독자는 이때는 벌써 너도나도 한꺼번에 지껄여대려고 하고, 머리가 온전한 사람들은 온전하지 않은 사람들에 대해서 걱정을 품기 시작하는 그런 시간이 와 있었다는 것을—이런 시간은 총각들만의 술자리에서는 꽤 빨리 오는 것인데— 알기만 하면 충분할 것이다.

"나는……."

알퐁스 드 테민이 말했다. 그는 영국 이야기를 하는 기회라면 절대로 놓치지 않는 사람이었다.

"나는 말이야, 런던에서와 마찬가지로 파리에서도 각자 자기의 애인을 위해 건배하는 것이 습관이면 좋겠다. 그렇게 하면 우리의 친구 생클레르가 누구를 사모하고 있는지 우리는 정확히 알게 될 테니까."

이렇게 말하면서 그는 자기의 잔과 옆 사람들의 잔에 가득 술을 따랐다.

생클레르는 좀 당황하여, 대꾸할 태세를 갖추었다. 그러나 쥘 랑베르가 먼저 입을 열었다.

"그건 참으로 좋은 습관이다. 나는 그걸 채택한다." 그는 이렇게 말하면서 자기의 술잔을 쳐들었다. "파리의 모든 양장점 아가씨들을 위해 건배한다. 그러나 서른 살짜리와 애꾸와 절름발이 등등은 거기서 제외다."

"옳소! 옳소!"

영국식을 좋아하는 청년들은 외쳤다.

생클레르는 손에 잔을 들고 일어났다.

"여러분!" 그는 말했다. "내 마음은 우리 친구 쥘만큼 넓지는 않지만, 그보다는 더 절개가 있다. 그런데 나는 이미 오래전에 내 마음속 부인과 헤어졌으니, 그만큼 더 내 절개는 가상할 만한 것이다. 그러나 나는 여러분이 내 선택을 칭찬해 주리라고 확신한다. 물론 여러분이 이미 나의 연적(戀敵)이 되어 있지 않다면 말이지만. 여러분, 주디트 파스타를 위해 건배합시다. 머지않아 이 유럽 제일의 비극 배우를 다시 볼 수 있게 되기를 바란다!"

테민은 이 건배를 트집 잡으려 했으나, 박수갈채가 터지는 바람에 그만두었다. 생클레르는 이번 공격을 피했으므로, 이날은 곤경을 면했다고 생각했다.

대화는 맨 먼저 극장의 이야기로 시작되었다. 연극 검열의 이야기가 나오자 화제는 자연히 정치 이야기로 옮아갔다. 웰링턴 경(卿)의 이야기로부터 영국의 말〔馬〕 이야기로 넘어가고, 또 영국의 말 이야기로부터, 쉽사리 일어나는 연상(聯想)의 작용으로 여자의 이야기로 넘어갔다. 왜냐하면 청년들에게 있어서는, 첫째로 훌륭한 말과 다음으로 아름다운 애인, 이것이야말로 가장 갖고 싶어하는 두 개의 대상이니까.

그리하여 사람들은 그렇게도 갖고 싶어하는 대상을 어떻게 하면 손에 넣을 수 있느냐에 관해서 따졌다. 말은 돈으로 살 수 있다. 여자도 역시 살 수 있다. 그러나 그런 여자들에 관해서는 말하지 말자. 생클레르는 이러한 미묘한 주제에 관해서는 별로 경험이 없다고 겸손하게 말하고 나서, 여자의 마음에 들 수 있는 첫째 조건은, 특이한 데가 있다는 것, 남들과 다르다는 것이라고 결론을 내렸다. 그러나 이 특이성이라는 것에 어떤 일반적인 형식이 있을까? 그는 그렇다고는 생각하지 않았다.

"그렇다면 자네 생각으로는." 쥘이 말했다. "절름발이나 꼽추는 여느 사람과 같이 생긴 꼿꼿한 사내보다도 더 잘 여자의 마음에 들 수 있다는 것인가?"

"자네는 너무 극단적인 예를 들고 있어." 생클레르는 대답했다. "하지만 꼭 그럴 필요가 있다면, 나는 내가 내놓은 명제(命題)의 모든 결론을 인정하겠어. 예컨대, 만약에 내가 꼽추라면, 나는 자살하지 않고 정복하겠어. 첫째, 나는 두 종류의 여자들에게밖에는 하소연하지 않을 거야. 즉 정말 감수성이 있는 여자거나, 또는—이런 여자들은 그 수가 많은데—독특한 성격,

영국 사람들이 말하는 이른바 별난 성격을 갖고 있다고 주장하는 그런 여자들에게만 말이야. 첫째의 여자들에게라면, 나는 내 신세의 기구함을 나에 대한 자연의 가혹함을 그려 보일 거야. 어떻게든지 그 여자들에게 내 운명을 가엾게 여기도록 만들 것이고, 내가 정열적인 사랑을 할 수 있을지도 모른다는 생각을 그 여자가 할 수 있도록 할 거야. 내 연적 하나쯤은 결투에서 죽일 것이고, 소량의 아편으로 음독(飮毒)도 할 거야. 그렇게 해서 몇 달이 지나면, 내 곱사등은 상대방의 눈에 보이지도 않을 거야. 그때엔 나는 감수성의 첫 발작이 일어나는 걸 지켜보기만 하면 되는 거야. 독특한 성격을 갖고 있다고 주장하는 여자들로 말하자면, 그 정복은 더욱 쉬운 일이야. 꼽추는 행운을 가질 수 없다는 것이 확고부동한 원칙이라는 것을 그 여자들에게 주장만 해보라고. 그러면 그 여자들은 당장 이 일반 법칙을 깨뜨려 보려고 들거야."

"이건 굉장한 호색한인데!" 쥘이 외쳤다.

"여러분, 우리 다리를 부러뜨려 버리자!" 보죄 대령이 말했다. "우리는 불행히도 꼽추로 태어나지 못했으니 말이야."

"나는 생클레르의 의견에 전적으로 동감이다." 키가 석자 반도 못 되는 엑토르 로캉탱이 말했다. "가장 인기 있는 천하의 미인들이 자네들과 같은 미남들이 조금도 경계하지 않는 사람들에게 넘어가는 것을 우리는 날마다 보고 있지 않은가……."

"엑토르, 부탁이다. 좀 일어나서 초인종을 울려줘. 포도주를 가져오게 말이야." 테민이 태연스럽게 말했다.

난쟁이는 일어났다. 그러자 모두들 빙그레 웃으면서, 꼬리를 잘린 여우의 이야기*8를 회상했다.

"나는 말이야." 테민이 이야기를 계속했다. "더 나이가 먹어갈수록, 웬만한 얼굴과." 그는 말하면서 이렇게 맞은편 거울을 만족한 듯한 눈으로 흘끗

---

*8 〈꼬리를 잘린 여우의 이야기〉. 한 늙은 여우가 어느 날 덫에 걸렸다가 다행히 빠져나올 수 있었으나 꼬리를 두고 왔다. 어느 날 여우들의 모임이 있었다. "이런 무거운 것을 달고 다니면서 길바닥 먼지나 쓸어주는 것밖에 더 되느냐"는 식으로 말하면서, 이 늙은 여우는 꼬리를 잘라버릴 것을 모두에게 제안했다. 그러자 모두들 늙은 여우를 보고 비웃었다. 그래서 꼬리를 달고 다니는 습관이 지금도 여우들 사이에서 행해지고 있다. (라퐁텐의 〈우화〉 제5편 제5화에서)

쳐다보았다.

"웬만한 얼굴과 멋진 옷차림은 가장 매정한 여자들도 매혹하는 커다란 특이성이라는 것을 더욱더 잘 알게 됐어."

그러면서 그는 자기의 옷깃에 붙어 있는 조그만 빵 부스러기를 손가락으로 톡 퉁겼다.

"쳇!" 난쟁이가 외쳤다. "예쁜 얼굴과 스타우브제(製) 양복이라면, 일주일쯤 안고 있을 여자는 손에 넣을 수 있겠지만, 그런 건 두 번째 만나면 벌써 싫증이 날 여자야. 사랑을 받기 위해서는, 이른바 사랑이라는 것을 받기 위해서는 다른 것이 필요해…… 꼭 필요한 것은……."

"이봐!"

테민이 말을 가로막았다.

"끽소리도 못할 예를 하나 들려줄까? 자네들은 모두 마시니를 알렷다. 그리고 그가 어떤 사람이었던가도 알고 있을 거야. 그 태도는 꼭 영국의 마부 같고, 말하는 꼴은 꼭 자기의 말(馬)과 같았어…… . 그러나 아도니스*9 같은 미남이었고, 넥타이는 브럼멜*10같이 매고 다녔어. 어쨌든 그는 내가 알고 있는 한 가장 불쾌한 사람이었어."

"나는 그 사람 곁에서 불쾌해서 죽을 뻔했어." 보죄 대령은 말했다. "내가 그와 함께 2천 리의 길을 걷지 않을 수 없었다는 걸 좀 상상해 봐."

"그런데 말이야." 생클레르가 물었다.

"누구나 다 알고 있는 저 가엾은 리샤르 토른톤이 죽은 건 그 사람 때문이라지 않아?"

"그러나." 쥘이 대꾸했다. "그는 퐁디 호(湖) 근처에서 산적들에게 죽음을 당했다는 걸 모르나?"

"그건 그래. 그러나 마시니가 적어도 그 공범자였다는 걸 곧 알게 될 거야. 여러 여행자들이, 그중에는 토른톤도 끼여 있었는데, 산적이 두려워서 모두 함께 나폴리에 갈 채비를 하고 있었어. 그런데 마시니도 이 일행과 함께 가려고 했어. 토른톤은 그것을 알게 되자마자 한발 먼저 떠나 버렸어. 마시니와 며칠이라도 같이 지내야만 할 일이 두려워서 그런 거야. 어쨌든 그는

---

*9 그리스 신화에 나오는 미소년.
*10 영국의 멋쟁이. '유행의 왕'이라 불렸다(1778~1840).

혼자서 떠났어. 그리고 그 다음은 다들 알고 있는 대로야."

"토른톤은 잘한 거야." 테민이 말했다. "두 개의 죽음 중에서 그는 더 기분좋은 쪽을 골랐던 거지. 누구나 그의 처지가 되고 보면 다 그렇게 했을 거야."

그런 뒤에 잠깐 쉬었다가, 그는 다시 말을 이었다.

"그렇다면 마시니는 이 세상에서 가장 불쾌한 남자였다는 걸 다들 인정하겠지?"

"인정해!" 모두들 외치면서 박수갈채했다.

"아무도 실망시키지는 말자!" 쥘이 말했다. "×××를 위해 하나의 예외를 만들자. 더구나 그가 정치적 계획을 전개하고 있을 때이니까 말이야."

"이제 여러분은." 테민이 계속했다. "쿠르시 부인이 보기 드문 재원(才媛)이라는 걸 인정하겠지."

잠시 침묵이 흘렀다. 생클레르는 머리를 숙이고, 모두의 눈길이 자기에게 쏠려 있는 것을 느꼈다.

"누가 그걸 의심하겠나?"

그는 마침내 말했다. 여전히 접시 위에 몸을 구부린 채, 그리고 그 도자기 위에 그려진 꽃을 유심히 살펴보는 체하면서.

"나는 단언한다." 쥘이 목소리를 돋우어 말했다. "그 여자가 파리의 가장 사랑스러운 세 여자들 중의 하나임을 나는 단언한다."

"나는 그 여자의 남편을 알고 있었는데……." 대령이 말했다. "그는 종종 나에게 자기 아내의 매력적인 편지를 보여주곤 했어."

"오귀스트!" 엑토르 로캉탱이 말을 가로막았다. "내게 그 백작부인을 좀 소개해다오. 자네는 그 여자의 집에서 굉장한 세력이 있다고들 하던데."

"응, 늦가을에." 생클레르는 중얼거렸다. "그 여자가 파리에 돌아오면……. 내…… 내 생각으로, 그 여자는 시골에서는 손님을 받지 않을 거야."

"내 말 좀 들어 보겠나?" 테민이 외쳤다.

다시 침묵이 흘렀다. 생클레르는 의자 위에서, 중죄 재판소에 나선 피고인처럼 불안했다.

"자네는 3년 전에 백작부인을 보지 못했어. 자네는 그때 독일에 있었으니까, 생클레르." 알퐁스 드 테민은 더할 나위 없이 태연스럽게 말을 이었다.

"그때 그 여자가 어떠했던가를 자네는 상상도 못할 거야. 그때의 그 여자는 아름답고 장미처럼 싱싱하고, 무엇보다도 발랄하고, 나비처럼 즐거웠어. 그런데 알겠나, 그 여자의 수많은 찬미자들 중에서 누가 그 여자의 호의를 받는 영광을 얻었는지? 그게 바로 마시니였단 말이야! 사내들 중에서도 가장 어리석고 가장 바보인 자가, 여자들 중에서도 제일가는 재원의 머리를 돌게 했던 거야. 어떤 꼽추가 그렇게 할 수 있었으리라고 생각할 수 있겠나? 자, 내 말을 믿어. 예쁜 얼굴과 좋은 재단사를 갖고, 그리고 대담하라, 그 말이야."

생클레르는 매우 난처했다.

그는 이 이야기꾼의 말을 단호히 부인해 버릴까 했다. 그러나 백작부인에게 화를 끼치지나 않을까 두려워서 꾹 참았다. 그 여자를 위해 뭔가 말하고 싶었으나, 그의 혀가 얼어붙었다. 그의 입술은 노여움에 떨고 있었다. 그는 싸움을 걸 무슨 간접적인 방법을 아무리 머릿속에 찾아보았으나 헛수고였다.

"뭐!" 쥘은 놀란 듯이 외쳤다. "쿠르시 부인이 마시니에게 몸을 바쳤다고! 약한 자여, 그대 이름은 여자로다!"

"여자의 평판 따위는 조금도 대수롭지 않단 말이군!" 생클레르는 무뚝뚝하고 경멸하는 듯한 말투로 말했다. "재치를 좀 부리기 위해서는 여자를 산산조각을 내놓아도 상관이 없고, 그리고……."

그는 이렇게 말하면서, 파리의 백작부인 집 벽난로 위에 에트루리아의 꽃병 하나가 놓여 있는 것을 여러 번 보았던 생각을 하고 몸을 떨었다. 그는 그것이 마시니가 이탈리아에서 돌아왔을 때 준 선물이라는 것을 알고 있었는데, 더욱 견딜 수 없는 일은, 이 꽃병은 파리에서 우정 시골로 갖다 놓지 않았던가! 그리고 저녁마다, 마틸드는 그의 품에서 꽃다발을 뽑아서 이 에트루리아의 꽃병에 꽂곤 하지 않았던가!

말은 그의 입술에서 사라져 버렸다. 그는 이제 한 가지 것밖에는 보이지 않았고, 한 가지 것밖에는 생각하지 않았다. 그 에트루리아의 꽃병밖에는!

'좋은 증거로군! 비평가는 말하겠지. 그까짓 하찮은 일로 자기의 애인을 의심하다니!'

"당신은 사랑해 본 일이 있는가, 비평가 양반?"

테민은 썩 기분이 좋았으므로, 생클레르가 그런 말투로 자기에게 말한 데 대해서 화를 내지 않았다. 그는 경박하고 고지식한 듯한 얼굴로 이렇게 대꾸했다.

"나는 세상 사람들이 한 말을 옮기는 것뿐이야. 이 일은 자네가 독일에 있던 때에는 확실한 것으로 알려져 있었어. 그뿐 아니라, 나는 쿠르시 부인을 잘 몰라. 내가 부인댁에 안 간 지가 1년 반이나 됐거든. 사람들이 잘못 안 것인지도 모르고, 마시니가 내게 터무니 없는 얘기를 했을지도 몰라. 우리의 본론으로 돌아가서, 아까 내가 든 예가 설령 틀렸다 하더라도, 내 주장은 여전히 옳을 거야. 자네들도 다 알다시피, 프랑스의 여자는 아무리 재치 있는 여자도, 그 작품이……."

이때 문이 열리고, 테오도르 네빌이 들어왔다. 그는 이집트에서 돌아온 것이었다.

"테오도르! 이렇게 빨리 돌아오다니!"

그에게 질문이 빗발치듯 쏟아졌다.

"너 진짜 터키 옷을 가져왔니?" 테민이 물었다. "아랍 말〔馬〕과 이집트인 마부도 데려왔고?"

"그 파샤*¹¹란 어떤 인물인가?" 쥘이 말했다. "그는 언제나 독립이 된다든가? 자넨 한칼로 머리를 자르는 걸 구경했나?"

"그리고 무희(舞姬)는 어때?" 로캉탱이 말했다. "카이로의 여자들은 아름답던가?"

"자네는 L×××장군을 만나 봤나?" 보죄 대령이 물었다. "그는 어떻게 파샤의 군대를 편성했던가?"

"C×××대령이 내게 전하라고 군도를 주지 않던가?"

"그리고 피라미드는? 나일강의 폭포는? 그리고 멤논*¹²의 조상(彫像)은? 이브라힘 파샤*¹³는?"

---

*11 주석 13의 이브라힘 파샤를 가리키는 것 같다. '파샤'는 본디 이슬람교도국에서의 지방장관을 가리키는 일반칭호이다.

*12 고대 전설의 인물. 새벽의 여신 오로라의 아들. 멤논의 조각상은 테베의 들판에 세워져 있는데, 아침 햇살이 비치기 시작하면 어머니인 오로라 여신에 인사하듯 아름다운 소리를 냈다고 한다.

*13 이집트의 부왕(副王). 메메트 알리의 양아들. 이집트군의 장수로 아버지를 돕고 그리스와 시리아에 대한 싸움에서 승리를 거두었다.

이렇게 모두들 한꺼번에 지껄였다. 생클레르는 오직 에트루리아의 꽃병만을 생각했다.

테오도르는 책상다리를 하고 앉아서—왜냐하면 그는 이집트에서 그런 버릇이 들었는데 프랑스에 돌아와서도 그것이 없어지지 않았으니까—질문하는 사람들이 지쳐 빠지기를 기다렸다가, 다음과 같이 말했는데, 쉽사리 중단되지 않도록 재빨리 지껄였다.

"피라미드 말인가! 맹세코 그건 진짜 허풍이야. 그건 사람들이 생각하고 있는 것보다 훨씬 높지 않아. 스트라스부르의 대성당도 그보다 4미터쯤 낮을 뿐이야. 고대미술품이라면 난 이제 신물이 난다. 그 얘긴 그만두자. 상형문자는 보기만 해도 난 까무러쳐 버릴 거야. 그런데 그런 것들에 몰두하는 여행자들이 얼마나 많은지 몰라! 나로 말하자면, 알렉산드리아나 카이로의 거리에 득실거리는 저 모든 이상야릇한 사람들의 용모나 풍습을 연구하는 것이 목적이었지. 터키 사람, 베두인 사람, 고프트 사람, 펠라 사람, 마그렙 사람 등등 말이야. 나는 검역소에 있는 동안 급히 메모를 좀 작성해 뒀지. 얼마나 더러운 곳인지, 이 검역소라는 건! 자네들은 설마 전염하는 걸 염려하지는 않겠지! 나는 3백 명의 페스트 환자들 사이에서 태연히 파이프 담배를 피웠다. 아참! 대령, 자네에게 보여 주고 싶었어. 훌륭한 장비를 갖춘 그곳의 아름다운 기마대를 말이야. 내가 갖고 온 화려한 무기들을 보여 주겠네. 나는 저 유명한 무라드 베이*14의 것이었던 투창(投槍)*15을 갖고 있어. 대령 자네에게 줄 반월도(半月刀)*16도 있고 오귀스트에게 줄 단도(短刀)*17도 있네. 내가 가져온 메힐라와 버누스*18와 하이크*19도 보여 줄게, 알겠나? 여자들을 데려오는 것도 오로지 내 마음에 달렸던 거야. 이브라힘 파샤가 그리스에서 얼마든지 보내왔기 때문에, 여자들은 거저거든…… 하지만 우리 어머니 때문에 차마…… 나는 파샤와 많이 애기했어. 그는 편견 없

---

*14 맘루크(이집트에 왕조를 세운 노예출신의 군대)의 장수(1750?~1801). 1798년 나폴레옹에게 패했다.

*15 아랍인이 말을 타고 사용하는 투창. djerid.

*16 아랍인이 사용하는, 끝쪽 날이 굽은 긴 칼. yatagan.

*17 아랍인이 사용하는, 날이 길고 날 밑이 없는 단도. khandjar.

*18 아랍인의 두건 달린 겉옷. burnous.

*19 아랍 여인이 옷 위로 온몸을 감싸는 네모진 긴 천. hhaïck.

는, 정말 재치 있는 사람이야. 그가 얼마나 잘 우리나라 사정을 알고 있는지 자네들은 상상도 못할 거야. 정말 그는 우리 정부의 아주 사소한 비밀까지도 다 알고 있어. 나는 그와 이야기하면서 프랑스의 여러 정당의 상태에 관해 무척 귀중한 정보를 얻었어. 그는 지금 열심히 통계의 연구를 하고 있어. 우리나라의 모든 신문을 구독하고 있거든. 그가 얼마나 열렬한 나폴레옹파(派)인지 몰라! 그저 입만 열면 나폴레옹의 얘기야. '아! 부나바르도는 얼마나 위대한 인물인가!'라고 그는 내게 말하곤 했지. 부나바르도, 이렇게 그는 보나파르트를 부르고 있었어."

"쥬르디노란 곧 주르댕이란 말이렷다." 테민이 나직한 목소리로 중얼거렸다.

"처음에." 테오도르는 말을 이었다. "모하메드 알리*20는 나를 무척 경원(敬遠)했어. 자네들도 알다시피 터키 사람들은 누구나 매우 경계심이 많거든. 제기랄! 그는 나를 스파이로 알았거나, 아니면 예수회 교도로 알았단 말이야. 그는 예수회 교도라면 끔찍이나 싫어하거든. 그러나 몇 차례 방문을 받은 뒤로는 내가 편견 없는 여행자라는 것을, 동양의 풍속과 습관, 그리고 정치를 철저히 공부하려고 하는 여행자라는 것을 그가 알게 됐어. 그러자 그는 흉금을 터놓고 내게 얘기했어. 내가 마지막으로 알현했을 때, 그것은 세 번째로 허가해 준 것이었는데, 나는 당돌하게도 그에게 이렇게 말했어. '전하께서는 왜 오스만 제국으로부터 독립하지 않으시는지 저는 알 수가 없습니다.' 그러자 그는 이렇게 대답하더군. '허허! 그야 원하다 뿐이겠소! 하지만 내가 일단 이집트의 독립을 선언했을 때, 당신 나라에서 모든 것을 지배하고 있는 자유주의적인 신문들이 나를 지지해 주지 않으면 큰일이거든요'라고.

그는 하얀 아름다운 수염을 가진 늙은 미남자인데, 결코 웃는 일이 없어. 내게 썩 맛 좋은 잼을 줬어. 그러나 내가 그에게 선사한 것 중에서 그가 가장 좋아한 것은 샤를레*21가 그린, 황제 근위대의 복장집(服裝集)이었어."

"파샤는 낭만적인 사람인가?" 테민이 물었다.

"그는 문학에는 별로 관심이 없어. 그러나 자네들도 알겠지만, 아랍의 문

---

*20 이집트의 부왕. 앞의 주석 13을 보라. 1811년에 카이로에서 맘루크를 격멸했으며, 오스만 제국에 맞서 싸웠다. 이집트의 모든 개혁을 단행했다(1789~1848).

*21 Nicolas Charlet(1792~1845). 프랑스의 화가.

학은 매우 낭만적이야. 그들에게는 멜렉 아야탈네푸 에븐 에스라프라는 이름의 시인이 있는데, 그는 요즘에 《명상(瞑想) 시집》을 출판했어. 이것에 비하면 라마르틴*22의 것은 고전적인 산문같이 보일 거야. 나는 카이로에 도착하자 아랍어 선생님을 한 분 모시고 《코란》을 읽기 시작했어. 나는 몇 번밖에 배우지 않았지만, 이 예언자의 문체의 숭고한 아름다움을 이해하고, 우리 말 번역이 모두 얼마나 형편없는 것인가를 이해하는 것은 충분히 가능했어. 자, 이 아랍어 글씨를 좀 보게나. 금 글자로 쓴 이 낱말은 Ailah 즉 하느님이라는 뜻이야."

이렇게 말하면서 그는, 향수 냄새가 나는 지갑에서 매우 더러운 글자 하나를 꺼내 보여 주었다.

"자네는 얼마 동안 이집트에 있었지?" 테민이 물었다.

"6주간이었어."

그러면서 이 여행가는, 서양 삼나무로부터 히솝*23에 이르기까지, 줄곧 모든 것을 묘사했다. 생클레르는 그가 도착하자 곧 밖으로 나와, 자기의 별장으로 가는 길을 되돌아갔다. 그의 말이 어떻게나 맹렬히 달리던지 그는 사색(思索)의 줄을 뚜렷이 따라갈 수 없었다. 그리고 이 세상에서 자기의 행복은 영원히 깨져 버렸다는 것을, 그리고 이미 죽어 버린 사람 하나와 에트루리아의 꽃병 하나밖에는 탓할 수 없다는 것을 어렴풋이 느꼈다.

그는 집에 도착하자, 소파 위에 몸을 던졌다. 전날 밤, 이 소파 위에서 그는 시간 가는 줄도 모르고 그렇게도 달콤하게 자기의 행복을 분석했었다. 그때 그가 무엇보다도 뜨거운 애정을 느끼면서 품었던 생각은 자기의 애인은 다른 여자와 같은 여자가 아니다, 그 여자는 이제까지 자기밖에는 사랑하지 않았고 또 앞으로도 자기밖에는 결코 사랑하지 못할 것이다, 하는 생각이었다. 그런데 지금은 그 아름다운 꿈이 슬프고도 잔인한 현실 속에 스러져 가고 있었던 것이다.

'나는 아름다운 여자를 소유하고 있다. 그리고 그것이 전부다. 그 여자는 재치가 있다. 그러기에 더욱더 그 여자는 가증스럽다. 마시니를 사랑할 수 있었다니……. 물론 지금은 나를 사랑하고 있다……. 그것도 온 마음을 다

---

*22 프랑스의 낭만주의 시인(1790~1869). 그의 처녀시집 《명상 시집》은 1820년에 출판되었다.
*23 박하과 식물.

하여 사랑하고 있다……. 그 여자는 사랑을 하면 그렇게밖에 하지 못한다……. 마시니가 사랑을 받았던 것처럼 사랑을 받다니! 그 여자는 내 정성과 구슬림과 치근거림에 굴복한 것이다. 하지만 나는 잘못 생각하고 있었다. 우리 두 사람의 마음 사이에는 공감(共感)이 없었다. 마시니든 나든, 그 여자에게는 하나도 다를 것이 없다. 마시니는 미남이다. 그 여자는 그를 그의 미모 때문에 사랑한다. 나도 때로는 부인을 즐겁게 해주는가 보지. 그 여자는 이렇게 생각했으리라. '좋아, 생클레르를 사랑하자. 그이는 죽었으니까! 그리고 생클레르도 죽거나 나를 싫증나게 하면 그때 가서 보자'라고.'

나는 확신하거니와, 악마는 이렇게 스스로를 괴롭히는 불행한 사람 옆에 숨어서 엿듣고 있는 것이다. 이런 광경은 인간의 적에게는 재미가 있다. 그리고 희생자가 자기의 상처가 아무는 것을 느낄 때면, 악마는 거기에 있다가 다시 상처를 열어 준다.

생클레르는 자기의 귀에 이렇게 속삭이는 소리가 들리는 것 같았다.

'후서방이 된다는 이 야릇한 영광…….'

그는 벌떡 상반신을 일으켜 사나운 눈으로 주위를 둘러보았다. 그의 침실 안에 누가 있는 것을 보았더라면 그는 얼마나 행복했을까! 틀림없이 그는 그놈을 갈기갈기 찢어 놓았으리라.

추시계가 8시를 쳤다. 8시 반에 백작부인은 그를 기다리고 있다. 만날 약속을 어겨 버린다면 어떨까!

'사실, 마시니의 정부(情婦)를 왜 다시 만나 봐야 한단 말인가?'

그는 다시 소파에 드러누워 눈을 감았다. "나는 자고 싶다" 하고 그는 말했다. 그는 반분(半分)쯤 까딱 않고 누워 있다가 펄쩍 뛰어 일어나, 시간이 얼마나 지나갔는지 보려고 추시계 옆으로 달려갔다. '8시 반이면 얼마나 좋을까! 그렇다면 너무 늦어서 떠날 수 없을 텐데' 하고 그는 생각했다. 마음속으로 그는 방 안에 이대로 머물러 있을 용기가 나지 않을 것만 같았다. 그는 무슨 핑계가 있었으면 싶었다. 중병이라도 걸렸으면 싶었다. 그는 침실을 이리저리 거닐었다. 그런 뒤에 앉아서 책을 들었으나, 한 마디도 읽을 수 없었다. 그는 피아노 앞에 앉았으나, 그것을 열 기운이 없었다. 그는 휘파람을 불고, 구름을 바라보고, 창 앞의 포플러 나무를 세어 보려고 했다. 이윽고 추시계를 보려고 돌아갔으나, 아직 3분도 채 보내지 못했음을 알았다.

'나는 그 여자를 사랑하지 않을 수 없다.' 그는 이를 갈고 발을 구르면서 속으로 외쳤다. '그 여자는 나를 지배하고 있고, 나는 그 여자의 노예이다. 마치 마시니가 나보다도 먼저 그러했듯이, 그렇다면 이 가련한 놈아, 복종하라. 네가 미워하는 쇠사슬을 부술 만큼 충분한 용기를 너는 갖고 있지 못하니까!'

그는 모자를 집어 쓰고 후닥닥 밖으로 나갔다.

우리가 어떤 정열에 쏠려 있을 때에는, 자기 오만(傲慢)의 꼭대기에서 자기의 약점을 내려다보는 데에 우리는 어떤 자존심의 위안을 느낀다. '내가 약한 것은 사실이다. 그러나 만약에 내가 하려고만 한다면!' 하고 사람들은 생각하는 것이다.

그는 정원의 문으로 통하는 오솔길을 천천히 걸어 올라갔다. 그러자 멀리 하얀 사람 모습 하나가 나무들의 짙은 녹음 위에 떠올라 있는 것이 보였다. 그 사람은 손으로 그에게 신호라도 하려는 듯이 손수건을 흔들고 있었다. 그의 가슴은 세차게 두근거리고 그의 무릎은 떨렸다. 그는 말을 할 힘도 없었다. 그리고 부쩍 비겁해져 백작부인이 자기의 얼굴 위에서 자기의 언짢은 기분을 읽어내지나 않을까 두려워했다.

그는 그 여자가 내미는 손을 잡고, 그 여자의 이마에 키스하고―왜냐하면 그 여자는 그의 품 안에 몸을 던졌으니까―그리고 그 여자의 방까지 그 여자를 따라갔다. 말없이, 그리고 가슴을 터뜨리고야 말 것만 같은 한숨 소리를 간신히 죽이면서.

촛불 한 자루만이 백작부인의 방을 밝혀 주고 있었다. 두 사람은 함께 앉았다. 생클레르는 애인의 머리 모양을 보았다. 단 한 송이의 장미꽃이 그 여자의 머리에 꽂혀 있었다. 전날 밤, 그는 그 여자에게 아름다운 영국 판화(版畫) 하나를 갖다 주었었는데, 그것은 레슬리*24의 그림을 모사한 포틀랜드 공작부인의 화상(畫像)이었다(그 여자는 이 그림 같은 머리 모양을 하고 있다). 그런데 그때 생클레르는 이렇게 한 마디 했을 뿐이었다. "나는 당신

---

*24 영국의 역사화가(1794~1859).

의 그 복잡한 머리 모양보다도 이런 아주 단순한 장미꽃이 더 좋아"라고. 그
는 보석을 좋아하지 않았으며, 다음과 같이 노골적으로 말한 영국 귀족처럼
생각했다. '치장한 여자와 성장(盛裝)한 말에게서는, 악마도 아무것도 알아
보지 못할 것이다.' 간밤에, 백작부인의 진주 목걸이를 가지고 놀면서(왜냐
하면 그는 말할 때에는 꼭 손 안에 무엇인가를 갖고 있지 않으면 안 되었으
니까), 그는 이렇게 말했었다. "보석은 결점을 감추는 데밖에 쓸모가 없어.
마틸드, 당신은 보석을 차기에는 너무나도 아리따워"라고. 이날 저녁 백작
부인은, 그가 무심코 말한 하찮은 말까지도 다 머릿속에 담아 두고 있었는지
라, 가락지도, 목걸이도, 귀고리도, 팔찌도 다 벗어내 버리고 있었다. ─여
자의 옷차림에 있어서 그는 무엇보다도 신발을 눈여겨보고 있었는데 다른
여러 남자들과 마찬가지로, 그도 그 점에 관해서는 괴벽(怪癖)스러웠다. 해
가 지기 전에 큰 소나기가 쏟아졌었는지라, 풀은 아직도 축축이 젖어 있었
다. 그런데도 백작부인은 명주 양말과 검은 새틴 신발을 신고 축축한 잔디
위를 걸었던 것이다……. 병이라도 나면 어떻게 하지?

'이 여자는 나를 사랑하고 있구나.' 생클레르는 생각했다.

그러면서 자기 자신과 자기의 광태(狂態)를 생각하고 한숨을 지었다. 그
리고 저도 모르는 사이에 빙그레 웃으면서 마틸드를 바라다보았다. 한편으
로는 불쾌함과 또 한편으로는 정부(情夫)들에게 그렇게도 소중한 이런 하찮
은 일에 일일이 신경을 써서 자기의 마음에 들려고 애쓰고 있는 한 아름다운
여인을 보는 즐거움을 동시에 느끼면서.

백작부인으로 말하자면, 그 환히 빛나는 얼굴이 애정과 즐거운 장난기를
한꺼번에 나타내고 있었는데 그러한 장난기 때문에 그 여자는 더욱더 사랑
스러워 보였다. 그 여자는 일본 칠기(漆器) 상자 속에서 무엇인가를 집어내
더니, 그 조그만 손을 꼭 쥐어 그 안에 들어 있는 물건을 감춘 채 앞으로 내
밀면서 말했다.

"전날 저녁, 내가 당신 시계를 깨뜨렸지요. 자, 고쳐졌어요."

그 여자는 그에게 회중시계를 건네 주었다. 그리고 마치 웃음을 참으려는
듯이, 아랫입술을 꼭 물면서 정답고도 동시에 장난꾸러기 같은 얼굴로 그를
빤히 바라다보았다.

'아! 그녀의 이는 어쩌면 저렇게도 고울까! 저 새빨간 장밋빛 입술 위에

서 어쩌면 저렇게도 하얗게 반짝이고 있을까!'(사나이가 아리따운 여인의 아양을 쌀쌀하게 받고 있을 때 그는 퍽 멍청해 보이는 것이다.)

생클레르는 그 여자에게 감사하고, 시계를 받아 호주머니에 넣으려 했다.

"좀 들여다보세요." 그 여자는 말을 이었다. "좀 열고, 잘 고쳐졌는지 보세요. 당신은 박식하고, 이공과 대학을 다녔으니까 보면 아실 거예요."

"어어, 난 그런 건 잘 모르는데." 생클레르가 말했다.

그러면서 그는 시계 상자를 건성으로 열었다. 그의 놀라움은 어떠했던가! 쿠르시 부인의 세밀화 초상이 상자 밑바닥에 그려져 있지 않은가! 이래도 또 토라질 수 있을까? 그의 이마는 환히 밝아졌다. 그는 이제 마시니는 생각하지 않았다. 그는 다만 자기가 아리따운 여자 옆에 있고, 이 여자는 자기를 열렬히 사랑하고 있다는 생각밖에 하지 않았다.

저 새벽을 알리는 사자(使者) 종달새가 노래하기 시작하고, 희번한 빛의 기다란 햇살이 동녘 하늘의 구름을 주름잡고 있었다. 이때야말로 로미오가 줄리엣에게 이별을 고하듯이 모든 애인들이 헤어져야 하는 전통적인 시간이다.

생클레르는 벽난로 앞에 서 있었다. 정원의 열쇠를 손에 들고, 우리가 앞서 말한 에트루리아의 꽃병을 뚫어지게 바라다보면서. 그는 이 꽃병에 대해서 마음속으로는 아직도 원망을 품고 있었던 것이다. 그러나 그는 기분이 좋았다. 뿐만 아니라, 테민이 거짓말을 했을지도 모른다는 썩 단순한 생각이 그의 머릿속에 떠오르기 시작했다. 백작부인이 정원 문까지 그를 바래다 주려고 머리에 솔을 쓰고 있는 동안, 그는 열쇠로 이 가증스런 꽃병을 가만가만 두드리고 있었다. 그러다가 차츰차츰 더 힘주어 치므로, 꽃병은 당장에라도 산산조각이 나 버릴 것만 같았다.

"어머나! 조심하세요!" 마틸드가 외쳤다. "내 아름다운 에트루리아의 꽃병을 깨겠어요."

그러면서 그 여자는 그의 손에서 열쇠를 빼앗아 버렸다.

생클레르는 매우 불만스러웠으나 체념했다. 그는 유혹에 지지 않으려고 벽난로에 등을 돌리고 회중시계의 뚜껑을 열어 간밤에 받은 초상화를 들여다보기 시작했다.

"화가는 누구요?" 그가 물었다.

"R… 씨예요. 아 참, 마시니가 소개해 준 거예요. (마시니는 로마에 다녀온 뒤, 자기가 미술에 비상한 취미가 있음을 발견하고, 모든 젊은 예술가들의 옹호자가 되었던 것이다.) 정말, 이 초상화는 나를 잘 닮은 것 같아요. 실물보다 좀 더 아름답게 그려지긴 했지만요."

생클레르는 시계를 벽에 내던져 버리고 싶었다. 그랬더라면 고치기가 썩 어려웠으리라. 그러나 그는 꾹 참고 시계를 주머니 속에 다시 넣었다. 그런 뒤에, 날이 벌써 밝아진 것을 깨닫고, 집 밖으로 나갔다. 마틸드에게 제발 따라오지 말라고 말하고는, 정원을 성큼성큼 건너갔다. 잠시 뒤 그는 들판에 홀로 서 있었다.

"마시니! 마시니!" 그는 머리 꼭대기까지 화가 치밀어 올라 외쳤다.

'그래 나는 언제나 네놈과 마주쳐야 한단 말이냐! 틀림없이 이 초상화를 그린 화가는 같은 것을 또 하나 마시니를 위해 그렸겠지! 나는 얼마나 바보였던가! 내가 한때나마 내 사랑과 같은 사랑으로 사랑을 받고 있다고 생각할 수 있었다니…… 그것도 그 여자가 한 송이의 장미꽃을 머리에 꽂고 있고, 보석을 달고 있지 않다고 해서 말이다! 그 여자는 보석을 책상 서랍 가득히 갖고 있다……. 마시니는 여자의 장신구밖에 보지 않는 놈이고, 무척 보석을 좋아했다. 암, 그 여자는 훌륭한 성격을 갖고 있고말고. 확실히 그건 그렇다. 그 여자는 자기 정부(情夫)의 취미에 맞출 줄을 알고 있다. 제기랄! 차라리 그 여자가 창녀여서 돈을 받고 몸을 판 여자였더라면 얼마나 좋을까! 그렇다면 적어도 나는 그 여자가 나를 사랑한다는 것만은 믿을 수 있을 것이다. 그 여자가 내 정부이고 나는 그 여자에게 돈을 치르지는 않으니까.'

이윽고 또 하나의 더욱더 고통스러운 생각이 그의 머리에 떠올랐다. 몇 주일 뒤면 백작부인은 상복을 벗을 것이다. 생클레르는 그 여자의 상기(喪期)가 지나면 곧 그 여자와 결혼하기로 되어 있었다. 그는 그것을 약속했었다. 약속했다고? 아니다. 결코 그런 말을 한 일은 없었다. 그러나 그의 의도는 그러했고, 백작부인도 그의 그러한 의도를 이해하고 있었다. 그로서는 그것은 맹세와 다름없었다. 전날 밤엔 자기의 사랑을 공표할 수 있는 순간을 앞당기기 위해서라면 왕좌라도 내주었으리라. 그러나 지금은 마시니의 옛 정부와 운명을 같이 한다는 생각만 해도 치가 떨리는 것이었다.

'그러나 나는 그렇게 해야만 한다.' 그는 중얼거렸다.

'그것은 그렇게 될 것이다. 가엾은 여자여, 그 여자는 아마 내가 자기의 과거의 정사(情事)를 알고 있다고 생각했으리라. 그들의 말로는 그 일이 공공연한 사실이었다고 하니까. 게다가 또, 그 여자는 나를 모르고 있다…… 나를 이해하지 못하고 있는 것이다. 마시니가 자기를 사랑했던 것과 똑같이 내가 자기를 사랑한다고 생각하고 있는 것이다.'

그러자 그는 이렇게 생각하면서 다소 자랑스러움을 느꼈다.

'석 달 동안 그 여자는 나를 세상 남자들 중에서 가장 행복하게 해주었다. 이런 행복만으로도 내 평생을 희생할 만한 가치가 있다.'

그는 잠자리에 들지 않고, 아침나절 내내 말을 타고 숲 속을 쏘다녔다. 베리에르 숲 속 위 한 사잇길에서 아름다운 영국 말을 탄 사나이 하나가 보였다. 그 사나이는 썩 멀리서 그의 이름을 부르더니 삽시간에 다가왔다. 그것은 알퐁스 테민이었다. 생클레르가 이때 빠져 있던 정신 상태에서는, 고독이야말로 정말 즐거운 것이었다. 그러므로 테민을 만남으로써 그의 불쾌감은 터질 듯한 분노로 바뀌어 버렸다. 테민은 그런 줄을 모르고 있었거나 알았더라도 그를 곯려 주는 것을 심술궂게도 즐거움으로 삼았던 것이리라. 그는 상대방이 대꾸를 않는데도 아랑곳없이 지껄이고 웃고, 빈정대고 했다. 생클레르는 좁다란 샛길 하나가 있는 것을 보고, 그 귀찮은 사나이가 따라오지 않기를 바라면서 말을 얼른 그리로 몰아넣었다. 그러나 그의 생각은 어긋났다. 귀찮은 사나이는 쉽사리 먹이를 놓아 주지 않는 것이다. 테민은 고삐를 돌리고 더 빨리 몰아, 생클레르와 나란히 달리면서 아까보다도 더 수월스럽게 이야기를 계속하려고 했다.

앞서 말한 바와 같이 샛길은 좁았다. 두 마리의 말은 거기서 가까스로 나란히 걸을 수 있었다. 그러므로 테민이, 아무리 능란한 기수(騎手)라 하더라도, 생클레르의 옆을 지나가면서 그의 발을 스쳤기로서니 조금도 이상할 것은 없다. 그러나 생클레르는 화가 날대로 나 있었는지라, 더 이상 참을 수 없었다. 그는 등자(鐙子)를 딛고 벌떡 일어나서 채찍으로 테민의 말 코를 힘껏 후려쳤다.

"아니, 이게 뭐야, 오귀스트?" 테민이 외쳤다. "왜 내 말을 치는 거야?"

"왜 나를 따라오는 거야?" 생클레르는 무서운 목소리로 대꾸했다.

"머리가 돌았나! 생클레르? 넌 지금 누구하고 얘기하고 있다는 걸 알고 있나?"

"알고말고, 건방진 녀석과 얘기하고 있다."

"생클레르…… 너, 미쳤구나. 애…… 이봐, 내일 내게 사과해라. 그렇지 않으면 네 실례를 결투로 해명해라."

"그럼 내일 보자."

테민은 말을 세웠다. 생클레르는 자기의 말을 몰았다. 이내 그는 숲 속으로 사라졌다.

이때 그는 한결 마음이 평온함을 느꼈다. 그는 예감을 믿는 약점이 있었다. 그는 이튿날 죽음을 당하리라고 생각했다. 그러자 그것은 그의 지금 처지에서 안성맞춤의 결말이 되어 버렸다. 아직도 보내야 할 날이 하루 더 남아 있다. 내일은 벌써 걱정도 없고, 고민도 없다. 그는 집에 돌아와, 하인에게 쪽지를 들려 보좌 대령에게 보냈고, 편지를 몇 통 썼다. 그러고는 맛있게 저녁밥을 먹고, 정각 8시 반에 그 정원의 작은 문 앞에 도착했다.

"대체 오늘은 어떻게 된 거예요, 오귀스트?" 백작부인이 말했다. "당신은 이상스럽게도 유쾌하시군요. 하지만 아무리 농담을 해도 나를 웃기진 못해요. 어제는 당신이 좀 침울했고, 나는 무척 즐거웠는데…… 오늘은 우리의 역할이 바뀌었어요. —나는 머리가 몹시 아파요."

"아름다운 임이여, 그렇소, 그건 사실이오. 나는 어제 무척 따분했소. 그러나 오늘은 산책도 하고, 운동도 했소. 그래서 대단히 기분이 좋구려."

"나는 늦게 일어났어요. 오늘 아침 늦잠을 잤는데, 괴로운 꿈을 꾸었어요."

"아! 꿈을 꾸었어? 꿈을 믿나요?"

"당치도 않은 말씀!"

"나는 꿈을 믿어요. 나는 단언하지만, 당신은 틀림없이 무슨 비극적인 사건을 알리는 꿈을 꾸었을 거요."

"어머나! 나는 한 번도 꿈을 기억해 본 일이 없는 걸요. 하지만 지금은 생각이 나는군요……. 꿈에 마시니를 보았어요. 그것 보세요, 조금도 재미있는 것이 아니잖아요!"

"마시니를? 나는 도리어, 당신이 그를 다시 만나보면 무척 기뻐할 줄 알았는데……."

"가엾은 마시니!"

"가엾은 마시니?"

"오귀스트, 제발 말 좀 해주세요. 오늘 저녁 어떻게 된 거예요? 당신의 미소에는 뭔가 심술궂은 데가 있어요. 당신은 자기 자신을 비웃고 있는 것 같아요."

"아 저런! 당신은 꼭 당신 친구인 늙은 과부 마님들이 나를 다루듯이 나를 푸대접하는군요."

"그래요, 오귀스트. 당신은 오늘 당신이 좋아하지 않는 사람들을 대할 때 하는 그런 얼굴을 하고 있어요."

"나쁜 사람! 자, 손을 줘요."

그는 그 여자의 손에 빈정거리듯 정중히 키스했다. 그들은 한참 동안 서로 물끄러미 바라보았다. 생클레르가 먼저 눈을 숙이면서 외쳤다.

"이 세상에서 나쁜 사람이란 말을 듣지 않고 살아가기란 얼마나 어려운 일인가! 그러기 위해서는 날씨나 사냥밖에는 아무 말도 아예 하지 말거나, 그렇지 않으면 당신의 늙은 친구들과 그들의 자선 위원회의 예산이나 따져야 할 것이오."

그는 탁자 위에서 종이 한 장을 집었다.

"봐요, 여기에 빨래꾼 아줌마의 계산서가 있군요. 이것 얘기나 합시다, 내 천사여. 그러면 당신은 나를 나쁜 사람이라고 말하지 않겠지요."

"정말, 오귀스트, 당신은 이상하셔……."

"이 철자법을 보니, 내가 오늘 아침 발견한 편지 생각이 나는군요. 당신에게 말해 두지만, 나는 서류를 정리했소. 나는 때때로 정돈을 하거든. 그런데 말이오, 내가 열여섯 살 때 사랑했던 침모가 내게 써 보낸 연애편지를 발견한 것이오. 그 여자는 낱말마다 그 여자의 특유한 방법으로 쓰고 있는데, 언제나 가장 복잡하게 쓰고 있어요. 문체도 그 철자법에 잘 어울려요. 그런데 나는 그때 좀 거만했기 때문에, 세비녜*25처럼 편지를 쓰지 않는 애인을 갖

*25 프랑스의 여류 문장가. 특히 그의 딸에게 쓴 편지를 모은 《서간집》으로 유명함(1626~1696).

는다는 건 내게 어울리지 않는다고 생각했소. 나는 그 여자와 갑자기 헤어져 버렸소. 오늘 그 편지를 다시 읽으면서 나는 이 침모야말로 나에 대해서 참다운 사랑을 가지고 있었음에 틀림없다는 걸 깨달았소."

"좋아요! 당신이 그 여자 살림을 대줬나요?"

"아주 호화판으로. 다달이 50프랑씩이나. 그러나 내 후견인(後見人)이 다달의 생활비를 너무 풍족하게 주지는 않았어요. 젊은이가 돈이 있으면 스스로 타락하고 남들까지도 타락시킨다는 것이 그의 입버릇이었으니까요."

"그래 그 여자는 어떻게 됐나요?"

"내가 알아? ……아마 구제원(救濟院)에서라도 죽었겠죠."

"오귀스트…… 만약에 그게 정말이라면, 당신은 그렇게 태연한 얼굴을 못할 거예요."

"사실을 말하자면, 그 여자는 어느 어엿한 남자와 결혼했소. 그리고 내가 후견에서 해제되었을 때, 그 여자에게 조그만 결혼 지참금을 주었지요."

"당신은 참 착하셔! 하지만 왜 당신은 나쁜 사람같이 보이려고 하시는 거예요?"

"오! 나는 참으로 착하고말고……. 생각해 보면 생각해 볼수록, 그 여자가 진실로 나를 사랑해 주었다는 걸 더욱더 확신하게 되오. ……그러나 그때 나는 우스꽝스런 형태 아래 숨겨진 진실한 감정을 알아볼 줄 몰랐던 거요."

"그 편지를 가져왔더라면 좋았을 텐데. 그래도 나는 질투하지 않았을 거예요. 우리 여자는 당신네들보다도 재치가 빠르니까, 편지의 문체를 보면 그것을 쓴 사람이 진심인지 또는 느끼지도 않는 정열을 가장하고 있는지, 우리는 당장 알아낼 수 있거든요."

"그렇지만 당신네들은 얼마나 번번이 어리석은 사내들이나 거만한 사내들에게 넘어가곤 하는가!"

그렇게 말하면서 그는 에트루리아의 꽃병을 바라보았다. 그리고 그의 눈과 목소리에는 험악한 표정이 있었으나, 그것을 마틸드는 알아채지 못했다.

"농담 좋아하시네! 당신네들 사내들은 모두 호색한이란 인정을 받고 싶어하고 있어요. 당신네들은 여러 여자들을 속여 넘기고 있는 줄 알고 있지만, 사실은 흔히 당신네들보다도 훨씬 더 교활한 여자 돈환들밖에는 못 만나고 있는 거예요."

"부인들이시여, 당신네들은 그 뛰어난 재치를 가지고 10리 밖에서 어리석은 사내의 냄새를 맡는다고 나는 생각하오. 그러므로 나는, 어리석고 거만한 당신의 친구 마시니가 동정(童貞)과 순교자로 죽었을 것을 의심치 않소……."

"마시니 말인가요? 하지만 그분은 그렇게 어리석지는 않았어요. 그리고 또 어리석은 여자들도 있거든요. 마시니에 관해서 얘기 하나를 해야겠군요. ……하지만 그 얘기는 이미 하지 않았는지 모르겠어요."

"아니." 생클레르는 떨리는 목소리로 대답했다.

"마시니는 이탈리아에서 돌아와서 내게 반했어요. 우리 남편은 그분을 알고 있었는데, 재주 있고 교양 있는 분이라고 소개했어요. 이 두 남자분들은 서로 잘 어울렸어요. 마시니는 처음에 부지런히 찾아왔어요. 그분은 슈로트 화방(畵房)에서 산 수채화들을 자기가 그린 것이라면서 내게 주었고, 아주 재미나는 훌륭한 말투로 음악과 회화의 얘기도 해줬어요. 어느 날 그분은 내게 괴상한 편지를 보냈어요. 여러 가지 사연 가운데 특히 내가 파리에서 가장 정숙한 여자라고 말하고 있었어요. 그래서 내 애인이 되고 싶다는 거였어요. 나는 이 편지를 사촌 동생 쥘리에게 보였어요. 우리는 그때 둘 다 들떠 있었어요. 그래서 우리는 그분에게 장난을 치기로 마음먹었어요. 어느 날 저녁 우리 집에 손님이 몇 분 와 있었는데, 그중에는 마시니도 있었어요. 사촌 동생은 내게 이렇게 말했어요. '내가 오늘 아침에 받은 사랑의 고백을 읽어줄게'라고. 그 여자가 그 편지를 들고 읽으니 좌중에 폭소가 터졌어요. …… 가엾은 마시니."

생클레르는 환성을 지르면서 무릎을 꿇었다. 그는 백작부인의 손을 잡고, 거기에 키스를 퍼붓고 눈물을 쏟았다. 마틸드는 놀라 어쩔 줄을 몰랐으며, 처음에는 그가 병이 난 줄 알았다. 생클레르는 이런 말밖에는 하지 못했다.

"용서해 줘! 용서해 줘!"

이윽고 그는 일어났다. 그의 얼굴은 반짝였다. 이때 그는, 마틸드가 처음으로 그에게 '사랑해요'라고 말한 날보다도 더 행복했다.

"나는 세상 남자들 중에서 누구보다도 어리석고 누구보다도 죄 많은 놈이야!" 그는 외쳤다. "이틀 전부터 나는 당신을 의심하고 있었어……. 그러면서도 당신에게 따져 보려고도 하지 않았어…….”

“나를 의심하고 있었다고요! 그간 뭣 때문이에요?”

“오! 나는 정말 비열한 놈이야! 누가 내게 하는 말이, 당신이 마시니를 사랑했었다는 거야. 그리고…….”

“마시니를?”

그 여자는 웃기 시작했다. 그러더니 곧 다시 정색하면서, 말했다.

“오귀스트! 당신이 그런 의심을 하다니, 그렇게도 어리석을 수 있어? 그리고 그걸 내게 감추고 있다니 그렇게도 엉큼할 수 있어?”

그 여자의 눈에 눈물이 돌고 있었다.

“제발 용서해 줘!”

“어떻게 당신을 용서하지 않겠어, 여보…… 하지만 그러기 전에 말해 두지만 맹세코 나는…….”

“오! 나는 당신을 믿고 있어, 당신을 믿고 있어. 아무 말도 하지 마.”

“하지만 대관절 무슨 이유로 그렇게 얼토당토 않은 일을 의심할 수 있었어?”

“아무것도, 정말 아무것도 아냐. 다만 내 머리가 나빴을 뿐이야…… 그리고…… 저어, 저 에트루리아의 꽃병 말이야. 당신이 그걸 마시니한테서 받았다는 걸 난 알고 있었거든…….”

백작부인은 놀란 듯이 두 손을 마주 잡고, 깔깔 웃으면서 외쳤다.

“내 에트루리아의 꽃병을! 내 에트루리아의 꽃병을!”

생클레르도 웃을 수밖에 없었다. 그리고 어느덧 커다란 눈물방울이 그의 뺨을 흘러내리고 있었다. 그는 마틸드를 꼭 껴안고 말했다.

“나를 용서해 주기 전엔 놓지 않을 테야.”

“그래 그래, 용서할게. 당신은 참 바보야!” 그 여자는 그에게 정답게 키스하면서 말했다.

“당신은 오늘 나를 무척 행복하게 해주는군. 당신이 우는 걸 보는 건 이번이 처음이야. 당신은 울지 않는 사람인 줄 알았었는데.”

그런 뒤에 그 여자는 그의 품에서 빠져나와, 에트루리아의 꽃병을 집어다가 방바닥에 산산조각을 내버렸다. 그것은 세상에 보기 드문 비장(秘藏)의 일품(逸品)이었다. 거기에는 켄타우로스*26와 싸우는 라피트인*27의 모습이

세 가지의 빛깔로 그려져 있었다.

생클레르는 몇 시간 동안, 세상 남자들 중에서 가장 부끄러웠으나 또 가장 행복한 사나이였다.

"그럼 그 소문은 정말이야?"

로캉탱은 그날 저녁 토르토니의 집에서 만난 보죄 대령에게 말했다.

"정말이고말고." 보죄 대령은 슬픈 얼굴을 하고 대답했다.

"그 경위를 좀 얘기해 줘."

"암, 좋아. 생클레르는 우선 나더러 자기가 잘못했다고 말했어. 그러나 테민에게 사과하기 전에 그의 총알을 받고 싶다는 거야. 나도 찬성할 수밖에 없었어. 테민은 제비뽑기로 누가 먼저 쏠 것인가를 결정하자고 했어. 그러나 생클레르는 테민이 먼저 쏘기를 요구했어. 테민은 쏘았어. 생클레르는 제자리에서 한 번 뱅그르르 돌더니, 발딱 넘어져 죽어 버렸어. 나는 총알을 맞은 병사들이 그런 묘한 선회(旋回)를 한 뒤에 죽는 것을 이미 여러 번 본 일이 있어."

"그것 참 이상한데." 로캉탱이 말했다. "그래 테민은 어떻게 했나?"

"그런 경우에 해야 할 일을 했지. 그는 후회하는 듯이 권총을 땅바닥에 던졌어. 얼마나 세게 던졌던지, 권총의 공이치기가 부러져 버렸어. 그것은 영국의 맨턴제 권총이야. 그런 것을 다시 하나 만들 수 있는 무기점을 파리에서 찾아낼 수 있을지 어떨지 몰라."

백작부인은 꼬박 3년 동안 아무도 만나보지 않았다. 겨울이고 여름이고, 그 여자는 별장에 살면서, 자기 방에서 거의 나가는 일이 없었으며, 생클레르와 자기와의 관계를 알고 있는 흑백 혼혈녀(混血女)의 시중을 받고 있었으나, 이 하녀에게조차 하루에 두 마디의 말도 하지 않았다. 3년이 지난 뒤, 그 여자의 사촌 동생 쥘리가 긴 여행에서 돌아와 문을 억지로 열고 들어가 보니, 가엾은 마틸드는 어찌나 수척하고 창백하던지 자기가 두고 떠났

＊26 그리스 신화에 나오는 괴물. 상반신은 인간이고 하반신은 말인 야만적인 종족으로 성질이 음란하고 난폭했다고 한다.

＊27 신화에 나오는 테살리아인. 켄타우로스를 정복한 것으로 유명하다.

을 때는 그렇게도 아름답고 그렇게도 싱싱했던 그 여자의 시체를 보는 것만 같았다.

쥘리는 가까스로 그 여자를 그 은거처(隱居處)에서 끌어내어 이에르*²⁸로 데려가는 데 성공했다. 백작부인은 거기서 서너 달 동안 더욱 쇠약해진 끝에 폐병으로 죽었는데, 그것은 그 여자를 돌봐 준 의사 M…의 말마따나, 집안의 근심으로 일어난 병이었다. 1830년.

---

*28 프랑스 남쪽 툴롱 근처의 소도시. 피한지(避寒地).

타망고

르두 선장은 매우 뛰어난 뱃사람이었다. 그는 평범한 선원에서 시작하여 마침내는 키를 맡는 간부선원으로까지 출세한 사람이다. 트라팔가르 해전 (海戰) 때 왼손을 다쳐 절단수술을 받은 뒤, 많은 보상을 받고 물러났다. 그러나 그는 조용히 지내는 일이 익숙지 않았다. 그래서 다시 배를 탈 기회가 오자 1등 항해사 자격으로 고래잡이배를 탔고, 수척의 나포선에서 번 돈으로 책을 사들여 항해 이론도 공부했다. 항해에 대해 이미 모든 것을 꿰뚫고 있는 그였지만 말이다. 세월이 흘러 마침내 그는 대포 세 대와 선원 60명을 거느린 사나포선*¹의 선장이 되었다. 제르세이 섬 바깥쪽 연안 항해업자들은 여전히 그의 업적을 기억했다. 그는 평화가 찾아온 것이 실망스러웠다. 그는 전쟁 중에 모은 조금의 목돈을 종자 삼아, 영국인들과의 거래로 돈을 더 늘리려 생각했기 때문이다. 꽤 이름을 떨치던 그도 시대의 흐름에는 어쩔 수 없었다. '평화를 사랑하는' 무역상들의 평범한 일을 보지 않을 수 없게 된 것이다. 결단력과 경험이 풍부한 사람으로 인정받고 있던 그는 배를 한 척 맡게 되었다. 그 무렵, 노예 매매가 금지되었으므로 그 일을 하기 위해서는 프랑스 측의 감시망을 뚫어야 했을 뿐 아니라(이것은 그리 어려운 일이 아니었다), 영국의 경비망까지도 뚫어야 했다. 그때부터 르두 선장은 '흑단무역업자'*² 사이에서 매우 중요한 인물이 되었다.

그만큼 오랜 세월을 남의 밑에서 보낸 대다수의 뱃사람들과는 달리, 그는 혁신에 대한 강한 공포심도, 또 계급이 올라가도 그들이 버리려 하지 않는 낡은 인습—이러한 예는 너무나도 흔하게 볼 수 있다—에 얽매이는 그 어떤 것도 가지고 있지 않았다. 오히려 르두 선장은 누구보다 먼저 배 주인에게 음료수 저장통을 쇠로 만드는 것이 어떻겠느냐고 건의할 정도였다. 그의

---

*1 교전국의 선박을 공격할 수 있는 권한을 정부로부터 받은 민간 소유의 무장 선박.
*2 노예 매매를 하는 자들이 스스로 붙인 이름.

배에 있는 수갑과 쇠고랑은—노예선에는 이런 것이 비치되어 있었다— 새로운 모양으로 다시 만들어진 것이었고, 게다가 녹이 슬지 않도록 니스 칠이 되어 있었다. 이런 일 말고도 노예상들 사이에서 그의 이름이 드높아진 까닭은, 그가 노예무역용 돛단배 건조를 지휘했기 때문이다. 그것은 가늘고 긴 멋진 돛단배로 군함처럼 생겼으며, 무엇보다도 노예들을 많이 실을 수 있었다. 그는 배 이름을 '희망호'라 붙였다. 그의 지시에 따라 좁고 답답한 중간 갑판은 높이 4피트 3인치로 만들어졌다. 르두 선장의 말에 따르면, 일어설 일이 없는 노예들에게 이 정도 높이만 있으면 웬만큼 앉은키가 큰 노예라도 편하게 앉을 수 있으리라는 것이었다.

르두 선장이 말했다.

"식민지에 도착하기만 하면 더 이상 앉아 있고 싶어도 그럴 수 없지. 놈들은 진저리가 날 만큼 서 있어야 할 테니까."

흑인들은 서로 바짝 붙은 채 널빤지 앞에 양쪽 옆으로 한 줄씩 세워졌다. 그들 다리 사이에는 일정한 공간이 있었다. 다른 노예선에서는 이 공간이 그저 지나다니기 위해 나 있는 통로에 지나지 않았으나, 르두 선장은 이 공간을 활용하여 더 많은 노예들을 태울 수 있도록 했다. 이렇게 세심하게 고안된 그의 배는 같은 크기의 다른 배보다 10명쯤 더 실을 수 있었다. 필요하다면 더 많은 인원도 수용할 수 있었을 것이다. 하지만 6주간 남짓 되는 항해 도중, 흑인들의 기분 전환을 위해서는 한 사람마다 적어도 길이 5피트에 폭 2인치정도의 공간은 만들어 줄 필요가 있었다. 아무리 흑인 노예라 할지라도 자비를 베풀어야 한다고 생각한 것이다.

르두 선장은 흑인들에 대한 배려를 선주에게 이렇게 변명했다.

"왜냐고요? 흑인도 백인하고 똑같은 사람이잖습니까?"

'희망호'가 낭트를 출발한 것은 —뒷날 미신을 신봉하는 자들이 지적한 바와 같이— 금요일이었다. 출항하기에 앞서 이 배를 점검한 항무관들은 쇠고랑이나 수갑 등 '정의의 문'이라 불리는 기구들이 가득 들어 있는 큰 상자 여섯 개를 찾아내지 못했다. 그들은 '희망호'의 막대한 음료수 저장고에서도 아무런 이상을 발견하지 못했다. '희망호'가 제출한 서류에는, 목재나 상아를 거래하기 위해 세네갈까지 가는 것으로 되어 있었다. 그러니 뱃길이 그리 길지 않았다. 하지만 아무리 대수롭지 않은 일이라도 철저한 준비는 필요한

법. 혹시라도 태풍을 만나게 되거나 음료수가 떨어지면 큰일 아닌가!

'희망호'는 만반의 준비를 하고 어느 금요일에 닻을 올렸다. 르두는 아마도 돛대를 좀 더 튼튼하게 만들고 싶었을 것이다. 하지만 자신의 지휘로 만든 배이니만큼 불평할 수는 없는 노릇이었다. 항해는 아프리카 연안에 도착하기까지 빨리, 순조롭게 이어졌다. 르두의 배는 영국의 순양함이 연안을 감시하지 않는 틈을 타 조아르 강(이었다고 생각한다)에 닻을 내렸다. 배가 도착하자마자 그 지역의 중개인들이 배로 몰려들었다. 때는 더할 나위 없이 좋았다. 매우 훌륭한 노예 매매상인 타망고도 마침 많은 노예들을 끌고 해안으로 왔다. 그는 언제든 노예들을 보급할 능력과 수단이 있다는 자신감을 가진 인물로, 노예들을 싼값에 팔아넘겼다.

르두 선장이 배에서 내려 타망고를 찾아갔다. 타망고는 두 아내와 수행원, 그리고 노예 인솔자를 데리고 임시로 만든 헛간에서 백인 선장을 맞이하기 위해 옷을 차려입고 기다렸다. 그는 하사 계급장이 붙어 있는 빛바랜 파란 군복 상의를 입고 있었다. 그러나 오래된 그것과는 대조적으로, 양쪽 어깨에는 금빛으로 번쩍이는 견장이 두 개씩 붙어 있었는데, 하나는 앞쪽에, 또 하나는 뒤쪽에 매달려 있었다. 셔츠는 입지 않은 데다 입고 있는 윗도리 또한 깡총하게 짧아, 윗도리의 흰 안감과 바지 사이에는 새카만 피부가 넓은 허리띠처럼 드러나 있었다. 또 기마병들이 차는 큰 칼을 끈에 매어 허리에 차고 있었으며, 손에는 영국제 2연발 권총을 들고 있었다. 이런 모습으로 이 아프리카 전사(戰士)는 자기가 무슨 런던이나 파리의 멋쟁이인 줄 착각하고 있었던 것이다.

르두 선장은 한동안 아무 말 없이 타망고를 관찰했다. 타망고는 그사이, 마치 외국 장군의 열병을 받는 근위병이라도 된 듯 꼼짝도 하지 않고 차렷 자세로 서 있었다. 그는 마음속으로 '분명 백인 선장에게 깊은 감동을 주고 있을 것'이라 생각하며 회심의 미소를 지었다. 르두는 그 방면의 전문가답게 그를 꼼꼼하게 살펴본 뒤, 일등 항해사 쪽을 돌아보며 이렇게 말했다.

"이 녀석, 질병이나 흠집 없이 안전하게 마르티니크까지 데려갈 수만 있다면, 못 받아도 1천 에퀴는 받을 만한데?"

그들은 모두 자리에 앉았다. 월로프어*³를 조금 할 줄 아는 하급선원이 통역을 맡았다. 첫 대면인 만큼 서로 인사를 나눈 뒤, 한 수습선원이 브랜디 병이 담긴 소쿠리를 들고 왔다. 선장은 타망고를 기분 좋게 하기 위해 나폴레옹의 초상이 조각되어 있는, 구리로 만든 멋진 화약통을 선물했다. 타망고는 감사 인사와 함께 선물을 받아들었고, 그들은 함께 헛간을 나왔다. 나무 그늘 아래 둘러앉은 뒤, 타망고는 팔아넘길 노예들을 데려오라는 눈짓을 했다.

노예들의 긴 행렬이 모습을 드러냈다. 피로와 공포 때문에 몸은 앞으로 구부정하게 굽어 있었는데, 6피트나 되는 긴 갈고리가 그들의 목을 조였다. 자세히 들여다보니 목을 죄고 있는 그 갈고리 양쪽 끝에는 목을 쉽게 빼내지 못하도록 쐐기가 박혀 있었다. 걸을 때에는 인솔자 가운데 한 사람이 맨 앞 노예의 갈고리 자루를 어깨에 멘다. 그러면 그 노예는 바로 뒤에 있는 노예의 갈고리를 메고, 두 번째 노예는 세 번째 노예의 갈고리를, 세 번째 노예는 네 번째 노예의 갈고리를…… 이어서 멘다. 그리고 멈추어 설 때에는 대오의 첫 번째 사람이 자기 갈고리 자루의 뾰족한 부분을 땅에 꽂도록 되어 있었다. 길이가 6피트나 되는 긴 막대기를 목에 걸고 있으니 도망 따위는 꿈조차 꿀 수 없을 터였다.

남자든 여자든, 노예가 한 사람씩 자기 앞을 지나갈 때마다 선장은 아주 불쾌하다는 듯 어깨를 으쓱거렸다. 남자는 튼튼해 보이지 않았고, 여자는 여자대로 너무 늙었거나 아니면 너무 어렸다. 그는 흑인들의 퇴화를 한탄했다.

"무엇이든 퇴화하기 마련이지. 예나 지금이나 쉽게 변하는 것을 견디기란 쉬운 일이 아니야. 이전에는 여자들도 5피트 6인치는 됐었지. 오른쪽 뱃머리의 큰 닻을 남자 넷이면 거뜬히 들어 올렸는데 말이야."

그는 이렇게 한탄하면서도 예리한 눈으로 노예들 사이에서 가장 건강하면서도 보기에도 좋은 흑인들을 일등급으로 뽑아 냈다. 그러고는 일등급으로 뽑은 자들만 보통 가격으로 사들이고, 나머지는 헐값에 사들이려 했다. 타망고는 타망고대로 자기 이익을 위해 주장을 굽히지 않았다. 자기가 데려온 상품의 품질을 보증하는가 하면, 요즘 노예 잡기가 어렵다는 이유를 들며—얼마였는지 기억나지는 않지만— 백인 선장이 데려가려 하는 노예들의 값을 받을 만큼 받으려 했다.

통역하는 자가 타망고의 요구를 프랑스어로 통역하기가 무섭게 르두는 경

---

*3 세네갈, 감비아, 모리타니에서 쓰이는 언어로서, 월로프족의 모어이다.

악과 분노로 뒤집어질 지경이 되었다. 하지만 곧 정신을 가다듬고, 알아들을 수 없는 흉측한 말을 중얼거리며 이런 어처구니없는 거래는 그만두겠다는 듯 자리를 박차고 일어나 나가려 했다. 이런 르두의 모습에 당황한 타망고는 서둘러 그를 붙잡아 간신히 제자리에 앉혔다. 새 브랜디 병을 따고 다시 협상해 나갔다. 그러나 이번에는 타망고 쪽에서 백인의 제안은 미치지 않고서는 그럴 수 없는, 터무니없는 것이라고 말했다. 두 사람은 팽팽한 신경전을 벌이며 서로 목소리를 높였다. 그러면서 브랜디를 가득 들이켰는데, 이 브랜디는 두 계약 당사자들에게 전혀 다른 효과를 떨쳤다. 프랑스 사람은 브랜디를 마실수록 자기 쪽에서 제공할 것들을 줄여갔으나, 이에 비해 아프리카 사람은 마시면 마실수록 자기주장을 조금씩 거두었다. 이렇게 해서 브랜디 소쿠리가 다 비어갈 즈음, 거래가 이루어졌다. 싸구려 면과 화약, 부싯돌 조금과 브랜디 3통에, 제대로 손보지도 않은 소총 50정과 160명의 노예를 맞바꾸었다. 선장은 계약이 성사되었다는 뜻으로 취한 나머지 거의 쓰러질 지경인 타망고와 악수했다. 노예들은 곧바로 선원들에게 인도되었고, 선원들은 서둘러 그들 목에서 갈고리를 풀어 주었다. 그 대신 유럽 문명의 우월함을 드러내는 철제 항쇄*4와 수갑을 채웠다.

아직 30명쯤의 노예가 남아 있었다. 아이들과 노인들, 그리고 병약해 보이는 여자들이었다. 하지만 배는 이미 노예들로 가득 찬 뒤였다. 이들을 처치하기 어려웠던 타망고는 이 부실한 흑인들을 한 사람당 브랜디 한 병에 팔겠다고 제안했다. 이것은 매우 솔깃한 제안이 아닐 수 없었다. 르두는 낭트에서 '시칠리아의 만종'이 상연되었을 때 보았던 광경을 떠올렸다. 그때, 극장 안은 이미 어른으로 가득 차 있었고, 키가 크고 살찐 사람들이 많았음에도, 사람 몸의 신축성 덕분에 서로 자리를 좁혀 모두 앉을 수 있게 되었던 것이다. 르두는 나머지 30명 가운데 그래도 나은 20명을 골라 배에 태웠다.

그러자 타망고는 나머지 10명에 대해서는 한 사람당 브랜디 한 잔씩에 거래하자고 나섰다. 르두는 아이들이란 본디 마차를 타도 반값만 내는데다가, 자리도 어른의 반밖에 차지하지 않는다는 것을 일깨워주면서, 아이들 중 3명을 받아들였다. 그리고 더는 받지 않겠다고 선언했다. 타망고는 처치 곤란

---

*4 죄인의 목에 씌우는 형틀.

한 노예가 7명이나 남아 있는 것을 보자, 총을 꺼내들고 맨 앞에 서 있는 여자를 겨누었다. 그녀는 세 아이의 어머니였다.

"이것들을 사지 않는다면 이대로 죽일 수밖에. 자, 어때? 브랜디 한 잔이냐, 죽일 것이냐, 결정하시지."

타망고가 결연하게 말했다.

"젠장! 그 따위 계집에게 세 푼의 가치가 있다고 생각하는 거야?"

르두 선장이 되받아쳤다. 그러자 타망고는 망설임 없이 방아쇠를 당겼다. 흑인 여자는 그 자리에서 쓰러져 죽고 말았다.

"자, 다음!"

타망고는 다 늙은 노인을 겨냥한 채 소리쳤다.

"브랜디 한 잔이냐, 아니면……."

타망고의 아내 가운데 한 여자가 타망고의 팔에 매달리는 바람에 총알은 빗나갔다. 타망고가 그 노인을 겨냥하는 순간, '그녀는 여왕이 될 것'이라고 예언한 바로 그 노인이었다는 것을 알아차린 것이다.

브랜디 때문에 난폭해진 타망고는 자기 뜻대로 되지 않자 자제력을 잃고 말았다. 그는 권총 손잡이 부분으로 그녀를 거칠게 때렸다. 그러고는 르두에게 내뱉듯 말했다.

"어때? 이 여자를 주지."

그녀는 제법 아름다웠다. 르두는 엷은 미소를 띤 채 한동안 그녀를 바라보다가 이윽고 그녀의 손을 잡으며 말했다.

"이 여자 정도라면 어디든 태울 자리가 있을 거야."

그들의 대화를 통역하던 선원은 꽤 인간적인 사람이었다. 그는 두꺼운 종이에 싸여 있는 코담배 통을 타망고 앞으로 내밀며, 남은 여섯 명을 풀어주라고 부탁했다. 그러자 타망고는 노예들의 갈고리를 풀어주며 어디든 마음대로 가도 좋다고 말했다. 그들은 곧 뿔뿔이 흩어져 도망쳤다. 이 해변에서 200리나 떨어진 그들의 고향까지 어떻게 갈 것인지 고민하면서.

그사이 르두는 타망고에게 작별을 고했다. 그리고 그 짐들을 될 수 있는 대로 빨리 실으려 애썼다. 그도 그럴 것이, 언제 영국 순양함이 들이닥칠지도 모르는 상황에서 그곳에 오래 머무는 것은 위험한 일이었기 때문이다. 한편, 타망고는 술기운을 벗어나기 위해 나무 그늘에 누워 잠에 빠져들었다.

그가 잠에서 깨어났을 때, 르두의 배는 이미 강을 따라 내려가고 있었다. 타망고는 어제 마신 술 때문에 여전히 몽롱한 상태였으나, 뭔가 신경이 쓰였는지 아내 에이세를 찾았다. 그러자 곁에 있던 사람들이 말해 주었다.

"어제 그분이 당신을 거역하는 바람에, 화가 난 당신은 그분을 백인 선장에게 주어버렸고, 선장은 그녀를 데려갔습니다."

이 말을 들은 타망고는 자기 머리를 짓찧었다. 그러고는 권총을 챙겨 들었다. 강이 바다에 이르기까지는 몇 굽이를 흘러가야 했으므로 가장 가까운 지름길로 하구에서 반 리쯤 떨어진 상류의 작은 후미로 달려갔다. 거기서 작은 나무배를 구하기만 하면 그 돛단배를 따라잡을 수 있으리라 생각한 것이다. 강이 굽이쳐 흐르는 까닭에 돛단배가 빨리 나아가지 못하리라는 것을 계산한 것이다. 그의 판단은 옳았다. 그는 작은 쪽배로 노예선을 따라잡았다.

타망고를 본 르두는 놀라 입을 다물지 못했다. 그러나 그보다도 아내를 돌려달라는 말에 더 놀랐다.

"한 번 받은 것을 되돌려 줄 수는 없지."

르두는 타망고에게 이렇게 말하고는 그에게서 등을 돌려버렸다.

타망고는 노예들과 맞바꾼 것 중 일부를 돌려줄 테니 아내를 돌려달라며 버텼다. 르두는 갑자기 웃음을 터뜨렸다. 그러고는 이렇게 말했다.

"에이세는 꽤 괜찮은 여자이니 곁에 두려고 하네."

그러자 불쌍한 타망고는 닭똥 같은 눈물을 흘리며 고통에 겨운 듯 날카롭게 소리 질렀다. 사랑하는 에이세의 이름을 부르며 갑판 위를 떼굴떼굴 구르는가 하면, 마치 자살이라도 할 듯이 자기 머리를 벽에 짓찧는 것이었다. 그러나 선장은 타망고 따위는 안중에도 없었다. 그는 아무 일도 없는 것처럼 기슭을 가리키면서 빨리 이곳을 벗어나자는 몸짓을 할 뿐이었다. 타망고는 그가 가진 견장이나 권총, 칼까지 주겠다고 했으나 거절당했다.

이런 일들이 벌어지는 사이, '희망호'의 일등항해사가 선장에게 다가와서 이렇게 속삭였다.

"어젯밤 노예가 세 명 죽었습니다. 그래서 세 자리가 비어 있죠. 어째서 이놈을 잡지 않으시는 겁니까? 이놈 하나가 어제 죽은 세 놈 이상의 가치가 있는데요."

르두는 마음속으로 생각했다.

'타망고 정도면 1천 에퀴쯤은 받고도 남을 것이다. 게다가 이번 항해가 내게는 마지막이 되겠지. 그리고 이제 나도 웬만큼 재산을 모았으니, 노예 매매를 하지 않겠다는 결심만 서면, 이 기니아 기슭에 악명을 남기느냐 마느냐는 문제될 게 없어. 게다가 지금 기슭에는 사람 그림자 하나 없지 않은가. 그러니 이 아프리카 전사를 죽이든 살리든, 그건 내 마음이다. 타망고가 무기를 가지고 있으니 지금 그를 잡으려는 것은 위험천만한 일이다. 그러니 이 검둥이한테서 무기만 빼앗으면 그걸로 일은 끝난 것이나 마찬가지다.'

이런 생각으로 르두는 타망고에게 무기를 보여 달라고 부탁했다. 그것이 에이세를 대신할 만큼의 가치가 있는지를 보기 위해서라는 거짓말을 둘러대면서. 권총을 건네받은 르두는 권총을 만지작거리는가 싶더니 어느새 화약을 제거했다. 그와 동시에 일등항해사는 일등항해사대로 타망고의 사벨을 낚아챘다. 이렇게 타망고를 무장 해제시킨 다음, 재빨리 선원 둘이 달려들어 밧줄로 묶으려 했으나 타망고는 그리 쉽게 잡히지 않았다. 그는 불리한 상황이었음에도 선원 둘과 나뒹굴며 한동안 몸싸움을 벌였다. 그리고 마침내 일어서서는 옷깃에 매달려 있는 남자를 때려눕혔다. 또 한 남자에게 윗도리를 찢긴 채 일등항해사에게 달려들어 자기 칼을 빼앗으려 했다. 일등항해사는 그 칼로 타망고의 머리를 찔러, 깊지는 않았지만 기다란 상처를 남겼다. 마침내 타망고가 쓰러졌다. 그 틈을 놓치지 않고 모두 몰려들어 그의 팔다리를 꽁꽁 묶어버렸다. 타망고는 분노에 차 고함을 지르면서 몸부림쳤다. 하지만 모든 저항이 쓸데없다는 것을 깨닫자 모든 것을 포기한 듯, 눈을 감고 꼼짝도 하지 않았다. 그의 거친 숨소리만이 그가 살아 있다는 것을 나타냈다.

"기분 좋구먼."

르두 선장이 말했다.

"저 녀석이 팔아넘긴 검둥이들이 오늘 밤 저자가 노예로 잡혔다는 것을 알면 비웃을 테지? 이번에야말로 놈들도 하늘이 무섭다는 걸 알게 되겠지."

이러는 사이에도 가엾은 타망고의 상처에서는 끊임없이 피가 흘렀다. 어제 불쌍한 여섯 노예를 살려준 그 자비로운 통역관이 타망고의 상처에 붕대를 감아주고, 두세 마디 위로의 말을 건넸다. 통역관이 그에게 어떤 말을 했는지는 알 수 없으나 어찌됐든 타망고는 마치 죽은 사람처럼 꼼짝도 하지 않았다. 어쩔 수 없이 선원 둘이 그를 중간 갑판의 지정된 자리에 들어다 놓아야 했다. 그는 잠깐씩 눈을 뜨는 것 말고는 꼼짝도 하지 않은 채 꼬박 이틀을 먹지도 마시지도 않았다. 얼마 전까지만 해도 그의 포로였던 노예들은 자신들을 이 지경으로 몰아넣은 바로 그 사람이, 갑자기 이런 모습으로 나타나자 어이없어 입을 다물지 못했다. 그러나 그들은 굳건한 이 사나이에게 경외감을 가지고 있었으므로 앙갚음하려는 자는 아무도 없었다.

뭍에서 불어오는 바람을 타고 '희망호'는 점점 아프리카에서 멀어지고 있었다. 더 이상 영국 순양함을 신경 쓸 필요가 없어진 르두는 식민지에서 자기를 기다리고 있는 막대한 이윤만 생각만 했다. 그의 '흑단' 중에는 크게 다치거나 병에 걸린 자도 없었다. 겨우 12명만이 복서중(伏暑症)으로 죽었을 뿐이다. 그 정도쯤이야 아무 일도 아니었다. 그는 인간 화물들이 오랜 항해 탓에 피로에 시달리지 않도록, 노예들을 매일 갑판 위로 올라가게 했다. 이 불행한 사람들을 3분의 1씩 나누어 교대로 갑판에 올라가게 한 것이다. 그들은 거기서 맑은 공기를 마시며 1시간쯤 여유를 가졌다. 그때마다 혹시 있을지도 모르는 반란에 대비하여 몇몇 선원이 무장한 채 그들을 감시했을 뿐 아니라, 그들의 갈고리조차 풀어주지 않았다. 때로는 바이올린을 켜는 선원이 그들에게 아름다운 선율을 들려주기도 했는데, 그때의 광경은 참으로 볼만 했다. 먼저 새까만 얼굴들이 한꺼번에 바이올린을 켜는 손을 향한다. 그리고 우둔한 절망의 그림자가 그들의 얼굴에서 조금씩 사라지고, 급기야는 큰 소리를 내며 웃는 것이었다. 수갑을 차고 있지 않을 때에는 손뼉을 치며 박자를 맞추기도 했다. 건강을 유지하기 위해서는 운동이 필요했다. 그래서 르두 선장은, 오랜 항해를 해야 하는 말들을 운동시키는 방법으로 말들에게 발을 내딛게 하는 것처럼, 노예들에게 춤을 추게 했다.

"자, 춤을 추라고, 춤을! 기분 전환 좀 하란 말이야!"

선장은 굵은 역마차 채찍을 울리며 걸걸하고 탁한 목소리로 소리쳤다. 그러면 불쌍한 노예들은 뛰어오르기도 하고 춤을 추기도 했다.

타망고는 한동안 상처 때문에 갑판 위에 오르지 못했다. 그러나 마침내 그 또한 갑판에 모습을 드러냈다. 그리고는 갑자기 멈칫거리는 노예들 한 가운데에 서서, 고개를 치켜들며 아득하게 먼 수면을 향해 조용하면서도 슬픈 시선을 흘깃 던지는가 싶더니 이내 드러눕고 말았다. 드러누웠다기보다는 갑판 위에 철퍼덕 쓰러졌다고 해야 할 것이다. 다른 노예들에게 방해가 되지 않게끔 몸에 채워진 갈고리며 수갑을 치울 정도의 주의도 기울이지 않은 채, 르두는 뒤쪽 갑판에서 조용히 파이프를 흔들고 있었다. 그 곁에는 에이세가 수갑 하나 차지 않은 채 서 있었다. 파란색 면으로 만든 긴 원피스에 모로코 가죽으로 만든 귀여운 신발을 신고, 손에는 여러 술병이 놓인 쟁반을 든 채 르두의 술시중을 들고 있었다. 그녀가 선장 곁에서 고급스러운 역할을 맡고 있음을 한눈에도 알 수 있었다. 타망고를 원수처럼 여기고 있던 한 노예가 타망고에게 저쪽을 한 번 보라고 손가락으로 가리켰다. 그의 시선이 머문 곳에 에이세가 있었다. 타망고는 큰 외마디 소리를 지르고는 굉장한 기세로 벌떡 일어나 그녀를 향해 달렸다. 노예들을 감시하는 선원에게 규칙 위반이라는 말을 할 틈도 주지 않은 채.

"에이세!"

그는 천둥 같은 소리를 내질렀다. 순간, 에이세는 공포에 질려 비명을 질렀다.

"흰둥이들 나라에는 마마 점보가 없는 줄 알아?"

어느새 선원들이 몽둥이를 휘두르며 달려왔다. 그러자 타망고는 마치 아무 일도 없었다는 표정으로 팔짱을 낀 채 조용히 제자리로 돌아갔다. 그 사이 에이세는 몸을 움츠린 채 벌벌 떨며 주저앉아 울고 있었다.

통역관은 그가 부르는 소리만 듣고도 그토록 공포를 일으킨 마마 점보의 정체를 르두 선장에게 설명했다.

"뭐 별 거 아닙니다. 검둥이들의 귀신이죠. 아프리카뿐만 아니라 프랑스에서도 자기 아내의 낌새가 이상하면 남편들이 마마 점보를 들먹이며 아내들을 위협하지 않습니까? 저는 제 눈으로 마마 점보를 본 적도 있습니다. 그게 속임수라는 걸 단번에 알아차렸죠. 그런데 단순한 검둥이들은 그게 속임수라는 걸 모르는 거예요. 어느 날 밤이었습니다. 아내들이 모여 그들 말로는 폴가라고 하는 춤에 빠져 있었죠. 그런데 갑자기 숲 속에서 그때까지한 번도 들어본 적 없는 음악소리가 들려오는 것이었습니다. 그 숲은 그리크지는 않았지만 울창한 데다, 그때가 밤이었으니 아주 깜깜했고요. 악사들이 숲 속에 숨어 연주하는 것이었지만 그녀들은 그걸 알 리가 없었죠. 갈피리에다 나무로 만든 탬버린, 발라폰,*5 그리고 표주박을 둘로 쪼개 만든 기타 등 여러 가지 악기가 있었답니다. 이런 악기들이 귀신도 우울해질 만큼 음산한 곡을 연주했고요. 아내들은 이 곡을 듣는 순간 바들바들 떨기 시작했습니다. 뭔지는 모르지만 심상찮은 기운을 느낀 거죠. 그때 갑자기 숲 속에서 새하얀 큰 물체가 튀어나왔습니다. 길이가 이 배의 돛대 정도 되는데다, 굴뚝용 토관(土管)만큼 머리가 크고, 눈도 닻줄 구멍만큼이나 컸지요. 게다가 악마의 입처럼 생긴 그 입에서는 불이 뿜어져 나오고 있었고요. 그렇게 무시무시하게 생긴 놈이 코앞에 있는 숲에서 아내들이 있는 쪽으로 어슬렁어슬렁 걸어오는 겁니다. 그걸 본 아내들은 '마마 점보가 나타났다!' 소리치며 울고불고 난리도 아니었다니까요. '이봐, 닳고 닳은 여자들! 무슨 짓을 하고 있었는지 어서 말해보시지. 거짓말을 둘러댔다가는 저기 저 마마 점보한테 혼날 줄 알라고.' 남편들이 윽박질렀죠. 개중에는 잘못을 털어놓는 순진한 여자도 있더군요. 그러자 남편들이 아내들을 마구잡이로 두들겨 패더라고요."

르두 선장이 물었다.

"그 새하얀 귀신이, 그러니까 마마 점보라는 게 대체 뭐였는데?"

"그건 커다란 흰 시트를 묘하게 이어 붙여 만든 괴물이었습니다. 속을 파낸 커다란 호박에 횃불을 넣어 불 뿜는 머리통을 만들었고요. 한 마디로 애들 장난 같은 눈속임인 거죠. 하지만 이런 장난 같은 것도, 검둥이들을 겁주는 데에는 효과가 있다니까요. 아무튼 노예들을 겁주는 데에는 마마 점보만큼 좋은 게 없죠. 우리 마누라가 마마 점보를 좀 믿어주면 좋을 텐데 말입니다."

르두 선장이 말했다.

"내 마누라는, 마마 점보는 두려워하지 않을지 몰라도 몽둥이는 아주 무서워하지. 내게 허튼 수작을 하면 어떤 꼴을 당할지 잘 알고 있거든. 르두 집안사람들은 한결같이 신경질적인데다 화를 잘 내지. 나로 말할 것 같으면 손은 하나밖에 없지만 이 한 손으로 뭐든지 할 수 있단 말이야. 그건 그렇고 아까 마마 점보라고 외친 그 얼간이한테 조용히 지내라고 전해주게나. 여기 있는 사랑스러운 여자를 놀라게 하지 말라고. 안 그러면 그놈의 새카만 등가죽을 벗겨서 로스구이를 만들어주겠다고 가서 전해!"

---

*5 중·서부 아프리카의 목금 비슷한 타악기.

르두는 이 말을 남기고 선실로 내려갔다. 그리고 에이세를 불러 위로하려 했다. 그러나 애무도 소용없었고 손찌검도 소용없었다. 이 아름다운 흑인 여자는 좀처럼 진정하지 못한 채 닭똥 같은 눈물만 흘릴 뿐이었다. 선장은 매우 불쾌한 표정으로 갑판으로 돌아왔다. 그러고는 화풀이라도 하듯, 당번 항해사를 호되게 꾸짖었다.

그날 밤, 거의 모든 선원들이 깊은 잠에 빠져든 시간에, 불침번을 서고 있던 선원들 귀에, 장엄하면서도 애절한 노래소리가 중간 갑판에서 들려왔다. 그 노랫소리가 들리자마자 소름끼칠 정도로 날카로운 여자의 비명 소리, 그리고 어르기도 하고 꾸짖기도 하는 르두의 굵은 목소리가 들리는가 싶더니, 뒤이어 그가 휘두르는 채찍 소리가 배 안에 울려 퍼졌다. 그러고는 삽시간에 정적이 찾아왔다. 이튿날, 타망고는 상처투성이의 얼굴로 갑판에 나타났다. 그는 여전히 의연했고, 뭔가 단단히 결심한 듯 보였다.

타망고를 발견한 에이세는 갑자기 뒤쪽 갑판—그녀는 여기서 선장 곁에 앉아 있었다—을 벗어나는가 싶더니 재빨리 타망고에게로 달려가 그 앞에 무릎을 꿇고 절망적으로 소리쳤다.

"용서해주세요, 타망고! 제발 용서해달라고요!"

타망고는 잠시 그녀를 뚫어져라 쳐다봤다. 그러나 통역관이 다가오는 것을 알아차리고는 "줄 톱!" 짧게 한 마디 던지고 등을 돌려 갑판 위에 벌러덩 드러누워 버렸다. 선장은 그녀를 엄하게 꾸짖으며 두세 대 뺨따귀를 날리고는 타망고와의 대화를 금지시켰다. 그러나 타망고와 에이세 사이에 오간 짧은 단어에 대해서는 아무런 의심도 갖지 않은 모양으로, 한 마디도 물어보지 않았다.

한편, 타망고는 다른 노예들에게 밤이나 낮이나 자유를 되찾기 위해 굳세게 노력하라고 권고하면서, 백인들이 자기들보다 숫자가 적다는 것과 감시인이 갈수록 한눈을 많이 팔고 있다는 것을 지적했다. 그리고 아무런 근거도 없이, 자기가 그들을 고향으로 데려갈 것이라고 장담하는 것이었다. 뿐만 아니라 주술에 대해 알고 있는 것들을 들려주면서(흑인들은 주술에 약하다), 음모에 동참하지 않는 자들은 귀신의 저주를 받을 것이라고 협박까지 했다. 그는 노예들에게 말할 때, 풀 사람들의 방언으로만 말했다. 대부분의 노예들은 그 말을 알아들을 수 있으나 통역관은 알아듣지 못하리라는 것을 알고 있었기 때문이다. 노예들이 그를 경외하고 있는 만큼, 그의 웅변은 매우 효과가 있었다. 이리하여 타망고조차 아직은 때가 이르다고 생각할 무렵부터 노예들은 해방의 날을 정해달라고 조르기 시작했다. 그럴 때마다 그는 생각에 골똘한 모습으로 이렇게 말했다.

"아직은 때가 아니다. 내 베게 맡에 서 있는 신령도 아직 아무 말이 없으니. 하지만 작은 신호 하나만으로도 분연히 일어설 수 있도록 준비는 하고 있어야 해."

타망고는 감시인들의 경계 자세를 눈여겨 살폈다. 언젠가 한 선원이 뱃전에 총을 세워둔 채 배꼬리를 따라오는 물고기 떼를 재미있게 바라보았다. 타망고는 재빨리 총을 집어 들고, 선원들이 연습할 때 눈여겨보아둔 동작을 흉내내 보았다. 깜짝 놀란 감시인에게 곧 총을 빼앗겼으나, 마음만 먹으면 백인들의 무기를 빼앗을 수 있으리라는 확신을 갖게 되었다. 타망고가 무기를 손에 넣기만 한다면, 제아무리 용감한 자라 할지라도 그의 손에서 무기를 뺏기는 어려울 것이었다.

어느 날, 에이세는 타망고만이 알 수 있는 신호를 보내며 그에게 비스킷 하나를 던져 주었다. 비스킷 속에는 작은 줄 톱이 들어 있었다. 이 도구 하나에 반란의 성패가 걸려 있는 것이다. 줄 톱을 손에 넣은 그는, 다른 노예들에게도 알리지 않은 채 밤이 오기를 기다렸다. 밤이 되자 타망고는 몸을 묘하게 비틀며 알아들을 수 없는 말을 중얼거리기 시작했다. 그리고 점점 흥분에 빠져들더니 급기야 소리를 질렀다. 시시각각으로 변해가는 그 목소리는, 마치 눈에 보이지 않는 누군가와 열심히 대화하는 듯했다. 노예들은 두려움에 떨기 시작했다. 그들은 귀신이 자기들 곁에 앉아 있는 게 분명하다고 생각한 것이다. 타망고의 기쁨 넘치는 비명을 끝으로 이 무언극은 끝이 났다.

"동지들!"

타망고가 큰 목소리로 외쳤다.

"우리의 신령께서 드디어 내게 약속하신 것을 주셨다! 잘 들어라. 나는 지금 해방을 위한 도구를 손에 쥐고 있다. 너희가 조금만 용기를 낸다면 우리는 곧 자유를 얻게 될 것이다!"

이렇게 말하고는 옆에 있는 자에게 줄 톱을 만져보게 했다. 이 사기극은 그야말로 실없고 하찮은 것이었으나, 그보다 더 무지한 노예들에게는 잘도

먹혀들었다.

오랜 기다림 끝에, 마침내 복수와 자유의 날이 찾아왔다. 엄숙한 서약으로 맺어진 이들은 충분한 논의를 거쳐 계획을 세웠다. 먼저 갑판에 오를 때를 잘 살핀 뒤, 타망고를 선두로 가장 용감한 자들이 감시인들의 무기를 빼앗는 사이, 다른 노예 몇몇이 선장 방에 있는 총을 빼앗기로 입을 맞췄다. 먼저 쇠고리를 끊은 자들부터 공격에 나서기로 했다. 그러나 몇날 며칠을 밤마다 쇠고리 끊는 일에 몰두했으나 대다수의 노예들은 여전히 이번 거사에 힘을 보탤 만한 상황이 아니었다. 결국 건장한 노예 셋이 쇠고랑 열쇠를 가지고 있는 감시인에게서 열쇠를 훔쳐 그때까지 쇠고랑을 끊지 못한 동지들을 풀어 주기로 했다.

그날, 르두 선장은 기분이 매우 좋아보였다. 여느 때라면 채찍으로 다스릴 수습 선원들을 관대하게 봐주는가 하면, 당번 항해사의 운전솜씨를 칭찬하고, 선원들에게 만족한다는 말까지 했다. 그리고 마르티니크에 닿으면, 선원들마다 포상하겠노라고 예고하는 것이었다. 선원들은 저마다 이 유쾌한 상여금 이야기에 가슴 설레며, 벌써부터 머릿속으로 상여금 쓸 생각해 젖어들었다. 그들은 브랜디와 마르티니크에서 몸을 파는 흑백 혼혈인들을 생각했던 것이다.

바로 그때, 타망고와 그 일행이 갑판에 모습을 드러냈다. 그들은 아주 교묘하게 쇠고랑을 잘랐으므로 다른 사람 눈에는 쇠고랑에 아무런 이상이 없는 것처럼 보였으나, 실은 조금만 힘을 주면 끊어지게 되어 있었다. 뿐만 아니라 그들은 끊임없이 쇠고랑을 짤그랑거리고 있었기에, 그 소리만으로는 쇠고랑을 여느 때의 두 배만큼 찬 것이라 착각할 정도였다. 그들은 잠시 심호흡을 한 다음, 손에 손을 맞잡았다. 타망고가 이전에 출전할 때 불렀던 노래*6를 부르기 시작하자 그 가락에 맞추어 춤을 추었다. 한동안 춤을 춘 뒤, 타망고는 매우 지친 모습으로 뱃전에 기대서 있던 선원의 발치에 엎드렸다. 그러자 다른 노예들도 타망고 곁에 따라 엎드렸다. 몇몇 흑인이 선원을 포위한 셈이다.

아무도 눈치채지 못하게 쇠고랑을 끊은 타망고가 갑자기 외마디 소리를

---

*6 흑인 추장들은 저마다 집안에 노래가 있다.

질렀다. 그것이 그들 사이에 정해진 신호였다. 그는 순식간에 가까이에 있던 선원의 다리를 잡아당겨 넘어뜨리고는, 그자의 배에 한쪽 다리를 올려놓고 총을 빼앗은 뒤 그 총으로 항해사를 쏴 죽였다. 그와 동시에, 감시를 맡고 있던 선원들 모두 노예들에게 습격당해 무기를 빼앗겼다. 노예들은 닥치는 대로 선원들을 죽였다. 쇠고랑 열쇠를 가지고 있던 선원도 먼저 살해당한 자 중 하나였다. 여기저기서 함성이 터져 나왔다. 이미 배 안 곳곳에서 소동이 일어난 것이다. 무기를 찾지 못한 자들은 몰래 가로대나 큰 보트의 노를 집어 들었다. 그 순간, 백인들에게 패색이 짙어졌다. 그래도 몇몇 선원은 뒤쪽 갑판에서 대항했다. 그러나 그들에게는 무기도 결단력도 없었다.

한편, 르두 선장은 아직 살아 있었고, 기죽지도 않았다. 타망고가 반란의 우두머리임을 알게 된 그는, 타망고만 죽이면 나머지 노예들은 쉽게 해치울 수 있을 것이라 생각했다. 여기에 생각이 미치자 르두는 칼을 들고 타망고의 이름을 외치며 일격을 가할 속셈으로 그를 향해 내달렸다. 그러자 타망고도 개머리판을 움켜쥔 손을 마구 휘두르며 그에게 달려들었다. 흑백 우두머리 들이 서로 맞붙은 곳은 앞뒤 갑판 사이에 있는 좁은 복도 위였다. 타망고가 먼저 공격했다. 르두는 달려오는 그에게서 살짝 비켜섰다. 그러자 있는 힘껏 달려들던 타망고의 총대가 바닥에 내리꽂히면서 부서졌다. 그 반동이 너무 도 컸던 나머지, 총은 타망고의 손에서 튕겨 나갔고, 그는 무방비 상태가 되고 말았다. 르두는 회심의 미소를 지으며 타망고를 향해 긴 칼을 내리쳤다. 그러나 타망고는 표범처럼 가볍게 몸을 날려, 재빨리 상대방 뒤쪽으로 돌아 칼을 든 르두의 팔을 잡았다. 한쪽은 무기를 놓치지 않으려 하고, 다른 한쪽 은 그것을 빼앗으려 안간힘을 쓰다가 마침내 둘이 동시에 쓰러지면서 타망 고가 르두 밑에 깔렸다. 그러나 타망고는 조금도 몰리는 기색 없이 힘껏 상 대를 밀어붙이며, 인정사정없이 르두의 목젖을 물었다. 순간, 마치 사자에게 라도 물린 듯 르두의 목에서 피가 솟구쳤다. 점차 힘을 잃어가는 르두의 손 에서 칼이 떨어지자, 그 순간을 놓치지 않고 타망고는 칼을 집어 들었다. 입 은 상대방의 피로 물든 채, 일어서서 승리의 함성을 지르며 숨이 끊어지려 하는 상대방을 내리 찔렀다.

이미 승패는 갈라졌다. 살아남은 몇몇 선원들은 목숨을 구걸했지만, 노예 들은 하나도 남김없이—그들에게 아무런 짓도 하지 않은 통역관까지도—

가차 없이 죽였다. 일등항해사는 항복하지 않고 끝까지 싸우다가 비장한 최후를 맞이했다. 그는 배꼬리에 있던 작은 대포—그것은 산탄을 채우게 되어 있는 회전식 대포였다—쪽으로 물러났다. 그리고 오른손에는 사벌[7]을 들고, 왼손으로는 포를 조준하면서 잘 막아낸 덕분에 흑인들이 감히 접근하지 못했다. 그는 이때다 싶은 순간, 포의 방아쇠를 뽑았다. 순식간에 주변은 사상자로 넘쳤다. 그리고 그 또한 노예들 손에 무참하게 죽임을 당했다.

백인의 마지막 시체가 처참하게 찢겨 바다에 내던져졌을 때, 기쁨으로 가득 찬 흑인들은 문득 돛을 올려보았다. 돛은 여전히 강한 바람을 받고 있었다. 노예들이 승리했음에도, 압제자들의 뜻에 따라 승리한 무리를 노예의 땅으로 데려가고 있었던 것이다.

"결국 아무 소용도 없게 된 거 아냐?"

그들은 마음 한구석이 서늘해지는 것을 느끼며 이런 생각을 했다.

'흰둥이들이 숭배하는 이 물건이 과연 우리를 고향으로 데려다 줄 것인가? 이놈의 주인들을 죽인 우리를?'

몇몇 사람이, 타망고라면 백인들의 이 물건을 우리 뜻대로 움직일 수 있을 거라고 했다. 그러자 그들은 한목소리로 타망고를 외쳐 불렀다.

타망고는 쉽게 모습을 드러내지 않았다. 노예들은 한참을 찾아 헤맨 뒤, 배꼬리에 있는 방에서 그를 찾아냈다. 한 손에는 아직도 선장의 피가 뚝뚝 떨어지는 사벌을 들고, 다른 한 손은 에이세에게 뻗은 채—에이세는 그 앞에 무릎을 꿇은 채 타망고의 손에 입맞추고 있었다— 우뚝 서 있었다. 승리의 기쁨도 일말의 어두운 그림자를 물리치지는 못한 듯, 타망고의 모든 행동에서 불안한 기색이 엿보였다. 다른 흑인들보다 눈치가 빠른 그는 자기가 어떤 위치에 있는지를 잘 알고 있었다.

마침내 그는 마음에도 없는 평정을 거짓으로 꾸미면서 선교(船橋)에 올라섰다. 그리고 뱃머리를 돌려 달라는 노예들의 소란에 떠밀려 천천히, 매우 조심스럽게 키 쪽으로 걸어갔다. 마치 다른 이들의 눈앞에서 자신의 역량을 평가받는 순간을 조금이라도 늦추려는 듯.

아무리 어리석은 자라도, 바퀴처럼 생긴 것과 그 앞에 놓인 상자가 배가

---

[7] 군인이나 경관이 허리에 차던 서양식 칼.

나아가는 방향에 영향을 미친다는 것은 다 알고 있었다. 그렇다고는 해도 그들 처지에서 보면 이 기계 속에는 여전히 신비가 깃들어 있었다. 타망고는 입을 우물거리면서 마치 거기 적혀 있는 글을 읽고 있기라도 하듯이 나침반을 만지작거렸다. 그러고는 이마에 손을 갖다 대며 암산이라도 하는 사람처럼 고개를 갸웃거렸다. 흑인들은 타망고 주변에 몰려들어, 입을 벌린 채 눈을 휘둥그레 뜨고 불안한 듯 그의 움직임 하나하나에 신경을 곤두세우며 지켜보고 있었다. 마침내 그는, 무지에서 오는 불안함과 자신감이 뒤섞인 기분으로 난폭하게 키를 한 바퀴 돌렸다. 기사의 거친 발길질에 놀란 준마가 갑자기 뒷다리로 일어서는 것처럼 아름다운 범선 '희망호'는 이 듣도 보도 못한 조종에 놀라 파도 위로 치솟았다. 그 모습은, 마치 놀라서 미친 배가 무지한 타수와 함께 파도에 삼켜지기를 바라는 것 같았다. 돛의 방향과 키의 방향이 갑자기 어긋나게 되자 배는 침몰이라도 할 것처럼 맹렬하게 기울어졌다. 긴 돛대의 끄트머리는 파도 속에 처박혔고, 그 여파로 몇몇이 중심을 잃은 채 쓰러졌다. 바다에 빠진 자도 두어 명 있었다. 곧이어 배는 다시 한 번 파괴적인 힘에 맞서려는 듯 의기양양하게 일어섰다. 여기에 풍속이 점점 더해지자 엄청난 소음을 일으키며 돛대 두 개가 둔중하게 쓰러져 내렸다. 갑판에서 몇 피트 떨어진 곳에서 부러진 것이다. 선교는 순식간에 파편과 그물로 뒤덮이고 말았다.

간담이 서늘해진 노예들은 두려움에 사로잡혀 비명을 지르며 승강구 뒤로 도망쳤다. 그러나 더 이상 바람의 공격은 없었고, 배는 평정을 되찾아 파도의 흐름에 따라 조용히 흔들렸다. 그러자 용감한 몇몇 노예가 선교에 올라가 주변에 널려 있는 파편을 치웠다. 타망고는 팔꿈치를 나침반 위에 올려놓고, 접힌 팔 뒤로 얼굴을 숨긴 채 꼼짝도 하지 않고 있었다. 에이세가 그 곁에 있었으나 그에게 어떤 말도 건네지 않았다. 흑인들이 두 사람 곁으로 하나둘, 다가왔다. 웅성거리는 소리가 들리는가 싶더니 그 소리는 곧 원망과 꾸지람의 소리로 바뀌었다.

"야, 이 배신자야! 엉터리 사기꾼아!"

흑인들이 소리쳤다.

"우리를 불행에 빠뜨린 건 너다! 우리를 흰둥이들한테 팔아넘긴 것도 너고, 무리하게 반란을 꾸민 것도 너다! 네놈은 네 지혜를 자랑하면서 우리를 고향으로 데려다 주겠다고 약속했었지? 우리는 너를 믿었다. 우리가 멍청했던 거야! 아니, 그 뿐만이 아니지. 네가 흰둥이들이 숭배하는 이걸 노엽게 한 탓에 우리 모두 죽을 뻔했단 말이다!"

타망고는 의연하게 얼굴을 들었다. 그러자 그를 둘러싸고 있던 흑인들이 두려운 듯 뒤로 주춤 물러섰다. 그는 총을 두 자루 주워들더니 아내에게 따라오라는 눈짓을 하고는, 어느새 그 앞에 길을 튼 군중들 사이를 지나 뱃머리 쪽으로 걸어갔다. 거기서 그는 빈 통과 널빤지로 흙벽을 쌓았다. 작은 성처럼 만든 이 진영—그 사이로 총구를 내밀었다— 한가운데에 상여를 만든 것이다. 노예들은 더 이상 그에게 뭐라 말하지 않았다. 개중에는 엉엉 우는 자도 있었고, 두 손을 치켜들고 그들이 숭배하는 신이나 백인들의 숭배 신에게 기도하는 자도 있었다.

이쪽에는 나침반—그들에게는 끊임없이 움직이는 이 물건이 너무나도 신기하게 여겨졌다— 앞에 무릎을 꿇은 채 고향에 데려다 달라고 애원하는 자가 있는가 하면, 저쪽 선교 위에는 애처로울 정도로 기죽어 꼼짝 않고 쓰러져 있는 자가 있었다. 이렇게 절망의 나락에 떨어져 있는 남자들 사이에서 여자들은 두려움에 떨며 울부짖었고, 스무 명가량의 부상자들은 도와달라고 소리쳤으나 누구 하나 돕는 자가 없었다. —이런 광경을 여러분 머릿속에 그려보라.

그 와중에, 뜻밖에도 흑인 한 명이 선교 위에 나타난다. 그의 얼굴은 기쁨으로 빛났다. 그는 백인들이 브랜디를 숨겨둔 곳을 알아냈다고 말한다. 그 예사롭지 않은 낯빛과 기색으로 미루어 방금 브랜디를 맛보고 왔다는 것을 알 수 있다. 그가 던진 한 마디에 불쌍한 흑인들의 한탄은 한순간 사라진다. 그들은 누가 먼저랄 것도 없이 음식물 저장고 쪽으로 달려가 브랜디를 퍼마신다. 그리고 한 시간 뒤, 갑판 위에는 웃고 뛰놀며, 만취상태에서 오는 광기를 한껏 드러내고 있는 노예들의 모습이 보인다. 그들의 춤이나 노래에는 부상자들의 신음이나 흐느껴 우는 소리가 반주처럼 따라붙는다. 이런 정경이 그날 밤 내내 이어졌다.

다음 날 아침, 그들에게는 새로운 절망이 기다렸다. 밤사이 부상자들은 거의 죽었고, 시체에 둘러싸인 배는 표류하고 있었다. 높은 파도에 안개까지 자욱하게 깔려 있었다. 그들은 머리를 맞대고 의논했다. 초보적인 술법을 알고 있던 몇몇이―그들은 감히 타망고 앞에서는 주술을 부릴 줄 안다는 내색조차 하지 못했지만― 너도나도 주술을 부려보겠노라고 나섰다. 그리고 몇 번에 걸쳐 술법이 시도되었다. 그러나 그 술법이 무위로 끝날 때마다 실망은 점점 더 커져만 갔다. 급기야 노예들은 요새에서 태연하게 있는 타망고의 이름을 부르기에 이르렀다. 타망고는 그들 가운데서는 으뜸가는 식견을 가지고 있었다. 비록 타망고가 그들을 이 상황에 빠뜨리기는 했지만, 이 상황에서 그들을 구해낼 수 있는 사람 또한 타망고밖에 없다는 것을 깨달은 것이다. 한 노인이 평화를 제안하러 타망고에게 갔다. 노인은 그에게 부디 나와서 지혜를 보태달라고 간청했다. 그러나 타망고는 고대의 장군 코리올라누스처럼 들은 척도 하지 않았다. 지난밤 소란 속에서 비스킷과 육포를 준비해 둔 그는 거기서 혼자 살기로 마음먹은 것 같았다.

브랜디는 아직 남아 있었다. 적어도 술에 취해 있는 사이에는 바다도, 노예라는 신분도, 닥쳐오는 죽음도 잊을 수 있었다. 그들은 꿈속에서 고향을 보았다. 고무나무 숲이며, 갈대로 만든 집, 그 그림자로 부락을 온통 뒤덮는 바오바브 나무들을. 그리고 꿈에서 깨어나면 또다시 향연이 펼쳐진다. 이렇게 며칠이 지났다. 울고불고, 머리를 쥐어뜯는가 하면, 술에 취한 채 다시 또 쓰러져 갔다. 더러는 과음으로 죽었고, 또 더러는 바다에 뛰어들거나 단도로 목을 찔러 자살했다.

어느 날 아침, 타망고는 자기 진영에서 나와 큰 돛대가 쓰러져 있는 곳까지 갔다.

"노예들이여!"

타망고가 말했다.

"정령이 꿈에 나타나 너희를 여기서 구해내 고향으로 데리고 갈 방법을 알려주셨다. 은혜도 모르는 너희를 이렇게 방치한 것은 당연한 일이다. 그러나 대성통곡하고 있는 여자들이 불쌍하지 않은가! 너희를 용서하겠다. 자, 내 말을 잘 들으라."

노예들은 모두 황송하다는 듯 머리를 조아리고 타망고 주변에 모여들었다.

"이 큰 나무 집을,"

타망고가 말을 이었다.

"이 큰 나무 집을 움직일 수 있는 건 흰둥이들뿐이다. 하지만 우리 고향

것과 닮은 저 작은 배라면 우리도 마음대로 조종할 수 있을 터."

그는 대형 보트와 작은 통나무배를 가리키며 말했다.

"먹을 것을 가득 싣고 저 작은 배를 타자. 그리고 바람 부는 방향으로 노저어 가는 거다. 내가 섬기는 신도, 너희가 섬기는 신도, 우리 고향 쪽으로 바람을 일으켜 주실 것이다."

그들은 타망고의 말을 진지하게 들었다. 타망고가 이렇게도 한심한 계획을 세운 것은 이번이 처음이다. 그러나 나침반을 어떻게 사용해야 하는지도 모르고, 천체의 움직임도 읽을 줄 모르는 그로서는 바람이 부는 대로 표류하는 것 말고는 달리 방법을 생각해낼 수 없었던 것이다. 상상력을 발휘한 그는, 곧바로 노를 저어 가면 언젠가는 흑인들의 땅에 닿게 되리라 생각했다. 타망고는, 흑인은 땅에서 살고 백인은 배에서 산다는 이야기를 어머니에게 들은 적이 있었다.

보트에 오를 준비를 마쳤다. 그러나 믿을 것이라고는 큰 보트와 통나무배한 척뿐이었다. 이것만으로는 아직 살아 있는 80명 가까운 노예들을 다 실을 수 없었기에, 부상자나 환자는 모두 버릴 수밖에 없었다. 그들은 자기들을 버리기 전에 죽여 달라고 애원했다.

어쩔 수 없이 수용인원을 넘어선 많은 인원을 태우고 간신히 수면에 내린 두 척은 으르렁거리는 파도를 헤치며 모선에서 멀어졌다. 파도는 끊임없이 작은 배를 집어삼키려 했다. 통나무배가 앞서 나아갔다. 타망고는 에이세와 함께 큰 보트에 타고 있었는데, 보트 바닥이 무거운데다 타고 있는 사람들도 많아 작은 배에 훨씬 뒤처졌다. 보트에 타고 있는 사람들의 귀에는 돛단배 갑판 위에 남겨진 자들의 절규가 들려왔다. 바로 그때, 큰 물결에 휘말려 타망고가 탄 보트가 뒤집히고 말았다. 보트는 점점 가라앉았다. 통나무배에 탄 자들의 눈에 그 광경이 또렷하게 보였다. 통나무배를 젓고 있던 자들은 침몰한 보트에 타고 있던 조난자들을 구해 올려야 할 상황이 벌어질지도 모른다는 두려움에 사로잡혀 있는 힘을 다해 노를 저었다. 침몰한 보트에 타고 있던 자들은 거의 익사했다. 모선까지 헤엄쳐 간 사람은 겨우 12명뿐이었는데 그중에 타망고와 에이세도 있었다. 해가 서쪽으로 기울 무렵, 돛단배에 있던 자들은 통나무배가 수평선 너머로 사라지는 것을 보았다. 그 뒤, 통나무배가 어떻게 되었는지는 아무도 모른다.

작가인 내가 굶주림으로 고통당하는 애처로운 장면을 묘사하여 독자들을 진저리치게 할 필요가 있을까? 좁은 공간에 놓인 스무 명이 미친 듯이 날뛰는 노도에 휘말렸다거나 또는 타죽을 것 같은 햇볕 아래서 하루하루 티끌만큼 남은 먹을 것을 놓고 다툰다. 비스킷 한 조각을 서로 먹겠다고 난동을 부린다. 그리고 약한 자가 죽어간다. 강한 자에게 죽임을 당한 것이 아니라 죽어가는 채로 방치된 것이다. 며칠 뒤, '희망호' 갑판에 살아남은 자라고는 타망고와 에이세 두 사람뿐이었다.

*

어느 날 밤이었다. 거친 파도와 매서운 바람, 그리고 주위는 깊은 어둠에 잠겨 있었다. 에이세는 선장 방에서 자리에 누워 있었다. 그리고 그녀의 발치에는 타망고가 앉아 있었다. 꽤 오랫동안 두 사람은 침묵을 지켰다.

"타망고, 당신이 괴로워하는 건 모두 내 탓이에요……."

"괴로움 따윈 없어."

타망고는 기운 없이 대답했다. 남아 있던 비스킷을 반으로 나누어 아내의 겨드랑이 쪽으로 던졌다.

"그쪽에 놔두세요."

가만히 비스킷을 밀어주며 그녀가 말했다.

"이제 배고프지도 않아요. 그리고 먹을 게 무슨 소용이겠어요. 이제 곧 죽을 텐데."

타망고는 아무 말도 하지 않고, 비틀거리는 발걸음으로 선교에 올라가 부러진 돛대 옆에 앉았다. 머리를 깊게 떨어뜨린 채, 그의 집안에서 내려오는 노래를 휘파람으로 불었다. 그때 불현듯, 크게 외치는 소리가 바람결에 들려오는가 싶더니 한 점 등불이 보였다. 이어서 또다시 외치는 소리가 들려왔다. 새카만 선박이 타망고가 탄 배 옆을 엄청나게 빠른 속도로 스쳐 지나갔다. 너무나 가깝게 스쳐 지나간 탓에 그 배의 돛이 타망고 머리 위로 획 지나갈 정도였다. 타망고는 돛대에 매달린 칸넬라르 불빛 아래에서 두 사람의 그림자를 보았다. 표류선을 발견한 그 배의 불침번이, 살아 있는 사람이 있는지 확인하기 위해 표류선을 향해 다시 한 번 큰 소리를 질렀으나 타망고를 발견하지는 못했다. 그들이 탄 배는 바람처럼 내달려 점점 멀어져 갔다. 아

마도 강한 바람에 밀려 진로를 바꿀 수 없었던 게 분명하다. 곧이어 대포에
서 뿜어져 나오는 불빛이 보였다. 거의 그와 동시에 폭음이 들려왔다. 또 다
른 대포의 불빛을 보았으나 이번에는 아무 소리도 들리지 않았다. 그러고는
배의 모습도, 다른 어떤 소리도 들려오지 않았다. 이튿날은 수평선 위에 배
그림자 하나 보이지 않았다. 타망고는 자리에 누워 눈을 감았다. 그날 밤,
에이세가 죽었다.

*

그 뒤, 얼마나 시간이 흘렀는지는 알 수 없다. 영국 순양함 '라베론'호는
타고 있는 사람도, 돛대도 없는 배를 한 척 발견했다. 작은 보트로 표류선에
다가가 배 안을 뒤져보니 흑인 여자의 시체 한 구가 나뒹굴어져 있었고, 미
라처럼 비쩍 마른 의식불명의 흑인 남자가 하나 있었다. 간신히 가는 숨을
쉬고 있던 그 남자는 외과의사에게 넘겨졌다.

'라베론'호가 킹스턴에 도착했을 때, 타망고는 건강을 완전히 회복했다.
사람들은 그동안의 이야기를 들려 달라고 했고, 타망고는 자기가 겪은 일들
을 하나도 숨김없이 다 들려주었다. 그러자 그곳 농원 주인들은 반란을 일으
킨 흑인 노예를 교수형에 처하자고 했다. 그러나 자애로운 총독은 이렇게 말
하며 타망고를 살려주었다.

"그의 행동은 어디까지나 정당방위이므로 무죄인데다, 그가 죽였다는 자
들이 그깟 프랑스인들임에야."

그들은 몰수한 노예선에서 찾아낸 타망고를 노예 신분으로 총독부에서 일
하게 했으며, 하루 6수와 식사를 제공했다. 타망고는 볼수록 듬직하고 당당
한 남자였다. 제75연대 연대장은 그의 남자다움에 반해, 그를 군악대 심벌
즈 담당으로 고용했다. 그는 영어도 조금씩 익혔으나 영어로 말하지는 않았
다. 럼주와 소주를 무턱대고 마셔댄 타망고는 급기야 폐렴에 걸려 병원에서
최후를 맞고 말았다.

이중 착각

1

쥘리 드 샤베르니는 결혼한 지 6년쯤 되었다. 5년 반 전부터는 남편을 사랑할 수 없다고 말했을 뿐 아니라 남편에 대한 존경심을 갖기도 어려울 정도라고 했다.

그렇다고 남편이 불성실한 것은 아니었다. 이해력이 떨어지거나 맹한 사람도 아니었다. 하지만 뭔가 그 비슷한 것이 그에게 있었으리라. 기억을 되짚어 보면, 그녀도 한때는 그를 사랑할 만한 사람이라고 생각했던 것은 사실이나, 지금은 진저리를 치고 있다. 남편의 모든 점이 마음에 들지 않았다. 그의 식사 태도나 커피를 마시는 모습, 말투 등 모든 것이 그녀를 화나게 했다. 두 사람이 마주치는 곳은 식탁 말고는 없었으며, 식사 때조차 말 한마디 나누지 않았다. 그럼에도 한 주일에 몇 번은 함께 식사를 했다. 이것만으로도 쥘리가 반감을 품기에 충분했다.

샤베르니는 나이에 비해 지나치게 살이 찌기는 했지만, 얼굴이 맑고 혈색이 좋았으며, 상상력이 풍부한 사람을 고민에 빠뜨리는, 왠지 모를 불안감 따위는 찾아볼 수 없는 인품 좋은 신사였다. 그는 자기 아내가 상냥하며 자기에게 깊은 애정을 갖고 있다고 굳게 믿었다(그러나 신혼 처음처럼 사랑받고 있다고 자부할 정도는 아니었다). 그가 이렇게 확신한다고 해서 유별나게 행복한 것도 아니었지만 그렇다고 고통스러운 것도 아니었다. 아마 사랑받지 못한다고 느꼈을지라도 그것이 그에게 그리 큰 문제는 아니었을 것이다. 그는 몇 년 동안 기병연대에서 복무했는데, 엄청난 유산을 상속받게 되자 미련 없이 수비대 생활을 섭고 결혼한 것이다. 서로 아무런 공통점이 없는 이 두 사람의 결혼을 그리 쉽게 설명할 수는 없다. 쥘리 쪽에서는 조부모와 나서기 좋아하는 사람들이 이해관계를 저울질하기에 바빴다. 한편 샤베르니의 집안은 매우 훌륭했다. 처음 만났을 때만 해도 그리 살찌지 않았던

데다 밝은 성격이었던 그는 부잣집 도련님이라는 이름이 어울리는 사람이었다. 쥘리는 어머니의 허락 아래 기쁜 마음으로 그와 만났다. 그도 그럴 것이, 그는 연대에서 있었던 온갖 이야기들을 들려주며 그녀를 즐겁게 해주었는데 그의 이야기가 늘 품위 있는 것만은 아니었다. 그는 어느 무도회에 가더라도 그녀와 춤을 추었고, 늦게 귀가하거나, 극장이나 불로뉴 숲에 갔던 일 등을 그녀가 걱정 듣지 않도록 어머니에게 조리 있게 설명해 주었다. 그의 변명이 당연하다고 생각하게끔 만들 준비를 늘 했으므로 그녀는 그를 매우 친절한 사람이라고 믿었다. 그가 명예를 위해 두세 번 결투하고 난 뒤, 그녀는 그를 영웅으로 생각할 정도였다. 그러나 샤베르니와의 결혼을 결심하게 만든 것은 그가 계획한 대로 만들려고 한 자동차의 도면이었다. 그녀가 약혼을 승낙한다면 그 차에 그녀를 태워 그가 직접 운전하겠다고 한 것이다.

결혼한 뒤 여러 달 동안 샤베르니에 대해 생각하던 온갖 좋은 점은 빛을 잃어만 갔다. 그는 더 이상 아내와 춤을 추지 않았다. 그리고 그가 들려주는 이야기라고는 이미 몇 번씩이나 들었던 이야기뿐이었다. 무도회에는 너무 늦어 갈 수 없다고 했고, 극장에서는 하품을 해댔다. 저녁에 옷을 갈아입는 모습에서는 참기 어려운 지겨움이 느껴졌다. 그의 가장 큰 결점은 무엇이든 귀찮아한다는 것이었다. 아내의 마음에 들기 위해 노력했다면 아마도 그렇게 되었을지도 모르지만 그것이 번거롭고 싫었던 것이다. 이것은 살찐 사람들의 공통점이다. 그는 마음에 들도록 행동해야만 좋은 대접을 해주는 사교계에 혐오감을 느끼고 있었다. 예의 없는 쾌락이 고상한 오락보다 훨씬 좋았다. 마음 맞는 사람들 사이에서 두각을 나타내고 싶을 때에는 목소리만 높이면 됐기 때문이다. 이런 것은 샤베르니처럼 간 큰 사람에게는 아무 일도 아니었다. 게다가 그는 보통 사람보다 샴페인을 잘 마신다는 것을 자랑으로 삼았다. 그 밖에도 4피트 높이의 장애물을 말을 타고 뛰어넘을 수 있었다. 오후 5시 무렵이 되면 큰길에 넘쳐나는, 우리가 젊은이라 부르는 자들 사이에서 그들이 퍼붓는 존경을 즐겼다. 사냥이나 소풍, 승마나 만찬, 밤참 등을 끊임없이 쫓아다녔다. 그는 하루에도 몇 번씩 '나는 행복한 남자'라고 말했다. 쥘리는 그 말을 들을 때마다 눈을 위로 치켜뜨며 말로는 다 표현할 수 없는 경멸스러운 표정을 지었다.

아름답고 젊은 그녀가 마음에 들지 않는 남자와의 결혼생활 탓에 탐욕스러운 찬사로 둘러싸여 있다고 사람들은 생각할 것이다. 그러나 조심성 많은 그녀 어머니의 보호나 그녀의 자존심—이것이 그녀의 결점이다—이 세상의 유혹으로부터 그녀를 지켜주고 있었다. 게다가 결혼에 뒤이어 경험한 환멸은 그녀를 쉽게 열광하지 못하도록 만들었다. 그녀는 사교계에서는 동정받을 여자로, 그리고 체념의 전형으로 여겨지는 것을 자랑으로 삼았다. 결국 그녀는 이 정도면 행복하다고 생각하게 되었다. 왜냐하면 그녀는 아무도 사랑하지 않았으며, 남편은 그녀를 완전히 방임했기 때문이다. 그녀의 아양(이것은 인정해야만 한다. 그녀는 남편이 스스로 보물을 가지고 있으면서도 그것을 눈치채지 못한다고 생각하면서, 이를 즐기고 있었다), 마치 어린아이 같은 본능적인 아양은 정부(貞婦)들의 그것과는 다른, 비웃음 담긴 신중함과 묘한 조화를 이루는 것이었다. 그녀는 누구에게나 사랑스럽게 대했다. 누구에게나 말이다. 뒷말을 하려 해도 아무런 결점을 찾을 수 없을 만큼.

2

부부는 니스로 가려던 쥘리의 어머니 뤼샹 부인과 함께 식사를 하게 되었다. 샤베르니는 쥘리의 친정집에서 지루함을 견딜 수 없어 큰길의 젊은이들 생각이 간절했지만 어찌 됐든 거기서 저녁 시간을 보내야만 했다. 식사를 마친 뒤, 그는 편안한 긴 소파에 앉아 두 시간 동안 아무 말도 하지 않았다. 이유는 간단했다. 그는 자고 있었던 것이다. 머리를 조금 기울여 참으로 재미있게 대화를 듣는 듯한 모습으로 앉아 예의 바르게 자고 있었던 것이다. 이따금 눈을 뜨고 말참견까지 하면서.

그 뒤, 다 함께 휘스트*1를 해야 했다. 이 놀이는 굉장한 집중이 필요했으므로 그는 이 놀이를 즐기지 않았으나, 그의 뜻과는 상관없이 꽤 오랫동안 붙들려 있어야 했다. 11시 반을 알리는 종소리가 들렸다. 샤베르니는 야회에 참석할 약속이 잡혀 있지 않았으므로 무엇을 해야 할지 갈피를 잡지 못했다. 그가 망설이는 사이 마차가 준비되었다. 아내와 함께 집으로 돌아가야 했다. 20분 동안을 마주 앉아 있어야 한나는 것은 그에게 공포심을 불러일으키기에 충분했다. 그뿐만 아니라 주머니에는 담배도 없었다. 식사 약속을

---

*1 네 명이 같이하는 카드놀이.

위해 외출 준비를 할 때, 아브르에서 산 담배상자를 열고 싶어 견딜 수 없었지만 포기했다.

그는 아내에게 망토를 걸쳐주면서 남편의 의무를 다하고 있는 자기 모습을 유리 너머로 바라보고는 미소 짓지 않을 수 없었다. 지금까지는 보려고도 하지 않았던 아내의 모습을 빤히 쳐다보았다. 오늘 밤, 그녀는 평상시보다도 예뻐 보였다. 그녀에게 망토를 걸쳐주는 데에는 약간 시간이 걸렸다. 쥘리는 쥘리대로 어쩔 수 없이 남편과 마주 앉게 된 것이 곤혹스러웠다. 그녀는 입을 꼭 다문 채, 미간을 좁히고 있었다. 사랑하지 않는다고는 하나 무관심할 수만은 없는 남편 앞에서 애교 있는 표정이 드러난 것이다. 두 사람의 눈이 유리창 안에서 서로 마주쳤다. 두 사람 모두 당황했다. 샤베르니는 미소 지으며, 어색함을 떨쳐버리기 위해 망토를 매만지고 있는 아내의 손에 입을 맞추었다.

"어머나, 어쩜 이렇게도 사이가 좋은지!"

딸의 차가운 경멸도, 사위의 무관심한 태도도 눈치채지 못한 뤼상 부인이 속삭이듯 말했다.

두 사람 모두 마차 안에 들어가 앉은 뒤, 몸을 맞대면서 한동안 아무 말도 하지 않았다. 샤베르니는 이런 때 무슨 말을 해야 한다고 절실하게 느꼈으나 아무 말도 떠오르지 않았다. 샤베르니는 어찌할 수 없는 침묵에 빠져 있었다. 그리고 스스로 생각하기에도 창피하게 두세 번 하품을 했다. 그는 아내에게 양해를 구해야 한다고 생각했다. 샤베르니는 이렇게 변명했다.

"모임이 길어지다 보니."

쥘리로서는 어머니와의 만남이 너무 길었다고 비난하면서 뭔가 불쾌한 말을 하려는 속셈이 있으리라고밖에는 생각되지 않았다. 그녀는 벌써 오래전부터 남편에게 아무런 변명도 듣지 않기로 했다. 그래서 그녀는 남편의 변명에 아무런 대꾸도 하지 않았다.

오늘 밤, 무슨 말이든 하고 싶어진 샤베르니가 말을 이었다.

"오늘은 꽤 많이 먹었는걸. 장모님 댁 샴페인이 조금 달더군."

"네? 뭐라고 했어요?"

쥘리는 무관심하게 아무것도 듣지 못했다는 듯 남편 쪽으로 얼굴을 돌리며 물었다.

"장모님 댁 샴페인이 너무 달았다고 했어. 그걸 말씀드리려 했는데 깜빡했군. 놀라운 것은 누구나 쉽게 샴페인을 고를 수 있다고 생각한다는 거야. 하지만 실은 그렇지 않아. 샴페인을 고르는 것만큼 어려운 일이 없단 말씀이야. 품질이 좋지 않은 샴페인이 몇 종류 있기는 하지만 질 좋은 것은 딱 한 가지거든."

"어머나!"

쥘리는 의례적으로 이렇게 감탄사를 내뱉고는 옆쪽 창밖으로 시선을 돌렸다. 샤베르니는 대화를 나누려고 여러모로 시도해 보았으나 무관심하기만 한 아내를 보며 의기소침해져서는 다리를 앞자리 위에 올린 채 등을 기댔다. 그러고는 또다시 두세 번 하품하고는 쥘리에게 가까이 다가앉았다.

"그 옷 참 잘 어울리는데! 어디서 산 거야?"

이 말을 들은 순간 쥘리는 마음속으로 이렇게 생각했다.

'마음에 드는 여자한테 사주려는 모양이지?'

그러고는 살짝 웃으며 대답했다.

"뷔르티 가게에서 샀어요."

"왜 웃는 거지?"

앞자리에 올렸던 다리를 내리고 쥘리에게 더 가까이 다가가며 샤베르니가 물었다. 그러면서 그녀의 소매를 타르튀프*²처럼 만지작거렸다.

"내 몸치장을 눈여겨보다니 우스워서요. 그러지 말아요. 소매가 구겨지잖아요."

쥘리는 샤베르니의 손에서 소매를 빼냈다.

"나는 언제나 당신 몸치장을 눈여겨보고 있는걸. 당신 취향은 아주 특별해. 아니, 지난번에는 어떤 여자한테 정말로 그렇게 말했어. 언제나 차림이 형편없는 여자였거든. 화장에는 엄청난 돈을 들이는 여자였는데 말이야. 그러다가 파산이라도 하지 않을지 원. 그래서 당신을 빗대어 얘기해 준 거야."

쥘리는 남편이 횡설수설하는 것이 재미있어 굳이 그의 말을 끊으려 하지 않았다.

"혹시 당신 말에 문제가 있는 거 아냐? 전혀 속도가 나질 않으니. 바꿔야

---

*2 몰리에르의 희곡에 등장하는 주인공 이름. 위선자의 대명사.

할 것 같군."

샤베르니는 기운이 빠져 이렇게 말했다.

집으로 돌아가는 내내 두 사람은 아무 말을 하지 않아 대화는 더 이상 활기를 띠지 않았다.

그리 오래지 않아 부부는 ○○○가에 이르러 집으로 들어갔다. 서로 잘 자라는 말을 나누고는 각자의 방으로 들어갔다.

쥘리는 옷을 벗기 시작했다. 몸종이 잠시 자리를 비운 사이, 침실 문이 꽤 소란스럽게 열리더니 샤베르니가 들어왔다. 쥘리는 당황하여 어깨를 가렸다.

"미안. 스콧의 신간이라도 좀 읽고 자려고…… 아마도 《퀜틴 더워드》였던가?"

"당신 방에 있을 텐데요. 여긴 책 같은 거 없잖아요."

샤베르니는 아내에게 더없이 어울리는, 조금 흐트러진 아내의 모습을 빤히 쳐다보았다. 그녀는 참으로 매혹적이며 아름다운 여자였다. 그는 아무 말도 하지 않고 촛대를 든 채 그녀 앞으로 다가갔다. 쥘리는 모자를 매만지며, 빨리 자기를 혼자 내버려둬 주기를 간절히 바라는 눈치를 보였다.

"당신, 오늘 밤 정말 아름답군. 견딜 수 없을 만큼 아름다워."

들고 있던 촛대를 내려놓으며, 아내에게 한 걸음 다가서면서 샤베르니가 말했다.

"이 흐트러진 머리는 또 얼마나 매력적인지!"

그는 쥘리의 어깨에 쏟아져 내린, 길게 땋은 머리를 한 손으로 어루만지며 부드럽게 그녀 등 뒤로 팔을 둘렀다.

"어머나, 담배 냄새!"

쥘리는 몸을 뒤로 빼며 소리쳤다.

"내 머리 만지지 말아요! 머리카락에 냄새가 밴단 말이에요!"

"무슨 그런 터무니없는 말을! 담배는 어쩌다 한 번 피운다는 건 당신도 잘 알잖소? 무엇 때문에 그렇게 까다롭게 구는 거지?"

그가 어깨에 입 맞추는 것을 피할 만큼 재빨리 그의 팔을 뿌리치지는 못했다. 그 순간 쥘리로서는 매우 다행스럽게도 몸종이 돌아왔다. 여자로서 받아들이기도, 그렇다고 거절하기도 어정쩡한 애무만큼 혐오스러운 것은 없기 때문이었다.

"마리!"

샤베르니 부인이 입을 열었다.

"내 파란 실내복 조끼가 너무 긴 것 같아. 오늘 베기 부인을 만났어. 그분은 늘 멋쟁이시거든. 그런데 오늘은 조끼가 조금 짧더구나. 이 조끼, 당장 주름이라도 좀 잡아야겠어."

아내와 몸종은 조끼 폭을 정확하게 어느 정도로 해야 할 것인지를 놓고 흥미로운 대화를 이어갔다. 쥘리는 샤베르니가 아무런 행동도 하지 않고, 가만히 유행 이야기를 듣고 있는 동안은 조금도 밉지 않았다. 게다가 그녀는 지금이라도 그를 내보낼 수 있음을 잘 알고 있었다. 샤베르니는 5분쯤 서성이다가 쥘리가 조끼에 완전히 빠져 있는 것을 보고는 큰 하품을 하면서 촛대를 들고 나가 다시는 돌아오지 않았다.

3

페랭 소령은 작은 탁자 앞에 앉아 책 읽기에 빠져 있었다. 깔끔하게 손질된 예복과 모자, 딱 벌어진 가슴은 나이 든 군인의 풍채를 드러내었다. 그의 방은 깨끗이 정돈되어 있었고, 매우 간소했다. 책상 위에는 잉크병과 거위털 펜, 그 옆에는 적어도 1년 넘게 한 장도 쓰지 않은 것처럼 보이는 편지지가 한 권 놓여 있었다. 페랭 소령은 쓰는 것보다 읽는 것을 좋아했다. 지금은 해포석 파이프를 흔들며 《페르시아인의 편지》*3를 읽고 있다. 파이프와 책에 푹 빠져 있었던 까닭에 샤토포르 소령이 들어오는 것도 눈치채지 못했다. 그는 같은 연대의 젊은 장교로, 귀여운 외모에 지나치게 상냥하면서 우쭐대는 구석이 있었으며 국방장관의 총애를 받고 있었다. 한마디로 말하자면, 모든 점에서 페랭 소령과는 대조적이었다. 그러나 무슨 까닭인지 두 사람은 서로 배짱이 맞았고, 젊은 장교는 매일 그를 찾아왔다.

샤토포르가 페랭 소령의 어깨를 살짝 건드렸다. 페랭은 파이프를 문 채 뒤돌아보았다. 친구를 본 순간 그는 반가운 표정을 지었으나, 곧이어 파이프와 책을 손에서 놓아야 한다는 아쉬움이 밀려왔다. 하지만 애써 아무렇지도 않은 표정을 지어 보였다. 그는 값비싼 잎담배 상자를 넣어둔 장식장을 열기

---

*3 프랑스의 사상가 몽테스키외의 소설.

위해 주머니에서 열쇠를 찾았다. 그는 이 잎담배를 친구가 찾아올 때마다 하나씩 꺼내주었다. 이번에도 친구에게 잎담배를 받게 된 샤토포르가 큰 목소리로 말했다.

"페랭, 자네 잎담배는 넣어두게나. 나도 내 담배가 있단 말일세!"

그는 주머니에서 멕시코산 담뱃갑을 꺼내, 양쪽 끝이 가느다란 계피색 잎담배에 불을 붙이고는, 페랭 소령은 절대 쓰지 않는 작은 소파에 길게 드러누웠다. 이쪽 팔걸이를 베개 삼고, 다리는 다른 쪽 끝 팔걸이에 올려놓은 모습으로, 샤토포르는 뭉게뭉게 담배 연기를 피워 올렸다. 눈을 지그시 감고, 무슨 말을 하려는지 깊은 생각에 잠겨 있었다. 혼자 가슴속에 담아두기 어려운 듯, 상대방이 먼저 알아차려 주기를 간절히 바라는 환희에 차 있는 모습이었다. 페랭 소령은 소파 앞 의자에 앉아 잠시 잠자코 있었으나, 샤토포르가 말을 꺼내려 하지 않자 먼저 말문을 열었다.

"우리카는 잘 지내나?"

우리카는 샤토포르가 학대한 폐공기종이 우려되는 검은 암말이었다.

"응. 아주 건강하게 잘 지낸다네."

샤토포르가 건성으로 대답했다.

"페랭!"

소파 팔걸이에 올리고 있던 다리를 내리며 그가 말을 이었다.

"내가 친구라는 게 행복하지 않나?"

나이 든 군인은 샤토포르와의 친분이 자기에게 어떤 이익을 주었는지 곰곰이 생각해 보았다. 캐너스터*4 몇 근을 받았던 일과 샤토포르가 주역이었던 어느 결투와 관련되었던 까닭에 며칠 동안 중징계를 받은 것 말고는 도무지 생각나는 것이 없었다. 샤토포르는 여러 면에서 페랭을 믿고 있음을 드러내 보였다. 당직을 바꿔야 할 때나, 중재인이 필요할 때, 샤토포르는 늘 페랭을 찾았던 것이다.

페랭이 오래 망설일 것도 없이 샤토포르는 편지 한 통을 그 앞에 내밀었다. 광택 있는 영국 종이에 가늘고 아름다운 글씨가 깨알같이 적힌, 페랭에게 보낸 편지였다.

---

*4 남미산 저질 살담배.

"망설이지 말고 한번 읽어 봐. 이건 순전히 내 덕분이라는 걸 알아야 하네."

페랭이 읽어 내려간 편지는 이런 내용이었다.

　　부디 저희가 마련한 만찬에 와주시기를 간절히 바랍니다. 샤베르니가 직접 말씀드려야 할 터이지만 그는 지금 외출 중이라 어쩔 수 없이 실례를 무릅쓰고 제가 전합니다. 페랭 소령님의 주소를 알지 못해 초대장을 보내지 못했습니다. 샤토포르 님과 함께 와주시면 감사하겠습니다. 말씀을 나누면서 좀더 가까운 사이가 될 수 있기를 바랍니다. 제 초대를 받아 주신다면 거듭거듭 감사하겠습니다.

쥘리 드 샤베르니

　　추신

　　저를 위해 써주신 악보, 진심으로 감사드립니다. 정말 멋있어요. 당신의 고상한 취미에 감탄하지 않을 수 없었답니다. 목요 모임에는 더 이상 안 오시는 건가요? 그래도 제가 뵙고 싶어한다는 걸 알고 계시리라 믿습니다.

"글씨를 참 아름답게 쓰는군. 그런데 너무 깨알같이 썼어."

편지를 내려놓으며 페랭이 말했다.

"그건 그렇고, 어쩐다? 만찬은 아주 진저리가 나거든. 실크 양말을 신어야 하질 않나, 식사 뒤 담배 피울 곳이 있길 하나."

"그게 무슨 대순가? 파이프 담배보다는 파리의 아름다운 여인과 마주하는 것이 훨씬 좋을 텐데. 내 덕분에 이렇게 좋은 기회가 생겼는데 고맙다는 말도 없으니 원."

"고맙다고?! 자네한테 고마워해야 할 이유는 없을 것 같은데? 설령 누군가의 덕분으로 초대받았다 해도 뭐가 고맙다는 건가?"

"뭐라고? 내 덕분이 아니면 그럼 누구 덕분이란 말인가?"

"그야 샤베르니지. 나하고 같은 연대에 있었던 샤베르니 대위 말일세. 아마도 자기 아내에게 말했겠지. 페랭을 초대하라고 말이야. 그렇지 않고서야 겨우 한 번밖에 만난 적 없는 아름다운 부인이 나 같은 노병을 초대할 이유

이중 착각　341

가 없잖은가?"

샤토포르는 방에 있는 가느다란 거울에 비친 자기 모습을 보며 미소 지었다.

"페랭 각하, 오늘 아무래도 상태가 좋지 않으신 모양인데요? 그 초대장, 다시 한 번 잘 읽어보라고. 자네가 미처 알아채지 못한 게 있는 것 같으니 말일세."

페랭은 다시 한 번 편지를 이리저리 잘 살펴보았지만 새로운 것은 찾아내지 못했다.

"저런, 저런!"

샤토포르가 목소리를 높였다.

"자네는 그녀가 나 때문에 자네를 덤으로 초대했다는 걸 눈치채지 못하는군. 그저 내 친구를 존경한다는 말을 내게 하기 위해서 말이지. 뭐랄까…… 그러니까 그 증거로 말이야……."

"증거라니, 무슨 말이지?"

"무슨 말이라니? 잘 알면서!"

"설마 그녀가 자네를 사랑한다는 말인가?"

페랭은 의심스럽다는 듯 물었다. 샤토포르는 대답 대신 휘파람을 불었다.

"그럼 그녀가 자네한테 반했다는 말이야?"

샤토포르는 여전히 휘파람만 불었다.

"그녀가 그렇게 말했나?"

"글쎄…… 그걸 꼭 말로 해야 아나? 난 그렇게 믿고 있네."

"뭐라고? 이 편지 속에 그렇게 쓰여 있다는 말인가?"

"그렇고말고!"

이번에는 페랭이 토비 삼촌*5의 그 유명한 릴리벌리로*6만큼 의미심장하게 휘파람을 날렸다.

"왜 그러는 거지?"

페랭 손에서 편지를 낚아채며 샤토포르가 소리쳤다.

"자네는 이 편지 속에 있는 따뜻한, 그래 맞아! 따뜻한 정을 느끼지 못한다는 거야? 이 쉐르 무슈*7라는 걸 어떤 의미로 해석한 거지? 다른 편지에

---

*5 로렌스 스턴 《신사 트리스트럼 샌디의 생애와 의견》에 나오는 인물.
*6 아일랜드의 가톨릭교도를 비웃는 노래 후렴의 일부.

서는 그저 '무슈'라고 아주 짧게 쓴다는 걸 잘 생각해 보라고. '거듭거듭 감사하겠습니다'라는 말이 분명히 말해 주고 있단 말일세. 그리고 말이야, 그 다음에 썼다가 지운 부분이 있거든. 몇 번이나, '거듭거듭 마음을 담아'라고 쓰고 싶었지만 차마 그렇게 쓰지 못한 거야. '깊이깊이'로는 성에 차지 않았던 거라고. 편지는 이걸로 끝난 게 아니야. 여보세요, 선배님! 샤베르니 부인처럼 가문 좋은 사람이 바람둥이처럼 나 같은 놈한테 섣불리 다가오겠나? 이 편지는 정말 멋져! 이 속에서 그녀의 정열을 찾아내지 못한다면 장님과 다를 게 뭐람. 게다가 편지 끝부분을 봐. 내가 딱 한 번 목요일 모임에 빠진 것을 이렇게 원망스럽게 쓰고 있지 않은가 말이야!"

"불쌍한 여자로군!"

페랭이 소리쳤다.

"이런 남자한테 빠져들다니! 곧 후회할 게 뻔한 것을!"

샤토포르는 상대방의 비꼼에도 아랑곳없이 낮은 목소리로 페랭에게 말했다.

"힘이 돼줄 거지?"

"뭐라고?"

"이번엔 꼭 내게 힘이 돼줘야 하네. 그녀 남편은 그녀에게 별로 관심이 없거든. 그녀를 불행하게 만드는 인간은 동물이나 마찬가지야. 자네는 잘 알고 있잖나? 그자는 이해심도 없고 평판도 좋지 않다고 그녀에게 귀띔 좀 해주라고."

"이런, 이런!"

"소문난 방탕아지. 그는 연대에 있었을 때 정부(情婦)가 아주 많았다고, 그 정부에 대한 이야기를 모조리 부인한테 들려주는 거야."

"어째서 그런 이야기를 하는 거지? 한 식군데 말이야……."

"글쎄, 조심스럽게 잘 말 하라고. 내 얘기는 잘 좀 해주고."

"그런 일이라면 누워서 떡 먹기지만……."

"그게 그리 쉬운 일이 아닐세. 잘 들어줘. 나를 치켜세우는 것도 다 방법이 있다고. 자칫 잘못하면 일을 망칠 수도 있단 말이네. 그녀에게 이렇게 말해 주게나. 요즘 들어 내가 우울해 보이는 데다 말도 잘 하지 않고, 식사도

＊7 Cher Monsieur. 친애하는 선생님.

제대로 못 하는 것 같다고……."

"이런 젠장!"

익살스럽게 파이프를 흔들면서 페랭이 소리쳤다.

"난 샤베르니 부인한테 그런 말 못해! 게다가 어젯밤에도 친구들과 어울려 실컷 먹어댄 자네를 업고 간 게 누군데?"

"그런 쓸데없는 말은 할 필요도 없어. 아녀자들에게 먹고 마시는 남자는 연인의 자격이 없다고 글 쓰는 사람들도 말하고 있잖은가? 아무튼 내가 그녀에게 목매달고 있다는 것을 그녀가 알아주기만 하면 된다고."

"식음을 전폐하게 만드는 게 뭔지 나는 통 모르겠군."

"그건 몰라도 되네."

샤토포르는 모자를 눌러쓴 뒤, 모자의 수술을 매만지며 말을 이었다.

"그렇게 해줄 걸로 알고 있겠네. 다음 주 목요일에 내가 데리러 오지. 모자하고 실크 양말, 정장 차림이라는 거 잊지 말게나. 무엇보다도 그녀 남편을 험담하고 내 이야기를 잘 들려줘야 한다는 걸 꼭 기억해야 해!"

그는 실크 양말과 정장 차림이라는 말에 당혹해하는 페랭을 남겨둔 채, 가느다란 지팡이를 기분 좋게 흔들면서 매우 상기된 모습으로 방을 나섰다.

4

샤베르니 부인의 초대를 받은 사람 가운데 몇몇이 참석하지 않아 만찬 자리는 허전했다. 샤토포르는 쥘리 곁에서 여느 때처럼 우쭐거리며 자상하게도 그녀의 시중들기에 바빴다. 아침부터 먼 거리를 말을 타고 달렸던 샤토포르는 엄청나게 먹어댔다. 페랭 소령은 그에게 술을 따라주거나 샤베르니의 노골적인 농담이 쏟아져 나올 때마다 건배를 하며 흥을 돋워주고 있었다. 샤베르니는 군인들과 함께할 자리가 마련된 것에 고무되어 마치 군인처럼 행동했다. 그의 농담은 매우 저속했다. 그의 아내는 그가 저속한 말을 꺼낼 때마다 냉담한 경멸의 눈초리를 보냈다. 그러고는 샤토포르 쪽을 바라보며, 그 저속한 말을 듣고 있지 않는 것처럼 낮은 목소리로 속삭였다.

이것은 부부 사이의 전형적인 모습이다. 식사가 끝나갈 즈음, 이야기가 오페라 쪽으로 옮겨가, 결국 몇몇 여배우들의 품평회가 되고 말았다. 여배우들 가운데 ○○○ 양이 극찬을 받았다. 샤토포르는 그녀의 우아함이나 말투, 단정한 태도를 칭찬하며 누구보다도 그녀를 높이 평가했다.

며칠 전, 샤토포르에게 이끌려 처음으로 오페라에 가본 페랭도 ○○○ 양을 기억했다.

"자네가 말하는 사람이 작은 산양처럼 뛰놀던 장밋빛 옷을 입은 그 사랑스러운 여자가 맞나? 자네가 그렇게도 말하던 다리의 바로 그녀 말이지?"

"흠, 당신도 그녀의 다리에 대해 관심을 가졌던 모양이군요."

샤베르니가 큰 소리로 말했다.

"하지만 지나치게 입에 올리다가는 당신 연대의 ○○○ 공작과 언짢은 사이가 되고 말 테니 조심하는 게 좋을 겁니다."

"뭐, 오페라글라스로 보는 것까지 질투하지는 않을 것 같은데요?"

"그런데도 자기가 그걸 발견했다고 할 정도로 자랑하거든요. 어떻습니까, 페랭 소령?"

"나는 내 애마의 다리 말고는 통 모르는 사람이라."

나이 든 군인은 말을 아끼며 대답했다.

"참 아름답기도 하지!"

샤베르니가 말을 이었다.

"파리에는 이보다 더 아름다운 사람은 없을 거야. 단지……."

그는 잠시 말을 멈추고 아내를 바라보며 놀리는 듯 수염을 꼬았다. 그녀는 순식간에 어깨까지 새빨개졌다.

"D부인 말고 말이죠?"

샤토포르는 또 다른 무용수 이야기를 꺼내며 그의 말을 가로막았다.

"아니."

마치 햄릿의 대사를 읊기라도 하듯 샤베르니가 대답했다.

"내 아내를 보시오."

쥘리는 화가 치밀어 새빨개지고 말았다. 그녀는 경멸과 분노가 가득 담긴 눈초리로 남편을 노려보았으나 자제심을 잃지 않으려 애쓰며 샤토포르 쪽으로 고개를 돌리고 말았다.

쥘리가 조금 떨리는 목소리로 말했다.

"우리는 마호메트 이중창을 공부해야 할 것 같군요. 당신 목소리에 맞추어야 할 것 같은데요?"

쥘리가 외면했음에도 샤베르니는 쉽게 말을 멈추지 않았다.

"샤토포르 군."

샤베르니가 말을 이었다.

"언젠가 나는 지금 화제에 오른 다리를 만들어 보려고 생각했다네. 하지만 아내가 도무지 허락하지를 않더군."

이 배려 없는 폭로에 기쁨을 느낀 샤토포르는 그의 말을 듣지 않는 척, 샤베르니 부인과 마호메트에 대한 이야기를 이어갔다.

"내가 말하고 싶은 건 말이지."

배려도 눈치도 없는 샤베르니는 상대방의 외면에도 아랑곳없이 말을 계속했다.

"그렇게 하라고 할 때마다 미간을 찌푸렸지만 정작 마음속으로는 그리 싫어하지만은 않았다는 거야. 그녀는 우리 집에 드나드는 구두장이한테 치수를 재게 했더란 말이야. 여보, 언짢아하지 마. 나는 그녀의 구두장이한테 말하고 싶었지. 내가 브뤼셀에 있었을 때에는 양말을 사는데도 매우 세세하게 주의를 적어준 3장이나 되는 메모를 손에 넣은 적도 있다네."

그러나 그가 아무리 말을 쏟아놓아도 소용없었다. 쥘리는 아무것도 듣지 않기로 마음먹었던 것이다. 그녀는 일부러 즐거운 척 꾸미면서 남편의 말은 들은 척도 하지 않고 샤토포르와 이야기를 나누었다. 그 사랑스러운 웃음은 '나는 당신 얘기만 듣고 있답니다' 말하는 것 같았다. 샤토포르 또한 마호메트에 푹 빠져 있는 듯 꾸몄다. 그러면서도 샤베르니의 말을 하나도 놓치지 않고 다 듣고 있었다.

만찬 뒤에는 작은 음악회가 열렸다. 샤베르니 부인은 피아노를 치며 샤토포르와 노래했다. 샤베르니는 피아노 뚜껑이 열리는 순간 사라졌다. 몇 차례 사람들이 쥘리 곁으로 오기는 했지만 샤토포르가 낮은 목소리로 쥘리에게 속삭이는 것을 방해하지는 않았다. 모두들 집으로 돌아갈 때 샤토포르는 오늘 밤 야회는 성공적이었다고 페랭에게 고백했다.

페랭은 샤베르니가 아내의 발에 대해 했던 이야기들을 매우 단순하게 생각했다. 그래서 다른 이들과 헤어진 뒤 샤토포르와 단둘이 되었을 때 그에게 심각하게 말했다.

"자네는 어째서 그 평안한 가정을 뒤흔들려 하는 거지? 샤베르니는 자기 아내를 무척 사랑하는 것 같던데!"

5

한 달 전부터 샤베르니는 궁정의 식사 시종이 되고 싶다는 생각에 빠져 있었다.

살찐 게으름뱅이에다 천하태평인 사람이 이런 생각을 했다는 것은 놀라운 일이다. 그러나 그는 자기 야심을 정당화하기에 충분한 상식을 가지고 있었다. 그는 친구들에게 말했다.

"나는 먼저, 극장의 자리를 사기 위해 많은 돈을 쓰고, 이것을 부인들에게 줄 거야. 궁정에서 일하게 되면 한 푼도 남김없이 극장의 박스석을 사들일 것이네. 게다가 나는 사냥을 좋아하잖나. 그러니 국왕의 사냥 행차는 내가 맡게 될 테지. 그렇게 된다면 귀부인들의 무도회에는 어떤 옷을 입고 가야할지 모르겠는걸. 후작 복장은 싫고, 궁정 신하 옷은 내게 잘 어울릴 것 같군."

마침내 그는 간청했다. 아내도 간청해 주기를 바랐지만 그녀는 몇몇 유력 인사를 알고 있음에도 완강하게 거절했다. 그 무렵 궁정에서 입김이 세었던 H공작이 힘을 써주어, 그에게 큰 기대를 걸었다. 또한 유력한 지인이 많은 샤토포르도 열심히, 온 힘을 다해 도와주었다.

어떤 사건이…… 이것은 그에게 좋지 않은 결과를 가져오게 되었는데, 샤베르니의 문제를 진전시켰다. 샤베르니 부인은 고생 끝에 가까스로 초연 며칠째 되는 오페라의 박스석 표를 손에 넣었다. 6인석이었다. 여느 때와는 달리 함께 남편이 관람하기로 했다. 쥘리는 샤토포르에게도 표를 한 장 주려고 했다. 그러나 그와 단둘이 극장에 갈 수 없다는 생각에 남편을 억지로 끌어들인 것이다.

제1막이 끝난 뒤, 샤베르니는 친구와 아내를 남겨두고 밖으로 나왔다. 처음에는 두 사람 모두 난처한 모습으로 입을 다물고 있었다. 쥘리는 샤토포르와 단둘이 남게 되자 당황했다. 샤토포르는 계획한 바가 있었지만, 그저 감격한 듯 꾸미는 것이 바람직하다 생각하고 가만히 있었다. 조용히 극장 안을 한 바퀴 휘둘러본 그는, 몇몇 지인의 오페라글라스가 무대로 향하고 있음을 보고는 기분이 좋아졌다. 친구들이 행운을 빌어주고 있었으며, 실제보다도 더 자기를 훌륭하게 여긴다는 데에 생각이 미치자 매우 만족스러웠다.

쥘리는 자신의 향수와 꽃다발의 향기를 맡으며, 더위나 공연 내용, 그리고 화장 따위에 대한 이야기를 했다. 샤토포르는 그녀의 이야기에 흠뻑 빠져 감탄하기도 하고, 의자에 앉은 채 안절부절못하며 쥘리를 바라보고는 한숨을 내쉬었다. 쥘리는 조금씩 불안해지기 시작했다. 갑자기 샤토포르가 큰 소리로 말했다.

"기사(騎士)의 시대란 정말 덧없습니다."

"기사의 시대라고요? 왜죠? 중세 의상이 훨씬 잘 어울릴 거라고 생각하는 건가요?"

쥘리가 물었다.

"내가 그렇게 자만심이 강한 사람으로 보입니까?"

그는 괴로운 듯 비통한 말투로 물었다.

"내가 그 시절을 그리워하는 까닭은, 무슨 일이든 나서는 남자가 대접을 받았기 때문입니다. 어느 부인의 마음을 사로잡기 위해서는 거인을 단칼에 베어버리기만 하면 되었던 거죠. 저기를 좀 봐요. 난간 가까이에 큰 남자가 보이죠? 내게 저자의 콧수염을 가져오라고 명령해 줘요. 그렇게 하고 난 다음에야 당신이 화를 내지 않고 내가 하는 세 마디 말을 들어줄 테니까요."

"어머나, 농담도 잘하네요."

그녀는 눈까지 빨개지면서 대답했다. 그녀는 그가 말하는 세 마디 말이 무엇인지 이미 눈치챈 것이다.

"저 생트 에르민 부인을 좀 봐요. 저 연세에 데콜테*8 무도회 의상을 멋지게 차려입고 계신다니까요!"

"내게는 오직 한 사람밖에 보이지 않습니다. 당신은 내 말을 듣고 있지 않군요. 한참 전부터 눈치채고 있었습니다. 원한다면 입을 다물고 있겠습니다."

그는 목소리를 낮추고 한숨을 내쉬듯 이렇게 말했다.

"내가 무슨 말을 하고 있는지 알죠?"

때마침 한 지인이 그들 자리로 찾아온 덕분에 그녀는 당혹감에서 벗어날

---

*8 프랑스어로 '목둘레를 파다'란 뜻.

수 있었다. 샤토포르는 매우 괴로운 모습으로 입을 다물었다. 방문객이 자리를 떠난 뒤, 샤토포르는 연극에만 집중하는 듯 보였다. 두 사람 사이에는 한동안 침묵이 흘렀다.

제2막이 시작되려고 하는 순간, 갑자기 그들 자리의 문이 열리더니 샤베르니가 한 여인과 함께 나타났다. 그녀는 매우 아름다웠고, 장밋빛 고운 깃털로 몸을 장식했다. 그 뒤로 H공작이 모습을 나타냈다.

"여보."

샤베르니가 아내에게 말했다.

"이분들이 무대장치밖에 보이지 않는 한 귀퉁이 자리에 앉아 계시기에 모시고 왔어."

쥘리는 싸늘한 표정으로 인사말을 건넸다. H공작이 마음에 들지 않았던 것이다. 공작과 장밋빛 깃털을 단 여자는 매우 고마워하며 방해가 되지 않을지 모르겠다고 인사치레했다. 그들은 일어섰다 앉았다 하며 한동안 서로에게 자리를 양보하다가 겨우 자리에 앉았다. 이 소란 속에서 샤토포르는 쥘리에게 가까이 다가가 귀엣말을 했다.

"절대로 앞쪽에 앉지 마세요."

쥘리는 깜짝 놀라 자리 앞에 멈춰 섰다. 모두들 자리에 앉은 뒤, 그녀는 무슨 소리냐고 묻는 듯 샤토포르를 돌아보았다. 그는 목을 곧게 세운 채, 입을 꾹 다물고 있었다. 그가 매우 고민하고 있음을 한눈에 알 수 있었다. 쥘리는 그의 말을 잘못 알아들었다. 그녀가 앞쪽에 앉으면 샤토포르가 연극 내내 낮은 목소리로 그 뜬금없는 이야기를 계속할 수 없으므로 그렇게 말하는 줄 알았던 것이다. 쥘리는 눈을 돌려 극장 안을 둘러보았다. 그러자 몇몇 부인들이 오페라글라스로 자기 쪽을 쳐다보는 것이 눈에 들어왔다. 극장에서는 늘 있는 일이었다. 그녀들은 서로 눈짓과 미소로 인사를 나누었다. 여기에 무슨 비밀스러운 일이 숨겨져 있겠는가? 극장은 사람들이 모이는 작은 사회인 것을!

처음 보는 부인은 쥘리의 꽃다발 쪽으로 몸을 기울이고는 흘러내릴 것만 같은 미소를 지으며 말했다.

"세상에! 꽃다발이 매우 아름다워요, 부인! 요즘, 꽃값이 만만찮게 비쌀 텐데. 아마 열 배는 더 비쌀 테죠? 선물받으신 건가 봐요? 부인들은 손수

꽃을 사는 법이 없으니 말이에요.”

쥘리는 눈을 휘둥그레 뜨고는 마음속으로 ‘별 시골뜨기 다 보겠네’ 생각했다.

“공작님!”

그 촌스러운 여자가 침울한 목소리로 샤베르니에게 말했다.

“당신은 왜 꽃다발을 주지 않는 거죠?”

이 말을 듣자마자 샤베르니는 문 쪽으로 달려나갔다. 공작과 그 부인은 샤베르니를 말리려 했으나 소용없었다. 그녀는 그런 꽃다발은 받고 싶지 않았던 것이다. 쥘리는 흘깃 샤토포르와 눈을 마주쳤다. 그 시선에는 이런 뜻이 담겨 있었다.

‘충고, 고마워요. 하지만 이미 늦었어요.’

하지만 쥘리는 샤토포르의 말뜻을 아직 정확히 파악하지는 못했다.

오페라가 상연되는 내내, 이 장밋빛 날개 장식을 한 부인은 엇박자를 맞추었다. 그러면서 쥘리에게 그녀의 옷이나 보석, 그리고 말이 얼마나 하는지 가격을 묻는 것이었다. 쥘리는 지금껏 이런 경험을 해본 적이 없었다. 처음 보는 이 여자는 아마도 시골에서 올라온 공작의 친척일 것이라고 생각했다. 샤베르니가 그의 아내 것보다 훨씬 크고 아름다운 꽃다발을 들고 돌아오자 이 시골 여인은 감탄과 감사의 말을 그치지 않고 쏟아냈다.

“샤베르니 님, 이 은혜 절대 잊지 못할 거예요.”

시골 여인이 말했다.

“그 증표로 포티에가 말한 것처럼 ‘그대에게 무엇인가를 약속할 것을 내게 생각하게 하라’고 해야 할 것 같군요. 공작과의 약속을 지키고 나면 당신 지갑에 수를 놓아드리겠어요.”

독특한 여자 때문에 기분이 언짢았던 쥘리는 오페라가 끝나자 겨우 한숨을 돌렸다. 공작은 시골 여자에게 팔을 내밀었다. 샤베르니는 아내의 손을 잡았다. 샤토포르는 침울하고 불쾌한 표정으로, 계단에서 마주치는 지인들과 어쩔 수 없이 인사를 나누는 둥 마는 둥 하며 쥘리 뒤를 따라갔다.

몇몇 부인들이 그들 곁을 지나쳤다. 쥘리에게 낯익은 얼굴들이었다. 한 젊은 남자가 한껏 비웃는 얼굴로 그녀들에게 소곤거렸다. 부인들은 매우 솔깃한 눈빛으로 샤베르니 부부를 한동안 바라보았고, 그 가운데 한 여자가 갑자기 큰 소리를 내질렀다.

"어머나, 세상에! 그런 일이 있었어요?"

공작의 마차가 보였다. 공작은 샤베르니 부인의 배려에 깊이깊이 감사한다고 몇 번이나 인사했다. 그사이 샤베르니는 장밋빛 날개 장식의 그 부인을 공작의 마차로 안내했다. 쥘리가 샤토포르에게 물었다.

"저 여자, 대체 누구예요?"

"해줄 말이 없군요. 아주 특별한 경우라."

"뭐라고요?"

"게다가 당신을 알고 있는 사람들은 이게 도대체 무슨 일인지 다들 알고 있죠. 샤베르니는…… 정말이지 믿을 수 없어요."

"지금 무슨 말을 하는 거예요? 제발 부탁이니 자세히 좀 말해 봐요. 저 여자 누구냐고요?"

그때 샤베르니가 돌아왔다. 샤토포르가 목소리를 내리깔며 말했다.

"H공작의 정부 멜라니 R부인이랍니다."

"그게 정말이에요?"

깜짝 놀란 쥘리가 샤토포르를 보며 소리쳤다.

"설마, 그럴 리가!"

샤토포르는 어깨를 으쓱해 보이고는 그녀를 마차로 안내하면서 덧붙였다.

"계단에서 마주친 부인들이 그렇게 수군거렸답니다. 저 여자는 그런 부류 가운데서는 훌륭한 측에 속하죠. 그녀에게는 배려와 존중이 필요해요. 남편도 있는 몸이니까요."

"여보!"

어느새 쥘리 곁에 다가선 샤베르니가 밝은 목소리로 말했다.

"내가 함께 가지 않아도 되겠지? 공작 댁에서 만찬이 있다고 하는군. 난 잠시 다녀갈게. 조심해서 들어가도록 해요."

쥘리는 아무런 대답도 하지 않았다.

"샤토포르 군!"

샤토포르를 돌아보며 샤베르니가 말을 이었다.

"공작 댁에 함께 가지 않겠소? 방금 전에 자네도 초대하던걸? 어떤가?"

샤토포르는 무뚝뚝하게 감사인사를 한 뒤, 샤베르니 부인에게 작별인사를 했다. 쥘리는 화를 참느라 손수건을 깨물었다.

"아, 여보게. 우리 여왕폐하를 문 앞까지 자네 마차로 모셔다드릴 수 있겠지?"

"그야 물론이죠."

샤토포르가 쾌활하게 대답했다.

"그건 그렇다 치고, 당신 부인이 누구와 나란히 앉아 있었는지 알아차린 것 같은데요?"

"그럴 리가 없어!"

"믿어요. 당신한테는 그리 좋은 이야기가 아니었다니까요!"

"그런 바보 같은 말 하지 말게나. 내 아내는 기품 있는 여자야. 아직까지 그 여자에 대해 잘 아는 사람은 없어! 게다가 공작은 그 여자를 어디에나 데리고 다닌단 말일세."

6

샤베르니 부인은 그 밤을 안절부절못하며 보냈다. 극장에서의 남편 태도는 그의 모든 비행을 그대로 드러내었다. 게다가 그 모습은 이혼을 재촉하는 것이라는 생각이 들었다. 이에 대해 이튿날 남편과 이야기를 나눌 수 있을 것이다. 또 그런 잔혹한 행동으로 아내를 위험에 빠뜨리는 남자와 한 지붕 아래에 살 수는 없다는 뜻을 밝힐 수도 있을 것이다. 아무튼 이 일은 그녀를 적잖게 위협했다. 그녀는 지금까지 남편과 진지하게 대화를 나눠본 적이 없었다. 불행을 겉으로 드러내 본 적도 없었으며, 남편 또한 그녀의 속마음을 알려고도 하지 않았다. 그는 아내를 자유롭게 내버려둠으로써 그녀에게 자기의 관대함을 보이려 한 것이다. 그녀는 남편과 대화를 나누면서 울음을 터뜨리지는 않을지, 샤베르니가 그 눈물을 사랑의 상처 따위로 착각하지 않을지 걱정되었다. 지금 그녀에게는 어머니의 부재가 아쉬웠다. 어머니가 곁에 있었다면 좋은 충고를 들려주었을 테고, 이혼에 대해서도 알아서 처리해 주실 게 분명하니 말이다. 온갖 생각이 그녀를 불안 속으로 몰고 갔다. 피곤에 지친 채 잠을 청하며, 어린 시절부터 친하게 지내온 한 친구와 이 일을 상의하기로 마음먹었다. 샤베르니에게 어떤 행동을 보여야 할지 그 친구의 뜻에 맡기기로 결심한 것이다.

감정이 격해진 쥘리는 무의식적으로 남편과 샤토포르를 비교해 보았다.

남편의 무례함은 샤토포르의 기품을 돋보이게 했다. 게다가 남편보다도 애인이 자기 평판에 더 신경을 써주었다는 사실을 생각하면 샤토포르에 대한 호감이 한층 더했다. 이렇게 생각하고 보니 그러지 말아야겠다고 생각하면서도 샤토포르의 품위 있는 배려와 샤베르니의 형편없는 태도가 더욱 비교되었다. 그녀는 남편이 배를 불룩 내민 채 H공작의 정부 곁에서 심하게 기분 좋아하던 모습과 샤토포르의 여느 때보다 더 정중한 모습을 떠올렸다. 남편에게는 이미 존경심이 사라졌을 법 하건만, 여전히 그 존경심을 보이려고 노력하던 모습을 떠올렸다. 그녀는 자기도 과부가 될 수 있다는 것, 하지만 아직은 젊은 데다 가진 것도 있고, 젊은 장교가 보내는 변함없는 사랑을 정당하게 승리의 왕관으로써 받아 쓴다 해도 걸릴 것이 없으리라고 상상해 보았다. 불행을 딛고, 재혼한다 해도 반대할 사람은 아무도 없었다. 젊은 샤토포르의 사랑이 진실한 것이라면 말이다. 그녀는 이런 생각을 하는 자신이 부끄러워 얼굴을 붉히며 그 생각을 떨쳐버리려고 했다. 그리고 샤토포르와의 교제는 더 조심스럽게 이어가야겠다고 마음먹었다.

쥘리는 심한 두통을 느끼며 잠에서 깨어났다. 어제 일로 굳게 다짐했던 감정들이 많이 흐려져 있었다. 남편과 얼굴을 마주하는 것이 두려웠던 그녀는 아침 식사를 하러 아래층으로 내려가기도 싫었으므로, 자기 방으로 아침을 가져오게 했다. 그리고 랑베르 부인 댁으로 가기 위해 마차를 준비시켰다. 그녀와 상의하기로 마음먹은 것이다. 랑베르 부인은 P시의 별장에 묵고 있었다.

그녀는 아침 식사를 하면서 신문을 펼쳤다. 맨 처음 눈에 들어온 것은 다음과 같은 기사였다.

'주 콘스탄티노플 프랑스 대사관 일등서기관 다르시 씨는 어제 공용문서를 가지고 파리에 도착. 이 청년 외교관은 도착 직후 외무장관과 오랜 시간에 걸친 회담을 가짐.'

"다르시가 파리에 왔다고!"

그녀가 소리쳤다.

"그분을 다시 만날 수 있으면 좋을 텐데! 일은 잘 마친 걸까? '이 청년 외교관'이라니! '청년 외교관'."

그녀는 '청년 외교관'이라는 말에 혼자 웃음을 터뜨렸다.

이 다르시라는 사람은, 지난날 뤼상 부인의 연회에 열심히 참석하던 사람으로, 그 무렵에는 외무성의 외교관보였다. 그는 쥘리가 결혼하기 얼마 전 파리를 떠난 뒤 다시는 만나지 못했지만, 그가 여행을 다니며 탄탄대로를 걷고 있다는 것은 들어 알고 있었다.

그녀는 아직도 신문을 손에 들고 있었다. 그때 남편이 그녀 방으로 들어왔다. 그는 매우 기분이 좋아 보였다. 그를 본 그녀는 방에서 나가려고 일어섰다. 그러나 화장실에 가기 위해서는 그 곁을 지나가야만 했으므로 그녀는 일어선 채 꼼짝하지 않고 서 있었다. 탁자 위에 올려놓은 그녀의 손 떨림 때문에 찻잔이 흔들릴 만큼 그녀는 흥분한 상태였다.

"여보."

샤베르니가 말했다.

"네댓새쯤 떨어져 있어야 할 것 같아 작별인사 하러 왔소. H공작하고 사냥을 가려고 해. 엊저녁, 당신의 호의에 고마워하던걸. 내 일은 잘돼가고 있어. 게다가 그는 아주 그럴 듯한 방법으로 나를 왕에게 추천해 주겠다고 약속했거든."

쥘리는 붉으락푸르락하며 남편의 말을 듣고 있었다.

"H공작이야말로 당신한테 감사해야겠죠."

그녀는 떨리는 목소리로 대답했다.

"자기 정부와 한패가 되어 부끄러운 방법으로 아내를 우습게 만드는 누군가에게 그렇게 하지 않을 이유가 없을 테니 말이에요."

그러고는 필사적인 노력으로 발걸음 당당하게 자기 화장실에 들어가 세차게 문을 닫아버렸다.

순간, 샤베르니는 당황해 고개를 떨어뜨린 채 잠시 서 있었다.

'도대체 어디서 무슨 말을 들은 거야? 에이, 어차피 들킨 거, 어쩔 수 없지 뭐.'

샤베르니는 속으로 생각했다.

불쾌한 일을 오래도록 생각하기 싫어하는 샤베르니는 설탕병에서 각설탕을 하나 꺼내 입에 물고는 때마침 들어온 몸종에게 말했다.

"부인께 전해라. 나는 H공작 댁에서 네댓새 머물 거라고 말이야. 그리고 사냥한 건 보내겠다고 말씀드려."

그러고는 꿩이나 사슴 등 사냥감 생각만 하면서 집을 나섰다.

7

쥘리는 P시로 가기 위해 집을 나섰지만 남편에 대한 화는 좀처럼 가라앉지 않았다. 남편이 수리해야만 하는 마차를 남겨둔 채 자기는 새로 구입한 사륜마차를 타고 떠나버렸기 때문이다.

P시로 가는 내내 쥘리는 이 사건을 어떻게 이야기할 것인지 머릿속으로 생각했다. 슬픔도 억눌러야겠지만 무엇보다도 잘 짜인 이야기가 주는 만족감을 스스로 느끼고 싶었던 것이다. 그녀는 어느 대목에서 어떤 말을 할 것인지를 세심하게 준비했다. 결국 그녀는 여러 각도에서 남편의 잘못을 바라보게 되었고, 그 탓에 남편에 대한 원망은 더한층 커졌다.

파리에서 P시까지는 꽤 먼 거리였다. 그러나 쥘리의 비난과 증오가 아무리 심하다 해도 4리외*9나 되는 거리를 가는 내내 증오심에만 사로잡혀 있다는 것은 불가능한 일이다. 사람의 생각이란 이따금 신기한 작용을 일으키기도 해서, 고통스러운 감정 사이사이에 즐거웠던 환상이 모습을 드러내기도 하는 것이다. 남편의 온갖 비행으로 진저리를 치면서도 이따금 우수 어린 추억이 불쑥불쑥 드러나곤 했다.

맑고 깨끗한 공기와 화사한 햇빛, 지나다니는 사람들의 평온한 모습도 지긋지긋한 추억에서 그녀를 해방시켜 주는 데 한몫했다. 그녀는 어린 시절과 또래 젊은이들과 함께 전원을 산책하던 날들을 떠올렸다. 수도원 친구들도 생각났다. 그녀는 친구들과 함께 일하고 함께 식사했으며, 그녀가 찾아낸 선배들의 기묘한 신비로움에 대해서도 이해했었다. 이런 온갖 기억들이 새록새록 떠오른 까닭에 자기도 모르는 사이 입가에 미소가 번졌다.

또 사교계에 첫발을 내디뎠을 때를 회상했다. 수도원을 나온 이듬해, 지금 생각해 보면 가장 빛나던 몇몇 무도회에서 춤을 추었었다. 이 무도회는 남편을 생각나게 했다.

'내가 왜 그렇게 바보였을까? 그와 결혼하면 불행해질 거라는 사실을 어째서 한눈에 알아보지 못한 걸까?'

---

*9 예전 거리 단위. 약 4km.

그녀는 속으로 생각했다. 샤베르니가 결혼하기 한 달 전, 그녀에게 들려주었던 온갖 이야기들이 그녀의 기억에 또렷이 남아 있었다. 다른 남자와 결혼하는 자기 때문에 실의에 빠졌던 수많은 숭배자들도 떠올랐다. 그러나 그들도 이내 다른 사람과 결혼했는가 하면 쉽게 포기하고는 돌아서기도 했다.

'그가 아닌 다른 남자와 결혼했다면 행복했을까?'

그녀는 스스로에게 물어보았다. 'A는…… 여러모로 부족한 사람이야. 하지만 아무런 문제를 일으키지 않잖아. 아멜리가 남편을 제멋대로 휘두르는 걸 보면 순진한 남편하고 사는 데에도 다 방법이 있는 모양이야. B는…… 정부가 몇 명이나 있지. 그의 아내는 사람이 좋은 건지 그저 걱정만 하고 있고, 그런 아내를 그는 또 얼마나 소중하게 여기는지. 게다가…… 그 정도면 됐지 뭐. 언제나 책을 읽고 있던 젊은 C백작은…… 언젠가 훌륭한 의원이 되려고 열심히 노력하고 있겠지. 그러면 좋은 남편이 되었을까? 하지만 그런 사람들 또한 모두 지겨워지고, 어리석고……'

이렇게 지난날 사귀던 사람들을 하나씩 되새겨 보던 중, 다르시라는 이름이 문득 떠올랐다.

지난날, 다르시는 뤼상 부인이 이끌던 사교계에서 그리 환영받는 사람은 아니었다. 그의 재산이 처녀들을 넘볼 만큼 여유롭지 못했기 때문이라는 소문이었다. 아니, 처녀들의 어머니들이 그 사실을 알았다고 하는 것이 맞는 표현일 것이다. 어머니들의 생각에 다르시는 자기 딸을 줄 만한 그 어떤 것도 가지고 있지 않았다. 게다가 그는 풍류를 모르는 사람이었다. 사람들을 좋아하지 않는 데다 독설가였으며, 아가씨들 사이에서 어느 젊은이 한 사람을 도마 위에 올려놓고 조롱하는 것을 즐겼다. 그가 어느 처녀에게 조용히 속삭일 때에도 그녀의 어머니는 걱정하지 않았다. 그도 그럴 것이 처녀들이 모두 소리 높여 웃었기 때문이다. 아름다운 치아를 가진 아가씨의 어머니는 다르시를 매우 좋은 사람이라고 말하기도 했다.

취미가 같고 독설을 좋아하던 쥘리와 다르시는 서로 가까워졌다. 몇 번 경합을 벌인 끝에 그들은 평화조약을 맺고 공수동맹(攻守同盟)을 약속했다. 둘은 서로를 격려했고, 두 사람의 지기들을 힘을 합해 공격했다.

어느 날 저녁, 쥘리는 노래를 한 곡 부르라는 요청을 받았다. 그녀는 매우 좋은 목소리를 타고났다. 자기 스스로도 그렇게 생각했다. 피아노에 다가선 그녀는 노래를 부르기 전, 자랑스러운 눈빛으로 주위에 있는 여자들을 둘러보았다. 마치 그녀들을 업신여기기라도 하듯. 이날 밤에는 상태가 좋지 않았는지, 운이 나빴는지, 실력 발휘를 제대로 하지 못했다. 여느 때 같았으면 매우 아름다웠을 음정이 처음부터 빗나가고 말았다. 쥘리는 당황하여 음정을 틀린 채 끝까지 노래를 불렀으나 기교를 부려야 하는 부분에서 모두 잘못하고 말았다. 이를테면 훌륭한 실패였던 것이다. 마음이 뒤숭숭하여 울지 않으려 애쓰며 쥘리는 자리로 돌아왔고, 그녀의 오만함을 비웃는 친구들의 기뻐하는 모습을 느껴야만 했다. 남자들조차도 조롱하는 눈치였다. 그녀는 부끄러움과 노여움에 휩싸여 눈을 감았다. 잠깐은 얼굴을 들 수도 없었다. 그녀가 다시 얼굴을 들었을 때, 가장 먼저 눈에 들어온 것은 호감 어린 얼굴의 다르시였다. 그의 눈에는 눈물이 맺혀 있었다. 뜻밖의 상황에서 그녀만큼이나 상처를 받은 듯 보였다.

'그는 나를 사랑해. 그래, 분명히 나를 사랑하는 거야.'

그녀는 속으로 생각했다. 그날 밤, 그녀는 잠을 이루지 못했다. 비통해하는 다르시의 모습이 눈앞에 어른거렸다. 이틀 동안 그녀는 다르시 생각만 했다. 자기에게 보내고 있는 다르시의 신비한 정열만을 생각한 것이다. 이야기는 이미 많은 진전을 보이고 있었다. 이때, 뤼상 부인은 P.P.C.*10라는 세 글자가 찍힌 명함을 받았다.

"다르시 씨는 어디로 가는 거죠?"

쥘리가 한 남자친구에게 물었다.

"어디 가느냐고요? 모르셨어요? 콘스탄티노플로 간답니다. 오늘 밤 배편으로 떠난다고 하더군요."

'그래? 그럼 나를 사랑하지 않는단 말이야?'

그녀는 생각했다.

그로부터 여드레 뒤 쥘리는 다르시를 잊었다. 하지만 다르시는 꽤 열정적인 편으로 여덟 달 동안 쥘리를 잊지 못했다. 이런 차이를 설명하고, 쥘리를 너그럽게 용서하기 위해서는 그 부렵 그들이 어떤 환경에 처해 있었는지를 생각하면 된다. 그때 다르시는 미개인들 사이에서 생활했던 반면, 쥘리는 찬

---

*10 작별인사.

사와 향락에 둘러싸인 파리에 살고 있었던 것이다.

아무튼 두 사람이 헤어지고 6, 7년이 지난 뒤 P시를 향해 가고 있는 마차 안에서 쥘리는, 노래를 망쳐버린 그날 다르시의 침울한 표정을 떠올렸다. 그뿐만 아니라 지난날 다르시의 사랑과 어쩌면 아직까지도 간직하고 있을지 모르는 그의 마음을 생각했던 것이다. 그녀는 잠깐 그 생각에 사로잡혔으나, 다르시는 또다시 그녀에게 잊히고 말았다.

8

P시에 도착하여 랑베르 부인 집 중간 뜰에 세워진 마차를 발견한 쥘리는 적잖게 당황했다. 그 마차는 그곳에 오래 머물 게 분명한 방문객이 와 있음을 나타냈다. 쥘리는 샤베르니에 대한 말을 꺼낼 수 없게 된 것이다.

쥘리가 응접실에 들어서자 랑베르 부인은 다른 한 부인과 함께 있었다. 그 부인은 사교모임에서 만난 적이 있는, 이름 정도 들어 알고 있는 사람이었다. 쥘리는 P까지 온 것이 헛수고였다는 내색을 하지 않으려고 애썼다.

"이게 누구야! 어서 와요!"

랑베르 부인은 그녀를 끌어안고 반갑게 인사했다.

"잊지 않고 기억해 주다니 고맙네요. 아주 절묘한 때 와주었군요. 지금, 당신에게 푹 빠져 있는 사람들을 기다리는 참이랍니다."

쥘리는 어리둥절한 채, 자기는 랑베르 부인 한 사람을 만나러 왔다고 말했다.

"그분들이 당신을 보게 되면 아마도 무척 즐거워할 거예요."

랑베르 부인이 대답했다.

"딸아이가 시집간 뒤, 어찌나 적적한지 이렇게 친지들이 찾아와 주면 너무나 반갑고 기쁘답니다. 그건 그렇고 오늘 왜 이렇게 창백해 보이는 거죠? 무슨 일이라도 있는 거예요?"

쥘리는 갑자기 거짓말을 꾸며냈다. 먼 길을 여행해서 그렇다 거니, 먼지 때문이라 거니, 햇빛 때문이라 거니 등등 둘러대면서.

"오늘 당신 숭배자 가운데 한 사람하고 식사하게 될 거예요. 그분을 깜짝 놀라게 해드려야겠는걸요. 샤토포르 씨가 오기로 되어 있답니다. 그 친구이신 페랭 소령하고요."

"페랭 소령님은 얼마 전 저희 집에도 오셨었답니다."

이렇게 말하는 쥘리의 두 볼이 빨갛게 물들었다. 샤토포르 생각을 했기 때문이다.

"그리고 생 레제 씨도 오실 거예요. 다음 달을 위해서 단막극*11을 짜야 하거든요. 당신도 한 역할 맡아줘야 해요. 2년 전에는 당신이 주연이었잖아요."

"어머, 부인! 저는 꽤 오랫동안 연습하지 않았답니다. 이전처럼 할 자신이 없어요. (그 순간 누군가 도착한 모양이었다) 다른 분에게 맡기세요."

"쥘리, 그리고 또 누가 오시는지 맞혀봐요. 그 이름을 맞추기 위해서는 추억을 떠올려야 할 필요가 있을 것 같군요."

순간, 쥘리는 다르시의 이름을 떠올렸다.

'그는 늘 나를 따라다니게 되어 있는 모양이야.'

마음속으로 생각하며, 쥘리는 이렇게 대답했다.

"추억이라고요? 추억이야 많이 있죠."

"한 6, 7년 전쯤의 추억 말이에요. 당신이 아직 어렸을 때, 머리를 늘어뜨리고 있던 시절, 당신에게 은근한 마음을 보이던 한 사람을 떠올려 봐요."

"글쎄, 정말 모르겠는걸요."

"어머, 너무 하네요! 그렇게 훌륭한 분을 잊다니. 어쩌면 내가 착각한 건지도 모르겠군요. 하지만 잘 생각해 봐요. 이전에 당신도 그를 좋아했던 터라 어머니가 걱정하실 정도였는데…… 자기를 숭배하던 사람을 이렇게 잊어버리다니. 어쩔 수 없이 내가 일깨워 줘야겠군요. 이제 곧 오실 분은 바로 다르시 님이랍니다."

"다르시 씨라고요?"

"네. 드디어 네댓새 전에 콘스탄티노플에서 돌아왔답니다. 어제도 오셨었죠. 그래서 오늘 초대한 거예요. 당신에 대해 물어보던데, 당신은 기억도 못하다니 너무한 것 같군요."

"다르시 씨가 말인가요?"

쥘리는 주저하면서도 신경 쓰지 않는다는 투로 말했다.

"다르시 씨라면 그 금발의 훌륭한 젊은이 말인가요? 대사관 서기관이라던

---

*11 속담 부연 단막극.

가 하는?"

함께 있던 부인이 물었다.

"아마 못 알아볼 거예요. 꽤 많이 변했거든요. 창백하다고 해야 할까, 올리브색이라고 해야 할까, 눈은 더 깊어지고, 더위 때문이라고 하는데 머리가 꽤 빠졌더군요. 그 상태로 2, 3년 더 그곳에 있다가는 앞 대머리가 될 것 같더라고요. 아직 서른 안쪽인데 말이죠."

다르시의 이야기를 듣고 있던 부인은 칼리도르를 사용할 것을 적극 권했다. 그것은 병 때문에 머리가 거의 빠진 사람이 쓰면 효과를 본다는 약이었다. 그녀는 말을 하면서 구불구불한 아름다운 회색빛이 감도는 갈색 머리를 손가락으로 매만졌다.

"다르시 씨는 콘스탄티노플에서만 있었나 보죠?"

쥘리가 물었다.

"아니, 그곳에서만 있었던 건 아니고 이곳저곳 여행을 많이 한 모양이에요. 러시아에도 그리스에도 다녀왔다던걸요. 그분의 행운에 대해 듣지 못했나 보군요? 그의 숙부님이 돌아가시면서 다르시 씨에게 엄청난 재산을 남기셨답니다. 아나톨리에도 다녀오고, 또 뭐라고 하셨더라…… 아, 그래 맞아! 카라마니*12에도 다녀오셨다더군요. 얼마나 멋있는지 몰라요. 여러 가지 재미있는 이야기를 많이 가지고 있죠. 아마 당신 마음에 쏙 들 거예요. 어제도 꽤나 재미있는 이야기를 많이 들려주셨는데, 나 같은 할머니보다는 젊은 부인들에게 많이 들려주라고 끊임없이 말할 정도였다니까요."

"그분이 살리셨다는 터키 여인 이야기도 하시던가요?"

칼리도르의 숭배자 뒤마누아 부인이 물었다.

"터키 여인을 살리셨다고요? 그런 얘긴 안 하시던걸요."

"그러셨군요. 아무튼 멋져요! 생생하게 살아 있는 이야기들이잖아요."

"그건 무슨 말이에요? 말씀해 주세요!"

"아뇨, 본인한테 직접 들으세요. 저는 그저 동생에게 들었을 뿐인걸요. 아시다시피 제 여동생 남편이 스미른의 영사였거든요. 제 여동생은 그 광경을 직접 목격한 어느 영국 분한테 들은 거라고 하더군요. 아무튼 정말 멋졌어요."

---

*12 오트 가론과 미디페레네 주 사이에 위치한 도시.

"그 이야기를 들려주셔야 되겠는걸요. 식사 때까지 어떻게 기다려요? 그런 이야기를 듣는 게 얼마나 재미있는지 아시잖아요."

"제가 말씀드리면 그다지 재미는 없겠지만 말씀드리지요. 이야기인 즉 이렇답니다. ─다르시 씨가 어느 해안의 유적을 조사하기 위해 터키에 머물고 있을 때, 아주 음산한 행렬과 마주쳤답니다. 벙어리들이 자루를 매고 있었는데, 그 속에 살아 있는 뭔가가 있는 것 같더랍니다."

"어머나!"

《르 지아우르》*13를 읽은 적이 있는 랑베르 부인이 갑자기 소리쳤다.

"여자를 바다에 내던지려는 거예요."

"맞아요."

이야기의 가장 극적인 부분을 이런 식으로 망쳐버린 뒤마누아 부인은 조금 실망한 듯 말을 이었다.

"다르시 씨가 자루를 보고 있자니 그 안에서 무슨 소리가 들려오더랍니다. 곧 그 끔찍한 사실을 알아차린 그가 벙어리들에게 무슨 일이냐고 물었는데, 그들은 대답 대신 단검을 꺼내더라는 거예요. 다행히 완전무장을 하고 있던 다르시 씨는 가까스로 그들을 물리치고는 깨끗한 자루 속에서 한 부인을 꺼내주었지요. 매우 아름다웠던 그 부인은 거의 실신 상태였답니다. 그는 이 여인을 마을의 어느 안전한 집으로 데려갔다는군요."

"가엽기도 하지."

이야기에 빠져든 쥘리가 말했다.

"이야기가 여기서 끝난 게 아니랍니다. 어떻게 알았는지 그녀의 남편이 부랑자들을 모아서는 다르시 씨를 태워 죽이겠다고 저마다 손에 횃불을 들고 다르시 씨가 묵고 있는 곳으로 밀어닥쳤다지 뭐예요. 그 뒷이야기는 잘 모르지만, 아무튼 다르시 씨는 한발도 물러서지 않고 그녀를 안전하게 지켜주었다는군요. 게다가……."

뒤마누아 부인은 갑자기 목소리를 바꾸어 콧소리를 내며 경건한 모습으로 이렇게 말했다.

"그분은 그 여인을 개종시키고 세례를 받게 하셨다지 뭐예요."

---

*13 터키에서 비이슬람교도인을 지칭하는 경멸적인 말.

"그래서 다르시 씨는 그분과 결혼이라도 하셨나요?"

쥘리가 웃으며 물었다.

"글쎄요. 하지만 그 터키 여인은…… 그녀 이름이 아주 묘하답니다. 에미네라고 하던데…… 그녀가 다르시 씨를 열렬히 사모하게 된 모양이에요. 동생 말로는 언제나 '소치, 소치' 하고 불렀다는군요. 그건 터키어로도 그리스어로도 '나의 구세주'라는 뜻이랍니다. 유라리 말로는 매우 아름다운 여자라더군요."

"다르시 씨에게 물어보자고요."

사뭇 흥미로운 표정으로 랑베르 부인이 말했다.

"그렇잖아요, 여러분? 좀 골려주자고요. 다르시 씨의 행동은 너무나 당연한 일이에요. 내가 알고 있는 이해력 빠른 사람 가운데 하나니까 무슨 말인지 곧 알아듣겠죠. 말씀하실 때마다 눈물이 날 것만 같은 그의 이야기를 더러 알고 있답니다. 그의 숙부님은 사생아를 남겨놓고 돌아가셨지요. 그런데 그 사실을 도무지 인정하려 들지 않았어요. 게다가 그 숙부님은 유언을 남기지 않고 돌아가셨기에 그녀는 상속 권한이 없었죠. 오직 한 사람, 후계자였던 다르시 씨는 그 여자도 상속을 받을 수 있도록 해주었답니다. 아마 그 숙부님이었다 해도 다르시 씨만큼 많이 나눠주지는 않았을 거예요."

"그 사생아가 예뻤나 보죠?"

왠지 불편한 심기를 드러내며 쥘리가 물었다. 왜냐하면 자기 마음에서 떨쳐내지 못하는 다르시에게 괜한 심술이 난 것이다.

"어떻게 그런 상상을 할 수 있죠? 숙부님이 돌아가셨을 때 다르시 씨는 콘스탄티노플에 있었으므로 아마 그녀를 보지도 못하셨을 거예요."

그때, 샤토포르와 페랭, 그리고 다른 손님들이 도착하여 이야기는 여기서 끝이 났다. 샤토포르는 샤베르니 부인 옆자리에 앉아 사람들의 목소리가 높아진 틈을 타 부인에게 물었다.

"부인, 왠지 가라앉아 보이는군요. 혹시 내가 어제 말한 일 때문에 그러는 건가요?"

샤베르니 부인은 그의 말을 듣고 있지 않았다. 아니, 그보다는 그의 말을 들으려 하지 않았다. 샤베르니 부인이 아무런 대꾸도 하지 않자 샤토포르는 무색함을 느꼈다. 쥘리는 곧 다른 사람들의 이야기에 끼어들었고, 자리마저 옮겨 앉으며 그녀의 숭배자로부터 멀어졌다.

샤토포르는 실망하지 않고 재치 있게 행동했으나 소용없었다. 한결같이 그녀의 마음에 들려고 노력했으나, 샤베르니 부인의 마음은 다른 곳에 가 있는 것 같았다. 그녀는 이미 잊었다고 생각한 남자, 게다가 상대방도 이미 오래전에 자신을 잊었을 게 분명한 그 사람을 어째서 마음 태우며 생각하는지 스스로 의아해하면서도 곧 다르시가 올 것이라는 생각에 가슴이 설렜다.

드디어 마차 소리가 들리는가 싶더니 응접실 문이 열렸다.

"어머, 오셨군요!"

랑베르 부인이 반갑게 목소리를 높였다. 쥘리는 애써 돌아보려 하지 않았으나 얼굴이 창백해졌다. 그녀는 갑자기 한기를 느꼈다. 마음을 가다듬고, 낯빛이 변한 것을 샤토포르에게 들키지 않도록 조심했다.

다르시는 랑베르 부인의 손에 입을 맞춘 뒤, 선 채로 잠시 이야기를 나누고는 그녀 옆에 앉았다. 한순간, 주위가 조용해졌다. 랑베르 부인은 다르시가 인사하는 것을 기다렸다가 다른 손님들을 인사시키려는 눈치였다. 사람 좋은 페랭 소령 말고, 샤토포르와 다른 신사들은 약간의 질투가 뒤섞인 호기심을 가지고 다르시를 쳐다보았다. 콘스탄티노플에서 왔다는 사실 하나만으로도 다른 사람들을 편안치 않은 굳은 자세로 만들기에 충분했던 것이다. 아무에게도 주목하지 않고 있던 다르시가 드디어 침묵을 깨뜨렸다. 그는 날씨 이야기며, 이곳으로 오는 길 이야기 등 부드러우면서도 음악적인 목소리로 사소한 이야기들을 늘어놓았다. 샤베르니 부인은 큰마음 먹고 그에게 시선을 돌렸다. 그의 옆모습이 보였다. 그는 이전보다 말랐고, 표정도 달라진 것 같았다. 한마디로 훌륭하게 보였다.

"다르시 씨, 당신 주위를 한번 잘 둘러보세요."

샤베르니 부인을 의식하며 랑베르 부인이 말했다.

"여기 있는 아주 오래전 소꿉친구가 안 보이시나요?"

다르시는 주위를 둘러보다가 그때까지는 모자에 가려 잘 보이지 않던 쥘리를 발견했다. 놀란 나머지 짧은 감탄사를 터뜨린 다르시는 서둘러 일어서서 손을 내뻗으며 그녀에게 다가갔다. 그러고는 갑자기 멈춰 서서 자기의 지나친 태도를 후회라도 하듯 정중하게 예를 갖추고, 품위 있는 말로 다시 만난 기쁨을 전했다. 쥘리는 의례적인 말을 두세 마디 건넸을 뿐이었지만, 다르시가 자기 앞에 선 채 뚫어져라 쳐다보자 그만 새빨개지고 말았다.

곧 평정을 되찾은 쥘리는, 세상 사람들이 곧잘 하는 아무렇지도 않은 듯한 표정을 지어 보였으나, 한편으로는 살피는 눈빛으로 그를 바라보았다. 그는 늠름해 보였으며, 표정에서는 차분함이 느껴졌다. 하지만 그 차분함은 평상심이라기보다는 그렇게 보이려고 노력하는 자제심에서 오는 것 같았다. 그의 이마에는 이미 깊은 주름이 새겨져 있었다. 깊은 눈동자에 입꼬리가 아래로 처져 있었으며, 아직 서른도 안 된 그의 관자놀이 주변 머리카락은 이미 듬성듬성해지고 있었다. 다르시의 차림은 매우 간소했지만 상류사회의 습관이 몸에 밴 까닭에 기품이 느껴졌다. 하지만 많은 젊은이가 이것저것 신경 쓰는 것들에 대해서는 무관심한 듯 보였다. 쥘리는 그의 모습을 찬찬히 뜯어보았다. 그의 이마에 흘러내린 머리카락만으로는 가려지지 않는, 칼자국인 듯한 긴 흉터가 있었다.

쥘리는 랑베르 부인 옆에 앉아 있었다. 그녀와 샤토포르 사이에는 다리가 하나인 의자가 놓여 있었다. 다르시가 일어서자 샤토포르는 그 등받이에 팔을 걸친 채 한쪽 다리로 균형을 잡았다. 귀리상자를 지키는 개처럼 그 자리를 지키려는 게 분명했다. 랑베르 부인은 샤베르니 부인 앞에 멈춰 서 있는 다르시가 가엾게 여겨져 자신의 긴 의자 한쪽 옆에 그를 앉게 했다. 다르시와 쥘리는 이렇게 옆자리에 앉게 되었다. 그는 그녀에게 매우 흥미로운 이야기들을 들려주었다. 한편으로는 랑베르 부인의 여러 가지 질문을 받아야 했지만 그럭저럭 간단하게 답하고는 샤베르니 부인과 비밀 이야기를 나눌 기회를 엿보았다.

"샤베르니 부인을 부탁해요."

식사를 알리는 종이 울렸을 때, 랑베르 부인이 다르시에게 말했다.

샤토포르는 입술을 깨물었다. 이들을 잘 관찰하기 위해 식탁에서는 쥘리 가까이에 자리를 차지하고 앉았다.

9

마침 날씨가 맑았으므로 식사를 마친 뒤, 더위를 식힐 겸 정원에 마련된 탁자에 모여 앉아 차를 마시게 되었다.

샤토포르는 다르시가 오로지 샤베르니 부인에게만 관심을 쏟는 것을 안타까운 마음으로 바라보았다. 그녀가 새로 나타난 자의 이야기에 빠져드는 것을 보면서 그의 상냥함은 점차 자취를 감추고, 그저 질투심만 불타오르게 되었다. 그는 불안에 사로잡혀 자리에 가만히 앉아 있을 수 없었다. 지평선 위에 나타나 태풍을 예고하는 커다란 구름을 바라보는가 하면, 작은 소리로 쥘리와 이야기하는 연적을 욕하기도 하면서 사람들이 앉아 있는 주변을 서성였다. 그리고 웃기도 하고 때로는 심각한 얼굴이 되는가 하면, 조심스럽게 눈을 내리까는 그녀를 보았다. 그는 다르시가 심각한 이야기를 하고 있다고 생각했다. 그를 더 비참하게 만든 것은 쥘리의 표정이 다르시의 이야기나 표정에 따라 이리저리 바뀐다는 것이었다. 괴로움에 사로잡힌 샤토포르는 더 이상 견디지 못하고 그녀 곁으로 다가갔다. 다르시는 누군가에게 이슬람교도 교주 마흐무드의 콧수염에 대해 설명하고 있었다.

"부인!"

샤토포르가 그녀의 등받이 쪽으로 몸을 숙이며 고뇌에 찬 목소리로 그녀를 불렀다.

"다르시 씨는 붙임성이 좋은 사람이군요!"

"네, 정말 그러네요."

샤베르니 부인은 몹시 감동한 말투로 대답했다.

"내가 보기에도 그런 것 같군요. 당신의 오랜 친구를 잊게 할 정도니까요."

"내 오랜 친구라고요?"

갑자기 엄격해진 말투로 쥘리가 되물었다.

"무슨 말을 하는 건지 모르겠군요."

그녀는 등을 돌렸다. 그리고 랑베르 부인이 갖고 있던 손수건의 한쪽 귀퉁이를 들고 말했다.

"어머, 곱기도 하지! 어쩌면 이렇게 수를 잘 놓았는지!"

"그렇죠? 다르시 씨가 주신 거랍니다. 콘스탄티노플에서 자수 손수건을 많이 가져오셨더군요. 그런데 다르시, 이건 당신의 그 터키 여인이 수놓은 건가요?"

"제 터키 여인이라니요? 누구 말씀이신지?"

"당신이 구해 주었다는 그 아름다운 터키 여인 말이에요. 당신에 대해 많은 것을 알게 되었답니다. 그녀가 당신을 어떻게 불렀다고 하더라…… 그래, 맞아. 구세주라던가 뭐라던가…… 터키어로 뭐라고 하는지 당신이 잘 알고 계실 텐데요?"

다르시는 웃으며 이마를 탁 쳤다.

"정말이십니까? 제가 당한 재난이 벌써 파리에까지 전해졌다는 거네요?"

"그건 재난이 아니죠. 재난을 당한 건 오히려 총애하는 여인을 잃은 상대방 남자겠죠."

"이런! 부인께서는 그 이야기를 절반밖에 모르시는군요. 돈키호테의 풍차처럼 저로서는 슬픈 사건이랍니다. 프랑크족에게 호되게 당했거든요. 영원히 죄인이 되고 만 그 일 때문에 파리에서까지 비웃음을 당해야 하다니."

"뭐라고요? 사실 우리도 잘 모르는 이야기랍니다. 어찌된 일인지 부디 들려주세요."

그 이야기를 해달라고 부인들이 한목소리로 요청했다.

"이미 알고 계시는 부분은 그대로 두죠. 저로서는 조금도 유쾌하지 않은 일인지라 사양하고 싶습니다만 제 친구 하나가…… 그의 이름을 밝히는 것을 용서해 주십시오, 랑베르 부인. 그러니까 이 비극 속에 등장하는 한 사람이 바로 존 티렐 씨입니다. 그도 곧 파리로 돌아올 것입니다. 그는 이 이야기를 더 우습게 말할지도 모르겠습니다. 그 이야기는 이렇습니다. 불쌍한 여인은 프랑스 영사관에 도착하자……."

"어머! 처음부터 말씀해 주세요!"

랑베르 부인이 소리쳤다.

"이미 알고 계실 텐데요."

"우리는 아무것도 몰라요. 처음부터 끝까지 하나도 남김없이 다 말씀해 주세요."

"그럼 그렇게 하죠. 여러분도 알고 계시는 바와 같이 18××년에 저는 라르나카에 있었습니다. 어느 날, 그림을 그리려고 마을을 벗어났죠. 매우 상냥하고 건강한 존 티렐이라는 영국인하고 함께였답니다. 그는 같이 여행하기에 딱 좋은 사람이었어요. 그게 무슨 말이냐 하면, 그런 사람들은 끼니를 잘 챙기는가 하면 식량도 잘 챙기는 데다가 늘 밝거든요. 그는 지질학이나 식물학은 잘 모르는 사람이었습니다.

저는 바다에서 조금 떨어진 작은 폐가에 앉아 있었습니다. 바다라고는 해도 모래밭이 아니라 깎아지른 듯한 절벽이 있는 곳이었죠. 저는 고대의 돌무덤을 열심히 그렸습니다. 존은 풀밭에 누워 라타키에 담배 연기를 내뿜으며 미술에 대한 제 짝사랑을 비웃고 있었지요. 우리 곁에서는 통역을 맡고 있는 터키 사람이 우리를 위해 커피를 만들고 있었고요. 이 남자는 우리가 아는 터키인 가운데서는 가장 커피를 잘 만드는, 하지만 겁이 많은 사람이었습니다.

갑자기 존이 탄성을 질렀습니다.

'저기 좀 봐. 산에서 눈뭉치를 매고 내려오고 있는데? 저걸 사서 오렌지에 섞어 아이스크림을 만들면 어떨까?'

눈을 들어 보니 우리 쪽으로 당나귀 한 마리가 다가오고 있었습니다. 비스듬히 얹혀 있는 자루를 두 노예가 양쪽 옆에서 받치고 있었지요. 앞에서는 마부가 당나귀를 끌고 있었고, 제법 훌륭한 말을 탄 턱수염이 흰 나이 든 터키인이 후미를 지키고 있었답니다. 이 행렬은 천천히, 매우 엄숙하게 걸음을 옮겼습니다.

우리 쪽에 있던 터키인이 불을 피우면서 당나귀에 실려 있는 짐을 흘깃 보더니 묘한 미소를 지으며 '저건 눈이 아니에요' 말하고는 증류수로 커피를 만드는 데 몰두하는 겁니다.

'그럼 저게 뭐란 말이야? 먹을 건가?'

티렐이 물었습니다.

'물고기 밥이죠.'

터키인이 이렇게 대답했죠.

바로 이때, 말에 타고 있던 남자가 바다를 향해 달리더군요. 이슬람교도들이 기독교도들에게 던지는 경멸에 찬 눈길 한 번 주지 않고 말이죠. 그 사람은 아까 말씀드린 그 절벽까지 가더니 가장 깎아지른 듯 보이는 곳에 멈춰 섰습니다. 그러고는 바다를 내려다보았습니다. 마치 어디서 뛰어내리는 게 가장 좋을지 둘러보는 것 같았죠.

우리는 당나귀가 지고 있는 짐을 주의 깊게 살펴봤는데 그 예사롭지 않은 모양에 깜짝 놀랐지 뭡니까. 불현듯 질투심에 사로잡힌 남편이 아내를 바다에 던졌다는 이야기가 떠오르더군요. 우리는 이 일을 어떻게 해야 할지 서로 의논했습니다.

'저 자루 속에 든 게 여자란 말이야? 저 터키인한테 물어봐.'

그러고는 존이 터키인에게 물어보았죠. 터키인은 겁에 질려 눈을 크게 떴지만 입은 굳게 다물었습니다. 우리가 생각하는 것이 절대 있을 수 없는 일이라고 생각했던 겁니다. 그때 마침 당나귀가 우리 가까이 다가오고 있어, 우리는 그 자루 속에서 뭔가 움직이는 것을 똑똑히 볼 수 있었습니다. 뿐만 아니라 자루 속에서 흐느낌이 들리는가 하면 혼잣말도 들리더군요.

티렐은 미식가이기도 했고 의협심도 강한 사람이었습니다. 그가 갑자기 미친 듯이 일어서더니 당나귀를 몰고 있는 마부에게 달려가서는 이 자루 속에 뭐가 들었는지, 그걸 어떻게 하려는 것인지를 흥분한 나머지 영어로 물어보더군요. 마부는 아무 대답도 하지 않았지만 자루가 심하게 흔들리면서 여자의 비명 소리가 들려왔습니다. 그러자 옆에 서 있던 두 노예가 당나귀를 몰 때 사용하는 채찍으로 자루를 마구 쳐대더군요. 그와 동시에 티렐의 분노가 극에 이르렀고요. 우람한 팔로 일격을 날려 마부를 쓰러뜨리고는 한 노예의 목을 움켜쥐었습니다. 이렇게 다투는 동안, 자루가 심하게 요동치더니 그만 땅에 떨어지고 말았습니다.

제가 달려가는 사이, 목덜미를 잡히지 않은 노예가 돌멩이를 주워들었고, 마부도 비틀거리며 일어섰죠. 본디 남의 싸움에 끼어드는 것을 좋아하지 않았지만, 우리 동료를 도와야 했기에 어쩔 수 없이 저도 나서게 된 겁니다. 그림 그릴 때 우산을 받쳐두던 막대기를 쥐고 한껏 용감하게 휘두르면서 마부와 노예들을 위협했습니다. 일이 잘 풀리는 와중에 절벽 아래를 살펴보던 말 탄 사나이가 우리를 보고는 쏜살같이 달려왔습니다. 그의 손에는 아주 더러워 보이는 단도가 들려 있었고요."

"애터겐*14 말인가요?"

향토색을 좋아하는 샤토포르가 물었다.

"맞습니다. 애터겐이었죠."

다르시는 미소 지으며 말을 이었다.

"그는 제 옆을 지나치면서 제 머리에 일격을 가했습니다. 제 친구 로스빌 후작이 품위 있게 말한 것처럼 36촉 빛이 눈앞에 번쩍 하더군요. 저는 막대

---

*14 날밑 없이 S자 꼴로 휜 이슬람교도의 긴 칼.

를 휘두르며 말에 탄 자와 마부, 노예들과 터키인을 상대했습니다. 제 친구 존 티렐의 열 배는 더 미쳐 있었던 것 같아요. 하지만 사태는 점점 더 우리에게 불리해졌습니다. 우리의 터키인 통역사는 중립을 지켰죠. 결국 긴 막대기 하나로는 보병 세 사람에 기마병 한 사람, 단도 한 자루를 막을 수 없었던 거죠. 다행히도 그때, 우리에게 권총이 두 자루 있음을 존이 기억해 냈습니다. 권총을 찾은 존은 저에게도 한 자루 건네주었고, 우리는 그들을 겨냥했습니다. 이 권총의 효과는 대단했죠. 그들은 다리야 날 살려라 도망치더군요. 마침내 우리는 싸움터이며, 자루며, 당나귀까지 점령했습니다. 우리는 매우 흥분했지만 총을 쏘지는 않았습니다. 그건 참 잘한 일이었죠. 죄 없는 이슬람교도를 죽이면 일이 아주 복잡해지거든요. 우리는 한숨 돌릴 틈도 없이 자루를 열었습니다. 자루 속에는 검정 머리에 통통한, 꽤 어여쁜 여인이 있었는데 몸에 걸친 거라고는 샤베르니 부인이 두르고 있는 것보다 조금 두꺼운 파란색 슈미즈가 전부였습니다.

그녀는 자루에서 나와 그리 허둥대는 기색도 없이 우리에게 비장한 이야기를 들려주었습니다. 아니, 아마도 그런 이야기였을 겁니다. 왜냐하면 우리는 그녀의 말을 알아들을 수 없었거든요. 이야기를 마친 그녀가 제 손에 입을 맞추었습니다. 그녀와의 접촉은 그때가 처음이자 마지막이었습니다.

우리는 냉정을 되찾았고, 우리의 통역사는 절망한 남자처럼 머리를 쥐어짜고 있는 게 보였습니다. 저는 손수건으로 머리를 잘 싸맸습니다. 그때 티렐이 말하더군요.

'이 여자를 어떻게 하지? 계속 여기에 있다가는 그자들이 패거리를 몰고 와 우리를 죽이려 들 테고, 그렇다고 이런 멋진 여자하고 라르나카에 돌아가면 천민들 돌에 맞아 죽을 게 뻔해' 하고 말이죠.

티렐은 이것저것 걱정이 많았지만 곧 영국인다운 침착함을 회복하고는 이렇게 외쳤습니다.

'오늘 같은 날 그림을 그리러 나오다니!'

그의 익살스러운 비명에 제가 웃음을 터뜨렸죠. 그녀는 그녀대로 무슨 말인지 알아듣지도 못하면서 웃더군요.

어찌 됐건 우리는 결정해야만 했습니다. 가장 좋은 방법은 프랑스 영사관에 그녀를 맡기는 거라고 생각했습니다. 라르나카에 돌아가는 것이 가장 곤란한 일이었죠. 날이 저물고, 그야말로 우리에게는 최악의 상황이었습니다. 통역사인 터키인이 길을 크게 돌아 어둠을 틈타 조심스럽게 교외에 있는 영사관까지 우리를 안내했습니다. 말씀드리는 걸 깜빡했습니다만, 그녀에게는 자루하고 통역사의 터번으로 적당히 옷을 만들어 입혔죠.

영사의 태도는 매우 불쾌했습니다. 당신들은 바보라는 둥, 여행지의 풍습은 존중해야만 한다는 둥, 다른 사람 일에 나서지 말아야 한다는 둥 우리를 꾸짖더군요. 그의 말도 맞습니다. 왜냐하면 폭동을 일으키거나 키프로스 섬의 프랑크족을 남김없이 학살해야 할지도 모를 일을 우리가 저질렀기 때문입니다.

영사의 부인이 좀더 인간적이더군요. 그녀는 소설도 꽤 많이 읽은 모양으로, 우리의 행동을 매우 용감하다고 치켜세워 주었답니다. 생각해 보면 우리가 소설 속 주인공처럼 행동한 것 같습니다. 이 훌륭한 부인은 이번 상황을 놓고 고민에 빠졌죠. 그녀의 생각은 이랬습니다. 우리가 데려온 이교도는 아마도 개종시킬 수 있을 것이다. 그러면 〈모니퇴르〉지에 기사가 실릴 테고, 그렇게 되면 남편은 총영사로 승진하게 될 것이라고 말입니다. 이 계획은 그녀의 머릿속에서 순식간에 짜여졌습니다. 그녀는 터키 여인에게 옷을 주고, 남편의 냉정함을 나무랐으며, 이번 사태를 수습하고 총독의 허락을 얻어내기 위해 영사를 지방으로 보냈습니다.

그런데 총독이 격노했습니다. 질투심 많은 그 여인의 주인이 꽤 알려진 인물이었던 데다 자기 노예를 바다에 던지려 하는데 개 같은 기독교도들이 나서다니 있을 수 없는 일이라며 길길이 뛰었다는 것입니다. 영사는 어쩔 줄을 몰랐습니다. 그는 자기가 왕과 가까운 사이라는 것을 강조하고, 또한 라르나카 영해에 나타난 대포 60대가 갖추어진 2등 전함을 총독에게 상기시켰습니다.

그러나 가장 효과가 있었던 것은 우리의 이름으로 그 노예에 대한 정당한 값을 치르겠다는 제안이었죠. 그런데 그 정당한 값이라는 게 도대체 얼마나 황당한 것이었는지! 남편에게도, 총독에게도 보상해야 했고, 또 티렐이 부러뜨린 당나귀의 이빨 두 개에 대해서도 보상해야 했으며, 그 밖에 모든 것들에 대해 보상해야 했던 것입니다. 티렐이, '도대체 왜 바닷가로 그림을 그리러 나간 거냐고!' 하는 말을 얼마나 많이 내뱉었는지 모릅니다."

"무슨 그런 일이! 가엾기도 해라."

랑베르 부인이 매우 안타깝다는 듯 말했다.

"끔찍한 칼에 상처를 입은 게 바로 그때로군요? 어디 앞머리를 좀 들어 올려 보세요. 더 큰 상처를 입지 않은 게 천만다행이지 뭐예요!"

이 이야기를 들으면서 쥘리는 다르시의 이마에서 눈을 떼지 못했다. 마침내 그녀는 조심스럽게 물었다.

"그 여자는 그 뒤 어떻게 됐나요?"

"그 부분을 말하고 싶지 않은 겁니다. 그로부터 지금까지 사람들로부터 이 의협적인 무용담이 비웃음을 사고 있을 만큼 슬프거든요."

"그 사람, 아름다웠나요?" 샤베르니 부인이 얼굴을 붉히며 물었다.

"이름이 뭐죠?" 이번에는 랑베르 부인이 물었다.

"에미네라고 합니다."

"예뻐요?"

"네. 상당히 미인이기는 했습니다만 지나치게 뚱뚱했고, 게다가 그 나라의 풍습대로 흰 분을 떡칠했답니다. 터키 미인의 매력을 평가하기 위해서는 그 나라의 풍습을 잘 알아야만 하죠. 그 뒤, 에미네는 영사관에 머물게 되었고요. 그녀는 밍그렐리아인*15이었습니다. 영사 부인 말로는 공주였다고 하더군요. 그 나라에서는 노예를 열 명 거느리면 누구나 왕이라고 부르죠. 그래서 그녀는 왕녀로 대접받았습니다. 그녀는 식탁에서 식사를 했습니다. 그리고 종교 이야기를 꺼내면 언제나 드러눕고 말았답니다. 이런 일이 한동안 계속되다가 겨우 세례받을 날을 잡았습니다. 영사 부인이 대모가 되었고, 제게는 대부가 되라고 하더군요. 봉봉캔디나 선물, 그리고 그 밖의 여러 가지 …… 이 불행한 에미네가 저를 혼란스럽게 만들 것이 분명했습니다. 에미네는 티렐보다 저를 더 좋아한다고 영사 부인이 말하더군요. 커피를 마실 때마다 언제나 제 옷에 뿌린다면서요. 그래서 저는 이 세례를 진정으로 복음을 받아들이는 좋은 기회로 만들어 주고 싶었습니다. 그러나 세례식 바로 전날, 에미네가 모습을 감추고 말았습니다. 더 말씀드릴 필요가 있을까요? 영사관 요리사 가운데 밍그렐리아인이 있었습니다. 덩치는 매우 컸지만 요리에 있어서는 달인이었습니다. 에미네는 이 밍그렐리아인에게 마음이 있었던 겁니

---

*15 흑해 남동부 터키와 조지아에 거주하는 소수 종족.

다. 그는 아마도 애국심이 강한 사람이었던 모양입니다. 그는 여자를 빼앗고 영사 부인에게서도 꽤 많은 돈을 빼앗았죠. 그들을 다시 만날 수는 없었어요. 이렇게 영사는 많은 돈을 날려버린 셈이고, 영사 부인은 에미네를 위해 헛수고만 한 셈이죠. 그리고 저는 상처를 입었을 뿐 아니라 세례식을 위한 장갑이나 봉봉사탕 등 여러 가지를 잃은 셈입니다. 가장 마음에 걸리는 것은 제가 이 사건의 책임자로 지목받았다는 것입니다. 사람들은 바닷속에 가라앉아 알려지지도 않았을 이 여인을 구한 것이 바로 저고, 친구들에게 이런저런 피해를 입힌 것도 저라고 말합니다. 티렐은 어려움을 모면했죠. 그러고는 자신 또한 희생자인 듯 말합니다만, 모든 소동을 일으킨 것은 바로 그 사람입니다. 그 일로 저는 돈키호테라는 별명을 얻게 된 데다 보시는 바와 같이 출세에도 영향을 미칠 흉터까지 생겼죠."

이야기가 끝나자 모여 있던 사람들은 응접실로 돌아갔다. 다르시는 잠시 샤베르니 부인과 이야기를 나눈 뒤, 국회의원이 되기 위해 연찬을 쌓고 있는 소장학자를 소개받기 위해 그녀 곁을 떠나야 했다. 그는 정치 경제 분야의 박사로, 오스만 제국에 관한 통계학 자료를 구하고 있는 사람이었다.

10

다르시가 자리를 비운 뒤, 쥘리는 샤토포르의 말을 건성으로 들으며 자주 벽걸이 시계를 쳐다보았다. 그리고 자기도 모르는 사이, 응접실 한쪽에서 이야기를 나누는 다르시에게로 눈길이 쏠렸다. 다르시 또한 그 박사와 이야기를 나누면서 쥘리에게 눈을 돌리곤 했다. 쥘리는 이미 다르시가 자기에게 지배력을 행사하고 있음을 느꼈으나 애써 거기서 벗어나려 하지 않았다.

마침내 그녀는 마차를 대기시켰다. 다르시에게 안타까움을 남겨주기 위해서 일부러 그런 것인지, 함께 있고 싶은 바람대로 되지 않은 탓에 언짢아져서 그랬는지는 알 수 없다. 아무튼 '함께 지낼 수 있는 시간을 놓치셨군요' 하는 투의 시선을 다르시에게 보내며 쥘리는 마차를 대기시키라고 했다.

곧 마차가 준비되었다. 여전히 그 박사와 이야기를 나누고 있는 다르시는 무척 피곤해 보였다. 그럼에도 그를 놓아주지 않는 박사 앞에서 그는 입을 다물고 있었다. 쥘리는 천천히 일어나 랑베르 부인과 인사를 나눈 뒤 응접실 문 쪽으로 발걸음을 옮겼다. 그녀의 예상과는 달리 다르시가 그 자리에서 꿈짝도 하지 않자 그녀는 적잖게 놀랐다. 샤토포르가 그녀 곁에서 팔을 내밀었다. 그녀는 무의식적으로 그에게 손을 내밀었으나 그의 존재 따위는 안중에도 없는 것 같았다.

쥘리는 현관을 가로질렀다. 랑베르 부인과 몇몇 사람들이 그녀를 배웅하러 나왔지만 다르시는 여전히 응접실에 있었다. 쥘리가 마차에 올라 자리에 앉자, 샤토포르가 무섭지 않겠느냐 물으며 덧붙이기를, 페랭 소령과의 내기 당구가 끝나면 이륜 마차로 곧 뒤따라가겠다는 것이었다. 깊은 생각에 빠져 있던 쥘리는 샤토포르의 말소리에 문득 정신을 차렸으나, 그가 무슨 말을 했는지는 알 수 없었다. 그녀는 순간 당황했다. 하지만 아무 일도 없는 듯 미소 지어 보이고는 배웅 나온 사람들과 인사를 나누었다. 쥘리를 태운 마차가 서서히 랑베르 부인 집을 벗어났다.

마차가 움직이기 시작한 바로 그 순간, 응접실에서 나오는 다르시의 모습이 보였다. 얼굴은 창백했으며, 슬픈 기색이 역력했다. 자기에게만은 다른 사람들과 다른 인사를 해주기를 바란 듯한 모습으로 그녀가 탄 마차를 한동안 바라보았다. 그에게 작별 신호를 보내지 않은 것에 대한 아쉬움을 남긴 채 그녀는 그곳을 떠날 수밖에 없었다. 어쩌면 이 일로 그가 화를 내고 있을지도 모른다는 생각까지 들었다. 그녀는 이미, 그가 다른 사람으로 하여금 자기를 마차까지 배웅하게 만들었다는 사실을 까맣게 잊고 있었다. 생각해 보면 모든 것은 그에게서 비롯되었다. 그런데도 그녀는 그 일에 대해 자신을 나무라는 것이다. 몇 년 전, 그녀가 노래를 망친 그날 밤, 그와 헤어질 때도 지금처럼 마음이 흔들리지는 않았다. 세월이 그때의 일을 더 인상적으로 만들었고, 남편에 대한 분노가 커진 그녀는 다르시에게 이전보다 더 큰 친근감을 느끼게 된 것이다. 게다가 샤토포르에게 느낀 연정 비슷한 감정—지금은 샤토포르의 존재를 까맣게 잊고 있었지만—이 더해져 그녀의 마음을 다르시에게로 치닫게 만들었다.

한편, 다르시는 쥘리만큼의 동요는 없었다. 한때의 즐거웠던 추억을 되살려준 아름다운 여인을 만나게 된 것이 즐거웠다. 그리고 그녀와 관계를 터놓으면 앞으로 파리에서 보내게 될 겨울날이 즐거울 것 같았다. 그녀가 떠나고 난 뒤 그에게 남은 것이라고는, 유쾌하게 보낸 몇 분 동안의 기억뿐이었다. 그 짧은 시간이 남긴 달콤함도, 오늘 밤 늦게 잠자리에 들어야 한다는 것과 숙소까지 4리외나 되는 거리를 달려가야 한다는 생각에 흐려지고 있었다. 그는 망토로 몸을 감싼 채, 마차에 올라 천천히 자리를 잡았다. 그러고는 공상에 빠져들었다. 랑베르 부인의 응접실에서 콘스탄티노플로, 콘스탄티노플에서 코르푸*16로, 코르프에서 꿈길로……

11

샤베르니 부인이 랑베르 부인의 저택을 나섰을 때는, 어둠이 짙게 깔려 있는 음울한 밤이었다. 이따금 번개가 번쩍이며 주위를 한 줄기 빛으로 비추는가 하면, 나무들은 검은 그림자를 어두운 오렌지색 배경에 드리우고 있었다. 어둠은 점점 더 깊어만 갔다. 마부의 눈에 말의 머리도 보이지 않을 정도였다. 곧이어 폭풍이 몰아닥쳤다. 굵은 빗방울이 후드득 내리는가 싶더니 순식간에 큰비로 변하고 말았다. 어느 곳을 둘러보아도 하늘은 온통 불바다였다. 번개 소리에 귀청이 찢어질 지경이었다. 놀란 말은 거친 숨을 토해 내며 그 자리에 멈춰 서고 말았다. 그러나 마부는 실컷 배를 불린 데다 두껍고 긴 외투를 입고 있었고 특히 술기운이 꽤 올라 있었으므로 폭풍우도 험한 길도 두려울 게 없었다. 그는 폭풍우 속에서 안내인에게 이렇게 외쳤다.

"나는 카이사르와 운명을 함께할 것이다!"

그러고는 카이사르에 뒤지지 않는 기세로 가엾은 말을 채찍으로 사정없이 내리쳤다.

샤베르니 부인은 천둥 번개를 무서워하지 않았다. 그녀는 그때까지도 다르시가 자신에게 한 말을 다시 한 번 곱씹으며, 했어도 될, 그러나 하지 않은 많은 말들을 생각해 내고는 후회했다. 바로 그때, 마차에 큰 충격이 가해지는 바람에 그녀는 돌연 생각에서 깨어났다. 그와 동시에 차창 유리가 산산조각이 나서 사방으로 튀며 심한 소음이 들렸다. 마차가 도랑에 빠진 것이다. 쥘리는 가까스로 위험에서 벗어났다. 그러나 비는 계속 내렸고, 마차의 한쪽 바퀴는 망가졌으며, 등불도 꺼지고 말았다. 게다가 주위에는 몸을 피할 집 한 채 보이지 않았다. 마부는 저주를 퍼부어댔다. 수행원들은 마부의 미숙함을 꾸짖었다. 쥘리는 마부에게 P시로 돌아갈 수 있을지, 어떻게 해야 할

---

*16 그리스에 있는 섬.

지를 물었으나, 대책이 없다는 대답만 돌아왔다.

그렇게 소란을 피우는 사이 저 멀리 한 점 불빛과 함께 둔탁한 마차 바퀴 소리가 들려왔다. 샤베르니 부인의 마부는 곧 랑베르 부인 댁 주방에서 알게 된 동료 한 사람을 알아보고는 멈추라는 신호를 보냈다.

마차가 멈춰 섰다. 샤베르니 부인의 이름이 나오기가 무섭게 경마차에 타고 있던 젊은 남자가 문을 활짝 열며 뛰어내렸다.

"어디 다친 데는 없나요?"

그녀는 그 목소리의 주인공이 다르시임을 알아차리고는 마차 안에서 꼼짝도 하지 않고 다르시가 마차 문을 열어줄 때까지 기다렸다.

어둠 속에서 손과 손이 맞닿았다. 다르시는 자기 손을 잡는 샤베르니 부인의 손에 힘이 실려 있음을 느꼈다. 샤베르니 부인은 공포에 휩싸여 있었던 것이다. 다르시는 그녀에게 자기 마차에 오를 것을 권했다. 그녀는 어떻게 해야 할지 쉽게 마음을 정하지 못한 채 잠시 대답을 망설였다. 파리까지 가려면 앞으로 3, 4리외 넘는 길을 젊은 남자와 얼굴을 맞대고 가야 한다고 생각한 것이다. 그렇다고 랑베르 부인 집으로 돌아간다면, 마차가 도랑에 빠진 일이며 다르시에게 구조받은 일 따위를 하나하나 소설처럼 들려줘야만 할 것이다. 그런 생각을 하니 몸서리쳐졌다. 카드놀이를 하고 있을 그들에게로 다시 돌아간다, 그것도 터키 여자처럼 다르시에게 구조받은 몸으로…… 설마 그렇게 생각하지는 않겠지만.

'파리까지 3리외나 가야 하는데 어쩐담!'

이런 폭풍우 속에서 마음을 정하지 못하고 횡설수설하는 그녀의 마음을 알아차린 다르시가 무뚝뚝하게 말했다.

"부인, 내 마차에 타시죠. 나는 파리까지 가는 다른 마차가 나타날 때까지 당신 마차에 타고 있도록 할 테니."

쥘리는 지나치게 마음을 쓴다는 느낌을 주지 않도록 조심하면서 그의 권유를 받아들였다. 그의 마차에 탈 것인지 말 것인지를 고민하던 그녀는 엉겁결에 마음을 정한 탓에, P시까지 갈 것인지 파리로 갈 것인지 결정하지 못한 채 마차에 올라탔다. 한사코 사양하던 그녀는 결국 그의 망토를 걸치고 그의 마차에 올랐다. 그녀가 어디로 갈 것인지 말하기도 전에 마차는 파리를 향해 달리기 시작했다. 그녀의 수행원이 그녀 대신 집주소와 길을 알려준 것이다.

두 사람 사이에 어색하던 대화의 실마리가 풀렸다. 다르시의 말은 짧고 재미가 없었다. 쥘리는 빨리 마음을 정하지 못한 자기 때문에 다르시의 기분이 언짢아진 거라고 생각했다. 또 지나치게 조심하는 것으로 오해했으리라고 상상했다. 그녀는 이미 스스로를 자책할 만큼 다르시에게 많은 영향을 받고 있었다. 그래서 지금 이 순간, 자신 탓에 불쾌해진 다르시의 마음을 돌이켜야 한다는 생각 말고는 아무 생각도 할 수 없었다. 다르시의 옷이 젖어 있는 것을 본 그녀는, 걸치고 있던 그의 망토를 벗어 그에게 건넸다. 잠시 사양과 권유가 오간 끝에 결국 두 사람은 가까이 다가앉아 망토를 나눠 걸치게 되었다. 그녀가 상대방에게 잊히려고 노력한 그 망설임의 시간이 없었다면 그토록 큰 착각을 일으키는 일은 없었을 것을!

쥘리가 다르시의 뜨거운 숨결을 느낄 만큼 두 사람은 가까이 다가앉았다. 마차가 흔들릴 때마다 더 가까이 부딪기도 했다.

"우리 두 사람을 덮고 있는 이 망토를 보고 있자니, 언젠가 수수께끼 놀이하던 때가 생각나는군요. 내가 당신 할머니 망토로 변장했을 때, 당신은 내 비르지니*17였다는 거 기억나요?"

"그럼요. 그 뒤, 할머니가 나를 위해 만들어 주신 수요 모임도 기억나는걸요."

"네. 참 행복한 시절이었죠."

다르시가 아련한 추억에 잠긴 듯 말했다.

"그 벨샤스 거리와 우리의 신성했던 저녁을 그리움과 외로움에 젖어 생각하곤 했답니다. 장미색 리본으로 장식한 독수리의 아름다운 날개와 멋들어지게 만든 부리도 기억납니까?"

"그랬었죠."

쥘리가 대답했다.

"당신은 프로메테우스였고 나는 독수리였죠. 우린 꽤 오랫동안 만나지 못했는데 어떻게 그런 일을 다 기억해요? 그런 사소한 일까지 말이에요."

"새삼 인사를 해야 할까요?"

다르시는 미소 지으며 정면으로 얼굴을 바라볼 수 있도록 몸을 앞으로 내

---

*17 프랑스 작가 생피에르 소설 《폴과 비르지니》의 여주인공.

밀었다. 그러고는 매우 진지한 목소리로 말했다.

"내 생애에서 가장 행복했던 시절을 기억하는 건 너무나 당연한 일이죠."

"당신은 수수께끼 놀이를 무척 잘했죠."

쥘리는 이야기가 지나치게 감상적으로 흐르지 않도록 조심하며 말했다.

"내가 기억하는 또 한 가지를 말할까요?"

다르시가 그녀의 이야기에 끼어들었다.

"랑베르 부인 댁에서 우리가 동맹을 맺었던 거 기억하죠? 우린 서로를 지지하면서 친구들을 욕해 주기로 약속했죠. 하지만 우리 조약은 다른 평범한 조약과 다를 바가 없었어요. 실행에 옮길 수 없었으니까요."

"그랬었나요?"

"당신에겐 나를 옹호할 기회가 없었죠. 파리를 떠난 뒤 얼마나 지루했는지 모릅니다."

"당신을 옹호할…… 네, 맞아요. 하지만 당신 친구들에게 당신에 대해 말할 기회는 있었답니다."

"네? 내 친구라고요?"

뜻밖이라는 듯 허전한 미소를 지으며 다르시가 물었다.

"적어도 당신은 기억할 테죠. 그 시절, 내게는 친구가 거의 없었습니다. 당신 어머니가 초대하신 젊은이들은 왠지 모르겠지만 모두들 나를 좋아하지 않았어요. 게다가 부인들은 외무성 수행원을 대수롭게 여기지 않았죠."

"당신이 먼저 그렇게 행동했어요."

"그랬을지도 모릅니다. 나는 나를 좋아하지 않는 사람들에게 상냥하게 굴지 못했으니까요."

어슴푸레했지만 쥘리의 얼굴을 자세히 살펴보았다면, 이 말을 듣는 순간 그녀의 얼굴이 상기되었다는 것을 눈치챌 수 있었으리라. 그녀는 다르시의 말을 잘못 알아들은 것이다.

아무튼 그런 마음을 속으로 간직하고 싶었던 쥘리는, 서로가 또렷하게 기억하고 있는 온갖 추억들은 잠시 접어둔 채, 다르시의 여행담으로 화제를 돌리려고 했다. 그것은 여행을 많이 다닌 사람들에게 화제를 바꾸게 하는 좋은 방법이었다.

"여행이 얼마나 즐거웠을까요! 나는 그런 여행을 해보지 못해 얼마나 안타까운지 모른답니다."

그러나 다르시는 여행 이야기를 하고 싶은 마음이 없었다.

"그 수염 난 젊은이는 누굽니까? 아까 당신하고 이야기하고 있던 그 사람 말입니다."

순간, 쥘리의 얼굴이 빨개졌다.

"남편 친구 분이에요. 남편하고 같은 연대에 있던 장교랍니다."

이렇게 대답한 쥘리는 동방 여행담이 듣고 싶어 다시 물었다.

"동양의 아름다운 파란 하늘을 한 번 보고 나면 다른 데에서는 살고 싶은 마음이 안 든다고들 하던데요?"

"나는 그 친구가 아주 마음에 안 들더군요. 파란 하늘 이야기가 아니라 남편 친구 말입니다. 파란 하늘은 당신하고는 상관없는 일이죠. 늘 똑같으니까요. 결국, 파리의 오염된 안개를 모든 풍경 가운데 가장 소중하게 여기게 됩니다. 어제도 파랬고, 내일도 파랄 그 푸른 하늘만큼 사람 마음을 초조하게 만드는 건 없을 겁니다. 정말이에요. 얼마나 기다리고, 또 얼마나 덧없는 기대를 거듭하면서 구름 한 점을 바랐는지!"

"그건데 어떻게 그리 오랜 시간을 그 푸른 하늘 아래에서 살 수 있었죠?"

"그건 말입니다, 부인. 그렇게 할 수밖에 없었기 때문이죠. 내 마음대로 할 수 있었다면 아마도 나는 동양의 신비에 자극받아 내 호기심을 얼마쯤 충족시킨 뒤 곧 벨샤스로 돌아왔을 겁니다."

"당신처럼 솔직했다면 다른 여행자들도 아마 당신처럼 말했을 거예요. 콘스탄티노플이나 동양의 다른 곳에서는 여유 시간을 어떻게 보냈어요?"

"어디를 가도 시간 때우는 방법은 다양하고도 많죠. 영국인들은 술을 마시고, 프랑스인들은 도박을 하고, 독일 사람들은 담배를 즐깁니다. 머리가 좋은 사람들은 그 즐거움에 변화를 줄 속셈으로 마을 여자들을 기웃거리기 위해 옥상에 올라가서는 서로 사격을 하곤 한답니다."

"당신은 아마 나중에 말씀하신……."

"아뇨! 나는 터키어와 그리스어를 공부했었는데 모두들 나를 비웃었죠. 대사관 공문을 작성하고 나면, 그림을 그리거나 오두스로 달려가 프랑스인이든 누구든 와 있지 않을까 바닷가로 가곤 했답니다."

"프랑스에서 그렇게 멀리 떨어진 곳에서 프랑스인을 만나는 건 큰 기쁨이었겠어요?"

"그렇고말고요. 하지만 지식층 관리들이나 양털 장수들이 많이 왔죠. 그보다 질이 나빴던 건 시인들입니다. 아무리 멀리서라도 대사관 사람만 발견했다 하면 이렇게 소리치곤 했죠. '유적 좀 보여줘. 성 소피아를 안내해 달라고. 바다로, 푸른 하늘 아래 바닷가로…… 난 영웅이 최후를 마친 곳에 가보고 싶어!' 그러고는 일사병에 걸리면 방구석에 틀어박혀 〈콩스티튀시오넬〉 신간만 보고 있으려 했죠."

"당신은 옛 습관대로 뭐든지 나쁘게 보려 하는군요. 늘 빈정거렸으니까요. 그건 잘 고쳐지지 않는 모양이죠?"

"아시겠어요, 부인? 자기 프라이팬으로 부침을 하는 풀 죽은 사람이 친구들을 속일 요량으로 즐겁게 부침을 하는 척해 보이면 안 되는 건가요? 그곳에서 보낸 시간이 얼마나 비참했는지 당신은 절대 알 수 없을 겁니다. 대사관의 비서관들은 쉴 시간이라고는 없는 새와 같은 존재랍니다. 우리에게는 생활의 활력소가 되는 새로운 교제 같은 건 없어요. 나는 그렇게 생각합니다 (그는 이 마지막 말을 쥘리에게 가까이 다가서면서 특별한 어조로 말했다). 지난 6년 동안, 나는 마음을 나눌 친구를 한 사람도 찾지 못했단 말입니다."

"그럼 거기서는 친구가 하나도 없었다는 건가요?"

"방금 말한 것처럼 외국에서는 친구를 만들 수 없습니다. 프랑스인 친구가 둘 있긴 있었죠. 한 사람은 죽었고, 또 한 사람은 아프리카에 있습니다. 황열병에 걸렸는데 조금 회복됐다고는 하지만 아마 앞으로 몇 년 동안은 돌아오지 못할 겁니다."

"그래서 외톨이로군요?"

"외톨이입니다."

"동양에서의 부인들 모임은 어땠어요? 무슨 재미있는 일이라도 없었나요?"

"최악이었죠. 터키 여자들은 말할 필요도 없습니다. 그리스나 아르메니아 여자들은 극찬할 만합니다. 대단한 미모를 가졌거든요. 영사나 대사 부인들에 대해서는 말씀드릴 수 없군요. 외교상의 문제이니만큼 내 맘대로 말했다가는 문제를 일으키게 될 수도 있으니까요."

"자신의 직업을 좋아하지 않는 것처럼 보이는군요. 예전에는 외교 문제에 관해 말하기를 그렇게도 좋아하시더니."

"나는 내 일을 아직 잘 모르겠습니다. 지금으로서는 파리의 청소감시원이 되고 싶을 정도니까요."

"어머나, 어떻게 그런 말씀을! 지상에서 가장 음침한 파리에서 말이에요?"

"그렇게 심하게 말하지 마세요! 이탈리아에서, 그러니까 나폴리에서 2년만 살아보면 아마도 당신이 방금했던 말을 취소하게 될 겁니다."

"나폴리에 가보는 게 내 꿈이랍니다."

그녀는 길게 한숨을 내쉬며 말했다.

"친구와 함께라면 말이죠."

"그런 조건을 붙인다면 나는 세계 일주라도 할 수 있습니다. 친구와 여행을 할 수만 있다면! 하지만 그건 마치 내 방에 앉아 창문 앞을 오가는 사람들이 파노라마처럼 스쳐 지나치는 것을 보는 것과 마찬가지죠."

"그래요. 그게 지나친 욕심이라면 누군가와…… 친구 두 사람하고 함께 여행하고 싶어요."

"난 그런 야심은 없습니다. 난 한 사람만 있으면 됩니다. 어느 부인 한 사람……."

그는 웃으며 덧붙였다.

"하지만 그건 그저 희망사항에 지나지 않습니다. 아마 앞으로도 그런 일은 없겠죠."

다르시는 한숨을 내쉬며 말했지만 곧 유쾌해진 목소리로 이렇게 말을 이었다.

"나는 언제나 불운한 역할을 해왔습니다. 나는 지금까지 단 두 가지만 바랐지요. 하지만 그마저 얻을 수 없었습니다."

"그게 뭔지 물어봐도 될까요?"

"글쎄요. 뭐 그리 대수로운 건 아닙니다. 나는 누군가와 함께 왈츠를 추고 싶었죠. 그래서 왈츠에 대해 나름 연구를 했습니다. 몇 달 동안 나 혼자서요. 어지럼증에 대비해서 의자를 상대로 연습했습니다. 그리고 겨우 어지럼증을 극복했을 때에는……."

"누구하고 왈츠를 추고 싶으셨을까?"

"당신이었다고 하면요? ……열심히 노력해서 겨우 왈츠의 명수가 됐을 때, 그녀의 할머니가 왈츠를 금지시킨 겁니다. 그 일은 잊을 수 없어요."

"두 번째 소망은 뭐였는데요?"

쥘리는 당황하여 재빨리 말꼬리를 돌렸다.

"두 번째 소망은 버리려고 합니다. 내게는 너무도 큰 야망이니까요. 나는, 나는…… 사랑받고 싶었습니다. 하지만 사랑받을 수는…… 왈츠보다도 먼저 그 사람이었습니다. 무도회보다도 내가 사랑하는 사람에게서 사랑받고 싶었던 겁니다. 무도회—모든 연적 가운데 가장 위험한—에 가기 위해 마차에 타려 할 때, 진흙투성이가 된 신발로 만나러 와도 아무렇지도 않을 부인에게서 사랑받고 싶었습니다. 그녀는 아마도 멋진 옷을 입고 있었을 테죠. 그러고는 내게 이렇게 말했을 겁니다. '가지 맙시다.' 하지만 그건 참 어리석은 일입니다. 가능한 일만 바라야 한다는 건 말이죠."

"정말 짓궂어요! 여전히 빈정거리는군요. 당신은 뭐든 용서하는 법이 없죠. 여자들에게 지나치게 엄격해요."

"내가 말입니까? 천만에요! 오히려 나 자신에 대해 나쁘게 말하죠. 부인들이 나와 차분하게 대화하는 것보다 유쾌한 야회를 더 좋아하더라고 말하는 것이 부인들을 나쁘게 말하는 건가요?"

"무도회라느니, 화장이라느니…… 요즘 춤추는 사람이 누가 있다고!"

그녀는 다르시의 말속에 등장하는 '여인'이 일반적인 여성들을 지칭하는 것이라고 생각하지 못했다. 그러고는 다르시의 마음을 이해했다고 생각했다. 그러나 이 불쌍한 여인이 알고 있는 것이라고는 자기 마음밖에 없었다.

"화장이나 무도회 이야기라면, 지금이 사육제 기간이 아니라는 게 안타깝군요. 아주 멋진 그리스 여인 의상을 가지고 왔거든요. 당신에게 잘 어울렸을 텐데."

"내 앨범에 그걸 그려주실 수 있어요?"

"물론이죠. 당신 어머니 다탁에서 인형을 그리던 시절보다 얼마나 솜씨가 좋아졌는지 알게 될 겁니다. 그런데 말이죠, 부인. 당신에게 축하의 말을 전해야 할 것 같군요. 오늘 아침, 샤베르니 씨가 식사 시종으로 임명되었다고 들었습니다. 진심으로 축하합니다."

쥘리는 갑자기 진저리를 쳤다.

다르시는 그녀의 동요에 아랑곳없이 말을 이었다.

"앞으로 잘봐주시기 바랍니다. 하지만 솔직히 말해 당신의 새로운 지위가 그리 기쁘지만은 않군요. 여름에는 생 클루에서 보내야 할 것 같은데, 그러면 자주 만나지 못할 게 아닙니까."

"나는 생 클루에 가지 않겠어요."

쥘리는 매우 감격한 목소리로 말했다.

"나로서는 반가운 일입니다. 파리는 낙원이니까요. 이 낙원에서 저녁이 되면 돌아가는 조건으로 변두리에 숙소를 마련해 두었죠. 이따금 랑베르 부인 댁에 식사하러 가는 일 말고는 결코 외출할 수 없는 곳입니다. 파리에서 살다니 정말 행복한 거예요. 파리에는 잠시만 있게 될 테니 숙모님이 주신 작은 별장이 내게는 얼마나 좋은 곳인지 아마 상상도 못할 걸요. 다른 사람에게 전해 들은 바로는 당신이 생토노레에 살고 있다던데. 그 사람이 당신집을 가르쳐 주더군요. 혹시 어느 미치광이 건축가가 당신의 그 오솔길을 점포로 바꾸지만 않았다면 아마도 아름다운 정원이 있을 텐데요?"

"네. 덕분에 정원은 아직 그대로 있어요."

"언제 한번 가볼 수 있을까요?"

"그럼요. 나는 매일 집에 있답니다. 이따금 찾아와 주신다면 정말 좋겠어요."

"내가 여전히 우리의 동맹이 계속되는 것처럼 행동하고 있는 것 같군요. 나는 격식을 차리지 않고, 공식적인 소개 없이 그냥 찾아가겠습니다. 그래도 될까요? 파리에서는 당신과 랑베르 부인 말고는 가까이 지내는 사람이 없습니다. 다른 것들은 다 잊었지만 당신 집 두 채만큼은 외국에 나가 있을 때에도 그리웠습니다. 특히나 당신 집 응접실은 아주 멋지겠죠. 당신은 친구를 아주 잘 고르니까요. 한 가정의 여주인이 됐을 때를 대비해서 그 옛날 당신이 계획했던 걸 기억하고 있나요? 시끄러운 사람들은 거절하는 응접실, 때로는 음악을 감상하고 늘 대화가 넘치며 여유로우면서 젠체하는 사람이 없는 곳. 서로에 대해 잘 알고 있어 거짓말하거나 억지스러운 행동을 할 필요 없는 적은 인원…… 그리고 두세 가지 재주를 가진 부인들(당신의 친구라면 모두 그렇겠죠), 당신 집은 파리에서 가장 기분 좋은 집이 되는 거였죠. 그래요. 당신은 부인들 가운데 가장 행복한 여인입니다. 그리고 당신은 당신에게 다가서는 모든 사람을 행복하게 만드는 재주가 있죠."

다르시가 말하는 사이, 쥘리는 그가 이렇게 열심히 늘어놓고 있는 행복을 다른 사람과 결혼했더라면—이를테면 다르시라든가—이룰 수 있었으리라는 생각을 했다. 그렇게 우아하고 마음 편안한 가공의 응접실 대신, 샤베르니가 그녀에게 가져다준 불행이 떠올랐다. 이런 활기 넘치는 대화가 아니라 자신을 랑베르 부인에게 갈 수밖에 없도록 만든 부부 사이의 여러 문제들이 떠올랐던 것이다. 게다가 이 세상에서 가장 사모하는 사람, 할 수만 있다면 자신의 행복을 맡기고 싶은 그는, 그녀와는 영원히 맺어질 수 없는 사람이었다. 그를 피하고, 그와 헤어지는 것이 도리였다. 하지만 그는 그녀와 너무나도 가까이 있었다.

다르시는 파리에서의 생활이 얼마나 즐거웠었는지, 그동안 참고 있던 이야기들을 쏟아냈다. 눈물 한 줄기가 쥘리의 볼을 타고 흘러내렸다. 다르시가 눈치채지 못하도록 조심했지만, 그렇게 신경을 쓰면 쓸수록 감정이 더 복받쳤다. 그녀는 미동도 하지 않고 터져 나오려는 울음을 꾹 참았다. 그러나 마침내 새어나오는 신음 소리를 억누르지 못하고 울음을 터뜨리고 말았다. 주체할 수 없는 눈물과 부끄러움으로 두 손에 얼굴을 묻었다.

아무 생각 없이 추억에 빠져 있던 다르시는 갑작스러운 쥘리의 울음에 적이 놀랐다. 무슨 영문인지도 모른 채 쥘리를 바라보며 한동안 아무 말도 할 수 없었다. 그러나 점점 더 격해지는 그녀를 그대로 보고 있을 수만은 없다고 생각한 그가 쥘리에게 조심스럽게 말을 건넸다.

"무슨 일인 거죠? 내가 무슨 실례라도…… 말해 줘요…… 무슨 일이라도 있는 건지?"

당황한 다르시가 아무리 물어봐도 가엾은 쥘리는 손수건으로 더 세게 눈을 찍어 누를 뿐이었다. 다르시는 그녀의 손을 조심스레 잡고 손수건을 내려놓게 한 뒤, 마음을 파고드는 차분한 목소리로 다시 물었다.

"자, 무슨 일인지 말해 봐요. 부탁입니다. 잠자코 있으니 내가 어쩔 줄을 모르겠군요."

"나는 정말 불행한 여자예요."

쥘리는 더 이상 참지 못한 채 간신히 이 한마디를 하고는 더 격하게 울었다.

"불행하다고요? 뭐가 불행하다는 겁니까? 누가 당신을 불행하게 만드는 겁니까? 제발 말해 줘요."

그는 그녀의 손을 꼭 잡았다. 그의 얼굴이 쥘리의 머리에 닿을 정도로 가까이 있었다. 쥘리는 아무 말도 하지 못한 채 그저 울기만 했다. 다르시는 무슨 영문인지 도무지 알 수 없었으나 쥘리의 눈물에 가슴이 아파왔다. 그는 6년 전으로 되돌아간 듯한 느낌이 들었다. 구체적인 인물이 떠오른 것은 아니었으나 그녀의 하소연을 자기보다 생각이 깊은 누군가에게 들어달라고 맡기는 것이 더 나으리라 생각했다.

그녀가 아무 말도 하지 않자 다르시는 그녀의 몸 상태가 나쁜 것은 아닌지 걱정되어 창문을 조금 열었다. 그러고는 쥘리가 쓰고 있던 모자 끈을 풀고, 두르고 있던 망토를 벗겼다. 그리고 마을 근처에서 마차를 세우게 하려고 마부를 불렀으나, 쥘리는 그의 팔을 붙잡으며 한결 좋아졌으니 마차를 세우지 말라고 말했다. 다행히 마부는 아무 소리도 듣지 못했고, 마차는 여전히 파리를 향해 달렸다.

"도대체 무슨 일이 있었던 겁니까?"

잠시 놓고 있던 쥘리의 손을 다시 잡으며 다르시가 물었다.

"무슨 일인지 말해 줄 수 없겠습니까? 내가 무슨 잘못이라도 한 건 아닌지 마음이 쓰입니다."

"아뇨, 당신이 아니에요."

이렇게 말하면서 쥘리는 다르시의 손을 꼭 쥐었다.

"그럼 당신을 이렇게 울리는 그자가 누군지 말해 봐요. 우린 소꿉친구잖아요."

미소 지으며 다르시도 그녀의 손을 꼭 쥐었다.

"당신은 내가 행복하다고 생각하고는 그 행복에 대해 말했죠. 하지만 그 행복은 나하고는 너무나 거리가 멉니다."

"그럴 리가요! 여러 가지 행복의 씨앗을 가지고 있는 당신이 말입니까? 젊고, 유복하고, 아름다운 데다 남편은 사교계의 유력인사인데도……."

"난 그런 사람 싫어요!" 쥘리는 자기도 모르게 목소리를 높였다.

"그 사람 경멸한다고요!"

쥘리는 아까보다 더 심한 울음을 터뜨리고는 손수건에 얼굴을 묻었다.

'이거 참 성가시게 되었군!'

다르시는 속으로 생각했다.

마차가 흔들릴 때마다 그 기회를 잘 살려 조금씩 더 쥘리에게 가까이 다가
간 다르시는 매우 온화하면서도 부드러운 목소리로 말했다.

"무엇을, 뭐 때문에 그렇게 고민하는 겁니까? 당신이 경멸하는 사람이 당
신의 삶을 그토록 좌우한단 말인가요? 당신의 삶을 엉망으로 만드는 사람
때문에 그렇게 힘들어하다니요. 당신의 행복을 그 사람한테서만 구해야 하
는 건가요?"

그러고는 그녀의 손끝에 입을 맞추었다. 순간, 당황한 쥘리가 재빨리 손을
거두었다.

'내가 착각한 모양인가?'

하지만 그녀의 마음을 떠보기로 마음을 정한 다르시는 위선자처럼 한숨을
내쉬며 말했다.

"내가 정말 잘못 생각하고 있었어요. 당신의 결혼 소식을 들었을 때, 당신
이 샤베르니 씨를 진정으로 사랑한다고 생각했거든요."

"어머나, 다르시 씨. 당신은 내 마음을 정말 모르고 있었던 건가요?"

다르시는 쥘리의 목소리에서 이런 속뜻을 읽었다.

'나는 늘 당신을 사랑했답니다. 그런데 당신은 전혀 눈치채지 못했죠. 불
쌍한 나는 지난 6년이라는 세월 동안 변함없이 당신을 사랑했어요.'

우쭐해진 다르시가 목소리를 높이며 말했다.

"당신이야말로 내 마음을 몰라줬죠! 그때 당신이 내 마음을 알아주었더라
면 지금쯤 우린 얼마나 행복하게 살고 있을까요!"

"나는 정말 불행한 여자예요!"

쥘리는 하염없이 눈물을 흘리며 그의 손을 잡고 거듭 말했다.

"당신이 내 마음을 알고 있었다 해도……."

다르시는 그의 버릇대로 빈정거리는 말투로 우울하게 말했다.

"우리가 어떻게 됐을까요? 나는 가난했고, 당신은 부자였죠. 당신 어머니
는 나를 경멸하면서 내치셨습니다. 나는 처음부터 밀려났던 거예요. 당신도
그래요. 당신도 진정한 행복이 어디에 있는지 알지 못한 채 내 자부심을 비
웃었겠죠. 그때 당신에게는 백작 표지가 달린 아름다운 마차가 가장 확실한
판별 수단이었을 겁니다."

"어쩜, 당신까지! 아무도 날 동정하지 않는군요."

"이런! 용서해요, 쥘리!"

다르시는 격앙된 감정으로 소리쳤다.

"제발 용서해 줘요! 내 이야기는 잊어줘요! 나에게 당신을 비난할 권리 따위 없습니다. 감히 어떻게 내가! 잘못은 오히려 나에게 있어요…… 나는 당신의 진가를 알아보지 못했습니다. 당신 또한 당신 주변에 있었던 여인들처럼 연약한 사람이라고 생각했습니다. 당신의 용기를 의심한 거죠. 쥘리, 나는 그 벌을 받은 겁니다……."

다르시는 그녀의 손에 뜨겁게 입을 맞추었다. 그녀는 더 이상 손을 빼내려 하지 않았다. 그는 쥘리의 손을 자기 가슴에 안으려 했다. 그러나 쥘리는 두려움에 싸인 표정으로 거부했고, 그와 물리적 거리를 넓히려 했다.

다르시가 부드러운 목소리로 말했다. 그 목소리가 그의 말을 더욱 애절하게 만들었다.

"용서해요. 나는 파리를 잊고 있었습니다. 지금 문득 떠오른 생각인데 파리에서 결혼한 당신은 파리를 좋아하지 않죠."

"네, 그래요. 나는 당신을 사랑합니다."

쥘리는 흐느끼며 다르시의 어깨에 얼굴을 기댔다.

감정이 격해진 다르시는 그녀를 포옹하고 입맞춤으로 그녀의 눈물을 멈추게 하려 했다. 쥘리는 순간 몸을 빼려 했으나 그렇게 하지는 않았다.

12

다르시는 자신의 감정을 착각했다. 그는 사랑에 빠지지 않았다. 그 역시 다른 수컷들과 마찬가지로 놓칠 수 없는 행운을 잡았을 뿐이다. 단지 그는 다른 남자들보다 예의가 있었고, 이 예의가 착각을 일으킨 것이다. 마치 취한 듯한 기분에서 깨어난 쥘리는 이런저런 말들을 늘어놓았고, 입맞춤이 그녀의 말을 잘라놓기도 했다. 그에게는 별다른 아쉬움이 없었다. 그리고 이제 곧 이 피정복자와 헤어져야 한다는 것도 알고 있었다. 샤베르니 부인의 항의 어린 침묵과 낙담한 모습은, 이 새로운 연인을 난처하게 만들었다.

그녀는 기계적으로 솔로 가슴을 감쌌으나 조금도 움직이지 않았다. 눈물은 그쳤고 시선은 한곳에 고정시켰다. 다르시가 입 맞추려고 그녀의 손을 잡았다. 다르시가 손을 놓았을 때, 쥘리의 손은 마치 죽은 사람처럼 그대로 무릎 위로 떨어졌다. 그녀는 아무 말도 하지 않았으며 거의 듣고 있지도 않았다. 터질 듯한 수많은 생각이 머릿속에 떠올랐으나 그중 한 가지를 말하려 하면 다른 또 한 가지가 말문을 막았다.

이 혼란스러움을, 고동치는 것만큼이나 빠르게 연이어 일어나는 환영을 어찌할 것인가? 그녀의 귓가에 섬뜩한 말소리가 들려왔다. 오늘 아침, 그녀는 남편을 책망했고, 혐오스러운 눈으로 그를 쳐다보았다. 그러나 지금은 자기 자신이 훨씬 더 경멸스럽게 여겨졌다. 자신의 부끄러움이 사람들 앞에 드러난 것만 같았다. H공작의 정부가 오히려 자기를 배척할 것이다. 랑베르 부인도 그렇고 모든 사람에게 외면당할 것이다. 게다가 다르시는? 그는 그녀를 사랑하는가? 그는 그녀를 거의 알지 못했다. 그는 지난 6년 동안 그녀를 잊고 살았다. 처음에는 그녀를 알아보지도 못했다. 그녀를 보고 꽤 많이 변했다고 생각했을 것이다. 그녀에게 별다른 감흥도 없었다. 이것이 치명적인 타격이었다. 그녀에 대해 아는 것도 없이, 그녀를 사랑하지도 않으면서 그저 예의를 차린 것일 뿐, 그것은 여자를 유혹하는 남자들의 수법에 불과했던 것이다. 그는 그녀를 사랑할 수 없었다. 그렇다면 과연 그녀는 그를 사랑하는가? 그가 떠나기도 전에 다른 남자와 결혼한 그녀가?

마차가 파리에 들어섰을 때, 1시를 알리는 시계 소리가 들려왔다. 다르시와 처음 만난 것이 4시였다. 그렇다. 처음! 그녀는 그와 재회했다고 말할 수 없었다. 그의 모습도, 목소리도 잊고 있었기에 그녀로서는 처음 만나는 남자와 다를 바가 없었다. 그리고 아홉 시간 뒤, 그녀는 그의 정부가 되어 있었다. 이 야릇한 현혹. 그녀의 명예를 떨어뜨리는 데에는 겨우 아홉 시간이면 충분했던 것이다. 어찌 이리 호락호락할 수 있단 말인가? 그녀는 경멸당해 마땅하다.

이따금 들려오는 다르시의 달콤한 목소리, 그의 자상한 이야기들이 그녀를 들뜨게 만들었다. 그녀는 그의 사랑을 진심이라 생각하려고 애썼다. 그녀는 쉽게 물러서지 않았다. 떠난 뒤에도 다르시의 사랑은 오래도록 변하지 않았다. 다르시가 떠나버렸기 때문에 다른 남자와 결혼했음을 알아야 했다. 잘못은 다르시에게 있다. 그러나 오래도록 떨어져 있었음에도 다르시는 여전히 자신을 사랑했던 것이다. 그가 돌아온 것이 기뻤다. 꾸며대는 것을 싫어하는 다르시는 자신의 솔직한 고백과 약점까지도 좋아해 줄 것 같았다. 그러나 곧, 이렇게 상상하는 자신이 바보처럼 여겨지기 시작했다. 온갖 생각이 사라지고 그저 부끄러움과 절망만이 밀려왔다.

그녀는 자기 마음을 고백하고 싶었다. 그녀는 세상에서도, 가정에서도 버림받을 것이라고 생각했다. 그토록 심하게 거역한 남편을 다시 만나야 한다는 게 자존심 상했다.

'나는 다르시를 사랑한다. 다른 누구도 사랑할 수 없다. 그 없이는 행복해질 수 없을 것이다. 그와 함께라면 어디서든 행복할 텐데. 아무도 모르는 곳에서 단둘이 살 수 있으면 좋으련만. 이 사람이 나를 콘스탄티노플에 데려가 주면 얼마나 좋을까…….'

다르시는 쥘리가 무슨 생각을 하는지 짐작도 하지 못했다. 마차가 샤베르니 집 근처에 이른 것을 알아차린 그는 매우 냉정한 모습으로 장갑을 끼었다.

"나는 샤베르니 씨와 공식적으로 인사를 나누고 싶군요. 아마도 곧 친한 사이가 될 겁니다. 랑베르 부인이 소개해 주신다면 당신 집에 편하게 드나들 수 있을 텐데 말이죠. 샤베르니 씨는 시골에 계신가요? 당신과 만날 수는 있겠죠?"

말이 목구멍까지 올라왔으나 입 밖으로 나오지는 않았다. 다르시의 말 한 마디 한 마디가 쥘리의 가슴을 단검으로 콕콕 찌르는 것만 같았다. 어떻게 이토록 냉정하게, 이렇게까지 차갑게 말할 수 있단 말인가? 자신과의 관계도 가장 손쉬운 방법으로 여름 한때를 위한 심심풀이로 만들어버린 남자에게 도망 따위 유혹의 말을 할 생각을 하다니. 그녀는 흥분한 나머지 금목걸이를 잡아 뜯어 힘껏 비틀어버렸다.

마차가 쥘리의 집 문 앞에 멈춰 섰다. 다르시는 그녀에게 숄을 걸쳐주는가 하면 모자를 매만져주기도 했다. 마차 문이 열리자 다르시가 은근한 눈길을 보내며 손을 내밀었지만, 그녀는 그의 손을 잡으려고도 하지 않고 혼자 내렸다.

"부인!"

다르시가 허리를 숙이며 그녀에게 말했다.

"인사드리러 한번 오겠습니다."

"안녕히 가세요."

쥘리는 울먹이는 목소리로 대답했다.

다시 마차에 오른 다르시는 매우 만족한 듯 휘파람을 불며 사라져갔다.

13

숙소로 돌아온 다르시는 곧 터키 실내복으로 갈아입고, 슬리퍼를 신었다. 그리고 보스니아의 벗나무로 된 물부리의 입 부위가 흰 호박으로 만들어진 파이프 라타키에 연초를 채워 넣었다. 그러고는 적당히 속을 넣은 모로코가죽으로 만든 긴 의자에 편안히 드러누워 담배를 피웠다. 그가 좀더 시적으로 명상에 빠져들어야 할 순간, 이런 평범한 일에 빠져 있는 것을 보고 놀랄 여러분을 위해, 몽상에 좋을 만한 파이프는 빠뜨릴 수 없는, 매우 효과 있는 것임을 밝힌다. 진정으로 행복을 누리는 방법은 또 다른 행복과 그것을 연관시키는 것이라고 말해 두어야겠다. 매우 관능적인 한 친구는 넥타이를 풀고, 겨울철이라면 불을 피워놓고 긴 의자에 드러누운 다음이 아니면 연인에게서 온 편지를 펼치지 않는다.

"이것 참!"

다르시가 혼잣말을 흘렸다.

"티렐 말처럼 그리스 노예를 하나 데려왔더라면 어쩔 뻔했어. 그래. 내 친구 하르브 에프엔디가 말한 것처럼 무화과를 다마스쿠스에 가지고 간 꼴이 됐겠지. 다행히도 내가 없는 동안 문명은 크게 발전했지만, 엄격함은 그다지 변하지 않은 것 같군. 가엾은 샤베르니……! 만약 그때 내가 부자였다면 아마도 쥘리와 결혼했겠지. 그리고 오늘 밤에 그녀와 동행한 건 샤베르니였을 테고. 앞으로 결혼하게 된다면 아내를 도랑에서 건져낼 떠돌이 기사 따위 필요 없도록 아내의 마차를 이따금 살펴줘야지…… 잠깐! 생각을 좀 정리해야겠군. 그녀는 참 아름답지. 재기도 있고. 아, 내 재주는 정말 놀랍다니까! 앞으로 한 달 안에 내 진가도 그 콧수염 아저씨만큼 나타나겠지…… 좋아! 그건 그렇고, 내가 그토록 사랑한 사랑스러운 나타샤가 글을 깨우치고 사교계 사람들과 자연스럽게 대화할 수 있게 될 줄 알았는데…… 그녀야말로 나를 사랑해 주는 단 한 사람이라고 생각했는데…… 가엾게도…… 그의 파이프가 꺼지고 그도 곧 깊은 잠에 빠져들었다.

자기 방으로 돌아온 샤베르니 부인은 하녀에게 볼일 없으니 나가 보라고 말하고는 침대 위에 풀썩 드러누웠다. 다르시와 함께 있을 때에는 애써 참았던 눈물이 새삼 솟구쳐 올랐다.

밤은 육체적 고통에 큰 영향을 미치는 것과 같이, 정신적 고통에도 영향을 미친다. 밤은 모든 것에 슬픈 색조를 드리운다. 낮에는 미소를 던지는 듯 보였던 환영들이, 어둠 속이 아니면 힘을 발휘하지 못하는 요괴처럼, 밤에 우리를 괴롭힌다. 생각은 밤에 활기를 더하고, 이성은 마치 그 지배력을 상실하는 것처럼 보인다. 마음속에 내재되어 있는 환각 같은 것이 인간을 괴롭히고 떨게 만든다. 인간은 공포의 원인을 떨쳐버리거나 냉정하게 파악할 힘을 가지지 않은 것이다.

독자들은, 옷을 엉망으로 만들면서 이리저리 뒤척이거나 타는 듯한 열에 들볶이면서 찌르는 듯한 전율에 몸이 굳어버린 그녀를 머릿속에 그려보라. 어렴풋이 들리는 삐걱거림에도 몸을 떨고, 고동치는 가슴에 귀 기울인 채 침대에 쓰러져 있는 불쌍한 쥘리를 말이다. 쥘리는 그 원인을 찾으려 했으나 소용없었다. 그저 밑도 끝도 없는 불안이 그녀를 엄습할 뿐이었다. 문득 오늘 밤 일들이 전광석화처럼 그녀의 뇌리를 스쳐지나갔다. 그와 동시에 상처 위에 불이라도 갖다 댄 것처럼 날카로운 고통을 느꼈다.

쥘리는 멍한 눈길로 등불을 바라보았다. 이윽고 까닭을 알 수 없는 눈물에 불빛이 흐려졌다.

'왜 자꾸 눈물이 나는 거지?'

그녀는 생각해 보았다.

'아, 어쩌면 좋아……'

이런 생각을 하면서 커튼 주름을 세어보았다. 그러나 주름이 몇 개였는지 기억할 수 없었다.

'도대체 내가 어떻게 된 거지? 미쳐버린 게 아닐까? 그래, 맞아. 오늘 밤, 불쌍한 창녀처럼 모르는 남자에게 몸을 맡겼으니.'

그녀는 마치 처형 시각이 다가오는 사형수처럼 불안에 휩싸여 괘종시계 바늘을 눈으로 좇고 있었다. 그때 시계가 울렸다.

"세 시간 전."

그녀는 몸을 떨며 혼잣말을 했다.

"난 그와 함께 있었어. 내가 더럽혀진 거라고!"

그날 밤 내내 그녀는 들뜬 혼란 속에서 보내야 했다. 날이 밝아오자 창문을 열었다. 짜릿하게 와 닿는 차가운 공기에 한결 기분이 좋아졌다. 정원 쪽으로 나 있는 창문턱에 기대어 차가운 공기를 호흡했다. 그러자 혼란스러웠던 마음이 점차 가라앉는 것 같았다. 막연한 번뇌, 그녀를 괴롭히던 정신적 혼란이 가시자 이번에는 울적한 절망감이 밀려왔다.

그녀는 결심해야만 했다. 앞으로 어떻게 해야 할지 속을 태웠다. 다르시와 만나지 않겠다는 생각은 하지 않았다. 그럴 수는 없었다. 하지만 그를 만난다면 부끄러움에 견딜 수 없을 것 같았다. 그녀는 파리를 떠나야겠다고 생각했다. 파리에 있으면 모든 사람이 손가락질할 것이다. 마침 어머니가 니스에 있으니 어머니한테 가서 모든 것을 털어놓아야겠다고 마음먹었다. 모든 것을 다 털어놓은 뒤, 가슴에 남을 것은 단 한 가지. 이탈리아에 가서, 여행자들에게 인기가 없는 장소를 골라 거기서 혼자 살다가 죽으면 그만이라고 생각했다.

이렇게 결심하자 마음이 홀가분해졌다. 창가, 작은 탁자 앞에 앉아 두 손에 얼굴을 묻고 울었다. 그러나 괴롭지는 않았다. 피곤이 엄습해 그녀는 잠시 졸았다. 아니, 그보다는 한 시간쯤 아무 생각도 하지 않았다.

오한을 느끼며 눈을 떴다. 날씨가 달라져 있었다. 하늘은 잿빛이었으며, 차갑고 가는 빗방울이 그날 하루의 추위와 습기를 예고하고 있었다. 쥘리는 몸종을 불렀다.

"어머니가 병에 걸리셨다고 하니, 이 길로 니스로 가야겠어. 짐을 챙겨주겠니? 한 시간 안에 떠날 수 있으면 좋겠구나."

"마님, 무슨 일이시죠? 혹시 병이 나신 게 아니신가요? 잠을 못 주무신 것 같은데요!"

주인의 낯빛에서 느껴지는 변화에 놀란 몸종이 걱정스러운 듯 물었다.

"길을 떠날 기라고!"

쥘리가 꾸짖듯 말했다.

"곧 떠나야 하니까 짐을 챙기렴."

요즘은, 단순히 의지만 가지고 이곳에서 저곳으로 이동하기란 어렵다. 짐을 꾸려야 하고, 종이 상자를 챙겨야 하며, 여행하고 싶은 마음을 잃어버릴 만큼 온갖 번잡스러운 준비를 해야만 한다. 그러나 이런 번거로움을 생략할 정도로 쥘리는 초조했다. 그녀는 이 방 저 방을 돌아다니며 늘 조심스럽게 다루던 모자나 옷가지들을 꺼내서는 짐 챙기는 것을 도왔다. 그러나 그녀는 하녀들을 돕기는커녕 오히려 그녀들의 일손을 더디게 만들었다.

"주인어른께는 말씀드린 건가요?"

하녀가 물었다.

쥘리는 대답 대신 종이에 메모를 남겼다.

'니스에 계신 어머니가 편찮으시답니다. 저는 어머니께 갑니다.'

이 메모지를 네 번 접었으나 받는 이의 이름을 쓸 마음이 생기지 않았다.

한창 준비를 하고 있는데 하인이 들어왔다.

"샤토포르 님이 마님 뵙기를 청하고 있습니다. 누구신지는 모르겠지만 또 한 분이 와 계시는데요. 그분의 명함이 여기 있습니다.

쥘리는 명함을 받아 들었다.

'대사관 비서관 다르시.'

하마터면 소리를 지를 뻔했다.

"아무도 만나고 싶지 않구나. 몸살이 났다고 말씀드려. 여행을 떠날 거라는 말은 하지 말고. 알았지?"

그녀는 샤토포르와 다르시가 같은 시간에 나타난 이유를 알 수 없었다. 그러나 곧, 다르시가 혼란스러운 마음을 샤토포르에게 털어놓았을 것이라고 생각했다. 그러나 두 사람이 같은 시간에 나타난 것은 별다른 이유가 있어서가 아니다. 같은 이유를 가지고 찾아온 두 사람이 문 앞에서 마주쳤을 뿐이다. 그들은 싸늘하게 인사를 주고받은 뒤, 저마다 '네 마음은 악마에게나 줘 버려라'고 낮게 중얼거렸다.

그녀의 말을 전해 들은 두 사람은 함께 계단을 내려가 더욱 냉랭하게 인사를 나누고는 서로 반대 방향으로 멀어져갔다.

샤토포르는 샤베르니 부인이 다르시에게 주목한다는 것을 눈치채고 있었다. 그 뒤, 샤토포르는 다르시에게 증오심을 느꼈다. 다르시는 다르시대로 샤토포르가 자기에게 당혹감과 불만을 드러내고 있는 것으로 미루어, 그가 쥘리를 사랑하고 있다는 것을 알아차렸다. 그는 외교관으로서 미리 사태의 악화를 예측하는 경향이 있었으므로, 쥘리는 샤토포르에게 무정하지 않을 것이라 생각했다.

밖으로 나오면서 다르시는 혼잣말을 중얼거렸다.

"이 묘한 요부는 '미장트로프'*18의 변명 같은 변명을 염려하여 두 사람을 함께 맞이하려 하지 않은 걸 거야…… 뭔가 핑계를 대어 잠시 지체했었어야 했는데. 그가 떠나는 것을 조금만 기다렸더라면 나는 안으로 들어갈 수 있었을 것을. 적어도 내가 그보다는 신선하다는 우월성이 있잖은가 말이야."

그는 이런 생각을 하면서 발걸음을 멈추었다. 그리고 방향을 돌려 다시 샤베르니 저택으로 걸음을 옮겼다. 샤토포르 또한 다르시의 움직임을 살피려고 되돌아와 샤베르니 저택 주변을 배회했다.

다시 돌아온 자신을 보고 놀라는 하인에게 다르시는 이렇게 변명을 둘러댔다.

"서둘러 전해야 할 말이 있었는데 깜빡했네."

그리고 쥘리가 영어를 할 줄 안다는 것을 기억해 내고는 명함에, '터키 앨범은 언제 보여줄까요?'라고 적어 하인에게 전하며 답을 기다리겠다고 했다.

하인은 한참 뒤에야 나타났는데 매우 당혹스러운 눈치였다.

"마님께서는 상태가 매우 좋지 않으셔서 답변 드리지 못하는 것을 매우 안타까워하십니다."

이 답변을 듣기까지 거의 15분이나 걸렸다. 다르시는 그녀가 실신했다는 생각은 하지 못했다. 분명한 것은 그녀가 자기를 만나려 하지 않는다는 것이었다. 그는 냉정하게 마음먹었다. 마침 시내에서 약속이 있었던 것이 생각난 다르시는 그녀를 만나지 못한 일에 대해 크게 신경 쓰지 않고 샤베르니 저택을 떠났다.

샤토포르는 견딜 수 없이 불안한 마음으로 다르시를 기다렸다. 그가 지나치는 것을 본 샤토포르는 그에게 행운이 있었다고 확신했다. 그는 기회만 생긴다면 배신자에게 복수하듯 그를 해치우겠다고 맹세했다. 때마침 만나게 된 페랭 소령에게 하소연했다. 그의 하소연을 들은 페랭 소령은 샤토포르를 위로했으나, 한편으로 약간의 충고도 잊지 않았다.

---

*18 인간 혐오자.

15

다르시의 두 번째 명함을 건네받은 쥘리는 그만 기절하고 말았다. 게다가 졸도에 이어 피까지 토한 쥘리는 상태가 매우 좋지 않았다. 하인은 의사를 부르러 갔으나 그녀는 의사 만나기를 거부했다. 그리고 4시 무렵 들른 우편 마차에 짐을 실었다. 출발 준비를 마친 쥘리는 마차에 올랐으나 심한 기침에 시달렸다. 그날 밤 내내, 그녀가 한 말이라고는 마부에게 서두르라는 말을 전하기 위해 마부석 옆 하인에게 말을 건넨 것이 고작이었다. 끊임없이 기침을 해댔고, 가슴이 무척 아파 보였다. 그녀는 문을 열 힘도 없을 만큼 약해져 있었다. 어쩔 수 없이 가던 길을 멈추고 허름한 여관에서 잠시 쉬면서 마을 의사를 불렀다. 열이 심한 그녀에게 마을 의사는 여행을 금지시켰다. 그러나 그녀는 고집스럽게 길을 떠나려고 했다. 저녁이 되자 정신착란을 일으키는가 하면 온갖 위험한 징후가 나타났다. 끊임없이 헛소리를 해댔으나 아무 말도 알아들을 수 없었다. 횡설수설하는 가운데 다르시나 샤토포르, 그리고 랑베르 부인의 이름이 이따금 들렸다. 하인이 쥘리의 발병을 알리기 위해 샤베르니 씨에게 편지를 보냈다. 하지만 그녀는 파리에서 30리외나 떨어진 곳에서 눈에 보이게 상태가 나빠지고 있었고, 샤베르니는 H공작과 사냥을 나가 있을 터였기에 그가 늦지 않게 올 수 있을지는 알 수 없었다.

그사이, 하인이 이웃 마을에서 의사를 불러왔다. 그 의사는 먼저 왔던 의사를 비난하면서 자기를 너무 늦게 찾아왔으며, 환자는 위험한 상태라고 선고했다.

새벽녘, 정신착란이 가라앉은 쥘리는 깊은 잠에 빠져들었다. 2, 3일 뒤 잠에서 깨어난 쥘리는 자신이 무슨 까닭으로 이 더러운 여관에 누워 있는지 생각해 내려는 것처럼 보였다. 곧 기억이 돌아온 그녀는, 한결 좋아졌으니 내일 다시 출발하자고 말하고는, 손으로 이마를 짚은 채 골똘히 생각에 잠겼다가 종이와 펜을 가져오게 한 뒤 편지를 쓰기 시작했다. 하인이 보고 있자니 그녀는 첫머리만 쓰고는 찢어버리기를 거듭했다. 그러고는 찢어버린 종이들을 태우라고 명령했다. 그 종잇조각 가운데에는 '무슈'라고 적힌 것이 몇 개 있었다. 남편이나 어머니에게 편지를 쓰는 것이리라 생각하던 하녀에게는 이것이 이상하게 여겨졌다. 다른 조각에는 이런 글도 있었다.

'당신은 나를 경멸하시겠죠.'

그녀는 거의 반시간 정도 편지 쓰기에 집중했다. 급기야 기력을 잃고는 더 이상 편지를 쓸 수 없게 되자 하녀에게 망설이듯 말했다.

"네가 다르시 씨에게 편지를 좀 써야겠다."

"뭐라고 쓸까요?"

쥘리가 다시 착란을 일으키는 모양이라고 생각한 하녀가 물었다.

"'당신은 나에 대해 알지 못했죠…… 나 또한 당신을 잘 알지 못했어요……'라고."

그녀는 기력을 잃고 자리에 쓰러져 누웠다.

이것이 알아들을 수 있는 그녀의 마지막 말이었다. 다시 착란을 일으킨 채 회복하지 못했다. 이튿날, 겉보기로는 크게 고통스러워 보이지 않는 모습으로 그녀는 숨을 거두었다.

16

샤베르니는 장례를 치른 사흘 뒤 도착했다. 그는 진정으로 슬퍼하는 듯 보였다. 마을 사람들은 그가 아내의 관이 묻힌 땅을 바라보며 서 있는 모습을 보고 눈물지었다. 그는 그녀의 묘를 파리로 옮길 생각이었으나, 시장이 이에 반대했고 공증인이 수속을 서두르는 바람에 어쩔 수 없이, 소박하더라도 아름다운 묘를 만들라고 명하는 것으로 만족해야 했다.

쥘리의 갑작스러운 죽음은 샤토포르에게 큰 충격이었다. 그는 몇몇 무도회의 초대를 거절했으며, 한동안 상복을 입고 다니는 모습이 눈에 띄었다.

17

세상 사람들은 샤베르니 부인의 죽음을 두고 이런저런 말들이 많았다. 어떤 사람은 이렇게 말했다.

"그녀는 꿈을 꾼 것이다. 어머니가 병에 걸렸다는 것을 현몽한 것이다. 그래서 심한 충격을 받아 랑베르 부인 댁에서 돌아오자마자 심한 감기에 걸렸음에도 어머니를 만나러 떠났는데, 감기가 폐렴이 된 것이다."

그러나 그녀의 숨겨진 이야기를 집요하게 캐낸 사람들은, '샤베르니 부인은 샤토포르에 대한 연민의 정을 숨기지 못하고 어머니께 상의하려 했던 것이다' 하는 수수께끼 같은 말을 던지기도 했다.

아무튼 '감기도, 폐렴도 출발을 서두른 탓이다.' 이것이 그들의 공통된 말이었다.

다르시는 그녀에 대해 아무 말도 하지 않았다. 그녀가 죽은 서너 달 뒤 그는 결혼했다. 그가 자기 결혼을 랑베르 부인에게 알렸을 때, 그녀는 이렇게 말하며 기뻐했다.

"부인이 정말 아름다워요. 하지만 당신에게는 쥘리가 제일 잘 어울렸다고 생각해요. 그녀가 결혼했을 때, 당신이 너무나 가난했다는 것이 못내 아쉽군요."

다르시는 여느 때와 같은 빈정거리는 미소를 지으며 아무 말도 하지 않았다. 분수를 알지 못한 두 사람은 서로 착각하고 있었던 것이다.

연옥의 영혼

키케로[1]는 어떤 글에서, 아마도 〈신에 관하여〉라는 논문에서 유피테르가 실은 여러 명 있었다고 말했다. 크레타 섬에도 유피테르가 하나, 올림피아에도 하나, 다른 동네에도 또 하나……. 이처럼 꽤 이름난 그리스 도시에는 저마다 하나씩 전용 유피테르가 소속되어 있었다는 것이다. 이 모든 유피테르들이 하나로 뭉쳐 유일신 유피테르가 되었는데, 같은 이름을 가진 남자들이 살아가면서 겪은 모든 일들이 여기에 귀속되었다. 유피테르 신이 가지고 있다는 엄청난 양의 행운은 이로써 설명될 수 있으리라.

돈 후안의 경우에도 비슷한 혼동이 일어났다. 돈 후안도 유피테르 못지않게 유명한 인물이다. 세비야라는 도시 하나에도 돈 후안이 몇 명이나 있었고, 다른 수많은 도시에도 돈 후안이라는 유명한 사나이들이 존재했다. 옛날에는 돈 후안 한 사람 한 사람이 저마다 전설을 가지고 있었는데, 이 모든 것이 세월과 더불어 융화되어 하나의 전설이 되었다.

하지만 자세히 관찰해 보면, 이 남자들을 하나하나 구별하거나 적어도 그 가운데에 두 사람 정도는 쉽게 구별할 수 있을 것이다. 하나는 다들 알다시피 석상(石像)에게 끌려간 돈 후안 테노리오이고, 또 하나는 전혀 다른 방식으로 최후를 맞이한 돈 후안 드 마라나이다.

전해져 내려오는 두 사람의 생애는 비슷하지만 결말은 뚜렷이 구별된다. 즉 모든 사람이 만족할 만한 결말이다. 뒤시[2]의 연극과 마찬가지로, 독자의 감수성이 어떠한가에 따라서 이야기의 결말은 좋아지기도 하고 나빠지기도

---

[1] Cicero(B.C. 106~43) 로마 최고의 웅변가. 정치가이자 철학자이며 문학자이기도 하다. 로마의 절충주의 학자들 가운데서도 가장 뛰어난 인물로서 그리스 철학을 처음 라틴어로 적었다. 그리스 문학에도 조예가 깊었다.

[2] Ducis(1733~1816) 베르사유에서 지내던 인물. 비극 시인으로서 셰익스피어 작품을 번역했다. 셰익스피어풍(風) 공연을 기획했다.

하는 것이다.

이 이야기의 진실성은 전혀 의심할 여지가 없다. 만일 우리가 두 무뢰한, 세비야의 가장 훌륭한 집안에 먹칠을 한 두 무뢰한의 존재에 의혹을 품는다면, 세비야 시민들의 애향심에 크나큰 상처를 주게 될 것이다. 세비야 시민들은 이방인에게 기꺼이 돈 후안 테노리오의 집을 보여준다. 미술을 사랑하는 사람은 라 샤리테 사원을 구경하지 않고서는 세비야를 통과할 수 없다. 그 미술 애호가들은 기사(騎士) 드 마라나의 무덤을 보게 되리라. 이 무덤에는 돈 후안의 겸허함을 보여주는 또는 그의 자부심을 보여주는 다음과 같은 비문이 새겨져 있다.

Aqui yace el peor hombre que fué en el mundo. *3

이래도 의심할 수 있겠는가? 물론 또 다른 사실도 있다. 두 가지 기념물을 여러분에게 보여준 안내인은 이런 이야기도 할 것이다. (둘 가운데 어느 돈 후안인지는 모르겠지만) 돈 후안이 어떻게 라 히랄다에게 이상한 요청을 했는지—히랄다는 이 성당의 동양적인 탑 위에 세워져 있는 청동 조각상이다—, 어떻게 라 히랄다가 그 요청을 받아들였는지, 또 어떻게 술에 취한 돈 후안이 과달키비르 왼쪽 강가를 비틀비틀 걷다가 건너편 기슭에서 엽궐련을 피우고 있는 남자에게 담뱃불을 빌려달라고 했는지, 또한 어떻게 그 엽궐련 피우는 남자의 팔이(이 남자는 바로 악마였다) 눈앞에서 쭉 늘어나 강을 건너오는가 싶더니 돈 후안 옆에 멈춰 서서 엽궐련을 내밀었는지……. 돈 후안은 하늘의 경고를 무시한 채 눈썹 하나 까딱하지 않고 그 담뱃불을 자기 담배에 옮겨 붙였다고 한다. 그의 마음은 그토록 굳고 단단했던 것이다.

나는 두 돈 후안의 공통된 사악함과 범죄 가운데 각자에게 속하는 부분들을 알맞게 나누어 보려고 했지만, 적당한 방법을 찾지 못했다. 그래서 할 수 없이 이 이야기의 주인공인 돈 후안 드 마라나에 대해서 돈 후안 테노리오가 시효 때문에 청구권을 잃어버린 사건만을 골라 이야기하는 방식을 선택했다. 알다시피 테노리오는 몰리에르와 모차르트의 걸작*4을 통해 사람들에게 널리 알려져 있다.

돈 카를로스 드 마라나 백작은 세비야에서 가장 부유하고 가장 덕망 높은

---

*3 이야기 마지막에 등장하는 비문 "Ci-gît le pire homme qui fut au monde(세상에서 가장 악한 사람이 여기에 잠들다)"와 의미가 같은 스페인어 문장.

귀족 가운데 하나였다. 명문가에서 태어난 그는 반란을 일으킨 무어인을 진압하는 자리에서, 자신이 선조의 무용을 그대로 물려받았음을 증명했다. 알푸하라스 사람들*5이 굴복하자 그는 이마에 칼자국이 난 모습으로, 그리스도교의 적(敵)에게서 빼앗은 수많은 아이들을 거느리고 위풍당당하게 세비야로 돌아왔다. 그는 친절하게도 아이들에게 세례를 베푼 뒤 그들을 그리스도교 신자들의 집에 팔아넘겼다. 이마에 난 상처는 결코 보기 흉하지 않았다. 그 상처는 그가 어느 양갓집 규수의 마음을 사로잡는 데 조금도 방해가 되지 않았다. 그 아가씨는 많은 구혼자들을 물리치고 그를 선택했다. 이렇게 결혼한 부부 사이에는 딸들이 줄줄이 태어났다. 어떤 아이는 자라서 결혼했고, 또 어떤 아이는 종교에 귀의했다. 돈 카를로스 드 마라나는 자기 이름을 물려받을 후계자를 끝내 얻지 못하리라고 생각했다. 그런데 그때 뜻밖에도 사내아이가 태어났다. 백작은 몹시 기뻐했다. 이로써 유서 깊은 세습재산이 방계 혈족에게 넘어가지 않게 된 것이다.

모두가 기다리고 기다리던 이 사내아이는 바로 이 이야기의 주인공 돈 후안이었다. 아버지도 어머니도 이 아이를 무척 귀여워했다. 하기야 위대한 이름과 위대한 재산을 물려받을 유일한 후계자였으니 그럴 만도 했다. 그는 아직 어렸지만 어떤 일이든 마음대로 할 수 있었다. 아버지 저택에서 감히 그에게 거스를 배짱이 있는 사람은 하나도 없었다. 그런데 어머니는 아이가 자기를 닮아 독실한 신자가 되기를 바랐고, 아버지는 아들이 자기처럼 용감무쌍한 인물이 되기를 바랐다. 어머니는 애정 어린 손길과 맛있는 음식을 미끼로 삼아 아이에게 연도(連禱)와 묵주기도를 억지로 외우게 하더니, 마침내 신자에게 꼭 필요한 기도와 그렇지 않은 기도까지 모두 다 가르쳐 버렸다. 어머니는 또 아이를 재울 때마다 성인(聖人) 전기를 읽어줬다. 한편 아버지

---

*4 Molière(1622~1673) 뛰어난 프랑스 고전극 작가. 희극 작가. 여기서 걸작이란 몰리에르가 쓴 작품 〈동 쥐앙 또는 석상의 향연(Don Juan ou le Festin de Pierre)〉을 말한다. 1665년에 발표된 5막 산문극. 그 뛰어난 심리묘사는 돈 후안 이야기 가운데서도 백미로 꼽힌다. Mozart(1756~1791) 잘츠부르크에서 태어나 독일에서 활약한 천재 작곡가. 숱한 걸작을 남겼는데 그중에서도 〈피가로의 결혼〉〈돈 조반니〉〈레퀴엠〉 등이 특히 유명하다. 비엔나에서 세상을 떠났다. 여기서 걸작이란 2막 오페라 〈돈 조반니〉(1887)를 뜻한다.
*5 스페인 산악 지방 주민. 이 지역은 북쪽에 있는 시에라네바다, 남쪽에 있는 시에라콘트라비에자 및 과달키비르 강 사이에 위치해 있다. 스페인에 사는 무어인의 마지막 피난처.

는 시드 또는 베르나르도 델 카르피오*6의 전기를 아들에게 가르쳐 줬고 무어인 반란 이야기도 들려주었다. 게다가 뜰 한구석에 세워 놓은 무어인 인형을 향해서 하루 내내 창을 던지거나, 활을 쏘거나, 화승총을 쏘기도 했다. 이런 식으로 아들에게 무예를 익히게 한 것이다.

드 마라나 백작부인의 예배소에는 그림이 하나 걸려 있었다. 얇고 딱딱한 모랄레스*7식(式) 선으로 연옥(煉獄)의 고통을 묘사해 놓은 작품이었다. 이 그림에는 화가가 생각할 수 있었던 온갖 고문이 놀랍도록 정확히 표현돼 있었으므로, 이단 심문 고문관이 이 자리에 있더라도 뭐라고 할 수 없을 정도였다. 연옥에 떨어진 영혼들은 어떤 커다란 동굴 속에 있는데, 그 동굴 꼭대기에는 바람구멍이 뚫려 있다. 구멍 가장자리에는 천사가 있다. 천사는 이 고통의 소굴에서 빠져나오려고 하는 한 인간 영혼을 향해 손을 내민다. 한편 그 옆에서는 한 노인이 두 손을 맞잡고 묵주를 꼭 쥔 채 열심히 기도를 드리고 있다. 그는 이 그림을 기증한 사람*8이다. 이 작품은 우에스카에 있는 어느 사원에 바쳐졌다. 그런데 반란 무렵 무어인이 도시에 불을 지르는 바람에 이 사원도 불타 버렸다. 그러나 이 그림만은 기적적으로 살아남았다. 마라나 백작은 이것을 가져와서 아내의 예배소에 걸어 놓았다. 어린 후안은 어머니 방에 들어갈 때마다 오랫동안 꼼짝도 않고 그 앞에 서서 그림을 쳐다보았다. 이 그림은 소년을 두렵게 하면서도 그의 마음을 강하게 사로잡았다. 특히 붉게 타오르는 불꽃 위에서, 양옆구리에 갈고리바늘이 박힌 채 대롱대롱 매달려서 뱀 한 마리에게 내장을 뜯어 먹히고 있는 한 남자가 인상적이었다. 후안은 그에게서 눈을 뗄 수 없었다. 죄인은 몹시 불안한 눈으로 바람구멍을 바라본다. 마치 자신이 이 고통에서 벗어날 수 있도록 기도해 달라고 기증자에게 부탁하는 것 같았다. 백작부인은 언제나 꼬박꼬박 다음과 같이 아들에

---

*6 Cid(Campeador) 스페인의 유명한 기사. 무어인을 정복하여 이름을 떨쳤다. 많은 작가들이 이 인물을 주인공 삼아 다양한 각본을 썼는데, 특히 코르네유의 비극 〈르 시드〉가 유명하다. 1099년에 죽음. Bernardo Del Carpio는 스페인의 전설적 영웅. 극작가 로페 데 베가(Lope de Vega)가 그에 대한 작품을 써서 상연했다. 전설에 의하면 유명한 롱스보 전투에서 그가 롤랑을 죽였다고 한다.

*7 Morales(Louis de) 스페인 화가. 바다호스 출신. 1510~1586.

*8 원문에는 donataire(선물 받은 사람)이라고 되어 있지만, 아마 donateur(기증자)를 잘못 쓴 것이리라.

게 설명해 주었다. 이 불행한 남자가 이런 고문을 받게 된 까닭은, 이 남자가 교리문답을 제대로 말하지도 못하고 성직자를 조롱했기 때문이란다. 아니, 어쩌면 교회에서 옳지 못한 생각을 했기 때문인지도 몰라. 저기 천국으로 날아오르는 영혼은 말이지, 드 마라나 집안사람의 영혼이란다. 저 사람은 한순간 사소한 잘못을 저질렀을 거야. 그런데 드 마라나 백작님이 저 사람을 위해 기도하고, 뜨거운 불과 고문으로부터 그를 구하려고 교회에 많은 돈을 기부하셨단다. 그렇게 해서 백작님은, 연옥에서 큰 괴로움을 겪기 전에 친척의 영혼을 얼른 천국으로 인도함으로써 정신적인 만족을 얻으신 거야.

"그런데 명심하렴, 후아니토." 백작부인은 늘 이렇게 한마디 덧붙였다. "언젠가는 이 어미도 틀림없이 저런 고통을 받게 될 거야. 그때 네가 나를 연옥에서 구출하기 위해 미사를 지내주지 않는다면, 나는 수백만 년이 지나도 저렇게 연옥에서 계속 신음해야 할 거야! 너를 길러준 어미를 저토록 고통 받게 놔둬서야 되겠니? 그건 정말 나쁜 짓이지?"

그럴 때마다 아이는 울음을 터뜨렸다. 그리고 주머니 속에 은화가 있을 때에는, 연옥의 영혼들을 위해 질그릇 모금함을 들고 다니는 사제에게 달려가서 얼른 은화를 건네주었다.

소년이 아버지 방에 갈 때마다 가장 먼저 눈에 띄는 것은 화승총 총알을 맞아 일그러진 갑옷과, 드 마라나 백작이 알메리아[9]를 공격할 때 썼던 이슬람교도가 휘두른 도끼 자국이 남아 있는 투구였다. 사방 벽에는 무어인의 창칼과 그리스도교도의 적에게서 빼앗은 군기(軍旗)가 걸려 있었다.

백작은 늘 이런 말을 했다.

"이 시미터(scimitar, 언월도)는 베지에의 이슬람교 재판관에게서 빼앗은 거야. 죽기 전까지 그 남자는 이 칼을 들고 세 번이나 나에게 덤벼들었지. 이 깃발은 엘비르[10] 산지의 반란군이 가지고 있었던 거고. 그놈들이 그리스도교도 마을을 파괴했기 때문에 내가 기마병 스무 명을 이끌고 토벌하러 갔어. 적 대대(大隊) 한가운데를 네 번이나 돌파해서 이 깃발을 빼앗으려고

---

*9 Almeria 지중해에 면한 스페인 항구도시. 알메리아 주의 주도(州都). 1489년 아라비아인에게 정복되고 나서부터 지금까지 이곳에는 이슬람문화의 흔적이 많이 남아 있다. 알메리아 주는 옛 안달루시아의 한 부분으로 이루어져 있다.
*10 Elvire 그라나다 부근에 있던 도시. 지금은 없다.

했는데 그때마다 번번이 격퇴되고 말았지. 그래서 다섯 번째로 돌격할 때 나는 성호를 긋고 '생 자크!'*¹¹를 외치며 이교도들의 진영에 깊숙이 파고들었단다. 그래, 애야, 이거 봐라. 이 문장(紋章)에 새겨져 있는 황금 성배(聖杯)를 봐. 무어인 알파키*¹²가 어느 교회에서 이걸 훔쳤단다. 그놈은 거기서 온갖 행패를 부렸지. 말은 제단 위에서 보리를 우걱우걱 먹었고, 병사들은 성자의 유골을 훼손했어. 그리고 알파키는 얼음물을 마시는 데 이 성배를 사용했지. 천막 안에서 그놈이 이 귀한 잔에 입술을 대려는 순간, 내가 그 자리에 나타났어. 그놈은 '알라!'*¹³를 외칠 시간도 없었어. 그놈 목구멍으로 물이 넘어가기도 전에 내가 이 명검을 높이 들어 이교도의 머리를 내리쳤거든. 어찌나 세게 내리쳤는지 칼날이 이에 닿을 정도였지. 이 신성한 복수를 기념하여 국왕 폐하께서는 우리 집안의 문장에 황금 성배를 새기는 것을 허락하셨단다. 후아니토, 내가 왜 너한테 이런 이야기를 하는지 알겠니? 바로 네가 이 이야기를 네 아이들에게 들려줬으면 하기 때문이야. 현재 우리 집안의 문장이 네 할아버지인 돈 디에고의 문장, 초상화 밑에 그려져 있는 그 문장과 똑같지 않은 이유를 네 자식들이 알았으면 좋겠구나."

전쟁과 신앙, 이 두 가지가 동시에 아이를 사로잡았다. 아이는 조그만 나무 십자가를 수도 없이 만들거나, 목검을 쥐고 채소밭으로 달려가 로타*¹⁴ 호박을 상대로 검술 연습을 하면서 하루하루를 보냈다. 소년의 의견에 따르면 호박은 꼭 터번을 두른 무어인의 머리처럼 생겼다는 것이다.

어느새 돈 후안은 열여덟 살이 되었다. 그는 라틴어는 제대로 읽지 못해도 미사는 잘 드렸다. 장검이나 양손으로 쥐는 검을 다루는 솜씨는 시드보다도 더 뛰어났다. 아버지는 드 마라나 집안의 남자라면 그것 말고도 많은 기술을 갈고닦아야 한다고 판단하여, 아들을 살라망카에 보내기로 결심했다. 여행 준비는 금세 끝났다. 어머니는 아들에게 묵주와 케이프와 성물(聖物)을 잔뜩 주었고, 또 인간이 살면서 다양한 일들을 겪을 때 큰 도움을 주는 몇몇

＊11 Saint Jacques(-de l'Épée) 가난한 사람들을 구제하고 순례를 옹호하며 이슬람교도를 공격하기 위해 카스티야에 설립된 군대 조직(1164).
＊12 alfaqui 이슬람교 법학자.
＊13 Allah 이슬람교의 신.
＊14 Rota 스페인 지명.

기도문을 가르쳐 주었다. 돈 카를로스는 검을 하나 선물했는데, 그 칼자루에는 은으로 된 상감 무늬와 집안의 문장이 새겨져 있었다. 아버지는 아들에게 엄숙히 말했다.

"지금까지 너는 아이들 사이에서 지냈지만, 이제부터는 어른들과 함께 살아야 한다. 귀족에게 가장 소중한 것은 명예임을 잊지 말아라. 네 명예는 곧 마라나 집안의 명예야. 가문의 명예가 훼손될 바에야 차라리 우리 집안의 마지막 자손이 목숨을 잃는 편이 낫다! 알겠지? 이 검을 가져가거라. 누가 너를 공격한다면 이 검이 너를 지켜줄 것이다. 결코 상대보다 먼저 칼을 뽑아서는 안 돼. 하지만 또 하나 기억할 것이 있다. 네 조상님은 한번 칼을 뽑으면 상대를 쓰러뜨려 복수를 끝마칠 때까지는 결코 칼을 칼집에 집어넣지 않았다."

이리하여 영계와 현계의 두 가지 무기를 갖춘 마라나 집안의 후손은 말을 타고 아버지의 저택을 떠났다.

그 무렵 살라망카 대학교는 영광의 절정에 다다라 있었다. 학생 수도 예년에 비해 부쩍 늘었고, 교수진을 보아도 옛날보다 훨씬 뛰어난 학자들이 포진해 있었다. 그런데 다른 한편으로 이곳 시민들은 자기네 도시에 살고 있는, 아니 정확히는 자기네 도시를 뻔뻔하게 점령하고 있는 자유분방한 젊은이들의 오만무도한 말과 행동 때문에 예년보다 훨씬 더 골치를 앓고 있었다. 여자를 유혹하는 세레나데, 흥청망청 요란하게 먹고 노는 짓, 밤마다 벌이는 오만 가지 소동, 이런 것들이 그들의 일상이었다. 이 단조로운 일상은 이따금 남의 집 유부녀나 어린 처녀를 빼앗거나, 도둑질을 하거나, 매를 맞거나 함으로써 다양하게 변화되곤 했다. 살라망카에 도착한 돈 후안은 아버지 친구네 집에 소개장을 가지고 갔다. 또 교수들을 방문하거나 여러 교회에 가서 성인들의 유물을 감상하면서 시간을 보냈다. 그는 아버지 뜻에 따라 가난한 학생들에게 나눠주라면서 꽤 많은 돈을 어느 교수에게 건넸다. 이 대범한 행위는 더없이 큰 효과를 거두었다. 덕분에 그는 금세 많은 친구들을 사귈 수 있었다.

향학열에 불타는 돈 후안은 언제나 교수들의 입에서 나오는 말을 하나의 복음으로서 진지하게 들을 준비가 되어 있었다. 그는 교수의 말을 한마디도 빠뜨리지 않고 다 들으려고 가능한 한 강단 가까운 곳에 앉았다. 곧 강의가 시작될 강당에 들어갔을 때, 마침 교수와 가장 가까운 자리 하나가 비어 있는 것이 눈에 들어왔다. 그는 그 자리에 앉았다. 그러자 흐트러진 머리에 남루한 옷을 입은 지저분한 학생이, 어느 대학에서나 이런 학생을 쉽게 볼 수 있는데, 책에서 눈을 떼고 돈 후안을 보더니 갑자기 혼비백산한 얼굴로 소리쳤다.

"이봐요, 정말로 거기에 앉을 거요?" 그 목소리는 거의 공포에 질려 있었다. "당신은 모르나 본데, 돈 가르시아 나바로가 늘 그 자리에 앉는단 말이오!"

그러자 돈 후안이 대답했다.

"자리는 처음 발견한 사람이 임자잖소. 난 그렇게 알고 있는데. 이 자리가 비어 있는 것을 보고서 당연히 앉아도 된다고 생각했소. 돈 가르시아라는 사람이 다른 친구에게 이 자리를 미리 맡아달라고 부탁이라도 했소? 그게 아니라면 왜 내가 눈치를 봐야 하죠?"

"당신은 이 도시 사람이 아니군요. 이곳으로 온 지 얼마 안 된 모양인데. 돈 가르시아를 모르는 걸 보니. 모른다면 지금부터 알아두시오, 그 사람은……."

여기까지 말했을 때 그 학생은 갑자기 남들에게 들릴까 봐 걱정되는지 목소리를 낮췄다.

"돈 가르시아는 무서운 사람이오. 그 사람 비위를 건드렸다가는 진짜 큰일 나요! 성질은 나쁘고 칼솜씨는 좋거든요. 어쨌든 이거 하나는 확실하오. 돈 가르시아가 두 번 앉은 자리에 다른 사람이 앉았다가는 당장 싸움이 벌어질 게 뻔해요. 그 사람은 성질이 급해서 걸핏하면 화를 내니까. 그런데 싸움을 하게 되면 그는 칼을 뽑을 테고, 뽑았다 하면 반드시 상대를 죽여 버려요. 자, 내 충고는 이걸로 끝이오. 결정은 당신이 하시오."

돈 가르시아라는 놈은 제시간에 맞춰 강의실에 온다든가 하는 노력도 하지 않고서, 무조건 가장 좋은 자리를 자기 자리로 찜해 놓는단 말인가. 돈 후안은 꽤 웃기는 이야기라고 생각했다. 자기를 쳐다보는 학생들의 시선이 느껴졌다. 한번 이 자리에 앉았다가 다시 일어난다는 것이 얼마나 굴욕적인 일인지 그는 뼈저리게 느꼈다. 또 한편으로는 이 도시에 오자마자 싸움을 벌이고 싶지도 않았다. 아무래도 돈 가르시아란 놈은 상당히 위험한 사내인 듯한데, 상대가 그렇게 위험한 놈이라면 더더욱 싸움은 피해야 했다. 돈 후안이 이런 생각을 하면서 마음을 정하지 못하고 여전히 기계적으로 같은 자리에 가만히 앉아 있는데, 한 학생이 안으로 들어오더니 성큼성큼 이쪽으로 걸어왔다. 옆자리 학생이 말했다.

"돈 가르시아!"

가르시아는 어깨가 떡 벌어진 젊은이였다. 키는 적당히 컸고, 햇볕에 탄 얼굴에 위치한 눈동자는 자신만만하게 빛나고 있었다. 입은 남을 멸시하는 것처럼 꾹 다물려 있었다. 검정색으로 추정되는 윗도리는 낡아서 빛이 바랬다. 그는 그 위에 구멍투성이 망토를 걸쳤는데, 볼품없는 옷차림 위로 기다란 금사슬이 늘어져 있었다. 아시다시피 예로부터 살라망카뿐만 아니라 다른 스페인 대학까지 포함해서 대학생들은 대개 남루한 차림새를 오히려 명예롭다고 여겼다. 아마 '진실의 값어치'는 재산의 힘을 빌린 요란한 장식 따위와는 무관하다는 사실을, 이런 남루한 차림새를 통해 과시하고자 했던 것이리라.

돈 가르시아는 돈 후안이 버티고 앉아 있는 자리로 다가오더니 매우 공손하게 인사하면서 말문을 열었다.

"안녕하시오. 당신은 이곳에 처음 왔지만 나는 당신 이름을 익히 들어서 알고 있소. 우리 아버지와 당신 아버님은 서로 친하게 지내셨으니까. 당신만 괜찮다면 아들끼리도 그런 친분을 쌓고 싶소만……."

그는 몹시 정중한 태도로 돈 후안에게 손을 내밀어 악수를 청했다. 뜻밖의 사태에 놀란 돈 후안은 얌전히 돈 가르시아의 호의를 받아들이고, 돈 가르시아처럼 훌륭한 기사와 우정을 나누는 것을 더없이 명예로운 일로 여긴다고 대답했다.

"당신은 살라망카에 대해 잘 모르실 테지요." 돈 가르시아가 말을 이었다. "나 같은 사람이 안내해도 괜찮다면, 기꺼이 모든 관광지를 안내해 드리겠소. 당신이 앞으로 살아갈 이 고장의 나무 한 그루, 풀 한 포기에 이르기까지 모든 것을 남김없이 구경시켜 드리겠소." 이어서 그는 돈 후안 옆에 앉아 있는 학생을 돌아보며 말했다. "이봐, 펠리코, 거기서 비켜. 너 같은 멍청이가 감히 돈 후안 드 마라나 씨와 어깨를 나란히 하겠다는 거냐?"

이렇게 말하면서 그는 상대를 거칠게 밀쳤다. 그리고 그 학생이 서둘러 비위준 자리에 재빨리 앉았다.

강의가 끝나자 돈 가르시아는 새로 사귄 친구에게 자기 주소를 가르쳐 주고 꼭 방문하겠다는 약속을 받아냈다. 그는 한 손을 들어 상냥하고도 친근하게 인사한 뒤, 뜰채처럼 구멍이 숭숭 뚫린 망토를 멋지게 걸치고 밖으로 나갔다.

돈 후안은 책을 옆구리에 긴 채 어느 복도에 멈춰 섰다. 한쪽 벽을 가득 채운 오래된 낙서를 바라보았다. 그때 맨 처음 자기에게 말을 걸었던 학생이, 자기도 그 낙서를 보겠다는 듯이 이쪽으로 다가오는 모습이 눈에 띄었다. 돈 후안은 그가 누구인지 기억한다는 표시로 가볍게 고개 숙여 인사하고 나서 자리를 뜨려고 했다. 그런데 그 학생이 돈 후안의 망토를 붙잡았다.

"돈 후안 씨, 혹시 급한 일이 없다면 잠깐 이야기할 시간을 내주시겠소?"

"좋소." 돈 후안은 이렇게 대답하더니 기둥에 기대어 섰다. "말씀해 보시오."

펠리코는 누가 볼까 봐 두려운지 불안하게 주위를 두리번거렸다. 그리고 조심조심 돈 후안에게 다가가 귓가에 입을 댔다. 지나치게 조심스런 행동이 아닐까. 돈 후안은 그런 생각을 했다. 지금 그들이 있는 이 넓은 고딕풍 복도에는 그들 두 사람 말고는 아무도 없었기 때문이다. 잠시 침묵을 지키더니 그 학생은 반쯤 떨리는 목소리로 낮게 속삭였다.

"실례지만, 돈 후안 씨, 정말 실례지만 당신 아버님은 돈 가르시아 나바로의 아버님과 정말로 친하게 지내셨소?"

돈 후안은 깜짝 놀랐다.

"아까 돈 가르시아가 그렇게 말하는 걸 당신도 들었잖소?"

"그야 들었지만……." 그는 한층 더 목소리를 낮추면서 대답했다. "하지만 당신 아버님께서 나바로 경(卿)과 친분이 있다고 직접 말씀하시는 것을 들은 적이 있냐고 묻는 거요."

"물론 들어봤소. 아버님은 그분과 함께 무어인을 토벌하러 가신 적도 있소."

"아, 그렇군요. 하지만 그 신사 분이, 어…… 그 신사 분에게 아들이 있다는 이야기는 들어보셨소?"

"글쎄요, 그러고 보니 아버님께서 그분 이야기를 하셨을 때 내가 별로 주의 깊게 듣지 않아서……. 아니, 대체 왜 그런 질문을 하는 거요? 돈 가르시아는 나바로 경의 자식이잖소? ……혹시 사생아인 거요?"

"아니, 아니오. 맹세코 그런 얘기를 하려는 게 아니오!" 학생은 겁먹은 듯이 돈 후안이 기대어 있는 기둥 뒤쪽을 살펴보면서 큰 소리로 말했다. "단지 돈 가르시아라는 인물에 대해 떠도는 이상한 소문을 당신이 알고 있는지 확인하고 싶었을 뿐이오."

"소문? 그런 건 전혀 모르는데."

"소문으로는…… 저기, 확실히 말해 두지만, 난 그저 남에게서 들은 이야기를 그대로 전하는 거요……. 소문으로는, 돈 디에고 나바로에게는 아들이 하나 있었다고 합니다. 한데 이 아이가 여섯인가 일곱쯤 됐을 때 중병에 걸렸다더군요. 그게 또 무척 기이한 병이라서 의사도 포기할 수밖에 없었답니다. 아버지는 하나뿐인 아들을 살리기 위해 많은 교회당에 공물을 바치고, 귀하다는 온갖 유물을 다 구해서 아들에게 만지게 했소. 그러나 모두 헛수고였죠. 그는 절망한 나머지 어느 날 이렇게 말했다고 하오. 뭐, 이것도 결국은 소문에 지나지 않지만…… 어느 날 그는 성 미카엘 조각상을 쳐다보면서 이렇게 말했답니다. '네가 내 아들을 구할 능력이 없다면, 네 발밑에 깔려 있는 그놈이 너보다 힘이 센지 어떤지 내가 한번 지켜봐야겠다!'"

"맙소사, 아무리 지난 일이라지만 엄청난 신성모독이잖소!" 너무 놀라 하얗게 질린 돈 후안이 큰 소리로 외쳤다.

"그로부터 얼마 뒤 아들은 완쾌되었소. 바로 그 아들이…… 돈 가르시아요!"

"그래, 그때부터 돈 가르시아는 악마에 씌었다는 거죠?"

갑자기 이 말과 함께 돈 가르시아가 카랑카랑한 소리로 웃으면서 그 자리에 불쑥 나타났다. 근처 기둥 뒤에 숨어서 두 사람의 이야기를 엿들은 것이다.

"농담은 그쯤 해둬, 펠리코." 그는 넋 나간 학생을 향해 경멸하듯이 차갑게 말했다. "네놈이 겁쟁이라는 사실을 내가 잘 알기에 망정이지, 그게 아니었으면 감히 내 험담을 늘어놓은 것을 당장 후회하게 만들어 줬을 거야." 그리고 마라냐를 돌아보며 말을 이었다. "돈 후안 씨, 당신이 나에 대해서 좀더 잘 알게 된다면, 이런 수다쟁이가 하는 말에 귀를 기울이느라 시간을 낭비할 필요도 없어질 거요. 어쨌든 내가 사악한 악마가 아니라는 사실부터 증명해야겠군요. 지금 당장 생 피에르 성당으로 같이 갑시다. 먼저 그 성당에 다녀와서 친구 너덧 명과 함께 저녁을 먹으면 좋을 것 같소."

그는 돈 후안의 팔을 잡았다. 돈 후안은 사실 쥐구멍이 있으면 들어가고 싶은 심정이었다. 펠리코의 기이한 이야기에 한창 귀를 기울이다가 소문의 장본인에게 그 장면을 들켜 버렸으니 말이다. 몹시 당황한 그는 방금 들은 험담 따위 믿지 않는다는 사실을 증명하려고, 이 새 친구의 제안을 냉큼 받아들였다.

생 피에르 성당으로 들어간 돈 후안과 돈 가르시아는 이미 신자들로 꽉 찬 교회당에 무릎 꿇고 앉았다. 돈 후안은 중얼중얼 기도문을 외웠다. 그렇게 꽤 오랫동안 신실한 기도를 했다고 생각했는데, 문득 고개를 들어보니 놀랍게도 같이 온 친구는 아직도 하느님께 마음을 바친 채 무아지경에 빠져 있었다. 그 친구는 소리 없이 입술을 달싹이고 있었다. 보니까 아직 묵도(默禱)를 절반도 못 끝낸 듯했다. 자기만 너무 빨리 기도를 끝낸 것 같아서 좀 부끄러워졌다. 돈 후안은 기억을 되살려 연도를 중얼중얼 읊기 시작했다. 연도가 끝나 갈 무렵에도 돈 가르시아는 도통 움직일 기미가 보이지 않았다. 돈 후안은 또다시 두세 가지 짧은 기도문을 건성으로 읊었다. 그러나 친구는 여전히 꼼짝도 하지 않았다. 도대체 얼마나 걸릴지 모르는 이 기도가 끝날 때까지 심심풀이 삼아 주변을 둘러봐도 괜찮을 것 같았다. 처음으로 눈에 들어온 것은 터키 양탄자 위에 무릎을 꿇고 있는 세 여인이었다. 한 사람은 나이로 보나 안경으로 보나, 또 모자 밑으로 무겁게 드리운 넓은 노란색 베일로 보나 여선생임이 분명했다. 나머지 두 사람은 젊고 아름다웠다. 생기 넘치는 큼직한 눈은 옆으로 길게 찢어져 있었다. 옆에서 훔쳐봐도 이 사실은 확실히 알 수 있었다. 그 여자들이 묵주 위로 눈을 내리깔고 있지 않았으므로. 돈 후안은 그중 한 사람을 바라보다가 문득 커다란 기쁨을 느꼈다. 그것은 이 신성한 장소에 어울리지 않는 지나친 기쁨이었다. 그는 상대가 기도하고 있다는 사실조차 잊어버리고 친구의 소매를 잡아당기더니, 저 노란색 호박 묵주를 들고 있는 아가씨는 누구냐고 소곤소곤 물었다.

"아, 저 사람은⋯⋯." 돈 가르시아는 기도를 방해 받았는데도 싫은 내색 하나 하지 않고 대답했다. "도나 테레사 데 오헤다라고 하는 아가씨요. 그 앞 사람은 도나 파우스타. 언니지요. 둘 다 카스티야 참사원(參事院) 의정관(議定官)의 따님이오. 나는 언니가 마음에 드는데, 어떻소? 당신은 동생을 한번 노려보시지 그러오? 아, 성당을 나가려고 하는군. 자, 서두릅시다. 저 여자들이 마차에 올라타는 걸 봐야지요. 치맛자락이 바람에 펄럭여서 예쁜 다리가 드러날지도 몰라요."

돈 후안은 도나 테레사의 아름다움에 완전히 마음을 빼앗긴 상태였으므로 그것이 얼마나 무례한 짓인지도 깨닫지 못하고 돈 가르시아를 따라 성당 출구까지 달려갔다. 그리고 고상한 두 아가씨가 마차에 올라타서 성당 앞 광장을 뒤로하고 어느 번화한 거리로 들어가는 모습을 지켜보았다. 여자들이 사라져버리자 돈 가르시아는 모자를 삐딱하게 쓰더니 쾌활한 목소리로 외쳤다.

"아, 정말 끝내주네! 만일 저 아가씨가 열흘 안에 내 여자가 되지 않는다면, 악마에게 잡혀가도 별수 없을 거야! 그런데 당신은 어때요? 동생이랑 잘되고 있소?"

"아니, 그게 무슨 소리요? 잘되고 뭐고, 나는 저 여자를 방금 처음 봤단 말이오." 돈 후안은 순진하게 대답했다.

"하긴 그렇지!" 돈 가르시아가 소리쳤다. "그런데 나는 뭐 파우스타 양과 옛날부터 잘 알고 지낸 줄 아시오? 어쨌든 오늘 나는 그 여자에게 연애편지를 건넸소. 그 여자는 그걸 아주 잘 받았고."

"편지? 아니, 난 당신이 편지 쓰는 것을 보지도 못했는데?"

"난 언제나 연애편지를 써서 꼭 가지고 다닌다오. 받는 사람 이름만 안 적으면 누구에게나 보낼 수 있는 편지죠. 다만 눈동자 색이나 머리카락 색깔따위에 관해 미심쩍은 형용사를 사용하는 것은 금물이오. 반면에 탄식이나 눈물, 근심, 뭐 이런 것들은 상대가 갈색 머리 여자든 금발 머리 여자든, 또 양갓집 규수든 유부녀든 거의 틀림없이 잘 먹힌다 이거요."

이런 이야기를 나누면서 돈 가르시아와 돈 후안은 미리 약속해 놓은 집 현관까지 왔다. 그곳에는 이미 식사가 준비돼 있었다. 가짓수가 많은 세련된 밥상은 아니었지만 학생들이 배불리 먹을 수 있는 푸짐한 밥상이었다. 향신료를 넣은 큼직한 스튜 냄비와 고기 소금구이 등등, 군침 도는 음식들이 상에 올랐다. 게다가 망슈[15]와 안달루시아에서 생산된 술도 잔뜩 있었다. 돈

---

*15 Manche 스페인의 옛 지명. 신(新)카스티야에 흡수됐다.

가르시아의 학교 친구들이 거기서 그를 기다리고 있었다. 그들은 바로 식탁 앞에 앉았다. 한동안 음식 우물거리는 소리와 술병에 잔이 부딪치는 소리 말고는 아무것도 들리지 않았다. 이윽고 술기운이 오르자 다들 신이 나서 떠들기 시작했다. 방 안은 더없이 소란스러웠다. 그들은 주로 결투와 연애에 대해 이야기하고 학생다운 익살을 부렸다. 어떤 학생은 숙박비를 내야 하는 날이 오기 직전에 자신이 어떻게 여주인을 속이고 다른 곳으로 이사했는지 이야기했다. 또 다른 학생은 매우 근엄한 신학교수가 사기로 한 발데페냐스*16 산(産) 포도주를 술가게에 몇 병인가 주문할 적에, 계산은 교수에게 떠넘기고 교묘하게 술을 가로챘다는 사실을 털어났다. 어떤 놈은 야경꾼을 골탕 먹였고, 또 어떤 놈은 연적이 감시의 눈을 번뜩이고 있는데도 줄사다리를 타고 애인의 방에 몰래 숨어들었다고 했다. 처음에 돈 후안은 이 파렴치하고 횡포한 이야기들을 듣고 망연자실했지만, 이윽고 맛있는 술과 명랑한 친구들 덕분에 그의 딱딱한 마음도 누그러졌다. 이제 그는 사람들이 하는 온갖 이야기를 듣고 신나게 웃었다. 심지어 모험과 사기를 통해 얻은 평판을 부러워하기도 했다. 그는 대학교에 입학할 때 품었던 현명한 생각과 마음가짐을 어느새 잊어버리고 학생들의 행동 규범을 채용하기에 이르렀다. 그것은 매우 단순해서 지키기 쉬운 규율이었다. 그 핵심은 'Pillos에 철저히 대항하는 것'이었다. Pillos란 대학교 명부에 등록되어 있지 않은 인류 전체를 뜻한다. Pillos 한복판에 있는 학생은 적국에 있는 것이나 마찬가지이므로, 히브리인이 가나안 백성에게 한 것과 똑같이 행동할 권리를 가진다. 그런데 시장(市長)은 안타깝게도 이 대학의 신성한 규범을 별로 존중할 생각이 없는지, 틈만 나면 대학 동맹자들을 방해하려고 했다. 따라서 학생들은 형제나 다름없이 단결하여 서로를 돕고, 무엇보다도 반드시 수호해야 할 비밀을 지켜야 했다.

술잔이 오가는 동안 이러한 이야기가 오래오래 계속됐다. 술이 뚝 떨어졌을 무렵에는 다들 판단력을 잃은 채 밀려오는 졸음과 싸우고 있었다. 태양은 여전히 붉게 타올랐다. 그들은 뿔뿔이 흩어져 낮잠을 자러 갔다. 그러나 돈 후안은 가르시아의 말대로 그의 집에서 자기로 했다. 가죽 이부자리에 눕자마자 그는 피로와 술기운에 휘말려 깊은 잠에 빠져들었다. 그리고 긴 꿈을

---

*16 Valdepenas 스페인 신카스티야에 있는 지역. 포도 산지로 유명하다.

꾸었는데, 너무나 기괴하고 애매모호한 꿈이었다. 그는 그 꿈의 원인이 된 환상과 생각을 깨닫지 못한 채 그저 어렴풋이 불안한 기분만 느끼고 있었다. 이렇게 표현해도 될지 모르겠지만 이윽고 꿈속에서 점점 정신이 또렷해졌다. 그는 이런 꿈을 꿨다. 언젠가 보았던 겨울날의 과달키비르 강보다도 더 넓고 탁한 강물 위에 떠 있는 조각배. 그는 거기에 타고 있는 기분이 들었다. 배에는 돛도 노도 키도 없었다. 강가에는 사람 하나 없었다. 조각배는 타기 불편한 정도를 넘어서서 이제는 과달키비르 강어귀에 다다른 것처럼 마구 흔들렸다. 카딕스*¹⁷로 가는 세비야의 모든 것들은 바로 여기까지 왔을 때 처음으로 뱃멀미를 하게 된다. 얼마 뒤 강폭이 확 좁아졌다. 양쪽 강기슭이 아까보다 훨씬 잘 보였고 심지어 거기서 나는 소리도 들렸다. 그때 양쪽 기슭에서 빛나는 두 물체가 동시에 나타났다. 그것들은 그를 구해 주려는 듯이 양쪽에서 다가왔다. 그는 먼저 오른쪽을 돌아보았다. 장중하고 근엄한 노인 한 사람이 눈에 들어왔다. 가시 달린 겉옷 하나만 걸치고 맨발로 서 있는 노인이었다. 그는 돈 후안에게 손을 내미는 것 같았다. 돈 후안은 왼쪽을 돌아보았다. 늘씬하고 기품이 흘러넘치는 매력적인 여성이 화환을 든 손을 이쪽으로 내밀고 있었다. 문득 돈 후안은 이 노도 없는 조각배가 자기 뜻대로 움직인다는 사실을 깨달았다. 그래서 여자가 있는 강가에 배를 대려고 했다. 하지만 그때 오른쪽 기슭에서 고함 소리가 들렸다. 그는 그쪽으로 방향을 틀었다. 노인은 아까보다 더 엄숙해 보였다. 날붙이에 찔린 상처로 뒤덮인 푸르스름한 온몸에는 딱딱하게 굳은 피가 달라붙어 있었다. 한 손에는 가시 면류관을 들고, 다른 한 손에는 깔쭉깔쭉한 채찍을 들고 있었다. 그 광경을 보자 돈 후안은 공포에 휩싸여 전율했다. 재빨리 왼쪽 강가로 돌아갔다. 그를 강하게 유혹하던 것은 여전히 그 자리에 있었다. 여자의 머리카락이 바람에 흩날린다. 눈은 기이할 정도로 번쩍번쩍 빛났고, 손에는 화환 대신 칼을 쥐고 있었다. 돈 후안은 기슭에 오르기 전에 잠시 머뭇거렸다. 자세히 보니 그 칼날은 피에 젖어 있었고, 또 아름다운 님프의 손도 붉게 물들어 있었다. 너무 놀란 나머지 눈이 빈쩍 뜨였다. 문득 침대 나리 쪽을 보니 번뜩이는 칼날이 보였다. 그는 저도 모르게 비명을 질렀다. 하지만 그 칼을 들고 있는 것

---

*17 Cadix 스페인 남부 안달루시아에 있는 지역. 대서양에 면한 군항(軍港) 도시.

은 아름다운 님프가 아니라 돈 가르시아였다. 그는 친구를 깨우러 왔다가 침대 옆에서 독특하게 세공된 검을 발견하고는, 전문가답게 그것을 감상하고 있었던 것이다. 칼날 위에 '충의를 지키라'는 말이 적혀 있었다. 칼자루에는 앞서 설명한 바처럼 마라나 집안의 문장과 가명(家名)과 이름이 새겨져 있었다.

"멋진 검을 가지고 있군요." 돈 가르시아가 말했다. "그만 자고 일어나시오. 벌써 밤이 다 됐소. 같이 산책이나 합시다. 그러다가 이 동네 군자들이 다들 집으로 돌아갔을 때쯤에 우리 여신들에게 세레나데를 바치러 가는 게 어떻겠소?"

돈 후안과 돈 가르시아는 신선한 공기를 마시러 나온 여자들, 또는 사랑하는 남자에게 추파를 던지러 나온 여자들을 보면서 토르메스*18 강가를 느긋하게 걸었다. 점점 산책하는 사람이 줄어들더니 이윽고 완전히 사라져 버렸다.

"자, 이제부터 시작이오." 돈 가르시아가 말했다. "이제부터 우리 학생들이 이 도시 전체를 지배하는 거요. Pillos는 우리의 악의 없는 휴식 시간을 굳이 방해하지 않을 것이오. 야경꾼? 글쎄, 어쩌면 그놈들이랑 충돌하게 될 수도 있지만, 그런 비천한 놈들을 상대로 예의를 차릴 필요가 없다는 것쯤은 당신도 알 테지. 물론 멍청이들이 너무 많아서 도망쳐야 할 때도 있을 거요. 하지만 별로 걱정할 것 없소. 내가 지름길을 잘 알고 있으니까. 그냥 나를 쫓아오기만 하면 됩니다. 그러면 모든 일이 잘될 거요. 내가 장담하죠."

그는 얼굴을 반쯤 가리고 오른팔을 자유롭게 쓸 수 있도록 왼쪽 어깨 위로 망토를 끌어올렸다. 돈 후안도 그를 따라 했다. 두 사람은 도나 파우스타와 여동생이 살고 있는 거리로 걸어갔다. 어느 교회당 앞에 이르자 돈 가르시아가 휘파람을 불었다. 그러자 시동이 기타를 들고 나타났다. 돈 가르시아는 기타를 받아 들고 아이를 돌려보냈다.

"이제야 알겠군." 바야돌리드 골목으로 들어가면서 돈 후안이 입을 열었다. "당신이 세레나데를 부르는 동안 나더러 망을 보라 이거죠? 이해했소. 당신이 실망하지 않도록 잘 해내겠소. 혹시라도 성가신 방해꾼들과 맞서서 이 골목을 지켜 내지 못한다면, 내 고향 세비야가 나를 버린대도 군말하지

---

*18 Tormes 도루 강 지류.

않겠소!"

"아니, 난 당신에게 파수꾼 역할을 맡기지 않을 거요." 돈 가르시아가 말했다. "이곳에는 내 연인이 있지만, 실은 당신 연인도 있으니까. 각자의 사냥감이 있다 이거요. 쉿! 바로 이 집이오. 당신은 그쪽 창문, 난 이쪽 창문. 알겠소?"

돈 가르시아는 기타를 치면서 듣기 좋은 목소리로 연가(戀歌)를 부르기 시작했다. 물론 눈물과 한탄과 그 비슷한 것들로 이루어진 노래였다. 그가 직접 그 문구를 지었는지는 나로서도 알 수 없다.

세 번째인가 네 번째 소절을 불렀을 때 두 창문의 덧문이 살짝 열렸다. 동시에 조그만 헛기침 소리가 들렸다. 누군가가 노래를 듣고 있는 게 분명했다. 그런데 연주자는 누가 부탁하거나 귀를 기울일 때에는 절대로 연주하지 않는다. 돈 가르시아는 표석 위에 기타를 내려놓은 뒤, 자기 노래를 듣고 있었던 여성 가운데 하나와 속닥속닥 이야기를 나누기 시작했다.

돈 후안이 고개를 들어보니 위쪽 창문에 한 여성이 있었다. 그녀는 돈 후안을 물끄러미 바라보고 있는 것 같았다. 그 여자야말로 도나 파우스타의 여동생, 그 자신의 호감과 친구의 선택 덕분에 그의 연인으로 정해진 여자임에 틀림없었다. 하지만 그는 아직 연애 경험이 없는 숙맥이었다. 어떻게 말을 꺼내면 좋을지 알 수 없었다. 그때 갑자기 창문에서 손수건이 팔랑팔랑 떨어졌다. 작고 고운 비명 소리가 들렸다.

"아! 내 손수건! 어떡하지?"

돈 후안은 얼른 손수건을 주워서 칼집 끄트머리에 얹어 창문까지 올려다 주었다. 이런 식으로 그들은 대화의 물꼬를 텄다. 고맙다는 말부터 시작해서 그 아가씨는 친절하신 기사님께서 혹시 오늘 오전에 생 피에르 성당에 가시지는 않았는지 물어보았다. 그러자 돈 후안은 성당에 갔다가 그만 평정을 잃었다고 대답했다.

"어머나, 왜요?"

"당신을 봤기 때문이지요."

얼음이 녹아내렸다.

세비야 출신인 돈 후안은 달콤한 사랑의 언어가 넘쳐흐르는 아라비아 이야기들을 잘 알고 있었다. 자연히 입에서 말이 술술 흘러나왔다. 그들은 거의 한 시간이나 이야기를 나눴다. 마침내 테레사가 소리쳤다. 아버지 발소리가 들리는 것 같으니 그만 돌아가시라고. 두 남자는 작고 하얀 두 손이 덧문 사이로 빠져나와 각자에게 재스민 꽃을 한 송이씩 던지는 것을 보고 나서 골목길을 떠났다. 돈 후안은 즐거운 공상에 푹 빠진 채 숙소로 자러 갔다. 돈 가르시아는 술집에 가서 하룻밤을 보냈다.

다음 날, 탄식과 세레나데가 다시 한 번 시작됐다. 이런 일이 매일 밤 계속되었다. 적당히 입씨름을 벌인 끝에 두 아가씨는 서로 물건을 주고받는 것을 승낙했다. 끈을 아래로 늘어뜨려서 교환할 물건을 끌어올리기로 했다. 돈 가르시아는 시시한 물건으로 만족하는 사내가 아니었으므로 아가씨들에게 줄사다리나 열쇠를 달라고 했다. 하지만 아가씨들은 너무 대담한 짓이라며 그 요청을 거절했다. 좀 더 부드럽게 말하자면, 당장은 그럴 수 없다면서 무기한으로 연기했다.

그로부터 한 달이 지나도록 돈 후안과 돈 가르시아는 연인들의 창문 밑에서 헛되이 노래만 계속 불렀다. 몹시도 캄캄하던 어느 날 밤, 두 사람은 평소처럼 그곳에 진을 치고 있었다. 얼마 전부터 그들의 이야기는 서로 만족할 만한 방향으로 진행되고 있었다. 그때 갑자기 일고여덟 명쯤 되는 망토 두른 사람들이 골목길 어귀에 나타났다. 그 가운데 절반은 손에 악기를 들고 있었다.

"어머, 어쩌죠? 돈 크리스토발이 우리에게 세레나데를 들려주러 왔나 봐요!" 테레사가 외쳤다. "제발 오늘은 이대로 돌아가 주세요. 안 그러면 큰일 날지도 몰라요."

"이렇게 좋은 자리를 남에게 양보할 수는 없죠." 돈 가르시아가 소리 높여 말했다. 그는 앞장서서 이쪽으로 오는 사람에게 말을 걸었다. "기사 양반! 이 자리는 우리가 차지했소. 그리고 이 아가씨들은 당신 노래에는 조금도 관심이 없소. 그러니 다른 곳에 가서 행운을 찾아보시오."

"어디서 개 같은 학생 놈이 튀어나와서 우리 앞길을 막으려는 거냐!" 돈 크리스토발이 사납게 소리쳤다. "내 연인들에게 함부로 말을 붙였다가는 어떤 꼴을 당하는지, 지금 당장 가르쳐 주마!"

말을 마치자마자 그는 검을 뽑았다. 동시에 두 동료의 검도 칼집에서 빠져나와 빛을 뿜었다. 돈 가르시아는 놀랍도록 빠르게 망토를 팔에 감더니 장검을 뽑아 들고 큰 소리로 외쳤다.

"학생 동지 여러분! 와서 도와주시게!"

그러나 그 근처에는 학생이 하나도 없었다. 사랑의 연주자들은 괜히 싸움에 휘말렸다가 소중한 악기가 망가지기라도 할까 봐 겁이 나서 경찰을 부르며 걸음아 날 살리라고 도망쳐 버렸던 것이다. 한편 창가에 있는 두 여성은 그들을 위해서 천국에 계시는 모든 성자님들의 가호를 빌고 있었다.

돈 후안은 돈 크리스토발과 가장 가까운 창문 아래 있었으므로 가장 먼저 적과 맞서 싸워야 했다. 상대는 솜씨 좋은 검사였다. 게다가 왼손에 든 조그만 철제 방패로 적의 공격을 방어했다. 그런데 돈 후안에게는 검과 망토밖에 없었다. 그래서 그는 돈 크리스토발에게 밀리고 있었는데, 때마침 운 좋게도 검술 스승 우베르치의 '찌르기'가 머릿속에 떠올랐다. 그는 왼팔을 휘두르고 오른팔을 뻗어 크리스토발의 방패 밑으로 검을 찔러 넣었다. 검은 갈비뼈와 갈비뼈 사이로 깊게 파고들었다. 8인치나 파고들어 칼끝이 부러지고 말았다. 돈 크리스토발은 비명을 지르며 피투성이가 되어 쓰러졌다. 이 놀라운 사건은 순식간에 일어났는데, 그동안 돈 가르시아는 능숙하게 두 놈을 상대하고 있었다. 그놈들은 우두머리가 쓰러지자 쏜살같이 달아나 버렸다.

"자, 이제 즐거운 시간은 끝났어!" 돈 가르시아가 말했다. "예쁜 아가씨들, 안녕히 계시오!"

그는 자신의 솜씨에 넋을 잃어버린 돈 후안을 재촉했다. 저택에서 스무 걸음 정도 떨어졌을 때 갑자기 돈 가르시아가 멈추더니, 자네 검은 어쨌냐고 친구에게 물었다.

"검?" 그제야 돈 후안은 자기 손에 검이 없다는 사실을 깨달았다. "아…… 어디다 떨어뜨렸나 본데."

"젠장! 그 검에는 자네 이름이 새겨져 있잖아!"

돈 가르시아가 소리쳤다. 그때 마침 집집에서 등불을 든 사람들이 뛰쳐나와서 죽어 가는 피해자 주위에 모여드는 것이 보였다. 거리 한쪽 끝에서는 무장한 남자들이 달려오고 있었다. 연주자들의 비명과 싸움 소리를 듣고 경찰이 출동한 것이다.

돈 가르시아는 모자를 눈썹까지 깊이 눌러쓰고 망토를 확 끌어올려 얼굴을 가렸다. 그리고 반드시 검을 되찾겠다는 각오로 경찰이 그 검을 본다면 가해자를 쉽게 찾아낼 테니까 군중 속으로 용감하게 뛰어들었다. 돈 후안은 돈 가르시아가 이리저리 부딪치는 가운데 등불을 꺼 버리면서 장애물을 닥치는 대로 제거하며 앞으로 나아가는 것을 보았다. 머잖아 돈 가르시아는 검을 양손에 들고 열심히 이쪽으로 뛰어왔다. 그 뒤를 경찰이 쫓고 있었다.

"아아, 돈 가르시아! 자네에게 뭐라고 감사해야 할지……." 돈 후안은 가르시아가 내민 검을 받으면서 크게 외쳤다.

"도망치자! 도망쳐!" 가르시아가 소리쳤다. "날 따라와. 혹시 누가 너무 바싹 쫓아오거든 아까처럼 검으로 푹 찔러 버려."

두 사람은 다리를 최대한 움직여 전속력을 내면서, 또 도적들보다도 학생들을 더욱 공포에 떨게 만드는 시장님에 대한 두려움을 추진력으로 삼아서 엄청나게 빠른 속도로 달려갔다.

돈 가르시아는 살라망카 시내를 데우스 데트*¹⁹처럼 잘 알고 있었으므로 방향을 홱 꺾거나 좁은 골목길로 뛰어드는 것이 특기였다. 그러나 새로운 동료는 그를 제대로 쫓아갈 수가 없었다. 슬슬 숨이 찰 무렵, 두 사람은 기타를 치고 노래하면서 길거리를 산책하고 있는 학생들과 마주쳤다. 자기네 친구 두 사람이 쫓기고 있다는 사실을 알자 그들은 돌멩이나 몽둥이 같은 다양한 무기를 손에 들었다. 숨을 헐떡이며 달려온 경찰들은 여기서 괜한 싸움을 벌이기는 싫었는지 조심스럽게 후퇴했다. 그리하여 범죄자 두 사람은 무사히 도망칠 수 있었다. 그들은 가까운 성당에 가서 잠시 쉬기로 했다.

성당 현관에서 돈 후안은 생각했다. 무기를 손에 들고 성당에 들어가는 것은 무례한 짓이며 그리스도교 법규에도 어긋나는 행위였다. 그래서 그는 칼집에 검을 집어넣으려고 했다. 그런데 검이 칼집에 걸려서 잘 들어가지 않았다. 그는 그 검이 자기 것이 아니라는 사실을 깨달았다. 돈 가르시아는 마음이 급해서 다짜고짜 바닥에 떨어져 있는 검을 주웠던 것이다. 죽은 사람의 검 또는 그 동료의 검을. 심각한 사태였다. 그새 훌륭한 후견인을 공경하게 된 돈 후안은 얼른 친구에게 이 사실을 알렸다.

돈 가르시아는 미간을 찡그리고 입술을 깨물더니 모자를 바로 썼다. 그 자리에서 걸음을 옮기며 빙빙 돌았다. 한편 돈 후안은 방금 알아낸 끔찍한 사실 때문에 평정을 잃고, 자신이 한 짓을 후회하며 괴로워했다. 15분이나 깊

---

*19 '하느님께서 우리에게 평화를 주신다'의 약어. 풍요를 기원하면서 부르는 성가(聖歌). 뭔가를 잘 알고 있다는 사실을 비유적으로 '데우스 데트처럼 잘 안다'고 표현한다.

이 생각한 끝에—그동안 돈 가르시아는 고상하게도 친구에게 "대체 왜 검을 떨어뜨렸냐"는 말은 한 번도 하지 않았다—가르시아는 돈 후안의 팔을 붙잡고 말했다.

"같이 가자. 이 일은 내가 처리할게."

그때 한 신부가 성당 안쪽에서 나와 밖으로 나가려고 했다. 가르시아는 그 앞을 가로막았다.

"신부님, 실례지만 박식한 학사로 이름나신 고메즈 선생님이 아니십니까?" 그는 정중하게 인사를 했다.

"아니, 나는 아직 학사가 아닙니다." 신부는 이렇게 대답했지만, 그래도 학사 소리를 들어서 기쁜 모양이었다. "죄송하지만 나는 마누엘 톨도아라는 사람입니다."

"아, 그렇군요. 실은 신부님이야말로 제 이야기를 들어주실 수 있는 분이십니다. 양심의 갈등에 관해 말씀드리고 싶어요. 그런데 신부님, 제가 들은 소문이 잘못돼지 않았다면, 혹시 신부님께서는 마드리드에서 많은 호평을 받았던 유명한 논문 〈De casibus conscientiae〉[20]을 쓰신 분이 아니신가요?"

허영의 악덕이 이끄는 대로 신부는 자기가 그 논문을 쓰지는 않았지만(실은 애초에 그런 논문 자체가 없었다), 양심의 갈등 문제를 깊이 연구하고 있기는 하다고 웅얼웅얼 대답했다.

돈 가르시아는 물론 듣고만 있지 않고 얼른 말을 이었다.

"실은 여쭙고 싶은 것이 있습니다. 신부님께 꼭 의논을 드리고픈 일이 있는데요. 제 친구 하나가 오늘, 그러니까 겨우 한 시간 전에 길을 가고 있었는데 어떤 남자가 그에게 말을 걸었답니다. '여보시오, 기사 양반. 내가 지금 결투를 해야 하는데 말이오. 적이 가진 검이 내 검보다 길어서 문제입니다. 똑같은 무기를 갖춰야겠는데, 당신 검을 좀 빌려주시겠소?' 그래서 제 친구는 그 남자와 검을 교환했어요. 그러고는 잠시 길모퉁이에 서서 싸움이 끝나기를 기다리고 있었습니다. 칼 부딪치는 소리가 그치자 그쪽으로 다가가 보았죠. 그러자 놀랍게도, 세상에, 좀 전에 자기가 빌려준 칼에 맞아서 한 남자가 죽어 있지 뭡니까. 그 친구는 완전히 낙담해 버렸어요. 괜한 친절

---

[20] '양심 문제의 갈등'이라는 뜻의 라틴어.

을 베풀었다고, 큰 죄를 지어 버렸다고 전전긍긍하고 있습니다. 저는 그 친구를 달래려고 애쓰고 있고요. 사실 그 친구가 검을 빌려주지 않았어도 어차피 그 사람들은 길이가 다른 검으로 싸우지 않았겠습니까? 그러니까 저는 그것이 용서받을 수 있는 죄라고 생각합니다. 신부님 의견은 어떻습니까? 저와 같은 의견이 아니신가요?"

신부는 선악을 판단하는 재판관이 되고자 했다. 그는 이 이야기를 경청하면서 그럴싸한 인용문을 찾는 것처럼 한동안 이마를 손으로 문지르고 있었다. 돈 후안은 돈 가르시아가 대체 뭘 어쩌려는 건지 알 수 없었지만, 공연히 끼어들었다가 실수할까 봐 말없이 입을 다물고 있었다. 가르시아는 이야기를 계속했다.

"신부님처럼 현명하신 분께서도 이 문제를 두고 쉽게 결론을 내리지 못하시는 걸 보니, 이게 정말 어려운 문제인가 보군요. 알겠습니다. 신부님만 괜찮으시다면, 내일 다시 의견을 여쭈러 오겠습니다. 다만 그 전에 부디 죽은 사람의 영혼을 위해 미사를 올려주시지 않겠습니까?"

그러면서 그는 두카 은화 두세 닢을 신부에게 쥐여주었다. 이처럼 경건하고 신중하고 뭣보다도 씀씀이가 큰 청년에게 신부는 호의를 품게 되었다. 신부는 다음 날 같은 장소에서 자기 의견을 적은 글을 건네주겠다고 약속했다. 돈 가르시아는 몇 번이나 감사 인사를 했다. 그러고는 별로 중요한 얘기도 아니라는 듯이 가볍게 한마디 덧붙였다.

"법조계 사람들이 이 살인 사건을 우리 탓으로 돌리지나 말아야 할 텐데. 어쨌든 하느님께서 부디 우리를 용서해 주시도록 신부님께서 힘써주셨으면 좋겠습니다."

"법적 문제에 대해서는 걱정하실 것 없소. 당신 친구는 그저 검을 빌려줬을 뿐이니까요. 법률상 공범이라고 할 수는 없습니다."

"그럼요, 그렇고말고요. 하지만 가해자가 줄행랑을 쳤단 말이지요. 경찰이 시체를 조사하면 피 묻은 검이 발견될 테고⋯⋯. 그럴 리 없다고 잘라 말할 수는 없겠지요. 법의 수호자들은 냉혹하다고 하잖습니까."

"그런데 당신은 친구가 그 검을 남에게 빌려주는 장면을 보셨습니까?" 신부가 물었다.

"물론입니다. 어느 법정에서나 저는 확실히 단언할 수 있습니다. 게다가

……." 돈 가르시아는 매우 의미심장하게 뒷말을 이었다. "신부님도 이 사실을 증언해 주시겠지요. 우리는 신부님의 경건한 의견을 여쭙기 위해 여기까지 왔습니다. 사건이 세상에 알려지기 전부터 말이지요. 그러니 검이 교환됐다는 사실을 증명해 주실 수 있을 겁니다. ……자, 여기 증거도 있습니다."

그는 돈 후안이 들고 있는 검을 내보였다.

"이거 좀 보세요. 이 칼집에 검이 어떻게 들어가 있나 보세요."

신부는 사건의 진상을 이해했다는 듯이 고개를 끄덕였다. 그리고 말없이 손안에 있는 돈의 무게를 음미했다. 거기서 두 젊은이를 옹호하는 완벽한 논거를 끊임없이 찾아내는 것이었다.

"하기야 법적인 문제를 따질 이유가 뭐가 있겠습니까? 우리는 그저 하느님께 용서를 받고 싶을 뿐입니다." 돈 가르시아는 더없이 경건하게 말했다.

"그래요. 그럼 내일 봅시다." 신부가 작별 인사를 했다.

"내일 봅시다. 신부님, 당신께 경의와 신뢰를 바칩니다." 돈 가르시아가 대답했다.

신부는 떠나가 버렸다. 돈 가르시아는 환호했다.

"역시 매수가 최고야! 좋아, 이제 우리 처지는 충분히 유리해졌어. 문제없어! 경찰이 자네를 의심하더라도 저 사람 좋은 신부님이 잘 증언해 줄 거야. 아까 자네가 해치워 버린 기사의 죽음은 마치 갓난아이와 마찬가지로 우리와는 무관하다고 말이지. 신부님은 좀 전에 우리에게서 받은 돈과 앞으로 받을 돈을 염두에 두고 계시니까. 자, 이제 자네는 집에 돌아가 봐. 조심해. 문을 열 때도 시치미 뚝 떼고 당당하게 열어. 알았지? 나는 시내를 돌아다녀 봐야겠어. 정보를 모아야지."

돈 후안은 숙소로 돌아와 옷도 안 벗고 침대에 뛰어들었다. 자신이 저지른 살인과 그 결과에 대해 생각하느라 한숨도 자지 못하고 밤을 꼬박 새웠다. 바깥에서 발소리가 들릴 때마다 경찰이 자기를 체포하러 온 것이라고 상상했다. 그러나 이번 일로 워낙 기진맥진한 데다 낮에도 친구들과 어울려서 지치도록 먹고 마셨으므로, 해가 뜰 무렵에는 어느새 기절하듯 잠들고 말았다.

몇 시간이나 잤을까. 하인이 와서 그를 깨웠다. 베일을 쓴 여성이 찾아와서 그를 만나고 싶어 한다는 것이다. 그와 동시에 한 여자가 방 안으로 들어왔다. 머리끝에서 발끝까지 큼직한 검은 망토를 뒤집어쓴 채 눈만 내놓고 있었다. 여자는 단둘이 이야기하고 싶다는 듯이 하인을 한 번 쳐다본 다음 돈 후안을 바라봤다. 하인은 즉시 밖으로 나갔다. 여자는 몹시 주의 깊게 돈 후안을 응시하면서 자리에 앉았다. 잠시 침묵이 흘렀다. 마침내 여자가 입을 열었다.

"기사님, 제가 이렇게 찾아와서 깜짝 놀라셨지요. 그리고 저를 경망스런 여자라고 생각하시겠지요. 하지만 제가 이곳에 온 이유를 아신다면 저를 나무라지는 않으실 거라고 믿어요. 기사님, 당신은 어제 이 동네 기사와 결투를 하셨지요……."

"제가요?" 돈 후안은 창백해진 얼굴로 소리쳤다. "저는 이 방에서 한 발짝도 나가지 않았습니다만……."

"제 앞에서 시치미 떼실 필요는 없습니다. 그래요, 먼저 저부터 솔직해져야겠군요."

그 여자는 망토를 젖혔다. 그 순간, 낯익은 도나 테레사의 모습이 나타났다.

"돈 후안 님." 도나 테레사는 얼굴을 붉히며 이야기를 계속했다. "솔직히 고백하자면, 저는 당신의 용감함에 반했습니다. 그때 저는 몹시 혼란스러웠어요. 하지만 당신의 검이 부러졌고, 당신이 그것을 우리 집 현관 근처에 버리고 가셨다는 것은 알았습니다. 사람들이 부상당한 남자 주변에 모여들었을 때 저는 얼른 밑으로 내려가 그 검을 주웠습니다. 살펴보니 당신 이름이 새겨져 있더군요. 만일 이것이 적에게 발견된다면 당신이 위험해질 거라는 생각이 들었어요. 그래서 그 검을 이렇게 당신께 돌려드릴 수 있게 되어 참으로 기쁩니다."

돈 후안은 당장 무릎을 꿇고 당신이야말로 내 생명의 은인이다, 하지만 당신 때문에 내가 상사병에 걸려 죽게 생겼으니 이 선물도 소용이 없을 것 같다고 말했다. 도나 테레사는 물건만 건네주고 바로 돌아갈 생각이었지만 좀처럼 떠날 결심을 하지 못하고 황홀한 마음으로 돈 후안의 이야기에 귀를 기울였다. 영원한 사랑의 맹세, 손등에 쏟아지는 키스, 한쪽이 애원하면 다른 한쪽은 매몰차게 거절하지 못하는 상황. 이런 식으로 거의 한 시간이 지나갔다. 그때 돈 가르시아가 쳐들어와서 이 대화를 중단시켰다. 그는 이런 일로 불쾌해하는 남자가 아니었다. 그는 먼저 테레사를 부드럽게 달래주었다. 테레사의 용기와 총명함을 칭찬하고, 가능하다면 당신 언니가 자기를 좀 더 다정하게 환대해 주도록 주선해 달라고 부탁했다. 도나 테레사는 그의 요청을 모두 들어주기로 하고서 망토로 온몸을 감쌌다. 그리고 오늘 저녁 자신이 지정한 산책로의 어느 장소에 언니와 함께 가겠다는 약속을 남기고 떠나갔다.

"우리 일은 잘 해결됐어." 돈 가르시아는 친구와 단둘이 남자마자 곧바로 그 이야기를 꺼냈다. "자네를 의심하는 사람은 아무도 없어. 나에 대한 호감이라고는 손톱만큼도 없는 우리 시장님께서는 다행히 제일 먼저 나를 의심하셨지. 그 사람은 돈 크리스토발을 죽인 범인이 나라고 철석같이 믿었던 모양이야. 그런데 뭐 때문에 그의 의견이 뒤집어졌는지 아나? 바로 내가 하룻밤 내내 자네와 함께 있었다고 누가 증언해 줬기 때문이야. 그런데 자네는 성인군자라고 온 동네에 소문이 나 있지 뭔가. 뭐, 어쨌든 사람들은 우리를 의심하고 있지 않아. 용감한 테레사 아가씨의 짓궂은 장난이 우리 미래를 지켜줬잖아? 자, 그러니까 더 이상 고민할 필요 없네. 그저 신나게 즐기는 일만 생각하라고."

"아아, 가르시아 군!" 돈 후안은 비통하게 말했다. "사람을 죽인다는 것은 정말 무서운 일이야!"

"그보다 더 무서운 일도 있지." 가르시아가 대답했다. "다른 사람이 우리를 죽이는 것 말이야. 또 그보다 더 두려운 것은, 맛있는 음식을 먹지 않고 하루를 보내는 일이야. 그러니 오늘은 유쾌한 친구들과 함께하는 식사 자리에 자네를 초대하겠네. 그 친구들이 자네를 보면 참 기뻐할 거야."

이렇게 말하면서 그는 밖으로 나갔다. 우리 주인공이 느끼는 양심의 가책은 이미 사랑으로 누그러지고 있었다. 더구나 허영심까지 고개를 들어 양심의 가책을 지워 버렸다. 가르시아네 집에서 함께 식사한 학생들은 돈 크리스토발을 죽인 사람이 누구인지 그에게 들어서 알고 있었다. 크리스토발은 용감하고 칼솜씨 좋기로 유명한 기사였다. 학생들은 평소에 그를 두려워했다. 그런데 그가 죽었으니, 다들 신명이 날 수밖에 없었다. 그를 쓰러뜨린 운 좋은 남자는 당연히 엄청난 칭찬을 받았다. 학생들 말에 따르자면 그는 대학의 명예요, 꽃이요, 힘이었다. 모두들 그의 건강을 빌며 진심으로 축배를 들었다. 무르시아*21의 한 학생은 그를 기리며 즉흥 소네트를 지었다. 이 시에서

---

*21 Murcia 스페인 남동부에 있는 지역.

그는 시드와 베르나르도 델 카르피오에 비교되었다. 돈 후안은 자리에서 일어났다. 아직도 뭔가 묵직한 것이 가슴을 짓누르는 듯했다. 혹시라도 돈 크리스토발을 되살릴 수 있었다면 돈 후안은 그를 살려냈을까? 아니, 그건 알 수 없다. 그랬다가는 돈 크리스토발의 죽음을 통해 그가 살라망카 대학 전체에서 얻은 명성과 존경을 잃어버릴지도 몰랐으니까.

저녁이 되자 연인들은 약속대로 토르메스 강가에서 만났다. 도나 테레사는 돈 후안의 손을 잡았고(그 시대에는 남자가 여자에게 팔을 빌려주는 관습이 없었다), 도나 파우스타는 가르시아의 손을 잡았다. 두 쌍의 남녀는 강가를 산책하면서 마음껏 행복을 누렸다. 그리고 다시 만날 기회가 생기면 꼭 만나자고 약속하고서 헤어졌다.

자매와 헤어지고 나서 그들은 집시 여인들을 만났다. 둥그렇게 모인 학생들 한가운데에서 집시 여인들은 탬버린 소리에 맞춰 춤을 추고 있었다. 두 사람도 거기에 끼어들었다. 춤추는 여자들은 돈 가르시아에게 반해서 그를 만찬에 초대하기로 결정했다. 물론 가르시아는 즉시 그 제안을 받아들였다. 돈 후안은 충실한 아카테스*22로서 동반했다. 그런데 한 집시 여인이 그를 보고 그야말로 풋내기 같다고 했다. 이 말에 발끈한 돈 후안은 자신이 풋내기가 아님을 증명하려고 기를 썼다. 하느님을 모독하고 춤도 추고 도박도 했다. 게다가 2학년생 둘이서 마실 만한 술을 혼자서 다 해치워 버렸다.

그는 지나치게 취해 버렸다. 오죽하면 살라망카에 불을 지르고, 화재 진화 작업을 방해하기 위해 토르메스 강물을 모조리 마셔 버리겠다는 말까지 할 정도였다. 그러니 한밤중에 그를 숙소로 끌고 가는 일도 상당한 고역이었다.

이런 식으로 돈 후안은 그의 본성과 교양에서 비롯된 많은 장점들을 점점 잃어버렸다. 돈 가르시아의 지도를 받으며 살라망카에서 석 달을 보낸 끝에 그는 불쌍한 테레사를 완전히 유혹하는 데 성공했다. 물론 그의 친구도 놀고 있지는 않았다. 그는 돈 후안보다 여드레인가 열흘쯤 빨리 성공했다. 처음에 돈 후안은 그 또래 청년들이 처음으로 자기를 사랑해 주는 여자에게 바치는 모든 애정을 품고서 테레사를 사랑했다. 돈 가르시아가 툭 내뱉듯이 이렇게 말했다. 정조를 지킨다는 것은 허울뿐인 미덕이며, 만일 돈 후안이 흥겨운

---

*22 fidus Achates 충실한 아카테스라는 뜻의 라틴어. 베르길리우스가 작품 《아이네이스》에 나오는 인물 아이네아스가 친구 아카테스에 대해 하는 말. 보통 '둘도 없는 친구'를 의미한다.

대학생 모임에서 다른 친구들과 어울려 놀지 않는다면 오히려 테레사가 명망을 잃게 될 것이라고 말이다. 남자가 한 여자에게만 만족한다는 것은 매우 열렬하고 완벽한 연애를 할 때에만 가능하다는 것이다. 더구나 돈 후안 주위에 있는 나쁜 친구들은 그에게 잠시도 쉴 틈을 주지 않았다. 돈 후안은 강의실에도 거의 가지 않았다. 가끔 가더라도 밤새 놀아서 지칠 대로 지친 몰골이었다. 아무리 이름 높은 박식한 교수가 강의를 해도 그는 꾸벅꾸벅 졸았다. 그 대신 산책은 누구보다도 잘했다. 가장 먼저 나서서 마지막까지 남았다. 밤에는 도나 테레사를 만났는데, 그럴 수 없을 때에는 술집에 가서 밤을 새우거나 유곽에 가서 놀았다.

어느 날 아침에 테레사가 편지를 보냈다. 그날 밤 만나기로 한 약속을 취소한다는 내용이었다. 연로하신 어머니가 살라망카에 오셨기 때문이었다. 어머니가 테레사 방에 묵게 됐으니 테레사는 어머니와 함께 자야 했다. 돈 후안은 밀회 약속이 깨졌는데도 별로 신경 쓰지 않았다. 그날 밤을 보낼 방법은 얼마든지 있었다. 그는 자기가 세운 계획을 곱씹으며 시내로 나갔다. 그때 베일을 쓴 여자가 다가와 그에게 편지를 건넸다. 도나 테레사가 보낸 편지였다. 무사히 다른 방을 구해서 언니와 함께 밀회를 준비하는 데 성공했다는 것이다. 돈 후안은 그 편지를 돈 가르시아에게 보여줬다. 두 사람은 잠시 망설였지만 결국 기계적으로 평소처럼 두 연인의 발코니로 올라가 상대를 만났다.

도나 테레사의 목에는 꽤 뚜렷한 반점이 있었다. 테레사는 엄청난 호의를 베풀어 그 반점을 처음으로 돈 후안에게 보여주었다. 한동안 그는 진귀한 보석이라도 되는 것처럼 질리지도 않고 그 반점을 감상했다. 그리고 그것을 제비꽃, 아네모네, 알팔파*23 꽃에 비유했다. 하지만 시간이 지나자 그토록 사랑스러웠던 반점도 슬슬 지겨워져서 별로 매력적으로 보이지 않게 되었다. 그는 탄식하며 말했다. "그건 그냥 검고 커다란 얼룩이야. 그렇다니까. 왜 그런 곳에 있는지 모르겠어. 그래, 정말이지 돼지 껍질 같다고. 그런 반점 따윈 사라져 버리면 좋을 텐데!" 한빈은 그 반점을 지울 방법에 대해 의사와 의논해 본 적이 없느냐고 테레사에게 물어보기도 했다. 그러자 가련한 여인

---

*23 alfalfa 자주개자리.

은 얼굴이 새빨개져서 이렇게 대답했다. 돈 후안 말고는 아무에게도 이 반점을 보여준 적이 없으며, 유모는 언제나 이 얼룩이 그녀에게 행운을 가져다줄 거라고 말했다고.

그런데 그날 밤, 돈 후안은 매우 언짢은 기분으로 연인을 만나러 왔다. 그래서인지 테레사의 반점이 유난히 더 커 보였다. "그래, 이건 큼직한 생쥐의 화신이야." 그는 반점을 바라보면서 혼잣말을 했다. "이건 진짜 괴상해! 카인의 이마에 새겨진 죄의 낙인*24 같아. 내 연인이 이런 여자가 되다니, 이건 분명히 악마에 씌었기 때문일 거야." 그는 몹시 기분이 나빴다. 사소한 일로 불쌍한 테레사와 입씨름을 벌이다가 끝내 그녀를 울리고 말았다. 동 틀 무렵에는 입맞춤도 하지 않고 테레사 곁을 떠났다. 함께 밖으로 나온 돈 가르시아는 한동안 말없이 걸음을 옮기다가 갑자기 멈춰 서서 말문을 열었다.

"이봐, 어땠어? 간밤에 정말 지루하지 않았나? 난 이제 도저히 참을 수가 없어. 아, 그 여자를 어디 먼 곳으로 쫓아내 버리고 싶어."

"아니, 왜 그런 생각을 하나." 돈 후안이 말했다. "파우스타는 멋진 여자잖아. 백조처럼 하얗고 늘 명랑하지. 게다가 자네를 그토록 사랑하잖아. 정말이지 자네는 복 받은 남자야."

"하얗다고? 그야 뭐, 하얗긴 하지. 하지만 특색이 없다고. 그러니까 동생에 비하면 별것 아니야. 오히려 자네야말로 복 받은 남자지."

"아, 그래." 돈 후안이 맞장구를 쳤다. "동생 쪽은 참으로 곱고 순하긴 해. 하지만 철부지 어린애라고. 그 여자랑은 논리적인 이야기를 할 수가 없어. 기사도이야기로 머릿속이 꽉 차 있고, 연애에 대해서는 더없이 부조리한 의견을 가지고 있다니까. 그 여자가 얼마나 까다로운지 자넨 상상도 못할 거야."

"그건 자네가 아직 어려서 그래. 사랑하는 여자를 길들이는 법을 모르기도 하고. 여자는 말이지, 말[馬]이랑 똑같아. 나쁜 버릇을 들였다가는 골치 아파지지. 자네가 여자의 변덕스런 반항을 결코 받아들이지 않는다는 사실을 잘 가르쳐야 해. 안 그러면 여자가 사사건건 반항해서 뭐 하나 제대로 할 수가 없다고."

---

*24 아담의 맏아들 카인은 아우 아벨을 살해한 벌로서 이마에 낙인이 찍혔다. 구약성서 참조.

"그럼 자네는 애인을 말처럼 다룬단 말인가? 제멋대로 고집을 부리지 못하도록 회초리로 때려서 가르친다는 거야?"

"아니, 그런 적은 별로 없어. 난 선량한 남자거든. 그나저나…… 여보게, 친구, 나에게 테레사를 넘겨주지 않겠나? 보름 안에 아주 고분고분한 여자로 만들어 줄게. 그 대신 파우스타를 자네에게 넘겨주지. 혹시 다른 보수가 더 필요한가?"

"아니, 오히려 나로선 대환영일세. 물론 그 여자들이 동의한다면 말이지만." 돈 후안이 미소를 지으며 대답했다. "아마 도나 파우스타는 절대로 자네를 포기하지 않을 거야. 애인을 맞바꾼다면 그 여자가 손해 볼 게 뻔하잖아."

"자넨 지나치게 겸손하구먼. 뭐, 걱정하지 말게. 실은 간밤에 나 때문에 파우스타가 상당히 화가 났거든. 아마 어떤 남자라도 나보다는 낫다고 생각할걸. 나는 지옥의 죄인이고, 다른 남자는 빛의 천사라고 생각할 거야. 여보게, 돈 후안, 난 지금 진심으로 하는 말일세."

돈 가르시아는 이렇게 말했다. 친구가 터무니없는 계획을 매우 진지하게 말하자 돈 후안은 더 크게 웃어댔다.

이 유익한 이야기는 학교 친구들이 다가오는 바람에 중단됐다. 그들은 두 사람의 관심을 딴 데로 돌려놓았다. 저녁이 되자 두 친구는, 발렌시아*25 도토리 한 바구니와 몬티야 포도주 병을 앞에 두고 자리에 앉았다. 돈 가르시아는 당장 자기 애인에 대해 불평하기 시작했다. 그는 좀 전에 파우스타가 보낸 편지를 받았다. 애정 어린 말들과 부드러운 훈계로 가득 찬 편지였다. 여기서도 파우스타의 명랑한 성격과, 무슨 일이든 재미있게 긍정적으로 해석하려는 성향이 묻어났다.

"이거 봐! 이 기막힌 편지 좀 보라고." 돈 가르시아가 입을 쩍 벌리고 하품하면서 돈 후안에게 편지를 내밀었다. "오늘 밤에 또 만나자는데. 맙소사, 절대로 그럴 수는 없지."

돈 후안은 그 편지를 읽어봤다. 그가 보기에는 꽤 매력적인 편지였다.

"글쎄, 만일 내 애인이 자네 애인 같은 여자였다면, 난 그 사람을 행복하

---

*25 Valencia 발렌시아 주의 주요 도시. 과달키비르 강 어귀에 있다. 한때 이슬람교도 왕국의 수도였다.

게 해주려고 노력했을 것 같은데."

"그래? 그럼 자네가 그 여자 애인이 되면 되잖아!" 돈 가르시아가 소리쳤다. "해보라니까. 공상 따윈 집어치워. 내 권리를 자네에게 양보할게."

"아, 이러면 되겠군!" 그는 갑자기 하늘의 계시라도 받은 것처럼 벌떡 일어나서 말을 이었다. "우리 두 사람의 애인을 걸고 내기하세. 이 카드로, 옹브르*26 한판 승부. 어때? 나는 도나 파우스타를 걸겠어. 자네는 도나 테레사를 걸어."

친구의 어처구니없는 제안을 듣자 돈 후안은 배꼽을 쥐고 웃으면서 카드를 섞었다. 승부에는 신경도 안 썼는데 어쩌다 보니 이기고 말았다. 돈 가르시아는 졌는데도 별로 아쉬워하는 기색도 없이 서류를 어떻게 작성해야 할지 물어보더니, 도나 파우스타 앞으로 어음 비슷한 것을 썼다. 이 문서를 들고 간 사람의 뜻에 따르라는 내용이었다. 마치 이 종이를 들고 간 채권자에게 100두카를 지불하라고 집사에게 명령을 내리는 것 같았다.

돈 후안은 여전히 웃으면서 친구에게 물었다. 애인을 되찾기 위해 승부를 겨룰 생각은 없느냐고. 그러나 가르시아는 거절했다.

"자네에게 그럴 용기가 있다면, 당장 내 망토를 입고서 자네도 잘 아는 그 조그만 문으로 가봐. 테레사는 오늘 자네를 기다리고 있지 않잖아? 그러니까 파우스타 혼자 있을 거야. 말없이 그 여자를 따라가라고. 일단 방 안에 들어가기만 하면 다 잘될 거야. 그 여자도 놀라기야 하겠지. 울기도 할 거야. 하지만 그런 게 자네한테 문제가 되지는 않을 걸세. 그 여자는 결코 비명을 지르지는 않을 거야. 내 편지를 그녀에게 보여주게. 그리고 그놈은 엄청난 죄인이라느니, 몰인정한 짐승이라느니, 뭐 욕이란 욕은 다 해버려. 그러고서 당장 손쉽게 복수할 방법이 있다고 제안하는 거지. 그 여자는 분명히 그것을 더없이 우아한 복수라고 생각할 거야. 내기해도 좋네."

가르시아가 한 음절 한 음절 내뱉을 때마다, 악마가 돈 후안의 마음속으로 한 발 한 발 걸어 들어왔다. 악마가 귀에 대고 속살거린다. 조금 전까지만 해도 기막힌 농담이라고 생각했던 일이 이제는 돈 후안에게도 몹시 즐거운 일처럼 여겨졌다. 어느새 웃음소리가 사라졌다. 얼굴에 기쁨의 홍조가 떠올

---

*26 Une partie d'hombre 스페인 카드놀이의 하나.

랐다.

"파우스타가 정말로 이 교환을 받아들인다면……."

"받아들이고말고!" 방탕아가 소리쳤다. "여자가 여섯 달이나 사귄 애인과 하룻밤의 애인 사이에서 망설일지도 모른다고 생각하나? 자네 진짜 순진한 도련님이구먼! 여보게, 친구, 제대로 잘해 보라고. 내일이 되면 둘 다 틀림없이 나에게 감사하게 될 거야. 그 대가로 내가 바라는 것은 딱 하나뿐이야. 내가 테레시타에게 접근하는 것을 자네가 허락해 주는 거지."

돈 후안의 마음이 어지간히 이쪽으로 넘어오자 돈 가르시아는 쐐기를 박았다. "이봐, 마음을 확실히 정해. 나는 오늘 밤 파우스타를 만나고 싶지 않아. 그러니 자네가 원치 않는다면 이 어음을 뚱뚱이 파드리크에게 줄 거야. 그놈은 이게 웬 떡이냐 하고 기뻐하겠지."

"맙소사, 그건 안 돼!"

돈 후안은 어음을 낚아채며 소리 질렀다. 그리고 용기를 얻기 위해 몬티야 포도주 한 잔을 쭉 들이켰다.

어느새 약속 시간이 다가왔다. 그나마 남아 있던 양심이 꿈틀거렸다. 돈 후안은 마음을 달래려고 연거푸 술을 마셨다. 마침내 시간이 다 되자, 돈 가르시아는 자기 망토를 돈 후안의 어깨에 걸쳐주고서 그를 애인의 집 현관까지 데려갔다. 그는 친구에게 잘해 보라는 눈짓을 하고 작별 인사를 하더니, 이토록 부덕한 짓을 저지르고도 아무런 양심의 가책 없이 재빨리 떠나가 버렸다.

곧 문이 열렸다. 도나 파우스타가 아까부터 연인을 기다리고 있었던 것이다.

"돈 가르시아, 당신이에요?" 파우스타가 속삭이듯이 물었다.

"나요!" 돈 후안은 그보다 더 작은 소리로 대답했다. 폭넓은 망토로 얼굴을 감춘 채. 그가 안으로 들어가자 문이 닫혔다. 돈 후안은 파우스타의 안내를 받아 어두운 계단을 올라갔다. 파우스타가 그에게 말했다.

"여기 베일 끝자락을 잡으시고, 되도록 조용히 제 뒤를 따라오세요."

이윽고 그는 파우스타의 방에 들어갔다. 방 안에는 희미한 등불 하나만 켜져 있었다. 돈 후안은 모자도 망토도 그대로 입고서 문을 등지고 선 채, 모자를 벗을 생각도 하지 않았다. 도나 파우스타는 한동안 아무 말도 없이 물끄러미 그를 바라보고 있었다. 그러다가 갑자기 두 팔을 내밀며 다가왔다.

마침내 돈 후안은 망토를 벗고 그녀와 똑같은 자세를 취했다.

"어머나! 돈 후안 님!" 파우스타가 깜짝 놀라 외쳤다. "돈 가르시아는요? 혹시 아파서 몸져누웠나요?"

"아프냐고요? 아니…… 그건 아니지만, 그 친구는 여기 올 수 없습니다. 그래서 나를 대신 보낸 겁니다."

"아, 그래요? 정말 아쉽네요. 그런데 혹시 다른 여자가 붙잡는 바람에 여기 올 수 없는 건가요?"

"당신도 알고 있었나 보군요. 그 친구가 꽤나 잘 논다는 사실을."

"아아, 동생이 당신을 보면 무척 기뻐할 거예요. 가엾게도 그 애는 당신이 이제는 안 오실 거라고 생각하고 있거든요……. 잠시만 기다리세요, 걔한테 알려주고 올게요."

"그럴 필요 없습니다."

"돈 후안 님, 왜 그러세요? 왠지 이상한데……. 안 좋은 소식이라도 가져오셨나요? 말씀해 보세요. 돈 가르시아에게 무슨 불행한 일이라도 일어났나요?"

귀찮은 설명을 생략하고 싶었던 돈 후안은 뻔뻔스런 돈 가르시아의 어음을 가련한 여인에게 건네줬다. 파우스타는 서둘러 그 편지를 읽었지만 처음에는 도무지 무슨 소린지 이해할 수 없었다. 다시 한 번 읽고서 제 눈을 의심했다. 돈 후안은 말없이 지켜보고만 있었다. 파우스타는 자꾸 얼굴을 쓰다듬고 눈을 비볐다. 입술이 부들부들 떨렸다. 얼굴이 죽은 사람처럼 창백해졌다. 편지를 떨어뜨리지 않기 위해 두 손으로 꼭 붙들고 있어야 했다. 마침내 그녀는 온 힘을 쥐어짜서 벌떡 일어나 소리쳤다.

"다 거짓말이에요! 끔찍한 음모예요! 돈 가르시아가 이런 걸 썼을 리 없어요!"

그러자 돈 후안이 대꾸했다.

"당신은 그 친구의 글씨체를 알고 있을 겁니다. 그는 자기가 갖고 있는 보물의 가치를 몰랐어요……. 하지만 나는 당신을 숭배하고 있습니다. 그래서 이 역할을 떠맡은 겁니다."

파우스타는 진심으로 경멸하는 눈빛으로 상대를 흘겨보더니 다시 한 번 주의 깊게 편지를 읽기 시작했다. 마치 어떤 증서가 위조됐음을 밝히려고 애쓰는 변호사처럼. 눈을 비정상적으로 부릅뜨고 종이를 뚫어져라 보았다. 깜빡이지도 않는 그 눈에서 이따금 굵은 눈물이 흘러나와 두 볼을 적셨다. 갑자기 그녀는 미친 듯이 웃으며 소리 질렀다.

"농담이죠? 안 그래요? 농담이죠? 돈 가르시아가 근처에 숨어 있을 거예요. 그가 이곳에 나타날 거예요!"

"아뇨, 농담이 아닙니다. 내가 당신을 사모한다는 사실보다 더 진실한 것은 없습니다. 믿지 못하겠습니까? 그렇다면 난 더없이 불행한 남자로군요."

"아니, 그게 무슨 소리예요?" 도나 파우스타가 소리를 질렀다. "만에 하나 그 말이 사실이라면, 당신은 돈 가르시아보다도 훨씬 더 나쁜 사람일 거예요."

"사랑은 모든 것을 용서하는 법입니다. 안 그런가요? 파우스티아! 돈 가르시아는 당신을 버렸습니다. 내가 당신을 위로해 줄게요. 부디 허락해 줘요. 이 벽판에는 바쿠스와 아리안*27가 그려져 있지 않습니까. 나를 당신의 바쿠스로 만들어 줘요."

파우스타는 말없이 책상 위에 놓인 단검을 움켜쥐더니 머리 위로 높이 쳐들고 돈 후안에게 다가갔다. 그는 그 모습을 지켜보고 있다가 얼른 여자의 팔을 붙들고 쉽게 단검을 빼앗았다. 상대가 이렇게 처음부터 자기에게 노골적인 적의를 품었으니, 벌을 주는 의미에서 그녀를 난폭하게 다뤄도 될 거라고 생각했다. 그는 서너 번 거칠게 입을 맞추고는 작은 침대 쪽으로 파우스타를 데려가려 했다. 도나 파우스타는 가녀리고 힘없는 여자였지만 이때는 분노에 사로잡혀 힘껏 발버둥을 쳤다. 가구를 붙잡고 늘어지기도 하고, 때로는 손과 발과 이까지 사용해 가면서 돈 후안에게 저항했다. 처음에 돈 후안은 상대의 어떤 공격도 웃어넘겼지만 이윽고 분노가 애정만큼이나 치솟아 올랐다. 그는 상대의 연약한 피부에 상처가 나든 말든 아랑곳하지 않고 파우스타를 꽉 붙들었다. 무슨 짓을 해서라도 이기고야 말겠다, 이기기 위해서라면 상대의 숨통을 끊어 놓을 수도 있다고 생각하는 흥분한 투사와도 같았다.

---

*27 신화 속 인물. 미노스(Minos) 왕의 딸 아리아드네(Ariadne)는 테세우스(Theseus)를 미궁에서 구해 낸 뒤 낙소스 섬으로 그를 따라갔다가 홀로 남겨지고 만다. 절망한 아리아드네는 물속에 몸을 던져 자살했다고 한다. 그런데 또 다른 이야기에서는 술의 신 바쿠스가 아리아드네를 발견해서 아내로 맞이했다고 한다.

그러자 파우스타는 최후의 수단을 썼다. 그때까지는 남부끄러워서 차마 누구에게 도움을 요청할 수 없었지만, 이제는 상대에게 당하기 일보 직전이었으므로 수치심도 내던지고 온 집 안이 떠나가라 비명을 질러댔다.

돈 후안은 재빨리 상황을 파악했다. 지금은 희생자를 제 것으로 만드는 것이 문제가 아니라, 무엇보다도 제 몸을 지키는 것이 중요했다. 그는 파우스타를 밀쳐 내고 도망치려 했다. 그러나 파우스타가 옷자락을 잡는 바람에 뿌리칠 수가 없었다. 그와 동시에 허겁지겁 문을 여는 소리가 들렸다. 발소리와 사람 목소리가 점점 가까이 다가왔다. 한시도 지체할 수 없었다. 그는 도나 파우스타를 확 떠밀었다. 그런데 파우스타가 그의 윗도리를 너무 꽉 붙잡고 있어서 두 사람은 한데 엉겨 붙은 채 제자리에서 빙글 돌기만 했다. 그들의 위치가 바뀌었다. 이번에는 파우스타가 안쪽으로 열리는 문을 등지고 서게 되었다. 그녀는 계속 비명을 질렀다. 그 순간 문이 벌컥 열리더니, 한 남자가 화승총을 들고 출입구에 나타났다. 그 남자는 너무 놀라 고함을 질렀다. 이어서 얼빠진 소리를 냈다. 등불 빛이 사라졌다. 돈 후안은 도나 파우스타의 두 손에서 힘이 빠져나감과 동시에 뭔가 따뜻한 액체가 자기 손 위로 흐르는 것을 느꼈다. 여자가 쓰러졌다. 아니, 정확히는 아래로 주르르 미끄러졌다. 등에는 총알이 박혀 있었다. 파우스타의 아버지가 유괴범 대신 딸을 쏘아 죽인 것이다. 돈 후안은 자유롭게 움직일 수 있게 되자마자 화승총 연기를 뚫고 계단 쪽으로 달려갔다. 먼저 여자의 아버지가 그를 개머리판으로 한 대 후려쳤고, 이어서 하인이 검으로 한 번 찔렀다. 그러나 둘 다 상대에게 치명상을 입히지는 못했다. 돈 후안은 검을 움켜쥐고 길을 열면서 하인의 등불을 꺼뜨려 버리려고 했다. 그의 결연한 태도에 겁먹은 하인은 저도 모르게 주춤했다. 그러나 늙었어도 용감한 알론소 데 오헤다는 망설이지 않고 돈 후안에게 달려들었다. 돈 후안은 그의 공격을 몇 번이나 막아 냈다. 물론 처음에는 제 몸을 지킬 생각밖에 없었다. 그러나 검사로서의 습관 때문에 상대의 검을 막아 낸 다음에는 기계적으로 거의 무의식중에 반격을 했다. 그때 도나 파우스타의 아버지가 갑자기 "억!" 하더니 치명상을 입고 풀썩 쓰러졌다. 돈 후안은 빠져나갈 길이 열리자마자 몸을 날려 쏜살같이 계단을 내려가 현관까지 뛰어갔다. 눈 깜짝할 새에 그는 거리로 나왔다. 하인들은 죽어 가는 주인에게 달려갔으므로 돈 후안을 뒤쫓는 사람은 아무도 없었다. 총소리를 듣고 달려온 도나 테레사는 이 무시무시한 광경을 보자마자 기절해서 아버지 옆에 쓰러졌다. 그러나 이때 그녀는 불행한 사건을 절반밖에 모르고 있었다.

돈 가르시아는 마지막 몬티야 포도주 병을 비우고 있었다. 그때 돈 후안이 새파랗게 질린 얼굴로 피를 뒤집어쓴 채 눈을 부릅뜨고 방 안으로 허둥지둥 뛰어 들어왔다. 윗도리는 찢어졌고, 가슴 장식도 흐트러져서 평소보다 5인치나 비어져 나와 있었다. 그는 아무 말도 못하고 숨을 헐떡이며 의자에 털썩 주저앉았다. 돈 가르시아는 중대한 사건이 일어났음을 깨달았다. 그는 돈 후안이 두세 번 괴롭게 숨을 내쉬는 것을 지켜보고 있다가 이윽고 무슨 일이냐고 물었다. 그리고 단숨에 사태를 파악했다. 돈 가르시아는 평소의 침착한 태도를 잃지 않았다. 친구가 더듬더듬 늘어놓는 이야기를 어디까지나 태연하게 듣더니, 마침내 술을 가득 채운 술잔을 내밀면서 입을 열었다.

"우선 한 잔 마시게. 목마르지? 그나저나 난처한 일이구면." 그도 술을 쭉 들이켜더니 말을 이었다. "여자의 아버지를 죽인다는 것은 보통 일이 아니야……. 물론 르 시드*28를 비롯해서 많은 사례들이 있기는 하지만, 어쨌든 가장 큰 문제는 자네가 살라망카 경찰들과 죽은 이의 친척들을 상대로 싸울 때 자네를 도와줄 오백 명의 백의종군 친구들이 곁에 없다는 거야……. 먼저 급한 불부터 꺼야겠는데……."

그는 생각에 잠긴 채 방 안을 몇 번이나 빙글빙글 돌았다.

"이런 소동을 일으키고 나서 계속 살라망카 시내에 머무른다는 것은 미친 짓이야." 그는 이야기를 계속했다. "돈 알론소 데 오헤다는 한낱 시골 귀족이 아니야. 게다가 하인들이 분명히 자네 얼굴을 알아봤을 거야. 아니 뭐, 운 좋게 그놈들이 자네를 못 알아봤더라도 안심할 수는 없네. 지금 자네는 우리 대학교에서 대단한 명성을 떨치고 있으니까, 틀림없이 누군가가 불명예스러운 사건을 자네 탓으로 돌릴 게 뻔해. 그러니까 자네는 이제 나를 믿

---

*28 시드(로드리고)에게는 시멘이라는 연인이 있었다. 그런데 시멘의 아버지가 로드리고의 아버지를 모욕했다. 로드리고는 아버지의 원수를 갚기 위해 연인의 아버지를 죽이고 말았다. 이때 로드리고의 아버지는 아들을 격려하면서 이렇게 말했다. "이 엄청난 국가적 재난(무어인의 습격)을 맞이해서 다행히 우리 집에는 친구들 오백 명이 모여 있다. 내가 모욕을 당한 것을 알자 하나같이 의분을 느끼고 복수를 하겠다면서 달려온 거야."(《르 시드》)

고 빨리 떠나야 하네. 빠르면 빠를수록 좋아. 자네는 그냥 명문가 귀공자로 있을 때보다 세 배는 더 똑똑해졌네. 얼마간 미네르바는 제쳐두고 마르스처럼 행동해 봐*29. 그러면 일이 더 잘 풀릴 거야. 자네는 그쪽 방면에 소질이 있으니까. 플랑드르*30 지역에서 싸우라, 가서 그리스도교의 적을 무찔러라. 이 세상에서 저지른 사소한 잘못을 속죄하는 데에 이보다 더 걸맞은 일은 없으리라. 아멘! 설교하는 마음으로 이 연설을 마치도록 하지."

플랑드르라는 단어가 돈 후안에게는 꼭 마법의 주문처럼 들렸다. 스페인을 떠난다는 것은 자기 자신에게서 도망치는 일이다. 그는 그렇게 믿었다. 전쟁터에서 끊임없는 고난과 위기를 겪는 동안에는 후회할 시간도 없으리라!

"플랑드르, 플랑드르! 그래, 좋아, 플랑드르에 가서 죽어야지!" 그는 크게 소리쳤다.

"살라망카에서 브뤼셀까지 가는 길은 멀어." 가르시아가 진지하게 말했다. "더구나 자네 상황을 생각하면 아무리 빨리 출발해도 늦다 싶을 정도야. 이러다 시장님이 자네를 체포하기라도 해봐. 그러면 국왕 폐하의 갤리선*31 말고 다른 곳에서 싸우기는 몹시 어려워질걸."

한동안 친구와 의논하고 나서 돈 후안은 재빨리 학생복을 벗었다. 그리고 그 시대 군인들처럼 장식이 달린 가죽 윗도리를 입고 큼직한 모자를 깊이 눌러썼다. 또한 돈 가르시아가 금화를 있는 대로 모아서 넣어준 복대를 허리에 감는 것도 잊지 않았다. 이렇게 준비하는 데 고작 몇 분밖에 걸리지 않았다. 그는 걸어서 출발했다. 아무에게도 들키지 않게 조심하면서 시내를 빠져나와, 그날 밤부터 다음 날 오전까지 계속 걸었다. 한낮이 되자 햇살이 따가워할 수 없이 걸음을 멈췄다. 그는 처음으로 도착한 마을에서 말 한 마리를 샀다. 우연히 만난 대상(隊商)에 끼어 여행하다가 머잖아 사라고사에 다다랐다. 여기서 그는 돈 후안 카라스코라는 이름으로 며칠간 머물렀다. 그가 출발한 다음 날 살라망카를 떠난 돈 가르시아는 다른 길을 통해 사라고사로 와

---

*29 Minerva는 지혜의 여신. Mars는 전쟁의 신.

*30 Flandre 북해, 스헬데 강, 브라반트 강 등으로 둘러싸인 지방의 옛 이름.

*31 galley 노가 많이 달린 범선. 보통 노예들과 죄인들이 이 배에 타서 죽어라 노를 저었다. 고통의 상징.

서 친구를 만났다. 두 사람은 그곳에 오래 머무르지 않았다. 그들은 멋진 하인을 거느린 아라곤*32 미인들에게 눈길도 주지 않고 잽싸게 필라르 성모 성당을 참배한 뒤 바르셀로나로 갔다. 이곳에서 치비타베키아*33로 떠나는 배를 탔다. 피로와 뱃멀미와 낯선 풍경과 돈 후안의 타고난 경박함이 한데 어우러져, 살라망카에서 겪었던 그 무시무시한 사건을 벌써 그의 머릿속에서 깨끗이 지워 버렸다. 몇 달에 걸쳐 이탈리아에서 쾌락을 맛보면서 두 친구는 여행 목적을 까맣게 잊어버렸다. 그러나 슬슬 돈이 떨어지기 시작했다. 그들은 자기네처럼 용감하고도 돈에 집착하지 않는 여러 동향인들과 함께 지내다가 독일로 떠났다.

브뤼셀에 도착한 그들은 마음에 드는 대장의 중대에 입대했다. 두 친구는 돈 마누엘 고마르 대위 밑에서 종군하기로 결심했다. 첫째로 그 대위는 안달루시아 출신이었고, 둘째로 용기와 잘 손질된 무기만을 병사들에게 요구했으며, 셋째로 지체가 높은 데다 혹독한 훈련을 실시하지도 않는다는 소문이 돌았기 때문이다.

대위는 두 사람의 훌륭한 풍채를 보고 몹시 기뻐했다. 그는 두 사람이 바라는 대로 그들을 극진히 대접했다. 즉 온갖 위험한 임무를 그들에게 맡겼다. 그들은 정말로 운이 좋은 남자들이었다. 많은 동료들이 죽어 나간 전쟁터에서도 상처 하나 없이 귀환해 뭇 장군들의 눈길을 끌었다. 두 사람은 같은 날 나란히 기수(旗手)로 승진했다. 이제 두 사람은 대장이 그들에게 존경과 애정을 품고 있음을 확신하게 되었다. 그래서 정체를 드러내고 예전처럼 생활하기 시작했다. 낮에는 노름을 하고 술을 마셨으며, 밤에는 겨우내 그들이 경비한 도시의 아름다운 처녀들에게 세레나데를 들려주러 갔다. 부모들은 그들을 용서하고 안트베르펜 은행가에게 보내는 신용장을 써 보냈다. 그들은 용서에 대해서는 별로 신경도 쓰지 않았지만, 신용장은 적절하게 잘 썼다. 젊고 부유하며 용감하고 모험심 강한 두 남자는 승승장구하면서 정력적인 정복 활동을 펼쳤다. 하나하나 얘기하자면 끝이 없지만, 여기서는 그저 그들이 아름다운 여자를 보면 수단 방법을 가리지 않고 그녀를 손에 넣으려 했다는

것만 밝혀둔다. 약속이니 맹세니 하는 것들은 이 방탕한 무뢰한들에게는 시시한 헛소리일 뿐이었다. 어쩌다 여자들의 형제나 연인이 두 사람에게 대들기라도 하면 그들은 날카로운 검과 차가운 마음으로 이에 응대했다.

봄이 오자 또다시 전쟁이 시작됐다.

스페인 쪽으로 힘겹게 후퇴하는 도중에 고마르 대위는 치명상을 입었다. 돈 후안은 대위가 쓰러지는 모습을 보고 얼른 그쪽으로 달려가더니 병사들을 불러 대위를 옮기라고 했다. 그때 용맹한 대위가 사력을 다해 그에게 말했다.

"나를 이대로 죽게 내버려 둬. 난 이미 틀렸어. 몇 킬로미터 떨어진 곳에서 죽느니 차라리 여기서 죽는 게 나아. 그보다 자네 부하들이 더 중요하다. 이제부터 그들이 활약해야 해. 틀림없이 네덜란드 군대가 공격하러 올 거야. ……제군!" 대위는 주변에 모여든 병사들에게 말했다. "기수를 지켜라. 나한테 신경 쓰지 말고."

그때 돈 가르시아가 불쑥 나타나 대위에게 물었다. 남길 말씀은 없으시냐고.

"글쎄, 이 상황에서 남길 말이 있을까?"

그러더니 그는 곰곰이 생각에 잠겼다.

"이제껏 죽음에 대해 진지하게 생각해 본 적이 없었어. 이렇게 빨리 죽게 될 줄은 몰랐지……. 사실 지금 내 곁에 신부님이 없어도 별로 아쉽지는 않아……. 신부님은 우리 머릿속에 있는 거니까……. 하지만 참회도 못하고 죽는 것이 못내 아쉽군!"

"여기에 제 기도서가 있습니다." 그러면서 돈 가르시아는 조그만 포도주 술통을 꺼냈다. "정신 차리십쇼."

늙은 군인의 눈은 점점 흐려졌다. 그는 돈 가르시아의 농담도 알아듣지 못했다. 그러나 주위에 있는 고참병들은 터무니없는 헛소리라고 생각했다.

"돈 후안." 죽음을 앞둔 대장이 그를 불렀다. "가까이 오게. 자네를 내 후임으로 삼고 싶네. 이 지갑을 받아. 내 전 재산이 들어 있어. 파문된 인간이 가지는 것보다는 자네가 가지는 편이 낫겠지. 자네에게 부탁이 하나 있네. 내 영혼이 평안히 잠들도록 미사를 올려주게나."

돈 후안은 대위의 손을 잡고 그러겠다고 맹세했다. 그때 돈 가르시아가 낮은 소리로 그에게 말했다. 죽어 가는 무력한 남자의 생각과, 그 남자가 탁자 위에 술병을 잔뜩 늘어놓고 기염을 토하던 모습은 얼마나 다른가. 그 순간 귓가에 펑펑 날아다니는 산탄 소리가 들려왔다. 네덜란드 군이 가까이 온 것이다. 병사들은 다시 제자리로 돌아갔다. 서둘러 고마르 대위에게 작별 인사를 하고서 대오를 정비해 후퇴할 수밖에 없었다. 적군은 수가 너무 많았고 도로는 비 때문에 무너졌으며, 병사들은 긴 행군에 지쳐 있었다. 후퇴하기도 쉽지가 않았다. 그러나 네덜란드 군은 적에게 별다른 피해를 주지도 못하고 군기를 빼앗지도 못했다. 부상자 말고는 변변한 포로도 얻을 수 없었다. 그들은 야간 추격을 포기했다.

저녁이 되자 두 친구는 부하들과 함께 막사 안에 자리를 잡았다. 그들은 조금 전에 있었던 전투에 대해 이야기했다. 어떤 병사는 이날 지휘관이 했던 행동을 비난했다. 어떤 병사는 불현듯 해야 했던 일을 생각해 냈다. 그러다가 그들은 전사자와 부상자에 대해 말하기 시작했다.

"고마르 대위를 잃은 것은 정말로 안타까운 일이야. 그는 용감한 장교이자 좋은 친구였는데. 병사들에게는 친아버지와도 같았고." 돈 후안이 말했다.

"그래, 맞아." 돈 가르시아가 말했다. "그런데 솔직히 말하자면 나는 좀 놀랐어. 옆에 신부님이 없다고 그 사람이 그렇게 괴로워할 줄은 몰랐거든. 그것은 어떤 사실 하나를 증명해 주는 걸세. 즉 '용감한 사람'이 된다는 것은 실천하기 어려워도 말하기는 쉽다 이거지. 멀리 있는 위험을 비웃는 인간일수록 위험이 닥쳐오면 새파랗게 질린단 말이야. 그런데 돈 후안, 그 사람이 자네를 후계자로 지목했잖아? 대위가 건네준 지갑 속에 뭐가 들어 있는지 가르쳐 줄 수 없겠나?"

돈 후안은 그제야 지갑이 있음을 깨닫고 한번 열어봤다. 안에는 금화 60개가 들어 있었다.

"이제 우린 부자야!" 돈 가르시아가 말했다. 그는 평소에도 친구 지갑을 자기 지갑처럼 여기고 있었다. "자, 세상을 떠난 우리 친구를 추억하면서, 이렇게 질질 짜고 있지만 말고 파라오[34]라도 하지 않겠나?"

모두가 이 제안에 찬성했다. 누가 큰북을 몇 개 들고 왔다. 그 위에 망토를 깔아 도박 탁자로 삼았다. 돈 가르시아가 부추기는 대로 돈 후안이 제일

---

*34 Pharaon 카드놀이의 하나.

먼저 돈을 걸었다. 하지만 그 전에 지갑에서 금화 열 닢을 꺼내 손수건으로 싸서 호주머니에 넣었다.

"이봐, 무슨 짓이야!" 돈 가르시아가 소리쳤다. "군인이 돈을 꿍쳐 놓다니! 싸우기 전날 밤에!"

"가르시아, 이 돈은 전적으로 내 것이라고는 할 수 없어. 살라망카 시절에 가끔 말했던 것처럼 sub poenae nomine(조건부로) 돈 마누엘이 나에게 물려준 유산이라고."

"쳇, 위대한 선생님 납셨구먼!" 돈 가르시아가 소리를 질렀다. "우리가 처음 만나는 신부한테 그 10에퀴를 주려는 건가, 응?"

"그게 뭐 잘못됐나? 난 그렇게 하겠다고 약속했어."

"아 그래, 됐어! 내가 다 부끄러울 지경이군. 정말이지 자네답지 않아."

도박이 시작됐다. 처음에는 승부의 향방을 알 수 없었지만 이윽고 행운이 돈 후안에게 등을 돌려 버렸다. 돈 가르시아도 카드를 손에 들고 있었지만 좋은 기회를 자꾸 놓쳤다. 한 시간 뒤 그들이 가지고 있던 돈은 물론이고 고마르 대위가 남긴 50에퀴까지 모조리 딜러의 손에 넘어가고 말았다. 돈 후안은 그만 자려고 했다. 그런데 돈 가르시아가 불같이 화를 냈다. 다시 한번 승부해서 돈을 되찾아야 한다고 고집을 부렸다.

"여보게, 돌부처 선생. 자네가 꽉 붙들고 있는 그 비장의 무기를 꺼내 봐. 그놈이 우리에게 행운을 가져다줄 거야."

"아니, 생각 좀 해보게. 나는 그에게 약속을 했으니……."

"아, 글쎄 괜찮다니까. 자넨 진짜 어린애구먼! 이것도 미사랑 관련된 일이야. 만일 대위가 이 자리에 있었다면 한판 승부를 벌이는 정도가 아니라 아예 성당을 털었을지도 모른다고."

"좋아, 그럼 5에퀴만 줄게." 돈 후안이 말했다. "한꺼번에 다 걸지는 말게."

"거참, 좀스럽구먼!" 그러면서 가르시아는 5에퀴를 킹에 걸었다. 그는 이겼다. 두 배로 걸었다. 이번에는 졌다.

"젠장, 나머지 5에퀴도 다 걸자!"

분노로 새하얗게 질린 가르시아가 큰 소리로 외쳤다. 돈 후안이 투덜투덜 불평을 늘어놨지만 소용없었다. 그는 최대한 양보해서 4에퀴를 내놓았다.

하지만 이것도 순식간에 5에퀴의 뒤를 따랐다. 돈 가르시아는 카드를 딜러 얼굴에다 냅다 집어던지고 벌떡 일어나더니 돈 후안에게 말했다.

"자네는 늘 운이 좋았지, 안 그래? 마지막 1에퀴에는 악마를 쫓는 위대한 힘이 있다고 하던데. 어때?"

이제는 돈 후안도 가르시아 못지않게 울분에 차 있었다. 미사도 맹세도 이미 머릿속에서 사라진 지 오래였다. 에이스에 마지막 1에퀴를 걸었다. 그리고 순식간에 잃어버렸다.

"젠장, 고마르 대위의 유령 때문이야!" 그는 소리를 버럭 질렀다. "그래, 그놈 돈에 귀신이 붙은 거야!"

딜러는 돈을 더 걸 생각은 없느냐고 두 사람에게 물었다. 하지만 그들에겐 이미 돈이 없었다. 그렇다고 언제 죽을지 모르는 위험한 삶을 살아가는 인간에게 누가 선뜻 돈을 빌려주겠는가. 그들은 도박을 그만둘 수밖에 없었다. 그저 기분을 풀기 위해 술친구와 술이나 마셔야 했다. 불쌍한 대위의 영혼은 망각의 늪에 가라앉아 버렸다.

며칠 뒤 스페인군은 원조를 받아 다시금 공격할 태세를 갖추고 진군했다. 그들은 얼마 전 전투를 벌였던 지역을 가로질렀다. 전사자들의 시체는 여전히 길바닥에 나뒹굴고 있었다. 돈 가르시아와 돈 후안은 눈과 코를 한꺼번에 덮치는 시체들로부터 도망치려고 빠르게 말을 몰았다. 그때 앞장서던 병사 하나가 참호에 누워 있는 시체를 보고 비명을 질렀다. 다가가 보니 고마르 대위의 시체였다. 그러나 옛날과는 사뭇 다른 모습이었다. 경련 때문에 엉망진창으로 일그러진 딱딱한 얼굴은 그가 죽을 때 얼마나 괴로워했는지를 여실히 보여주었다. 이런 광경에는 이미 익숙해져 있었지만, 그래도 이 시체를 본 순간 돈 후안은 저도 모르게 부르르 떨었다. 굳은 피로 뒤덮인 그 흐릿한 눈동자가 마치 시위하듯이 자기를 바라보는 것 같았다. 그는 불쌍한 대위가 어떤 유언을 남겼는지, 자신이 어쩌다가 그 소원을 들어주지 못했는지 새삼 돌이켜 보았다. 그러나 어느새 그의 마음을 꽉 채우게 된 가식적인 냉혹함은 금세 그런 양심의 가책을 외면해 버렸다. 그는 대위를 묻어주려고 서둘러 구덩이를 팠다. 때마침 그 자리에 있던 탁발 수도사가 짧은 기도문을 외웠다. 성수(聖水)로 축복받은 시체는 돌과 흙더미 속에 묻혔다. 병사들은 입을 다물고 묵묵히 걸음을 재촉했다. 그때 돈 후안은 늙은 포병 하나가 호주머니를 이리저리 뒤지더니 마침내 1에퀴 금화를 꺼내 탁발 수도사에게 주면서 이렇게 말하는 것을 보았다.

"자, 이 돈으로 고마르 대위님을 위한 미사를 올려주십쇼."

그날 돈 후안은 이상하리만치 용맹하게 싸웠다. 저 사람이 자살하려고 저러나, 이렇게 다들 입을 모아 말할 정도로 그는 미친 듯이 적들의 총알을 뚫고 나아갔다. 전우들은 이렇게 말했다.

"누구나 알거지가 되면 용감해지는 법이지."

고마르 대위가 죽은 지 얼마 되지 않아 젊은 병사 하나가 신병으로서 돈 후안과 돈 가르시아의 중대에 편입됐다. 그는 용감하고 강한 남자였지만 성격이 음험하고 독특했다. 그가 친구와 함께 술을 마시거나 노름하는 모습을 본 사람은 아무도 없었다. 그는 언제나 풍기위병 자리에 앉아 날아다니는 파리를 조용히 구경하거나, 열심히 자기 화승총 방아쇠를 당기곤 했다. 병졸들은 그 얌전한 모습을 보고 비웃으면서 그에게 모데스토*35라는 별명을 붙였다. 중대에서 그는 그 이름으로 통했다. 심지어 대장들도 그를 그 이름으로 불렀다.

마침내 그들은 베르겐옵좀*36을 포위했다. 여러분도 알다시피 이 포위전은 이번 전쟁에서 가장 참담했던 전투 가운데 하나였다. 포위된 군대는 마지막 힘을 다해 철저한 방어전을 벌였다. 어느 날 밤 두 친구는 참호 안에서 근무하고 있었다. 그런데 이 참호는 가장 위험한 장소로 손꼽힐 정도로 요새 성벽 가까이에 있었다. 요새 수비군은 자주 출격해서 정확히 목표물을 향해 총알을 퍼붓곤 했다.

그들은 자정까지 빈틈없이 경계하고 있었다. 자정이 지나자 요새 수비군도 포위군도 모두 피로에 지친 듯했다. 양쪽 다 사격을 멈추었다. 답답한 침묵이 들판 전체를 뒤덮었다. 이따금 총성이 울려 침묵을 깨기도 했지만, 그것은 그저 적군이 싸움을 그만둬도 자기네는 이곳을 계속 수비하고 있음을 나타내는 시위 행동이었다. 어느덧 새벽 네 시가 되었다. 이때쯤 되면 밤을 새운 사람은 심한 육체적 피로를 느끼고, 수면 부족으로 견딜 수 없을 만큼 괴로운 오한에 시달린다. 정신과 육체가 이런 상태에 처했을 때에는 해 뜨고

---

*35 Modesto 신중하다는 뜻.
*36 Bergen op Zoom 네덜란드 지명. 1747년 및 1795년에 프랑스 군대에 점령됐다.

나서 돌이켜 보면 얼굴이 빨개질 정도로 마음이 나약해지는 법이다. 정직한 병사라면 누구나 이 점을 인정하리라.

"젠장! 뼛속까지 얼어붙겠군!" 추위를 이기기 위해 제자리걸음을 하고 망토로 몸을 꼭꼭 싸매면서 돈 가르시아가 큰 소리로 말했다. "네덜란드 놈들은 무기 대신 술병으로 나를 쓰러뜨릴 수 있을 거야. 나 참, 이젠 나도 뭐가 뭔지 모르겠어. 제기랄, 방금 날아온 총알은 좀 무서웠다고. 혹시라도 내가 독실한 신자였다면 현재 내 마음 상태를 하늘의 경고라고 착각할 수도 있었을걸."

돈 후안은 물론이고 그곳에 있는 모든 사람이 깜짝 놀랐다. 돈 가르시아가 하늘을 운운하다니! 평소에 그는 하늘 무서운 줄 모르고 살았다. 어쩌다 하늘에 대해 말해도 늘 조롱하는 투였다. 몇 사람이 이 말을 듣고 비웃자, 돈 가르시아는 체면을 지키려고 온 힘을 다해 큰소리쳤다.

"제군! 내가 네덜란드군이나 하느님이나 악마를 두려워한다고 생각하지는 말아주게. 우리는 서로 교대병에게 해야 할 보고가 있지 않나."

"네덜란드군은 그렇다 쳐도, 하느님과 또 다른 놈은 무서워해도 될 텐데." 콧수염이 희끗희끗한 늙은 대위가 말했다. 그의 칼 옆에는 묵주가 달려 있었다.

"흠, 그놈들이 나를 어떻게 할 수 있다는 거요?" 그가 물었다. "하늘의 벼락도 프로테스탄트의 화승총만큼 정확히 표적을 맞히지는 못할 거요."

"하지만 자네 영혼은 어떨 것 같나?" 상대의 무시무시한 신성모독을 듣고 성호를 그으면서 늙은 대위가 대꾸했다.

"아, 내 영혼은…… 물론 나에게 영혼이 하나쯤 있기는 하겠지요. 그런데 누가 나한테 영혼이 하나 있다고 말했소? 바로 성직자들이오. 결국 영혼에 관한 문제에서 성직자들은 영혼의 발명자로서 아주 유리한 위치를 차지한 거죠! 그러니까 빵집 주인이 손님들에게 팔려고 샌드위치를 만들어 낸 것과 마찬가지란 말이오."

"돈 가르시아, 자네 그러다 천벌 받을 거야." 늙은 대위가 말했다. "그런 몹쓸 이야기를 참호 안에서 하면 안 돼."

"참호 안에서든 어디에서든, 나는 하고 싶은 말을 할 뿐이오. 하지만 이 이야기는 그만둡시다. 우리 친구 돈 후안 좀 보시오. 질겁해서 당장이라도 모자를 떨어뜨릴 것 같은 꼴로 부들부들 떨고 있잖소. 이 친구는 영혼을 믿지 않으면서도, 아직도 연옥의 영혼이라는 것을 믿고 있단 말이오."

"나는 신앙이 없다는 사실을 자랑하고 싶지 않네." 돈 후안이 웃으며 말했다. "자네가 그토록 저세상에 무관심한 걸 보면 가끔은 부럽기까지 하단 말이지. 이런 얘길 하면 자네는 비웃겠지만, 사실 나는 죽은 사람에 대한 이야기를 들으면 이따금 불쾌한 환상을 보게 된다네."

"악마에게는 별 힘이 없어. 확실한 증거도 있지. 자, 보라고. 실제로 지금 자네는 이 참호 안에 멀쩡히 서 있잖아? 제군!" 돈 가르시아는 돈 후안의 어깨를 두드리며 한마디 덧붙였다. "내 장담하건대, 만일 악마가 정말로 존재한다면 이 선생은 벌써 옛날에 잡혀갔을 걸세. 이 선생은 아직 젊지만 진정한 배교자거든. 내가 자네들 앞에서 보증하지. 이 사람은 두 프란체스코회 수도사와 두 발렌시아의 용사보다도 더 많은 여자들을 불행에 빠뜨리고, 더 많은 남자들을 관 속에 집어넣었다네."

그가 이야기를 계속하려는데 갑자기 총알 하나가 참호 옆에서 날아와 스페인 진영을 위협했다. 돈 가르시아가 가슴을 손으로 움켜쥐며 소리쳤다.

"제기랄!"

가르시아는 한순간 비틀거리더니 그대로 쓰러졌다. 동시에 한 남자가 잽싸게 도망치는 것이 보였다. 그러나 밤의 어둠 때문에 그 뒷모습을 끝까지 추적할 수 없었다.

돈 가르시아는 치명상을 입은 듯했다. 상대가 아주 가까이에서 총을 쏜 것이다. 게다가 그 총에는 총알이 몇 발이나 들어 있었다. 그래도 이 강인한 리베르탱(libertin, 자유사상가)의 굳은 의지는 한순간도 꺾이지 않았다. 가르시아는 어서 참회하라고 권하는 사람을 물리치고 돈 후안에게 말을 걸었다.

"내가 죽고 난 뒤에 단 하나 걱정되는 일이 있다면, 수도사들이 자네에게 쓸데없는 설교를 할지도 모른다는 거야. 내가 하느님의 심판을 받아 죽었느니, 뭐 그런 식으로 말이지. 하지만 군인이 총에 맞아 죽는 것은 더할 나위 없이 당연한 일이잖아? 자네도 동의할 테지. 이 총알은 아군 측에서 날아왔나 본데, 아마 나에게 원한을 품은 소심한 놈이 나를 암살하려고 한 걸 거야. 혹시 자네가 그놈을 붙잡거든 당장 높이 매달아 버려. 알겠나, 안트베르펜에 내 애인이 둘 있고, 브뤼셀에 셋이 있어. 그 밖에도, 젠장, 기억이 안 나…… 머릿속이 뒤죽박죽이야……. 다 자네에게 주겠네……. 뭐 대단한 건 아니지만…… 내 검도 자네가 가져……. 자네 특기인 찌르기를 잊지 말게……. 안녕……. 미사는 필요 없으니까, 그냥 내가 땅속에 묻힌 뒤 친구들끼리 모여서 성대한 연회를 열어주게."

그의 마지막 말은 대강 이러했다. 하느님이나 저세상에 관해서는 신경도 쓰지 않았다. 혈기 왕성하게 활약하던 시절과 마찬가지로, 그는 입술에 미소를 띤 채 숨을 거뒀다. 그토록 오랫동안 수행해 온 불쾌한 역할을 마지막까지 해낼 수 있었던 것은 오로지 그의 허영심 덕분이었다. 모데스토는 두 번 다시 모습을 드러내지 않았다. 틀림없이 그가 돈 가르시아를 암살한 범인이리라. 하지만 그가 이 살인을 저지른 동기에 대해서는 모두가 여러모로 추측해 봐도 알 수가 없었다.

돈 가르시아를 잃은 돈 후안은 친형제를 잃은 것보다도 더 슬퍼했다. 그는 생각해 보았다. 나는 참으로 어리석은 인간이다, 언제나 그의 비호를 받으면서 살지 않았는가, 나에게 인생의 신비를 처음으로 가르쳐 준 사람도 가르시아였다. 내 눈앞을 가리는 베일을 벗겨준 사람도 그였다. '그 신비를 알기 전까지 나는 어떤 인간이었더라?' 그는 자문해 봤다. 그의 자존심은 그가 다른 누구보다도 뛰어난 인물이 됐다고 주장했다. 그러니까 사실상 그는 이 무신론자 친구의 모든 악(惡)을 선(善)으로 바꿔 버린 것이다. 게다가 '제자는 스승 못지않게 훌륭해져야 한다'고 생각할 정도로 그는 이 무신론자에게 푹 빠져 있었다.

너무나 갑작스런 친구의 죽음이 남긴 우울한 인상은 그로부터 몇 달 동안이나 돈 후안의 생활을 흔들어 놓았다. 그만큼 그 여운은 길게 남았다. 하지만 그는 점점 본디 생활습관을 되찾았다. 이제 그 습관은 어떤 사건 하나 때문에 쉽사리 바뀌지는 못할 정도로 그의 몸에 깊숙이 배어 있었던 것이다. 그는 또다시 노름을 하고, 술을 마시고, 여자를 유혹하는 가운데 연적과 결투하면서 살아가게 되었다. 날마다 새로운 모험이 그를 기다리고 있었다. 오늘 성벽을 올라가면 내일은 발코니를 기어오르고, 아침에 어떤 남자와 칼싸움을 하고 나면 저녁에는 매춘부와 함께 술을 마셨다.

이처럼 방탕하게 살아가던 와중에 그는 아버지가 돌아가셨다는 소식을 들었다. 며칠 후 어머니도 그 뒤를 따랐다. 그는 한꺼번에 두 개의 부고를 받앉다. 오지랖 넓은 사람들은 입을 모아 그에게 권했다. 스페인으로 돌아가서 이번에 그가 상속하게 된 세습재산과 더불어 막대한 부(富)를 손에 넣으라고. 물론 그도 그럴 생각이었다. 오래전부터 돈 후안은 도나 파우스타의 아버지 돈 알론소 데 오헤다의 죽음에 관해 하늘의 은총을 받고 있었다. 그는 이 사건이 완전히 끝났다고 생각했다. 또한 더 큰 무대에서 활개치고 싶다는 욕망도 있었다. 돈 후안은 세비야에서 맛볼 수 있는 온갖 환락과, 그가 돌아오기를 학수고대하면서 무조건 고분고분하게 행동할 수많은 미녀들을 생각했다. 마침내 그는 갑옷을 벗어던지고 스페인으로 떠났다. 마드리드에 도착하자 거기서 잠시 머물렀다. 투우 경기에서는 호화로운 의상과 교묘한 찌르기 솜씨로 관중의 이목을 끌었다. 그는 이 도시에서 여러 사람을 정복했지만 오래 머물지는 않았다. 드디어 세비야에 도착한 그는 화려하고도 아름다운 모습으로 신분 높낮이를 막론하고 모든 이들의 마음을 사로잡았다. 그는 날마다 새로운 향연을 베풀었다. 그리고 안달루시아에서 가장 아름다운 숙녀들을 초대했다. 웅장한 저택에서 연일 새로운 환락에 취하고 음탕한 잔치를 벌였다. 어느새 그는 수많은 리베르탱들의 우두머리가 되었다. 그들은 누구도 막을 수 없는 무법자들이었지만, 악당들끼리 모이면 으레 그렇듯이 매우 공손한 태도로 돈 후안에게 복종했다. 그는 이 세상 모든 방탕한 쾌락을 남김없이 탐닉했다. 그런데 돈 많고 행실이 난잡한 인간은 단순히 자기 자신에게 해를 끼치는 데 그치지 않는 법이다. 이윽고 안달루시아 젊은이들이 그를 본받아 타락하기 시작했다. 그들은 돈 후안을 상찬하면서 본보기로 삼았다.

하느님께서 그의 난행을 좀 더 오랫동안 지켜보고만 계셨더라면, 아마 결국은 불비를 퍼부어서 세비야의 타락과 죄를 벌하셔야 했을 것이다. 어느 날 돈 후안은 병에 걸렸다. 며칠 동안 침대에 얌전히 누워 있어야 했다. 하지만 그는 조금도 반성하지 않았다. 오히려 새로운 쾌락을 즐겨야겠다는 일념으로 주치의에게 빨리 병을 치료해 달라고 독촉했다.

회복기에 접어든 그는 심심풀이 삼아 자신이 유혹한 여자들과 굴복시킨 남자들을 일람표로 만들어 보았다. 일람표는 깔끔하게 두 칸으로 나뉘어 있었다. 한 칸에는 여자들 이름과 그 용모에 대한 간단한 설명이 적혀 있었고, 그 옆에는 그 여자들에게 붙어 있던 남자들 이름과 직업이 기록돼 있었다. 이 불행한 이들의 이름을 모조리 생각해 내기란 쉬운 일이 아니었다. 따라서 이 명부는 아직 불완전했다. 어느 날 그는 저택을 방문한 친구에게 이 명부를 보여줬다. 그런데 돈 후안에게 사랑을 바친 어느 여인은 한때 영광스럽게도 이탈리아 교황의 총애를 받은 인물이었다. 이 여자 이름이 일람표 맨 위에 적혀 있었고, 그 옆에는 교황 이름이 실려 있었다. 이어서 전하, 대공, 제후로부터 평범한 직공에 이르기까지 온갖 인물들이 등장했다.

"여보게, 이거 좀 봐." 그는 친구에게 말했다. "교황에서부터 구두장이에 이르기까지 누구 하나 내 검은손에서 벗어날 수 없었다니까. 내가 넘보지 못한 계급은 하나도 없어."

친구 돈 토리비오는 명부를 자세히 살펴보더니 의기양양하게 한마디 하면서 그것을 돌려줬다. "완벽하지는 않군."

"뭐, 완벽하지 않다고? 남자 쪽에 뭐 하나 빠진 거라도 있단 말인가?"

"그래. 하느님이 빠졌잖아." 돈 토리비오가 대답했다.

"하느님? 아하, 그래. 수녀가 없었군. 좋아! 지적해 줘서 고마워. 그럼 나는 신사의 이름을 걸고 자네에게 맹세하겠네. 앞으로 한 달 안에 이 일람표에 하느님 이름이 실릴 거야. 교황님보다 더 위쪽에 말이지. 그리고 수녀와 함께 이 자리에서 자네에게 만찬을 대접하겠어. 그런데 세비야의 어느 수녀원에 예쁘장한 수녀가 있으려나?"

며칠 뒤 돈 후안은 이미 활약하고 있었다. 그는 수녀원 성당에 수시로 들락날락하면서, 주님의 배우자와 다른 신자들을 갈라놓는 격자 칸막이벽 바로 앞에 무릎을 꿇었다. 이곳에서 그는 마치 첫 희생양으로 가장 포동포동하게 살찐 암양을 찾으러 우리 속에 숨어들어 온 늑대처럼, 연약한 처녀들을 뻔뻔스럽게 훑어보았다. 이윽고 로제르 성모 성당에서 그는 무척 아름답고 젊은 수녀 하나를 발견했다. 얼굴 전체에 드리운 우울한 그림자 덕분에 그 아름다움은 한층 돋보였다. 수녀는 한 번도 고개를 들지 않았다. 왼쪽이나 오른쪽을 기웃거리지도 않았다. 그 여자는 눈앞에서 벌어지는 미사성제에 열중하고 있는 것 같았다. 입술은 조용히 움직이고 있었다. 척 봐도 남들보다 훨씬 더 감동에 겨워 열심히 기도하고 있음을 알 수 있었다. 그 수녀의 모습은 어쩐지 돈 후안의 옛 추억을 불러일으켰다. 옛날에 어디서 본 것 같은 느낌이 들었다. 그러나 언제 어디서 만났는지 정확히 기억나지 않았다. 조금이나마 그의 머릿속에 남아 있는 여자들의 모습은 너무 많아서 도저히 하나하나 구별할 수가 없었다. 그는 이틀 연속으로 성당에 와서 이번에도 격자 칸막이벽 가까이에 앉았지만, 결국 아가타 수녀의 시선을 끌지 못했다. 그 수녀의 이름은 아가타였다.

그 자세로 보나 겸허함으로 보나, 이토록 조신한 여성을 정복하기란 거의 불가능해 보였다. 하지만 이 사실은 돈 후안의 욕정을 부채질할 뿐이었다. 가장 중요하고도 어려운 일은 그녀에게 자기 모습을 보여주는 것이었다. 한 순간이라도 아가타의 주의를 끌 수 있다면 반쯤 성공한 거나 마찬가지였다. 그는 허영에 들떠 그렇게 생각했다. 그때 문득 이 미녀의 눈길을 끌 술책이 머릿속에 떠올랐다. 그는 되도록 상대와 가까운 곳에 자리를 잡았다. 그러다가 거양성체*37를 할 때 행동을 개시했다. 모든 사람들이 엎드려 있는 이 기회를 이용해 격자 너머로 손을 쑥 집어넣더니, 들고 있던 향수병 내용물을 아가타 수녀 앞에 쏟았다. 그 순간 코를 찌르는 향기가 퍼졌다. 젊은 수녀는 반사적으로 고개를 들었다. 바로 앞에 돈 후안이 앉아 있었으므로 수녀는 그를 보지 않을 수 없었다. 그 얼굴이 일순 놀라움으로 가득 차더니 곧 시체처럼 창백해졌다. 수녀는 작은 비명을 지르며 포석 위에 쓰러져 기절해 버렸다. 다른 수녀들이 달려와서 그 여자를 안쪽 방으로 옮겼다. 크게 만족한 돈 후안은 떠나가면서 혼잣말을 했다.

"정말 귀여운 여자야. 그런데 보면 볼수록 이미 내 명부에 올라 있는 사람 같단 말이지!"

다음 날 미사 때에도 그는 어김없이 격자 칸막이벽 옆에 앉았다. 그러나 아가타 수녀는 평소처럼 첫째 줄에 앉아 있지 않았다. 그녀는 다른 수녀들 뒤에 숨어 있었다. 하지만 돈 후안은 그 여자가 이따금 몰래 자기를 훔쳐보는 것을 눈치챘다. 그는 이것이 자기 정열의 성취를 기약하는 좋은 조짐일 거라고 추측했다.

"저 여자는 나를 무서워하고 있어……. 하지만 뭐…… 머잖아 친숙해지겠지."

미사가 끝나자 그 수녀는 고해실로 갔다. 그런데 가는 길에 격자 칸막이벽 옆을 지나치다가 마치 실수인 것처럼 묵주를 떨어뜨렸다. 돈 후안은 이 의도

---

*37 미사 때 사제가 축성한 빵과 포도주를 높이 들어 올리는 의식.

적인 실수에 즉시 반응할 만큼 순진한 남자가 아니었다. 물론 이 묵주를 손에 넣는 일이 중요하기는 했다. 하지만 그는 지금 격자 칸막이벽 건너편에 있었다. 묵주를 주우려면 다른 사람들이 성당에서 다 나갈 때까지 기다려야 했다. 그 순간을 기다리면서 그는 명상에 잠긴 듯이 한 손으로 눈을 지그시 누르고 기둥에 기대어 있었다. 하지만 실은 살짝 벌린 손가락 틈새로 아가타의 동작 하나하나를 지켜보고 있었다. 이 모습을 본 사람은 누구나 경건한 몽상에 잠겨 있는 착한 신도인가 보다고 생각했을 것이다.

고해실에서 나온 수녀는 자기 방으로 돌아가려고 걸음을 옮기다가 뒤늦게 묵주를 잃어버린 것을 깨달았다. 아니, 정확히는 깨달은 척했다. 주위를 두리번거리더니 문득 격자 칸막이벽 옆에 있는 그를 보았다. 수녀는 얼른 마음을 다잡고 몸을 수그려 묵주를 찾았다. 그 순간 돈 후안은 하얀 물체가 칸막이벽 밑으로 쑥 나오는 것을 보았다. 네모지게 접은 조그만 종이쪽지였다. 수녀는 얼른 도망쳐 버렸다.

리베르탱은 이렇게 빨리 성공할 줄은 몰랐기 때문에 깜짝 놀랐다. 별다른 장애도 없이 일이 잘 풀리자 한탄스러운 기분마저 들었다. 마치 사슴을 쫓는 사냥꾼이 길고도 힘든 추격전을 예상하고 있었는데 갑자기 사슴이 제풀에 털썩 쓰러져 버린 것 같았다. 이때 사냥꾼은 숨 막히는 추격전을 통해 쾌락과 명예를 얻으려던 꿈이 좌절되어 한탄하는 것이다. 어쨌든 돈 후안은 재빨리 종이쪽지를 주워 성당 밖으로 나왔다. 쪽지를 펼치자 다음과 같은 내용이 적혀 있었다.

돈 후안 님, 정녕 당신이신가요? 당신은 정말로 저를 잊어버리지 않으신 건가요? 저는 크나큰 불행을 겪었습니다. 그러나 이제는 제 운명에 익숙해졌습니다. 저는 당신을 미워해야 하는 처지입니다……. 당신은 우리 아버지의 목숨을 빼앗았으니까요……. 하지만 저는 당신을 미워할 수도, 잊을 수도 없습니다……. 저를 불쌍히 여겨주세요. 이 성당에는 두 번 다시 오시 마세요. 세 가슴이 찢어질 것 같으니까요. 그럼 안녕히 가세요. 저는 이미 이 세상 사람이 아닙니다.

테레사

"아아, 테레시타였구나!" 돈 후안이 중얼거렸다. "그래, 어디서 본 것 같다 했더니……."

그는 다시 한 번 쪽지를 읽었다. "저는 당신을 미워해야 하는 처지입니다……." 이건 테레사가 나를 사랑한다는 뜻이겠지. "당신은 우리 아버지의 목숨을 빼앗았으니까요……." 시멘도 로드리고에게 같은 말을 했었다. "이 성당에는 두 번 다시 오지 마세요." 이것은 내일 성당에서 나를 기다리겠다는 뜻이다. 좋았어! 그 여자는 이미 내 거야.

그는 식사를 하러 갔다.

다음 날 그는 호주머니에 편지를 넣고 제시간에 성당으로 들어갔다. 그런데 아가타가 보이지 않았다. 그는 깜짝 놀랐다. 이토록 미사가 길게 느껴진 적은 없었다. 그는 몹시 초조해졌다. 테레사의 조심성을 골백번도 넘게 저주했다. 뭐 좋은 방법이 없을까 고민하면서 과달키비르 강가를 산책하러 갔다. 그때 문득 어떤 생각이 떠올라 걸음을 멈췄다.

로제르 성모 수도원은 세비야에 있는 여러 수도원 가운데서도 특히 수녀들이 만드는 맛있는 과자로 유명했다. 그는 당장 면회실로 가서, 수도원 접수계 수녀에게 부탁해 여기서 판매하는 과자 목록을 건네받았다.

"마라나 시트론은 없습니까?" 그는 천연덕스럽게 물었다.

"마라나 시트론이오? 기사님, 죄송하지만 그런 과자가 있다는 얘기는 처음 듣습니다."

"그래요? 엄청 유행하고 있는 과자인데. 여기서 그걸 만들지 않는다니, 정말 놀랍군요."

"마라나 시트론이라고요?"

"네, 마라나 시트론입니다." 돈 후안은 한 음절 한 음절 또박또박 말했다. "여러분 가운데 이 과자 만드는 법을 아는 사람이 한 명쯤은 분명히 있을 겁니다. 죄송하지만 이 과자를 아는 사람이 있는지 물어봐 주십쇼. 저는 나중에 다시 오겠습니다."

얼마 뒤 수도원은 마라나 시트론에 관한 이야기로 온통 떠들썩해졌다. 과자 만드는 솜씨가 뛰어난 수녀들도 그런 과자가 있다는 얘기는 들어본 적이 없다고 했다. 그러나 아가타 수녀만은 그 조리법을 알고 있었다. 먼저 시트론에 장미색 물이나 보라색 물 등등을 섞어야 했다. 그다음에는……. 아가타가 스스로 나서서 이 일을 맡았다. 돈 후안이 면회실로 다시 가 보니 마라나 시트론 단지가 놓여 있었다. 사실 이것은 아주 맛없는 혼합물이었다. 그러나 그 병뚜껑 밑에는 테레사가 쓴 편지가 숨겨져 있었다. 자기를 그만 포기하고 잊어달라고 다시 한 번 부탁하는 내용이었다. 가엾은 처녀는 어떻게든 마음을 가라앉히려고 노력했다. 신앙심과 효심과 연심이 이 불행한 여인의 마음속에서 치열하게 다투고 있었다. 하지만 그 가운데에서도 사랑이 가장 강하다는 사실은 누가 봐도 뻔했다. 다음 날 돈 후안은 하인을 시켜서 시트론 한 상자를 수도원에 가져가게 했다. 이것으로 과자를 만들어 달라, 이왕이면 전날 밤 자신이 산 과자를 만든 수녀님께 이 일을 부탁하고 싶다는 것이다. 상자 바닥에는 테레사의 편지에 대한 답장이 교묘하게 숨겨져 있었다. 내용은 다음과 같았다.

나는 무척 불행했습니다. 숙명이 내 팔을 움직였습니다. 불행한 그날 밤 이후로 내가 당신을 생각하지 않은 적은 단 한순간도 없었습니다. 나는 그저 당신이 나를 미워하지 않기를 바랄 수밖에 없었어요. 그런데 이렇게 다시 만나게 되었군요. 부디 당신이 한 말을 거두어 주길 바랍니다. 하느님 곁으로 가기 전에 당신은 분명히 내 여자였습니다. 그동안 당신은 당신 뜻대로 마음먹을 수 없었을 것입니다. 당신 마음은 내 것이니까……. 나는 지금 목숨보다도 행복을 절실히 원하고 있습니다. 내가 파멸하든지 당신이 내게 오든지, 둘 중 하나일 것입니다. 내일 면회실로 찾아가겠습니다. 하지만 당신이 허락하기 전에는 가지 않을 생각입니다. 당신의 고뇌가 우리 앞길을 가로막지나 않을까 걱정이 됩니다만, 부디 용기를 내요. 접수계 수녀를 포섭하는 데 성공하시면 연락해 주십시오.

편지 위에 일부러 떨어뜨린 물방울 두 개는 편지를 쓰다가 흘린 눈물 자국처럼 보였다.

몇 시간이 지나자 수도원 정원사가 답장을 가져왔다. 접수계 수녀를 매수할 수는 없었던 모양이다. 아가타는 면회실로 가겠다고 했지만 조건을 하나 붙였다. 어디까지나 영원한 작별을 고하고 이별의 말을 듣기 위해서 그를 만나겠다는 것이다.

면회실에 나타났을 때 불쌍한 테레사는 이미 산 사람이 아니라 죽은 사람 같이 보였다. 쓰러지지 않기 위해 두 손으로 격자를 붙잡고 있어야 했다. 몰인정한 악당 돈 후안은 테레사를 엄청난 고뇌에 빠뜨림으로써 한없는 기쁨을 맛보았다. 처음에는 접수계 수녀를 속이려고 일부러 아무 거리낌 없이 솔직한 말들을 늘어놨다. 살라망카에 있는 테레사의 친구들 얘기와, 그들이 안부 전하더라는 얘기를 했다. 그러다가 접수계 수녀가 멀어지자 그는 목소리를 확 낮추더니 서둘러 테레사에게 말했다.

"나는 당신을 여기서 빼낼 겁니다. 무슨 수를 써서라도 그러기로 결심했어요. 만일 수도원에 불을 질러야 한다면 나는 망설임 없이 수도원을 태워 버릴 겁니다. 당신 얘기는 듣고 싶지 않아요. 당신은 내 것입니다. 이삼 일 안에 우리는 하나가 될 수 있을 겁니다. 그럴 수 없다면 차라리 죽어 버리겠어요. 하지만 나 혼자 죽을 수는 없죠. 많은 이들을 길동무로 삼을 겁니다."

접수계 수녀가 다가왔다. 도나 테레사는 너무 흥분해서 한마디도 할 수 없었다. 반면에 돈 후안은 무심한 태도로 과자가 어쨌다느니, 수녀들이 바느질하느라 바쁘다느니 떠들어댔다. 그리고 접수계 수녀를 돌아보더니, 로마에서 하느님께 바쳐진 묵주를 당신에게 선물하겠다, 또 축일에 이 도시 수호신에게 입히는 비단옷을 이 수도원에 기증하겠다고 약속했다. 이런 식으로 30분쯤 이야기를 나눈 뒤 그는 정중하고 엄숙한 태도로 작별 인사를 하고 떠나갔다. 테레사를 이루 말할 수 없는 불안과 절망의 늪에 빠뜨려 놓고서. 테레사는 황급히 자기 방으로 뛰어갔다. 방 안에 틀어박혀서 말보다 솔직한 글의 힘을 빌려 기나긴 편지를 썼다. 질책과 애원과 비탄으로 가득 찬 편지였다. 그러나 테레사는 그 편지에서 자신의 사랑을 고백하지 않을 수 없었다. 이 잘못에 대해 그녀는 사랑하는 남자의 애원을 들어주지 않고 있으니 이 정도는 괜찮지 않겠느냐고 스스로에게 변명했다. 이 배신의 편지를 건네받은 정원사는 얼마 뒤 답장을 들고 돌아왔다. 돈 후안은 여전히 갈 데까지 가보자고 으름장을 났다. 그는 얼마든지 도움을 얻을 수 있었다. 신성모독은 두려워할 필요도 없었다. 다시 한 번 테레사를 품에 안을 수만 있다면 죽어도 좋다고 생각했다. 그러니 사랑하는 남자에게 복종하는 습관이 몸에 밴 가련한 처녀가 무엇을 할 수 있었겠는가? 테레사는 며칠 밤을 눈물로 지새웠다. 기도를 못하는 날에는 어디를 가나 돈 후안의 그림자가 따라다녔다. 게다가 다른 수녀들과 함께 예배를 드릴 때에도 겉으로는 기계적으로 기도하고 있었지만 속으로는 뜨거운 정열에 사로잡혀 몸부림치고 있었다.

그렇게 며칠이 지나자 저항할 기운도 없어졌다. 테레사는 돈 후안에게 마음의 준비가 다 됐다는 뜻을 전했다. 이제는 어쩔 수 없다고 생각했다. 어차피 죽을 바에야 그 전에 잠시나마 행복을 누리고 싶었다. 한편 돈 후안은 뛸 듯이 기뻐하면서 테레사를 납치할 준비를 갖췄다. 달 없는 캄캄한 밤에 계획을 실천하기로 했다. 정원사가 비단 줄사다리를 테레사에게 가져다주었다. 이것으로 수도원 담을 넘을 수 있으리라. 또 정원의 적당한 장소에 외출복이 든 상자도 숨겨 놔야 했다. 테레사가 수녀 옷을 입고 시내에 나갈 수는 없으니까. 돈 후안은 담 아래에서 기다릴 예정이었다. 조금 떨어진 곳에서 튼튼한 노새가 끄는 수레가 대기하고 있다가 재빨리 테레사를 별장으로 데려갈 것이다. 테레사는 추격자들을 따돌리고 그곳에서 연인과 함께 평화롭고 행복한 나날을 보낼 것이다. 돈 후안은 속으로 이런 계획을 세우고 있었다. 직공에게 적당한 옷을 짓게 하고, 줄사다리를 시험해 보더니 이러저러하게 만들라고 지시를 내렸다. 이처럼 그는 계획을 반드시 성공시키기 위해 빈틈없이 준비했다. 정원사는 믿을 만한 남자였고, 또 더없이 성실한 일꾼이었으므로 아무도 그를 의심할 수는 없었으리라. 게다가 돈 후안은 그날 밤 테레사를 무사히 납치한 뒤에는 정원사를 몰래 죽일 생각이었다. 이 음모는 참으로 물샐틈없이 교묘하게 꾸며져 있었다.

의혹을 피하기 위해 돈 후안은 테레사를 납치하기로 한 날보다 이틀 전에 마라나 별장으로 떠났다. 그는 어린 시절 대부분을 이 별장에서 보냈다. 하지만 장성해서 세비야로 돌아온 뒤에는 한 번도 이곳에 오지 않았었다. 별장에 도착할 무렵에는 해가 뉘엿뉘엿 지고 있었다. 그는 먼저 저녁밥을 배불리 먹었다. 그다음에 옷을 벗고 잠자리에 누웠다. 방에는 큼직한 양초 두 개를 켜 놓았다. 탁자 위에 관능적인 소설책 한 권이 놓여 있었다. 그는 몇 쪽 넘기다가 졸려서 책을 덮고 촛불을 하나 껐다. 나머지 불 하나도 끄려다가 별생각 없이 방 전체를 둘러보았다. 문득 알코브에 걸려 있는 그림에 시선이 멎었다. 그것은 연옥의 고통을 나타낸 그림이었다. 어린 돈 후안이 몇 번이나 봤던 그림. 뱀 한 마리에게 내장을 뜯어 먹히고 있는 남자에게 저절로 눈길이 갔다. 이 그림은 옛날보다 더 커다란 공포를 불러일으켰지만 그래도 돈 후안은 거기서 눈을 뗄 수 없었다. 불현듯 그는 고마르 대위의 얼굴과, 죽음이 그 얼굴 위에 남긴 무시무시한 고통의 흔적을 떠올렸다. 그 기억에 등골이 오싹해지고 머리털이 확 곤두섰다. 하지만 그는 곧 기운을 차렸다. 자신을 박해하는 저 보기 싫은 그림으로부터 벗어나려면 어둠에 의지할 수밖에 없다고 생각하면서 마지막 촛불을 껐다. 그러나 어둠은 그의 두려움을 더욱 부채질했다. 보이지 않는 그림 쪽으로 자꾸만 시선이 갔다. 눈에 보이지는 않아도, 너무나 익숙한 그 그림은 환한 대낮에 보는 것과 마찬가지로 뚜렷이 마음속에 떠올랐다. 때로는 화가가 그린 연옥의 불꽃이 실제 불꽃처럼 찬란하게 빛나며 주위를 밝히는 것 같다는 착각도 들었다. 마음이 점점 더 불안해졌다. 마침내 그는 큰 소리로 하인을 불렀다. 두려움을 불러일으키는 저 그림을 치워 버리라고 명령하기 위해서. 하인들이 방 안에 들어오자 그는 문득 자신의 나약함을 부끄럽게 여겼다. 자신이 고작 그림 하나를 무서워한다는 사실을 하인들이 알면 틀림없이 비웃을 것이다. 그래서 그는 한껏 태연한 목소리를 꾸며 내서 하인들에게 이렇게만 명령했다. 촛불을 켜고 자기 혼자 있게 해달라고. 그 뒤 다시 책을 읽기 시작했다. 하지만 눈으로 대충 책을 훑어보기만 할 뿐, 마음은 계속 그림에 머물러 있었다. 그는 무어라 형용할 수 없는 고뇌에 시달리면서 그대로 한숨도 못 자고 밤을 꼬박 새웠다.

날이 밝자마자 자리를 박차고 일어나 사냥하러 갔다. 상쾌한 아침 공기와 운동이 그의 마음을 가라앉혀 주었다. 그가 별장으로 돌아올 무렵에는 그림을 보고 흥분했던 기억은 이미 사라져 있었다. 그는 식탁 앞에 앉아 술을 마시기 시작했다. 자러 갈 때에는 이미 얼큰하게 취해 있었다. 그의 명령으로 잠자리는 다른 방에 마련되어 있었다. 물론 문제의 그림을 새 침실로 옮길 생각은 추호도 없었다. 하지만 그 그림은 여전히 머릿속에 강하게 남아 있었다. 그날 밤에도 그는 한동안 잠을 이룰 수 없었다.

하지만 이 두려움도 그로 하여금 과거의 삶을 후회하게 만들지는 못했다. 돈 후안은 변함없이 자신이 꾸민 납치 계획에 골몰했다. 그는 이 계획에 필요한 온갖 지시를 하인들에게 내린 뒤 혼자서 세비야로 떠났다. 해가 진 뒤에 세비야에 도착하려고 일부러 무더운 한낮에 출발했다. 실제로 그가 델 롤로 탑 근처를 지날 때에는 이미 날이 어두워져 있었다. 그곳에서 하인 하나가 그를 기다리고 있었다. 그는 타고 온 말을 하인에게 넘기고, 수레와 노새는 잘 준비해 놨느냐고 물었다. 돈 후안의 명령에 따라 수레와 노새는 그와 테레사가 조용히 얼른 탈 수 있도록, 또 우연히 야경의 눈에 띄어도 의심받지 않도록, 수도원과 가까운 어느 골목길에서 대기하고 있었다. 그야말로 만반의 준비가 다 된 상태였다. 모든 일이 그의 지시대로 수행되었다. 하지만 테레사에게 신호를 보내려면 아직 한 시간은 더 기다려야 했다. 하인이 그의 어깨에 커다란 망토를 걸쳐주었다. 돈 후안은 아무에게도 들키지 않도록 얼굴을 가린 뒤, 트리아나 문을 지나 홀로 세비야 시내로 들어갔다. 더위와 피로에 지친 그는 인적 없는 거리의 벤치에 걸터앉았다. 그리고 문득 떠오른 곡을 흥얼거리며 휘파람을 불어댔다. 이따금 회중시계를 꺼내, 초조한 마음과는 달리 더디게만 움직이는 시곗바늘을 갑갑하다는 듯이 바라보았다……. 돌연 애수에 젖은 장중한 음악이 들려왔다. 성당에서 사람들이 장례식을 치르며 성가를 부르나 싶었다. 이윽고 장례 행렬이 모퉁이를 돌아 이쪽으로 다가왔다. 길게 두 줄로 늘어선 고행자들이 불붙인 커다란 초를 들고 앞장섰다. 이어서 흰 수염을 달고 옆구리에 칼을 찬 고풍스런 차림새의 사나이들이 검은 벨벳으로 덮인 관을 짊어지고 따라왔다. 행렬 끄트머리에는 상복을 입고 커다란 초를 든 고행자들이 두 줄로 늘어서 있었다. 장례 행렬은 더없이 엄숙하게 천천히 나아갔다. 돌길을 밟는 발소리도 들리지 않았다. 모두들 걷는다기보다는 미끄러져 나아가는 것 같았다. 상복과 망토의 기다란 주름은 마치 대리석 조각상의 옷자락처럼 꼼짝도 안 하는 듯했다.

이 광경을 보자 돈 후안은 혐오감을 느꼈다. 관능주의자는 으레 죽음에 대해 혐오감을 느끼는 법이다. 그는 자리에서 일어나 다른 곳으로 가려고 했다. 그런데 유난히 고행자 수가 많고 행렬이 화려하다는 점이 문득 호기심을 일으켰다. 장례 행렬은 이제 막 문이 삐거덕 열린 가까운 성당으로 가고 있었다. 돈 후안은 커다란 초를 든 사람 하나의 소매를 붙잡고 정중하게 물었다. 지금 누구 장례식을 치르는 거냐고. 고행자는 고개를 들었다. 오랜 투병 생활을 마친 사람처럼 창백하고 야윈 얼굴이었다. 고행자는 무덤 속에서 울려오는 듯한 소리로 대답했다.

"돈 후안 드 마라나 백작입니다."

이 기이한 대답에 돈 후안은 흠칫 놀랐다. 그러나 곧 냉정을 되찾고 미소 지으며 중얼거렸다.

"아니, 내가 잘못 들었겠지. 아니면 노인네가 착각한 걸 거야."

그는 장례 행렬을 따라 성당으로 들어갔다. 장송곡이 다시 시작되고 오르간 반주 소리가 울려 퍼졌다. 상복을 입은 사제들은 De Profundis*38를 외기 시작했다. 돈 후안은 평정을 유지하려고 애썼지만 온몸의 피가 차갑게 식는 기분을 느꼈다. 그는 또 다른 고행자에게 다가가 말을 걸었다.

"대체 이게 누구 장례식입니까?"

"돈 후안 드 마라나 백작이오."

고행자가 무섭도록 공허한 목소리로 대답했다. 돈 후안은 쓰러지지 않으려고 애쓰면서 돌기둥에 기대어 섰다. 정신이 아찔하고 힘이 쭉 빠졌다. 그러는 동안에도 장례 미사는 계속 진행됐다. 오르간 소리와 무시무시한 Dies irae*39 합창 소리가 성당의 둥근 천장에 부딪혀 크게 메아리쳤다. 최후의 심판 날 천사들이 합창하는 소리를 듣는 기분이었다. 그러다 겨우 정신을 차리고 때마침 지나가던 신부의 손을 덥석 붙잡았다. 손은 대리석같이 차가웠다. 돈 후안은 소리를 질렀다.

"신부님! 제발 가르쳐 주십쇼! 신부님은 지금 누구를 위해 기도하고 계신 겁니까?"

"우리는 돈 후안 드 마라나 백작을 위해 기도하고 있소." 신부가 고통스런 얼굴로 그를 물끄러미 바라보며 대답했다. "우리는 죄 많은 그의 영혼을 위해 기도하고 있는 거요. 사실 우리는 그의 어머니가 올려주신 미사와 기도 덕분에 연옥의 불꽃에서 벗어나 구원받은 영혼들이오. 그래서 그 어머니에게 진 빚을 자식에게 갚고 있는 거요. 하지만 이번 미사는 돈 후안 드 마라나 백작의 영혼을 위해 우리가 할 수 있는 마지막 미사요."

그때 성당 시계가 한 번 울렸다. 테레사를 납치하기로 한 시각이었다.

"때가 됐다!" 성당 한구석에서 고함 소리가 들려왔다. "때가 됐다! 이제는 우리 것이 되었겠지?" 돈 후안이 돌아보니 그곳에는 무시무시한 망령이 있었다. 창백한 얼굴에 피를 뒤집어쓴 돈 가르시아가 고마르 대위와 함께 이쪽으로 다가왔다. 고마르 대위의 얼굴은 끔찍한 경련을 일으켜 지금도 부들부들 떨리고 있었다. 그들은 관으로 다가갔다. 돈 가르시아는 관에 덮인 천

---

*38 '심연에서'를 뜻하는 라틴어. 《시편》 130편 첫머리에 나오는 문구.
*39 라틴어. '분노의(진노의) 날'

을 거칠게 낚아채서 바닥에 집어던지며 또다시 외쳤다. "이제는 우리 것이 되었겠지?" 그와 동시에 거대한 뱀 한 마리가 등 뒤로 기어올라 그의 몸을 뒤덮더니, 당장이라도 관 속에 뛰어들려고 했다……. "오, 주여!" 돈 후안은 외마디 비명을 질렀다. 그대로 정신을 잃고 돌바닥에 쓰러졌다.

지나가던 야경이 성당 문 앞에 쓰러져 꼼짝도 안 하는 남자를 발견했을 때에는 이미 밤늦은 시각이었다. 아마 암살당한 시체겠지. 그렇게 생각하며 경찰들은 그에게 다가갔다. 그런데 그는 바로 마라나 백작이었다. 경찰들은 그 얼굴에 찬물을 뿌려 어떻게든 되살려 보려고 했다. 그러나 돈 후안은 의식을 되찾지 못했다. 경찰들은 그를 저택으로 옮겨 갔다. 어떤 사람은 그가 술에 취해 인사불성이 됐나 보다고 했다. 또 다른 사람은 질투심에 사로잡힌 남자에게 매질을 당한 게 틀림없다고 했다. 세비야 사람들은, 적어도 도덕심 있는 사람이라면 누구나 그를 별로 좋아하지 않았으므로, 다들 멋대로 아무 의견이나 늘어놨다. 어떤 사람은 심한 고통을 겪었을 매를 축복했고, 또 어떤 사람은 이 꼼짝도 안 하는 시체에 얼마나 많은 술이 들어갔는지 모르겠다고 말했다. 경찰들이 돈 후안의 하인들에게 주인을 넘기자 하인들은 서둘러 외과의를 부르러 갔다. 외과의는 환자에게 사혈(瀉血)을 했다. 이윽고 환자는 의식을 되찾았다. 처음에는 두서없는 헛소리와 불분명한 절규, 오열, 신음 소리만을 내뱉더니 점점 주위 사물을 인식하기 시작했다. 그는 여기가 어디냐고 묻더니, 이어서 고마르 대위와 가르시아와 장례 행렬은 어찌 되었냐고 질문했다. 하인들은 주인이 미쳤다고 생각했다. 그는 각성제를 복용하고 나서 십자가상을 가져 오라고 했다. 그리고 눈물을 흘리며 한동안 십자가상에 입을 맞추고 있었다. 이윽고 그는 고해신부를 모셔 오라고 했다.

모든 사람이 깜짝 놀랐다. 그가 배교자라는 사실은 누구나 다 알고 있었기 때문이다. 전갈을 받은 신부들은 돈 후안이 뭔가 나쁜 장난을 치는 게 틀림 없다고 믿었으므로 그의 초청을 거절했다. 그래도 결국 도미니크회 수도승 한 사람이 그를 만나러 와줬다. 사람들은 그들 두 사람만 남겨 놓고 밖으로 나갔다. 돈 후안은 당장 수도승의 발치에 엎드려 자신이 본 환영을 이야기하고 참회했다. 자신이 저지른 죄를 하나하나 고백하다가 갑자기 말을 끊고서, 자기처럼 큰 죄를 지은 인간이 하늘의 용서를 받은 적이 있는지 물어봤다. 수도승은 하느님의 자비로움은 끝이 없다고 대답했다. 그리고 그 참회하는 마음을 끝까지 잃지 말라고 훈계했다. 더없이 심한 죄를 저지른 인간에게도 종교의 문은 열려 있다는 위로의 말을 건넸다. 그러고서 수도승은 저녁에 다시 오겠다는 약속을 남기고 떠났다. 돈 후안은 하루 내내 기도했다. 수도승이 다시 왔을 때 그는 속내를 털어놨다. 그토록 많은 잘못을 저질렀던 이 세상으로부터 멀어져 은둔할 것이며, 자기 이름을 더럽힌 그 기괴한 죄를 씻기 위해 고통스런 참회에 몰두할 것이라고. 수도승은 그의 눈물에 감동하여 최선을 다해 그를 격려했다. 그리고 과연 그가 그 결심을 실행할 용기가 있는지 확인하기 위해, 수도원 고행이 얼마나 힘든지 말해 주었다. 그러나 수도승이 말하는 그 어떤 고행에도 돈 후안은 기죽지 않고 소리 높여 말했다. 그런 건 아무것도 아니다, 나는 더 심한 벌을 받아야 한다. 다음 날 그는 재산의 절반을 가난한 친척에게 양도하고, 또 일정한 금액을 병원과 교회당 짓는 데 제공했다. 게다가 막대한 돈을 가난한 사람들에게 나눠주고 미사를 부탁했다. 연옥의 영혼을 위해, 특히 자신과 결투해서 진 불쌍한 사람들과 고마르 대위의 영혼을 위해 수많은 미사를 올려달라는 것이었다. 마지막으로 자기 친구들을 다 불러 모아, 오랫동안 자신이 그들에게 보여줬던 나쁜 본보기에 대해 고백했다. 그리고 과거의 잘못으로 인한 양심의 가책과, 앞날에 대한 실낱같은 희망을 비통한 어조로 표현했다. 그 자리에 모인 리베르탱 가운데 몇몇 친구들은 그 말에 감동을 받아 개심했지만, 개선의 여지가 없는 다른 친구들은 차갑게 그를 비웃으며 떠나가 버렸다.

은둔처로 골라 놓은 수도원에 들어가기 전에 돈 후안은 도나 테레사에게 편지를 썼다. 그는 자신이 세운 부끄러운 납치 계획을 고백하고, 자신의 생활과 개종에 대해 이야기했다. 그리고 이 사례를 거울삼아 참회 속에서 마음의 평화를 찾길 바란다면서 용서를 구했다. 그는 수도승에게 편지 내용을 밝힌 뒤 편지를 맡겼다.

가엾은 테레사는 그날 밤 수도원 정원에서 오랫동안 신호를 기다리고 있었다. 이루 형용할 수 없이 괴로운 몇 시간이 지나자 동이 트기 시작했다. 테레사는 심각한 고뇌에 휩싸인 채 자기 방으로 돌아왔다. 돈 후안이 오지 않은 이유를 이것저것 추측해 봤지만, 그것은 전부 다 진실과는 거리가 멀었다. 그렇게 며칠이 지났지만 그는 편지 한 통 보내지 않았다. 이 절망에서 그녀를 꺼내줄 만한 소식도 전혀 없었다. 수도승은 수도원장과 면담한 끝에,

잠시 테레사를 만나 참회한 유혹자의 편지를 그녀에게 건네줘도 된다는 허락을 받았다. 테레사가 편지를 읽는 동안 수도승은 그 얼굴이 땀으로 흠뻑 젖는 것을 보았다. 홍시처럼 빨개지기도 하고, 시체처럼 창백해지기도 했다. 그래도 그녀는 간신히 버티면서 편지를 끝까지 읽었다. 수도승은 돈 후안의 회개에 대해 이야기했다. 그리고 만일 하느님께서 직접 나서서 두 사람의 계획을 실패하게 만들지 않으셨다면 그들은 틀림없이 끔찍한 위험에 빠졌을 텐데, 그 위기를 모면했으니 참으로 다행이라며 축복해 주었다. 하지만 그가 무슨 말을 해도 테레사는 이렇게 소리 지를 뿐이었다. "그분은 나를 사랑하지 않으셨던 거야!" 불쌍한 여인은 심한 열병에 걸려 쓰러졌다. 의술의 힘도 종교의 힘도 그녀를 구할 수 없었다. 테레사는 의술의 힘을 혐오했고, 종교에는 아예 신경도 쓰지 않았다. 며칠 뒤 그녀는 결국 숨을 거뒀다. 여전히 이렇게 중얼거리면서. "그분은 나를 사랑하지 않으셨던 거야."

돈 후안은 수련자 옷을 입고 자신이 진심으로 개종했음을 증명하기 시작했다. 속죄도 고행도 그에게는 하나같이 너무 편안하게 느껴졌다. 수도원장은 돈 후안의 육체적 고행을 제한할 수밖에 없었다. 수도원장이 보기에 돈 후안은 그런 식으로 자기 수명을 단축시키는 것 같았다. 사실 그는 스스로 목숨을 끊어 단번에 속죄를 끝내기보다는, 적당한 고행을 계속 견뎌 낼 기력이 있는 모양이었다. 수련자 기간이 끝나자 돈 후안은 선서를 하고, 수도사 암브로스의 이름으로 자기 고행과 신앙에 의지하여 수도원 전체를 교화하는 일에 힘썼다. 그는 말털로 짠 속옷 위에 볼품없는 모직 옷을 걸치고 다녔다. 자기 키보다도 짧고 좁은 상자 같은 침대에 누워서 잤다. 식사 시간에는 삶은 채소만 먹었다. 가끔 축일이 되거나 수도원장이 특별 명령을 내릴 때에만 빵을 먹었다. 밤에는 거의 잠도 자지 않고 두 팔을 양옆으로 벌린 채 기도를 드렸다. 요컨대 그는 과거에 그 시대 리베르탱의 모범이었던 것처럼 지금은 독실한 그리스도교도의 본보기가 되었다. 그러던 어느 날 세비야에 전염병이 돌았다. 그는 개종함으로써 갖게 된 새로운 덕을 만인에게 베풀 기회를 얻었다. 환자들은 그가 세운 병원에 입원했다. 그는 가난한 사람들을 간호했다. 날마다 그들의 머리맡에 붙어 설교도 하고, 격려와 위로의 말을 건네기도 했다. 이 전염병은 몹시 위험했으므로 아무리 돈을 많이 줘도 죽은 환자를 기꺼이 묻겠다고 하는 사람은 찾기 힘들었다. 돈 후안은 자진해서 이 일을 맡았다. 버려진 집집마다 찾아가서는 벌써 며칠이나 방치돼서 썩어 버린 시체를 묻어줬다. 그리하여 온 시내 사람들이 그를 축복했다. 게다가 이 무서운 전염병이 유행하는 동안에도 그는 결코 병에 걸리지 않으므로, 순진한 사람들은 하느님께서 그를 위해 새로운 기적을 일으키셨다고 말하기도 했다.

벌써 몇 년이나 돈 후안, 아니 암브로스 수사는 수도원에 살고 있었다. 그의 일상은 경건한 예배와 고행의 연속이었다. 과거의 기억은 늘 그의 머릿속에 있었지만, 이를 후회하는 감정은 이미 상당히 옅어진 상태였다. 스스로 뉘우침으로써 양심의 만족을 얻었기에.

어느 날 오후였다. 유난히 더운 시간에 수도원 신도들은 늘 그렇듯이 한동안 휴식을 즐기고 있었다. 그러나 암브로스 수사는 홀로 정원에 나와 모자도 쓰지 않고 뙤약볕 아래서 일하고 있었다. 이것은 그가 스스로에게 부과한 고행 가운데 하나였다. 가래 위로 몸을 숙이고 일하는데, 갑자기 누가 다가와서 옆에 멈춰 섰다. 수도사가 정원에 나온 걸까. 그는 일손을 쉬지 않고 아베 마리아*40 인사를 했다. 하지만 그 사람은 인사를 받아주지도 않고 가만히 서 있기만 했다. 의아해서 고개를 들어봤다. 눈앞에는 망토로 온몸을 감싼 키 큰 젊은이가 서 있었다. 망토는 땅바닥에 닿을 정도로 길었고, 얼굴은 희고 검은 깃털 장식 모자로 반쯤 가려져 있었다. 그 남자는 짓궂은 희열과 깊은 경멸의 표정을 짓고서 말없이 돈 후안을 응시하고 있었다. 한동안 두 사람은 서로 마주 보고 있었다. 갑자기 낯선 남자가 한 걸음 내디디며 모자를 벗어 얼굴을 드러냈다.

"내가 누군지 알겠나?"

돈 후안은 한층 주의 깊게 그 얼굴을 들여다봤지만 누군지 짐작이 가지 않았다.

"베르겐옵좀 포위전을 기억하나?" 낯선 남자가 물었다. "모데스토라는 병사를 잊었는가?"

돈 후안은 소스라치게 놀랐다. 낯선 남자는 차갑게 말을 이었다.

"자네를 노렸다가 자네 친구 돈 가르시아를 총알 하나로 해치워 버린 모

---

*40 'Ave Maria'로 시작되는 마리아 축복 기도. 반갑다는 인사.

데스토라는 병사를 모르는가? 모데스토! 그게 바로 나다. 나에게는 또 다른 이름도 있어, 돈 후안. 내 이름은 돈 페드로 데 오혜다. 네놈이 죽인 돈 알론소 데 오혜다의 아들이지! 나는 네놈이 죽인 도나 파우스타 데 오혜다의 오빠, 네놈이 죽인 도나 테레사 데 오혜다의 오빠다."

"아, 형제여!" 돈 후안은 그 앞에 무릎을 꿇었다. "나는 끔찍한 죄를 저지른 죄인이오. 그 죄를 속죄하기 위해 이런 옷을 입고 세상을 버렸소. 내가 어떡해야 당신에게 용서받을 수 있겠소? 가르쳐 주시오. 당신이 나를 저주하고 증오하는 일을 그만둬 주기만 한다면, 나는 어떤 엄벌이라도 달게 받겠소."

돈 페드로는 쓴웃음을 지었다.

"그만해, 위선자 마라나 선생. 나는 절대로 너를 용서하지 않을 거야. 내가 어떤 말로 너를 저주하는지는 너도 잘 알겠지. 하지만 나는 그 결과를 마냥 기다리고 있지는 않을 거야. 저주보다 더 효과적인 방법이 있으니까."

그는 망토를 벗어던지고 결투용 장검 두 자루를 내보였다. 그리고 둘 다 칼집에서 빼내 땅에 꽂았다.

"이봐, 돈 후안. 어느 쪽이든 맘대로 골라 봐. 소문을 듣자니 너는 굉장한 검객이라던데. 부끄럽지만 나도 그럭저럭 검을 잘 쓰는 편이지. 자, 네놈 솜씨가 얼마나 대단한지 보여줘."

돈 후안은 성호를 긋고 말했다.

"형제여, 내가 한 맹세의 말을 잊으셨소? 나는 이미 당신이 알고 있던 돈 후안이 아니오. 나는 수도사 암브로스요."

"아, 그래, 좋아! 암브로스 수사, 네놈은 내 원수다. 네가 어떤 이름을 쓰든 난 너를 증오해. 난 너에게 복수할 거야."

돈 후안은 다시 그 앞에 무릎 꿇었다.

"내 목숨을 원한다면 가지십시오. 내 목숨은 당신 것이니 마음대로 벌해 주시오."

"비겁한 위선자! 네놈이 그런다고 내가 속을 것 같아? 만일 내가 너를 미친개 죽이듯이 단숨에 죽여 버릴 생각이었다면 뭐 하러 검을 가져왔겠어? 이봐! 어서 골라. 검을 들고 네 몸을 지키라고."

"몇 번이나 말씀드리지만, 나는 목숨은 버릴 수 있어도 결투는 할 수 없소.”

“한심한 놈!” 돈 페드로가 미친 듯이 화를 내며 외쳤다. “네놈은 용기 있는 인간이라고 들었다. 그런데 이제 보니 시시한 겁쟁이잖아!”

“용기? 그것은 그 도움을 빌리지 않으면 과거의 기억이 나를 절망의 늪으로 밀어 넣을지도 모르니까, 절망에 빠지지 않기 위해 내가 하느님께 기도해서 얻는 것이오. 그럼 안녕히 가시오, 형제여. 나는 이만 가보겠소. 내가 눈앞에 있기 때문에 당신이 분노하는 거잖소? 내 참회가 얼마나 진실한지 언젠가 당신도 알아주셨으면 좋겠구려!”

그가 정원을 떠나려고 걸음을 옮기자 돈 페드로가 그 소매를 붙들고 소리쳤다.

“나나 네놈이나, 둘 중 하나는 여기서 살아 나갈 수 없어! 자, 어서 검을 골라. 네놈이 구차하게 늘어놓는 변명을 단 한마디라도 믿었다가는 악마한테 잡혀갈 거야!”

돈 후안은 간절한 눈으로 상대를 보더니 또다시 한 발 내디뎠다. 그러나 돈 페드로는 그를 놓치지 않고 멱살을 움켜쥐었다.

“이 못된 살인자! 네놈이 나한테서 도망칠 수 있을 것 같아? 아니, 절대로 안 돼! 악마의 발굽을 감추고 있는 그 위선의 껍질을 내가 갈기갈기 찢어주마. 그러면 네놈도 나랑 결투할 마음이 생길 테지.”

그러면서 그는 돈 후안을 거칠게 벽 쪽으로 밀어붙였다.

“페드로 데 오헤다!” 돈 후안이 소리쳤다. “날 죽이고 싶다면 죽이시오. 난 결투는 할 수 없어!” 이렇게 말하고서 그는 침착하게 팔짱을 끼고 약간 도전적인 태도로 돈 페드로를 노려보았다.

“좋아! 그럼 죽여주지! 불쌍한 놈! 하지만 그 전에 네놈은 겁쟁이니까 겁쟁이에게 어울리는 대접을 해주겠어.”

그는 돈 후안의 뺨을 때렸다. 살면서 뺨을 맞아보기는 처음이었다. 돈 후안의 얼굴이 새빨개졌다. 젊은 날의 교만한 치기와 격정이 다시금 그의 영혼을 사로잡았다. 그는 말없이 몸을 날려 장검 하나를 뽑아 들었다. 돈 페드로도 나머지 하나를 손에 쥐었다. 둘 다 맹렬히 덤비면서 동시에 날카롭게 상대를 찔렀다. 돈 페드로의 검은 돈 후안이 걸친 모직 옷 아래로 들어가더니 상대에게 상처 하나 입히지 못하고 옆으로 비켜 갔다. 그동안 돈 후안의 검은 상대의 가슴에 푹 꽂혔다. 돈 페드로는 순식간에 숨이 끊어졌다. 돈 후안은 잠시 그 자리에 우두커니 서서 발치에 쓰러져 있는 상대를 내려다보고 있었다. 그러나 정신이 들자 또다시 큰 죄를 저질렀음을 깨닫고 한탄했다. 황급히 달려들어 죽은 사람을 되살려 보려고 애썼다. 그러나 상처가 너무 깊어서 도저히 살릴 수 없다는 것은 척 봐도 알 수 있었다. 발치에 떨어져 있는 피투성이 검은 마치 스스로를 벌하기 위해 그곳에 있는 것 같았다. 하지만 그는 이 새로운 악마의 유혹을 얼른 뿌리치고 수도원장의 방으로 달려가 정신없이 뛰어들었다. 그리고 수도원장 앞에 엎드려 눈물을 흘리면서 이 무서운 사건에 대해 이야기했다. 처음에 원장은 그 말을 믿지 않았다. 암브로스 수사가 심한 고행을 한 끝에 미쳐 버린 줄 알았다. 그러나 돈 후안의 피에 젖은 옷과 손을 보자, 원장도 이 무서운 이야기가 사실임을 의심할 수 없게 되었다. 그는 매우 침착하게 재빨리 사태를 파악했다. 만일 이 사건이 세상에 알려진다면 수도원 전체가 추문에 시달리리라. 이 결투를 목격한 사람은 하나도 없었다. 원장은 수도원 사람들에게도 이 사건을 비밀로 했다. 그는 돈 후안을 데리고 가서 둘이 함께 시체를 지하실로 옮겼다. 문을 잠그고 열쇠를 보관한 뒤, 돈 후안을 그의 방에 돌려보내고 자기는 시장에게 이 사건을 알리러 갔다.

여기서 독자 여러분은 의문을 느낄 것이다. 악당 돈 후안을 죽이려고 한 돈 페드로는 어째서 제2의 암살을 꾀하지 않고, 굳이 길이가 똑같은 칼로 원수와 결투했다가 목숨을 잃은 걸까? 그런데 실은 이 결투 자체가 돈 페드로의 음험한 복수였다. 그는 돈 후안이 고행을 한다는 소문을 들었다. 이제 돈 후안은 덕이 높기로 명성이 자자했다. 이 상황에서 자기가 그를 암살해 봤자, 그는 곧장 천국으로 갈 것 같았다. 그래서 돈 페드로는 돈 후안을 도발해 억지로 결투하게 만들기로 결심했다. 그렇게 죄를 지은 상대를 죽여서, 상대의 육체와 영혼을 동시에 파멸시킬 생각이었던 것이다. 이 사악한 계획이 본인의 의도와는 달리 어떻게 되었는지는 여러분도 잘 알고 계시리라.

사건은 쉽게 은폐됐다. 시장은 모든 의혹을 없애기로 수도원장과 합의를 보았다. 다른 수도사들은 돈 페드로가 이름 모를 기사와 결투를 벌여 패배하고 부상을 입은 채 수도원으로 실려 왔다가 곧 숨을 거두었다고 믿었다. 돈 후안이 이 일로 얼마나 양심의 가책을 받고 후회했는지는 굳이 여기에 적지 않겠다. 그는 원장이 지시하는 온갖 고행을 기꺼이 수행했다. 돈 페드로를 찌른 검은 평생 침대 발치에 걸어두었다. 그는 이 검을 볼 때마다 돈 페드로의 영혼과 그 가족들의 영혼을 위해 기도했다. 그의 마음속에 아직도 남아 있는 세속적 자존심을 억누르기 위해, 주교는 매일 아침 수도원 요리사에게 가서 뺨을 얻어맞으라고 돈 후안에게 명령했다. 뺨을 맞은 암브로스 수사는 요리사에게 자신의 오만한 콧대를 꺾어주서서 고맙다고 말하면서 꼭 반대쪽 뺨도 내밀었다. 그는 이 수도원에서 10년을 더 보냈다. 그동안 과거의 정열에 또다시 사로잡혀 고행을 그만둔 적은 한 번도 없었다. 그는 과거의 방탕한 삶을 아는 사람들에게 이제 성자(聖者)로 존경받으면서 세상을 떠났다. 죽음을 앞둔 그는 하느님의 은총으로, 성당에 들어오는 사람들이 누구나 자기를 밟을 수 있도록 성당 문턱에 시신을 묻어달라고 부탁했다. 또 묘석에는 다음과 같은 문구를 새겨달라고 했다. "Ci-gît le pire homme qui fut au monde(세상에서 가장 악한 사람이 여기에 잠들다)"*41 하지만 사람들은 돈 후안의 지나치리만치 겸손한 부탁을 그대로 들어주는 것은 옳지 않다고 생각했다. 그래서 그가 설립한 교회당 제단 옆에 그의 시신을 묻었다. 모두의 동의하에 시신을 덮은 석판에는 실제로 그가 지은 비문이 새겨졌는데, 거기에 그의 회개에 대한 이야기와 송사(頌辭)가 덧붙여졌다. 그가 세운 자선병원, 특히 그가 묻힌 교회당은 세비야에 들른 모든 외국인이 한 번씩 방문하는 장소가 되었다. 이 교회당은 무리요*42가 남긴 여러 걸작으로 장식됐다. 지금 술트 원수*43의 화랑에서 뭇사람의 상찬을 받고 있는 〈돌아온 탕아〉*44와 〈예리코의 수반(水盤)〉*45은 한때 돈 후안의 자선병원 벽에 걸려 있었다.

---

*41 주석 3 참조.

*42 Murillo(1617~1682) 스페인 화가. 플랑드르 화파.

*43 Nicolas Jean-de-Dieu Soult(1769~1851) 달마티아 대공. 바스티드에서 태어났다. 아우스터리츠 전투에서 승리해 이름을 날렸다. 루이 필립 시대 육군장관, 외무장관. 1847년 원수 칭호를 받았다. 술트가 세상을 떠나자 사람들이 그의 소장품을 정리했는데, 그 많은 소장품 가운데에서도 Murillo의 〈처녀 수태〉가 특히 유명하다.

*44 Le Retour de L'Enfant prodigue 《누가복음》 제15장에 나오는 이야기.

*45 La Piscine de Jéricho 예리코는 예루살렘 근처에 있었던 옛 도시. Piscine은 희생물을 바치기 전에 짐승을 씻는 수반.

프로스페르 메리메 생애와 작품

프로스페르 메리메 생애와 작품

예술가 집안에서 태어나다

프로스페르 메리메(Prosper Mérimée)는 1803년 9월 28일 파리에서 화학자이자 화가인 레오노르 메리메와 또한 화가인 어머니 안 루이즈 사이에서 외아들로 태어났다. 예술에 소질 있는 부모 사이에서 태어난 그는 일찍부터 예술에 흥미를 가졌으며, 특히 데생 솜씨가 뛰어났다.

앙리4세 고등학교를 졸업한 뒤 파리 대학에 들어가 법률을 공부했으며, 1823년 법학사 학위를 받았다. 그는 법학 공부를 하면서도 그리스와 에스파냐, 영국과 러시아의 언어와 문학을 공부했으며, 위고를 비롯한 보수적인 낭만파에 대항하여 스탕달 등과 함께 자유주의적 문학 집단을 형성하여 문학 활동을 시작하였다. 그는 박학하고 재주가 많았을 뿐만 아니라 라틴 고전문학, 미술사와 고고학에도 조예가 깊었으며, 말년에는 러시아 근대문학을 번역해서 소개하기도 했다.

창작 활동과 해외 여행

1825년에 첫 작품인 《클라라 가줄 희곡집 Le Théâtre de Clara Gazul》을 발표했는데, 그때 나이 스물두 살이었으니 이른 나이에 문단에 등단을 했던 셈이다. 그러나 실제로는 이보다 3년 전인 1822년에 희곡 〈크롬웰 Cromwell〉을 썼으나, 작품 내용이 그 무렵 프랑스 정치권 상황을 빼다박은 것이라는 생각이 들 정도로 비슷해서 그가 스스로 원고를 파기했으며, 때문에 출판되지도 않았고 원고 사본 또한 남아 있지 않다.

《클라라 가줄 희곡집》 작품을 두고서 에스파냐 여배우의 작품을 프랑스어로 번역한 작품이라는 거짓 소문을 퍼뜨리고 여자로 변장한 자신의 초상화를 마치 그 여배우의 초상화인 것처럼 책머리에 실었다는 일화가 있다. 또한 1827년에는 《라 구즐라 La Guzla》라는 자작 산문시를 발표하면서 아드리아

카르카손 요새 하마터면 채석장의 돌이 될 뻔했던 중세시대의 유적 카르카손 요새를 적극적으로 지켜낸 메리메와 같은 이가 있었기에 오늘날까지 세계 문화유산으로 유지 보존되고 있다.

해 동해안에 있는 달마티아 및 여러 지방 민요를 번역해서 모은 작품이라 하는 등 자기 지식을 자랑하고 남을 속이기를 즐겼다고 한다.

　1826년부터 1868년까지 모두 열여덟 차례 영국을 여행했으며, 슬라브족에 대한 관심 덕분에 동유럽과 러시아를 여행했을 뿐만 아니라 가장 먼저 프랑스에 러시아 문학을 소개하게 되었다. 그러나 그 당시 여행은 아주 힘들고 비용도 많이 들었기 때문에 여행기를 책으로 먼저 쓴 다음에 책 판매로 벌어들인 인세를 자신이 여행하면서 관찰했던 내용이 정확한지의 여부를 확인하는 데 썼다고 한다.

　1829년에는 16세기 종교전쟁을 무대로 한 장편 역사소설 《샤를 9세 연대기 *La Chronique du temps de Charles* Ⅸ》를 썼으나 문학적 진가가 발휘된 때는(주로 중편과 단편에서) 1830년 이후부터로, 이때 《타망고 *Tamango*》 《마테오 팔코네 *Mateo Falcone*》 《콜롱바 *Colomba*》 《카르멘 *Carmen*》 등 수많은 걸작을 남겼으며, 특히 《카르멘》과 《콜롱바》는 그에게 불후의 명성을 가져다 주었다.

창작활동에서 벗어나

1830년에는 에스파냐에서 몽티조 백작부인을 만나서 교우 관계를 맺었으며, 백작부인의 딸인 외제니 드 몽티조가 나중에 나폴레옹 3세가 되는 루이 나폴레옹 보나파르트 왕자와 교제하는 동안에 백작부인과 함께 외제니를 가르쳤다. 나중에 그는 부인에게서 《카르멘》 이야기의 바탕자료를 얻었다고 말했으며, 그가 가르쳤던 외제니는 1853년 나폴레옹 3세의 황후가 되었다.

메리메(1803~1870)
그는 프랑스인 최초로 러시아 문학을 프랑스에 보급하였으며 문화유산 보존 활동에 많은 공헌을 하였다.

1834년에는 미술사가로서 능력을 인정받아 역사 기념물 감독관으로 임명됐다. 프랑스를 비롯한 유럽 이곳 저곳을 여행한 뒤 그 즈음 기념물 개보수 방법을 비판하고 복원의 중요성을 역설한 보고서는 그 분야에서 탁월한 제안을 한 것으로 높이 평가받았다.

1843년에는 역사 아카데미 회원, 1844년에는 아카데미 프랑세즈 회원으로 뽑혔다.

1853년 외제니가 나폴레옹 3세의 황후가 되었을 때 그는 황후와 황후 어머니의 도움으로 상원의원이 되면서 자유주의에서 보수주의로 돌아섰으며, 황실 측근으로서 정계와 사교계에서 큰 권세를 누렸다.

그러나 그는 나폴레옹 3세를 좋아하지 않았기 때문에 충심으로 황제를 모시는 궁정신하가 된 적은 없었다. 이즈음 그는 창작 활동은 거의 그만두고서 러시아 문학을 소개하는 데 여러 모로 신경을 썼다. 러시아어를 배웠을 뿐만 아니라 그 당시 일반 사람들에게는 낯설기만 한 푸시킨이나 고골, 투르게네프 등의 러시아 작가들의 작품을 번역하여 프랑스에 러시아 문학에 대한 엄청난 반향을 불러일으켰는데, 그 가운데 몇 가지 예를 들어보면 1852년 《스페이드의 여왕 La Dame de pique》《집시들 Les Bohémiens》《경기병 Le

외제니 황후
메리메는 외제니의 어린 시절 스승이었다. 뒷날 그
녀가 나폴레옹 3세 황후가 되자, 메리메도 황실 측
근으로 정계에 발을 들여놓게 된다.

Hussard》(푸시킨 작품), 1853년 《검찰관 *L'Inspecteur général*》(고골 작품), 1866년 《유령 *Apparitions*》(투르게네프 작품) 등이 있다.

1841년에는 친구인 조르주 상드와 함께 프랑스 중부의 리무쟁 지방에 있는 부삭 성(Château de Boussac)에 머무는 동안에 〈여인과 일각수(The Lady and the Unicorn)〉라는 태피스트리(여러 가지 색실로 그림을 짜 넣은 직물)를 발견하여 중세 예술의 역사 연구에 크게 이바지했다.

문화유산 보존 활동

1849년에는 1820년 이후 채석장으로 용도가 바뀌면서 성벽과 탑들이 무너지기 시작했던 카르카손 역사 요새 도시를 철거하기로 결정한 프랑스 정부의 결정에 반대하여 역사학자인 장 피에르 크로 마이르비유와 함께 역사적인 기념물로서 보존해야 한다는 캠페인을 벌임과 동시에 1950년에 성벽 파괴 금지 법안을 통과시켜 도시를 지켜냈다. 프랑스 정부는 이들의 뜻을 받아들여 철거 결정을 취소하고 1853년부터 복원 사업을 시작했다. 뒤에 카르카손은 유네스코 세계유산으로 등재되었다(1997).

1870년 9월 23일, 예순여섯의 나이로 칸에서 죽었으며, 그랑자 묘지(the Cimetière du Grand Jas)에 묻혔다(그를 기리는 뜻에서 프랑스에서는 역사와 건축, 예술 분야 유산들 가운데 국가적 의의가 있는 기념비적 유산의 목록을 '바즈 메리메(Base Mérimée)'라고 부른다).

메리메의 문학, 《카르멘》

그는 스승이자 친구인 스탕달의 영향을 받아 리얼리즘 원칙을 확고히 지켰다. 의지적이고 회의적 인생관을 바탕으로 정열과 기지를 발휘해 단정하고도 냉엄한 고전적인 문체로 작품을 썼다. 낭만주의 사조가 팽배해 있던 시대에 문학 활동을 시작했으나 오히려 근대 리얼리즘 선구자의 한 사람이 되었던 것이다.

이 책에 실린 《카르멘》은 메리메의 취향과 경향, 수법과 특성이 완벽하게 드러난 작품이다. 1845년 10월 〈르뷔 데 되 몽드〉지에 처음 발표된 이 작품은 에스파냐 여행의 결실이자 그의 최고 걸작이다. 이상한 성격과 이

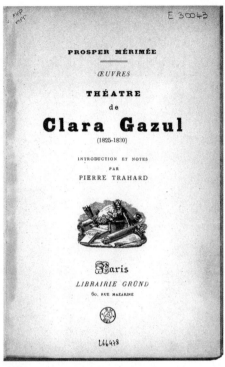

《클라라 가줄 희곡집》(1825) 속표지
메리메의 첫 출판 작품이다.

상한 사건을 좋아하는 그의 취향, 점묘파를 떠올리게 하는 간결한 문체, 정경과 인물을 명쾌하게 묘사한 문장의 묘미, 역사와 고고학 지식으로 무장한 작가 특유의 농후하고 정확한 지방색 표현, 극단적인 로마네스크풍의 절박한 사건을 이야기하면서도 처음부터 끝까지 고전적인 냉정한 태도를 유지할 뿐만 아니라 방관자로 남는 결벽성 등 메리메 문학의 특징이 이 한 작품에 고스란히 담겨 있다.

또한 그가 즐겨 다루는 인물은 편견에 사로잡혀 불우한 운명과 싸우는 인간들이다. 묘사법은 간결하지만 에스파냐라는 이국 풍토 속에서 등장인물들의 몸짓 행동거지 하나하나를 선명하게 그려냈다. 특히 다리를 꼬고 앉아 오렌지 껍질을 벗기며 심하게 깔보는 눈초리로 호세를 바라보는 카르멘, 주먹을 허리에 대고 발을 동동 구르며 빨리 죽여 달라고 호세에게 재촉하는 카르멘, 무엇이든 하고자 하면 기다릴 줄 모르고 또한 마음에 들면 참을 줄도 모

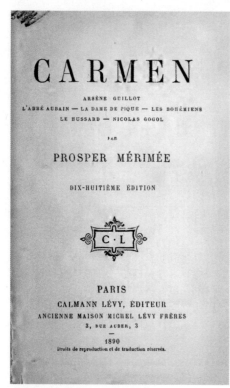

《카르멘》(초판 발행, 1847) 속표지
1890년판. 파리.

르는 야성적이면서도 방탕한 카르멘, 사랑하면서도 동시에 미워하는 카르멘의 모습에서 그는 여자의 숨은 마성을 여실히 드러내 보여 주고 있다.

그는 이 작품을 쓰기 전에 에스파냐를 두 번이나 여행했다. 그러나 《카르멘》 이야기의 바탕이 되는 재료는 첫 번째 여행을 떠났던 1830년에 구상되었으며, 이것은 그가 여행을 마치고 돌아와 발표한 《에스파냐에서 보낸 편지 Letters from Spain》(1830)에 포함된 〈도둑〉 〈에스파냐 점쟁이 여인〉 이야기를 읽어보면 알 수 있다. 그라나다에서 카르멘을 떠올리게 하는 아름다운 집시 여인을 만난 적이 있으며, 발렌시아에서는 모녀 점쟁이가 운영하는 선술집에서 '볕에 타지 않는 아름다운 처녀'인 카르멘시타가 만들어 준 요리를 먹었다. 또한 몽티조 백작부인에게서는 애인을 위해 사람을 죽이고 고향을 등진 한 남자(호세 나바로)의 이야기를 들었다. 이런 재료들이 그의 머릿속에 남아 있다가 때마침 집시 연구가이자 뛰어난 시인이었던 영국의 조지 보로의 작품인 《진칼리 The Zincali》(1841)와 《에스파냐에서의 성서 The Bible in Spain》(1843)가 발표되면서 이에 자극을 받아 탄생한 작품이 《카르멘》이니 스물일곱 살에 작품의 아이디어를 얻었으며, 마흔두 살 때 비로소 하나의 작품으로 완성해서 발표했던 것이다.

오페라 〈카르멘〉

이 작품을 떠올릴 때 빠뜨릴 수 없는 것이 그의 작품을 바탕으로 앙리 메이약과 뤼도비크 알레비가 대본을 쓰고 조르주 비제가 작곡하여 1875년 3월 3일 파리 오페라 코미크 극장에서 처음 무대에 올렸던 오페라 〈카르멘 *Carmen*〉이다.

초연될 그 무렵에는 전문가(음악가나 평론가)들로부터는 극찬에 가까운 찬사를 받았으나 일반 관객들의 호응은 이끌어 내지 못했다. 그것은 '음악'이라는 관점에서는 성공을 거두었지만 '내용'이라는 관점에서는 완전히 실패했던, 일반 관객들로부터는 외면을 받았던 것이다. 이것이 작곡자 비제의 죽음을 재촉했다는 말이 돌았을 정도로 그가 공연 실패에서 느낀 정신적 충격이 컸다. 그러나 역설적이

오페라 〈카르멘〉(1875) 포스터

조르주 비제가 작곡한 4막의 오페라 코미크이다. 메리메의 《카르멘》 이야기를 기초로 알레비와 메이약이 대본을 완성하였다. 1875년 3월 3일 파리 오페라 코미크 극장에서 초연되었다. 이 작품은 한 불같은 성격의 아름답고 유혹적인 집시 여인 카르멘의 이야기이다.

게도 실패한 덕분에 인기를 얻게 되면서 첫 공연 뒤로 그가 영면하게 되는 1875년 6월 3일까지 석달 동안 36회 공연이 이어졌다. 따라서 이 작품이 비제의 생애 마지막이자 가장 규모가 큰 걸작 가극으로 남게 된 셈이다.

현재는 오페라뿐만 아니라 뮤지컬과 영화, 연극과 발레라는 서로 다른 옷을 입고서 무대에 오르는, 세계가 주목하고 널리 공연되는 작품이지만 초연 때는 작곡자가 정신적 충격으로 뜻밖의 죽음을 맞았을 정도로 실패한 까닭은 무엇일까? 여기에는 여러 가지 이유가 있겠으나 가장 큰 이유로는 주인공인 카르멘, 그 무렵의 전통적 청순가련형 여인상과 도덕을 부정하는 주인공의 독특한 개성을 들 수 있다. 이 때문에 오페라에서 배역을 맡을 배우, 특히 주인공인 카르멘 역을 맡을 배우를 선발하는 과정에서는 배역 제의를

받았던 배우들이 모두 이런 저런 이유를 붙여서 거절했다. 마침내 셀레스틴 갈리 마리에(Célestine Galli-Marié)가 배역 제의를 받아들여 연습이 시작되었으나, 연습 과정에서도 작품 내용을 좀 더 부드럽게 바꾸어 줄 것을 요구하는 등 순탄하게 진행되지는 않았다.

또한 초연 무대였던 파리의 오페라 코미크 극장은 가족 중심의 문화 공간이었다. 그런 곳에서 평소 관심조차 두지 않았던 집시(Gypsi)라는 하층민 사이에서 벌어지는 일, 즉 밀수와 점치기, 결투와 치정에 의한 살인 등을 내용을 하는 작품이 공연된 것에, 그리고 첫 공연 때 주인공 마리에의 관능적이고 공격적인 연기에 관객들은 혐오감을 느꼈다. 원작인 소설 주인공 '카르멘'에 비해서는 훨씬 순화된 인물로 다시 탄생되었음에도 전통적인 여인상에 익숙해져 있던 관객들의 마음(감성)과 머리(이성)로는 도저히 받아들일 수 없었던 인물로 다가왔던 것이다.

《콜롱바》

《카르멘》이 메리메의 두 번에 걸친 에스파냐 여행의 수확이었듯이, 《콜롱바》도 그의 역사 기념물 감독관으로서 떠났던 코르시카 여행의 수확이었다. 1839년 8월에 출발해 코르시카에서 2개월 머물렀으며, 이탈리아를 거쳐 11월 중순에는 프랑스로 돌아왔다. 그러나 정작 코르시카에서 그의 마음을 끌었던 것은 코르시카 건축물이 아니라 코르시카인들이었다. '오르소'라는 소설 주인공과 같은 이름의 남자 집에 머물고, 그 동생으로 벤데타(vendetta ; 코르시카에서 행해지던 것으로, 친족에 의한 복수를 말함) 때문에 과부가 된 '콜롱바'와 그녀의 딸 '카트린'을 알 기회가 있었다. 그는 이 어머니의 영혼을 아름다운 딸의 모습에 담아 소설 주인공을 만들어 냈는데, 세세한 사실 묘사는 별도로 카르멘 이상으로 메리메다운 인물인 콜롱바의 신선한 모습을 볼 수 있다.

1840년 7월 1일 〈르뷔 데 되 몽드〉지에 발표된 이 소설은 상당한 호평을 받고 문단 제일이라는 정평이 나, 스콧과 소포클레스까지 예로 인용해 칭찬하는 일이 있을 정도였다. 주인공 오르소가 코르시카인답지 않음을 비난하고, 오르소가 바로 벤데타를 했더라면 더 박진감 있는 소설이 되었을 거라고 비평하는 사람도 있었다.

여기에서 요점에서 벗어난 말을 많이 해서 좋을 것도 없지만, 주인공 오르소의 심적 동요와 작가의 기묘한 상황 조합에 이 소설의 존재 이유가 있다는 사실은 분명하다. 초대 명비평가라 불리는 샤를 생트뵈브는 다음과 같이 말하면서 작가의 교묘함에 경의를 나타낸다.

"오르소를 더 강하게 끌어들여 보다 더 직접적으로 본능의 소리에 굴복하도록 하는 편이 보다 논리적이고 힘이 있었을 것이다. 정말 원시성을 좋아했다면 이런 식으로 끝까지 갔을 것이다. 하지만 코르시카인이 아닌 우리는 오르소를 동정하는 것이고, 그가

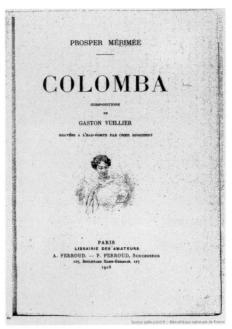

《콜롱바》(초판 발행, 1841) 속표지 1918년판, 파리.

숲으로 도망치거나 징역가는 것으로 끝나지 않기를 바라는 것이 본심이기 때문에 스스로 싸움을 걸지는 않고 사건 중심에 뛰어들자마자 한 번에 둘을 해치우는 오르소를 보여 주는 작가의 솜씨에 감동하고 안심한다."

이 소설에는 인물 배치, 줄거리부터 복선에 이르기까지 드물게 복선의 기교가 깃들어 있다. 게다가 실제로 작가가 눈으로 본 코르시카의 풍경이 생생하게 움직이고 있기 때문에 예술적인 대중소설의 형식을 보여 주는 표본이라고도 할 수 있을 것이다. 얼핏 무작위로 보여도 사실은 아주 세세한 것이 메리메의 기교, 문체의 특색인데, 《콜롱바》에서는 눈에 보일만큼 기교가 들어가 있다. 그가 원고를 열여섯 번이나 고쳤다고 하는데 이는 어디까지나 전설이다. 그러나 《카르멘》과는 색다른, 아주 재미있고 감동을 주는 한 편의 이야기로 다가설 수 있는 작품인 것은 분명하다. 그의 작품에서 자주 등장하는 주인공들은 냉혹하리만큼 강렬하고 열정적인 성격을 가지고 있으며, 그런 성격 때문에 보통 사람들과는 다른 예외적인 사람들이 대부분이다.

프로스페르 메리메 연보

1803년	9월 28일, 파리 카레 생트 주느비에브에서 화학자이자 화가인 아버지 레오노르 메리메와 그림을 잘 그리던 어머니 안 루이즈 사이에서 외아들로 태어남.
1811년(8세)	앙리4세 학교(리세 나폴레옹) 입학.
1819년(16세)	앙리4세 학교 졸업. 파리 대학 법학부 입학.
1822년(19세)	희곡 〈크롬웰〉을 썼으나 내용이 그 무렵 프랑스 정치권 상황과 너무 닮아서 스스로 원고를 파기함. 여름에 스탕달을 만남.
1823년(20세)	8월 파리 대학 법학부 졸업.
1825년(22세)	첫 작품인 《클라라 가줄 희곡집》(5월 27일 출판) 발표.
1827년(24세)	7월 끝무렵 《라 구즐라》 출판.
1828년(25세)	1월 초에 자신의 연인이자, 나폴레옹 1세의 아들인 조제프 보나파르트의 연인이기도 한 에밀리에 라코스테에게 보낸 편지가 그녀의 남편인 펠릭스 라코스테에게 발각되면서 그와 결투를 벌여 몸을 다침. 6월 7일 《자크리의 난》 출판.
1829년(26세)	3월 5일 《샤를 9세 연대기》 출판. 5월부터 11월까지 〈파리 평론〉에 《마테오 팔코네》 《성체 행차》 《샤를 11세의 환상》 《타망고》 《페데리고》 등 발표. 9월에는 〈프랑스 평론〉에 《각면보루(角面堡壘) 탈환》 발표.
1830년(27세)	〈파리 평론〉 2월호에 《에트루리아의 단지》 《론디노》, 6월호에 《주사위놀이》 발표. 6월 27일에 에스파냐로 여행을 떠났으며, 도중에 몽티조 백작부인을 만나서 교우 관계를 맺음.
1831년(28세)	〈파리 평론〉 1월호에 《에스파냐에서 온 편지》(이하 《편지》)의 첫 번째 작품인 《투우》, 3월호에 《편지》의 두 번째 작품

인 《집행》 발표.

1832년(29세) 〈파리 평론〉 8월호에 《편지》의 세 번째 작품인 《에스파냐의 도둑들》 발표. 11월 29일에 제니 다캥과 첫 만남.

1833년(30세) 6월 4일 《마테오 팔코네》《에트루리아의 단지》《주사위놀이》《샤를 11세의 환상》《타망고》《페데리고》 등이 실린 단편소설집 《모자이크》 출판. 9월 7일 《이중 착각》 출판. 〈파리 평론〉 11월호에 《편지》의 네 번째 작품인 《에스파냐 마법사》 발표.

1834년(31세) 5월 사적 기념물 감찰관으로 임명됨. 같은 해 7월 31일 프랑스 남부 지방 시찰을 시작으로 1860년 감찰관 자리에서 물러날 때까지 곳곳을 돌아다니면서 시찰함. 8월 15일 〈르뷔 데 되 몽드〉(이하 〈몽드〉)지에 《연옥의 영혼》 발표.

1835년(32세) 7월 24일 《프랑스 남부여행기》 출판.

1836년(33세) 5월 14일 알자스와 라인란트로 떠남. 8월 4일 랑(Laon)에서 스탕달을 만남. 9월 27일 아버지 레오노르, 파리에서 죽음.

1837년(34세) 5월 15일 〈몽드〉지에 《일르의 비너스》 발표. 5월 25일 스탕달과 함께 파리를 떠나 메리메는 오베르뉴로, 스탕달은 브르타뉴로 떠남.

1838년(35세) 9월 스탕달과 함께 베르사유에서 몽티조 백작부인 만남. 10월 《오베르뉴 여행기》 출판.

1839년(36세) 10월 7일 이탈리아 리보르노로 가서 스탕달과 만난 뒤 11월 마르세유로 돌아옴.

1840년(37세) 3월 28일 《코르시카 여행기》 출판. 7월 1일 〈몽드〉지에 《콜롱바》 발표.

1841년(38세) 5월 29일 《콜롱바》 출판.

1842년(39세) 3월 24일 몽마르트르 묘지에서 치러진 스탕달 장례식 참석.

1843년(40세) 6월 끝무렵 몽티조 백작부인과 그녀의 딸들이 파리에 도착. 11월 17일 프랑스 금석학·문학 아카데미 회원으로 선출됨.

1844년(41세) 3월 14일 아카데미 프랑세즈 회원으로 선출됨. 3월 15일 〈몽드〉지에 《아르센 귀요》 발표.

1845년(42세) 5월 16일 《카르멘》 원고 끝냄(10월 1일 발표).

1846년(43세) 2월 24일 〈콩스티튀시오넬〉지에 《사제 오뱅》 발표.

1847년(44세) 연초에 《아르센 귀요》《사제 오뱅》과 함께 《카르멘》 출판.

1850년(47세) 10월 스탕달을 추모하는 소책자 《H.B》 출판.

1852년(49세) 4월 15일 〈몽드〉지에 '리브리 책 도난 사건'을 변호하는 글 발표. 4월 30일 어머니 안 루이즈 죽음. 5월 26일 '리브리 책 도난 사건'을 변호하는 글이 판사모욕죄에 해당된다는 이유로 15일 구류형 선고받음. 6월 6일 콩시에르쥐리 교도소에 수감(~20일). 11월 15일 〈몽드〉지에 《가짜 데메트리우스》 발표.

1853년(50세) 6월 23일 상원의원에 임명됨. 11월 18일 파리로 돌아옴.

1854년(51세) 6월 21~23일 〈세계 신보〉(이하 〈신보〉)지에 《우크라이나의 카자흐인들》 발표.

1855년(52세) 3월 《스탕달 편지집》 해설을 씀.

1856년(53세) 6월 13일 《황태자의 세례》를 〈신보〉지에 발표.

1857년(54세) 5월 4일 알프레드 뮈세 장례식에 참석. 6월 9일 영국 런던과 맨체스터로 박람회 참관차 떠남.

1860년(57세) 10월 사적 건조물 감찰총감으로 임명됨.

1861년(58세) 7월 《스텐카 라진의 반란》을 〈주르날 데 사방〉(이하 〈사방〉)지에 발표.

1863년(60세) 정월 무렵 《보그단 히미엘니츠키》에 관한 첫 번째 기사가 〈사방〉지에 실림. 5월 14일 투르게네프로부터 《아버지와 아들》 원고사본을 받음.

1865년(62세) 2월 5일 《과거의 카자흐족》(《스텐카 라진》과 《보그만 히미엘니츠키》 합본) 출판. 10월 1일 《율리우스 시저의 역사》 제1권 서평을 〈사방〉지에 발표.

1866년(63세) 6월 15일 투르게네프 원작을 번역한 《유령》을 〈몽드〉지에 발표. 9월 무렵 《푸른 방》 쓰기 시작함. 10월 31일 《푸른 방》 원고 사본을 외제니 황후에게 보냄.

1868년(65세) 1월 20~27일 《알렉산드르 푸시킨》, 5월 25일 《이반 투르게

네프》를 〈신보〉에 발표.

1869년(66세) 7월 22일 외제니 황후와 그녀의 여관(女官)들 앞에서 《로키 스》 낭독(9월 15일 〈몽드〉지에 발표).

1870년(67세) 3월 1일 투르게네프 원작을 번역한 《이상한 이야기》를 〈몽 드〉지에 발표. 9월 10일 파리를 떠나 칸으로 감. 9월 23일 칸에서 숨을 거둠. 25일 칸의 그랑자 묘지에 묻힘.

옮긴이 박철화(朴喆和)
서울대학교 불어불문학과 졸업. 파리8대학교에서 현대불문학 석사졸업. 중앙대학교 공연영상창작학부 문예창작전공 교수. 월간 〈현대문학〉에 평론 「황지우론」으로 등단한 뒤, 문학평론가로도 활동하고 있다. 지은책에 문학평론집 《감각의 실존》《관계의 언어》《우리 문학에 대한 질문》《문학적 지성》《관계의 시학》이 있고, 옮긴책에 보들레르 《악의 꽃》 이스마일 카다레 《H 서류》 마르크 레비 《영원을 위한 7일》 단 프랑크 《보엠》 등이 있다.

World Book
211
Prosper Mérimée
CARMEN/COLOMBA
카르멘/콜롱바
프로스페르 메리메/박철화 옮김
1판 1쇄 발행/2013. 5. 5
발행인 고정일
발행처 동서문화사
창업 1956. 12. 12. 등록 16-3799
서울 강남구 도산대로 163(신사동)
☎ 546-0331~6 (FAX) 545-0331
www.dongsuhbook.com
잘못 만들어진 책은 바꾸어 드립니다.

*

이 책의 출판권은 동서문화사가 소유합니다.
의장권 제호권 편집권은 저작권 법에 의해 보호를 받는 출판물이므로 무단전재와 무단복제를 금합니다.
사업자등록번호 211-87-75330
ISBN 978-89-497-0826-3 04080
ISBN 978-89-497-0382-4 (세트)